Boockmann · Schilling · Schulze · Stürmer

Mitten in Europa

Der Weg der Deutschen durch die Geschichte eines Jahrtausends ist im ganz anderen Sinne verschlungen, als der ihrer europäischen Nachbarn. Lange Zeit mochte es so scheinen, als ob die Wiederanknüpfung an das Imperium Romanum zu einer Ordnungsmacht geführt hatte, die über den Nationen stand – dem Heiligen Römischen Reich Deutscher Nation, das Palermo ebenso umschloß wie Aachen, Prag wie Antwerpen. Über den nationalen Königtümern stand die geistige Gewalt der deutschen Kaiser als Partner und Gegenspieler der römischen Päpste.

Der Verfall der kaiserlichen Macht führte am Ende dann doch zu einem im wesentlichen deutschen Kaiserreich mit ausgreifenden Besitzungen und Interessen jenseits der Sprachgrenzen. Das Erstarken kraftvoller Herzog- und Fürstentümer im Inneren und souveräner Königreiche zwischen Polen und Frankreich, Ungarn und den Niederlanden führt dann zu jenem glanzvollen Chaos, das Voraussetzung und Folge des Dreißigjährigen Krieges ist, wo jeder mit jedem Allianzen eingeht und seine Interessen mit ausländischen Mächten zu wahren sucht. Diesen Flickenteppich deutscher Staatlichkeit wischt Napoleon von der Landkarte.

Die nächsten beiden Jahrhunderte schienen auf den Nationalstaat angelegt zu sein: Aus den Trümmern des Alten Reiches erhebt sich eine deutsche Nation und drängt zu staatlichem Ausdruck. Spät, sehr spät schien Deutschland auf den Weg Englands und Frankreichs einzumünden. Die Übersteigerung des Nationalen erst im imperialistischen Zeitalter, das globale Machtpolitik betreibt, und dann im imperialen Anspruch geschichtsfremder Abenteurer, die von einem germanischen Reich zwischen dem Ural und dem Atlantik träumen, hat dieses Jahrtausend deutscher Geschichte an sein Ende gebracht. Auf den Trümmern des Gewesenen finden sich die Deutschen auf jenem Siedlungsgebiet wieder, von dem aus sie vor einem Jahrtausend zu dem Abenteuer aufbrachen, das sich Deutsche Geschichte nennt.

Jeder der Autoren zählt auf seinem Feld zu den ersten seines Faches. Hartmut Boockmann, geboren 1934, ist ordentlicher Professor für Mittelalterliche und Neuere Geschichte an der Universität Göttingen. Heinz Schilling, geboren 1942, ist ordentlicher Professor für Mittlere und Neuere Geschichte an der Justus-Liebig-Universität in Gießen. Hagen Schulze, geboren 1943, ist Professor für Neuere Geschichte sowie für Theorie und Methodologie der Geschichtswissenschaft an der Freien Universität Berlin. Michael Stürmer, geboren 1938, ist ordentlicher Professor für Mittlere und Neuere Geschichte an der Friedrich-Alexander-Universität Erlangen-Nürnberg.

Hartmut Boockmann · Heinz Schilling
Hagen Schulze · Michael Stürmer

Mitten in Europa

Deutsche Geschichte

Ein Siedler Buch bei Goldmann

Der Goldmann Verlag
ist ein Unternehmen der Verlagsgruppe Bertelsmann

Made in Germany · 12/90 · 1. Auflage
Genehmigte Taschenbuchausgabe

Umschlaggestaltung: Werner Rebhuhn, Cuxhaven,
unter Verwendung eines Gemäldes von Caspar David Friedrich
aus dem Archiv für Kunst und Geschichte, Berlin
Gesamtherstellung: Elsnerdruck, Berlin
Verlagsnummer: 12807
Lektorat: Diane von Weltzien
Herstellung: Barbara Rabus
ISBN 3-442-12807-2

Inhaltsverzeichnis

III.

Heinz Schilling

Reformation und Altes Reich

IV.

Hagen Schulze

Die Geburt der deutschen Nation

V.

Michael Stürmer

Das industrielle Deutschland

Mitten in Europa
von Wolf Jobst Siedler

Reich und Nationalstaat endeten in der deutschen Katastrophe. Eine Generation nach 1945 beginnen die Deutschen wieder zu fragen nach Bedingungen und Richtungen ihrer Geschichte. Woher kam sie? Welche Kräfte wirkten auf sie ein? Welche Entfaltungsmöglichkeiten waren ihr gegeben? Welche Grenzen waren ihr gesetzt? Das Begreifen der Gegenwart und das Wollen des Neuen setzen die Aneignung des Vergangenen voraus.

Die Lage Deutschlands in der Mitte Europas war nicht nur Belastung der Deutschen. Sie war stets auch Problem Europas. Daher kamen Druck und Gegendruck, Sehnsucht und Bedrohungsangst, Konflikte und Kriege. Daraus entstanden aber auch Austausch der Kulturen, Vielfalt des Denkens und geistiges Miteinander der Deutschen und ihrer Nachbarn.

Der Weg der Deutschen durch die Geschichte ist im Laufe des Jahrtausends immer rätselhafter geworden. Lange mochte es so scheinen, als ob die Anknüpfung an das Reich der Römischen Kaiser zu einer Ordnungsmacht jenseits des Nationalen führen würde, dem Heiligen Römischen Reich Deutscher Nation, dessen Völkerschaften nahezu alle Bewohner Europas umschlossen und das sich von Aachen aus so gut und so schlecht beherrschen ließ wie von Palermo, von Madrid aus ebenso wie von Wien. Neben und in der Vorstellung über den nationalen Königtümern im Osten und Westen, manche lange genug Teile des Reiches, stand die geistige Gewalt der deutschen Kaiser als Partner und Gegenspieler der römischen Päpste.

Der Verfall der kaiserlichen Macht führte am Ende dann doch zu einem Reich, das im wesentlichen das der Deutschen war, mit ausgreifenden Besitzungen und vielfältigen Interessen jenseits der Sprachgrenzen. Das Erstarken kraftvoller Herzog- und Fürstentümer im Inneren und souveräner Königreiche jenseits der Grenzen erschüttert diese stets gefährdete Ordnung; Reformation und Gegenreformation bringen die Alte Welt an ihr Ende und stoßen im Verein mit Humanismus und Renaissance das Tor in ein Zeitalter neuen Zaubers und neuen Schreckens auf. Es entsteht jenes glanzvolle Chaos, das Voraussetzung und Folge des Dreißigjährigen Krieges ist, wo jeder mit jedem Allianzen eingeht und seine Dinge zu wahren sucht. Diesen Flickenteppich deutscher Staatlichkeit wischt Napoleon von der Landkarte.

Von da ab, so scheint es im Rückblick, lief alles auf den Nationalstaat zu: Aus den Trümmern des Alten Reiches erhob sich eine deutsche Nation und drängte zu staatlichem Ausdruck. Spät, sehr spät schien Deutschland den Weg Englands und Frankreichs zu betreten. Die Übersteigerung des Nationalen, erst im imperialistischen Zeitalter, das globale Machtpolitik betreibt, dann im imperialen Anspruch geschichtsfremder Abenteurer, die von einem germanischen Großreich zwischen Ural und Atlantik träumen, hat dieses Jahrtausend deutscher Geschichte an sein Ende gebracht. Inmitten der Trümmer des Gewesenen sehen sich die Deutschen auf nahezu jenes Siedlungsgebiet zurückgeworfen, von dem aus sie vor einem Jahrtausend zu dem Abenteuer aufgebrochen waren, das sich deutsche Geschichte nennt.

In fünf Teilen entfaltet dieser Band die Epochen der deutschen Geschichte seit ihren Anfängen, wobei auf die jeweils neu auftretenden Kräfte und Motive besonders geachtet wird. Die Autoren des Bandes stellen für ein großes Publikum das facettenreiche Bild dar, das die moderne Fachwissenschaft erarbeitet hat. Zugleich suchen sie die entscheidenden Kräfte und Prozesse in der deutschen Geschichte herauszuheben, sie zu beschreiben, zu erklären und auf abgewogene Thesen hinzuführen. Dem 20. Jahrhundert, in dem die Deutsche Frage den Kontinent zweimal zum Beben brachte, wird als der eigentlichen Gegenwartsgeschichte besonderes Gewicht zugemessen: »Denn nur aus der Betrachtung der Vergangenheit gewinnen wir einen Maßstab der Geschwindigkeit und Kraft der Bewegung, in welcher wir selber leben.« Der Satz, den Jacob Burckhardt vor mehr als einhundert Jahren formulierte, hat heute erst seine ganze Wahrheit freigegeben.

Dem ungeheuren Beschleunigungsprozeß, dem seit der Industrialisierung Europas alles ausgesetzt zu sein scheint, wird mit einer Dehnung der Zeit geantwortet. Insofern gehört es zum Kompositionsprinzip des Bandes, daß der Fluß des Erzählens im Fortschreiten der Zeit sich verlangsamt, so daß die jüngeren Epochen mit größerer Genauigkeit betrachtet werden.

Die Beiträge des Bandes folgen der Form des Essays. Damit ist gesagt, daß die großen Zusammenhänge im Mittelpunkt der Aufmerksamkeit stehen. Der Reiz des historischen Details wird dem Herausarbeiten jener Strukturen und Monumente geopfert, in denen Charakter und Richtung des Flusses der deutschen Dinge greifbar werden.

Der Bildteil hat zweierlei im Auge. Zum einen soll er den Text illustrieren und illuminieren; es werden die Objekte selber – Bauwerke, Urkunden, Kunstwerke, Kriegsgeräte und Dokumente – gezeigt, von denen er handelt. Zum anderen führen die Abbildungen Plätze des Gewesenen in dem Zustand vor, in dem sie sich heute befinden, Landschaften, Städte, Kathedralen. Dem Nachgeborenen erschließen sich Ort und Hinterlassenschaft der deutschen Geschichte in Bildern von strenger Größe und poetischer Melancholie.

Zwei Staaten existieren heute in Deutschland, die Bundesrepublik Deutschland, gegründet auf dem Prinzip der Selbstbestimmung von Mensch und Gesellschaft, und die Deutsche Demokratische Republik, gestellt auf die Doktrin von der Diktatur des Proletariats. Ist die Teilung das letzte Wort? Oder ist auch dies nur Kapitel einer Geschichte, deren Ort immer auch ihre Bedingung war: Mitten in Europa. Alles Nachsinnen über den verworrenen Gang der Geschichte geschieht um der Gegenwart willen. So steht im Hintergrund auch dieses Buches die Frage nach den Möglichkeiten, die die Zukunft für die Deutschen bereithält.

I

Hartmut Boockmann
Deutschland vor Beginn der deutschen Geschichte

Von den Anfängen bis 900

In einem großen Wohnhaus südlich neben dem heutigen Kölner Dom wurde im Jahre 1941 ein 7,00 x 10,60 Meter großer Mosaik-Fußboden mit Szenen aus dem Dionysos-Kult aufgedeckt. Im Zentrum des wohl in der zweiten Hälfte des dritten Jahrhunderts nach Christus entstandenen Mosaiks steht eine Darstellung des trunkenen, auf einen Silen gestützten Dionysos.

Der Limes, den die römischen Kaiser seit der Mitte des 1. nachchristlichen Jahrhunderts zur Sicherung der Grenze gegen die unruhigen germanischen Stämme errichten ließen – ein Palisaden-Gegenstück zur Großen Chinesischen Mauer –, hat die Germanen zwar nicht aufhalten können, aber seine mächtigen Überreste sind bis heute geblieben. Sie haben, als das Land wieder unter Kultur genommen wurde, Flurgrenzen und Wegeführung vielfach geformt – auch wenn die hier Wohnenden nicht wußten, daß sie es mit einstigen römischen Befestigungswerken zu tun hatten und von Teufelsmauern sprachen.

Der Dom zu Aachen, dessen Kern das Oktogon aus der Zeit um 800 bildet, war einst als Pfalzkapelle Karls des Großen Mittelpunkt des Karolingischen Reiches. Diesem Herrscher gelang es für die Zeitspanne von sieben Jahrzehnten, die christianisierten Gebiete nördlich der Alpen zu einem Imperium zusammenzufügen. Durch Staatsaufbau, Rechts- und Kulturreformen legte er die Grundlage alles Kommenden, während er doch meinte, das vergangene Imperium der römischen Kaiser wieder herzustellen. Im Dom zu Aachen liegt der Sarkophag Karls des Großen. Bis auf den heutigen Tag nehmen den ersten Frankenkaiser die beiden Nachfolgestaaten Deutschland und Frankreich für sich als Ahnherrn in Anspruch.

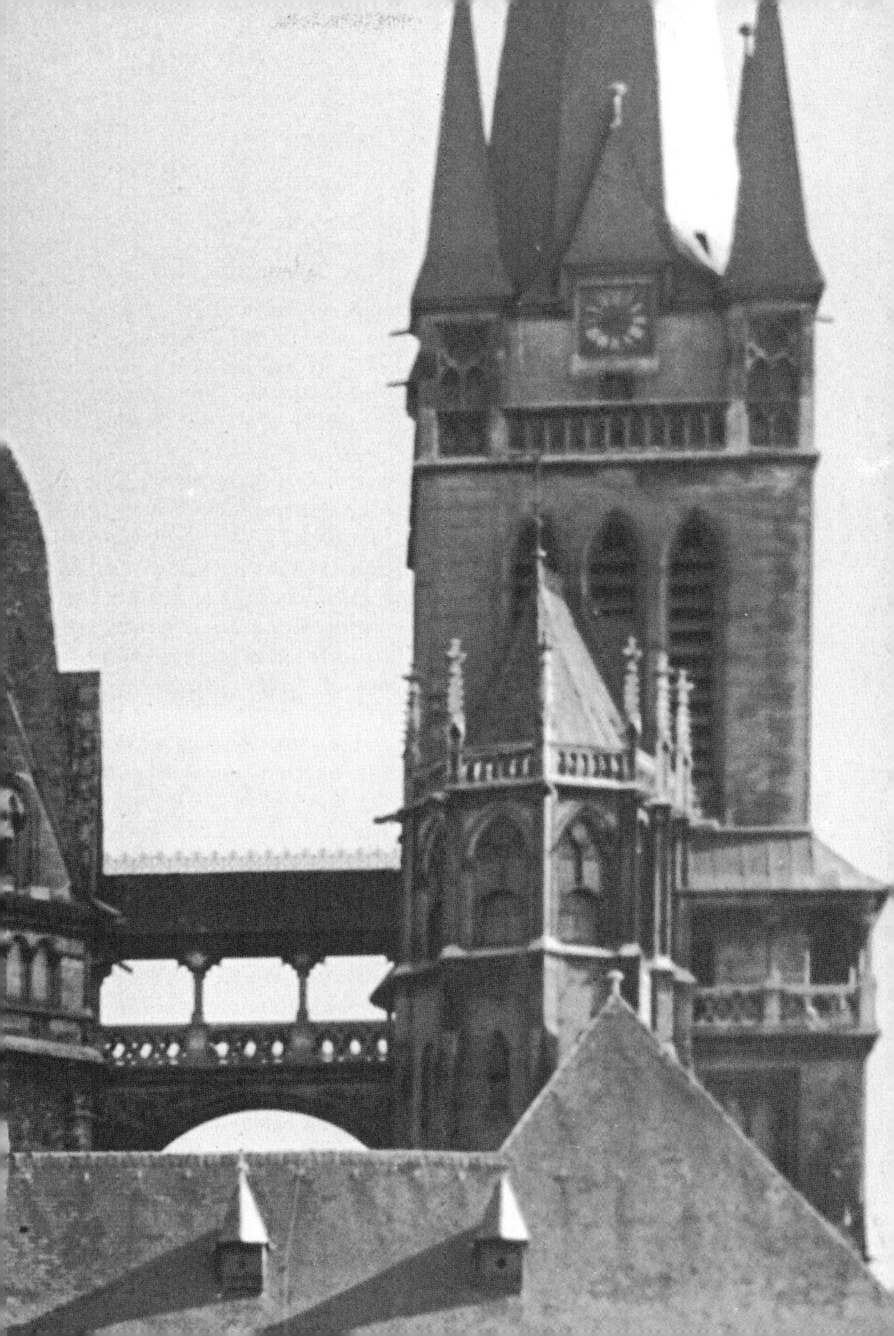

1. Vorfahren der Deutschen: Kelten, Germanen, Römer

Wenn man nach den Anfängen der deutschen Geschichte fragt, darf man keine einfache Antwort erwarten. Die Antwort hängt davon ab, was man unter deutscher Geschichte versteht, ob man diese mit der Geschichte des deutschen Volkes gleichsetzt und wann man diese beginnen läßt, oder ob man zur deutschen Geschichte auch Jahrhunderte rechnet, die vor der Entstehung des deutschen Volkes liegen, die jedoch von den Deutschen für einen Teil ihrer eigenen Geschichte gehalten worden sind, mit denen sie sich auseinandergesetzt und die sie insofern tatsächlich zu einem Teil ihrer eigenen Geschichte gemacht haben.

Im ersten Falle liegen die Anfänge der deutschen Geschichte im 9. und 10. Jahrhundert. Damals ist aus dem zerfallenden Karolingerreich jenes »deutsche« – nach damaliger Terminologie aber fränkisch-römische – Reich entstanden, in dessen Kontinuität die heutigen deutschen Staaten stehen, damals hat sich in der östlichen Hälfte des karolingischen Reiches langsam der Gebrauch des Wortes »deutsch« als eines Oberbegriffs für die hier gesprochenen germanischen Sprachen und für die hier lebenden Menschen eingebürgert. Die Anfänge des deutschen Volkes und deutscher Staatlichkeit liegen ohne Zweifel im 9. und 10. Jahrhundert.

Doch waren die damals Lebenden keineswegs der Meinung, an einem Anfang zu stehen. Wie schon die erwähnte Bezeichnung des Reiches lehrt, glaubten sie vielmehr, im fränkischen oder sogar im römischen Reich zu leben, und in gewisser Weise taten sie das auch. Denn das nun entstehende »deutsche« Reich erwuchs nicht nur auf den Trümmern des fränkisch-karolingischen Imperiums, sondern es stand in vielen seiner Einrichtungen und im Hinblick auf manche damals geltenden Normen und Vorstellungen tatsächlich in der Tradition dieses Reiches.

Diejenigen, welche sich im Mittelalter um eine theoretische Einsicht in den Verlauf der Weltgeschichte bemühten, sie in die Abfolge von vier Weltreichen gliederten, im römischen Reich das letzte Weltreich sahen und demzufolge im Römischen Reich zu leben glaubten, hätten sich dadurch bestätigt sehen können, daß die damalige Welt ja wirklich in vieler Hinsicht römisch geprägt war. Das Christentum war ein orientalischer Kult, der im Römischen Reich Weltgeltung erlangt hatte und über das Ende der Antike hinaus den nachfolgenden Jahrhunderten Vorstellungen vermittelte, die im Römischen Reich geformt worden waren, und die Kirche war in vieler Hinsicht nach den Prinzipien spätrömischer Staatlichkeit und Bürokratie organisiert. Die westliche Hälfte des werdenden Deutschland schließlich war ehemals ein Teil des Römischen Reiches und der römischen Kultur gewesen.

Am Rhein und an der Donau lebten die damaligen Deutschen nicht selten in römischen Ruinen, und sie errichteten ihre Kirchen auf römischen Friedhöfen. Sie mußten sich in einer römisch geprägten Welt einrichten, und sie ließen sich darin nicht dadurch stören, daß ihre Vorfahren, die Angehörigen germanischer Stämme, während der Völkerwanderungszeit gegen die römischen Legionäre gekämpft und die römische Herrschaft am Ende zerstört hatten. Ein dementsprechendes Kontinuitätsbewußtsein war den mittelalterlichen Deutschen fremd, und es konnte ihnen auch fremd sein, weil das germanisch-römische Verhältnis ja keineswegs überwiegend durch Krieg bestimmt gewesen war und weil überdies zu den Vorfahren der Deutschen nicht nur Germanen zählten, sondern auch die Bevölkerung in den germanischen Provinzen des Römischen Reiches insgesamt, darunter die Nachkommen von Zuwanderern aus allen Teilen des Römischen Reiches, also auch die Nachfahren von Kelten. Später sollten noch Slaven zu den Vorfahren der heutigen Deutschen hinzukommen. Die Kirche tat überdies das Ihre, um germanische, also heidnische Traditionen in Vergessenheit geraten zu lassen.

Infolgedessen war die Entdeckung der Germanen als der vermeintlich frühen Deutschen im Zeitalter von Humanismus und Renaissance um so wirkungsvoller. Nun wurde auch die germanische Frühzeit in die erinnerte deutsche Geschichte hineingenommen. Von da an bis ins 20. Jahrhundert galt »Hermann« der Cherusker als der früheste deutsche Nationalheld und als eine Inkarnation deutscher Nationaleigenschaften. Aus diesem Grunde liegen Anfänge deutscher Geschichte auch hier. Wer nach dem Beginn der deutschen Geschichte fragt, der muß vor die Zeit der Entstehung des deutschen Volkes zurückgehen und auch nach Römern, nach Franken und nach Germanen fragen.

Orientiert man sich nicht an den Traditionen mittelalterlichen historischen Denkens, sondern an dem, was wir heute über die Geschichte des späteren Deutschland in der Zeit der römischen Antike wissen, so muß außer von Römern, Franken und Germanen noch von Kelten die Rede sein. Wollte man in die Vorgeschichte der Deutschen alle Völker einbeziehen, die in den vorausgegangenen Jahrhunderten in Mitteleuropa Spuren hinterlassen haben, so müßte man noch weiter zurückgehen. Doch hat es seinen guten Sinn, wenn herkömmlicherweise zwischen der Vorgeschichte und der Geschichte getrennt, wenn also unterschieden wird zwischen den langen Jahrtausenden,

Der mittelalterliche Trierer Dom geht auf eine frühchristliche Basilika zurück, die ihrerseits über beziehungsweise in den Mauern eines römischen Kaiserpalastes errichtet worden ist. Der östliche Teil des heutigen Landhauses ist weitgehend mit einem römischen Saal identisch, der von vier siebzehn Meter hohen Säulen getragen wurde, von denen ein Bruchstück als sogenannter Domstein vor dem südlichen der heutigen Westportale liegt.

von denen wir nur aus Bodenfunden wissen, und jenen knapp zweitausend Jahren, deren Kenntnis wir uns mit Hilfe schriftlicher Dokumente erschließen. Diese Unterscheidung markiert nämlich zugleich die Grenze zwischen jener Vergangenheit, die vergessen worden ist, und jener anderen, die traditionsbildend gewirkt hat. Römer, Germanen und Franken sind in die erinnerte Geschichte hineingenommen, ihre Geschichte ist also Teil der deutschen historischen Tradition geworden, während das für die Kelten nicht mehr gilt. Die Kelten sind die jüngste unter den ethnischen Gruppen, die im Gebiet des späteren Deutschland gelebt, die dieses Gebiet geformt, die in ihm Spuren hinterlassen, die also auf deutschem Boden »Geschichte gemacht« und in der deutschen historischen Tradition doch keine Spuren hinterlassen haben.

In den letzten Jahrhunderten vor Christus war Süddeutschland geprägt von einer zumal in großen Städten (oppida) weit entwickelten, teilweise durch Schriftlichkeit charakterisierten und mit der griechisch-römischen Kultur zusammenhängenden keltischen Zivilisation – bis die Expansion des Römischen Reiches nach Norden und die Wanderung germanischer Stämme nach Süden nicht nur die keltischen Reiche vernichtete, sondern am Ende – ganz anders als in Frankreich oder in England – auch die Erinnerung an die Kelten tilgte.

Die Römer sind in den Jahren um Christi Geburt verhältnismäßig rasch bis an Rhein und Donau vorgedrungen, doch haben sie das Ziel der Elbe-Grenze nicht erreichen können. In diesem Zusammenhang kommt der Varus-Schlacht des Jahres 9 nach Christus in der Tat große Bedeutung zu, auch wenn zwischen der historischen Figur des Siegers, des Arminius, und der Legendengestalt »Hermann« dem Cherusker ein beträchtlicher Abstand besteht, auch wenn man den Ort der Schlacht nicht kennt. Der geläufige Name der Schlacht im »Teutoburger Wald« bedeutet nicht, daß die Schlacht in dem heute so genannten Gebirge stattgefunden hat.

In der Folgezeit haben die Römer das Land zwischen dem mittleren Rhein und der oberen Donau durch ein aufwendiges Befestigungssystem, durch den in der Nähe von Koblenz beginnenden und unweit von Regensburg auf die Donau stoßenden Limes, dessen Überreste im Gelände heute noch vielfach sichtbar sind, geschützt. Das Land westlich und südlich von Rhein, Limes und Donau war in den nächsten Jahrhunderten keine Kolonie im neuzeitlichen Sinne, sondern vielmehr eine nicht nur politisch, sondern auch kulturell in das Römische Reich integrierte Region. Die Integrationskraft des Imperium Romanum erwies sich auch hier. In der späten Zeit des Reiches, im 4. Jahrhundert, wurde Trier zur Residenz der Kaiser und zur größten Stadt nördlich der Alpen ausgebaut. Es hatte damals siebzigtausend Einwohner – so viele, wie im Mittelalter keine einzige deutsche Stadt haben sollte.

Der wohl im 4. Jahrhundert vor Christus im Hunsrück errichtete fast eineinhalb Meter hohe Bildpfeiler entzieht sich einer genaueren Deutung. Er ist jedoch ohne Zweifel ein Zeugnis frühkeltischer Religion.

Mit der römischen Kultur faßte das Christentum an Rhein und Donau Fuß, vor der »Konstantinischen Wende« als illegaler Kult, seit dem 4. Jahrhundert als Staatsreligion des Römischen Reiches. Nun trat an die Stelle vereinzelter religiöser Zentren und Gemeinden die sich vielfach analog zum spätrömischen Staat entwickelnde Bistumsorganisation. Die Bischöfe übernahmen staatliche Aufgaben und sollten später nach dem Zusammenbruch der Staatsorganisation nicht selten die einzigen sein, die noch öffentliche Funktionen wahrnahmen und auch auf diese Weise – wie die Kirche insgesamt – Kontinuität gewährleisteten.

Der Zusammenbruch der römischen Herrschaftsordnung an Rhein und Donau und des Weströmischen Reiches insgesamt hat sich über eine lange Zeit hingezogen. Schon im 2. und 3. Jahrhundert haben germanische Stämme zeitweise die Grenze des Reiches überwunden, bis dann seit dem ausgehenden 4. Jahrhundert jene Stammeszüge und Kriege begannen, die insgesamt als Völkerwanderung bezeichnet werden und zum Ende des Weströmischen Reiches sowie der römischen Herrschaft im späteren Deutschland führten.

Doch kann dieses Wort »Völkerwanderung« zu Mißverständnissen führen. Es kann den Eindruck vermitteln, als seien hier Völker aufgebrochen, um das Römische Reich zu zerstören, und als hätten sie dieses Ziel am Ende auch erreicht. Vom späten 4. bis zum 6. Jahrhundert haben in der Tat umfängliche Wanderungen, die ihrerseits durch das Vordringen der Hunnen von Mittelasien nach Europa veranlaßt worden sind, fast ganz Europa betroffen, doch hat es sich bei denen, die jetzt ihre Wohnsitze wechselten, nicht um geschlossene Völker oder Stämme im späteren Sinne und noch weniger um eine gemeinsam handelnde und sich als Einheit verstehende germanische Völkergruppe gehandelt. Die ethnischen Verbände, welche nun aus Nord- und Osteuropa nach Süden wanderten, waren nicht so fest gefügt, daß sie über Jahrzehnte und während ihrer langen Züge ihre Identität hätten bewahren können. Keines der germanischen Völker, deren damalige Geschichte wir unter dem Begriff Völkerwanderung zusammenfassen, war am Ende dieser Völkerwanderungszeit noch das, was es zu deren Beginn gewesen war, zumal diese germanischen Gruppen, die wir nach dem Vorbild römischer Schriftsteller mit bestimmten Völkernamen versehen, auch schon in früherer Zeit vergleichsweise instabil und in Bewegung gewesen waren.

Auf der anderen Seite hat sich die Instabilität und Beweglichkeit dieser »Stämme« während der Völkerwanderungszeit noch erhöht, und es kam hinzu, daß die Zahl derer, die in Richtung auf die Nordgrenze des Römischen Reiches unterwegs waren, wuchs. Doch war das Ziel dieser Wanderungen keineswegs

Auf dem 1000 Meter hohen Magdalensberg bei Klagenfurt in Kärnten lag eine große keltische Stadt, die im letzten Jahrhundert vor Christus durch den Eisenhandel reich geworden war. Griechische, römische und orientalische Kaufleute hatten hier Häuser, die im Stile ihrer Heimat ausgeschmückt waren und prächtige Fresken wie die Darstellung der Iphigenie aus dem letzten Drittel des 1. Jahrhunderts vor Christus enthielten.

die Zerstörung des Reiches, sondern vielmehr, soweit man von einer über das Ausweichen vor innerasiatischen Nomaden-Stämmen hinausgehenden Zielsetzung überhaupt sprechen will, die Teilhabe an den Möglichkeiten dieses Reiches, also – je nach den Gegebenheiten – Raub, Eintritt in den römischen Militärdienst oder Ansiedlung innerhalb der römischen Grenzen, und zu all dem ist es auch gekommen.

Daß sich das Weströmische Reich am Ende nicht behauptete, daß es den germanischen Reichen, die sich, mit einer Ausnahme freilich, ihrerseits nicht halten konnten, unterlag, ist vor allem durch innerhalb des Römischen Reiches liegende Ursachen sowie dadurch bedingt, daß dieses Reich nicht nur im

Norden, sondern auch im Osten angegriffen wurde. Aber auch dieser uns heute als unzweifelhaft erscheinende Sachverhalt, das Ende des Römischen Reiches im Jahre 476 in Gestalt der Absetzung des Kaisers Romulus Augustulus durch den Ostgotenfürsten Odoakar, der Zusammenbruch der römischen Herrschaftsordnung nördlich der Alpen um 500, stellte sich aus der damaligen Perspektive anders dar. Die einer späteren Zeit als Überwinder des Römischen Reiches erscheinenden Germanenfürsten bemühten sich ihrerseits darum, die römische Herrschaftsordnung, so gut es ging, aufrechtzuerhalten und fortzusetzen. Nur so war es möglich, daß der erfolgreichste unter ihnen, der Frankenkönig Karl, im Jahre 800 die römische Kaiserkrone erwerben und dem mittelalterlichen Europa gewissermaßen die Fortführung des Römischen Reiches vererben konnte.

Unter den germanischen Herrschaftsbildungen im Gebiet des späteren Deutschland zeichnet sich die der Burgunder am Mittelrhein dadurch aus, daß

Die berühmte Varus-Schlacht des Jahres 9 nach Christus konnte bisher nicht lokalisiert werden, doch ist sie, abgesehen von den schriftlichen Quellen, auch durch ein Monument bezeugt, durch den heute im Bonner Landesmuseum gezeigten Grabstein des Caelius, der bei Xanten gefunden wurde und dessen Inschrift davon spricht, daß der dargestellte Offizier in dieser Schlacht (»bello Variano«) fiel.

wir es hier mit einem Völkernamen zu tun haben, der schon zu Beginn der Völkerwanderung mit einem germanischen Volk, das damals im Gebiet der Weichselmündung lebte, verbunden war. Die Geschichte der Burgunder, deren Erinnerung in dem bekanntesten mittelalterlichen deutschen Heldenepos, im Nibelungenlied, fortlebt, entspricht insofern dem traditionellen Bild der Völkerwanderung noch am ehesten, doch kann man gerade hier sehen, daß die Namen der frühmittelalterlichen Völker sich beinahe selbständig machen und ihre eigene Geschichte haben konnten. Das Burgunderreich ist im frühen 6. Jahrhundert im Frankenreich aufgegangen. Der Name Burgund ist jedoch während des ganzen Mittelalters mit einer Reihe von Herrschaftsbildungen in der Grenzzone zwischen Deutschland und Frankreich verbunden worden, bis im späteren Mittelalter der Staat der Herzöge von Burgund zu einem der bedeutendsten Machtfaktoren im damaligen Europa und zum wichtigsten Baustein des frühneuzeitlichen Weltreiches der Habsburger werden sollte.

Die anderen germanischen Reiche, die während der Völkerwanderungszeit im späteren Deutschland und auf dem Boden der nordalpinen römischen Provinzen begründet worden sind, tragen jüngere Völkernamen. Die »Stämme« der Alemannen, der Sachsen, Thüringer, Bayern und Franken sind erst hier entstanden, sie stellen also ihrerseits Resultate der Völkerwanderung dar, deren Genese überdies vielfach Rätsel aufgibt.

So ist durchaus unklar, aus welchen Bestandteilen sich das seit dem 6. Jahrhundert bezeugte Volk der Bayern gebildet hat, was dieser Stammesname bedeutet und wie die frühen Bayern von ihren Nachbarn unterschieden werden können. Einigermaßen sicher scheint jedoch, daß es ethnische Gruppen unterschiedlicher Herkunft gewesen sind, die unter diesem Namen zusammengeschlossen wurden, daß zu den Vorfahren der späteren Bayern sowohl über Böhmen eingewanderte Germanen wie auch die Bevölkerung der römischen Provinzen Noricum und Rätien gehörten. Jedenfalls hat auch das Reich der Bayern am Ende das gleiche politische Schicksal gehabt wie alle anderen germanischen Herrschaftsbildungen im Gebiet des späteren Deutschland: Es ist ein Teil des Fränkischen Reiches geworden.

Es ist dieses Fränkische Reich, das allein unter den germanischen Herrschaftsbildungen des frühen Mittelalters Bestand gehabt hat, dafür lassen sich mehrere Gründe nennen. Zunächst unterscheidet sich die langsame und kontinuierliche Expansion der Franken vom Gebiet der heutigen Niederlande her, wo sie seit dem 3. Jahrhundert bezeugt sind, nach Süden ins spätere Frankreich und Deutschland deutlich von den weiträumigen Wanderungen, wie sie zum Beispiel für Goten und Vandalen charakteristisch waren. Doch kommt vor allem der Tatsache, daß sich die Franken dem römischen Christentum zuwandten, entscheidende Bedeutung zu.

Im 4. Jahrhundert hatte sich die Christenheit durch auseinandergehende Antworten auf die Frage nach dem Verhältnis zwischen Christus und Gottvater gespalten. Der ägyptische Theologe Arius lehrte, daß Christus ein Geschöpf Gottes, daß er also etwas Geringeres als Gott sei, während das von Kaiser Konstantin geleitete Konzil von Nicaea im Jahre 325 entschied, daß Gottvater und Christus gleich seien. Diese Lehre sollte sich als katholisch, das heißt als allgemein anerkannt durchsetzen, doch war die Zahl derer, welche weiterhin der Theologie des Arius anhingen, groß. Zu den Arianern gehörten auch die eben zum Christentum bekehrten Germanen. Die Bevölkerung der römischen Provinzen folgte jedoch den Beschlüssen von Nicaea, und so bestand zwischen den Germanen, die auf einst römischem Boden neue Reiche errichteten, und der einheimischen Bevölkerung ein religiöser Gegensatz, der eine Assimilation verhinderte. Die Goten und die Langobarden in Italien beispielsweise blieben, obwohl ebenfalls Christen, infolge der konfessionellen Gegensätze doch fremde Eroberer. Die Franken hatten sich demgegenüber zu jenem Christentum bekehrt, welches in der Tradition des Konzils von Nicaea stand und zu dem sich auch die Untertanen des Weströmischen Reiches bekannten. Infolgedessen bestand bei der Ausdehnung des Fränkischen Reiches nach Süden eine religiös-konfessionelle Schranke zwischen Eroberern und Eroberten nicht. Es gab hier keine konfessionellen Probleme, welche beispielsweise eine Vereini-

Der fränkische Grabstein aus Niederdollendorf bei Bonn vermischt heidnische und christliche Bildelemente. Die Feldflasche deutet auf Pilgerschaft, die zweiköpfige Schlange auf vorchristliche Traditionen. Schwert und Kamm weisen den Dargestellten als einen Freien aus, zu dessen Merkmalen das lange Haar gehörte.

Der gut erhaltene Schädel eines Mannes, der um die Zeit von Christi Geburt in einem Moor bei Eckernförde bestattet worden ist, zeigt die Haartracht, die laut Tacitus für die germanischen Sueben charakteristisch war.

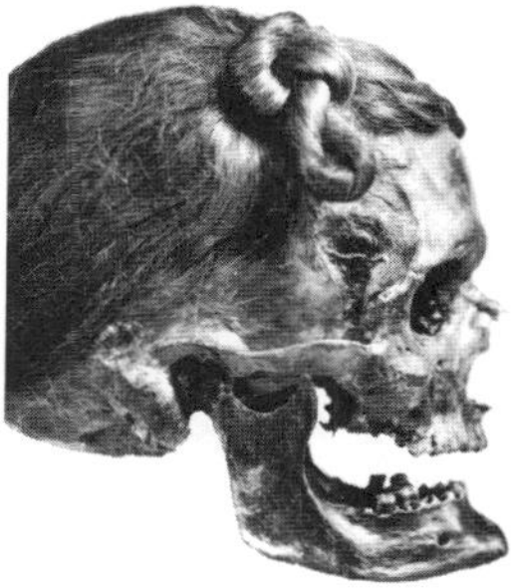

gung der alten römischen Oberschicht mit den führenden fränkischen Familien hätten behindern können.

Die Bekehrung der Franken war eine Folge der Entscheidung ihres Königs Chlodwig für das Christentum im Jahre 497 oder 498 gewesen. Das entspricht auf der einen Seite dem Gang, den die Mission der Germanen auch sonst genommen hat. Das Christentum ist zu den Germanen in sozialer Hinsicht von oben her gekommen. Die Fürsten haben sich taufen lassen, die Adligen sind ihnen gefolgt, und das Volk mußte sich anschließen.

In seinem Bericht über die Bekehrung König Chlodwigs hat der fränkische Geschichtsschreiber Gregor von Tours diesen Typus von Mission deutlich charakterisiert, und er läßt dabei eines der wichtigsten Motive erkennen, das den germanischen Fürsten die Zuwendung zu dem Gott der Christen nahelegen konnte. Gregor erzählt nämlich, daß sich Chlodwig im Moment einer drohenden militärischen Niederlage den Christengott, mit dem ihn seine Frau schon bekannt gemacht hatte, für den sie ihn aber nicht hatte gewinnen können, angerufen und ihm seine Bekehrung für den Fall des Sieges versprochen habe.

Der König rechnete also mit der Existenz des anderen Gottes, und er wollte erproben, ob dieser stärker sei als die anderen Götter, und das war kein Einzelfall. Vielmehr sind auf diese Weise auch andere Germanenfürsten für das Christentum gewonnen worden. Die Missionare warben vielfach mit der größeren Kraft des Christengottes, und sie bewiesen diese zum Beispiel dadurch, daß sie die heidnischen Heiligtümer vernichteten, ohne daß ihnen eine Strafe von Seiten der heidnischen Götter widerfuhr.

Da der fränkische König die Schlacht gewann, hätte er sich nun taufen lassen müssen. Er hat jedoch zunächst gezögert, und die Gründe dafür, welche der Geschichtsschreiber nennt, lassen erkennen, daß die Bindungen zwischen

König und Adel wechselseitig waren. Der Adel folgte dem König schließlich und ließ sich taufen, aber möglich war das nur, weil der König sich vorher vergewissert hatte, ob er dem Adel den Glaubenswechsel würde zumuten können, weil er sich der Treue des Adels für den Fall des Glaubenswechsels versichert, also geprüft hatte, ob ihm der Adel auch bei Wegfall der alten religiösen Legitimierung seiner Herrschaft gehorsam sein würde. Der Glaubenswechsel war riskant, weil die Herrschaft der heidnischen Könige ja auf ihrer – für wahr gehaltenen – Verwandtschaft mit heidnischen Göttern beruhte. Wie konnte Königsherrschaft ohne ein solches religiöses Fundament möglich sein? Die Antwort sollte in der religiösen Weihe auch der christlichen Könige liegen, wie sie im Verlauf des Mittelalters ausgebildet wurde und bis weit in die Neuzeit, in Resten bis in unser Jahrhundert, wirksam bleiben sollte.

So weist die Bekehrung des Frankenkönigs Chlodwig typische Züge auf, wie man sie beispielsweise auch ein halbes Jahrtausend später bei der Mission in den skandinavischen Ländern findet. Auf der anderen Seite hatte jedoch die Bekehrung gerade dieses Germanenfürsten weitreichende Folgen, weil er der Gründer des Fränkischen Reiches wurde.

Die politische Ordnung bei den Franken war zunächst noch durch ein altertümliches Kleinkönigtum bestimmt gewesen. Die fränkischen Herrscher, von denen man die meisten nicht mit Namen kennt, hatten ihre Machtbereiche offensichtlich in Anlehnung an römische Verwaltungsbezirke (civitates) aufgebaut. Chlodwig I. (481–511) beherrschte das Gebiet um Tournai. Man kann keine erklärenden Gründe dafür benennen, daß es diesem Herrscher so überraschend schnell gelang, seine Konkurrenten und Mitkönige zu beseitigen und zugleich seine Macht über das bisher von den Franken beherrschte Gebiet hinaus auszudehnen, bis es am Ende seines Lebens das heutige Frankreich – mit Ausnahme des Herzogtums Burgund an der Rhone – umfaßte, einen Teil des heutigen Westdeutschland sowie nach dem Sieg über die Alemannen auch das spätere Südwestdeutschland. Unter seinen Nachfolgern kamen noch Burgund und das Reich der Thüringer zwischen Weser und Elbe hinzu.

Von entscheidender Bedeutung war der Sieg Chlodwigs über den römischen »dux« Syagrius im Jahre 486. Damit fiel dem Frankenkönig nicht nur die Kernlandschaft des künftigen Frankreich mit Paris, sondern zugleich auch das letzte römische Territorium nördlich der Alpen zu.

Die Franken hatten ihr Herrschaftsgebiet innerhalb von drei Jahrzehnten nicht nur um ein Mehrfaches vergrößert, sondern sie hatten sich auch Regionen und Bevölkerungen unterworfen, deren kultureller Standard weit höher war als der, welcher ihre ursprünglichen Gebiete charakterisierte. Im Vergleich mit der

Bevölkerung der einst römischen Provinzen waren die Franken Barbaren. Daß die fränkische Herrschaft dennoch bestehen blieb und zur Wurzel sowohl des mittelalterlichen Frankreich wie auch des römisch-deutschen Reiches werden konnte, ist nur als die Folge eines umfassenden Integrationsprozesses zu erklären. Der jedoch war nur deshalb möglich, weil sich König Chlodwig im Jahre 497 oder 498 durch den Bischof von Reims taufen ließ und weil infolge dieser Taufe die fränkischen Eroberer die Religion der Eroberten annahmen.

So konnte die bisherige Führungsschicht in Gallien, der senatorische Adel, seine kirchlichen und weltlichen Führungspositionen beibehalten und mit dem fränkischen Adel sowie mit Gruppen, die während der raschen Expansion des Frankenreiches in der Umgebung des Königs sozial aufgestiegen waren, zu einer neuen Reichsaristokratie zusammenwachsen. Damit aber war zugleich eine Voraussetzung für jene Kontinuität beim Übergang von der Spätantike zum Mittelalter gegeben, die das Frankenreich in so vieler Hinsicht kennzeichnet.

Die Frage, wie man sich den Übergang von der antiken zur mittelalterlichen Welt vorzustellen hat, ist oft einseitig beantwortet worden – im Sinne einer Katastrophentheorie, also eines tiefgreifenden und umfassenden Einbruchs, oder aber so, daß der Einschnitt zwischen der antiken und der mittelalterlichen Kultur gar nicht in der Völkerwanderungszeit liege, daß deren Zeit vielmehr durch Kontinuität charakterisiert sei und erst die arabische Eroberung der meisten Mittelmeerländer während des frühen Mittelalters zum Ende der antiken Kultur geführt habe.

Für die deutsche Geschichte meint die Frage nach Kontinuität oder Diskontinuität zu Beginn des Mittelalters zugleich auch das Schicksal der römischen Provinzen an Rhein und Donau zwischen dem 3. und 9. Jahrhundert. Es ist die Frage, wie das Leben hier nach dem Zusammenbruch der römischen Staatsorganisation weitergegangen ist, ob die bisherigen Bewohner abgewandert oder umgekommen sind, ob sich die Zuwanderer in den vorgefundenen Siedlungen niederlassen konnten und wollten, oder ob sie nur Ruinen vorfanden und neben den Trümmern eine neue, stadtferne und primitive Kultur zu schaffen begannen.

Man hat lange Zeit geglaubt, daß es zum Wesen der Germanen und im Grunde auch der späteren Deutschen gehört habe, vereinzelt und jedenfalls nicht in Städten zu wohnen, und man konnte einen prominenten Zeugen dafür benennen. Der römische Geschichtsschreiber Tacitus spricht nämlich in seiner »Germania« nicht nur von der Städtelosigkeit der Germanen als einer bekannten Tatsache, sondern er sagt auch, daß es die Germanen überhaupt nicht ertragen könnten, in enger Verbindung mit anderen zu wohnen. Sie siedelten sich, so schreibt er, voneinander getrennt an, je nachdem, wie eine Quelle, ein Feld oder ein Wäldchen zur Niederlassung anregten.

Der römische Schriftsteller hat sich auch sonst um eine Konfrontation germanischer Ursprünglichkeit und römischer Zivilisation bemüht, und seine Gegenüberstellung hatte weitreichende Folgen für das Selbstverständnis der Deutschen. Seitdem seine Schrift im Zeitalter des Humanismus wiederentdeckt worden ist, hat sie immer aufs neue, zuletzt noch zu Anfang unseres Jahrhunderts, als Beweis einer tiefen Wesensverschiedenheit gedient, welche die Deutschen von ihren südlichen und westlichen Nachbarn trennte und sie zu einem besonderen Weg durch die Geschichte nötigte.

Tatsächlich ist die »Germania« ein mehrschichtiger Text. Tacitus will seinen römischen Lesern einen Spiegel vorhalten, er pointiert also, was die Germanen seiner Ansicht nach von den Römern unterscheidet, und es kommt hinzu, daß seine Kenntnisse oft unzureichend waren und angesichts der damaligen Ver-

Zu den kulturellen Traditionen, die im ehemals römischen Germanien fortgeführt wurden, gehörte auch das Aufstellen von Grabsteinen, an denen man freilich den langsamen Verfall der Schrift und der Sprache studieren kann. Der Grabstein der Rignedrudis aus dem 6. Jahrhundert im Bonner Landesmuseum zeigt eine qualitätvolle Schrift und einen Sprachstand, der nur wenig von dem klassischen abweicht. Doch bemerkt man auch hier Anzeichen des Vulgärlateins: das Wort tomolus (statt tumulus) in der ersten Zeile oder den Ablativ parentebus (parentibus) in der vierten Zeile.

kehrsbedingungen und damit auch der Informationsmöglichkeiten unzureichend sein mußten. Die moderne Archäologie hat Tacitus deshalb in vielen Punkten widerlegt.

Aus diesem Grunde kann der römische Autor die Frage, was die Germanen mit den eroberten Römerstädten machten, nicht beantworten helfen. Man müßte überdies spätere Zeugnisse haben. Aber aus der Zeit, in welcher das römische Germanien in die Hand der Germanen fiel, gibt es so gut wie keine schriftlichen Dokumente.

Doch sagt schon diese Tatsache etwas darüber aus, wie dieser Übergang vonstatten gegangen sein muß. Das Abreißen der schriftlichen Überlieferung ist ein Zeichen von Diskontinuität. Und es kann kein Zweifel daran bestehen, daß dieses Abbrechen der Schriftkultur Teil eines umfassenden Verfallsvorganges ist. In den ehemals römischen Gebieten wurden weite Striche der Kulturlandschaft aufgegeben und wieder vom Wald überzogen, der nicht selten, wie zum Beispiel der Kottenforst bei Bonn, noch heute besteht. Offensichtlich waren die neuen Bebauer des Landes weder von ihrer Zahl noch von ihrer Agrartechnik her in der Lage, alle bisher bewirtschafteten Flächen unter dem Pflug zu halten beziehungsweise zu beweiden.

Im einzelnen erlauben es jedoch die Bodenfunde und die an manchen Orten auch oberhalb der Erdoberfläche erhaltenen Überreste sowie schließlich die Möglichkeit, von späteren Zuständen auf die Vorgänge während der Völkerwanderungszeit zurückzuschließen, die Verhältnisse von Region zu Region zu unterscheiden. Auf der einen Seite steht zum Beispiel Teurnia, die zeitweilige Hauptstadt der römischen Provinz Noricum im heutigen Kärnten (Österreich), die um 600 durch Awaren und Slaven so vollständig zerstört worden ist, daß man ihre Stelle erst im 18. Jahrhundert entdeckt hat. Auf der anderen Seite haben beispielsweise in Augusta Treverorum (Trier) stets Bischöfe amtiert, kann demzufolge das städtische Leben hier niemals ganz aufgehört haben, bis in den Ruinen des spätantiken Trier dann die – sehr viel kleinere – mittelalterliche Stadt gleichen Namens entstand.

Einige römische Bistümer, wie beispielsweise Lorch an der Donau (Österreich), sind erloschen. An anderen Orten, wo sich ebenfalls viele Anzeichen von Diskontinuität feststellen lassen, erweisen sich die Kirchen als Träger von Kontinuität. Dazu gehört zum Beispiel das einstige römische Legionslager Bonn. Die mittelalterliche Stadt gleichen Namens hat an dieses Lager indirekt angeknüpft, sie hat sich in der Umgebung einer zwei Kilometer weiter südlich gelegenen Kirche entwickelt, die auf dem Friedhof des römischen Bonn begründet wurde, weil man hier zwei Märtyrergräber verehrte. Das Legionslager hat freilich auch noch in fränkischer Zeit in Gestalt einer Burg weiterbestanden, bis diese im 9. Jahrhundert den Normannen zum Opfer fiel. Auch in Trier sind die großen Zerstörungen der antiken Stadt erst ein Resultat der normannischen Invasion dieser Zeit gewesen, so daß der Kontinuitätseinbruch hier erst einige Jahrhunderte nach der Völkerwanderung liegt.

Ähnliche Beobachtungen lassen sich im Fränkischen Reich auch sonst machen. König Chlodwig und seine Nachfolger, die merowingischen Könige, haben sich bei der Regierung in höherem Maße der Schrift bedient, als das dann die Könige des 10. und 11. Jahrhunderts tun sollten. Sie hatten in römischer Tradition ausgebildete, schreibkundige Laien in ihrem Dienst, während im hohen Mittelalter nur noch Geistliche am königlichen Hof lese- und schreibfähig waren.

Dieser Kulturwandel hat auch wirtschaftliche Ursachen gehabt – das Schreiben und Lesen ist vom Vorhandensein geeigneter Materialien abhängig. Die fränkischen Könige haben sich zunächst des antiken Beschreibstoffes, also des Papyrus bedient, bis dieses Material infolge des schrumpfenden Mittelmeer-

Die lateinische Sprache und die römische Kultur sind für das Mittelalter unerreichbare Vorbilder gewesen, doch war die Antike dem Mittelalter zugleich auch die Welt des überwundenen und weiterhin zu bekämpfenden Heidentums. Auf drastische Weise geschah das vor der Matthiaskirche bei Trier, wo die Pilger Gelegenheit hatten, die abgebildete Venus-Statue durch Steinwürfe zu verwunden und auf diese Weise die heidnischen Götter, die nun als böse Dämonen galten, zu bekämpfen. Die Inschrift aus dem 16. Jahrhundert bringt das zugespitzt zum Ausdruck: »ich was geehret als ein gott. jetzt stehen ich hie der welt zum spot«.

handels seltener wurde und an seine Stelle das Pergament, also ein spezielles und relativ teures Leder, trat. Die jüngste fränkische Papyrusurkunde, die man kennt, stammt aus dem Jahre 673, die älteste erhaltene Pergamenturkunde wurde im Jahre 677 geschrieben. Bis zum 14. Jahrhundert sollte es in Europa keine Alternative zu diesem teuren Schreibmaterial geben. Die dann rasch zunehmende Verwendung der Schrift wäre nicht möglich gewesen, wenn damals nicht die Herstellung von Papier aus Textilien erfunden worden wäre.

Im ganzen finden sich die Beispiele für Kulturkontinuität im Frankenreich eher in dessen südlichen Teilen als im Norden, also im späteren Deutschland; Kontinuität ist wiederum am Rhein öfter als an der Donau zu beobachten. Dementsprechend hatte das Fränkische Reich zunächst auch sein politisches Zentrum auf dem Boden des späteren Frankreich. Mit der Ausdehnung des Frankenreiches nach Osten über die einstige römische Grenze hinaus hat sich dann auch der politische Schwerpunkt des Merowingerreiches verschoben, und dieser Prozeß wurde dadurch beschleunigt, daß im 8. Jahrhundert die Karolinger die merowingischen Könige verdrängten.

Die berühmte Porta Nigra in Trier, das monumentalste römische Tor, das sich überhaupt erhalten hat, ist im Mittelalter im Gegensatz zu den meisten anderen römischen Bauten nicht als Steinbruch benutzt und abgerissen worden, weil sich hier im Jahre 1028 der syrische Mönch Simeon als Einsiedler niederließ, der nach seinem Tode heiliggesprochen und um dessen Zelle herum eine Stiftskirche eingerichtet wurde. Die Photographie zeigt die Nahtstelle, wo die antike Toranlage und der Kirchenchor des 12. Jahrhunderts zusammenstoßen.

2. Der Weg des Christentums zu den Deutschen – Das Reich der Karolinger

Die für ein späteres Urteil ebenso brutalen wie heimtückischen Morde, mit deren Hilfe Chlodwig I. aus einem Kleinkönig zum Alleinherrscher des Frankenreiches geworden war, fanden in den beiden nächsten Jahrhunderten ihre Fortsetzung bei den Auseinandersetzungen zwischen seinen Erben. Seit dem 7. Jahrhundert nahmen an diesen Machtkämpfen auch die Angehörigen einer Familie teil, die als »maiores domus« (Hausmeier), also als führende königliche Amtsträger eines der fränkischen Teilreiche, mächtig geworden waren. Seit einem militärischen Sieg des Hausmeiers Pippin II. im Jahre 687 hatten die Angehörigen dieser Familie praktisch die politische Führung im Frankenreich inne, zumal Karl, dem Sohn Pippins II., im Jahre 732 zwischen Tours und Poitiers der Sieg über die Araber gelang, die von der Iberischen Halbinsel aus nach Westeuropa vorgedrungen waren. Seit dem 9. Jahrhundert erhielt der Sieger den Beinamen Hammer (Martell). Sein Sohn Pippin (als König I.) hat im Jahre 751 den letzten Merowingerkönig gestürzt, ihn zur Haft in einem Kloster gezwungen und sich selber an seine Stelle gesetzt.

Die über zweieinhalb Jahrhunderte währende Herrschaft der merowingischen Könige war auch durch die Vorstellung von einem einzigartigen Rang der königlichen Familie gestützt worden. Ihren Angehörigen wurde eine besondere magische und religiös begründete Kraft zugeschrieben. Sicherlich aus diesem Grunde hat Pippin sich bei seinem Staatsstreich um die Unterstützung des Papstes bemüht, und dieser hat sich damals tatsächlich mit dem neuen Frankenkönig verbunden. Papst Stephan II. hat Pippin mit geweihtem Öl »salben« lassen und damit die religiöse Königsweihe begründet, welche den mittelalterlichen Königen sowohl in Frankreich wie in Deutschland künftig zuteil werden sollte, und er hat den Franken zum »Patricius Romanorum«, zum Schutzherrn der Römer, ernannt. Diese Ernennung hatte ihre Ursache in den aktuellen Konflikten zwischen dem Papst und dem Langobardenreich in Italien, aber sie sollte sich als ebenso folgenreich erweisen wie die Salbung. Sie stellt den Anfang des römischen Kaisertums der mittelalterlichen deutschen Könige und ihrer Italienpolitik dar.

Das Fränkische Reich ist unter Pippin konsolidiert und nach Italien ausgedehnt worden. Durch die Schenkung eines Teils seiner Eroberungen an den Papst legte der König den Grundstein zum späteren Kirchenstaat. Nach seinem Tode im Jahre 768 ist das Fränkische Reich entsprechend dem merowingischen

Vorbild und den damaligen Verfassungsvorstellungen geteilt worden, doch gelang es Pippins Sohn Karl, sich rasch gegen seinen Bruder durchzusetzen und eine Alleinherrschaft zu etablieren, die bis zum Jahre 814 dauern sollte.

Die Regierung Karls des Großen ist für Europa und insbesondere für Frankreich und für Deutschland von fundamentaler Bedeutung geworden. Für die deutsche Geschichte sollte nicht zuletzt die Expansion des Fränkischen Reiches nach Osten wichtig werden. Karl der Große hat das Reich im Norden bis an die Elbe und weiter südlich bis nach Böhmen sowie in das spätere Österreich und Ungarn ausgedehnt. Gleichzeitig wurden diese Gebiete auch für das Christentum gewonnen.

Ein zeitgenössischer Autor hat in diesem Zusammenhang von einer »Predigt mit der eisernen Zunge« gesprochen und damit die enge Verbindung von politischer Unterwerfung und christlicher Mission zutreffend bezeichnet. Besonders die Unterwerfung der Sachsen und ihre Christianisierung sind eine Folge von Kriegen und Gewaltakten gewesen, die sich von dem Weg, auf welchem das Christentum im allgemeinen zu den späteren Deutschen gekommen ist, unterscheiden. Auf der anderen Seite konnte aber auch sonst in diesen Jahrhunderten von einer individuellen Bekehrung der Menschen nicht die Rede sein. Die Missionare waren stets bemüht, die politischen Führer zu gewinnen, und die Taufe von großen Menschenmengen besaß oft Züge von Gewaltsamkeit. Das aber hatte seinen Grund nicht nur in der Intoleranz der christlichen Missionare gegenüber dem Heidentum, sondern mehr noch darin, daß den Angehörigen heidnischer Völker die Vorstellung von religiös differenzierten politischen Verbänden fremd war. Die germanischen Völker waren nicht nur politische, sondern auch religiöse Gemeinschaften. Die Verbindung der politischen mit einer religiösen Veränderung war den Neugetauften ebensowenig fremd, wie ihnen angesichts der bisherigen Einheit von Stammes- und religiöser Gemeinschaft der Glaubenswechsel aufgrund einer Bekehrung der politischen Führer des Volkes ungewöhnlich erscheinen konnte. Die germanischen Stammeskulte waren überdies schwächer als die christliche Religion. Deren Lehre war schriftlich fixiert und gegen andere Religionen fest abgegrenzt, die Germanen hatten den christlichen Geistlichen nicht ebenso professionelle Priester entgegenzusetzen, und es kam schließlich hinzu, daß die Völkerwanderung nicht nur die germanischen Stämme, sondern auch deren Kulte instabil gemacht hatte. So brauchte die Taufe einem eben bekehrten Germanen nicht viel zu bedeuten, und sie dürfte in der Regel keineswegs ein Zeichen dafür gewesen sein, daß die auf solche Weise dem Christentum neu gewonnenen

Gläubigen tiefere Einsichten in die christliche Religion besaßen. Der Weg des Christentums in die Herzen der Menschen sollte noch Jahrhunderte brauchen. In den Städten war er vor allem eine Folge des Eifers der Bettelmönche seit dem 13. Jahrhundert. Auf dem Lande haben sich heidnische Vorstellungen das ganze Mittelalter hindurch erhalten.

Und doch hat die christliche Religion das Leben der Menschen im Mittelalter in vielfältiger Hinsicht bestimmt. Mit dem neuen Glauben war die Einrichtung von Kirchen, Bistümern und Klöstern verbunden, und diese haben auf Verfassung, Wirtschaft und Kultur tief eingewirkt. Aus diesem Grunde waren Fragen der Kirchenorganisation in hohem Maße politische Fragen, und so ist es beinahe selbstverständlich, daß die Regierungszeit Karls des Großen grundlegend auch im Hinblick auf die Kirchenverfassung des späteren Deutschland gewesen ist.

Zunächst war die fränkische Kirche nur zu einer allmählichen Mission in der Lage gewesen. Sie blieb noch für eine längere Zeit ein der römischen Kultur verhaftetes, fast ausschließlich städtisches Phänomen, das außerhalb der einstigen römischen Provinzen nur schwer Wurzel fassen konnte. In die Breite ging die Christianisierung der Germanen erst seit der in hohem Maße von irischen und englischen Mönchen getragenen und durch Klostergründungen gestützten Mission des 7. Jahrhunderts. Damals entstanden die großen, für das mittelalterliche Deutschland so charakteristischen Klöster Echternach (Luxemburg), Weissenburg (Elsaß/Frankreich), Fulda, St. Gallen (Schweiz) und Reichenau im Bodensee. Zur selben Zeit wurden die ersten Bistümer gegründet, die außerhalb alter Römerstädte lagen – Salzburg (Österreich), Regensburg, Passau, Freising, Würzburg und Erfurt in Thüringen, das sich jedoch nicht halten konnte.

Die Konsolidierung der Mission durch Bistumsgründungen war zu einem beträchtlichen Teil die Leistung des aus England stammenden Wynfrith/Bonifatius, des im Jahre 754 bei der Friesenmission erschlagenen »Apostels der Deutschen«. Seine großen Erfolge sind auch aus der engen Zusammenarbeit mit den fränkischen Hausmeiern beziehungsweise Königen sowie mit dem Papst zu erklären. Karl der Große und seine Nachfolger haben diese Tradition fortgesetzt und in dem eroberten Sachsen neue Bistümer gegründet, darunter Bremen, Hamburg, Münster, Paderborn und Hildesheim, wo nun von Erdwällen und Holztürmen geschützte erste primitive Domkirchen gegründet wurden, zu deren Füßen alsbald kleine Siedlungen entstehen und zu Keimzellen der späteren Bischofsstädte werden sollten.

Die Reorganisation der Kirche und die Gründung von Klöstern und neuen

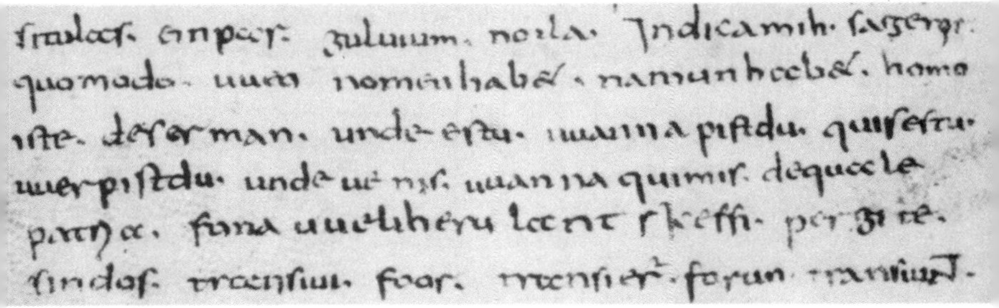

Die aus dem frühen 9. Jahrhundert stammenden Kasseler Glossen zeigen nicht nur Resultate der karolingischen Schriftreform, sondern sie stehen auch für die damaligen Bemühungen um die deutsche Sprache. Auf der abgebildeten Seite finden sich lateinisch-deutsche elementare Lehrgespräche, die zugleich ein Zeugnis für die Entstehung einer geschriebenen deutschen Sprache sind. Der Text lautet zum Beispiel: Indica mihi – sage mir – quomodo – uueo – nomen habet – namun habet – homo iste – deser man? unde es tu – uuanna pist du? quis es tu – uuer pist du? unde venis – uuanna quimis? de quale patria – fona uueliheru lantskeffi – pergite – sindos? transivi – foor. transierunt – forun.

Bistümern waren eine Voraussetzung für die umfassende Erneuerung der Kultur unter Karl dem Großen und durch diesen Herrscher. Der König und spätere Kaiser hat sich erfolgreich darum bemüht, die besten Gelehrten des damaligen Westeuropa an seinen Hof zu ziehen und ihnen ein breites Wirkungsfeld zu eröffnen. Die von ihnen ausgehende Erneuerung der Sprache, der Schrift und der Literatur sollte Normen für das ganze Reich schaffen und hat das auch getan. Sowohl in bezug auf die Sprache wie auch hinsichtlich der Schrift haben die folgenden Jahrhunderte auf den Reformen der Zeit Karls des Großen aufgebaut. Unsere heutige Schreibschrift steht ebenso wie die Antiquaform der Druckschrift in der Nachfolge der karolingischen Kleinbuchstabenschrift (»Minuskel«), und das mittelalterliche und das frühneuzeitliche Latein sind nicht ohne die Überwindung der zahlreichen sprachlichen Verfallsphänomene, welche das Latein der Merowingerzeit charakterisiert haben, zu denken.

Aber die Bildungsreformen zielten nicht nur auf die lateinische Sprache. Karl der Große hat sich darum bemüht, gerade auch die Volkssprache, die er ja selber sprach, zu normieren und literaturfähig zu machen. Unter seinem Nachfolger sind diese Versuche aufgegeben und sogar zurückgenommen worden, und so ist die Bildung in den nächsten Jahrhunderten weiterhin an die lateinische Sprache gebunden geblieben.

Karl der Große hat der deutschen – wie auch der französischen – Geschichte ein vielfältiges, bis in die Gegenwart wirksames Erbe hinterlassen. Am folgenreichsten sollte jedoch die von ihm bis zur Kaiserkrönung des Jahres 800 gesteigerte Fortsetzung der Rom-Politik seines Vaters sein.

Die unmittelbaren Folgen dieser Kaiserkrönung haben bis in unser Jahrhundert gereicht – nachdem König Otto I. im Jahre 962 mit der Berufung auf Karl den Großen diese Kaiserkrönung wiederholt und damit eine Tradition geschaffen hatte, die zwar nicht so stark war, daß nun jeder deutsche König zum römischen Kaiser gekrönt wurde, die jedoch verhindern konnte, daß bis zum Jahre 1806 ein anderer als der deutsche König die römische Kaiserkrone erhielt. In diesem Jahre 1806 ist dann zwar das von Karl dem Großen und Otto I. erneuerte Römische Reich »deutscher Nation« (dieser Zusatz ist erst im 15. Jahrhundert gemacht worden) untergegangen, doch blieb die Kraft des Kaisertitels so stark, daß er damals für den Regenten der österreichischen Länder beibehalten wurde und daß der preußische König Wilhelm I. als der Regent des am 18. Januar 1871 in Versailles proklamierten deutschen Einheitsstaates den Titel Kaiser erhielt, obwohl er in der Verfassung dieses Reiches zunächst als Bundespräsident bezeichnet wurde und sich selber gegen diesen Kaisertitel gewehrt hat.

Die Kaiserproklamation des Jahres 800 hatte ähnlich der von 1871 Elemente einer Überrumpelung des künftigen Kaisers. Ihre aktuellen Ursachen lagen in Auseinandersetzungen zwischen dem Papst und seinen Gegnern in Rom sowie in der Tatsache, daß das römische Kaisertum angesichts von Thronstreitigkeiten in Byzanz – im Oströmischen Reich, wie wir heute sagen, nach damaligem Verständnis aber: im Römischen Reich – vakant war.

Dieses so folgenreiche Ereignis hatte weit zurückliegende und weitwirkende Ursachen in der Geschichte des Fränkischen wie auch in der des Römischen Reiches. Das alte Römische Reich bestand auf der einen Seite fort. Es war ja, entgegen späteren Perspektiven, keineswegs während der Völkerwanderung untergegangen, sondern es hatte nur ein anderes Zentrum erhalten. Seine Hauptstadt war nun Byzanz, und das frühere Zentrum des Reiches, Rom, lag plötzlich an der Peripherie. Auf der anderen Seite ließ sich aber dieses alte Reichszentrum nicht ohne weiteres an die Peripherie drängen, zumal es inzwischen nicht nur von der Reichstradition lebte, sondern auch ein religiöser Mittelpunkt war. Der Papst war damals zwar nicht die oberste Autorität in der Kirche – dieser Anspruch sollte erst im Verlaufe des Mittelalters für einen großen Teil der damaligen Welt verwirklicht werden –, aber er war doch sehr viel mehr als bloß der Bischof von Rom. Er war Nachfolger des Apostels Petrus

Die monumentale Statue Karls des Großen in der Kirche von Müstair (Graubünden), würde, falls sie aus dem 12. Jahrhundert stammt, ein Zeugnis der damals erneuerten Erinnerung an den Kaiser sein. Doch könnte sie auch in der Zeit Karls selbst entstanden sein.

und damit desjenigen Jüngers, den Christus selber zu seinem Nachfolger auf Erden eingesetzt hatte. Der Papst war einer der Patriarchen, seinem eigenen Anspruch zufolge der vornehmste, und er konnte die politische Tradition seines Amtssitzes als Fundament für seine eigenen Ansprüche benutzen, und gerade das hat Papst Leo im Jahre 800 getan. Angesichts dieser Kaiserkrönung schien nun der Papst der Herr des Römischen Reiches zu sein und über dessen Krone zu verfügen.

Der Widerwille Karls des Großen gegen die Kaiserkrönung, von dem die Quellen berichten, dürfte sich auf die herausragende Rolle des Papstes bei diesem Akt bezogen haben – nicht jedoch auf die Erhebung zum Kaiser selbst.

Für die sprach nicht nur die momentane Situation, sondern auch das schon unter den Vorgängern Karls begründete besondere Verhältnis zwischen dem Frankenherrscher und dem römischen Papst. Nun kam hinzu, daß es tatsächlich keinen Herrscher gab, dessen Macht der Karls des Großen auch nur ähnlich gewesen wäre. Papst Leo III. krönte im Jahre 800 also denjenigen unter den damaligen Regenten, der noch am ehesten eine Position innehatte, welche der der früheren römischen Kaiser ähnlich war.

Diese Situation sollte jedoch nicht von Dauer sein. Das Karlsreich ist rasch zerfallen, während das zur Zeit König Karls geschwächte oströmische Kaisertum wiederhergestellt wurde. Auch nach der Erneuerung des westlichen Kaisertums im Jahre 800, auch nach der »Translatio Imperii« (Übertragung des Reiches) von den Römern zu den Franken, als welche man die Krönung des Jahres 800 bald zu deuten begann, blieb doch das andere Römische Reich, das Byzantinische, dem Fränkischen in vieler Beziehung überlegen. Trotz »karolingischer Renaissance« war Karl der Große aus byzantinischer Perspektive ein Barbarenherrscher und ein Usurpator; ungeachtet der Macht dieses Kaisers blieben das spätere Frankreich und Deutschland, vom Oströmischen Reich aus gesehen, Randregionen. So eindrucksvoll sich das Aachen Karls des Großen von den anderen Residenzen der Karolinger und von den Pfalzen der Könige des 10. und 11. Jahrhunderts abhebt: Von Byzanz mit seinen mehreren hunderttausend Einwohnern aus gesehen nahm sich das karolingische Aachen wenig eindrucksvoll aus, und wenn Karl der Große die Kapelle in seiner Pfalz mit römischen Säulen schmückte, um seine Herrschaft mit einem auch optischen Bezug auf Rom zu legitimieren, dann machte das in byzantinischen Augen die Distanz nur noch deutlicher. Es sollte langer Zeit bedürfen, bis Byzanz das im Jahre 962 in der Karlstradition erneuerte westliche Kaiserreich tatsächlich als gleichrangig anerkannte.

Der Zerfall des Karlsreiches hatte offensichtlich Ursachen, die in den Personen lagen. Weder der Nachfolger Karls des Großen, Ludwig der Fromme, noch dessen Söhne hatten das Format ihres Vorfahren. Doch läßt sich ein so komplexer Vorgang wie der »Zerfall« einer Herrschaftsordnung weder auf eine einzige Ursache noch nur auf die Eigenschaften von Personen zurückführen. Das Fränkische Reich wurde nach dem Tode Karls des Großen nicht nur von

Auf der Bronzetür, die der Florentiner Bildhauer Filarete 1433 bis 1445 für die alte Peterskirche geschaffen hat und die heute in die Peterskirche hineinführt, findet sich eine Darstellung der Krönung Kaiser Siegmunds durch den Papst im Jahre 1433, die zugleich für die vielen Kaiserkrönungen steht, die im Mittelalter an dieser Stelle stattgefunden haben.

Herrschern regiert, die offensichtlich schwächer waren als der große Kaiser, sondern es wurde auch von gänzlich neuen Gefahren bedroht. Es mußte sich sowohl der von Norden her angreifenden, die Küstenregionen überfallenden und auf den Strömen bis weit ins Landesinnere vordringenden Wikinger wie auch der aus Südosteuropa immer wieder bis in das europäische Zentrum vorstoßenden Ungarn erwehren. Angesichts der militärischen Überlegenheit, welche die Wikinger ihren schnellen Schiffen und die Ungarn ihren ebenso schnellen Pferden verdankten, konnte das jedoch nur unzureichend geschehen, zumal die Siege der Eindringlinge auch Schwächen des Reiches bloßlegten und verstärkten. Es zeigte sich nun, daß ein so großes Reich mit den damals gegebenen Verkehrs- und Herrschaftsmitteln nicht auf Dauer verteidigt werden konnte, und das galt umso mehr, als es immer noch in beträchtlichem Maße von den Resten der spätrömischen Kultur lebte – von Resten, die nun freilich aufgezehrt wurden. An nicht wenigen Orten waren es erst die Wikingereinfälle, welche die römischen Mauern und Gebäude endgültig zu Ruinen machten.

Darüber hinaus wurde der Zerfall des Reiches durch Erbteilungen und durch Auseinandersetzungen innerhalb der karolingischen Dynastie gefördert, die ihrerseits durch eine wachsende Verselbständigung der Reichsteile verstärkt wurden. Dieser Auflösungsprozeß hat auch eine sprachliche Seite gehabt, und

Die Illustrationen des Goldenen Psalters von St. Gallen aus dem 9. Jahrhundert folgen antiken Vorbildern, aber sie spiegeln auch die Wirklichkeit ihrer Entstehungszeit. So sind die Reiter mit Steigbügeln ausgerüstet, die damals in Westeuropa eingeführt wurden und ohne die das mittelalterliche Rittertum nicht zu denken ist.

mit dieser ist die Entstehung des deutschen und des französischen sowie auch des italienischen Volkes eng verbunden.

Im Jahre 843 kam es in Verdun unter den drei Enkeln Karls des Großen zu jener Teilung, welche die Grenzen zwischen den künftigen Völkern deutlich vorzeichnete. König Karl der Kahle erhielt den Westen, also das werdende Frankreich, Ludwig »der Deutsche« den Osten, das künftige Deutschland, während Lothar einen breiten Streifen dazwischen sowie das karolingische Italien erhielt. Obwohl dieses Reich in dem Stammesnamen Lothringer und in dem Land Lothringen fortlebt und obwohl es im 14. und 15. Jahrhundert in Gestalt des burgundischen Staates noch einmal zur Bildung eines Reiches im Grenzgebiet zwischen Deutschen und Franzosen kam, sollte das Lotharingien des 9. Jahrhunderts doch keinen Bestand haben. Seine südliche Hälfte, die künftigen Reiche Burgund und Italien, wurde 870 abgetrennt, und im selben Jahre sowie 880 noch einmal wurde der nördliche Teil dieses Zwischenreiches auf das West- und auf das Ostreich ungefähr so aufgeteilt, wie das ganze Mittelalter hindurch die Grenze zwischen Deutschland und Frankreich verlaufen sollte.

Gleichzeitig kam es mit der Ausbildung der deutschen und der französischen Sprache hier auch zur Entstehung einer Sprachgrenze. In den Straßburger Eiden aus dem Jahre 842, in denen sich Karl und Ludwig vor dem Kampf gegen Lothar, dessen Resultat dann der Vertrag von Verdun sein sollte, wechselseitig Treue schworen, erweist sich, daß die werdenden Völker damals schon sprachlich unterschieden werden mußten. Um nämlich vom jeweils anderen Heer verstanden zu werden, schwor Ludwig in altfranzösischer und Karl in althochdeutscher Sprache. Diese Eide sind älteste überlieferte Zeugnisse sowohl des Altfranzösischen wie auch des Althochdeutschen.

II Hartmut Boockmann
Das Reich im Mittelalter

900 bis 1500

Nach der Wahl Papst Martins V. im Jahre 1417 auf dem Konstanzer Konzil hat König Siegmund dem Neugewählten den sogenannten Strator-Dienst geleistet. Er hat das Pferd des Papstes am Zügel geführt und damit eine Zeremonie erneuert, die im 12. Jahrhundert nur nach heftigen Auseinandersetzungen zwischen Friedrich Barbarossa und Papst Hadrian IV. vollführt werden konnte. Der Kaiser als Pferdeknecht des Papstes: Das konnte damals so verstanden werden, als ob das Kaisertum vom Papsttum abhängig sei. Im 15. Jahrhundert waren die fundamentalen Auseinandersetzungen zwischen den beiden Universalgewalten Vergangenheit, ohne doch gänzlich vergangen zu sein. Das besondere Verhältnis zwischen dem Papst und dem deutschen König war auch jetzt eine Realität, und die Identität des Zeremoniells konnte die Jahrhunderte überbrücken.

Der Aufstieg der durch hansischen Kaufmannsgeist geprägten Städte von Brügge in Flandern bis zu Reval in Estland markiert die militärische, politische und wirtschaftliche Macht der Hanse, die den Handel der Nord-Meere unter ihre Kontrolle gebracht hatte.

Standen Bremen und Hamburg für den Austausch mit England und Spanien und später mit der Neuen Welt, so war Lübeck das Zentrum des Skandinavien- und Rußlandhandels.

Die im 19. Jahrhundert sterbende patrizische Welt Lübecks, dessen Gesicht die Feuerstürme des Zweiten Weltkriegs überdauert hat, ist in Thomas Manns »Buddenbrooks« unverlierbar eingegangen.

Der Aufstieg der Habsburger im 14. und 15. Jahrhundert spiegelt sich in Wiens Stephansdom, einer Pfarrkirche, die als Bischofskathedrale und vielleicht als Königskirche geplant und seit 1359 gebaut wurde, obwohl Wien erst mehr als ein Jahrhundert später Bischofsstadt wurde. Während der türkischen Belagerung Wiens wurde der Dom dann zum Fanal des zugleich religiösen und nationalen Widerstandes. Selbst vom Prunkzelt des die Stadt belagernden Sultans Suleiman II. aus winkte, wie zeitgenössische Berichte erzählen, die schlanke Spitze des 136 Meter hohen Turms drohend und verlockend in das Lager der Eroberer. Im Bombenhagel des Zweiten Weltkriegs schwer mitgenommen, wurde das weithin berühmte glasierte Dach durch eine Volksspende der Wiener wiederhergestellt – Unterpfand des Weiterlebens ihrer Kultur und Geschichte.

1. Starke Könige in einem dunklen Europa

Zwei Jahrzehnte später, in den Jahren 911 und 919, sollte sich zeigen, daß aus dem Karolingerreich dauerhafte neue Reiche entstanden waren. Im Jahre 911 starb mit König Ludwig dem Kind der letzte ostfränkische Karolinger. Das Ostfränkische Reich hätte nun an einen westfränkischen Karolinger fallen beziehungsweise mit dem westlichen Teil des Karolingerreiches vereinigt werden können. Statt dessen wählten die Großen des Ostreiches einen der Ihren, den fränkischen Herzog Konrad, zum neuen König, und nachdem dieser 918 gestorben war, kam es mit der Wahl des sächsischen Herzogs Heinrich zum König auf der einen Seite zu einer Wiederholung und Bekräftigung der Entscheidung von 911, andererseits jedoch zu einer noch weiteren Entfernung von der politischen Tradition des Fränkischen Reiches. Denn der neue deutsche König, dessen Titel freilich immer noch König der Franken lautete, war nicht nur kein Karolinger, sondern nicht einmal ein Franke. Er war vielmehr der politische Führer gerade jenes Stammes, dessen Unterwerfung Karl dem Großen erst in einer Reihe von Kriegen gelungen war, und der nun, gut ein Jahrhundert nach seiner Unterwerfung durch die Franken, wie die Wahl von 919 zeigte, die Führung des Ostfränkischen Reiches beanspruchte und tatsächlich durchsetzen konnte. Obwohl Heinrich I. zunächst nur von Sachsen und Franken gewählt worden war, gelang es ihm doch, auch die anderen Stämme, also auch Bayern, Schwaben und Lothringer, zu unterwerfen, und bei der Wahl seines Sohnes Otto erwies sich dann, daß diese Integration von fünf Stämmen mehr gewesen war als bloß ein momentaner politischer Erfolg. Denn diese fünf Stämme sollten auch künftig das mittelalterliche Deutsche Reich bilden – bis dieses dann im 12., 13. und 14. Jahrhundert über die Elbe weiter nach Osten ausgedehnt wurde.

Diese Stämme waren verschiedenartige Gebilde. Die Lothringer, Schwaben und Franken stellten neue politisch-ethnische Einheiten dar, während die Bayern teilweise mit dem Stamm, den Karl der Große unterworfen hatte, identisch waren und die Identität des nunmehrigen sächsischen Stammes und des von Karl dem Großen in das Frankenreich hineingezwungenen Sachsenvolkes noch sehr viel stärker ausgeprägt war. Doch hatte sich auch bei den Sachsen im vergangenen Jahrhundert die Sozialstruktur verändert, und in noch höherem Maße müssen die anderen Stämme, wie sie sich nun, um 900, darboten, als die Resultate von Wandlungen der Gesellschaft und des Rechts verstanden werden.

In allen Stämmen wurde die politische Macht von den Angehörigen adliger Familien ausgeübt, die sich auf von abhängigen Bauern bewirtschafteten Grundbesitz sowie darauf stützen konnten, daß sie auch über die wichtigeren kirchlichen Ämter und damit über die Machtmittel der Kirchen verfügten.

Solche Verhältnisse lassen sich schon in merowingischer Zeit feststellen, aber es ist auf der anderen Seite nicht sicher, wie alt der für das Mittelalter so charakteristische deutsche Adel, wie alt das für das Mittelalter typische Verhältnis zwischen adligen Grundherren und abhängigen Bauern ist und wo die Grenzlinie zwischen bäuerlicher Freiheit und Unfreiheit, zwischen Sklaverei im antiken Sinne und den vielfältigen Formen mittelalterlicher Unfreiheit verläuft.

Entgegen einer weit verbreiteten Meinung läßt sich die Antike vom Mittelalter durch die Erscheinung der Sklaverei nicht unterscheiden. Auf der einen Seite hat die Bedeutung der Sklaverei schon in der ausgehenden Antike stark abgenommen, während sich andererseits noch im 9. Jahrhundert viele Zeugnisse für einen Sklavenhandel finden, der insbesondere von Osteuropa durch Süddeutschland nach West- und Südeuropa führte. Doch waren es nicht nur versklavte Slaven – beide Worte haben die gleiche Wurzel –, welche die Händler nach Süden importierten. Auch aus dem Norden kamen Sklaven, und als der heilige Ansgar eine erste Missionsreise nach Skandinavien unternahm, traf er dort eine große Zahl christlicher Sklaven.

Ebenso falsch wie die Meinung, die Sklaverei habe mit dem Ende der Antike ein Ende gefunden, ist die Idealvorstellung von einer die germanischen Völker kennzeichnenden Sozialordnung ohne Adel und Unfreiheit. Von dem Augenblick an, da die Sozialverfassung der Germanen erkennbar wird, weist sie eine durch Besitz und soziale Funktionen charakterisierte Oberschicht auf, die man als Adel bezeichnen kann. Indessen haben wir es hier nicht mit einer abgeschlossenen Schicht von fest gegeneinander abgegrenzten Familien zu tun. Die Oberschicht des Frankenreiches hat sich sowohl in merowingischer wie erst recht in fränkischer Zeit außerordentlich stark verändert. Im Zuge der gewaltsamen Auseinandersetzungen innerhalb der Dynastie und infolge der Ausdehnung des Reiches sind damals viele in den Adel aufgestiegen; darüber hinaus haben adlige Familien innerhalb des Fränkischen Reiches neue Machtzentren gebildet und ihren Platz innerhalb der Oberschicht verändert. Ebenso wie es zur Sicherung des Reiches gegen äußere Feinde und gegen inneren Aufruhr unter Karl dem Großen immer wieder zu Deportationen und Zwangsansiedlungen kam, läßt sich auch bei der Reichsaristokratie eine vielfältige Mobilität feststellen.

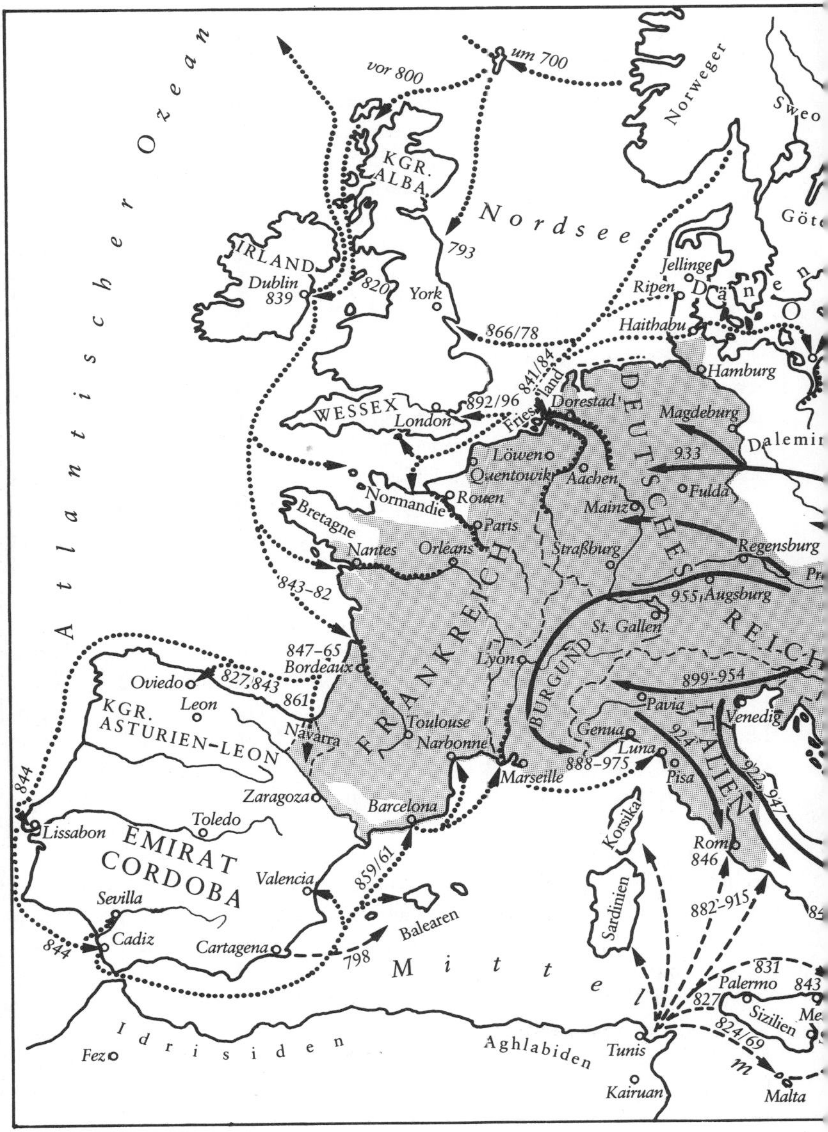
Atlantischer Ozean
vor 800
um 700
Norweger
KGR. ALBA
Nordsee
IRLAND
Dublin 839
820
793
York
Jellinge
Ripen
Haithabu
866/78
Hamburg
841/84
Friesland
Dorestad
WESSEX
London
892/96
Magdeburg
DEUTSCHES REICH
Löwen
Quentowik
Aachen
933
Fulda
Normandie
Rouen
Mainz
Paris
Bretagne
Nantes
Orléans
Straßburg
Regensburg
955 Augsburg
843–82
St. Gallen
FRANKREICH
BURGUND
Lyon
847–65
Bordeaux
Oviedo
827,843
861
Leon
KGR. ASTURIEN–LEON
899–954
Pavia
Venedig
ITALIEN
Navarra
Toulouse
Narbonne
Genua
Luna
924
888–975
Marseille
Pisa
922, 947
844
Zaragoza
Barcelona
Toledo
Lissabon
EMIRAT CORDOBA
Korsika
Rom 846
Valencia
859/61
Sevilla
Balearen
Sardinien
882–915
Cadiz
844
Cartagena
798
Mittel
831
Palermo
843
827
Sizilien
824/69
Idrisiden
Fez
Aghlabiden
Tunis
Kairuan
Malta

Europa im 9. Jahrhundert und die Einfälle der Araber, Normannen und Ungarn

Die Könige konnten ihre Herrschaft nur durchsetzen, wenn sie mächtige Helfer fanden und diese belohnten, also mit Herrschaftsrechten ausstatteten. Doch barg diese Form der Machtsicherung stets die Gefahr, daß die vom König abgeleitete Macht sich verselbständigte. Das im frühen Mittelalter ausgebildete Lehnrecht war sozusagen ein Versuch, dieser Gefahr zu begegnen und auf Dauer sicherzustellen, daß die Herrschaftsrechte, welche ein Mächtiger einem Helfer gab, diesem nur »geliehen« wurden, daß sie also dem Helfer, nämlich dem Lehnsmann, nur so lange zur Verfügung standen, wie er selber beziehungsweise wie der Lehnsherr lebte. Es konnte jedoch nicht verhindert werden, daß die Lehen erblich wurden und daß dort, wo die Lehnsherren schwach waren, die Lehen ihren besonderen Rechtscharakter verloren und in Eigentum der Lehnsleute, also in Adelsgut verwandelt wurden. Erst in dem Maße, in welchem sich die Schriftlichkeit im Rechtsleben durchsetzte, also erst im späteren Mittelalter, ließ sich das Lehnrecht gegen diese Gefahren schützen.

Im frühen Mittelalter war jedoch nur ein Teil des Landes lehnrechtlich (feudal) organisiert. Neben den Ländereien, welche vom König und von Bistümern und von großen Klöstern zu Lehen ausgegeben waren, gab es riesige Gebiete adligen Eigenbesitzes, über die der König keine Macht besaß. Eine modernen Vorstellungen von Staatlichkeit nahekommende Verfügungsgewalt hatte der König nur dort, wo er unmittelbar herrschte, wo er große, in seinem Auftrage bewirtschaftete Gutshöfe besaß, wo freie beziehungsweise von ihm abhängige Bauern wirtschafteten und wo er über den Besitz der Kirche verfügte oder diesen Besitz für sich in Anspruch nehmen konnte.

Auch hier sind jedoch Wandlungen zu bemerken. Im 8. und 9. Jahrhundert hat sich die Zahl der freien Bauern rasch vermindert. Vor allem jetzt ist aus den ehemals Freien, die sozial abstiegen, und aus aufsteigenden Sklaven das mittelalterliche Bauerntum entstanden, das ungeachtet aller Unterschiede im Hinblick auf die jeweilige rechtliche, soziale und wirtschaftliche Situation insgesamt doch durch Unfreiheit charakterisiert war.

Die weit überwiegende Zahl der Menschen lebte nun – vom 9. bis zum 12. Jahrhundert – in grundherrschaftlich organisierten Verbänden. Die weltlichen und geistlichen Fürsten und die Adligen lebten von den Abgaben und Dienstleistungen abhängiger Bauern. Diese Bauern bewirtschafteten in ihrer Mehrzahl eigene Höfe und lieferten einen Teil ihrer Erträge an den Grundherrn ab. Doch besaßen die Grundherren damals auch eigene Betriebe, auf denen die Arbeit teils von Bauern, die nur mit kleinen Landstücken ausgestattet waren, teils von Unfreien, die den Sklaven der Antike sehr ähnlich waren, geleistet wurde. Zu diesen beiden Gruppen kamen, vor allem während der Zeit inten-

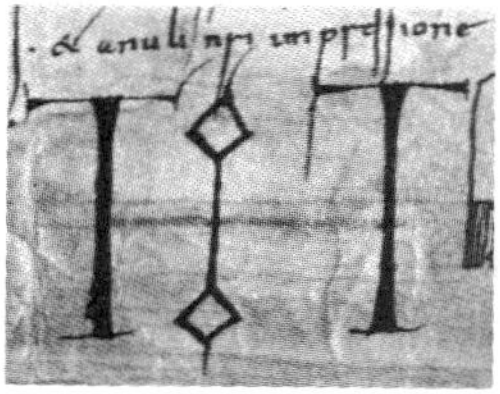

Die mittelalterlichen Könige haben es nicht vermocht, ihre Urkunden gegen Fälschungen zu sichern, obwohl sie diese nicht nur durch Siegel, sondern auch durch komplizierte graphische Merkmale schützten. Dazu gehörten die aus Buchstaben des Herrschernamens und -titels zusammengefügten »Monogramme«, die der König durch einen eigenhändigen Querstrich selber vollendete. Abgebildet sind Monogramme Ottos I., Ottos II. und Heinrichs II.

siver Arbeit, also während der Saat- und Ernteperioden, die von einem solchen Herrenhof abhängigen, normalerweise ihre eigenen Betriebe bewirtschaftenden Bauern hinzu. Sie waren über die erwähnten Abgaben hinaus zu Dienstleistungen auf einem solchen Herrenhof verpflichtet; so mußten sie etwa eine bestimmte Zeit lang pflügen und festgelegte Fuhrdienste leisten.

Diese Herrenhöfe waren Zentren nicht nur landwirtschaftlicher Produktion. Wir wissen zwar nicht genau, inwieweit die berühmte Verordnung über die Krongüter und Reichshöfe (»Capitulare de villis«) von etwa 795 repräsentativ für die damalige Wirklichkeit ist, ob man also damit rechnen muß, daß tatsächlich auf solchen Höfen Grob-, Gold- und Silberschmiede, Schuster, Drechsler, Stellmacher, Schildmacher, Fischer, Falkner, Seifensieder und die anderen Handwerker tätig gewesen sind, welche dieser Gesetzestext Karls des Großen nennt, und es kommt hinzu, daß wir nur schwer abschätzen können, welche Reduktionen hier vorzunehmen sind, damit man ein Bild von den ohne Zweifel primitiveren Zuständen des 10. Jahrhunderts gewinnen kann. Doch gibt es auch aus späterer Zeit schriftliche Zeugnisse, die von solchen Hofhandwerkern berichten und die uns erkennen lassen, daß auch jetzt viele Frauen in Textilwerkstätten, die wir auch aus Bodenspuren kennen, arbeiteten. Aus Abgabenordnungen wissen wir, daß auch in Bauernhäusern Textilien über den eigenen Bedarf hinaus produziert werden konnten.

In dem Maße, in welchem die Zahl der abhängigen Bauern zunahm, vermehrte sich die Macht der Grundherren, welche Abgaben von den Bauern einziehen konnten. Diese erweiterte Macht der weltlichen und der geistlichen Grundherren hat aber ihrerseits zur Schwächung des Königtums im 9. Jahrhundert beigetragen. Die Ausbildung des »jüngeren« Stammesherzogtums in dieser Zeit ist ein Teil dieser Umschichtungsvorgänge.

Obwohl dieser Prozeß nach dem Ende des Karolingerreiches keineswegs rückgängig gemacht worden ist, obwohl die gestiegene Macht des Adels, des jüngeren Herzogtums und der anderen Fürsten blieb, ist es den Königen des 10. und 11. Jahrhunderts dann doch gelungen, die Position der Zentralgewalt in Deutschland zu stärken und zu den mächtigsten Herrschern im damaligen Europa zu werden.

Eine Ursache hierfür lag dort, wo die letzten karolingischen Herrscher vor allem ihre Autorität eingebüßt hatten, nämlich in der Behauptung gegen äußere Gefährdungen. In der zweiten Hälfte des 9. Jahrhunderts hatten die karolingischen Könige das Fränkische Reich weder vor den Normannen noch vor den Ungarn schützen können, und deren Plünderungszüge hatten so weitreichende Zerstörungen zur Folge gehabt, daß in mancher Hinsicht die Kontinuität der von der Spätantike herkommenden Kultur erst jetzt abriß. Wenn das Mittelalter tatsächlich jemals »finster« gewesen ist, dann im späteren 9. und im 10. Jahrhundert.

Im 10. Jahrhundert gelangen jedoch vor allem in Deutschland ein Neuanfang und die Bildung einer neuen großräumigen Herrschaftsordnung, deren erste Ursachen die Siege König Heinrichs I. über die Ungarn bei Riade im Jahr 933 und seines Sohnes Otto I. in der letzten großen Schlacht gegen die nach Europa vordringenden Ungarn bei Augsburg im Jahre 955 waren. Abgesehen von der Tatarengefahr des 13. Jahrhunderts sollte Europa bis zum Vordringen der Türken im 14. und 15. Jahrhundert nun nicht mehr von außen bedroht werden.

Die deutschen Könige hatten mit den Siegen des 10. Jahrhunderts ihre Position jedoch nur vorläufig befestigen können. Die führenden Adelsfamilien fügten sich dem neuen Reich nicht ohne weiteres ein, und die Regierungszeit Ottos I. ist nicht zuletzt von diesen Auseinandersetzungen bestimmt gewesen. Am schwierigsten war die Integration des Herzogs von Bayern in das neue Reich, weil Bayern in den letzten Jahrzehnten des 9. Jahrhunderts zum Zentrum des Ostfränkischen Reiches geworden war und sich die Verlagerung des Herrschaftszentrums in den Norden hier im Süden besonders deutlich bemerkbar machte. In dem Maße, in welchem Otto I., über die Politik seines Vaters hinausgehend, an die karolingische Tradition anknüpfte und sich um eine Ausdehnung seiner Herrschaft nach Italien und um ein besonderes Verhältnis zu den Päpsten bemühte, wuchs die Notwendigkeit, auch die zwischen Sachsen und Italien liegenden Regionen, also Süddeutschland, zu kontrollieren.

Otto I. hat sich schon im Jahre 936 bei seiner Königskrönung in Aachen demonstrativ in die karolingische Tradition gestellt, doch war die Kaiserkrönung des Jahres 962 nicht einfach die Folge dieses programmatischen Regierungsanfangs. Ähnlich wie bei Karl dem Großen hatte das Ausgreifen auch dieses Königs auf Italien aktuelle Ursachen in den inneritalienischen Machtkämpfen, und so sollte es auch in Zukunft bleiben. Italien war unter den ehemals karolingischen Gebieten politisch am wenigsten geschlossen, und so bemühten sich die hier rivalisierenden Dynasten beziehungsweise später auch die großen Stadtrepubliken darum, auswärtige Mächte als Helfer zu gewinnen, deren Eingreifen dann dazu beitrug, daß die Unfestigkeit der Machtverhältnisse andauerte.

Den fränkischen beziehungsweise deutschen Königen kam bei ihrem Eingreifen in die italische Politik besonderes Gewicht zu. Die Nachfolger Ottos I. haben sich darum bemüht, die von diesem 951 errungene langobardische, nämlich die norditalische Königskrone und die 962 erlangte römische Kaiserkrone ebenfalls zu erwerben, und vielen ist das gelungen. Abgesehen von Gegenkönigen, die sich nicht durchsetzen konnten, sind die bis 1133 regierenden Könige alle in Rom vom Papst zum Kaiser gekrönt worden, und erst seit der zweiten Hälfte des 13. Jahrhunderts überwiegt die Zahl der nicht zum Kaiser gekrönten deutschen Könige. Doch blieb auch jetzt die römische Kaiserkrone so fest mit dem deutschen Königtum verbunden, daß es ungeachtet wiederholter französischer Versuche, den eigenen König zum Kaiser krönen zu lassen, zur Krönung eines anderen Königs als des deutschen zum Kaiser nicht gekommen ist.

Im 19. und 20. Jahrhundert haben Historiker und politische Publizisten über den Nutzen beziehungsweise über die Unsinnigkeit dieser mittelalterlichen deutschen »Italienpolitik« gestritten. Dem Zeitalter des Nationalstaates erschien es verhängnisvoll, daß im Mittelalter soviel Energie außerhalb der deutschen Grenzen eingesetzt worden war, ohne daß dadurch eine Erweiterung dieser Grenzen erreicht wurde. Im Sinne einer vermeintlichen Realpolitik warf man den mittelalterlichen deutschen Königen vor, daß sie sich lieber um eine Erweiterung der Grenzen im Osten hätten bemühen sollen, es wurde ihnen vorgerechnet, daß die Erweiterung Deutschlands im Osten, wie sie dann vor allem im 12. und 13. Jahrhundert geschehen ist, nicht unter ihrer politischen Führung stattgefunden habe, und es schien, daß auch die mangelnde politische Einheit Deutschlands als eine Folge der Fehlleitung von politischen Kräften nach Italien zu erklären sei.

Solche nachträglichen Berechnungen sind jedoch problematisch. Die Alternativen, welche einer späteren Kritik zugrunde gelegt werden, sind in aller Regel von anderer Art als die, vor denen die einstmals Handelnden standen. Die »Italienpolitik« der mittelalterlichen deutschen Könige war zwar auch Hegemonialpolitik, und insofern glich sie den erfolgreichen Bemühungen König Heinrichs I. und seiner Nachfolger, ihre Macht nach Osten, bald auch nach Norden und zeitweise sogar nach Westen auszudehnen. Doch lassen sich die Krönungszüge und die anderen Expeditionen der deutschen Könige nach Italien nur zu einem Teil als Hegemonialpolitik verstehen. Nachdem Otto I. das besondere Verhältnis des fränkischen Königs zum römischen Papst erneuert hatte und nachdem seine unmittelbaren Nachfolger ihm darin gefolgt waren, erhielten die Verbindung von fränkisch-deutscher Königskrone und römischer Kaiserkrone und von Kaisertum und Papsttum ein eigenes, alsbald auch theoretisch bestimmtes Gewicht, das sowohl den Papst wie auch den König beziehungsweise Kaiser nötigte, sich in die damit geschaffenen Traditionen einzufügen.

Papst und Kaiser waren im Verständnis derer, die damals über die Weltordnung nachdachten, zu Universalgewalten geworden, zu Gestalten einer von Gott gewollten Weltgeschichte, und der jeweilige Papst hätte ebenso wie der König sein Amt in Gefahr gebracht, wenn er sich nicht in diesen Rahmen gefügt hätte. Ein deutscher König, der demonstrativ auf sein Kaisertum verzichtet und sich auf Realpolitik im Sinne des 19. Jahrhunderts beschränkt hätte, hätte seine Stellung als König schwerlich halten können und in Wahrheit gerade keine Realpolitik betrieben.

Die mittelalterlichen Kaiser besiegelten besonders wichtige Urkunden mit Goldbullen, die auf der Rückseite eine Ansicht Roms zeigten und auf diese Weise den Weltherrschaftsanspruch der Kaiser symbolisierten. Die Umschrift lautet: Roma caput mundi regit orbis frena rotundi (Rom, Haupt der Welt, führt die Zügel des Erdkreises). Abgebildet ist die Goldbulle Kaiser Friedrichs II.

Die Stellung des deutschen Königs war im 10. und 11. Jahrhundert so stark, daß sich die nördlich und östlich angrenzenden Herrscher, die böhmischen, polnischen und dänischen Könige zeitweilig von ihm abhängig machten. Im Westen gelang es im 10. Jahrhundert, das Herzogtum Lothringen gegen Frankreich zu behaupten. Im Südwesten fiel 1033 das schon vorher dem Reich zugewandte Königreich Burgund, das heißt der Südteil des einstigen lotharingischen Zwischenreiches – also die heutige Westschweiz sowie das östlich der Rhone gelegene südliche Frankreich – an den deutschen König. Fortan bestand das Reich aus drei Königreichen: aus Deutschland, Italien (Norditalien) und Burgund.

Diese politische Verbindung zwischen Burgund und dem Reich hat nur wenig mehr als zwei Jahrhunderte bestanden und ist seit dem 13. Jahrhundert rasch gelockert worden. Im Hinblick auf die Sprach- und Nationengrenze hat diese Verbindung keine dauernden Folgen gehabt – im Gegensatz zu den Eroberungen im Südosten und im Nordosten.

Im Nordosten gelang im 10. Jahrhundert die Unterwerfung der zwischen der Elbe beziehungsweise der Saale und der Oder lebenden Slaven. Obwohl diese Gebiete infolge eines großen Slavenaufstandes 983 großenteils noch einmal verlorengingen und der Norden dieser Region, das heißt die späteren Territorien Mecklenburg, Pommern und Mark Brandenburg, erst im 12. Jahrhundert zurückgewonnen wurde, haben diese Eroberungen der ottonischen Könige doch Bestand gehabt. Ähnlich wie bei der Unterwerfung Sachsens durch Karl den Großen wurde die Eroberung auch jetzt dadurch gestützt, daß die Unterworfenen gleichzeitig für das Christentum gewonnen und die kirchliche Organisation von den Eroberern ausgebaut wurde.

Anders als die Slaven zwischen Elbe und Oder haben sich die angrenzenden slavischen Völker als Nationen konstituieren können. Das aber ist nicht nur dadurch zu erklären, daß hier im 10. Jahrhundert die Bildung großflächiger Herrschaftsverbände, eben des polnischen und böhmischen Königtums, gelang, während die Elbslaven Reichsbildungen nie erreicht haben und sich deshalb nicht behaupten konnten. Die unterschiedliche Geschichte der Elbslaven auf der einen Seite und der Böhmen und Polen auf der anderen ist vielmehr auch eine Folge davon, daß diese Länder eine unabhängige kirchliche Organisation erhalten hatten.

Das von Otto I. im Jahre 968 begründete Erzbistum Magdeburg hatte zwar zum geistlichen Zentrum des Gebietes zwischen Elbe und Oder werden können, nicht jedoch zum Ausgangspunkt für Mission und Kirchenorganisation östlich der Oder. Diese Aufgabe übernahm das im Jahre 1000 – im Einvernehmen mit Kaiser Otto III. – begründete Erzbistum Gnesen, das als geistlicher Mittelpunkt des werdenden polnischen Staates von ähnlicher Bedeutung sein sollte wie das Bistum Prag für Böhmen, auch wenn dieses erst im Jahre 1344 ein Erzbistum wurde und bis dahin dem Erzbischof von Mainz unterstand. Ganz ähnlich kamen später auch die politische und die kirchliche Entwicklung im Norden zur Deckung. Das Erzbistum Hamburg-Bremen ist zwar für die Mission Skandinaviens wichtig geworden, doch hat es sich nie zu einem »Patriarchat« des Nordens entwickeln können. Die Bistümer Schleswig, Ripen und Århus wurden aus der hamburgisch-bremischen Kirchenprovinz gelöst und dem im Jahre 1104 begründeten Erzbistum Lund unterstellt.

Erfolgreich und dauerhaft war dagegen die ebenfalls durch Mission und Kirchenorganisation abgestützte Ostverschiebung der Reichsgrenzen im Südosten. Hier wurden im Anschluß an die Zurückdrängung der Ungarn die Ostmark, also das spätere Herzogtum Österreich, sowie die künftigen Herzogtümer Steiermark und Kärnten gewonnen.

Hier und in den Gebieten zwischen Elbe und Oder kamen zur Unterwerfung, Mission und Kirchenorganisation noch Siedlungsvorgänge hinzu. Ebenso wie zwei Jahrhunderte später im Zuge der Ostsiedlung des 12. bis 14. Jahrhunderts wurden auch jetzt neue Siedlungen durch Zuwanderer angelegt und bestehende Siedlungen überformt. In ethnischer Hinsicht war das Resultat eine tiefgreifende Assimilierung. Die slavischen Bewohner dieser Gebiete haben bis auf kleine Restgruppen in der Niederlausitz und bis auf die slavischen Minderheiten im heutigen Kärnten ihre Sprache und ihre ethnische Identität verloren. Sowohl die heutigen Deutschen wie auch die heutigen Österreicher haben viele Slaven unter ihren Vorfahren.

Die dominierende politische Position, welche die deutschen Könige im Europa des 10. und 11. Jahrhunderts einnahmen, darf jedoch nicht darüber hinwegtäuschen, daß ihre Möglichkeiten beschränkt waren. Angesichts der dünnen Besiedlung des Landes und infolge der extensiven Wirtschaft, die nur die Freistellung weniger Menschen von der Nahrungsmittelproduktion erlaubte, war nicht nur der kulturelle Standard – im Vergleich mit Byzanz und den Zentren der arabischen Welt – niedrig, sondern war auch die Intensität der Herrschaftsausübung gering. Der König regierte nicht über geschlossene Gebiete, sondern über adlige Grundherren, von denen die Masse der Bevölkerung abhängig war, sowie über die Gebiete, über die er unmittelbar verfügen konnte. Dazu gehörten der erbliche Besitz der königlichen Familie selber, die Gebiete also, in denen der König Grundherr war, ferner das sogenannte Reichsgut, also solches Land, über das der König traditionell verfügte und das zu einem beträchtlichen Teil auf den Königsbesitz der karolingischen Zeit zurückging, sowie drittens der Besitz der großen Kirchen, das heißt der Bistümer und der meisten Klöster.

Diese Gebiete vor allem waren es, welche den Haushalt des königlichen Hofes trugen. Anders als in karolingischer Zeit war die Infrastruktur jetzt jedoch nicht mehr leistungsfähig genug, um dem König das Regieren von einer festen Residenz aus zu ermöglichen. Die Straßen und die Transportorganisation hatten in karolingischer Zeit noch von römischem Erbe zehren

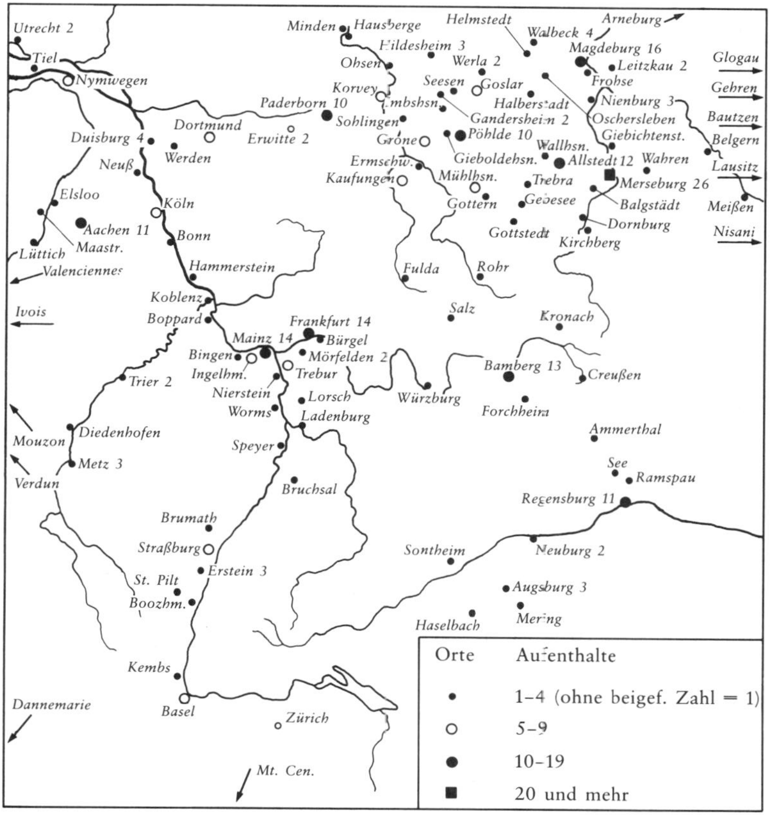

Die Aufenthaltsorte König Heinrichs II. nördlich der Alpen

können. Jetzt war die Ernährung des königlichen Hofes, einer Gruppe von in der Regel tausend bis zweitausend Menschen, nur so zu ermöglichen, daß der königliche Hof die ihm zur Verfügung stehenden Abgaben und Produkte dort konsumierte, wo sie hergestellt wurden und anfielen. Die hochmittelalterlichen Könige und ihr Hof waren nicht nur dann unterwegs, wenn sie nach Rom zur Kaiserkrönung aufbrachen. Sie reisten vielmehr andauernd.

Dieses Reisekönigtum, das sich auch in anderen frühen Gesellschaften – zum Beispiel im mittelalterlichen Osteuropa und im Afrika des 20. Jahrhunderts – findet, war jedoch nicht nur das Resultat von Versorgungsnotwendigkeiten. Die deutschen Könige des 10. bis 13. Jahrhunderts regierten auch deshalb von Reisestationen aus, weil sie, wiederum anders als ihre karolingischen Vorgänger, ihren Willen – etwas überspitzt gesagt – nur dort durchsetzen konnten, wo sie persönlich anwesend waren. Die Machtausübung der Könige konnte sich weder auf geschriebene Normen noch auf Amtsträger stützen, die so etwas wie die Staatsbeamten der Antike und bis zu einem gewissen Grade auch noch der Karolingerzeit oder gar der Neuzeit gewesen wären.

Der König war mächtig nur in dem Maße, wie die Herzöge, die Grafen und die anderen weltlichen und geistlichen Großen im Reich seine Macht anerkannten. Wie prekär seine Position war, zeigte sich insbesondere beim Regierungsantritt. Dem Gewohnheitsrecht zufolge kam der König durch Wahl zu seiner Würde, doch war der Kreis der Wähler weder abgegrenzt, noch sah das Herkommen eine Lösung für den Fall vor, daß die Wähler nicht einmütig entschieden, sondern mehrere Könige wählten. In diesem Falle mußten die Waffen entscheiden.

Aus diesem Grunde haben die Könige sich darum bemüht, einen Nachfolger möglichst schon zu Lebzeiten wählen zu lassen und das Wahlreich auf diese Weise faktisch zu einem erblichen Reich werden zu lassen. Den meisten Königen des 10. und 11. Jahrhunderts ist das gelungen. Doch ist das mittelalterliche deutsche Königtum trotzdem stets ein Wahlkönigtum geblieben, bis es die Habsburger im ausgehenden 15. Jahrhundert erreichten, die Königswahl faktisch zugunsten der Erblichkeit zu beseitigen und damit endlich einen Verfassungszustand zu erhalten, der in den wichtigsten europäischen Monarchien damals schon seit Jahrhunderten bestand. Die Schwäche des deutschen Königtums im späteren Mittelalter ist eine Folge auch hiervon gewesen.

So waren im 11. Jahrhundert sowohl der Thronwechsel von 1002 wie der von 1024 außerordentlich heikel. Nach dem Tod des kinderlosen Kaisers Otto III. im Jahre 1002 konnte sich sein Nachfolger, ein naher Verwandter des Verstorbenen, nur mit Mühe durchsetzen, und als mit dessen Tode im Jahre 1024 die Dynastie der Ottonen ausstarb, wäre es fast zu einer Doppelwahl gekommen.

Auf der anderen Seite war unter den Mächtigen die Einheit des Reiches unbestritten. In dem langen Prozeß der Herausbildung des Deutschen Reiches aus dem Karolingerreich stellt die Königswahl von 1024 die letzte Station dar. Die Angehörigen der neuen, der salischen Dynastie, stellten sich in die Tradition des Reiches. Konrad II., der erste salische König, war überdies nicht zuletzt unter Gesichtspunkten der Kontinuität gewählt worden. Er gehörte zwar nicht der alten Königsfamilie an, aber er war mit ihr verwandt, und diese Verwandtschaft machte ihn in den Augen seiner Wähler vor allem für das Königsamt geeignet. Unabhängig von der schwer zu beantwortenden Frage, in welchem Maße hier noch heidnisch-magische Vorstellungen von der besonderen Kraft des königlichen Blutes wirksam gewesen sind, ist jedenfalls deutlich zu sehen, daß auch im Falle eines Dynastiewechsels, also einer scheinbar ganz freien Königswahl, Gesichtspunkte der Erblichkeit im Spiele waren.

Der im Jahre 1002 gewählte König, Heinrich II., war vorher Herzog von Bayern gewesen und konnte auf seine bayerischen Machtpositionen auch als König bauen. Während seine Vorgänger bei ihrer Herrschaft auf die sächsischen Gebiete und auf die Zentren karolingischer Königsmacht am Rhein zwar nicht beschränkt, aber im Zweifelsfalle doch verwiesen waren, war Heinrich II. der erste mittelalterliche deutsche König, der tatsächlich das ganze Reich von

Die breite, auf den Dom von Speyer zuführende Straße stammt, auch wenn die Bebauung jünger ist, aus der Zeit vor dem Investiturstreit und dürfte aus den Aufgaben einer damaligen Bischofsstadt zu erklären sein. In einer solchen Stadt begingen der König und sein Hof die hohen Kirchenfeste, und hier bedurfte es eines großen Straßenraumes, um in einer feierlichen Prozession die Würde und die Macht des Herrschertums zu repräsentieren.

den Alpen bis zur norddeutschen Tiefebene beherrschte. Man kann das bis zu einem gewissen Grade ermessen, wenn man den Reiseweg des Königs verfolgt. Heinrich II. konnte auch süddeutsche und hier vor allem bayerische Ressourcen nutzen; das heißt, er konnte auch hier Hoftage halten, Entscheidungen fällen und durchsetzen. Die größere Durchdringung des ganzen Reiches durch Heinrich II. hatte ihre Ursache aber nicht nur in den Machtmitteln des einstigen bayerischen Herzogs. Sie erklärt sich auch daraus, daß dieser König die Möglichkeiten der Kirchen stärker für sich nutzte und das sogenannte ottonisch-salische Reichskirchensystem vollendet hat.

Die Position der Kirchen in der mittelalterlichen Welt war scheinbar widersprüchlich. Auf der einen Seite standen sie unter dem Schutz von aus der Spätantike stammenden, grundlegenden Privilegien, die den kirchlichen Besitz und die kirchlichen Amtsträger vor den Zugriffen weltlicher Machthaber freistellten. Die Geistlichen und der kirchliche Besitz waren, in heutigen Begriffen gesagt, von Steuern befreit, und sie unterstanden weder der allgemeinen Gerichtsbarkeit noch dem allgemeinen Recht. Auf der anderen Seite konnten die Geistlichen und der kirchliche Besitz aber der Macht von Laien in einem heute nur schwer zu beschreibenden Maße ausgesetzt sein, konnte es etwa geschehen, daß ein weltlicher Grundherr einen ihm gehörigen Unfreien zum Dorfgeistlichen einsetzte, ohne daß der zuständige Bischof dagegen etwas tun konnte, und die zur Ernährung des Geistlichen bestimmten Einkünfte bis auf einen kleinen Rest selber vereinnahmte. Hinter solchen Mißständen, die seit dem 11. Jahrhundert unter der schlagkräftigen Forderung »Libertas ecclesiae« (Kirchenfreiheit) bekämpft wurden, verbarg sich jedoch ein unbestrittenes Fundament von auf die Kirchen gerichteten laikalen Herrschaftsrechten, verbarg sich ein bis in die Gründungszeit der Kirchen zurückgehender Komplex von Ansprüchen, die unter dem modernen Wort Eigenkirche zusammengefaßt werden und von denen Reste in Gestalt von Patronatsrechten gelegentlich auch heute noch bestehen.

Der Gründer einer Kirche, also der Grundherr, der einen Teil seines Besitzes in Kirchenvermögen umgewandelt hatte, von dem beispielsweise ein Dorfpfarrer leben konnte, und die Erben eines solchen Kirchengründers beanspruchten im Hinblick auf die von ihnen gegründete Kirche Kontroll- und Nutzungsrechte. Sie beanspruchten im Hinblick auf die Einsetzung des Geistlichen weitreichende Mitentscheidungsrechte, und sie erwarteten, an seinen Einkünften beteiligt zu werden.

Man kann den deutschen König im Hinblick auf sein Verhältnis zu Bistümern

Die Rekonstruktion der Turmhügelburg Husterknupp im Kreis Grevenbroich zeigt eine typische Adelsburg des 11. Jahrhunderts – eine Burg vor dem im 12. Jahrhundert beginnenden Zeitalter der »Ritterburgen«.

und Reichsklöstern als einen solchen Eigenkirchenherrn verstehen. Die wichtigsten Bischöfe und Äbte wurden nicht gegen seinen Willen und manchmal auf seinen Befehl eingesetzt. Wenn der König auf seinem Regierungsumritt durch das Reich zog, dann machte er entweder auf Reichsgut, in Pfalzen und Königshöfe genannten großen grundherrschaftlichen Komplexen, oder aber auf Kirchengut, in Bischofsstädten und in großen Klöstern Quartier. Seit der Regierungszeit Heinrichs II. überwiegt die Beanspruchung der geistlichen Quartiere.

Der Grund dafür lag in den besonderen kulturellen Möglichkeiten, über welche nur die großen geistlichen Fürsten verfügten. Die von Geistlichen geführten landwirtschaftlichen Betriebe waren leistungsfähiger und effektiver organisiert als die weltlichen. Adlige Herrschaftszentren kamen als königliches Quartier nicht in Frage, weil hier die für die Versorgung des großen königlichen Hofes, in der Regel mehr als tausend bis zweitausend Personen und eine noch größere Zahl von Reit- und Tragetieren, notwendige Infrastruktur fehlte. Die Leistungsfähigkeit der Reichskirchen erwies sich dagegen auch an der Gestalt des Reichsheeres, das sich zum größeren Teil aus Kontingenten zusammensetzte, welche die Bischöfe und Reichsäbte im Falle eines Aufgebots zu stellen hatten.

Die Könige ihrerseits sorgten dafür, daß die Kirchen die geforderten Leistungen auch erbringen konnten. Sie statteten sie nicht nur mit Landbesitz, sondern auch mit Herrschaftsrechten aus und schufen so die Grundlage für die großen geistlichen Territorien, welche die politische Karte von Deutschland bis zum Ende des Alten Reiches, also bis in die napoleonische Zeit, im Unterschied sowohl zu England wie auch zu Frankreich charakterisieren sollten. Darüber hinaus waren die Könige auch an der geistlichen Funktionsfähigkeit der Kirchen interessiert. Während sich im südöstlichen Frankreich und in Burgund die Kirchen unter der Parole »Kirchenfreiheit« von der Beherrschung durch adlige Laien zu befreien suchten, wurde in Deutschland die Königsherrschaft über die Kirchen zunächst nicht als bedrückend empfunden. Die Könige standen vielmehr in freundlichem und engem Kontakt mit den französischen Kirchenreformern wie vor allem den Äbten des Klosters Cluny. Sie sorgten dafür, daß in Deutschland das klösterliche Leben nach dem französischen Vorbild erneuert wurde. König Heinrich III. machte Abt Hugo von Cluny zum Taufpaten des Thronfolgers, also jenes Königs, der während des Investiturstreites zum erbitterten Gegner des reformierten Papsttums und der reformierten Klöster werden sollte.

Das enge Verhältnis der frühen deutschen Könige zu den Reformern erklärt sich vor allem daraus, daß nach damaligem Verständnis die deutschen Könige und Kaiser nicht Laien wie die Angehörigen des Adels waren, sondern daß ihnen ihr Amt eine sakrale Würde gab, die sie über alle Menschen, auch über die Geistlichen erhob. Die Formel vom Gottesgnadentum der Könige war mehr als eine Formel, sie war geglaubte Realität. Mit einem an die Königssalbung anknüpfenden Wortspiel wurde der König als Christus Domini, als Gesalbter des Herrn, bezeichnet, aber das griechische Wort chrystos (gesalbt) meinte doch zugleich den Heiland, und so mußte die Benennung des deutschen Königs als eines Christus Domini die Vorstellung von einer besonderen Gottnähe des Königs erwecken. Wer, wenn nicht er, sollte der Stellvertreter Christi auf Erden sein? Der Papst konnte einen solchen Anspruch damals schwerlich durchsetzen, denn er hatte außerhalb Italiens nur wenig Autorität. Das Papsttum drohte vielmehr immer wieder zu einem Spielball in den Auseinandersetzungen zwischen römischen Adelsfamilien zu werden.

Im Jahre 1046 hatte König Heinrich III. (1039–1056) die drei Päpste, die damals um den Thron Petri stritten, kurzerhand abgesetzt und einen Geistlichen seines Vertrauens, den Bischof Suitger von Bamberg (als Papst Clemens II., 1046–1047), zum neuen Papst bestimmt. Nach dessen frühem Tode

Zu den Herrschaftszeichen des deutschen Königs gehörte die Heilige Lanze aus dem 8. oder 9. Jahrhundert, in die ein als Nagel vom Kreuze Christi verehrtes Eisenstück eingelassen war, das später von einer silbernen und dann von einer goldenen Hülle verdeckt wurde. Die Heilige Lanze war also eine kostbare Reliquie und ein Siegeszeichen. Man glaubte, daß sie dem heiligen Mauritius gehört habe, und nahm seit dem 13. Jahrhundert an, daß mit ihr Longinus dem gekreuzigten Christus die Seite geöffnet habe.

Das sogenannte Lotharkreuz, ein Geschenk Kaiser Ottos III. an die Aachener Kirche, enthält in seinem Mittelpunkt eine antike Kamee, die den Kaiser Augustus darstellt und an dieser Stelle sowohl den triumphierenden Christus wie auch den mittelalterlichen Kaiser symbolisiert, dessen einzigartige und religiös beglaubigte Stellung auch auf diese Weise deutlich wird.

– die hohe Bleikonzentration in seinem im Bamberger Dom erhaltenen Skelett läßt das Gerücht, er sei vergiftet worden, als nicht unbegründet erscheinen – folgten ihm bis zum Jahre 1058 vier weitere Päpste deutscher Herkunft. Die Herrschaft der deutschen Könige über das Papsttum schien ihren Höhepunkt erreicht zu haben. Es schien den Königen zu gelingen, über das Papsttum in ähnlicher Weise zu verfügen wie über die deutschen Bischofsstühle.

Doch darf man auch hier die Politik mittelalterlicher Könige nicht im Sinne neuzeitlicher »Realpolitik« mißverstehen. Heinrich III. dürfte es primär darum gegangen sein, das Papsttum in würdige Hände zu geben, und das ist ihm auch gelungen. Denn mit diesen deutschen Päpsten hat die Kirchenreformbewegung in Rom Fuß fassen können. Dreißig Jahre nach jener Absetzung von drei Päpsten durch einen deutschen König sollte der profilierteste unter den reformerischen Päpsten, Gregor VII. (1073–1085), den Sohn und Nachfolger Heinrichs III., König Heinrich IV. (1056–1106), exkommunizieren. Obwohl sich Heinrich IV. ein Jahr später nach der in Canossa demonstrativ geleisteten Kirchenbuße aus dem Bann lösen konnte, war der Konflikt doch nicht beigelegt. Der sogenannte Investiturstreit sollte den Rest der Regierungszeit dieses Königs und die seines Sohnes und Nachfolgers Heinrich V. (1106–1125) ausfüllen.

Die Bezeichnung Investiturstreit erklärt sich daraus, daß es in diesen jahrzehntelangen Auseinandersetzungen zwischen Königen und Päpsten in der Tat um die Frage ging, wer die Bischöfe einsetzen (investieren) dürfe. Päpstlicherseits wurde die Beteiligung des Königs wie die jedes anderen Laien an der Einsetzung der Bischöfe abgelehnt. Nach traditionellen Vorstellungen war der König in Deutschland aber gerade kein Laie. Er war vielmehr »Christus Domini«, er hatte ein heiliges, ihn über alle Menschen erhebendes Amt inne. Die Behauptung, er dürfe sich an der Einsetzung von Bischöfen nicht beteiligen, weil er ein Laie sei wie jeder andere weltliche Machthaber auch, mußte weit über die Frage der Bischofseinsetzung hinaus das Königtum überhaupt in Frage stellen. Das aber mußte dahin führen, daß der Investiturstreit in Deutschland heftiger ausgefochten wurde als in anderen europäischen Ländern, in denen das Königtum damals einen ähnlich sakralen Rang nicht hatte.

Darüber hinaus erklärt sich die Heftigkeit, mit welcher der Investiturstreit nicht nur zwischen Papst und König, sondern auch zwischen großen Mächtegruppen in Deutschland ausgetragen wurde, aus den grundlegenden sozialen Wandlungen der Zeit, die sich nun in politischen und kirchenpolitischen Auseinandersetzungen spiegelten. Der Papst fand in Deutschland adlige und fürstliche Verbündete, die mächtig und selbstbewußt genug waren, um sich gegen

Die Kaiser und Könige des Mittelalters haben verschiedene Kronen getragen, doch hatte »die« Reichskrone, die heute in Wien gezeigt wird, einen besonderen Rang. Ihr Kronreif stammt aus dem 10. Jahrhundert und ist wohl mit jener Krone identisch, mit der Kaiser Otto I. 962 zum Kaiser gekrönt wurde. Form und Bildschmuck der Krone symbolisieren ein vielfältiges Herrschaftsprogramm. Die Darstellung des Königs David bezeugt, daß die mittelalterlichen deutschen Könige sich als Nachfahren nicht nur der römischen Imperatoren, sondern auch der Priesterkönige des Alten Testaments verstanden.

König Heinrich IV. zu stellen und diesen durch einen 1077 gewählten Gegenkönig aus ihrem Kreise (Rudolf von Rheinfelden) in ernste Bedrängnis zu bringen. Das war jedoch nicht nur eine Fortsetzung des alten Gegensatzes zwischen König und mächtigen Fürsten. Die jetzigen Feinde des Königs hatten sich den Kirchenreformern zugewandt und Klöster in deren Sinne gegründet. Auf diese Weise fanden sie nicht nur geistlich-moralische Unterstützung, sondern profitierten auch von den kulturellen Leistungen »ihrer« Klöster. Hier begründeten sie ihre Familiengrablegen, hier ließen sie sich Familienchroniken schreiben, und nicht zuletzt auf diese Weise konstituierten sie sich als adlige Familien im späteren Sinne, die sich von den unfesten Familienverbänden der früheren Zeit unterschieden. Es ist kein Zufall, daß die ältesten erkennbaren Anfänge so berühmter Dynastien wie der Staufer und der Habsburger in die Zeit um 1100 fallen.

2. *Mitte des Mittelalters – Wachstum und Krisis*

Um die Jahrtausendwende mögen in Deutschland und Skandinavien etwa vier Millionen Menschen gelebt haben. Das Bevölkerungswachstum, dessen Resultat diese im Vergleich zur Völkerwanderungszeit schon verdoppelte Bevölkerung war, begann sich im 11. Jahrhundert zu beschleunigen und hat dann im 12. Jahrhundert noch rascher zugenommen, so daß in der Mitte des 14. Jahrhunderts in dem genannten Gebiet etwa 11,5 Millionen Menschen lebten – bis die Bevölkerung damals infolge von Pestwellen und Hungersnöten auf etwa 7,5 Millionen sank.

Die so rasch wachsende Bevölkerung konnte nur ernährt werden, weil die Wirtschaftsweise sich grundlegend geändert hatte und mit ihr die Siedlungsformen und die soziale Ordnung. Im frühen Mittelalter wurde nur ein winziger, gewiß unter zehn Prozent liegender Teil des Landes genutzt. Die Menschen lebten in kleinen Siedlungsinseln, die eingebettet waren in große Wald- und Ödflächen, und sie wirtschafteten so extensiv – ein Korn Saat brachte wenig mehr als zwei Körner Ernte –, daß nur wenige Menschen von der Nahrungsmittelproduktion freigestellt werden konnten.

Im 11. und 12. Jahrhundert ist die Zahl der bewirtschafteten Flächen rasch vergrößert worden. Waren bisher nur leicht zu beackernde, mittelschwere Böden genutzt worden, so wurden nun Feuchtgebiete trockengelegt und Mittelgebirgsflächen gerodet. Vielfach entstanden überhaupt erst jetzt Dörfer im späteren Sinne, während die Menschen vorher in Einzelhöfen gelebt hatten. In wenigen Jahrzehnten hat sich das Landschaftsbild umgekehrt. Der Regelfall war nun das bewirtschaftete Land. Urwald, Heideflächen und Moore wurden zur Ausnahme, und das galt nicht nur für die bisher schon von Deutschen besiedelten Gebiete, sondern auch für große Teile von Ost- und Südosteuropa. Die Rodungen im Altsiedelland und die Ostsiedlung sind derselbe Vorgang.

Landesausbau und Ostsiedlung gleichen sich auch darin, daß sie nicht nur die Erweiterung der landwirtschaftlich genutzten Flächen zur Folge hatten. Zu diesem Prozeß gehören vielmehr auch Veränderungen der Produktionsformen und der Produktionstechnik, und die führten zu höherer Produktivität und zu vermehrter Arbeitsteilung. Erst jetzt wurde die Dreifelderwirtschaft auf breiter Front eingeführt, ein regulierter Bewirtschaftungsrhythmus, der die Bebauung von stets zwei Dritteln des bewirtschafteten Landes möglich machte, erst jetzt wurden neue Geräte wie der bodenwendende Pflug, wie das Kummet, das einen besseren Arbeitseinsatz des Pferdes ermöglichte, an vielen

Die Planmäßigkeit der im Hochmittelalter angelegten Siedlungen gibt sich noch heute in den damals geschaffenen regelmäßigen Flurformen zu erkennen. Abgebildet ist ein Teil des Dorfes Würzberg bei Erbach im Odenwald.

In der Nähe der einstigen Handelsstaat Haithabu bei Schleswig hat sich aus der Zeit um 1000 ein Runenstein erhalten, der ein Denkmal der damaligen Kämpfe um diese Stadt ist. Die Inschrift lautet übersetzt: »König Sven setzte den Stein für seinen Gefolgsmann Skarte, der nach Westen gezogen war, aber nun den Tod bei Haithabu fand.«

Orten eingesetzt, erst jetzt dürfte das für die späteren Jahrhunderte des Mittelalters bis in die frühe Neuzeit hinein charakteristische Verhältnis von einem Korn Saat zu drei bis vier Körnern Ernte erreicht worden sein.

Von der modernen, durch künstliche Düngung, chemische Unkrautvernichtung und Saatgutveredelung geprägten Landwirtschaft mit ihrer sehr viel höheren Produktivität aus gesehen erscheint die im hohen Mittelalter erreichte Steigerung gering. Doch war sie groß genug, um eine Intensivierung der Arbeitsteilung und eine Vergrößerung der Zahl derer, die nicht unmittelbar an der Nahrungsmittelproduktion beteiligt waren, zu erlauben. Das aber hatte die

Gründung einer großen Zahl von Städten und damit gewissermaßen die Wiederherstellung des kulturellen Niveaus zur Folge, wie es an Rhein und Donau bis zum Ende der Römerherrschaft bestanden hatte. Doch sollten die Städte bis zum Ende des Mittelalters die Größe der römischen Siedlungen niemals erreichen.

Auch in den Jahrhunderten zuvor hatte es in Deutschland Städte gegeben, doch waren deren Zahl und Größe gering gewesen. Auf den Wegen des Fernhandels und vor kirchlichen Zentren, vor Bischofssitzen und großen Klöstern, waren Siedlungen entstanden, in denen überwiegend gewerblich produziert wurde, wie zum Beispiel in der berühmten, Tausende von Einwohnern zählenden, zwischen Mitteleuropa und Skandinavien vermittelnden Fernhandelsstadt Haithabu südlich der heutigen Stadt Schleswig, wie in den alten Bischofssitzen, die zugleich Römerstädte gewesen waren, wie also in Trier oder auch dem neuen geistlichen Zentrum Magdeburg.

Diese älteren städtischen Siedlungen unterschieden sich jedoch von den nun gegründeten Städten rechtlich und sozial ganz wesentlich. Die bisherigen Städte waren im Hinblick auf ihre Bewohner inhomogen gewesen. Sie wurden von freien Kaufleuten und unfreien Handwerkern bewohnt. Die Stadtbewohner bildeten keine geschlossene Gemeinde, sie hoben sich rechtlich nicht von der Landbevölkerung ab.

In den neuen Städten bildeten die ständigen Bewohner dagegen eine geschlossene Gemeinde mit eigenen Rechten. Sie waren persönlich frei, sie brauchten also nicht die Abgaben zu zahlen, zu welchen die unfreien Bauern verpflichtet waren, und sie brauchten auch keine Dienstleistungen zu erbrin-

Das vor 1231 entstandene Siegel von Mühlhausen in Thüringen charakterisiert die Stadt durch die Darstellung der Mauer. Der darüber mit Zepter und Reichsapfel thronende König bezeugt, daß Mühlhausen eine Reichsstadt war. Die Umschrift lautet: sigillum Mulehusensis civitatis imperii (Siegel der Reichsstadt Mühlhausen).

gen. Ihre Abgaben an den Stadtherren waren vielmehr denen ähnlich, die auch der moderne Staatsbürger zahlt, sie waren also zu Grund- und Umsatzsteuern verpflichtet. Diese Steuern verwalteten sie in der Regel in eigener Regie, so daß sie Selbstverwaltungsorgane entwickelten und diesen Amtslokale errichten mußten. Das Rathaus wurde infolgedessen zum öffentlich sichtbaren Symbol für die Freiheit der Stadtgemeinden – zusammen mit dem Stadtsiegel, das die Rechtsfähigkeit der Stadtgemeinde dokumentierte, und mit der Stadtmauer, die in einer Gesellschaft, welche den Krieg auch als Mittel zur Austragung interner Konflikte benutzte, die Voraussetzung von Unabhängigkeit war.

Ohne die Stadtmauer hätte sich schwerlich die für das städtische Recht charakteristische und für das Gedeihen der Städte unentbehrliche Bestimmung verwirklichen lassen, daß jedermann, der in die Stadt einwanderte und dort nicht innerhalb eines Jahres von seinem einstigen Herren aufgespürt und erfolgreich beklagt wurde, künftig in den Genuß der Stadtfreiheit kommen sollte. Die Städte konnten nur existieren und wachsen, wenn sie Zuzug vom Lande erhielten, und Zuzug vom Lande war nicht möglich ohne die Abwanderung vieler Bauern.

Solche Wanderungen gab es damals auch sonst: Auch die neugegründeten Dörfer in den bisher unbesiedelten Gebieten des Westens und Nordens und in den Ländern der Ostsiedlung wurden von Bauern und Bauernkindern aus den alten Siedlungen bevölkert. Auch die Gründer der neuen Dörfer warben mit Freiheitsrechten. Die rechtliche Lage der Siedlungsbauern war der der freien Stadtbürger vielfach ähnlich.

Anders als in früheren Jahrhunderten war die Flucht von unfreien Bauern jetzt also nicht nur möglich, sondern auch lohnend, und das hat Folgen für die Situation der Bauern im allgemeinen gehabt. Ungeachtet der vielen Besonderheiten, welche die bäuerlichen Rechte von Region zu Region, von Grundherrschaft zu Grundherrschaft voneinander unterschieden, läßt sich doch eine generelle Veränderung der bäuerlichen Lage im hohen Mittelalter erkennen. Die Leistungen und Lebensbedingungen der Bauern wurden dem angenähert, was in den neuen Dörfern und Städten geboten wurde, das heißt die persönliche Unabhängigkeit der Bauern nahm zu, und ihre Verpflichtungen wurden versachlicht. Die von den Grundherren geforderten Arbeitsleistungen traten zugunsten von Abgaben zurück.

Die neuen dörflichen und städtischen Siedlungen wurden von denen gegründet und brachten denen Einnahmen, die die nötigen Investitionen vornehmen und die Siedlungen militärisch gegen Konkurrenten sichern konnten.

Das Luftbild der Stadt Villingen zeigt noch heute die regelmäßige Anlage, wie sie für die um 1200 in bisher unbesiedelten Regionen – wie hier im Schwarzwald – errichteten Städte charakteristisch ist.

Das war der König, aber das waren vor allem die geistlichen und weltlichen Fürsten. Am Ende sollten es die Fürsten sein, deren Position durch die tiefgreifenden sozialen und rechtlichen Wandlungen des Hochmittelalters gestärkt wurde – anders als in den meisten anderen europäischen Ländern, wo schließlich das Königtum den Sieg davontrug und wo in den letzten Jahrhunderten des Mittelalters die Vorläufer der modernen Einheitsstaaten entstanden.

Die Ursache des deutschen »Partikularismus«, also der Gliederung des Reiches in eine große Zahl von weitgehend selbständigen Staaten, ist lange Zeit in einem Zerfall des ursprünglich einheitlichen Reiches und in einer Reduzierung der zunächst konkurrenzlosen Königsmacht gesehen worden. Doch reichten die sozialen und rechtlichen Wandlungen im Hochmittelalter so weit, daß nun die entstehende Staatlichkeit, von der sich entscheiden mußte, ob sie am Ende eher die Fürsten oder den König stärken würde, nicht so sehr als eine Fortsetzung der früheren Königsmacht, sondern vielmehr als etwas grundsätzlich Neues verstanden werden muß.

Bisher hatten die Könige, abgesehen von ihrem Familienbesitz und von dem

Reichsgut, nur eine lockere Herrschaft über diejenigen ausgeübt, die in ihrem Reich mächtig waren. Die Masse der Bevölkerung war vom Königtum durch die Grundherren und Fürsten getrennt. In dem Maße, wie das bisher unbesiedelte Land unter Kultur genommen und die von Menschen bewohnten Flächen zur Normalität statt zur Ausnahme wurden, in dem Maße auch, wie infolgedessen die Auseinandersetzung um die noch verfügbaren, nämlich noch zu besiedelnden freistehenden Flächen wuchs, mußte die Intensität der Herrschaft zunehmen und am Ende an die Stelle der Herrschaft über Personen die über geschlossene Gebiete treten.

Diese Gebiete aber, die künftigen Territorialstaaten, wurden nicht nur mit Hilfe der großen ländlichen Neusiedlungsgebiete, sondern auch dank den vielen neuen Städten ertragreich gemacht. Fast alle deutschen Städte sind damals entstanden, zumal sie auch als Burgen dienen und die neuen Herrschaftsgebiete militärisch sichern konnten. Vor allem aber waren es natürlich Burgen im eigentlichen Sinne, die nun zur Sicherung der neuen Herrschaftsgebiete gegründet wurden. Die »Ritter«-Burgen, die für das populäre Bild vom Mittelalter so charakteristisch sind, waren also eine Sache erst des hohen Mittelalters. Die frühmittelalterlichen Adligen hatten auf notdürftig befestigten Höfen, nicht jedoch auf in unzugänglichen Gegenden errichteten Höhen- oder Wasserburgen gehaust.

Die Bewaffneten, die auf den neuen Burgen Dienst taten, waren in aller Regel Unfreie, die zunächst nicht anders als unfreie Bauern an ihren Herrn gebunden waren, die beispielsweise auch verkauft oder verschenkt werden konnten. In einer ähnlichen Weise wie bei der Entstehung des fränkischen Adels nicht zuletzt aus dem Kreise derer, welche der König zu qualifizierten militärischen oder administrativen Dienstleistungen gebraucht und in seine unmittelbare Umgebung gezogen hatte, erwies sich auch jetzt, daß der Dienst bei einem Mächtigen einen schnellen sozialen Aufstieg möglich machte.

Die durch ihre anspruchsvolle Tätigkeit auf Burgen und auch in Städten aus der Masse der Menschen herausgehobenen Spezialisten für die Erfüllung solcher Aufgaben, die Burgbesatzungen, die zu Pferde kämpfenden Ritter, die Verwalter von Zöllen und Märkten, wurden angesichts des raschen Wachstums dieser Aufgaben so unentbehrlich, daß das lateinische Wort, welches ihre Position als Diener (ministri) beschrieb, zu einem qualifizierten Standesbegriff wurde. Aus den unfreien Dienern wurden die Ministerialen, die zwar ebenfalls noch unfrei waren, jedoch vor allem im 13. Jahrhundert diese Unfreiheit abstreifen und die große Mehrheit des damaligen niederen Adels bilden sollten.

Das um 1225 erbaute Herrenrefektorium des Zisterzienserklosters Maulbronn (Württemberg) repräsentiert in seinen Dimensionen und in seiner architektonischen Qualität die außergewöhnlichen Möglichkeiten dieses Reformordens, aber auch die aristokratischen Lebensformen der adeligen Mönche, denen diese Halle als Speisesaal diente.

Die administrativen und militärischen Aufgaben, die bisher nach Lehnrecht vergeben und organisiert worden waren, gerieten nun, da sie sich infolge des Wachstums der Bevölkerung und der zunehmenden Arbeitsteilung so schnell vermehrten, in die Hände der neuen Ministerialen, bis dann die Grenze zwischen dem niederen Lehnsadel und der Ministerialität durchlässig zu werden begann. Die Ministerialen waren so unentbehrlich, daß sie vielfach ihre Situation durch gemeinsames Vorgehen verbessern konnten, und die Lebensbedingungen, welche ihnen häufig geboten wurden, waren so attraktiv, daß Angehörige der alten Führungsschicht, also des Lehnsadels, in die Ministerialität überwechselten.

Beschleunigt wurde dieser Verschmelzungsprozeß durch Wandlungen der Kultur und des Lebensstils. Aus dem berittenen Krieger wurde, in Deutschland vor allem im späten 12. und 13. Jahrhundert, der Ritter, den nicht nur seine besondere Kampfesweise, sondern auch eine eigene Ethik und eine spezifische Kultur kennzeichneten, deren Reste noch in unsere eigene Zeit reichen. Die

»Ritterlichkeit« des Kämpfers gegenüber seinem Feind und vor allem gegenüber Schwachen und Hilflosen, gegenüber Frauen und Kindern, und die »Höflichkeit« gegenüber anderen sind ein Resultat dieses Kulturwandels gewesen.

An den neuen Wertvorstellungen und Normen orientierten sich aber sowohl Adlige wie Ministerialen, und so wurde durch diese gemeinsame ethisch-kulturelle Orientierung für die Ministerialen die Grenze zur Freiheit und zum Adel durchlässig. Während sich im Mittelalter die soziale Mobilität meistens nur an einzelnen oder kleinen Gruppen beobachten läßt, ist hier einer großen Sozialschicht in kurzer Zeit der Aufstieg von der Unfreiheit in den Adel gelungen. Einzelne Ministeriale hatten schon um 1200 fürstengleiche Positionen inne. Kaiser Heinrich VI. ernannte Markward von Annweiler zum Markgrafen von Ancona und zum Herzog der Romagna.

In der Heidelberger Handschrift des Sachsenspiegels aus dem frühen 14. Jahrhundert werden typische Vorgänge der Neulandgewinnung, wie sie für das späte 12. und das 13. Jahrhundert charakteristisch gewesen sind, gezeigt. Auf dem oberen Bild sieht man die rechtliche Seite der Dorfgründung, die durch eine Urkunde symbolisiert ist, das Roden des Waldes und das Errichten der neuen Häuser. Darunter wird in dem neugegründeten Dorf vor der Kirche Gericht gehalten.

3. Restauration und Überanstrengung – Das Zeitalter der Staufer

Insbesondere im 12. und 13. Jahrhundert hat in Deutschland ein heftiger politischer Konkurrenzkampf unter denen, welche die neuen Siedlungs- und Gründungsvorgänge politisch trugen, stattgefunden, dessen Resultat die überwiegend kleinteilige, von Fürstenstaaten beherrschte politische Landkarte war, wie sie künftig für Deutschland charakteristisch sein sollte. Zunächst waren jedoch an diesem Konkurrenzkampf auch die Könige beteiligt – der schließliche Sieg der Territorialfürsten stand keineswegs von vornherein fest. Er war vielmehr erst das Resultat der weiteren politischen Geschichte Deutschlands, vor allem jedoch der Jahre von 1125 bis 1250.

Nach dem Tod des erbenlosen Königs Heinrich V., des letzten salischen Königs, im Jahre 1125 entstand scheinbar die gleiche Situation wie vor 101 Jahren. Die Fürsten mußten einen Nachfolger wählen, ohne sich an der Sohnesfolge orientieren zu können. Anders als 1024 entschieden sie sich jedoch nicht für den Fürsten, der dem alten Königshaus verwandtschaftlich am nächsten stand – das wäre der Herzog von Schwaben aus der Familie der Staufer, ein Enkel König Heinrichs IV., gewesen –, sondern für den sächsischen Herzog Lothar, den künftigen König Lothar III., sie entschieden also in »freier« Wahl.

Diese Entscheidung aber war eine Folge des Investiturstreits. Das Prinzip der freien Wahl wurde kirchlicherseits, wo es ja in der Tat bei Papst- und Bischofswahlen weitgehend praktiziert wurde, auch für das Königtum propagiert und im Jahre 1125 durchgesetzt. Die Wahl dieses Jahres war ein Resultat der jahrzehntelangen Auseinandersetzungen zwischen den päpstlichen und den königlichen Mächtegruppen während des Investiturstreits. Da König Lothar III. zwölf Jahre später ebenfalls starb, ohne einen Sohn zu hinterlassen, sollte sich die Situation von 1125 nun nicht nur wiederholen, sondern es sollte sich vollends erweisen, daß der Investiturstreit die in Deutschland praktizierte Verfassung verändert hatte.

Denn nun kam es abermals zu einer von Kirchenfürsten geforderten »freien« Wahl, nur unter umgekehrtem Vorzeichen, so daß zweifelsfrei deutlich wurde, daß es hier nicht um die Macht einer bestimmten Familie ging, sondern um ein politisches Prinzip. Gewählt wurde jetzt nämlich der Bruder des Verlierers von 1125, Herzog Konrad von Schwaben, als König Konrad III.; derjenige Fürst, der dem verstorbenen König am nächsten verwandt war, sein Schwiegersohn Heinrich, unterlag ebenso wie bei der vorigen Wahl der Staufer Friedrich.

Seit dem 11. Jahrhundert nahmen die Adelsfamilien feste Familiennamen an, die in der Regel von einer Burg abgeleitet wurden. Die Staufer führten ihren Namen von dem Berge Stauf zwischen Göppingen und Schwäbisch Gmünd, der diesen Namen seiner kegelstumpfförmigen Gestalt verdankt. Die Photographie zeigt den Berg im Hintergrund. Im Vordergrund die Adelsburg Hohenrechberg.

Der nun unterlegene Bewerber stammte aus dem Welfenhause. Er war Herzog von Bayern, verfügte als Erbe des verstorbenen Königs auch über Sachsen, war also ohne Zweifel der mächtigste Fürst im damaligen Deutschland und keineswegs gewillt, seinen Anspruch aufzugeben. König Konrad konnte die Krone erst in einem mehrjährigen Krieg behaupten. Die inneren Auseinandersetzungen waren so heftig, daß sich auch mit ihnen erklären läßt, warum es Konrad III. nicht gelang, sich in Rom zum Kaiser krönen zu lassen. Seit Otto I. war jeder deutsche König auch Kaiser geworden. Mit Konrad III. setzt die Reihe der Könige ein, denen die Krönung nicht mehr gelang.

KGR.
NORWEGEN
Stavanger
KGR. MAN
KGR. SCHOTTLD.
Perth
Atlant.
Ozean
Nordsee
IRLAND
Dublin
York
KGR.
ENGLAND
Bristol
London
Holland
KGR.
Aarhus
Roskilde
DÄNEMAR
Lübeck
Friesl.
Lüneb.
Münster
Magde
Aachen
Lüttich
Köln
Amiens
Hzm.
Normandie
Hzm.
Bretagne
Paris
KGR.
Orléans
Tours
Mainz
Würzburg
Trier
Metz
RÖM.-DEU
Regensburg
Straßbg
Ulm
Dijon
Bourges
Basel
La Rochelle
FRANKREICH
KAISERREICH
Limoges
Genf
Lyon
Trient
Bordeaux
Mailand
Savoyen
Venedig
Santiago
KGR.
LEON
Hzm.
Gascogne
Pavia
Braga
Burgos
KGR.
NAVARRA
Toulouse
Genua
Bologna
KGR.
Provence
Arles
Carcass.
Florenz
KGR. PORTUGAL
KASTILIEN
Zaragoza
KGR.
ARAGON
Korsika
Lissabon
Barcelona
Rom
Balearen
Cordoba
Valencia
Sardinien
KGR. GRANADA
Granada
M i t t e
Paler
Algier
Tunis
REICH DER ALMOHADEN

Europa zur Zeit Kaiser Friedrichs II. (1212–1250)
Staatengrenzen um 1240
Upsala
KGR. SCHWEDEN
Reval
Estland
Nowgorod
Schwertbrüderorden 1202
Deutscher Orden 1237
Riga
Polozk
Ostsee
Litauer
Smolensk
Deutscher Orden 1226/30
Prussen
Kolberg
Pommern
Stettin
Gnesen
KGR. POLEN
Sieradz
Schlesien
Breslau
KGR. BÖHMEN
Krakau
Mähren
Pinsk
Nowgorod Sewersk
RUSSISCHE FÜRSTENTÜMER
Wladimir
Kiew
Perejaslawl
Halitsch
Kumanen
Wien
Hzm. Österreich
Gran
Ofen
Pest
KGR. UNGARN
Hermannstadt
Agram
Severin
Walachei
Belgrad
Silistria
Warna
Sudak
Schwarzes Meer
Sinope
Reich v. Trapezunt
KGR. SERBIEN
Sofia
KGR. BULGARIEN
Konstantinopel
Lateinisches Kaiserreich
Adriat. Meer
Durazzo
Thessalonike
Nikaia
KAISERR. NIKAIA
Angora
SULTANAT IKONION
Neapel
Brindisi
Otranto
KGR. SIZILIEN
Despotat Epirus
Larissa
Ägäisches M.
Smyrna
Attalia
Klein-Armenien
Messina
Syrakus
FSM. ACHAIA
Athen
KGR. CYPERN
Malta
Mittelmeer
Kreta

Im Boden unter der Kirche St. Fides in Schlettstadt (Elsaß) hat sich eine Totenmaske erhalten, die durch das Übergießen einer Leiche mit gelöschtem Kalk entstanden ist. Sie gibt wahrscheinlich das Gesicht der Hildegard von Büren wieder, die im Jahre 1095 starb und von der alle späteren staufischen Könige und Kaiser abstammen.

Die zu Lebzeiten Kaiser Friedrichs Barbarossa entstandene Büste wird im Testament ihres Besitzers ausdrücklich als »silbernes Haupt, nach dem Bildnis des Kaisers geformt« bezeichnet. Später hat sie zur Aufbewahrung einer Reliquie des Evangelisten Johannes gedient. Ursprünglich könnte sie jedoch ein zweckfreies Porträt dargestellt haben.

Zunächst konnte es jedoch scheinen, als würden die Jahrzehnte eines schwachen und umstrittenen Königtums Episode bleiben, denn der Nachfolger Konrads III. wurde nicht nur nahezu einhellig und zudem als der nächste Verwandte des verstorbenen Herrschers gewählt, sondern es gelang ihm auch, dem König- und Kaisertum in einer langen Regierungszeit neuen Glanz zu geben und am Ende als der angesehenste Fürst Europas zu gelten.

Friedrich I. (1152–1190), ein Neffe Konrads III., schon von italienischen Zeitgenossen nach seinem rötlich-blonden Bart »Barbarossa« genannt, ist der populärste König des Mittelalters geworden. Die Nachwelt hat ihn in Sagen verherrlicht und ihm eine Art von Unsterblichkeit zugeschrieben. Nicht wirklich tot, sollte er der Sage zufolge in einer thüringischen Gebirgshöhle im Kyffhäuser darauf warten, bei günstiger Gelegenheit von neuem zur Herrschaft zu gelangen, um das deutsche Volk von seiner Uneinigkeit zu erlösen. Diese Sage war ursprünglich auf den Enkel Barbarossas, auf Kaiser Friedrich II. gemünzt gewesen, und das ist gut verständlich. Denn nach dessen überraschendem und fernem Tode kam das Gerücht auf, daß er nicht tot sei, sondern nur versteckt auf eine Gelegenheit zu neuen Siegen warte – entsprechend einem in der Literatur der Zeit nicht selten verwandten Motiv, entsprechend auch den damaligen Nachrichten- und Verkehrsbedingungen, die so etwas ja in der Tat möglich machten.

Das Andenken Friedrichs II. war indessen heftig umstritten, während Barbarossa nach seiner fast vierzigjährigen Regierungszeit eine so unumstritten positive Erinnerung hinterließ, daß er sich als verwunschener Herrscher besser eignete als sein Enkel. Dieser sollte im Kirchenbann sterben, verwickelt in einen Krieg mit den Päpsten, der weitaus heftiger war als der Investiturstreit, während Barbarossas Ende fast einer Apotheose gleicht und zudem deutlich macht, daß es ihm gelungen war, dem deutschen Königtum noch einmal ein Ansehen zu geben, das sich deutlich von der Glanzlosigkeit unterschied, welche die Regierungszeit König Konrads III. gekennzeichnet hatte.

Konrad hatte sich am Ende zwingen lassen, am Kreuzzug zur Befreiung des Heiligen Landes teilzunehmen, er war nur ein am Kreuzzug teilnehmender Fürst unter anderen gewesen, aber das weitgehende Scheitern des zweiten Kreuzzuges war nicht zuletzt ihm zugerechnet worden. Barbarossa dagegen machte den dritten Kreuzzug zu seiner eigenen Sache und galt, als er sich 1189 selber an die Spitze des Unternehmens stellte, als unbestrittener Führer der Expedition. Es schien ihm gelungen zu sein, das deutsche Königtum mit der damals so ungemein populären, zunächst in Westeuropa entstandenen und verbreiteten Kreuzzugsbewegung zu verbinden und ihm auf diese Weise gegenüber den Monarchien des Westens neues Gewicht zu geben. Daß Barbarossa schon unterwegs in Kleinasien, also vor der Erreichung des Heiligen Landes, starb, hat seinem Ruhm keinen Abbruch getan, sondern seinem Ende vielmehr eine Art von religiöser Weihe gegeben und im übrigen verhindert, daß sich die Mißerfolge auch dieses Kreuzzuges mit seinem Namen verbanden.

Mißerfolge hatte der so erfolgreiche Monarch aber schon vorher in nicht geringer Zahl hinnehmen müssen. Der Versuch, Kaiserpolitik nach dem Vorbild seiner salischen Vorgänger zu machen, ließ sich im 12. Jahrhundert nicht mehr verwirklichen. Seine jahrzehntelangen Auseinandersetzungen mit den Päpsten und mit den jetzt so kraftvollen norditalienischen Städterepubliken endeten in Kompromissen wo nicht in Niederlagen. Trotzdem ist es ihm gelungen, in Teilen Italiens eine Dauerhaftigkeit versprechende Reichsherrschaft zu begründen und ein Fundament zu legen, auf dem sein Sohn und Nachfolger, Heinrich VI. (1190–1197), weiterbauen konnte.

In Deutschland hat der so nachhaltig in Italien engagierte Kaiser es hingenommen, daß der mächtigste Territorialfürst, der Welfe Heinrich der Löwe, in seinen großen Herrschaftsgebieten zwischen Alpen und Ostsee eine fast königliche Position einnahm. Als es dem Kaiser und den norddeutschen Gegnern Herzog Heinrichs gelang, diesen zunächst in einem Prozeß und dann militärisch niederzuzwingen und seinen Herrschaftsbereich in den Jahren 1180 und 1181 zu zerschlagen, erwies sich die Stärke der königlichen Position auch hier. Es war freilich unübersehbar, daß diese Stärke auf dem Bündnis Barbarossas mit einem Teil der Fürsten beruhte.

Trotzdem wurde in beträchtlichem Maße der Zufall, nämlich der plötzliche Tod des noch nicht zweiunddreißigjährigen Kaisers Heinrich VI., zur Ursache dafür, daß das deutsche Königtum abermals in eine Krise geriet. Es zeigte sich jetzt, daß die Fronten aus der Frühzeit des Jahrhunderts weiterhin existierten, und so kam es zu einer Doppelwahl. Ein staufischer (Philipp von Schwaben, 1198–1208) und ein welfischer König (Otto IV., 1198–1218) bekämpften sich in den nächsten Jahren in ähnlicher Weise wie einst Konrad III. und sein welfischer Kontrahent. Es kam jedoch hinzu, daß die Auseinandersetzungen auf Italien übergriffen, daß der Papst und am Ende auch England und Frankreich beteiligt waren.

Das aber war eine Folge davon, daß der damals noch im Kindesalter befindliche Sohn Heinrichs VI., der spätere Kaiser Friedrich II., nicht nur Anspruch auf den staufischen Familienbesitz in Deutschland hatte und eine Wahl zum König sowie die Kaiserkrönung erwarten konnte, sondern daß er überdies mütterlicherseits Erbe des Königreichs Sizilien, also ganz Süditaliens war. So mußte sich der Papst von ihm und von jedem staufischen König und Kaiser bedroht fühlen und ein staufisches Königtum zu verhindern suchen. Das aber galt um so mehr, als der damalige Inhaber des Stuhles Petri, Innocenz III. (1198–1216), einer der herrscherlichsten Päpste und ein Jurist war, der die Möglichkeit hatte, seine politischen Ziele mit den Mitteln des damals erneuerten Kirchenrechts abzustützen, und sich um eine grundsätzliche Klärung des Verhältnisses zwischen Papst und Kaiser bemühte. Sollte der Papst jeden Kaiser krönen müssen, den die deutschen Fürsten zum König wählten? Das schien eine unerträgliche Einschränkung der päpstlichen Rechte, und so forderte Innocenz III. für den Papst das Recht, entscheidend an der Wahl des künftigen deutschen Königs beteiligt zu sein. Da die deutschen Fürsten diese Forderung unmöglich erfüllen konnten, war die Auseinandersetzung zwischen Papsttum und Königtum nun und im nächsten halben Jahrhundert heftiger als zur Zeit des Investiturstreits.

Zwei unter den deutschen Königen und Kaisern dieser Jahrzehnte konnten mächtiger scheinen als alle ihre Vorgänger. Sowohl Heinrich VI. wie auch dessen Sohn Friedrich II., den der Papst zunächst gegen Otto IV. ins Feld geschickt hatte, der nach seinem Sieg über diesen aber zum schärfsten Gegner der Päpste werden sollte, haben in Italien Macht ausgeübt wie keiner der deutschen Könige zuvor, und sie waren überdies in der damaligen Welt- und das hieß in der Mittelmeerpolitik so präsent, daß ihr universales Kaisertum den Schein einer ganz neuen Realität erhielt.

Schon Otto I. hatte aus seiner Kaiserwürde die Notwendigkeit insbesondere einer Byzanz-Politik abgeleitet und am Ende in Gestalt der Ehe zwischen seinem Sohn Otto II. und einer byzantinischen Prinzessin sogar eine gewisse Anerkennung des neuen durch das alte römische Kaisertum erreicht. Doch waren die Ansätze früherer deutscher Könige, mittelalterliche »Welt«-Politik zu machen, Bruchstücke geblieben. Nun erwarb Friedrich II. zu seiner deutschen, seiner sizilischen und zur Kaiserkrone noch die des Königreichs Jerusalem. Obwohl im päpstlichen Bann befindlich, führte er 1228 bis 1229 den fünften Kreuzzug an, und überdies erreichte er friedlich, was seinen Vorgängern militärisch nicht gelungen war, nämlich den Zugang zu den heiligen Städten für christliche Pilger. Jetzt waren die Kreuzzüge tatsächlich zu einer Sache des Reiches und nicht nur eine Quelle des Ruhmes für den westeuropäischen Adel geworden, was sich auch daran zeigte, daß der eben gegründete dritte große Kreuzzugsorden, der Deutsche Orden, von Friedrich II. außerordentlich gefördert und zeitweilig zu einem Werkzeug seiner Politik gemacht wurde.

Doch stehen diesem Höhepunkt deutscher Königs- und Kaisermacht die entgegengesetzten Phänomene gegenüber. Schon Barbarossa hatte erleben müssen, daß seine Möglichkeiten durch England und Frankreich, wo das Königtum inzwischen nach Jahrzehnten des kontinuierlichen Machtzuwachses fester als in Deutschland etabliert war, begrenzt wurden. Schon zu seiner Zeit erhoben sich dort Stimmen des Ärgers darüber, daß ausgerechnet der König des in vieler Hinsicht zurückgebliebenen Deutschland der Kaiser sein sollte. Im frühen 13. Jahrhundert zeigten sich dann ganz neue Machtverhältnisse, als der Kampf zwischen Otto IV. und Friedrich II. nicht in Deutschland entschie-

Die 982 oder 983 entstandene Elfenbeintafel, auf der Christus Kaiser Otto II. und seine byzantinische Gemahlin Theophanu krönt, ist ein Denkmal der Annäherung des östlichen an das westliche Kaiserreich.

den wurde, sondern vielmehr durch den Sieg des mit dem Staufer verbündeten französischen Königs über den mit den Welfen im Bunde stehenden englischen bei Bouvines (1214).

In den folgenden Jahren war die Stellung Friedrichs II. in Deutschland zwar stark, aber das Macht- und Interessenzentrum dieses Herrschers lag in Süditalien. So mußte damals, als die Siedlungs-, Städtegründungs- und Territorialisierungspolitik des 12. und 13. Jahrhunderts ihren Höhepunkt erreichte, die Fürstenmacht in Deutschland schneller wachsen als die des Königtums. Als dann während des Höhepunktes der Auseinandersetzungen Friedrichs II. mit dem Papsttum wiederum Gegenkönige gewählt wurden, als Deutschland in Fürstenparteien zerfiel und schließlich nach dem Tode des Kaisers 1250 und dem Ende der staufischen Dynastie wenige Jahre später sich bis 1273 ein unbestrittener König nicht durchsetzen konnte (sogenanntes Interregnum), da sind wesentliche Fundamente der Königsmacht in Deutschland so tiefgreifend zerstört worden, daß die Schwäche der Zentralgewalt in den nächsten Jahrhunderten hier eine wesentliche Ursache hat.

Auf der anderen Seite haben die staufischen Könige erfolgreiche Versuche unternommen, die Verfassung des Reiches zu modernisieren und die Möglichkeiten des Königtums zu stärken. Man sieht das besonders deutlich an ihrer Landfriedenspolitik.

Die Gesetzgebung hatte in Deutschland nach dem Ende der Karolingerzeit aufgehört. Die ottonischen und die ersten salischen Könige haben Gesetze gelegentlich für Italien erlassen, aber für Deutschland haben sie nur Privilegien ausgestellt. Die allgemeine Auffassung, daß fast jedermann seine rechtlichen Vorstellungen mit Gewalt – also durch Fehde – durchsetzen dürfe, hatte zu anarchischen Zuständen geführt. Um die Wende vom 10. zum 11. Jahrhundert bemühten sich zunächst hohe französische Geistliche, diese Zustände dadurch zu mildern, daß bestimmte Personen vor Kampfhandlungen geschützt und die Fehden für bestimmte Zeiten ausgesetzt wurden.

Diese Gottesfriedensbewegung hat sich erst ein Jahrhundert nach ihren Anfängen in Deutschland ausgebreitet, und das ist angesichts der im Vergleich mit Frankreich starken Stellung des deutschen Königs auch erklärlich. Den deutschen Königen war im sehr viel höheren Maße als den französischen Herrschern die Wahrung des öffentlichen Friedens und eine gewisse Kontrolle des Fehdewesens, das heißt der als rechtmäßig angesehenen gewaltsamen Durchsetzung von Rechtsansprüchen, gelungen. Aus diesem Grunde ist in Deutschland an die Stelle der Gottesfrieden bald eine vor allem von den Königen vorgenommene Landfriedensgesetzgebung getreten, und mit dieser setzt in Deutschland die Gesetzgebung nach deren Ende im 9. Jahrhundert wieder ein.

Der Kernbestand dieser Landfrieden waren Vorschriften, welche die Fehdeführung betrafen, indem sie die Fehden entweder ganz untersagten oder an bestimmte Normen banden. König Friedrich Barbarossa hatte die Fehden im Jahre 1152 vollständig verboten und insofern gewissermaßen das für die neuzeitliche Verfassung grundlegende Gewaltmonopol des Staates zu verwirklichen gesucht. Unter den Bedingungen hochmittelalterlicher Staatlichkeit und das heißt in Deutschland vor allem: angesichts der fehlenden Exekutivgewalt des Königs mußte ein solcher Versuch offensichtlich scheitern. Im späteren deutschen Landfriedensrecht sind die Fehden infolgedessen unter bestimmten Bedingungen als subsidiäres Rechtsmittel – das heißt im Falle des Versagens der Gerichte – zugelassen worden, sie wurden tatsächlich nur noch von Fürsten, Adligen und Städten, nicht aber von Bauern oder einzelnen Bürgern geführt, bis sie im Reichslandfrieden von 1495 untersagt und im Verlaufe des 16. Jahrhunderts tatsächlich kriminalisiert und bis auf marginale Reste – die Duelle adliger Offiziere bis 1918 – beseitigt wurden.

Das Verschwinden der gewaltsamen individuellen Rechtsdurchsetzung, die Erzwingung also des staatlichen Gewaltmonopols, setzte auch jetzt eine staatliche Exekutive voraus, und die war tatsächlich gegeben, aber auf Seiten der Territorialstaaten. Im 12. und 13. Jahrhundert dagegen konnten die Könige mit Grund hoffen, der deutschen Geschichte eine andere Richtung zu geben und gerade durch eine energische Landfriedenspolitik die inneren Möglichkeiten des Königtums zu vermehren. Das aber galt um so mehr, als die Landfrieden nicht nur die Fehdeführung regulierten, sondern sich auch den Fehdeursachen zuwandten, auf diese Weise strafrechtliche Normen festlegten und einen wachsenden Teil der sozialen Beziehungen schriftlichem Recht unterwarfen.

Die Landfriedensgesetzgebung fügte sich damit in einen größeren rechtsgeschichtlichen Vorgang ein. Im 12. und 13. Jahrhundert wurde in Europa allenthalben das Gewohnheitsrecht durch kodifizierte Normen abgelöst. In Italien wurde das spätantike Römische Recht zu neuem Leben erweckt, und gleichzeitig – um 1140 – wurden die damals bestehenden kirchlichen Normen im Decretum Gratiani, das bald als die erste Hälfte des Corpus iuris canonici universelle Geltung erhalten sollte, zusammengefaßt.

Ungefähr achtzig Jahre später hat der sächsische Adlige Eike von Repgow

Kirchen sind im Mittelalter nicht zuletzt als Grablegen ihrer Stifter errichtet worden, und der Übergang vom mittelalterlichen Totenkult zum Ruhmesdenkmal kann durchaus fließend sein. Das zeigt auch der Landgrafenchor der Elisabethkirche in Marburg mit den monumentalen Grabmälern der Landgrafen des 13. bis 15. Jahrhunderts, die insgesamt das Pantheon einer erfolgreichen landesfürstlichen Dynastie darstellen.

Landfriedensbestimmungen aus der Dresdener Handschrift des Sachsenspiegels.

das Gewohnheitsrecht Nordostdeutschlands in seinem »Sachsenspiegel« aufgezeichnet und damit eines der erfolgreichsten deutschen Bücher geschaffen. Das Bedürfnis nach gesicherten rechtlichen Normen war inzwischen so groß, daß die Aufzeichnungen Eikes wie Gesetzbücher benutzt wurden – bis namentlich seit dem 18. Jahrhundert staatliche Gesetzbücher an deren Stelle traten.

Einige Rechtssätze Eikes finden sich noch in dem heute gültigen Bürgerlichen Gesetzbuch aus dem Jahre 1900.

Eike von Repgow hat auch das Landfriedensrecht in seinen »Sachsenspiegel« aufgenommen. Und da ungefähr ein Jahrhundert später die wichtigsten der von ihm fixierten Normen in illustrierten Handschriften seines »Sachsenspiegel« ins Bild gesetzt worden sind, kann man eine anschauliche Vorstellung davon gewinnen, wie hier moderne Rationalität und altertümliche Konkretheit des Rechts zusammenfließen.

Auf einem Bild wird dargelegt, daß ein Reisender notfalls unterwegs für sein Pferd Futter schneiden darf. Die Grenze zwischen dieser erlaubten Versorgung und dem unerlaubten Diebstahl wird einmal durch die Vorschrift definiert, daß das Futter an Ort und Stelle aufgefressen werden muß. Dann aber wird ein Maß benannt – der Reisende darf nur soviel Futter schneiden, wie er mit einem Fuß auf dem Wege stehend noch erreichen kann –, das für die alte Welt charakteristisch ist. Hier wird nicht nach abstrakten, sondern nach jederzeit verfügbaren, freilich auch im Detail unterschiedlichen Normen gemessen. Die Länge wird also nicht durch das Ur-Meter in Paris definiert, sondern durch Körperteile, durch den Fuß, den Unterarm (Elle) und die Spannweite beider Arme (Klafter).

Ein anderes Bild illustriert den Rechtssatz, daß die Tötung oder Verwundung eines Friedensbrechers straflos bleibe, falls der Täter mit sechs Eidhelfern beweisen könne, daß er tatsächlich einen Friedensbrecher bei der Tat oder auf der Flucht verwundet habe. Man sieht die Tat, und man erkennt, wie der Verdächtige zusammen mit seinen sechs Eidhelfern dem Richter einen Unschuldseid schwört. Die Eidhelfer repräsentieren dabei eine zentrale traditionelle Rechtsvorstellung. Sie fungieren nämlich nicht, wie man vom modernen Recht her erwarten könnte, als Zeugen, sondern sie beschwören vielmehr nur die Ehre des Beschuldigten.

Die nächste Bestimmung handelt von der Waffenführung. Während der Landfrieden gilt, darf man nur Waffen führen, wenn man im Reichsdienst unterwegs ist oder zu einem Turnier reitet. Von diesen Bestimmungen ist jedoch das Schwert ausgenommen, das nicht nur eine Waffe, sondern ein Standessymbol ist und das der königliche Gesetzgeber den Adligen deshalb nicht verbieten kann. Ganz unten schließlich wird die Verfolgung des Friedensbrechers gezeigt, der sich alle Erwachsenen, die ein Schwert führen, unterziehen müssen. Die Personen, für welche das nicht gilt, sind unter dem Schriftblock abgebildet: Frauen, Geistliche, Küster und Hirten. Wie die mit einem Judenhut gekennzeichnete Figur am linken Rande der Verfolgergruppe zeigt, rechnet der

»Sachsenspiegel« auch die Juden zu den vollberechtigten und wehrhaften Mitgliedern der Gesellschaft.

Das 13. Jahrhundert war eine besonders dynamische Periode der deutschen Geschichte. Der Landesausbau und vor allem die Ostsiedlung sind jetzt am wirkungsvollsten gewesen, nachdem schon in der Mitte des 12. Jahrhunderts die Ostmission wieder aufgenommen worden war und damals auch das Vordringen deutscher Siedler und Grundherren nach Osten rasch zunahm. Teile der heutigen DDR sowie die späteren Ostprovinzen des preußischen Staates, die heutigen polnischen Westgebiete, sind damals von deutschen Zuwanderern besiedelt, umgeformt und, soweit sie noch heidnisch waren, christianisiert worden, zunächst Mecklenburg und die Mark Brandenburg, seit 1231 dann der künftige Deutschordensstaat Preußen. Doch hat sich die Ostsiedlung nicht nur auf die später zum deutschen Staatsgebiet gehörigen Regionen erstreckt. Die deutsche Neusiedlung und die von Deutschland ausgehenden westeuropäischen Einflüsse reichten bis weit nach Rußland hinein, die Ostsiedlung hat also ganz verschiedene politische Folgen gehabt.

In Mecklenburg etwa haben die Nachfahren der einstigen slavischen Herr-

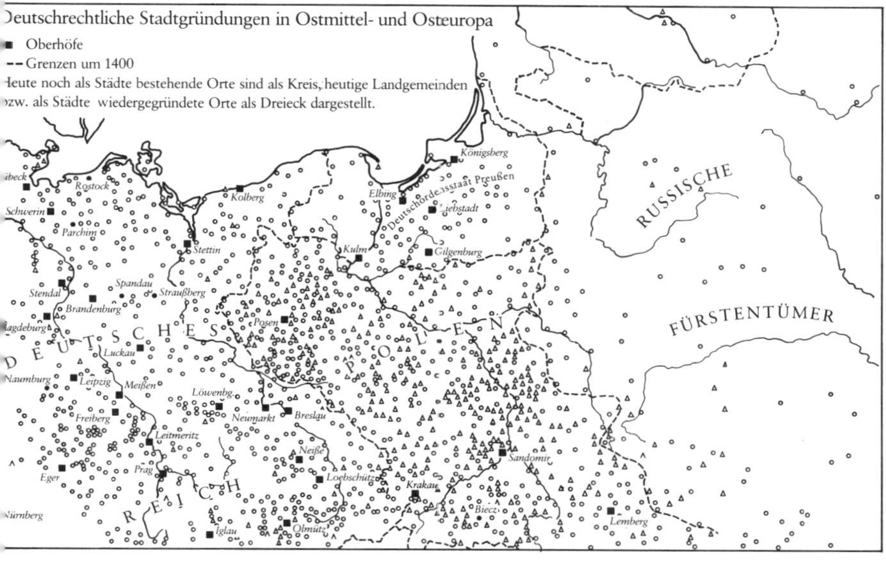

Im späten 12. und im frühen 13. Jahrhundert sind königliche Paläste (Pfalzen) errichtet worden, in deren reicher Architektur sich die damalige Stärke des Königtums spiegelt. Die Fassade und das Adlerkapitell stammen von der während der letzten Regierungsjahre des Kaisers Friedrich Barbarossa errichteten Pfalz Gelnhausen.

Die Dome in Mainz, Naumburg und Bamberg sind in der ersten Hälfte des 13. Jahrhunderts mit Plastiken ausgestattet worden, die, wie das abgebildete Idealporträt Kaiser Heinrichs II. vom Bamberger Dom, zu den besten Leistungen mittelalterlicher Kunst gehören.

scher als deutsche Bundesfürsten bis 1918 über eine Bevölkerung regiert, die ebenso deutsch war wie die Dynastie. Hier ist es schon früh, nämlich vor dem Ende des Mittelalters, zu einer vollständigen Verschmelzung von einheimischer Bevölkerung und Zuwanderern gekommen. Auf der anderen Seite ist das prussische Volk durch den Deutschen Orden mit Gewalt unterworfen und missioniert worden, es wurde also eine neue Herrschaft über das Land begründet, doch finden sich auch hier vielfältige Momente der Kontinuität. Die einheimische Bevölkerung hat sich von den Verlusten der Eroberungszeit erholen und ihrerseits an der Neusiedlung teilhaben können, sie hat in Teilen des Landes ihre Sprache und Eigenart bis weit ins 16. Jahrhundert bewahrt.

Das Prussische, eine baltische Sprache, ist erst damals ausgestorben. In Schlesien schließlich hat die Assimilation noch längere Zeit gebraucht. Sie ist bis 1945 nicht abgeschlossen worden. Hier haben damals polnische Minderheiten gelebt, während in weiten Gebieten Polens und Rußlands das Resultat der Ostsiedlung deutsche Minderheiten waren. Auch hier kam es zu Assimilationen, und diese ließen Nachfahren deutscher Zuwanderer zu Polen oder Russen werden. Die außerordentlich komplizierten ethnischen Verhältnisse in Ostmitteleuropa, die nach dem Ende des Ersten Weltkrieges zu großen, unlösbaren

Problemen werden und nach dem Zweiten Weltkrieg eine gewaltsame Lösung in Gestalt der Vertreibung der meisten Deutschen finden sollten, sind insbesondere im 13. Jahrhundert begründet worden.

Die Jahre um 1200 gelten als Höhepunkt der deutschen Literatur- und Kunstgeschichte des Mittelalters. Die frühesten Texte in deutscher Sprache sind zwar schon aus dem 8. Jahrhundert überliefert, doch ist die Zahl vor allem von deutschsprachigen Dichtungen aus den nächsten Jahrhunderten des Mittelalters gering, und ihr Themenkreis ist eng. Die meisten Texte sind aus dem Lateinischen übersetzt worden, oder sie lehnten sich an lateinische Vorlagen an. Themen, Motive und Gattungen waren ganz überwiegend geistlich bestimmt.

Im späten 12. Jahrhundert ist hier jedoch ein rascher Wandel eingetreten. Obwohl die nun geschriebenen Texte sich zunächst ebenfalls an Muster in einer anderen, nämlich der französischen Sprache anlehnten, sind damals doch in wenigen Jahrzehnten eine sich von Vorbildern lösende deutsche Literatur und eine deutsche Literatursprache entstanden.

In der ritterlich-höfischen Epik ist Hartmann von Aue mit seinem Erec und seinem Iwein dem Vorbild des französischen Dichters Chrétien von Troyes ebenso gefolgt wie Wolfram von Eschenbach mit seinem Parzival, während der jüngste unter den bedeutendsten Epikern dieser Zeit, Gottfried von Straßburg, sich um 1210 mit Tristan und Isolt an einer englischen Vorlage orientierte. Trotzdem repräsentieren diese Dichtungen ebenso wie die weniger bedeutenden Werke einer ganzen Reihe von zeitgenössischen Autoren und von Dichtern der folgenden Generationen eine eigenständige Literatur und in gewisser Weise den Anfang der deutschen Literaturgeschichte.

Die frühere Literatur in deutscher Sprache ist in Vergessenheit geraten, während die Dichtungen des ausgehenden 12. und des 13. Jahrhunderts auch in der folgenden Zeit gelesen, nachgeahmt und umgeformt worden sind. Schon die um 1200 schreibenden Autoren haben voneinander gewußt, sich zitiert und aufeinander Bezug genommen. Sie lassen also die Anfänge eines literarischen Lebens erkennen, dessen Spuren in den nächsten Jahrhunderten weitergehen und breiter werden sollten. Noch die Meistersinger und die Autoren und Drucker der Ritterromane in den Städten des 15. und 16. Jahrhunderts stehen in der um 1200 begonnenen literarischen Tradition.

Diese Tradition hat jedoch nicht nur mit höfischen Epen eingesetzt. Um 1200 entstand auch das berühmteste Heldenepos in deutscher Sprache, das Nibelungenlied, und zur selben Zeit lebte Walther von der Vogelweide – der mit Recht berühmteste unter den deutschen Lyrikern des Mittelalters.

Die zur Hölle verdammten Auferstandenen von der um 1240 geschaffenen Weltgerichtsdarstellung im Mainzer Dom bezeugen die damals erreichte Fähigkeit, dem Stein die Darstellung feinster mimischer Regungen abzugewinnen.

Die Handlung des Nibelungenliedes spielt in der Völkerwanderungszeit, und es kann nicht bezweifelt werden, daß der unbekannte Dichter des Epos sich älterer Vorlagen bedient hat. Doch läßt sich deren Gestalt ebensowenig erkennen, wie sich die Frage nach der mündlichen Tradition, in der diese Stoffe überliefert worden sind, beantworten läßt. Art und Umfang der volkssprachigen, nur mündlich überlieferten Literatur, die es in den vorangegangenen Jahrhunderten ohne Zweifel gegeben hat, bleiben uns verborgen.

Doch auch wenn wir von einer weit verbreiteten und hochentwickelten mündlich tradierten Literatur ausgehen könnten, bliebe der Übergang zur »Klassik« des späten 12. und frühen 13. Jahrhunderts ein außerordentlicher Vorgang, der die Frage nach Ursachen außerhalb der Literatur aufwirft.

Gewiß sind die Dichtungen um 1200 ein Teil der damals entstandenen neuen ritterlichen und höfischen Kultur gewesen, aber schon die Frage, in welchem Maße die Städte der damaligen Zeit das Milieu gewesen sind, in dem die Dichter und ihre Hörer beziehungsweise Leser lebten, ist schwierig zu beantworten. Und auch die Verbindungen zwischen der Literatur und der Politik lassen sich nur undeutlich erkennen.

Die Entschiedenheit, mit welcher einige der politischen Gedichte Walthers von der Vogelweide für die staufischen Könige, für Philipp von Schwaben und für den jungen Friedrich II., Partei nehmen, und die Hoffnungen von Gelehrten des 19., aber auch noch unseres Jahrhunderts auf eine enge Übereinstimmung zwischen politischer und Literaturgeschichte haben dazu verführt, von der Dichtung um 1200 als von einer staufischen Literatur zu sprechen. Tatsächlich läßt sich schon bei Walther erkennen, daß er die längste Zeit seines Lebens an

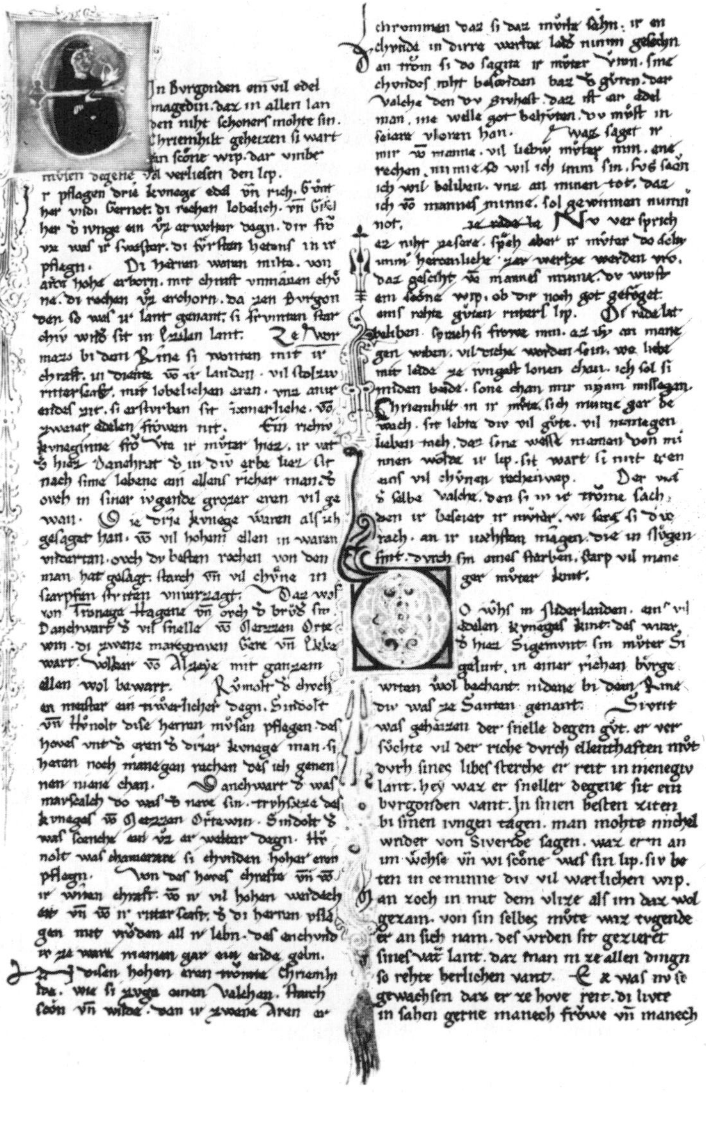
In Burgonden ein vil edel
magedin. daz in allen lan
den niht schoners mohte sin.
Chriemhilt geheizen si wart
ein scone wip. dar umbe
muesen degene vil verliesen den lep.
Ir pflagen drie kunege edel vn rich. Gunt
her vnd i Gernot. di rechen lobelich. vn Gisel
her d iunge ein vz erwelter degn. diu fro
we was ir swester. di fursten hetens in ir
pflegn. Di herren waren milte. von
arde hohe erborn. mit chraft unmazen chu
ne. di rechen vz erchorn. da zen Burgon
den so was ir lant genant. si frumten star
chiu wnd sit in Etzelen lant. Ze Wor
maze bi dem Rine si wonten mit ir
chraft. in dienete vo ir landen. vil stolziu
ritterscaft. mit lobelichen eren. unz an ir
endes zit. si erstorben sit iamerliche. vo
zweier edelen frowen nit. Ein richiu
kuneginne fro Ute ir muoter hiez. ir vat
d hiez Danchrat d in diu erbe liez sit
nach sime lebene ein ellens richer man. d
ouch in siner iugende grozer eren vil ge
wan. Die dise kunege waren als ich
gesaget han. vo vil hohem ellen in waren
undertan. ouch diu besten rechen von den
man hat gesagt. starch vn vil chune in
scarpfen striten unverzagt. Daz was
von Tronege Hagene vn ouch d bruod sin.
Danchwart d vil snelle vo Metzen Orte
win. di zwene marcgraven Gere vn Ekke
wart. Volker vo Alzeie mit ganzem
ellen wol bewart. Rumolt d chuch
en meister ein tiwerlicher degn. Sindolt
vn Hunolt dise herren muosen pflegen des
hoves unt d eren d drier kunege man. si
heten noch manegen rechen des ich genen
nen niene chan. Danchwart d was
marscalch do was d neve sin. truhsæze des
kuneges vo Metzen Ortewin. Sindolt d
was scenche ein vz erwelter degn. Hu
nolt was chamerære si chunden hoher eren
pflegn. Von des hoves chrefte vn vo
ir witen chraft. vo ir vil hohen werdech
eit vn vo ir ritterscaft. d di herren pfla
gen mit vroden all ir lebn. des enchund
iu ze ware niemen gar ein ende gebn.
In disen hohen eren troumte Chriemhil
de. wie si zuge einen valchen. starch
scon vn wilde. den ir zwene aren er
chrommen daz si daz muoste sehn. ir en
chunde in dirre werlde leider nimmer geschehn.
Den troum si do sagete ir muoter Uoten. sine
chundes niht bescheiden baz d guoten. der
valche den du ziuhest. daz ist ein edel
man. in welle got behuoten. du muost in
scier vloren han. Waz saget ir
mir vo manne. vil liebiu muoter min. ane
rechen minne so wil ich immer sin. sus scoen
ich wil beliben. unz an minen tot. daz
ich vo mannes minne. sol gewinnen nimmer
not. Nu versprich
ez niht ze sere. sprach aber ir muoter do schi
ne. wil du immer herzenliche zer werlde werden vro.
daz gesciht vo mannes minne. du wirst
ein scone wip. ob dir noch got gefuoget
eins rehte guoten ritters lip. Di rede lat
beliben sprach si frowe min. ez ist an mane
gen wiben. vil diche worden scin. wie liebe
mit leide ze iungest lonen chan. ich sol si
miden beide. sone chan mir nimmer missegan.
Chriemhilt in ir muote sich minne gar be
wach. sit lebte diu vil guote. vil manegen
lieben tach. daz sine wesse niemen den mi
nnen wolde ir lep. sit wart si mit eren
eins vil chunen rechen wip. Der was
d selbe valche. den si in ir troume sach.
den ir bescietk ir muoter. wi sere si daz
rach. an ir nahsten magen. die in sluogen
sint. durch sin eines sterben. starp vil mane
ger muoter kint.
Do wuohs in Niderlanden. ein vil
edelen kuneges kint. des vater
d hiez Sigemunt. sin muoter Si
gelint. in einer richen burge
witen wol bechant. nidene bi dem Rine
diu was ze Santen genant. Sivrit
was geheizen der snelle degen guot. er ver
suochte vil der riche durch ellenthaften muot.
durh sines libes sterche er reit in menegiu
lant. hey waz er sneller degene sit ein
Burgonden vant. In sinen besten ziten
bi sinen iungen tagen. man mohte michel
wnder von Sivride sagen. waz eren an
im wuchse vn wi scone was sin lip. siv be
ten in ce minne div vil wætlichen wip.
Man zoch in mit dem vlize als im daz wol
gezam. von sin selbes muote waz tugende
er an sich nam. des wrden sit gezieret
sines vater lant. daz man in ze allen dingn
so rehte herlichen vant. Ez was nu se
gewachsen daz er ze hove reit. di liute
in sahen gerne manech frowe vn manech

◁ *Unter den Handschriften mit dem Nibelungenlied ist die sogenannte Handschrift B aus der Mitte des 13. Jahrhunderts in St. Gallen die wichtigste. Der Text beginnt: E [z wuohs] in Burgonden ein vil edel magedin/daz in allen landen niht schoners mohte sin./Chriemhilt geheizen, si wart ein scoene wip/. Dar umbe muosen degene vil verliesen den lip.*

Zu den Spuren, welche die nicht überlieferte Heldendichtung aus der Zeit vor 1200 hinterlassen hat, gehört ein Pfeilerkapitell im Basler Münster aus dem 12. Jahrhundert. Es zeigt eine Szene aus der Sage Dietrichs von Bern, in der die Geschichte des Ostgotenkönigs Theoderich im Mittelalter weiterlebte.

Fürstenhöfen gelebt und für das dort versammelte Publikum geschrieben und vorgetragen hat. Daß am Königshof und an den Höfen weltlicher Fürsten die neue Literatur in gleicher Weise vorgetragen und gefördert worden ist, bleibt freilich bemerkenswert genug, und es ist auch keineswegs selbstverständlich, daß die Handschriften, in denen die Gedichte dieser Zeit überliefert worden sind, einige von ihnen »Kaiser Heinrich« zuschreiben. Ob es sich bei dem Autor dieser Gedichte aber tatsächlich um Heinrich VI. oder nicht vielmehr um König Heinrich, den Sohn Friedrichs II., handelt, läßt sich nicht klären.

Als »staufisch« sind oft auch die Baukunst und die Bauplastik dieser Zeit in Anspruch genommen worden, und manchmal mit Recht. Die Reste der im späten 12. und im frühen 13. Jahrhundert entstandenen Königspaläste in Nürnberg, Wimpfen, Eger (in der heutigen Tschechoslowakei) oder in Gelnhausen lassen in der Tat erkennen, daß die Könige bei der Errichtung oder Erneuerung ihrer Pfalzen Baumeister und Bildhauer von hohem Rang beschäftigt haben und daß ihnen offensichtlich an mehr lag, als ihre Macht lediglich durch eine moderne und effektive Militärarchitektur zu sichern, wie das zum Beispiel bei der Reichsburg Trifels in der Pfalz geschah. Ebenso wie die Literatur an den Fürstenhöfen in gleicher Weise wie am Königshof gefördert wurde, haben aber auch die Königspfalzen ihr Gegenstück in den Herrschaftszentren der großen Territorialfürsten, im Braunschweig Herzog Heinrichs des Löwen oder in der Wartburg der Landgrafen von Thüringen. Die bedeutendsten Bauaufgaben kamen jedoch auch jetzt von geistlichen Auftraggebern, und die wichtigsten Zeugnisse der Architektur und Plastik dieser Zeit sind die Dome und Stiftskirchen und deren Ausstattung.

Im Westchor des Naumburger Doms wurde kurz vor der Mitte des 13. Jahrhunderts zur Erinnerung an die Adligen, welche diese Kirche zwei Jahrhunderte zuvor dotiert hatten, ein monumentaler Figurenzyklus geschaffen, zu dem auch die Statuen des Markgrafen Ekkehard von Meißen und seiner Frau Uta gehören.

Insbesondere die Bauplastik der Dome von Mainz, Bamberg und Naumburg hat seit dem Anfang unseres Jahrhunderts die Phantasie der Betrachter immer wieder angeregt. Der Bamberger Reiter und Ekkehard und Uta und die anderen Stifterfiguren aus dem Westchor des Naumburger Doms schienen, wie man namentlich seit dem verlorenen Ersten Weltkrieg sehen zu können meinte, fundamentale Züge deutschen Wesens zu verkörpern: Zartheit und Strenge zugleich, mit Zielstrebigkeit verbundene Nachdenklichkeit, Philosophie und nüchterne Entschlußkraft in einem, Größe, die mit Rätselhaftigkeit verbunden ist.

Die Zeitgebundenheit solcher Urteile ist ebenso offensichtlich wie die Faszination, die von diesen Kunstwerken ausgeht. Ob diese Faszination aber auch in die Entstehungszeit dieser Figuren führt, muß ungewiß bleiben. Wer in dem Bamberger Reiter eigentlich dargestellt ist – Kaiser Konstantin oder vielleicht der heilige Stephan, das heißt der ungarische Nationalkönig –, läßt sich mit Gewißheit nicht sagen, und die Diskrepanz ist groß, die zwischen der Intensität, mit der uns die Naumburger Figuren anzusprechen scheinen, und der Tatsache besteht, daß ihr Zweck eigentlich lediglich darin lag, die Verlegung des Bischofssitzes von Zeitz nach Naumburg nachträglich einigermaßen zu legitimieren.

Diese Kluft öffnet sich freilich nicht nur hier. Die Bauplastiken und die Architektur des frühen 13. Jahrhunderts repräsentieren, stilgeschichtlich gesagt, die Ausläufer der romanischen Kunst. Unmittelbar danach begann in Deutschland die Geschichte der Gotik und damit ein Wandel nicht nur des Stils, sondern auch der Arbeitsverfassung. In den früheren Jahrhunderten waren nicht nur die Auftraggeber, sondern auch die Leiter der Bauarbeiten Geistliche gewesen. An ihre Stelle traten nun professionelle Bauhandwerker und Steinmetzen beziehungsweise von der Neuzeit aus gesehen: Architekten und Bildhauer. Der Künstler im neuzeitlichen Sinne wird zwar erst zu Beginn der Neuzeit geboren, aber die Meister des 13. Jahrhunderts sind ohne Zweifel seine unmittelbaren Vorfahren.

Wenn nun die Wände der großen Kirchen aufgelöst wurden, die Ausmaße der Fenster wuchsen und der Druck, den die großen Dächer ausübten, aus konstruktiven Gründen auf ein kompliziertes Geflecht von Säulen und Stützen abgeleitet werden mußte, dann setzte das nicht nur neue Erfahrung, sondern auch statische Berechnungen voraus. Realisiert werden konnte diese Architektur nur mit Hilfe professioneller Arbeitskräfte, wie es sie vorher in so großer Zahl nicht gegeben hatte. Neue Werkzeuge, wie beispielsweise der Schubkarren und der Hebekran, wurden nötig, neue Produktionsformen, wie die Vorfertigung von genau berechneten Architekturteilen, gehörten zu den Bedingungen des neuen Bauens.

Daß die seit dem späten 12. Jahrhundert rasch gewachsene Produktivität der Landwirtschaft, die dadurch ermöglichte Zunahme der Arbeitsteilung und das Wachstum der Bevölkerung sowie die sich hieraus ergebenden höheren Einnahmen der weltlichen und geistlichen Fürsten zu den Voraussetzungen dieser neuen Kunst gehörten, ist offensichtlich; aber das erklärt wenig. Eine genauere Verrechnung von allgemeiner und von Kunstgeschichte ist nur im Ausnahmefall möglich. Der Grundstein des berühmtesten deutschen, also des Kölner

Doms, den man so gern für einen Inbegriff der Möglichkeiten des Mittelalters ansehen würde, wurde im Jahre 1240 und damit während des Höhepunktes der reichspolitischen Zerrissenheit gelegt. Erst die neugotische Vollendung dieses Doms aus dem Geist des Einigungsverlangens im 19. Jahrhundert brachte die politische und die Kunstgeschichte in Übereinstimmung. Ekkehard und Uta in Naumburg dagegen sperren sich ebenso wie das Epos Gottfrieds von Straßburg gegen eine glatte Einordnung in die Bahnen der politischen, Wirtschafts- und Sozialgeschichte.

4. Jahrzehnte der Ungewißheit – Könige und Territorialfürsten

Das sogenannte Interregnum nach dem Ende der staufischen Dynastie war keine königslose Zeit. Nach der Absetzung Friedrichs II. durch den Papst hatten dessen Anhänger ein Gegenkönigtum etabliert. Diese Spaltung blieb auch nach dem Aussterben der Staufer und nach dem Tode des Gegenkönigs Wilhelm von Holland bestehen. Denn nun kam es zu einer Doppelwahl; die beiden Könige – Richard von Cornwall (1257–1272) und Alfons von Kastilien (1257–1284) – bekämpften sich, aber sie übten in Deutschland auch deshalb nur wenig Herrschaft aus, weil sie ausländische Fürsten waren. Nach dem Tode Richards wurde ein neuer König gewählt – aus der Sicht Alfons' von Kastilien eigentlich ein Gegenkönig. Tatsächlich begann jedoch mit dieser Wahl eine Wiederherstellung der Königsmacht in Deutschland – wenn freilich auch unter neuen Bedingungen und demzufolge in neuer Gestalt.

Von grundlegender Bedeutung war die Tatsache, daß der Kreis der Königswähler sich inzwischen verändert hatte. Seit den strittigen Wahlen nach dem Tode Kaiser Heinrichs VI. im Jahre 1197 hatte sich aus dem bisher nicht abgegrenzten Kreis der Königswähler eine kleine Gruppe ausgesondert, deren Teilnahme an der Königswahl zunächst als unentbehrlich galt und die bald die einzigen Königswähler stellen sollte. Nach dem älteren deutschen Wort für die Wahl – »Kur« – kam für sie der Titel Kurfürst auf.

Der Kreis der Kurfürsten war bei der Wahl von 1273 schon fest gefügt. Jetzt und in Zukunft gehörten ihm die drei wichtigsten kirchlichen Fürsten, die Erzbischöfe von Mainz, Köln und Trier, sowie vier weltliche Fürsten an: der

Von 1309 bis 1457 residierten die Hochmeister des Deutschen Ordens in der Marienburg an der Nogat, einem Mündungsarm der Weichsel. Die zu Anfang des 20. Jahrhunderts entstandene Photographie zeigt die Burg nach den Restaurierungen des 19. Jahrhunderts. Im Vordergrund das kastellartige Konventsschloß, dahinter der Hochmeisterpalast und hinter diesem das Gelände des großen Wirtschaftshofes.

König von Böhmen, der Pfalzgraf bei Rhein und die Markgrafen von Brandenburg und von Sachsen. Wenn es nach der Größe der Territorien und der Macht gegangen wäre, dann hätten auch die Herzöge von Österreich und von Bayern Kurfürsten sein müssen. Die Zusammensetzung des Kurkollegs spiegelte die politischen Verhältnisse des frühen 13. Jahrhunderts.

Der König von Böhmen nahm als der mächtigste unter den Kurfürsten und als der Herrscher über ein Gebiet, das zwar zum Reich gehörte, aber dessenungeachtet von vielen als fremd empfunden wurde, eine Sonderstellung ein. Zeitweise wurde ihm die Zugehörigkeit zum Kurfürstenkollegium bestritten. Darüber hinaus bildeten die beiden Markgrafen mit ihren im Osten liegenden Gebieten eine Gruppe für sich – der Kern der Kurfürstengruppe waren also die vier »rheinischen« Kurfürsten, deren westdeutsche Machtzentren eine Kernlandschaft des Reiches darstellten. Sie vor allem gaben der kurfürstlichen Politik der nächsten zweieinhalb Jahrhunderte das Profil, sie vor allem bestimmten den politischen und den in Geld beziehungsweise in nutzbaren Herrschaftsrechten zu entrichtenden Preis, der bei der Königswahl zu zahlen war. Die Königswähler

Auf dem Grabstein des 1249 verstorbenen Mainzer Erzbischofs Siegfried von Eppstein sind neben dem Verstorbenen die beiden (Gegen-)Könige dargestellt, die er gekrönt hatte. Die Darstellung symbolisiert keineswegs die Schwäche des Königtums – daß die Könige kleiner als der Begrabene dargestellt werden, versteht sich von selbst –, sondern demonstriert vielmehr, daß der Kirchenfürst seine Position durch die Königskrönungen gegenüber dem Kölner Erzbischof, der diese üblicherweise vornahm, zu stärken versucht hatte.

gaben ihre Stimme nicht ohne eine Gegenleistung. Sie waren jedenfalls bis zur Wahl außerordentlich mächtig, aber sie konnten versuchen, auch auf den gewählten König einzuwirken, besonders dann, wenn sich dieser bemühte, im

Sinne dynastischer Stabilität die Wahl des eigenen Sohnes zum Nachfolger durchzusetzen.

Die Kurfürsten waren in ihrer Wahl frei. Sie hatten das Recht, jeden Fürsten – den Schwächsten wie den Mächtigsten – zum König zu machen. Tatsächlich hing die Wahl aber nicht nur von ihnen und auch nicht nur von den innerdeutschen Machtverhältnissen ab. Wie schon die späte Stauferzeit und das Interregnum gezeigt hatten, waren außerdeutsche Mächte, war vor allem Frankreich an der deutschen Königswahl interessiert. Darüber hinaus aber waren die Kämpfe mit den Päpsten um die Königswahl, seit Papst Innocenz III. mit so großer Erbitterung ausgefochten, noch nicht entschieden worden. Der päpstliche Rechtsanspruch auf eine für deren Gültigkeit erforderliche Bestätigung der Königswahl wurde weiterhin behauptet.

Dem ersten König nach dem Interregnum, Rudolf von Habsburg (1273–1291), ist es gelungen, sich ungeachtet seiner verhältnismäßig schmalen Machtgrundlage durchzusetzen – die Habsburg liegt in der heutigen Nordwestschweiz, und die Grafen von Habsburg hatten ihren Besitz hier und am Oberrhein. Auch viele Fürsten, vor allem aber die Städte waren an einer dauerhaften Friedensordnung interessiert, und so fand der König Verbündete bei seinen Bemühungen, das Reich zu befrieden und das Königtum durch die Wiederherstellung seiner alten Position zu restaurieren. Die »Revindikationen« des in den letzten Jahrzehnten verlorenen Reichsgutes konnten freilich nur selten gelingen – sie hätten die Beseitigung eines wesentlichen Teils der Reichsverfassung, wie sie nun faktisch bestand, bedeutet und eine Veränderung der meisten damals bestehenden Territorien zur Folge gehabt.

Diese Territorien hatten in den vergangenen Jahrzehnten sowohl an Umfang wie auch an innerer Festigkeit zugenommen. Überall war die Schwäche der königlichen Gewalt zur Entfremdung von Reichsgut durch die Territorialfürsten genutzt worden. Wichtiger war aber, daß in der zweiten Hälfte des 13. Jahrhunderts die sogenannten Regalien, das heißt die nutzbaren Hoheitsrechte des Königs, aufgehört hatten, ein königliches Monopol zu sein. Nun war nicht mehr zu bestreiten, daß auch die Territorialfürsten zum Beispiel das Recht hatten, Zölle einzuziehen und Münzen zu prägen und den dabei anfallenden Überschuß zu vereinnahmen und damit von dem aufblühenden Handel zu profitieren. Die Verfügung über Bodenschätze, das Befestigungsrecht und eine Reihe weiterer, bisher jedenfalls theoretisch dem König vorbehaltener Vorrechte waren nun auch in fürstlicher Hand, und die Fürsten konnten auf diesem Fundament weiterbauen und ihre Territorien zu geschlossenen Herrschaftsgebieten machen, in welche kein fremder Machthaber, auch nicht der König, hineinwirken konnte. Besonders wichtig waren dabei Gerichtsprivilegien, welche die Tätigkeit fremder – und das heißt auch der Reichsgerichte – in den fürstlichen Territorien in der Regel ausschlossen.

Der König verfügte im Reich nur noch über geringe Machtgrundlagen. Vor allem waren ihm die Abgaben der auf Reichsgut errichteten Städte geblieben, der Reichsstädte also, die in kein Territorium eingegliedert waren und diesen Zustand auch beibehalten wollten. So behaupteten sie sich, wo irgend möglich, gegen fürstenstaatliches Vordringen und blieben so dem Reich erhalten. Weiterhin zog der König Judensteuern ein. Die Juden standen unter seinem

In der Mitte des 14. Jahrhunderts haben die großen Dynastien zur öffentlichen Darstellung ihrer politischen Ansprüche nicht nur Bauwerke, sondern fast schon Denkmäler im Sinne der Neuzeit eingesetzt. So ließen die Habsburger am Südturm des Wiener Stephansdoms Fürstenfiguren anbringen, darunter die Darstellung Herzog Albrechts II. mit der damals gegen die Ansprüche der Luxemburger und der Kurfürsten erfundenen »Erzherzogs«-Krone.

Schutz und sie bedurften nach den Judenverfolgungen vor allem in der frühen Kreuzzugszeit dieses Schutzes auch. Aber sie mußten ihn teuer bezahlen und waren, wie sich in der Mitte des 14. Jahrhunderts erweisen sollte, vor Verfolgung doch nicht gesichert.

Angesichts dieser schmalen Basis königlicher Macht kam alles auf den Familienbesitz des Königs und darauf an, daß es ihm gelang, diesen Besitz zu mehren und so dem Königtum größeres Gewicht zu geben – vorausgesetzt freilich, daß das Königtum in seiner Familie blieb.

Die Möglichkeiten, welche ein König haben konnte, und deren Grenzen werden bei Rudolf von Habsburg geradezu modellhaft deutlich. Es ist dem König auf der einen Seite gelungen, den mächtigsten Nutznießer der vergangenen Jahrzehnte, nämlich den Böhmenkönig Ottokar I., zu unterwerfen und das Imperium, das sich dieser nach dem Zerfall der Stauferherrschaft errichtet hatte, zu zerschlagen. Zwar blieb das Königreich Böhmen den Nachfahren Ottokars, den Przemisliden, erhalten, aber Österreich und die weiteren Territorien, die Ottokar erworben hatte, gingen nun an andere Fürsten. So kam im Jahre 1282 das Herzogtum Österreich an den Sohn König Rudolfs und damit an das Haus Habsburg, bei dem es bis zum Jahre 1918 bleiben sollte, als die Urzelle des Weltreiches dieser Dynastie gewissermaßen, die nun ihr Zentrum aus dem Gebiet der heutigen Schweiz nach Südosteuropa verlagerte.

Auf der anderen Seite gelang es Rudolf von Habsburg jedoch nicht, die Wahl seines Sohnes Albrecht zum König zu sichern. Vielmehr wurde nach seinem Tode ein schwächerer Fürst, Adolf von Nassau (1291–1298), zum König gewählt. Es zeigte sich freilich, daß die habsburgische Macht inzwischen so gewichtig war, daß sich ein Königtum gegen sie nicht realisieren ließ. So setzten die Kurfürsten Adolf ab, um danach Albrecht schließlich doch zu wählen. Der wurde freilich im Jahre 1308 aus familiären Gründen ermordet, und so brach der mit seiner Wahl erkennbare Ansatz, Kontinuität für das Königtum zu gewinnen, zunächst ab. Mit der Wahl des Grafen Heinrich von Luxemburg zum deutschen König, mit dem Königtum Heinrichs VII. (1308–1313) wurde aber ein zweiter Versuch, eine solche dynastische Kontinuität zu gewinnen, unternommen.

Gestützt auf ein an Frankreich grenzendes mittelgroßes Territorium und auf seinen Bruder, den Kurfürsten Balduin von Trier, gelang es König Heinrich rasch, sich durchzusetzen. Wie König Rudolf seine Familie in Österreich etabliert hatte, so brachte Heinrich nun Böhmen nach dem Aussterben der Przemisliden an die seine. In einem solchen Falle fiel das Territorium an den König als Lehnsherrn zurück, und dieser konnte einen neuen Lehnsfürsten einsetzen, der das Fürstentum an seine männlichen Nachkommen vererbte. König Heinrich schuf mit der Verleihung Böhmens an seinen Sohn Johann die Grundlage für die weit nach Osteuropa reichende Politik seines Enkels und seines Urenkels, Kaiser Karls IV. und Kaiser Siegmunds. Die Luxemburger wurden eine mittelosteuropäische Dynastie.

Heinrich VII. hat sich darum bemüht, möglichst bald nach seiner Wahl in Rom zum Kaiser gekrönt zu werden, und das ist ihm auch, als erstem deutschen König seit Friedrich II., gelungen. Begleitet von tönenden Aufrufen des Dichters Dante schien er die traditionellen kaiserlichen Positionen zurückzugewinnen – bis sein unerwartet früher Tod diesen Italienzug zu einer folgenlosen Episode werden ließ.

Nun zeigte sich, daß Deutschland wiederum in zwei Lager gespalten war, die sich um die Dynastien, welche die letzten Könige gestellt hatten und daher Anspruch auf das Königtum erhoben, gruppierten: um die Luxemburger und um die Habsburger. So kam es zu einer Doppelwahl. Obwohl der Repräsentant der luxemburgischen Partei, der bayerische Herzog Ludwig (als König Ludwig IV., »der Bayer«, 1314–1347) sich schließlich durchsetzen konnte, ist das Königtum in den folgenden Jahrzehnten doch geschwächt worden. Ludwig der Bayer verwickelte sich noch einmal in schwere Auseinandersetzungen mit dem Papsttum um dessen Rechte bei der Königswahl. Dabei verbündete er sich mit den innerkirchlichen Gegnern des Papstes, insbesondere mit Franziskanern, die gegen die verweltlichte Kirche kämpften, sowie auch mit italienischen Gruppen, welche die Quelle der Kaiserwürde nicht in dem – damals in Avignon residierenden – Papst sahen, sondern vielmehr im römischen Volk. In dessen Namen wurde König Ludwig in Rom zum Kaiser gekrönt.

Papst und Kaiser erklärten sich gegenseitig für abgesetzt, und Ludwig ließ, gewissermaßen in Erneuerung hochmittelalterlicher Traditionen königlich-kaiserlicher Kirchenpolitik, einen Franziskaner zum Gegenpapst wählen. Doch war es schon Friedrich Barbarossa nicht mehr gelungen, die von ihm geförderten Gegenpäpste durchzusetzen, und jetzt glückte ein solcher Versuch erst recht nicht. Die Politik des Kaisers stützte sich auf in die Neuzeit verweisende Theorien – der berühmte Marsiglio von Padua, der frühe Theoretiker der modernen Volkssouveränität, gehörte zu seinen Beratern –, doch war der Abstand zwischen diesen Theorien und der Realität, die vor allem durch außerdeutsche Mächte, im Verhältnis zu denen der deutsche König schwach war, geprägt wurde, allzu groß. Obwohl es Ludwig zeitweilig gelang, fast alle deutschen Fürsten hinter sich zu bringen und sie zu einer plakativen Erklärung, daß der Papst prinzipiell keinen Anteil an der deutschen Königswahl habe (sogenannter Kurverein von Rense, 1338) zu veranlassen, kam es bald darauf doch zu einer abermaligen Frontbildung in Deutschland.

Der Papst und der französische König förderten einen deutschen Gegenkönig, und dieser, der Enkel des Luxemburgers Heinrich VII., Karl IV. (1346–1378), konnte sich nicht nur durchsetzen, sondern auch, gestützt auf die Machtmittel des Königreichs Böhmen, in einer langen Regierungszeit die Position des Königs in Deutschland neu begründen, obwohl sein Regierungsantritt in eine außerordentlich unruhige Zeit fiel.

Nachdem Hungersnöte und Seuchen schon in den Jahren zuvor in ungewöhnlich dichter Folge aufgetreten waren und große Schäden verursacht hatten, wurden in der Mitte des 14. Jahrhunderts die meisten europäischen Länder von einer Pestwelle überzogen. Damals hat nicht nur das seit langem anhaltende Wachstum der Bevölkerung ein jähes Ende gefunden. Damals ist vielmehr in Deutschland und in den meisten anderen europäischen Ländern offensichtlich ein Drittel der Bevölkerung umgekommen. Erst dem Dreißigjährigen Krieg sollte wieder ein so großer Teil der Bevölkerung zum Opfer fallen.

Damals versiegte die Ostsiedlung, und noch deutlicher ist zu sehen, daß in den Altsiedelgebieten der Landesausbau, wie er seit dem 12. Jahrhundert im Gange gewesen war, nun nicht nur aufhörte, sondern vielmehr zu einem beträchtlichen Teil rückgängig gemacht wurde. Weite Flächen, die in den letzten Jahrzehnten und Jahrhunderten bewirtschaftet worden waren, wurden nun aufgegeben und sind bis heute bewaldet. Die landwirtschaftlich genutzte Fläche war im Deutschland des frühen 14. Jahrhunderts bedeutend größer als heute und die Zahl der Dörfer war weitaus höher. Die damals aufgegebenen ländlichen Siedlungen, die sogenannten Wüstungen, lassen sich fast überall in Deutschland nachweisen, und oft sind sie in der Landschaft heute noch erkennbar.

Städte sind damals nicht aufgegeben worden. Hier wurden die Bevölkerungsverluste vielmehr durch eine verstärkte Zuwanderung vom Lande, die ihrerseits die Zahl der Wüstungen wachsen ließ, bald ausgeglichen, ja die Städte mußten sich gegen unerwünschten Zuzug wehren. Sie waren nun attraktiver als jemals zuvor, weil in den Städten die Löhne hoch und die Lebenshaltungskosten niedrig waren, während auf dem Lande insbesondere die Produzenten von Getreide bis zum Ende des Mittelalters unter den niedrigen Preisen zu leiden hatten. Vor allem für die meisten adligen und geistlichen Grundherren begannen nun wirtschaftlich schwierige Jahrzehnte.

Es ist freilich die Frage, in welchem Maße diese länger als ein Jahrhundert

Südöstlich von Northeim hat sich im Walde als Überrest eines im 15. Jahrhundert aufgegebenen Dorfes (Leisenberg) die Ruine der Pfarrkirche erhalten.

währende Umkehrung des Preis- und Lohngefüges damals bewußt geworden ist. Offensichtlicher war jedenfalls das massenhafte Sterben. Auch wenn im Mittelalter Seuchen und Hungersnöte als ein unvermeidliches Schicksal hingenommen werden mußten, war das Ausmaß des Elends nun doch so groß, daß sich die Frage nach seinen Ursachen stellte. Für die meisten lag die Antwort dort, wo sie heute nicht gesucht werden würde, nämlich im Zorn Gottes, aber die Reaktion darauf war dem, was heute in solchen Situationen entstehen kann, ähnlich, sie nahm also die Gestalt einer Massenhysterie an. Gruppen von Frommen fanden sich zu ekstatischen Bußübungen und in religiösen Gruppierungen außerhalb dessen, was die kirchlichen Gesetze erlaubten, zusammen, es bildeten sich Ketzergruppen, die ungeachtet aller Verfolgungen noch lange Bestand haben sollten, und es kam alsbald zu dem Versuch, das Übel durch die Benennung und Bestrafung von Schuldigen zu beseitigen. Mit großer Geschwindigkeit wurde das Gerücht verbreitet, daß die Pest ihre Quelle in von Juden vergifteten Brunnen habe, und so ist die Mitte des 14. Jahrhunderts vielen Judengemeinden zum Schicksal geworden.

An vielen Orten wurden die Juden jetzt vertrieben, und an einigen wurden sie ermordet. Die spätgotischen Marienkapellen im Zentrum von Nürnberg und von Würzburg, die zu den schönsten spätgotischen Kirchenbauten gehören und mit vielfältigen Zeugnissen spätmittelalterlicher Frömmigkeit ausgestattet wurden, sind unmittelbare Zeugnisse der Verfolgungen von 1349. Sie wurden – wie auch bei späteren Judenpogromen üblich – anstelle der zerstörten jüdischen Synagogen errichtet.

An einigen Orten haben sich die Juden im 15. Jahrhundert noch einmal niedergelassen, jedoch nur für wenige Jahrzehnte. Die Verfolgungen in der Mitte des 14. Jahrhunderts und im 15. Jahrhundert beseitigten endgültig die jahrhundertealten jüdischen Gemeinden in Deutschland. Soweit die Juden ihnen nicht zum Opfer fielen, sind sie damals nach Osteuropa emigriert – mit ihrer Sprache, dem heutigen Jiddisch, das in mancher Hinsicht ein spätmittelalterliches Deutsch konserviert. Die im frühneuzeitlichen Deutschland lebenden Juden waren in ihrer Mehrzahl Einwanderer beziehungsweise Nachfahren von Juden, die nach den Verfolgungen des 15. Jahrhunderts nach Deutschland gekommen waren.

In einer auf den Rothenburger Schrannenplatz führenden Straße ist ein jüdischer Grabstein in eine Hauswand eingemauert – ein stummer Zeuge der Verfolgungen und Vertreibungen der Rothenburger Juden in den Jahren 1349 oder 1519.

Die Pest wurde als Zorn Gottes über die Sünden der Menschen verstanden und, nach antikem Vorbild, in Gestalt von Pfeilen dargestellt. Die beiden um 1520 entstandenen Altarflügel von Martin Schaffner zeigen Möglichkeiten der Hilfe gegen die Pest: das Gebet zu Maria, die in ihrem Schutzmantel die Vertreter der Stände birgt, und zu den beiden Pestheiligen Rochus und Sebastian. Die abgeknickten Pfeile deuten an, daß die Hilfe Mariens und der Heiligen erfolgreich ist – nachdem die Pest schon viele Opfer gefordert hat, die als Leichen in der Landschaft liegend dargestellt sind.

Der Beginn der Regierung König Karls IV. war mit den Judenverfolgungen eng verbunden. Da die Juden dem König unterstanden, konnten sie nur mit seinem Willen oder unter dessen Mißachtung verfolgt werden, und beides ist geschehen – zum Nutzen des Königs. Im Falle illegaler Judenverfolgungen profitierte er von den Strafen, während er sich die genehmigten Verfolgungen ebenfalls mit Geld oder mit politischen Gegenleistungen honorieren ließ.

Die Einsicht, daß die Verfolgung der Juden damals nicht so sehr den vermeintlichen Feinden Christi als vielmehr Kreditgebern galt, deren man sich so entledigen konnte, war schon einigen Zeitgenossen zugänglich, wie namentlich die Worte mancher Geistlichen zeigen. Auf der anderen Seite hoben sich aber die Pogrome der Jahrhundertmitte von dem, was den Juden in den Jahrzehnten davor an vielen Orten geschehen war, was ihnen bis zum Ende des Mittelalters noch geschehen sollte und was sie in anderen west- und südeuropäischen Ländern erlebten, nicht grundsätzlich ab. In dem Maße, wie den Juden seit der Kreuzzugszeit eine wachsende Zahl von Berufen verschlossen wurde und sie auf Kreditgeschäfte und auf bestimmte Formen des Handels beschränkt waren, mußte der Haß derer, die sich von Juden übervorteilt meinten, Nahrung finden, zumal wenn dieser Haß auch noch religiös legitimiert wurde. Und es kam hinzu, daß mit dem Wachstum der Städte und des Handels auch christliche Kaufleute ungeachtet des biblischen Verbotes, Geld gegen Zins auszuleihen, Bank- und Kreditgeschäfte zu betreiben lernten und die jüdischen Geldhändler insoweit entbehrlich machten.

Karl IV. mußte also in den Augen der Zeitgenossen wegen seiner Beteiligung an den Judenverfolgungen keine Ansehenseinbußen hinnehmen, und auch den angesichts seiner Lancierung durch den Papst wohlbegründeten Vorwurf, er sei ein »Pfaffenkönig«, ließ er bald hinter sich. Gestützt auf die reichen Machtmittel, welche ihm als König von Böhmen zu Gebote standen, sowie auch auf seiner anfangs so heiklen Situation angemessene Herrschereigenschaften – auf Geduld, Vorsicht und Hartnäckigkeit –, ist es ihm gelungen, das Königtum noch einmal zu konsolidieren. Der Streit mit den Päpsten wegen der Wahl des deutschen Königs wurde gewissermaßen trockengelegt. In der Goldenen Bulle von 1356 wurde die Königswahl genau geregelt, wurde insbesondere das ausschließliche Wahlrecht der Kurfürsten, das bisher nur ein Gewohnheitsrecht gewesen war, rechtsförmig festgelegt und damit die Mitwirkung anderer, also auch des Papstes, an der Königswahl stillschweigend ausgeschlossen. Seit dem 15. Jahrhundert sollte diese Goldene Bulle dann tatsächlich so etwas wie das Fundament einer Reichsverfassung werden. Die Päpste sind auf ihre Ansprüche, die seit dem frühen 13. Jahrhundert so viele Auseinandersetzungen und Kriege verursacht hatten, nicht wieder zurückgekommen und haben weder Karl IV. noch seinen Nachfolgern die Kaiserkrone verweigert.

Anders als sein Großvater, Kaiser Heinrich VII., hat Karl IV. sich bei seinem Zug nach Rom freilich auf ein Minimalprogramm beschränkt und Herrschaftsrechte in Italien nur in geringem Ausmaß wahrzunehmen versucht. Doch galt auch jetzt noch, daß ein deutscher König seine Stellung gefährdete, wenn er den Eindruck aufkommen ließ, zu einer auf die Erlangung der Kaiserkrone und auf die Wahrnehmung kaiserlicher Rechte zielenden Politik nicht in der Lage zu sein. Karls Sohn und Nachfolger Wenzel (1378–1400) sollte nicht zuletzt deshalb von den Kurfürsten abgesetzt werden. Die Konsolidierung des Königtums, wie sie Karl IV. gelang, hatte ihre Ursache freilich nicht so sehr in Italien als vielmehr nördlich der Alpen, wo der König vorsichtig und kontinuierlich die Machtgrundlagen des Königtums ausbaute. Die Förderung der in diesen Jahrzehnten zu einem Handelszentrum erster Ordnung heranwachsenden Reichsstadt Nürnberg, ihre Aufnahme in die in der Goldenen Bulle entworfene Reichsverfassung als eine Art Teilhauptstadt und der Ausbau von Gebieten zwischen Nürnberg und Böhmen zu einer neuen reichsunmittelbaren Region waren ein charakteristischer Teil dieser Politik.

Nicht weniger charakteristisch war, daß Karl IV., der die Mark Brandenburg der eigenen Familie gesichert hatte, seine Machtposition hier und in Norddeutschland überhaupt ausbaute und auf diese Weise den Versuch unternahm, sehr alte politische Strukturen zu ändern. Die Zerschlagung der norddeutschen Machtposition Heinrichs des Löwen durch Kaiser Friedrich Barbarossa hatte nicht verhindern können, daß die nördliche Hälfte Deutschlands, anders als

Große Reichsstädte schmückten ihre Rathäuser mit Darstellungen des Kaisers und der Kurfürsten, um ihre Unabhängigkeit von Territorialfürsten zu demonstrieren. Türzieher vom Lübecker Rathaus aus der Mitte des 14. Jahrhunderts.

zur Zeit der sächsischen und salischen Könige, »reichsfern« war. Die Könige hatten hier nur an wenigen Orten Machtgrundlagen. Nördlich der Reichsstadt Goslar gab es als Reichsbesitz nur noch Lübeck, und wenn sich diese Stadt als reichsunmittelbar behaupten konnte, so verdankte sie das nicht den fernen Königen, sondern vielmehr ihrer eigenen Kraft sowie der Hanse, deren Haupt sie war.

Ursprünglich eine Kaufmannsvereinigung, war die Hanse zur Zeit Karls IV. längst ein Städtebund geworden und insofern eine politische Organisation, für die es auch in Süddeutschland viele Beispiele gab. Auch hier verbündeten sich die Städte, um Handelsinteressen gemeinsam durchzusetzen und um gemeinsame Sicherheit für die Handelswege zu schaffen. Die Hanse war jedoch mehr als einer dieser üblichen Städtebünde. Sie profitierte davon, daß die Ostsee seit dem späten 12. Jahrhundert und im Zusammenhang mit der Ostsiedlung zu einem Verkehrsraum erster Ordnung geworden war und daß hier keine dominierende politische Macht existierte. So gelang es den Hansekaufleuten, den Ostseeraum durch Handelsmonopole zu beherrschen. Gerade in der Zeit

Vom Gestühl der Nowgorod-Fahrer in der Stralsunder Nicolaikirche aus der 2. Hälfte des 14. Jahrhunderts hat sich eine Schnitzerei erhalten, die Szenen und Figuren des hansischen Rußlandhandels zeigt. Man sieht die aus dem Walde heimkehrenden russischen Pelztierjäger sich der hansischen Handelsniederlassung in Nowgorod nähern, in deren Tor ein Vertreter der Hanse entsprechend der erhaltenen Hofordnung den Russen den Zutritt in den Hof selbst verwehrt.

Karls IV. erreichte die Hanse im Frieden von Stralsund (1370), das heißt nach ihrem Sieg über den dänischen König, dem sie nun die Bedingungen für den Verkehr in der westlichen Ostsee diktieren konnte, den Höhepunkt ihrer politischen Macht. Es spricht für den Realismus Karls IV., daß er als einziger deutscher König versucht hat, die Macht dieses Städtebundes an das Königtum heranzuziehen. Ein Erfolg hätte sich freilich erst später zeigen können, und er hätte vorausgesetzt, daß die Krone in der Familie des Kaisers blieb.

Diese Voraussetzungen zu schaffen, ist Karl IV. jedoch gelungen. Er war seit Friedrich Barbarossa der erste deutsche König, der die Wahl seines Sohnes zum Nachfolger tatsächlich durchsetzen konnte, und so schien es, als würde sich Deutschland nun doch auf den sozusagen normalen Weg der europäischen Verfassungsentwicklung begeben und zu einer erblichen Monarchie werden.

Zwei Jahrzehnte später erwies sich das Gegenteil. Die Kurfürsten setzten König Wenzel ab – gewiß wegen dessen persönlicher Unzulänglichkeit, aber sie bewiesen zugleich, daß die schmalen Machtgrundlagen des Königtums in Deutschland eine solche Absetzung erlaubten. In Frankreich war zur selben Zeit die königliche Dynastie fest genug etabliert, um die jahrzehntelange Herrschaft nicht einmal eines unfähigen, sondern eines sogar geisteskranken Königs (Karl VI., 1380–1422) unbeschädigt zu überstehen. Aber auch in Deutschland stellten Königtum und königliche Dynastie schwergewichtige Realitäten dar. Das Königtum selbst ist niemals gefährdet gewesen. Nach der Absetzung Wenzels wurde sobald wie möglich neu gewählt. Die königliche Dynastie war mit Wenzels Absetzung keineswegs vernichtet. Die nächsten Jahrzehnte sollten vielmehr zeigen, daß die Luxemburger ihre große Zeit noch vor sich hatten. Man darf also nicht zu rasch einen deutschen »Sonderweg« feststellen. So sehr sich das französische und das englische Königtum von dem deutschen unterscheiden: fundamental waren die Unterschiede um 1400 noch nicht.

5. Deutschland am Ende des Mittelalters

Die Kurfürsten hatten die Absetzung König Wenzels auch damit gerechtfertigt, daß der König bei der Beseitigung der seit 1378 bestehenden Kirchenspaltung versagt habe. Der deutsche König mußte sich also auch jetzt dem Anspruch stellen, den ihm die Tradition der mit seiner Krone verbundenen Kaiserwürde

Auf dem Trierer Hauptmarkt stehen sich ein Marktkreuz aus dem Jahre 958 und die Steipe, das Festhaus der die Stadt regierenden Familien aus dem 15. Jahrhundert, beziehungsvoll gegenüber. Das Marktkreuz symbolisierte die Hoheit des erzbischöflichen Stadtherrn im frühen Mittelalter, während das repräsentative Bürgerhaus nicht zuletzt durch die beiden Bewaffneten die Unabhängigkeit der spätmittelalterlichen Stadt vom Erzbischof bezeugt.

auferlegte, und die Nachfolger König Wenzels haben das getan. König Ruprecht (1400–1410) hatte damit zwar keinen Erfolg – es gelang ihm mit seinen geringen Machtmitteln nicht, auf seinem Italienzug tatsächlich bis Rom und zur Kaiserkrönung vorzudringen –, aber sein Nachfolger, Kaiser Karls IV. jüngerer Sohn Siegmund (1410–1437), der Bruder des abgesetzten Wenzel, war auf diesem Felde um so erfolgreicher.

Wenn in den Jahren 1414 bis 1418 auf deutschem Boden, in Konstanz, das große Kirchenreformkonzil tagte und wenn es diesem Konzil gelang, die sich bekämpfenden drei Päpste zum Rücktritt zu bewegen beziehungsweise abzusetzen, im Jahre 1417 einen allgemein anerkannten neuen Papst zu wählen und damit die fast vierzigjährige Kirchenspaltung zu überwinden, dann war das vor allem ein persönliches Verdienst König Siegmunds.

Der deutsche König schien zu der Tradition seiner hochmittelalterlichen Vorgänger zurückzukehren, und nicht wenige Zeitgenossen trauten ihm auch die Führung des Abwehrkampfes gegen die auf der Balkanhalbinsel vordringenden und das Byzantinische Reich bedrohenden Türken zu.

Es war freilich nicht zu übersehen, daß die scheinbare Renaissance der imperialen Tradition des deutschen Königtums aktuelle Ursachen hatte. Die französische Krone war nicht nur wegen des hundertjährigen Französisch-Englischen Krieges (1339–1453), sondern mehr noch wegen der Regierungsunfähigkeit des französischen Königs, König Karls VI. (1380–1422), und der innerfranzösischen Kriege um die faktische Königsmacht handlungsunfähig. König Siegmunds politische Möglichkeiten und Ambitionen aber hatten ihr Fundament ebensosehr wie in der deutschen in der ungarischen Krone, die er seit 1387 besaß und die ihn immer wieder zu einer großräumigen, auch Teile Italiens einbeziehenden Politik ansetzen ließ.

Seit dem Tode seines Bruders Wenzel (1419) beanspruchte Siegmund auch die böhmische Krone, doch befand sich das Land seit der Hinrichtung des böhmischen Kirchenreformers Jan Hus durch das Konstanzer Konzil (1415) im Aufruhr. Da Siegmund dem böhmischen Reformer einen Geleitbrief nach Konstanz ausgestellt hatte, wurde ihm die politische Verantwortung für dessen Tod zugerechnet, und daß gerade dieser Herrscher nun die böhmische Krone beanspruchte, beschleunigte den Zusammenschluß der Aufständischen. Siegmund setzte die Mittel von Reich und Kirche in als Kreuzzügen deklarierten Reichskriegen gegen Böhmen ein, aber er hatte keinen Erfolg – obwohl seine Position als deutscher König unangefochten und obwohl die Kirche inzwischen nicht mehr durch die Kirchenspaltung geschwächt war. So zeigte sich die Unzulänglichkeit der Machtgrundlagen des Königtums in Deutschland um so deutlicher.

Seit den Kirchenreformdiskussionen auf dem Konstanzer Konzil wurde immer wieder die Frage aufgeworfen, ob nicht auch den sichtbaren Mängeln der Reichsverfassung durch Reformen abzuhelfen sei. Doch wie sollte die Kluft zwischen theoretischen Forderungen, welche die Lösung in dem vermeintlich traditionellen, in Wahrheit jedoch in einem neuen, analog zum Papsttum entworfenen Kaisertum mit universalen Aufgaben sahen, und der durch die starken Territorialfürsten geprägten deutschen Realität des 15. Jahrhunderts überbrückt werden? Immerhin ist ein Weg sowohl theoretisch formuliert wie auch von König Siegmund praktisch erprobt worden, nämlich eine Art Bündnis des Königs mit Reichsstädten und Reichsrittern gegen die Fürsten. Doch hatten die Städte damals den Höhepunkt ihrer politischen Ambitionen und Möglichkeiten bereits überschritten. Jedenfalls wurde diese Politik abgebrochen, als der Nachfolger Siegmunds, König Albrecht II. (1438–1439), nach kurzer Regierungszeit starb.

Albrecht war ein Schwiegersohn Siegmunds gewesen und hatte vielfach an die Politik seines Vorgängers angeknüpft. In dynastischer Hinsicht sollte sich seine Wahl jedoch als ein neuer Anfang erweisen. Albrecht war ein Habsburger, und Habsburger wurden in den nächsten Jahrhunderten kontinuierlich zum deutschen König gewählt, so daß die faktische Erblichkeit der deutschen Krone nun doch noch zustande kam. Das größte Verdienst hieran hatte paradoxerweise jener König und Kaiser, der vielen Zeitgenossen als Inbegriff herrscherlicher Unzulänglichkeit galt und nicht selten von Plänen, ihn abzusetzen oder ihm wenigstens einen Stellvertreter an die Seite zu geben, bedroht wurde.

Friedrich III. (1440–1493) hat länger regiert als jeder andere deutsche König und mittelalterliche Kaiser. Nicht zuletzt diese lange Regierungszeit wurde zur Basis seiner politischen Erfolge. Nachdem das deutsche Königtum in früheren Jahrhunderten so oft durch den frühen Tod eines Herrschers in die Krise gestürzt worden war, überlebte Friedrich III. nun Konkurrenten und Gegner. Während des ersten Drittels seiner Regierungszeit verfügte er nur über einen kleinen Teil der habsburgischen Besitzungen – am Ende seines Lebens war das »Haus Österreich«, nämlich aller habsburgische Besitz, in seiner Hand und in der seines Sohnes Maximilian vereint und war in Erb- und Heiratsverträgen die Grundlage für jenes Weltreich geschaffen, das Maximilian I. (1493–1519) und namentlich dessen Enkel, Kaiser Karl V. (1519–1556), einst regieren sollten. Schon Friedrich III. hatte alle möglichen Gegenstände aus seinem Besitz mit der Devise AEIOU gekennzeichnet. Es ist jedoch nicht sicher, ob er damit tatsächlich den Satz: *A*ustriae *e*st *i*mperare *o*rbi *u*niverso (auf deutsch: *A*lles *E*rdreich *i*st *O*esterreich *u*ntertan) ausdrücken wollte.

Zunächst freilich häuften sich die Niederlagen. Die Staaten in Mittelost- und Nordeuropa hatten sich schon seit dem ausgehenden 14. Jahrhundert rasch konsolidiert. Sowohl in Skandinavien wie auch in Mittelosteuropa kam es in Gestalt der Kalmarer Union von 1397 und der polnisch-litauischen Union von 1386 zur Bildung von Großmächten. Auch wenn deren Stabilität und politisches Gewicht nicht den weiten, von ihnen erfaßten Gebieten entsprachen, so erwies sich jetzt doch deutlich, daß das Reich es im Norden und im Osten mit starken Nachbarn zu tun hatte, denen es im Falle eines Konfliktes angesichts

Die zwischen 1468 und 1473 von dem berühmten Bildhauer Niclas Gerhaert van Leyden geschaffene Grabplatte Kaiser Friedrichs III. im Wiener Stephansdom zeigt den Herrscher mit den Zeichen und Wappen seiner kaiserlichen Würde und der habsburgischen Ansprüche. Um das Zepter windet sich ein Spruchband mit seiner Devise: AEIOU.

seiner schwerfälligen Verfassung und unzureichenden militärischen Möglichkeiten leicht unterliegen konnte. In der Mitte des 15. Jahrhunderts kam der Aufstieg von Böhmen und von Ungarn hinzu. In beiden Ländern gelang nach dem Tode von König Albrechts II. nachgeborenem Sohn, Ladislaus Postumus (gestorben 1457), die Ausbildung von »nationalen«, nämlich von dynastischen Erbansprüchen unabhängigen Monarchien. Der böhmische König Georg

Podiebrad (1458–1471) erreichte nicht nur eine Restauration des Königtums in Böhmen, sondern sein Ansehen im Reich war so groß, daß um 1460 seine Wahl zum deutschen König unmittelbar bevorzustehen schien. Der ungarische König Matthias Corvinus (1458–1490) schien auf dem Wege, auch die habsburgischen Kernlande in sein südosteuropäisches Großreich einzubeziehen, das er von 1485 bis 1490 von Wien aus regierte.

Waren die außerhalb der Reichsgrenzen liegenden Gebiete der hochmittelalterlichen Ostsiedlung nun nicht nur selbständig und gleichberechtigt geworden, sondern bedrohten sie das Reich? So konnte es scheinen. Tatsächlich gelang es Kaiser Friedrich III., im Jahre 1491 Erbverträge sowohl mit Ungarn wie mit Polen zu schließen und damit die Aussicht auf eine Beseitigung der Nationalmonarchien in diesen Ländern zu eröffnen. Im Jahre 1526 sind beide Kronen tatsächlich an das Haus Habsburg gekommen, und mit diesem Erbfall sollten die langen habsburgischen Jahrhunderte Südosteuropas beginnen.

Die habsburgische Weltmacht hatte bis zum Ende des Alten Reiches ihr zweites Fundament im Westen, in den »Spanischen Niederlanden«. Auch hierfür liegen die Anfänge in der Zeit Friedrichs III., und auch hier konnte es scheinen, als sei die Politik des Kaisers nur eine Kette von Niederlagen.

Friedrich III. und das Reich wurden seit der Mitte des 14. Jahrhunderts durch die Herzöge von Burgund bedrängt. Herzog Philipp der Kühne (1363–1404), ein jüngerer Sohn des französischen Königs, und seine drei Nachfolger hatten ein von der heutigen Landschaft Burgund bis zu den Niederlanden reichendes großes Herrschaftsgebiet aufgebaut, das angesichts seiner Lage zwischen Deutschland und Frankreich wie eine Erneuerung des Lotharingischen Reiches aus dem frühen 9. Jahrhundert erscheinen konnte. Mit Flandern umschloß dieser burgundische Staat die nach Oberitalien wirtschaftlich am weitesten entwickelte und reichste Region des damaligen Europa. Doch waren die Burgunder nicht nur reich, sondern wegen der an ihrem Hof gepflegten glänzenden Adelskultur auch für viele Fürsten und Adlige im Westen des Reiches attraktiv. Die Verbündeten des Herzogs von Burgund unter den Reichsfürsten waren so zahlreich, daß auch er darauf hoffen konnte, Friedrich III. beiseite zu schieben und die Königskrone zu erwerben, und sein Ansehen in Europa war so groß, daß viele ihm zutrauten, er würde anstelle des untätigen Kaisers die Führung des Türkenkrieges übernehmen.

Auf der anderen Seite wuchs aber in dem Teil des Reiches, wo die Herzöge von Burgund ihre Macht auszudehnen versuchten, der Widerstand. Das galt insbesondere für den Oberrhein und die Eidgenossenschaft. Die Eidgenossen, die ihr Herrschaftsgebiet vor allem den Habsburgern abgewonnen hatten, waren nun stark genug, sich gegen den Herzog von Burgund zu behaupten. In der letzten einer Reihe blutiger Schlachten, bei Nancy (1477), verlor Herzog Karl der Kühne das Leben. Da er keinen Sohn hinterließ, seine Tochter mit Maximilian, dem Sohn Friedrichs III., verlobt war und dieser die Eheschließung ungeachtet aller, vor allem von Frankreich ausgehenden Widerstände durchsetzen konnte, fiel der größere Teil des burgundischen Staates, fielen insbesondere die reichen Niederlande an das Haus Habsburg.

Im Südwesten des Reiches löste sich nun die Eidgenossenschaft aus dem Reich. Die Kriege gegen Karl den Kühnen hatten die Mitglieder des Bundes fester zusammengeschlossen. Im Nordosten ließ sich zur selben Zeit das Ende des Deutschordensstaates nicht aufhalten, nachdem Polen in der zweiten Hälfte des 14. Jahrhunderts nach Jahrzehnten der Zersplitterung stabilisiert worden und nachdem es 1386 mit dem bisher heidnischen litauischen Großreich zusammengeschlossen worden war. Obwohl sich diese Verbindung immer wieder als zerbrechlich erwies, hielt sie sich doch, hatte also auch die Tatsache Bestand, daß der Orden hier im Nordosten seiner ursprünglichen Aufgabe, dem Heidenkampf, nicht mehr nachgehen konnte. Ungeachtet der schweren Niederlage, welche er in der Schlacht von Tannenberg (1410) davontrug, ist sein preußischer Staat jedoch nicht so sehr dem polnisch-litauischen Reich als viel-

Der 1491/92 in Nürnberg entstandene Globus des Martin Behaim ist die älteste erhaltene Darstellung der Erde in Kugelgestalt. Er bezeugt die führende Anteilnahme Nürnberger Kaufleute, Wissenschaftler und Handwerker an der damaligen Entdeckung und Erschließung der Welt.

Die spätmittelalterlichen Städte haben sich von ihren Stadtherren, wenn irgend möglich, befreit und diese Befreiung durch die Zerstörung der Stadtburgen abzusichern versucht. So wurden im Jahre 1454, als sich die meisten preußischen Städte gegen den Deutschen Orden erhoben, die Ordensburgen zerstört, und so symbolisieren die Thorner Ordensburg-Ruinen einen nicht nur für diese Region typischen verfassungsgeschtlichen Vorgang. ▷

mehr dem Widerstand der eigenen Untertanen gegen eine als überlebt empfundene Herrschaftsordnung zum Opfer gefallen. Im Jahre 1454 kündigten die Städte und der Adel des Landes dem Orden den Gehorsam auf und unterwarfen sich dem polnischen König. Nach einem dreizehnjährigen Krieg mußte der Orden im zweiten Thorner Frieden (1466) diese Gehorsamsaufkündigung und den Verlust der größeren Hälfte seines Territoriums akzeptieren. Der verbliebene Ordensstaat hatte Hilfe aus dem Reich nun nicht mehr zu erwarten und konnte sich nur unter Schwierigkeiten behaupten, bis er im Jahre 1525 in ein weltliches Herzogtum unter polnischer Lehnshoheit verwandelt werden sollte, aus dem dann freilich infolge des Zufalls, daß der letzte Hochmeister in Preußen und erste Herzog ein Hohenzoller war, die Königswürde des künftigen brandenburgisch-preußischen Gesamtstaates hervorgehen sollte.

Während des 15. Jahrhunderts zerfiel auch die andere deutsche Vormacht an der Ostsee. Die niederländischen und die englischen Kaufleute machten, gestützt auf den Herzog von Burgund beziehungsweise auf den englischen König, den Hansekaufleuten viele Positionen erfolgreich streitig. Außenposten der Hanse wie das Kontor von Nowgorod mußten geschlossen werden (1494). Es scheint, als sei das Reich mit seiner altertümlichen, offenen Herrschaftsstruktur den geschlossenen Staaten, wie sie damals in Europa dominierten, unterlegen

gewesen. Doch darf man nicht vorzeitig Totenscheine ausstellen und die künftigen Nationalstaaten für die einzige Möglichkeit von Staatlichkeit ansehen. Das Reich sollte noch drei Jahrhunderte lang Bestand haben.

Um 1500 aber war Deutschland eine der wirtschaftlich und technisch am weitesten entwickelten Regionen. Auch wenn die großen Territorien hier sehr viel kleiner waren als die großen Monarchien im damaligen Europa, so bedeutete das doch offensichtlich kein Hindernis für den wirtschaftlichen Fortschritt. Deutschland war damals eines der reichsten Länder. Die avanciertesten Techniken und die besonders ertragreichen Gewerbe wie Bergbau, Metallproduktion und Buchdruck waren hier am weitesten fortgeschritten, und das Kaufmannskapital war ebensoweit entwickelt. Wenn im frühen 16. Jahrhundert der reichste Mann der Welt, Jakob Fugger, ein deutscher Kaufmann und Unternehmer war, dann entsprach das nur dem Entwicklungsstand des damaligen »Frühkapitalismus« mit seinen Schwerpunkten vor allem in Augsburg und in Nürnberg.

Die Reformation des 16. Jahrhunderts hatte ihren Ursprung also in einem wirtschaftlich hoch entwickelten Land. Wenn man bedenkt, wie eng die rasche Ausbreitung der neuen Glaubenslehren an die Existenz von leistungsfähigen Buchdruckereien und an eine jedenfalls in den Städten weitverbreitete Lesefähigkeit und Lesebereitschaft gebunden war, dann ergibt sich eine ganz unmittelbare Verbindung von wirtschaftlicher Entwicklung und Reformation. Doch muß die Frage nach den Voraussetzungen und Ursachen der Reformation vor allem an die religiösen und kirchlichen Zustände im spätmittelalterlichen Deutschland gerichtet werden.

Diese Zustände geben sich uns in vielfältiger Gestalt zu erkennen. Sie haben Spuren in Akten und Urkunden hinterlassen, sie werden in den Berichten ausländischer, vor allem italienischer Reisender sichtbar, und sie treten uns in Kirchengebäuden aus dem späteren Mittelalter und in Museen in einer unendlichen Menge kirchlicher Kunstwerke aus dieser Zeit ganz unmittelbar gegenüber.

Schon der italienische Kleriker Antonio de Beatis, der im Frühsommer 1517, also unmittelbar vor Beginn der Reformation, durch Süddeutschland reiste und die Behaglichkeit und den Komfort der Gasthäuser und die – freilich mit mangelnder Reinlichkeit, wie er fand, kombinierte – Schönheit der Frauen pries, rühmt auch die große Zahl der sichtbaren Anzeichen für eine intensive Frömmigkeit und Kirchlichkeit. Er notiert die Kruzifixe und die vielen Andachtsbilder an den Straßen, die Heiligengemälde in den Kirchen, wo jede Familie, wie

Die wohl im Jahre 1481 für das Kölner Zisterzienserinnenkloster Mariengarten geschaffene Altartafel zeigt nicht nur die Krönung Mariens und sechs Heilige, sondern sie ist ebenso ein Denkmal des Stifters, des Grafen Gumprecht von Neuenahr, von seiner Frau und von deren Kindern, die auf der Altartafel porträtiert und als von den Heiligen geschützt dargestellt werden.

ihm auffiel, ihr eigenes Gestühl hatte. Er hebt die Höhe der Kirchtürme, die Qualität der Glocken sowie den Reichtum an gemalten Fenstern hervor, und er meinte zu beobachten, daß man, anders als in Italien, beim Gottesdienst nicht von Geschäften rede, sondern sich auf die Messe konzentriere.

In der Tat ist in den Jahrzehnten vor der Reformation ein ungewöhnlich großer Teil der städtischen Vermögen den Kirchen zugewandt worden. Die ganz überwiegende Masse dessen, was in der Reformationszeit dort, wo es zu Bilderstürmen kam, vernichtet wurde, war von der Elterngeneration der Bilderstürmer geschaffen worden. Nun erschienen die Heiligenfiguren und -bildnisse als Zeugnisse eines Götzenkultes. Die Stifter dieser kirchlichen Kunstwerke hatten sie jedoch anders verstanden. Gewiß waren die Altäre, welche von Adeligen, Stadtbürgern und Zünften errichtet wurden, auch als Monumente der sozialen Geltung ihrer Stifter gemeint, zumal diese auf den Altartafeln oft auch im Bilde dargestellt wurden, aber es kann doch keinem Zweifel unterliegen, daß diese Werke zunächst als Zeugnisse von Frömmigkeit und Kirchentreue verstanden werden müssen. Nimmt man die schriftlichen Quellen hinzu, so ergibt sich jedenfalls für die spätmittelalterlichen deutschen Städte – und das heißt für die Orte, welche für die erste Durchsetzung der Reformation entscheidend werden sollten – ein Bild intensivster Kirchlichkeit und Frömmigkeit, das noch dadurch verstärkt wird, daß aus den Jahrzehnten vor der Reformation nur wenige Zeugnisse von Ketzern und Ketzerverfolgungen überliefert sind. Bis zur Mitte des 15. Jahrhunderts lassen sich dagegen in Deutschland deutlich Auswirkungen des Hussitismus feststellen.

Während des 15. Jahrhunderts sind überdies die kirchlichen Zustände vielfach reformiert worden. Beide großen Universalkonzilien auf deutschem Boden, das von Konstanz (1414–1418) und das von Basel (1431–1449), haben zwar die Reform des »Hauptes«, das heißt des Papsttums, das seit der Mitte des 15. Jahrhunderts noch einmal restauriert werden sollte, verfehlt, aber die Reform der »Glieder«, das heißt der einzelnen Kirchen und Geistlichen, ist gerade in Deutschland in Fortführung der Konzilsarbeit vielerorts gelungen, zumal Fürsten und städtische Obrigkeiten die Reformmaßnahmen unterstützt haben. Freilich sind infolge solcher Reformen auch die kirchlichen Kompetenzen der weltlichen Obrigkeiten vermehrt worden. In den Jahrzehnten vor der Reformation wurden die kirchlichen Autonomieansprüche und namentlich die päpstlichen Eingriffsmöglichkeiten beträchtlich zurückgedrängt – wie in den meisten europäischen Ländern schon längst.

Ebenso wie die Kirchenkritiker und Ketzer des 12. Jahrhunderts haben auch die Hussiten der reichen Kirche ihrer Gegenwart die Armut Christi und der Apostel polemisch entgegengehalten. Die abgebildete Zeichnung aus der zweiten Hälfte des 15. Jahrhunderts wiederholt Motive, die in Prag während der Hussitenzeit in Gestalt von Plakaten verbreitet wurden. Sie zeigt Christus und einen Apostel mit Spruchbändern, welche die einschlägigen Bibelworte zitieren, z.B. Matthäus 10, 9: Ihr sollt nicht Gold noch Erz in Euren Gürteln haben.

Die mystische, auf die innige Versenkung in das Leiden Christi zielende Frömmigkeit des späten Mittelalters hat in besonderen Bildwerken Gestalt gewonnen. Dazu gehört der Bildtyp des »Christus im Elend«, also die Darstellung der kreatürlichen Not des Gottessohnes in der Passion. Die Säule hinter der Christusgestalt zeigt Symbole aus der Passion: den krähenden Hahn und das Schweißtuch der Veronica. Die Figurengruppe aus dem späten 15. Jahrhundert befindet sich im Braunschweiger Dom.

In Frankreich war es dem von juristisch gebildeten Beratern gestützten Königtum schon im 14. Jahrhundert gelungen, die Ansprüche der Päpste auf die Vergabe geistlicher Stellen in Frankreich und auf die Erhebung von Abgaben seitens der französischen Geistlichen fast ganz zu beseitigen. Diese auf die »gallikanischen Freiheiten«, das heißt auf eine vom Papsttum praktisch unabhängige »National«-Kirche zielende Politik konnte in Deutschland angesichts der Schwäche des Königtums keine Parallele haben, zumal hier in der ersten Hälfte des 14. Jahrhunderts noch die päpstlichen Ansprüche auf eine Beteiligung an der Königswahl bekämpft werden mußten. Im 15. Jahrhundert haben dann jedoch die Territorialfürsten und die Stadträte in ihren Herrschaftsbereichen die entsprechende Kirchenpolitik gemacht. Unmittelbar vor der Reformation war das »landesherrliche Kirchenregiment« in den großen Territorien weit ausgebildet, und in vielen Städten nahmen die Magistrate die entsprechenden Positionen ein. Die Fürsten und Stadträte kontrollierten nicht nur die Kirchenvermögen, sondern fühlten sich auch für die Amtshandlungen der Geistlichen verantwortlich. Wenn Kurfürst Friedrich der Weise »seinen« Geistlichen, Martin Luther, gegen päpstliche und kaiserliche Urteile schützte, dann lag das ganz auf der Linie einer solchen, für die Zeit vor der Reformation typischen landesherrlichen Kirchenpolitik.

Auf der anderen Seite waren die Möglichkeiten der Päpste, kirchliche Abgaben in Deutschland zu erheben und deutsche Geistliche einzusetzen, immer noch beträchtlich und mußten um so mehr auffallen, je sichtbarer sich solche Möglichkeiten von dem unterschieden, was außerhalb von Deutschland üblich war und je mehr der Papst als ein italienischer Kirchenfürst aufgefaßt wurde.

Zu den Forderungen der Reformer in Konstanz und Basel hatte auch eine Internationalisierung der päpstlichen Kurie und besonders des Kardinalskollegs gehört. Diese Reform war nicht gelungen. Auch weiterhin waren fast alle Kardinäle Italiener, und für die Päpste galt das erst recht. Von 1378 bis 1978 haben mit Ausnahme von Gegenpäpsten (bis zu Felix V. 1440–1449) sowie von Papst Hadrian VI. (1522–1523) nur Italiener den Stuhl Petri innegehabt.

So wuchs in Deutschland vor der Reformation das Gefühl, von italienischen Geistlichen ausgebeutet zu werden. Kirchentreue und Frömmigkeit schlossen Kritik des Papsttums nicht aus, sondern gaben dieser noch zusätzliche Nahrung und ließen die »gravamina« (Beschwerden) der deutschen Nation gegen den Römischen Stuhl lauter und aggressiver werden. Der schnelle Erfolg Martin Luthers ist ohne dieses – die tatsächlichen Gegebenheiten maßlos übertreibende – kollektive Gefühl, ausgebeutet zu werden, nicht zu erklären.

Das vor dem Ende des Zweiten Weltkriegs aufgenommene Photo der Danziger Innenstadt zeigt eine der für die Ostsiedlung typischen regelmäßigen Stadtanlagen. Nicht weniger typisch ist die Dominanz der Marienkirche, einer der größten städtischen Hallenkirchen im deutschen Sprachraum. Ähnlich wie in Lübeck sieht man auch hier, daß die Dimensionen des Rathauses, dessen Turmbekrönung erst aus nachmittelalterlicher Zeit stammt, im Vergleich mit der großen Stadtkirche bescheiden waren. Das Selbstbewußtsein der Bürger artikulierte sich vor allem im Kirchenbau.

Das spätere Mittelalter und vor allem das 15. Jahrhundert ist, wie schon das Wort »spät« ankündigt, eine Endzeit, in der sich Mittelalterliches mit schon Neuzeitlichem mischt – so jedenfalls möchte man es von einem letzten Jahrhundert des Mittelalters erwarten. Deshalb ist dieses Jahrhundert von späteren Betrachtern oft ohne Sympathie beschrieben und überdies für eine Zeit des Verfalls gehalten worden. Wo die Könige so wenig Macht hatten und das Reich so zersplittert war, da mußte das Leben auch sonst als verfallen erscheinen.

Auf der anderen Seite hat das Gesicht dieses Jahrhunderts die Erinnerung an das Mittelalter tief geprägt. Was in der folgenden Zeit aus dem Mittelalter erhalten blieb und an Überresten der mittelalterlichen Jahrhunderte bis heute bewahrt ist, stammt ganz überwiegend aus dem 15. Jahrhundert. Die Kirchen und Rathäuser in den Städten, die Burgruinen auf den Bergen und in den Wäldern, die »Ritterrüstungen« in den Museen und die Beispiele »altdeutscher«

Tafelmalerei in den Galerien sowie die Handschriften in den Bibliotheken sind meistens erst im letzten Jahrhundert des Mittelalters entstanden.

Auch darin erweist sich der Reichtum jedenfalls der Städte dieser Zeit. Damals konnten die öffentlichen Bauten noch einmal renoviert und erweitert werden, damals wurde die politische Macht, welche kleinere Reichsstädte wie Rothenburg und Nördlingen erworben hatten, in neuen Kirchengebäuden und anderen öffentlichen Bauten gewissermaßen abgebildet.

Die tiefen Wandlungen des 16. Jahrhunderts, der Machtgewinn, welcher nun den großen und mittleren Territorialfürsten gelang, versetzte bisherige Zentren an die Peripherie, so daß bis jetzt reiche Städte wie beispielsweise Nördlingen und Rothenburg an eine weitere Expansion und Erneuerung nicht denken konnten und damit zufrieden sein mußten, das Erhaltene zu bewahren. So spiegelt sich in Orten, die wir heute wegen der vielen und gut erhaltenen mittelalterlichen, das heißt ganz überwiegend aus dem 15. Jahrhundert stammenden Überreste schätzen, ein Wandel der politischen Landschaft im 16. Jahrhundert.

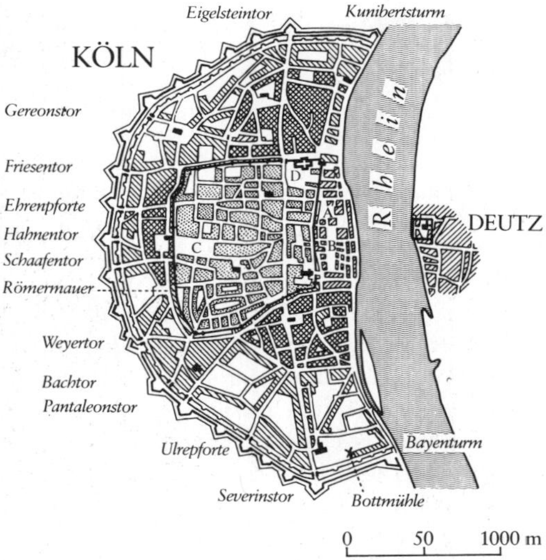

A = Alter Markt C = Neumarkt
B = Heumarkt D = Dom

Römische Stadt
Rheinvorstadt (10. Jh.)
Stadterweiterung von 1106
Stadterweiterung von 1180

Auf einer Darstellung des September zeigt der Maler Hans Wertinger um 1526 typische Elemente spätmittelalterlicher Landwirtschaft. Im Vordergrund der bodenwendende Pflug, wie er im Hochmittelalter eingeführt worden war. Die durch Raine und Flechtzäune voneinander getrennten Felder deuten Drei-Felder-Wirtschaft an: Vorn wird das abgeerntete Sommerfeld gepflügt, das dann im nächsten Jahr brachliegen wird. Links dahinter wird Winterkorn eingesät und rechts wird durch Eggen das Feld für das nächste Sommergetreide vorbereitet. ▷

Dieser Wandel hatte nicht nur eine verfassungsmäßige, zum Beispiel von Reichsstädten zu Territorialstaaten führende, sondern auch eine geographische Richtung. Nicht nur Nördlingen und Rothenburg gerieten an die Peripherie, sondern der Südwesten, eine der Kernlandschaften des Reiches, insgesamt. Schon im 14. Jahrhundert war die Bedeutung des östlichen Deutschland gewachsen. Daß die beiden im 14. und 15. Jahrhundert erfolgreichsten deutschen Dynastien, die Luxemburger und die Habsburger, den Schwerpunkt ihrer Macht aus dem äußersten Westen beziehungsweise Südwesten des Reiches nach Osten, nach Böhmen und Österreich, verlegten, war nicht nur eine Folge dynastischer Zufälligkeiten, sondern fügt sich mit anderen Verlagerungen zu einem umfassenden Prozeß zusammen, zu dessen späteren Stufen die Bedeutung Wittenbergs und des Kurfürstentums Sachsen für die Reformation und der Aufstieg Brandenburg-Preußens gehören.

Am Ende des 15. Jahrhunderts war die tiefe Krisis, welche Hungersnöte und Pest im 14. Jahrhundert hervorgerufen hatten, überwunden. Die Bevölkerungs-

zahl wuchs und hatte fast den Stand des frühen 14. Jahrhunderts erreicht. Auch wenn vor allem in Mittelgebirgsregionen, wo die Böden wenig Ertrag versprachen und die Arbeit extrem mühsam war, weite einst gerodete Flächen jetzt unbewirtschaftet blieben, so wurden doch die vielen Höfe, die länger als ein Jahrhundert immer wieder unbesetzt geblieben waren, nun bewirtschaftet. Die Einnahmen der Adligen und der Fürsten, die vor allem auf bäuerlichen Abgaben beruhten, begannen nach langen Jahrzehnten des Tiefstandes zuzunehmen, zumal wiederum eine Umkehr des Preisgefüges begann. Die Getreidepreise stiegen, die gewerblichen Löhne und Preise gingen zurück.

Auch für diesen Umschwung der Konjunktur gilt jedoch, daß den Zeitgenossen die langfristigen Trends weniger sichtbar waren als die kurzfristigen Schwankungen. Die Getreidepreise konnten sich von einem Jahr zum anderen verdoppeln oder halbieren. Die Arbeit auf dem Felde war auch am Ende des

Die Darstellung des Martinswunders aus der Mitte des 15. Jahrhunderts zeigt, wie die meisten Heiligendarstellungen dieser Zeit, zeitgenössische Wirklichkeit. Der Elende ist von den Malen der Mutterkorn-Krankheit gezeichnet, die im ausgehenden Mittelalter eine weitverbreitete Seuche war. Die Städte haben sich vielfach gegen Bettler und Arme zu schützen versucht, so daß diese sich, wie hier, vor den Stadttoren aufhielten. Der Blick in das Stadtinnere zeigt ein Stück typisches urbanes Interieur, nämlich heruntergeklappte Fensterläden, die Handwerkern oder Krämern als Warenauslage dienen und darauf hindeuten, daß in den Städten nicht erst auf Bestellung des Kunden, sondern für einen Markt produziert wird.

Mittelalters so arbeitsintensiv, wie man sich das heute kaum vorstellen kann, und sie war krisenanfällig. Auch am Ende des Mittelalters wurde selten mehr geerntet als das Dreifache der Saat. Schon ein Rückgang der Ernte um ein Drittel halbierte also den zur Verfügung stehenden Ertrag und hatte oft die Folge, daß das Saatgut angegriffen werden mußte und damit die Ursache einer weiteren Mißernte geschaffen wurde. Der Hunger und die Gefahr des Hungertodes waren auch am Ende des Mittelalters eine fast alltägliche Realität und sollten das bis ins frühe 19. Jahrhundert bleiben.

Doch war diese Gefahr um 1500 in den Städten geringer als auf dem Lande. Die Stadtregierungen lagerten Getreide in großen Magazinen und waren in der Lage, jedenfalls die eigene Bevölkerung in Hungerzeiten mit verbilligtem Getreide zu versorgen.

Die Arbeit auf den Feldern war im Hochmittelalter durch die Einführung neuer Geräte und Arbeitstechniken modernisiert worden, aber sie war auch jetzt für moderne Vorstellungen unendlich primitiv – auch dann, wenn man nicht von der industrialisierten Landwirtschaft aus urteilt, wie sie heute in den hochentwickelten Ländern vorherrscht, sondern bloß die im 19. Jahrhundert durch Kunstdünger und Saatgutveredelung so grundlegend veränderte ländliche Wirklichkeit als Maßstab nimmt. Im ausgehenden Mittelalter dominierten noch immer die hölzernen Geräte, wurde das Getreide im Zweifelsfalle nicht mit der Sense, sondern mit der Sichel geschnitten, hatte die Arbeit auf dem Feld für moderne Vorstellungen eher den Charakter von Garten- als von Feldarbeit.

Ebenso wie in früheren mittelalterlichen Jahrhunderten war die ländliche Bevölkerung auf dem Felde und in den Dörfern gefährdet. Solange der Landfrieden nicht gesichert und der Ausbruch einer Fehde jederzeit möglich war, mußten die Bauern Repressalien und Schlimmeres fürchten.

Am Ende des Mittelalters waren die Feuerwaffen schon ein Jahrhundert lang in Gebrauch, hatte man gelernt, mit ihrer Hilfe Mauern zu brechen. Doch waren diese Waffen nicht so wirkungsvoll, daß man ihnen nicht mit verstärkten Mauern und Türmen hätte begegnen können. So sind während des Spätmittelalters zwar viele adlige Burgen zerstört worden, aber die mittleren und die großen Städte hatten sich den neuen Gefahren anpassen können. Und da die großen mauerbrechenden Geschütze überdies sehr teuer und technisch anspruchsvoll waren, fanden sie sich im Zweifelsfalle ohnehin nur in städtischem Besitz.

Das Leben hinter den Stadtmauern war um 1500 sicher. Wer seinen militärischen Gegner treffen wollte, mußte sich an das halten, was vor der Mauer lag, mußte also von den Bauern des Gegners Kontributionen erzwingen, ihnen die Ernte vernichten und das Vieh wegtreiben. Besser gestellte Bauern oder Grundherren konnten versuchen, wenn schon nicht das ganze Dorf, so doch wenigstens den Kirchhof zu befestigen. In ärmeren Siedlungen hatten die Bauern Glück, wenn sie im Kriegsfalle wenigstens ihr Leben in der als Festung gebrauchten Kirche schützen konnten. »Wehrkirchen« existierten damals nicht nur im Südosten. Sie wurden nicht nur gegen die vordringenden Türken errichtet, sondern wären als ein notdürftiger Schutz überall notwendig gewesen, und oft gab es sie tatsächlich. Doch schützte eine solche Kirche nur für kurze Zeit. So unterschied sich die Existenz eines Stadtbewohners von der eines Bauern am Ende des Mittelalters immer noch fundamental. Erst im 16. Jahrhundert sollte es den sich erneuernden Territorien gelingen, das staatliche Gewaltmonopol durchzusetzen, Sicherheit auch auf dem Lande zu gewährleisten und die Stadtmauern langsam entbehrlich zu machen. Im Zeitalter des Dreißigjährigen Krieges noch einmal modernisiert, sollten die Mauern dann im 18. und frühen 19. Jahrhundert abgetragen werden – bis die moderne Hinwendung zur Vergangenheit und die werdende Denkmalpflege sich ihrer annahmen.

Auch wenn in den letzten Jahrhunderten des Mittelalters die Mauer eine sichtbare Grenze zwischen Stadt und Land kennzeichnete, so waren diese nicht so grundsätzlich voneinander getrennt, wie die Mauer glauben machen könnte. Stadt und Land waren in vieler Hinsicht eher durch eine breite Zone des Übergangs voneinander geschieden – im übertragenen, aber auch im wörtlichen Sinne.

Viele Städte hatten nämlich die Jahrzehnte ihres Reichtums zur Anlage eines zweiten, ein großes Landgebiet schützenden Befestigungsringes genutzt. Wer um 1500 eine Stadt aufsuchte, der passierte vielfach schon drei oder fünf Kilometer vor der Stadtmauer einen Schlagbaum, der zu einem aus Hecken, Gräben und Türmen bestehenden Landwehrsystem gehörte, das die Äcker und Weiden vor der Stadt zwar nicht für den Fall eines großen Krieges, wohl aber vor den Folgen einer mit wenigen Bewaffneten geführten Fehde, also für den Normalfall des Krieges schützte. Das so umschlossene Gebiet war den Städten wichtig, weil die Gemeinden selbst, weil die städtischen Spitäler und nicht wenige Bürger Kapital in Landbesitz angelegt hatten, weil ihnen das städtische Umland gehörte.

Die Fernkaufleute konnten sich gegen die Risiken ihres Gewerbes kaum anders als durch Grundbesitz absichern. Der Schiffbruch war für die kleinen, wenig über zwanzig Meter langen, wenig mehr als hundert Tonnen Last fas-

In Überlingen am Bodensee ist der Ratsaal im ausgehenden 15. Jahrhundert mit einem reichen Figurenzyklus ausgestattet worden, der die Weltordnung symbolisieren sollte. In die gehörte auch der zu Abgaben verpflichtete Bauer – in städtischen Augen eine weniger zu Mitleid als vielmehr zu Verachtung einladende Gestalt.

Im frühen 16. Jahrhundert haben die führenden Memminger Bürger ein großes Chorgestühl für ihre Stadtkirche gestiftet und sich dabei offensichtlich – eitel und selbstgewiß – selbst porträtieren lassen. Was empfindlichen Zeitgenossen gewiß ein Ärgernis war, haben die Jahrhunderte danach zu einem Dokument von Mentalität werden lassen.

Wie die meisten größeren und mittleren Städte hat auch Göttingen im 14. Jahrhundert sein Umland durch eine Landwehr geschützt, von der noch einige der die Straßen kontrollierenden Türme erhalten sind. Der abgebildete Landwehrturm steht an der Straße zum Harz.

senden Seehandelsschiffe eine tägliche Gefahr, und wer sich und seine Waren vor Wind und Wasser an das Land gerettet hatte, mußte den Raub befürchten, der dem Landtransport ohnehin drohte. Nicht weniger groß waren die ökonomischen Risiken. Die extrem kurzfristigen Preisschwankungen prägten nicht nur die Ernährungsweise, sondern sie bestimmten auch die Wirklichkeit eines für heutige Verhältnisse außerordentlich spekulativen Handels. Am Ende des Mittelalters wuchs die Zahl der Versuche, durch Kartell- und Monopolbildungen die Risiken zu verringern und die Gewinnchancen zu steigern.

Wenn die auf solche Weise tätigen Kaufleute Grundbesitz erwarben, dann wird aber auch erkennbar, daß das Ausgreifen der Stadt auf das Land nicht nur wirtschaftliche Gründe hatte. Die Dörfer und manchmal ganzen Herrschaftsgebiete in der Hand reicher Stadtbürger boten diesen nicht nur Sicherheit, sondern auch eine adlige Existenzform. Nicht nur die geographische Grenze zwischen Stadt und Land, sondern auch die soziale Schranke zwischen Stadtbürgertum und Adel war durchlässig.

Der Bürger, der im ausgehenden Mittelalter Herrschaftsrechte erwarb, war in den Augen seiner Zeitgenossen kein Parvenü, und es ist kein Zufall, daß die Komödie über den »Bürger als Edelmann« (Molière) erst im Jahre 1670 aufgeführt wurde.

Im Mittelalter war die Gesellschaft mobiler als das geläufige Bild von der alles bestimmenden Macht ständischer Schranken oder gar Ordo-Vorstellungen will. In den spätmittelalterlichen Städten existierten nicht nur Vermögens-, sondern auch soziale Unterschiede. Die Angehörigen der Familien, aus denen der Rat immer wieder ergänzt wurde und die die Stadt sozusagen kollektiv regierten, beanspruchten oft nicht nur, mit dem Adel des Umlandes auf einer Stufe zu stehen, sondern sie taten es auch. Und wer es in der Stadt zu Reichtum brachte, dessen Kinder oder Enkel pflegten in den Kreis der regierenden Familien aufgenommen zu werden. Wo es in den Städten des 14. und 15. Jahrhunderts zu gewaltsamen Ratsneubildungen kam, liegt die Ursache meistens in einer mangelnden Bereitschaft der Ratsfamilien, ihren Kreis offen zu halten. Am Ende des Mittelalters trat hier freilich ein Wandel ein. Der ländliche Adel grenzte sich von den Angehörigen patrizischer Stadtfamilien ab, und diese errichteten die entsprechenden Schranken innerhalb der Städte. Die kaum übersteigbaren Grenzen zwischen den Schichten wurden erst jetzt geschaffen und sollten die Gesellschaft der nächsten Jahrhunderte charakterisieren.

Im 14. und 15. Jahrhundert erwies sich die Offenheit der Städte jedoch nicht nur an ihrem und ihrer Bürger ländlichen Besitz. Die Fürsten und die reichen Adligen verbrachten eine nicht geringe Zeit ihres Lebens in der Stadt, in städtischen Häusern, Höfen und Residenzen, die es ihnen erlaubten, die in der Stadt erhältlichen Waren und Dienstleistungen unmittelbar in Anspruch zu nehmen.

Auch Bildung und Wissenschaft hatten am Ende des Mittelalters ihren Ort in den Städten. Sie waren aus den ländlichen Klöstern des frühen und des hohen Mittelalters in die Städte gewandert oder mit Blick auf die Antike gesagt: zurückgekehrt. Auch in kleinen Städten existierte nun eine Lateinschule, welche die Grundlage des mittelalterlichen Wissenschaftssystems vermittelte und auf den Besuch der Universitäten vorbereitete, die ihrerseits in Städten lagen.

Die Inhalte der in den Schulen vermittelten Bildung hatten sich kaum gewandelt. Der Schul- und Universitätsbetrieb zielte auf die Beherrschung der Gelehrtensprache, also des Lateinischen, und auf den Umgang mit – vor allem juristischen und theologischen – Texten, die in dieser Sprache abgefaßt waren. Wenn sich die Stadträte darum bemühten, die Stadtschulen aus kirchlicher Verfügungsmacht zu lösen und sie in ihre eigene zu überführen, dann war damit

Die Brüder Ambrosius und Hans d.J. Holbein haben im Jahre 1516 für einen Basler Schulmeister eine Tafel gemalt, die auf beiden Seiten in Wort und Schrift für dessen Schule warb. Die abgebildete Seite zeigt zwei Handwerksgesellen beim Unterricht, von dem in der Werbeschrift gesagt wird, daß er insbesondere die kaufmännische Buchführung umfasse und keinerlei Vorkenntnisse erfordere.

keineswegs etwa der Wunsch nach neuen Lehrplänen, nach der Ersetzung womöglich des traditionellen durch ein »bürgerliches« Wissen verbunden – zumal für die elementaren und praktischen Bedürfnisse inzwischen auf andere Weise gesorgt wurde. In den Städten gab es neben den lateinischen auch »deutsche« Schulen, in denen die für den Kaufmann und Handwerker wichtigen Schreib-, Lese- und Rechenfertigkeiten vermittelt wurden.

Der Grad der Alphabetisierung ist in den Städten des 15. Jahrhunderts rasch gewachsen. Seit etwa 1480 wurden gedruckte Texte, die in den ersten Jahrzehnten nach der Erfindung des Buchdrucks so teuer waren wie vorher die Handschriften, erheblich billiger. Das gedruckte Wort war im Begriff, jedenfalls in den Städten, eine Massenware zu werden und sollte das dann während der Reformation auch sein.

Bei den meisten der gedruckten Texte handelte es sich auch jetzt um religiöse Literatur. Der technische Wandel zog also keineswegs gleich inhaltliche Veränderungen nach sich. Diese enge Verknüpfung von Wandel und Bewahrung findet sich im spätmittelalterlichen Deutschland allenthalben.

Auf der einen Seite waren die steinernen oder Fachwerkhäuser der Städte um 1500 von den Grubenhäusern, in denen nicht nur die Landbevölkerung der ersten mittelalterlichen Jahrhunderte, sondern noch die frühen Stadtbewohner gehaust hatten, denkbar weit entfernt. Die in den Boden eingetieften, primitiven Grubenhäuser unterschieden sich nur wenig von den Wohnstätten der Stein- und Bronzezeit – die spätmittelalterlichen Häuser stehen den unseren nahe, und mancher versucht ja auch tatsächlich, in ihnen zu wohnen.

Auf der anderen Seite waren die Bauern und Städter des ausgehenden Mittelalters den großen Gefährdungen des Lebens ebenso ausgesetzt wie ihre hoch- oder frühmittelalterlichen Vorfahren. Gegen die Pest halfen ihnen weder ein Medikament noch eine Therapie, sondern nur das Gebet zu Gott und zu den Heiligen, welche für diese Gefahr gewissermaßen zuständig waren, also zum heiligen Sebastian und zum heiligen Rochus. Dessen Kult wurde in Deutschland um 1500 schnell ausgebreitet. Die Pestgefahr existierte unvermindert, und ein Fortschritt bei ihrer Bekämpfung bestand nicht in der Entdekkung eines neuen Medikaments, sondern in der Etablierung eines neuen Heiligen.

In den Rathäusern der großen Städte saßen um 1500 bereits mehrere Schreiber über Ratsbüchern und Akten. Fast alle Justizakte und die wichtigsten Verwaltungsmaßnahmen wurden schriftlich festgehalten beziehungsweise durchgeführt. Die Städte waren sichtlich modern, und wenn man hinzufügt, daß es in ihnen Gefängnisse und eine Polizei gab, welche die Exekution von Urteilen erzwingen konnte, so erweisen sich die Städte des 15. Jahrhunderts erst recht als weit auf dem Wege in die Neuzeit fortgeschritten.

Dem könnte widersprechen, daß der Besucher einer spätmittelalterlichen Stadt vor dem Passieren des Tores vielleicht Zeuge einer Hinrichtung gewesen war, die fast als Volksfest begangen wurde, und daß er auf dem Marktplatz einen Delinquenten sah, der dort an dem Pranger angekettet stand und an dem womöglich eine Prügelstrafe vollzogen wurde.

Doch standen sich dabei keineswegs das Alte und das Neue in einfacher Frontstellung gegenüber. Auch wenn es in den Städten so altertümliche Formen des Strafvollzugs gab, daß jemand zum Beispiel dazu verurteilt werden konnte, einen Stein eine Zeitlang zu halten oder ein Stück weit zu tragen, so haben wir es bei solchen Ehrenstrafen doch keineswegs einfach mit Relikten früherer Jahrhunderte, sondern eher mit Vorboten der Neuzeit zu tun.

Seit dem Landfrieden des späten 11. und 12. Jahrhunderts waren Strafen, die man bisher nur an Unfreien vollzogen hatte, in allgemeine Strafen umgewandelt worden, und in den Städten wurde dieser Wandel bis zum Ende des Mittelalters weitgehend realisiert. Was an der spätmittelalterlichen Strafgerichtsbarkeit als grausam und dem heutigen Betrachter deshalb als altertümlich erscheint, ist ganz überwiegend das Resultat eines Modernisierungsvorganges gewesen. Das gilt auch für die Folter, die auf breiter Front erst dann eingeführt

Die »Folterkammer« gehört zum Standardinventar populärer Vorstellungen vom Mittelalter, obwohl sie sehr viel stärker die rationalisierte Strafrechtspflege der frühen Neuzeit charakterisiert. Zu deren wichtigsten Wegbereitern gehörte die »Halsgerichtsordnung« für das Fürstbistum Bamberg von 1508.

wurde, als die alten Beweismittel – wie vor allem das Gottesurteil und der Eid nicht von Tat-, sondern von Leumundszeugen – außer Gebrauch kamen. Auch das ist ein Wandel erst des späten Mittelalters gewesen, der in den Städten eher als auf dem Lande vollzogen wurde und in der Breite erst während der frühen Neuzeit wirksam wurde.

III Heinz Schilling Reformation und Altes Reich

1500 bis 1740

Altdorfers Alexanderschlacht, kosmisches und irdisches Geschehen verbindend, gibt nicht nur das historische Pathos der frühen Neuzeit zu erkennen, sondern auch ihr Selbstverständnis. Die Antike wird gleichsam in die Zeitgenossenschaft geholt; das Abbild der Vergangenheit wird zum Leitbild für die Gegenwart und Zukunft.

Als Altdorfer im Auftrage Herzog Wilhelms IV. von Bayern 1529 sein Historienbild malt, haben die Protestanten Kaiser und Papst den Gehorsam aufgekündigt, wird Wien gerade von den Türken belagert, ziehen die Karavellen der Spanier und Portugiesen nach Asien und Amerika.
In diesem geschichtlichen Augenblick zeigt das Bild den Moment, da der Kaiser Darius vor dem Griechen Alexander den Streitwagen zur Flucht wendet und am Himmel die Sonne den von fliehenden Schatten verdunkelten Halbmond, seit jeher Sinnbild für den Orient, verdrängt.

Salzburg, seit dem 11. Jahrhundert unter dem Schutz der erzbischöflichen Festung Hohensalzburg, wurde mit der Abwehr der Türkengefahr nach der Schlacht am Kahlenberg 1683 auch von jenem rauschenden Barock geprägt, der zwischen Schönbrunn, Schloß Belvedere und Stift Melk den Glanz erzeugt, in dem sich die Befreiung von der osmanischen Gefahr im Medium der Architektur ausspricht. Später wurde Salzburg eine Stadt der Künste – von Mozart über Hugo von Hofmannsthal bis zu Max Reinhardt.

Prags Aufstieg zur mitteleuropäischen Metropole beginnt mit dem böhmischen König und späteren deutschen Kaiser Karl IV. Die Stadt an der Moldau zählt zu den Herzkammern des alten Europa – Residenzstadt der tschechischen Przemysliden, Bühne des religiösen Aufruhrs der Hussiten, zweite und geliebte Kapitale der Habsburger, war es vor Krakau und Heidelberg die erste Universität im Alten Reich, mit dessen Untergang es in die Nationalitätenkämpfe des 19. und 20. Jahrhunderts gerissen werden sollte.
Das Palais Waldenstein, 1623 errichtet, war die gebaute Herausforderung der älteren Fürsten des Alten Reiches durch den kaiserlichen Heerführer Albrecht von Wallenstein.

1. Der deutsche Weg in die Neuzeit

Was Deutschland sei, wußten die Deutschen zu Beginn der Neuzeit schwer zu sagen. Man beschränkte sich mit der Festlegung daher gern auf die Geographie und die Sprache: »In unserer Zeit«, erklärt der Humanist Sebastian Münster in seiner 1544 in Basel erschienenen Kosmographie, »nennen wir Deutschland alles, das sich der deutschen Sprache gebraucht. Und es erstreckt sich also jetzt Deutschland im Okzident bis an die Maas, ja auch etwas darüber hinaus ins Niederland, da es an Flandern reicht. Aber gegen Mittag spreitet es sich bis an die hohen Schneeberge, und im Orient stößt es an Ungarn und Polen. Aber gegen Mitternacht bleibt es am Meer wie vor langen Zeiten.« Fragen der politischen Zugehörigkeit und der Verfassung läßt der Kosmograph beiseite, weil sie zu kompliziert waren, als daß er innerhalb einer Weltbeschreibung eine befriedigende Antwort hätte geben können.

Es war ja vieles noch ungeklärt oder geriet gerade in jenen Jahren in eine neue Schwebelage. So etwa die Zugehörigkeit der Schweiz, deren Loslösung von Deutschland bereits weit vorangeschritten war, und dann die der Niederlande einschließlich Belgiens, weil diese beiden seit den Burgunderherzögen ein Eigenleben führten und auch von den Habsburgern als ein besonderer, mehr neben als im Reich stehender Verwaltungs- und Rechtsraum behandelt wurden. Auch die Einordnung Böhmens, das der Geograph bezeichnenderweise übergeht, machte Schwierigkeiten – ein eigenständiges Königreich zwar, aber durch Personalunion und Beteiligung an der Kaiserwahl eng mit dem Reich der Deutschen verbunden. Hier wie anderwärts im Osten – etwa im preußischen Ordensstaat oder in Siebenbürgen, um nur das Auffälligste zu nennen – wird besonders deutlich, wie die Bestimmung Deutschlands nach Sprache und Siedlung die staatlich-politische Wirklichkeit verfehlt oder bewußt außer acht läßt. Es gehört zu den mittelalterlichen Zügen des Deutschen Reiches, daß seine Grenzen nur schwer zu bestimmen waren. Denn Grenzen im modernen staatsrechtlichen Sinne bildeten sich erst im Verlaufe der frühen Neuzeit heraus. Sicher ist aber, daß dieses Reich neben Polen unter den europäischen Staatsgebilden das ausgedehnteste Gebiet umfaßte.

Es war kein Nationalstaat, mit dem Deutschland in die Neuzeit eintrat. England, Frankreich, Spanien und die skandinavischen Großreiche hatten es da leichter. Sie trugen nicht das Erbe des Mittelalters, das die frühneuzeitliche Staatswerdung in Deutschland in doppelter Weise prägte – durch die Realität des vor-nationalen Heiligen Römischen Reiches Deutscher Nation mit seinem übernationalen Kaisertum sowie durch eine Vielzahl von Landesherrschaften mit Fürsten und Herren an der Spitze, die seit langem Hoheitsrechte ausübten, die ehemals königliche gewesen waren. Das entscheidende Problem der seit 1495 in Angriff genommenen Reichsreform war die Frage, ob und wie sich in diesem politischen Verband die Verdichtung der Staatlichkeit würde durchsetzen können sowie deren Konzentration in einer höchsten Staatsgewalt, die das Signum der europäischen Neuzeit ausmachte. Würde sich in Deutschland ein möglicherweise zentral gelenkter Reichsstaat des Kaisers etablieren oder ein ständisch, korporativ regiertes Reich der Fürsten? Oder würde gar in der Mitte Europas die verbindende politische Ordnung ganz auseinanderbrechen in eine Vielzahl von Staaten deutscher Zunge?

Im Mittelalter waren Vorentscheidungen gefallen, die, aus dem Abstand der

Idealbild des Heiligen Römischen Reiches Deutscher Nation – der doppelköpfige Reichsadler gefiedert mit den Wappen der Reichsstände (Kurfürsten, Fürsten, Reichsgrafen, Reichsritter, Reichsstädte und Reichsdörfer) und mit dem Kruzifix geschmückt zum Zeichen seiner engen Verbindung mit der Kirche.

Jahrhunderte gesehen, die Chancen eines zentralistischen Reichsstaates sehr gering erscheinen lassen. Für die Handelnden von damals taten sich indes immer wieder offene Situationen auf, in denen sie im großen oder im kleinen um einander widersprechende Lösungen ringen mußten. Erst mit dem Westfälischen Frieden von 1648 erhielt das Alte Reich eine fortan stabile Verfassung. Doch auch danach waren die politischen Gewichte zwischen Kaiser, Reich und den einzelnen Großterritorien je neu zu bestimmen.

Sachlich und zeitlich eng verbunden mit der Reichsreform war die Notwendigkeit einer Kirchenreform – auch das eine Konsequenz der mittelalterlichen Geschichte Deutschlands, in der das Verhältnis zwischen Papst und Kaiser und die Stellung der Bischöfe als geistliche Reichsfürsten nie abschließend geklärt worden waren. Die Beschwerden der Deutschen gegen die römische Hierarchie fanden sich in den »Gravamina deutscher Nation«, einem Katalog von Klagen und Verbesserungswünschen, der von Reichstag zu Reichstag fortgeschleppt und erweitert wurde und 1521 schließlich rund einhundert Punkte umfaßte. Den frühkapitalistischen Zeitverhältnissen entsprechend richtete sich die Kritik zunehmend gegen das Finanzwesen der Kurie. Die Deutschen fühlten sich von der Habgier der Päpste ausgebeutet:

»Und nehmen stets von Teutschen Geld,
Dahin ihr Prattik ist gestellt.
Und finden täglich neuwe Weg,
Daß Geld man in den Kasten leg.
Do kummen Teutschen umb ihr Gut.
Ist niemand, den das reuen tut?«

Der Ritter, Humanist und Publizist Ulrich von Hutten faßte in diesen Versen die Stimmung propagandistisch zusammen. An Luther gewendet fügte er hinzu: »Verfechten wir die gemeinsame Freiheit! Befreien wir das unterdrückte Vaterland!« Natürlich meinte er eine andere Freiheit als der Reformator, und auch die römische Unterdrückung wurde von beiden Männern sehr verschieden erfahren. Doch gerade dieses bald auch von den Bauern geteilte Mißverständnis beweist, wie explosiv die Kirchenfrage in Deutschland war. Der Durchbruch der neuen Theologie bei Luther: das läßt sich nicht als Ausdruck tiefschürfender Religiosität der »deutschen Seele« banalisieren. Aber die Reformation als politische, religiöse und schließlich auch soziale Bewegung war Ausdruck der besonderen staatlichen und kirchlichen Verhältnisse in Deutschland.

Neu an diesen Verhältnissen waren in der Reformationsepoche die in ganz

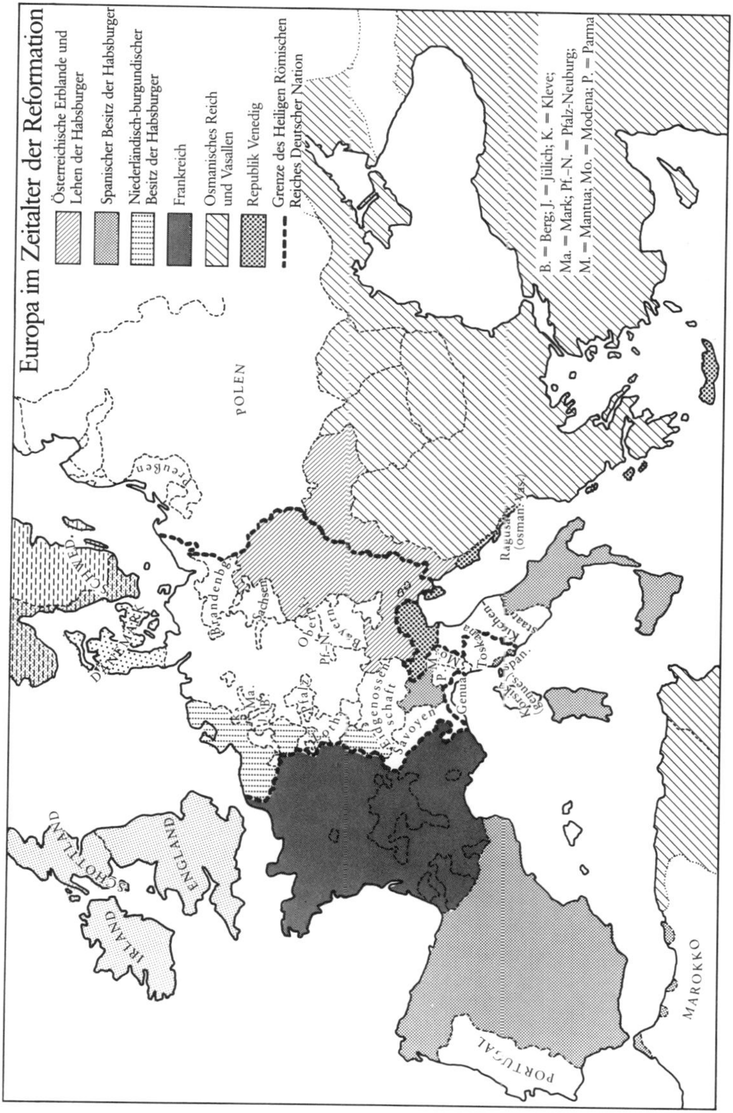
Europa im Zeitalter der Reformation
Österreichische Erblande und Lehen der Habsburger
Spanischer Besitz der Habsburger
Niederländisch-burgundischer Besitz der Habsburger
Frankreich
Osmanisches Reich und Vasallen
Republik Venedig
Grenze des Heiligen Römischen Reiches Deutscher Nation
B. = Berg; J. = Jülich; K. = Kleve;
Ma. = Mark; Pf.-N. = Pfalz-Neuburg;
M. = Mantua; Mo. = Modena; P. = Parma
POLEN
Preußen
DÄNEMARK
Brandenburg
Sachsen
Ober-Pfalz
Pf.-N.
Bayern
Pfalz
Lothr.
Eidgenossenschaft
Savoyen
Genua
Toskana
Kirchenstaat
Korsika (genues.)
(span.)
Ragusa (osman. Vas.)
SCHOTTLAND
ENGLAND
IRLAND
PORTUGAL
MAROKKO

modernem Sinne weltweiten Interessen des Reichsoberhauptes: Kaiser Karl V. war zugleich König von Spanien und von dessen Besitzungen in der Neuen Welt. Er beherrschte also ein Imperium, in dem »die Sonne nicht unterging«. Sein Kaisertum war im neuzeitlichen Sinne universell und eben deshalb mußte es – nicht weniger als dasjenige seiner mittelalterlichen Vorgänger – katholisch sein. Die deutsche Reformation als nationales Ereignis und die universelle Katholizität des Habsburger Kaisers – an diesem Gegensatz zerbrach die Kirchen- und Glaubenseinheit der Deutschen.

Neben das aus dem Mittelalter überkommene Verfassungsproblem einer Staatsfindung zwischen Reich und Territorium, Gesamt- und Partikularstaat, trat als Erbe der Reformationsepoche die Glaubensspaltung. Deutschland in der Neuzeit, das bedeutet bis tief ins 19. Jahrhundert hinein zugleich: mehrere Konfessionen in einem Land, und zwar nicht – wie in Holland oder in England nach der »Glorious Revolution« – als ein von breiten Schichten akzeptiertes und erlebbares Nebeneinander, sondern als Ausdruck eines machtpolitischen Patts, eines zwischen den Obrigkeiten ausgehandelten politischen Kompromisses, als verordnete religiös-konfessionelle Separation. Daraus resultierten nicht nur die kulturelle Vielfalt und die politische Dynamik der miteinander im Wettstreit stehenden territorialen Konfessionsstaaten, sondern auch die immer erneut aufbrechende Gefahr, politische Gegensätze zu ideologisieren und absolut zu setzen, so wie es in der Frühneuzeit aufgrund der Verflechtung von Politik und Bekenntnis geschah. Mit Recht läßt sich fragen, ob aus dieser so lange zurückliegenden Konfessionsspaltung jener Überschuß an Unversöhnlichkeit hervorbrach, der die neuzeitliche Geschichte Deutschlands prägte und der als »anthropologisches Muster« (Heinrich Lutz) immer noch fortwirkt.

Der Eintritt Deutschlands in die Neuzeit unterschied sich, verglichen mit der Entwicklung der west- und nordeuropäischen Nationalstaaten, ohne Frage von dem seiner Nachbarn. Doch kann keine Rede von einem »Sonderweg« sein, der sozusagen mit innerer Logik zu der Katastrophe des 20. Jahrhunderts führte. Auch nach den Entscheidungen des 16. und 17. Jahrhunderts, wie sie in den großen Reichsgrundgesetzen von Augsburg (1555) und Münster/Osnabrück (1648) niedergelegt wurden, war die Entwicklung prinzipiell offen geblieben. Ein zentralistischer Reichsstaat allerdings war nun endgültig unter den Möglichkeiten, die die Zukunft für die Deutschen bereithielt, ausgeschieden; eine solche Korrektur der im Mittelalter eingeschlagenen Wegrichtung konnte nun nicht mehr vorgenommen werden, jedenfalls nicht in der Zeit Alteuropas. Was aber die allgemeine gesellschaftliche Entwicklung anlangte und die Herausbildung einer Politischen Kultur, da war noch viel offen. Deutschland war hier immer noch in der Lage, dem Weg der anderen Länder in Europa zu folgen. Eine Abkoppelung vom »Westen« fand nicht statt. Mächtepolitisch gesehen war es ja gerade ein Strukturmerkmal des frühneuzeitlichen Reiches, daß seine »Gliedstaaten« in komplizierten und wechselnden Allianzen und Frontstellungen ins europäische Mächtespiel eingebunden blieben und es deshalb nicht zu einer Isolierung Deutschlands kommen konnte. Und auch der intellektuelle wie der kulturelle Austausch allgemein blieben bis zum Ende des Alten Reiches und auch darüber hinaus lebendig. Während des ganzen 16. Jahrhunderts war Deutschland daran aktiv beteiligt – vor allem durch die lutherische Reformation, aber auch durch die spätere reformiert-calvinistische Bewegung, die vom Westen des Reiches her in den europäischen Raum hinein wirkte – etwa durch Johannes Althusius, den Theoretiker der Lehre von der Volkssouveränität, der tätig war in Herborn und Emden, Zentren des west- und mitteleuropäischen Calvinismus, die erst viel später in Provinzialität versinken sollten.

Aber nicht nur in westlicher Richtung liefen die Einflüsse, sondern vor allem auch nach Skandinavien, dann nach Polen und ins Baltikum sowie nach Südosteuropa, nach Ungarn und Siebenbürgen. Im 17. und 18. Jahrhundert dominierten die umgekehrten Kulturströmungen – zunächst von Holland, später dann von England und Frankreich, auch von Italien her. Das wurde augenfällig vor allem in Brandenburg-Preußen, wo die von Holland getragene Modernisierung noch zur Zeit des Großen Kurfürsten abgelöst wurde durch französische Einflüsse, deren Wirkung unter seinem Urenkel Friedrich dem Großen dann ihren Höhepunkt erreichen sollte. – Deutsche Geschichte mitten in Europa, auch während der Frühneuzeit.

Deutschland zu Beginn der Neuzeit, das bedeutet nicht zuletzt in wirtschaftlicher Hinsicht enge Verflechtung mit den Nachbarländern sowie Wachstums- und Modernisierungsimpulse. Innerhalb der europäischen Wirtschaftsgeschichte waren das ausgehende 15. und die erste Hälfte des 16. Jahrhunderts eine *deutsche* Epoche, zwischen einem vorangegangenen südfranzösisch-oberitalienischen und einem folgenden atlantisch-nordwesteuropäischen Zeitalter. Deutschland nahm damals eine Spitzenstellung ein sowohl im Handel, der im Norden von einer noch starken Hanse und im Süden von den frühkapitalistischen Handelshäusern der oberdeutschen Städte getragen wurde, als auch im Exportgewerbe, das im Rheinland und in Oberdeutschland mit einem hochwertigen Metall- und Edelmetallgewerbe konzentriert war – Nürnberger Harnische, Augsburger Silbergeschirr und Silberschmuck, Aachener Messing, bergisches, Siegener, sauerländisches und Oberpfälzer Eisen. Hinzu kamen billige Textilien, vor allem aus Leinen und Baumwollmischgeweben, die in der ländlichen Umgebung von Augsburg und Ulm sowie in der Bodenseeregion und Straßburg in großen Mengen hergestellt wurden.

Wichtiger noch war das Montangewerbe: »Mehr Erzgruben, denn kein Land um uns gelegen« – das ist der Kern, auf den der Kosmograph Sebastian Münster die Grundlagen der deutschen Wirtschaftskraft bringt. In den großen Montanregionen im Harz, im Thüringer Wald und den Alpen arbeitete man mit modernen Bergbau- und Verhüttungstechniken sowie flexiblen Finanzierungs- und Betriebsformen. Beim Saigerverfahren zum Beispiel nutzte man die verschieden hohen Schmelzpunkte, um leichtflüssige von strengflüssigen Metallen zu trennen, etwa Silber von Kupfer, wobei man Blei zusetzte. Für die Kapitalschöpfung hatte man sogenannte Kuxen entwickelt, eine Vorform der heutigen Aktien.

Denn nichts ist also schwer und scharff,
Das nicht die Arbeit underwarff,
Nichts mag kaum sein so ungelegen,
Welches nicht die Arbeit bring zu wegen.

Die Arbeit hat die Berg durchgraben,
Und das Thal inn die höh erhaben,
Hats Land mitt Stätten wonhaft gmacht,
Und die Ström zwischen Damm gebracht«.

In diesen Versen des Straßburger Literaten und Doctor Juris Johannes Fischart (1546–1590) ist der zu Beginn der Neuzeit in Deutschland herrschende Geist des Auf- und Umbruches auf den Begriff der Arbeit bezogen. Eine bürgerliche Kategorie, die unausgesprochen der Muße (otium) und dem – im bürgerlich-wirtschaftlichen Sinne – Nichtstun des Adels, der Prälaten und Mönche entgegengestellt wird. Indem Arbeits- und individuelles Leistungsethos über den Stand des Stadtbürgertums hinaus Geltung erlangten und auch der Adel, teils gewollt, teils gezwungen, nicht mehr ausschließlich – wie Hutten es programmatisch fordert – im »Familienstand«, sondern »anderswo nach der Quelle des Adels« suchen mußte, ist das 16. Jahrhundert ein *bürgerliches* Jahrhundert. Seine Spuren gingen nicht gänzlich verloren, als im 17. Jahrhundert mit der sogenannten Adelsreaktion der Gegenschlag erfolgte.

Bis zum Eintreffen der ersten großen Silberflotten aus den spanischen Kolonien in Südamerika war Deutschland der größte Produzent von Edel- und Bunt-

Reitschwert
Augsburg, um 1587
Ein Beispiel für die hohe Qualität des oberdeutschen Schwertfegerhandwerks.

Harnisch
Große Garnitur mit den breiten Ätzstreifen König Philipps II. von Spanien als Prinz, 1544/45

metallen mit zum Teil sehr ergiebigen Gruben im Erzgebirge und im Harz (Böhmen, Sachsen, Thüringen, Mansfeld sowie in der Umgebung der Reichsstadt Goslar), in den Alpen (Tirol, Steiermark und Kärnten) sowie in Ungarn – hier zwar außerhalb des Reichsgebietes gelegen, aber fest in der Hand deutscher Unternehmer und Finanziers.

Deutschland verfügte damals über die größten Finanzressourcen des Kontinents. Diese Zusammenhänge waren nicht nur wirtschafts-, sondern auch politikgeschichtlich, ja selbst kirchengeschichtlich von größter Bedeutung: Die Mansfelder Jugend Martin Luthers wurde durch das Montangewerbe geprägt – »mein Vater, Großvater, Ahn sind rechte Bauern gewesen; darauf ist mein Vater gen Mansfeld gezogen und ein Berghauer worden: daher bin ich«, so das Selbstporträt in den Tischreden. Später waren es nicht zuletzt die Einnahmen aus dem Bergregal, die Luthers sächsische Landesherren zu einer unabhängigen Reichs- und Kirchenpolitik befähigten, eine wesentliche Voraussetzung für das Überleben des in kaiserliche Acht und kirchlichen Bann gelegten Reformators. Im Zeitalter der Söldnerheere war der Besitz von Edelmetall, vor allem Silber, die entscheidende Voraussetzung für die Machtpolitik des Kaisers wie der Fürsten.

Angesichts der beschleunigten Geldzirkulation im 16. Jahrhundert war der Silberreichtum auch die Voraussetzung für den hervorragenden Anteil deutscher Firmen an der raschen Ausweitung des europäischen Handels, der sogenannten kommerziellen Revolution. Die oberdeutschen Familiengesellschaften – die Tucher und Imhof in Nürnberg, die Welser und Fugger in Augsburg – betrieben in enger sachlicher Verflechtung Warenhandel und Bergbau, Metall- und Textilproduktion sowie Finanzgeschäfte größten Stils. Ihre Partnerschaften und Faktoreien umspannten den Kontinent und die Weltmeere. Es war die Zeit des Frühkapitalismus. Dieses zuvor in Italien entwickelte Wirtschaftssystem befähigte die oberdeutschen Firmen ungeachtet ihrer ungünstigen geographischen Lage zur Beteiligung an der Frühphase der europäischen Übersee-Expansion – die Welser erlangten Kolonialbesitz in Venezuela, die Fugger engagierten sich im Ostindiengeschäft. Auch insofern besaß die deutsche Wirtschaft des frühen 16. Jahrhunderts einen Zuschnitt, den sie in dem Moment verlor, als sich seit Mitte des Jahrhunderts zunehmend die west- und nordwesteuropäischen Nationalstaaten als Träger – oder zumindest Garanten – der kolonialen Aktivitäten einschalteten.

Erfolg und bis dahin unvorstellbare Gewinne lagen eng neben dem Scheitern und dem gnadenlosen Sturz in Elend und Verderben. Nikolaus Federmann, der Gouverneur der Welser in Venezuela, griff aus in das Goldland um Bogotá, geriet darüber in Streit mit dem Firmenhaupt Bartholomäus Welser, wurde von ihm in schwierige Wirtschaftsprozesse verwickelt und starb in Armut. Ähnliches widerfuhr Ambrosius Höchstetter, dem Chef des gleichnamigen Augsburger Handelshauses, der sich mit hohem Einsatz um ein Weltmonopol für Quecksilber bemühte, dabei den Fuggern unterlag und, in den Bankrott gerissen, im Schuldturm endete.

Die interessanteste Figur unter den deutschen Frühkapitalisten war der Augsburger Jakob Fugger, der Reiche (1459–1525), der 1517 im Wortsinne die Wahl des Habsburgers Karl V. zum deutschen König bezahlte, nachdem er zuvor bereits den Ablaßhandel der Kurie finanztechnisch organisiert hatte. Diese Bindung an die europäischen Herrscherhäuser bedingte gleichermaßen Glanz wie Untergang des Frühkapitalismus. Die von den Fürsten erteilten Monopole und andere Wirtschaftsprivilegien, vor allem im Montangewerbe, ermöglichten riesige Gewinne. Vor allem die Fugger, die Schürfrechte in Ungarn, Kärnten, Tirol und Spanien besaßen und zeitweilig ein europäisches Kupfermonopol innehatten, profitierten davon. Als sich dann aber seit der Jahrhundertmitte die Staatsbankrotte vor allem Spaniens, aber auch Frankreichs

Vor einem Aktenschrank hält Jakob Fugger der Reiche eine Geschäftsbesprechung mit seinem Buchhalter Matthäus Schwarz.

Miniatur von Narziß Renner, 1520

Vorderseite:
Das kraftvolle Porträt Jakob Fuggers zeugt von einem hohen Selbstbewußtsein des frühkapitalistischen Großbürgertums.

Rückseite:
Poseidon und Hermes symbolisieren die weltweiten Handelsverbindungen der Fugger, der gekrönte Apollo weist auf ihre Kunstinteressen hin.

Der Schautaler von 1518 deutet voraus auf das Streben der Fugger nach adeligen Herrschaftsrechten, zu denen das Prägerecht zählt.

häuften, führte das zu einem raschen Zusammenbruch der oberdeutschen Firmen. Allerdings hatten die erfolgreichen Familien, von den Herrschern inzwischen mit Adelsprivilegien ausgestattet, längst dem bürgerlichen Wirtschaftsleben den Rücken gekehrt, um sich dem Ausbau eigener Herrschaften und Territorien zu widmen. Die Fugger taten dies unter anderem als Reichsgrafen, später Reichsfürsten von Babenhausen, das östlich der Iller in Schwaben gelegen war.

Inzwischen hatten auch machtpolitische und verkehrsmäßige Veränderungen dem dynamischen Wirtschaftszentrum im oberdeutschen Raum die Basis entzogen. 1522 war Rhodos, der letzte Außenposten der lateinischen Christenheit im östlichen Mittelmeer, von den Johannitern an die Türken übergegangen. Damit war das über ein halbes Jahrhundert währende Ringen zwischen Osmanen und Venezianern um die Vorherrschaft im Mittelmeer beendet. Das östliche Mittelmeer stand nun unter osmanischer Kontrolle; die alten Handelswege nach Ägypten und Asien waren für die Europäer blockiert. Das einstmals unanfechtbar erscheinende Handelsimperium der stolzen Lagunenstadt hatte den Todesstoß erhalten.

Etwa gleichzeitig nahm der Transatlantikhandel mit der Neuen Welt sprunghaft zu. Die Folge war eine rasche Verlagerung der europäischen Wirtschaftszentren von Oberitalien zum west- und nordwesteuropäischen Atlantiksaum. Die europäische Hauptverkehrsachse drehte sich aus der im Mittelalter dominierenden Südnord- in die neuzeitliche Westostrichtung. Dazu trug auch der nicht minder rasch emporschnellende Handelsverkehr durch den dänischen Sund wesentlich bei. Im Austausch gegen Gewerbe- und Luxuswaren wurden auf diesem Weg immer größere Mengen polnischen und baltischen Korns nach Zentral- und Westeuropa transportiert, wo die rasch ansteigende und überproportional in Gewerbe und Handel tätige Bevölkerung sich nicht mehr selbst zu ernähren vermochte.

Im Zentrum dieser neuen atlantisch-nordeuropäischen Wirtschaftswelt lagen die Niederlande. Die Holländer waren als einzige in der Lage, die unerwartete Nachfrage nach erfahrenen Seeleuten und Frachtraum zu befriedigen, wobei ihnen wenig später eine geniale Schiffskonstruktion zustatten kam – ihr »Flötenschiff«, das den schwerfälligen Schiffen der Hanse weit überlegen war, weil es schneller und mit geringerer Mannschaft segelte. Der wichtigste Umschlagplatz, an dem die verschiedenen Strömungen des frühneuzeitlichen Weltverkehrs zusammenliefen, war Antwerpen. Hier fand man Pfeffer, Zimt, Safran, Zucker und Silber aus Übersee ebenso wie Korn, Bernstein, Holz und Tran aus Skandinavien und Ostmitteleuropa oder Gewerbe- und Luxusprodukte Zentral- und Südeuropas wie Südweine, Messing- und Schwertfegerwaren.

»In dieser weiland vornehmsten und berühmtesten Handelsstadt in ganz Europa«, so heißt es rückblickend bei Merian, »sein oftmals an einem Markttag wöchentlich acht- oder neunhundert Schiff aus unterschiedlichen Orten der Welt angekommen und über die 75tausend lebendige Fische verkauft; und von Zöllen und dergleichen Auflagen an die 1726tausend Gulden in die Rentkammer gebracht worden. Und sein einstmals allein zwei Kaufherren zu Antwerpen für sich auf sechs Millionen oder 60 Tonnen Goldes schuldig worden. Und rechnet man, daß alle Jahr allhier im Kaufen und Verkaufen über die 500 Millionen Silbers nach der niederländischen Münz, das ist die 133 Millionen Goldes ausgeben worden, als diese Stadt noch in ihrem glücklichen Zustand gewesen.«

Die 1531 gegründete Antwerpener Börse war für zwei Generationen das Barometer der europäischen »Weltwirtschaft«. Hier wurde nach Einschätzung Merians »in einem Monat mehr als zu Venedig in zwei Jahren verhandelt«.

Spätestens seit Beginn des zweiten Jahrhundertdrittels hatte Oberdeutschland den Standortvorteil als nordalpiner Umschlagplatz des mittelalterlichen mediterranen Wirtschaftssystems verloren. Mitte des Jahrhunderts brach aufgrund der Massenzufuhr südamerikanischen Silbers auch das deutsche Montangewerbe zusammen, das wegen hoher Arbeits- und Investitionskosten und nachlassender Qualität der Erze nur noch an wenigen Orten rentabel produzieren konnte. Trotz dieser schweren Rückschläge gelang Oberdeutschland über Frankfurt, Köln und Aachen zunächst der Anschluß an die neuen, in Antwerpen zusammenlaufenden Verkehrswege. Damit schien eine Anpassung an jenes vom Atlantik- und Ostseehandel getragene System einer frühneuzeitlichen Weltwirtschaft möglich, die das Erbe des italienisch-oberdeutschen Frühkapitalismus angetreten hatte.

Der ökonomische Untergang Antwerpens im niederländischen Unabhängigkeitskrieg zerstörte diese Perspektive aber rasch. Die seit Ende der 1560er Jahre vom Einmarsch der Spanier in die blühenden Handels- und Gewerbeprovinzen ausgelöste Auswanderungswelle niederländischer Protestanten kam nur dem

Im 16. Jahrhundert nahm der Schiffsverkehr zwischen Ost- und Nordsee durch den dänischen Sund sprunghaft zu.

Handelsschiffe im Sund vor Schloß Kronburg Gemälde von Hendrick Cornelisz Vroom, 1620

Norden und Nordwesten des Reiches zugute: Die Nordseehäfen, an erster Stelle Hamburg, aber auch Bremen und selbst Emden, das Rheinland und vor allem Frankfurt wurden durch die berühmte »Diaspora der Antwerpener Kaufleute« direkt eingeknüpft in das neue nordwesteuropäische Wirtschafts- und Verkehrsnetz mit seinem neuen Zentrum in Amsterdam, später auch in London. Hinzu kam der Gewinn an unternehmerischem, finanztechnischem und gewerblichem Know-how, an modernen Betriebsverfassungsformen sowie an neuen Produktionszweigen bei der auf Massenabsatz ausgerichteten Textilherstellung und bei den Luxusgewerben (Juwelenschleifereien, Tapisseriemanufakturen und Zuckerraffinerien). Mit einiger Verspätung fand auch der mitteldeutsche Raum mit seinem Zentrum in Leipzig Anschluß an dieses Produktions- und Handelssystem. Oberdeutschland aber blieb nun bis auf weiteres ausgeschlossen und sollte erst mit der Industrialisierung zögernd und spät Anschluß an die Wirtschaftszentren finden; seine führende Rolle hatte es für immer verloren.

Alle diese Entwicklungen waren um so nachhaltiger, als im Verlaufe des 16. Jahrhunderts der Binnenmarkt expandierte, und zwar sowohl der Massenmarkt für baltisches Getreide und billige Textilprodukte, als auch der Luxusmarkt für Kolonialwaren – Gewürze, Zucker, Seide – und hochwertige Gewerbeprodukte. Auch in Deutschland machte sich nun der säkulare Umschwung hin zu einem raschen Bevölkerungswachstum geltend, von schätzungsweise zwölf Millionen zu Anfang auf sechzehn bis siebzehn Millionen am Ende des

Das Verfahren der Saigerung von Silber und Kupfer war eine wesentliche Voraussetzung für die Entstehung des Frühkapitalismus in Deutschland.

Zeitgenössische Darstellung aus den Büchern des Gregorius Agricola

Jahrhunderts, mit den höchsten Steigerungsraten von etwa sieben Promille im Jahr während der 1520er und 1530er Jahre. Das war eine Entwicklung, die den Chronisten Sebastian Franck 1536 zu dem Seufzer veranlaßte, trotz der hohen Verluste im Bauernkrieg sei das Land nun schon wieder überfüllt mit Menschen.

Aufgrund der damit verbundenen wachsenden Nachfrage öffnete sich die Lohn-Preis-Schere rasch zuungunsten der Lohnempfänger und zugunsten der Besitzer oder Anbieter knapp werdender Waren, vor allem des Korns. Sofern den breiten Schichten über die Ernährungssicherung hinaus überhaupt Kaufkraft für Gewerbeprodukte blieb, wurde sie für Billigwaren eingesetzt, vor allem für Textilien der von den Niederländern in Deutschland eingeführten sogenannten Neuen Weberei. Demgegenüber erwirtschafteten viele Angehörige des Kaufmannspatriziats, des Adels oder des hohen Klerus aus ihrem Grundbesitz hinreichende Überschüsse, um als Kunden des Luxusmarktes ins Gewicht zu fallen – als Bauherren von Landschlössern und Stadthäusern im Renaissancestil, als Käufer von Juwelen, Seidentüchern und Tapisserien, als Besteller von Möbeln, Gemälden und Skulpturen sowie anderem Kunsthandwerk, schließlich als Konsumenten von Gewürzen, Zucker und Kolonialwaren allgemein.

Bezahlt wurde das mit wachsenden sozialen Spannungen in Stadt und Land, durch Verarmung und Statusverlust von Gesellen und Kleinmeistern, durch einen Verteilungskampf im Dorf um den Zugriff auf die knappen, gewinnversprechenden Ackerflächen sowie durch eine labile Ernährungslage breiter Mittel- und Unterschichten, die bei den häufigen Mißernten regelmäßig zur akuten Existenzbedrohung wurde und Stadt- wie Landbewohner zäh um ihre altüberkommenen genossenschaftlichen Allmendrechte kämpfen ließ.

Zusammen mit den politischen und rechtlichen Veränderungen im Zuge der frühneuzeitlichen Staatsbildung, die ebenfalls zur Verunsicherung und Statusminderung beitrugen, verschärften diese Entwicklungen die große reformatorische Volksbewegung, die in eben diesen Jahrzehnten das Reich aufwühlte.

2. *Die Reformation – Deutschland zwischen Luther und Karl V.*

Kein zweites Ereignis in der deutschen Geschichte begann so fernab von Politik und Gesellschaft und wurde dann so radikal politisiert und von sozialen Bewegungen überlagert wie die Reformation:

»Ich aber«, so erinnert sich Luther, »der ich fühlte, daß ich vor Gott ein Sünder ... sei, und nicht glauben konnte, daß ich durch meine Genugtuung [soll heißen: fromme Werke und Bußübungen] versöhnt sei, [obgleich] ich wie ein untadeliger Mönch lebte, liebte den gerechten und die Sünder strafenden Gott nicht; ja, ich haßte ihn vielmehr und war unwillig gegen Gott... So raste ich mit meinem wütenden und verwirrten Gewissen ... Bis Gott sich meiner erbarmte und ich auf den Zusammenhang der [Paulus-]Worte achtete, über die ich Tag und Nacht unablässig nachdachte: Der Gerechte lebt allein aus Glauben [sola fide]... Da fühlte ich, daß ich ganz und gar neugeboren und durch die geöffnete Pforte in das Paradies selbst eingetreten war.«

Ein gutes Jahrzehnt vor diesem Durchbruch der neuen reformatorischen Theologie, nach dem Ort des Geschehens »Turmerlebnis« genannt, war der junge Student der Rechte, Martin Luther, mit der Macht und Plötzlichkeit eines auf offenem Feld als Todesbedrohung erlebten Sommergewitters vor die Frage gestellt worden: »Wie erhalte ich einen gnädigen Gott?« Sie hatte ihn herausgerissen aus dem Kreis der Studienfreunde und ihn den Gehorsam gegen seinen Vater vergessen lassen, der den Aufstieg der Familie durch einen studierten Juristen gekrönt sehen wollte. Der Sohn aber hatte sich von der Welt abgewandt

In den Jahrzehnten vor der Reformation nehmen die Vergänglichkeitsbilder an Zahl wie an Intensität zu, oft verbunden mit Weltuntergangsvisionen. Ins Elegante wenden sie jene Bildwerke, die vom Geist der Renaissance geprägt sind.

Der Tod und das Mädchen Ahornholzrelief von Hans Schwarz, um 1520

und war in das Erfurter Kloster der Augustiner Eremiten eingetreten, das als besonders streng galt.

Ganz und gar außergewöhnlich war diese plötzliche »Umkehr« des jungen Studenten allerdings nicht. Die Angst vor einem unerwarteten Tod und die Not um das ewige Heil waren im Seelenhaushalt seiner Zeit das, was heute die Furcht vor dem atomaren Holocaust ausmacht: um 1500 begegnen uns auch in der Kunst immer wieder der Totentanz und das Vanitas-Vergänglichkeitsmotiv – besonders eindrucksvoll auf einem Holzrelief von Hans Schwarz, wo die Knochen des Totenskeletts und der weiche, glatte Körper des Mädchens eine fast innige Einheit eingehen.

Angst und Heilsverlangen konnten sich zu wahren Massenpsychosen steigern – so noch 1519, also zwei Jahre nach dem ersten Auftreten Luthers, als in Regensburg während eines Judenpogroms ein verunglückter Christ »wundersam« errettet wurde und daraus eine Wallfahrt zu der wunderkräftigen Marien-Ikone, der »Schönen Maria von Regensburg« – entstand. »Ganze Kirchspiele«, so berichtet ein zeitgenössischer Chronist, »vereinigten sich, um sich ihrer Fürbitte zu empfehlen. Wenn ein solcher Wallfahrtszug nächtlicher Weile mit Sang und Klang durch die Dörfer zog, so sprangen die Weiber auf und schlossen sich nicht selten im bloßen Nachtgewande demselben an.«

Bemerkenswert auch nach den Maßstäben eines zutiefst religiösen Säkulums war allerdings die existentielle Radikalität, mit der Bruder Martin im Erfurter Kloster seiner Seelennot auf den Grund ging, sie geradezu kultivierte, wie ihm sein Beichtvater vorwarf.

Die Menschen dieser Epoche gaben sich zufrieden mit dem reichen Angebot der spätmittelalterlichen Kirche an Heilpflastern, mit dem man bei bescheideneren Ansprüchen in einigen Klöstern ebenso gut leben konnte wie auf dem Bischofsstuhl von Rom. Luther erlebte den Gott, um dessen Gnade er rang, lange Zeit nur als richtenden Gott, so wie er ihn in dem großartigen gotischen Christus-Judex-Relief auf dem Friedhof an der Stadtkirche zu Wittenberg alltäglich vor Augen hatte. Die Befreiung kam ihm, als er, inzwischen Professor an der jungen sächsischen Landesuniversität in Wittenberg, für seine Vorlesungen die Paulus-Briefe durcharbeitete und dabei das von ihm selbst beschriebene »Turmerlebnis« hatte – die Erkenntnis nämlich, daß der Mensch nicht durch fromme Werke und Selbstpeinigung, sondern allein durch den Glauben errettet werde, den ihm die Gnade Gottes beim Hören und Erforschen der Bibel zuteil werden ließe – »sola scriptura, sola gratia, sola fide«: allein durch die Schrift, allein durch die Gnade, allein durch den Glauben.

Christus als Weltenrichter, mächtiges Sandsteinrelief von 2,15 Meter Höhe und 1,32 Meter Breite aus dem späten 14. Jahrhundert – Ausdruck der Gerichts- und Erlösungsängste vor der Reformation.

Entstanden aus der ganz persönlichen Seelennot des Augustinermönchs und Wittenberger Universitätsprofessors Martin Luther, entwickelte diese theologische Erkenntnis innerhalb weniger Jahre jene reformatorische Dynamik, die das private und öffentliche Leben tief umgestaltete und das Reich für mehr als eine Generation nicht zur Ruhe kommen ließ. Zu einem weltgeschichtlichen Ereignis wurde die Reformation aber auch und vor allem, weil sie das einheitliche religiös-geistige Fundament Europas zerstörte und dadurch Kräfte freisetzte, die die soeben begonnene europäische Durchdringung der Welt beschleunigten und intensivierten. Universalgeschichtlich war dieser Bruch auch insofern, als er den bereits im Investiturstreit des Mittelalters greifbaren Säkularisationsprozeß weiter vorantrieb, in dessen Verlauf die für die alteuropäische Welt charakteristische enge Verzahnung von Staat und Kirche, von Religion und Gesellschaft aufgehoben wurde, so daß am Ende Staat und Gesellschaft Autonomie erlangten.

Wieweit die Erkenntnisse des Wittenberger Professors solche Konsequenzen notwendigerweise nach sich zogen, darüber sind sich heute gerade jene Theologen und Kirchenhistoriker nicht einig, deren Interesse der Einheit der Christenheit gilt. Luther selbst ist den Weg zum Reformator zunächst nur zögernd und voller Skrupel gegangen, ohne daß er allerdings in der Sache selbst je unsicher geworden wäre. Vieles spricht dafür, daß er am 31. Oktober 1517, dem für das Selbstverständnis des protestantischen Deutschland noch lange bedeutsamen Reformationstag, seine 95 Thesen gegen den Ablaß und die ihm zugrundeliegende Lehre, man könne Sündenstrafen durch Geld ablösen, nicht an die Wittenberger Schloßkirche anschlug, sondern zur Begutachtung an seine kirchlichen Vorgesetzten verschickte.

Wenn Luther geglaubt hatte, die Bischöfe mit theologischen Argumenten überzeugen zu können, so war das eine Illusion. Mit dem Ablaß stand ein Eckpfeiler des kirchlichen Finanzwesens auf dem Spiel und damit zugleich die Zahlungsfähigkeit des für Sachsen zuständigen Erzbischofs von Magdeburg. Das war Kardinal Albrecht von Brandenburg, zugleich Erzbischof von Mainz und damit höchster kirchlicher Würdenträger im Reich. Für die Anhäufung seiner Ämter hatte er der Kurie beträchtliche Gelder zahlen müssen und war nun bei den Fuggern hoch verschuldet.

Luther trat jedenfalls erst nach einer Spanne des Abwartens an die Öffentlichkeit, zumal seine Thesen inzwischen ohne sein Zutun publiziert worden waren: 1520 erschienen kurz hintereinander die drei berühmten und vielgelesenen reformatorischen Hauptschriften – »An den christlichen Adel deutscher Nation«, »Von der babylonischen Gefangenschaft der Kirche« und »Von der Freiheit eines Christenmenschen«. Hier waren die dogmatischen und kirchenpolitischen Konsequenzen seiner Rechtfertigungslehre gezogen, indem er der

In antithetischer Gegenüberstellung von alttestamentlicher Gesetzes- und neutestamentlicher Erlösungstheologie erlebt der Betrachter Luthers Botschaft, daß der Mensch allein durch Gnade und Glauben gerecht werde.

Die Rechtfertigung des Sünders
Gemälde von Lukas Cranach d.Ä., um 1535

Dank der bemerkenswerten Leistungsfähigkeit des noch jungen Buchdrucks fanden Luthers Schriften rasche Verbreitung: Das Buch wurde Werkzeug auch der theologischen Propaganda.

Zeitgenössischer Holzschnitt

Die Flugschrift »An den christlichen Adel deutscher Nation« gehört zu den drei großen Reformationsschriften des Jahres 1520

klerikalen Anstalt, in der der einzelne Gläubige nur durch Vermittlung einer – in Luthers Augen – korrupten Kirche am Heil teilhaben kann, entgegenstellte die Kirche als Gemeinschaft im Glauben gleicher und freier Christen.

Der Erfolg Luthers und der Reformation war in dieser Radikalität und Rapidität ohne den noch jungen Buchdruck nicht denkbar: Als im Frühjahr 1521 der Reichstag die Verbrennung aller Lutherschriften anordnete, waren sie bereits in mehr als einer halben Million Exemplaren verbreitet. Noch wichtiger war die innere Plausibilität der paulinischen Wende hin zur Rechtfertigung durch den Glauben. Das leuchtete den vielen gleich Luther um ihr Seelenheil bangenden Zeitgenossen unmittelbar ein, weil mit einem einzigen Schlag das dicht wuchernde Gestrüpp der spätmittelalterlichen Leistungsfrömmigkeit, das aufgrund seiner Unüberschaubarkeit nur noch wenigen Gläubigen das Gefühl der Sicherheit vermittelte, beseitigt worden war und der Blick auf ein einfaches und leicht verständliches Prinzip fallen konnte. Zunächst waren es Luthers Standesgenossen, Mönche ebenso wie Weltkleriker, die seine Lehre aufnahmen; hinsichtlich dieses ersten Sturms kann man von einer Revolte innerhalb des Klerus sprechen. Bald erfaßte die Welle aber auch die Bürger in den Städten – die humanistisch gebildeten Intellektuellen und Patrizier ebenso wie die Kaufleute und Handwerker, wobei mitspielte, daß das Schriftprinzip dem Bildungsstand des Bürgertums besonders entsprach. Aber wenig später wurden auch die Bauern erfaßt, der Landadel und die Reichsritterschaft und natürlich die Fürsten samt ihren juristisch ausgebildeten Beamten. Luthers Lehre übersprang die Standesgrenzen; sie war nicht sozial oder gar klassenmäßig gebunden. Was ihn ergriffen hatte und bald Zentraleuropa mit sich riß, war vieles zugleich, aber nicht Ideologie einer frühbürgerlichen Revolution.

Nur der Kaiser und die Mitglieder seiner Dynastie gerieten keinen Augenblick in Gefahr, Anhänger Luthers zu werden. Erst viel später, im letzten Drittel des Reformationsjahrhunderts, zeigte Kaiser Maximilian II., ein Enkel Karls V., biblisch-evangelische Neigungen, ohne daraus aber kirchenpolitische Konsequenzen zu ziehen. Ähnlich verhielt es sich mit der kirchlichen Hierarchie. Von den großen Würdenträgern trat nur der Hochmeister des Deutschen Ordens zum Luthertum über und wandelte den preußischen Ordensstaat 1525 in ein weltliches, von Polen lehnsabhängiges Herzogtum um. Das sollte für die deutsche Geschichte bedeutungsvoll werden, weil es sich bei diesem Prälaten um den Hohenzollernprinzen Albrecht von Brandenburg-Ansbach handelte, dessen Erbe ein knappes Jahrhundert später die Brandenburger Hauptlinie antrat. Typisch für den hohen Reichsklerus war der Übertritt jedoch durchaus nicht. Als Ende der 1540er Jahre mit dem Kölner Erzbischof Hermann von Wied einer der drei geistlichen Kurfürsten des Reiches protestantisch wurde, mußte er das mit Amt und Herrschaft bezahlen.

Die heute mitunter diskutierte Möglichkeit eines allgemeinen Nachvollzugs der paulinischen Wende durch die Hierarchie, was der erste Schritt zu einer Kirchenreform gewesen wäre, hat in Wirklichkeit nie bestanden. Dagegen standen harte institutionen- und interessengeschichtliche Realitäten – in einer Kirche, die in einem nie zuvor und nie danach erreichten Grad verweltlicht war, mußten sowohl die Renaissance-Päpste in Rom als auch die deutsche Hierarchie der Bischofs-Reichsfürsten natürliche Gegner Luthers sein. Einmal auf den Weg gebracht, mußte die neue Lehre, die im Ansatz antihierarchisch und antiklerikal war, wenn nicht mit theologischer, so doch mit historischer Logik zum Bruch führen. Luthers schon in den frühen 1520er Jahren aufflammender militant-unflätiger Antipapalismus ist dafür ebenso ein Beweis wie die aggressiven Gehässigkeiten der Gegenseite.

Und die weltliche Macht? Mag sein, daß ein nationaler Herrscher – wie später in England und Skandinavien – an die Spitze der Reformation hätte treten können, um sie, die man außerhalb des Reiches gern »pestis Germaniae« nannte, auch offiziell zur nationalen Bewegung der Deutschen zu machen. Doch ein nationales König- beziehungsweise Kaisertum gab es nicht.

Der am 28. Juli 1519 zum Kaiser gewählte Karl V., im Jahre 1500 in Gent geboren und aufgewachsen in der Tradition des Burgunderstaates, das junge »edle Blut«, wie ihn Luther in seiner »Adelsschrift« noch anredete, weil er wie viele seiner Zeitgenossen von ihm die längst überfällige Reform von Kirche und Reich erwartete, vereinigte als Nachfolger der Burgunderherzöge, der Königin Isabella von Kastilien und ihres Gemahls, König Ferdinand von Aragon, sowie des deutschen Kaisers Maximilian I. ein weltumspannendes Imperium. Karl hatte mit einer bunten Vielfalt von Rechts- und Kulturtraditionen zu rechnen und auseinanderstrebende Kräfte zu binden. Das verlangte administratives Geschick und politische Präsenz an vielen Stellen. Allein in Europa erstreckten sich seine Reiche von Spanien im Südwesten über Italien, Ober- und Niederburgund in der Mitte bis hin zu den deutsch-habsburgischen Erblanden im Südosten. Hinzu kamen Böhmen und Ungarn, die über ihren König Ferdinand, den Bruder Karls V., der habsburgischen Ländermasse angegliedert waren.

Das war eine Ländermasse, wie sie die machtvollen späteren Großmächte des Zeitalters der Nationalstaaten nicht mehr zusammenbringen sollten. Dieses Imperium wurde an verschiedenen Stellen macht- und militärpolitisch

Kaiser Maximilian mit seiner Frau Maria von Burgund, seinem Sohn Philipp dem Schönen, dessen Söhnen Karl und Ferdinand, den späteren Kaisern, sowie deren Schwager Ludwig II., dem König von Ungarn. Das Gemälde entstand 1515 anläßlich einer jener glücklich eingefädelten Heiratsverbindungen, die Maximilians Enkel zu den mächtigsten Herrschern in Europa machen sollten.

bedroht und also zu innerer Geschlossenheit genötigt. Am erbittertsten war das Ringen mit der französischen Valois-Dynastie um Italien und Burgund – in vier Kriegen mit König Franz I. (1521–1526; 1526–29; 1536–38; 1542–44), dann von 1552 bis 1556 mit dessen Sohn Heinrich II. Meist mit den Franzosen verbündet waren die Päpste und Papstdynastien, die durch Karl V. das italienische Mächtegleichgewicht und ihren eigenen Vorrang in der Christenheit bedroht sahen. Und schließlich war da die türkische »Weltmacht« unter Sultan Suleiman II., dem Großen (1520–1566), die die habsburgerischen Erblande von Südosten her bedrohte, wobei es 1529 zur ersten Belagerung Wiens kam, und die im westlichen Mittelmeer, vor allem in Tunis und Algier, spanische Interessen berührte. Deutschland und die Reformation waren für Karl V. nur eine Sorge unter vielen. Gerade in den entscheidenden Jahrzehnten hielt er sich nur kurz dort auf – 1520/21 und 1541 ein knappes Jahr, etwas länger Anfang der 1530er Jahre. Erst ab 1543 konnte er sich den deutschen Angelegenheiten kontinuierlich widmen.

Wenn es so etwas wie eine »staatstragende« Mitte des Reiches gab, so waren das sicherlich nicht die deutschen, sondern die burgundischen Territorien, und hier wiederum eher die Teile südlich-romanischer Kultur als die nördlichen, die noch ganz im Nebel der Vorgeschichte ihres kommenden »goldenen Jahrhunderts« lagen. Doch »Imperien« dieser Zeit wurden ja nicht von der nationalen oder ökonomischen Basis eines »Mutterlandes« her bestimmt. Versammelt

König Franz I. von Frankreich war neben Sultan Suleiman der bedeutendste Gegenspieler Karls V.

Sultan Suleiman II., genannt der Prächtige, stand für die islamische Herausforderung des christlichen Europa.

Der Herrscher des Osmanischen Reiches führte ein Jahrhundert nach dem Fall der Kaiserstadt Konstantinopel das türkische Heer bis vor die Wälle Wiens.

durch die kluge Diplomatie und Heiratspolitik der Habsburgerfamilie und zusammengehalten durch die Klammer dieser mächtigsten, aber in ihren Ansprüchen keineswegs unbestrittenen europäischen Dynastie, benötigte dieses »Imperium« ein geistiges Zentrum, eine Idee, die es im Innern organisierte und nach außen in Beziehung setzte zu den anderen Reichen in Europa, und das hieß einstweilen noch: in ein gradualistisches, nämlich abgestuftes Verhältnis brachte. Dieses geistige Zentrum aber war das traditionell mit der deutschen Königswürde verbundene Kaisertum – von Karl verstanden als ein universales, das heißt überstaatliches und übernationales, und als ein gleichermaßen weltliches wie geistliches Amt.

In der längst vielgestaltigen europäischen Staatenwelt ging es indes bei der Frage um die geistige Zuordnung und Abstufung immer zugleich um die realpolitische Vormacht. Die »Beziehungsgeschichte« des frühneuzeitlichen Mächtesystems spielte sich noch eine Generation lang auf zwei Ebenen ab – auf der geistigen, ja religiösen und auf der diplomatisch-machtpolitischen. Neuzeitlich war das Konzept vor allem auch in der gebrochenen Schicksalhaftigkeit, mit der Karl eine zutiefst anachronistische Idee der Einheitlichkeit verfocht und wohl auch verfechten mußte, während doch ein Differenzierungsschub seit längerem die europäische Gesellschaft umformte und die religiös-geistigen Grundlagen der »universitas christiana« zerstörte. Damit wurde eine Dynamik freigesetzt, die für Jahrhunderte nicht mehr zu bremsen war und weit über Europa hinausgreifen sollte. Durch dieses Unzeitgemäße, das Nicht-mehr und Noch-nicht, erscheint uns heute die tragisch umwitterte Einheitsidee Karls V., des ersten und einzigen im modernen Sinne europäischen Kaisers Deutscher Nation, gleichermaßen vertraut wie fremd.

Am 17. und 18. April 1521 ließ dieser in so vielfältiger Hinsicht auf die geistige Einheit der europäischen Christenheit festgelegte Kaiser Luther auf dem Wormser Reichstag vor sich treten. Hier der Mönch, der trotz seiner Hochachtung vor den Großen dieser Erde, die ihn in einen tiefen Zwiespalt stürzte, seiner Wahrheit treu bleiben mußte, weil sie ihm und anderen den Seelenfrieden brachte; dort der Kaiser, für den gleichermaßen das »Hier stehe ich, ich kann nicht anders« galt – in diesem Augenblick begegneten sich zwei gegensätzliche Welten, die um so weniger zueinander kommen konnten, als sie der geistigen Nähe derselben mittelalterlichen Tradition entsprangen und vor derselben Aufgabe standen, nämlich diese Tradition anzupassen an die Bedingungen eines neuen Zeitalters. Und es war ebenfalls ein Ergebnis der mittelalterlichen »Vorgeschichte«, daß diese Gegensätze in erster Linie ausgetragen wurden auf dem Boden der alten Kaisernation mitten in Europa.

Daß dieses Ringen um die geistigen Grundlagen, das zugleich ein Ringen um die politische und gesellschaftliche Ordnung des Reiches war, in der Spaltung enden würde, stand eigentlich von Anfang an fest, es sei denn, man wollte der »Revolution des gemeinen Mannes« eine reale Erfolgschance einräumen; aber dafür spricht wenig. Die durch Luther theologisch begründete, in Zürich durch Zwingli für die Schweiz und Oberdeutschland aufgenommene Reformation mußte als nationale Bewegung, die sie in den 1520er Jahren fraglos war, zerschellen an dem Rocher de bronce, den die antilutherische Koalition darstellte: das Haus Habsburg und die geistlichen Fürsten, vor allem die am Rhein und in Franken, aber auch eine Reihe von weltlichen Fürsten, die sich aus unterschiedlichen Gründen diesem Lager anschlossen. Schon die territorialen Verhältnisse schufen mächtige Barrieren: im Nordwesten die burgundischen Niederlande mit ihrer politischen und kulturellen Ausstrahlung nach Osten, im Westen die reichspolitisch einflußreichen geistlichen Kurfürstentümer, im Süden und Südosten die österreichischen Erblande, die fränkischen Hochstifte und das Herzogtum Bayern.

Auffällig ist die Gruppierung der Gegenspieler am Rhein und südlich des Main, in einem Gebiet, das traditionell königsnah war; dagegen standen die Mitte (Hessen, Thüringen, Sachsen), der Norden (Hansebereich und Niedersachsen, wo 1542 mit der Eroberung des Herzogtums Braunschweig-Wolfenbüttel durch die Protestanten die letzte katholische Bastion fiel) und der Osten einschließlich der geistlichen Territorien, die sämtlich protestantisch wurden. Diese Verteilung brachte ein scharfsichtiger Interpret mit der Limes-Linie aus römischer Zeit in Verbindung, die das Reich gliederte in eine alte Kulturzone römisch-lateinischer Durchdringung und ein junges, kulturell noch wenig geprägtes Neusiedelland. Eine faszinierende Deutung, die allerdings gegen sich hat, daß die Reformation als Volksbewegung beide Zonen erfaßte, sogar mit einer deutlichen Konzentration im Altsiedelland, und daß folglich die genannte Grenzlinie primär auf die Option der Landesherren und Dynastien zurückzuführen ist.

Reformation als Volksbewegung und Reformation als Gestaltung durch die Obrigkeiten, zunächst mehr passiv als Garantie der Entfaltung, dann zunehmend als ordnendes Eingreifen – diese beiden Stränge des reformatorischen Prozesses waren von Anfang an in komplexer Weise verschlungen. Eine Periodisierung in eine »Volks-« oder »Gemeindereformation« bis 1525 und eine »Fürstenreformation« danach läßt sich daher historisch gesehen kaum rechtfertigen. Wesentliche Voraussetzung für das Überleben Luthers und damit für die

Der Schutz Luthers steht in religiösen, aber auch in politischen Zusammenhängen: Die neuen Territorialstaaten behaupten ihre Unabhängigkeit gegenüber dem Kaiser. Kurfürst Johann Friedrich von Sachsen stellt sich schützend vor die sächsischen Theologen und Politiker (links Luther und der kurfürstliche Vertraute Georg Spalatin, rechts der Kanzler Dr. jur. Georg Brück und Philipp Melanchthon, der Praeceptor Germaniae, der Luther vor allem in der Schul- und Wissenschaftsreform sowie bei der Übersetzung des Alten Testaments half).

Gemälde von Lukas Cranach d.Ä., zwischen 1532 und 1539

Fortentwicklung der Reformation zur Volksbewegung war die nicht zuletzt aus Prestigegründen vollzogene Identifizierung Kurfürst Friedrichs von Sachsen mit dem Professor seiner Landesuniversität. Hinzu kam, daß die Kurie den römischen Ketzerprozeß nur schleppend in Gang brachte, weil sie Rücksicht nehmen mußte auf eben diesen Kurfürsten, der 1518 eine Schlüsselrolle in ihren antihabsburgischen Kaiserwahlplänen spielte: Erst im Sommer 1520 entschloß man sich in Rom, den Bann anzudrohen. Rechtskräftig wurde er dann im Januar 1521.

Ähnliches gilt noch 1521/22 nach der Verurteilung des Reformators durch den Wormser Reichstag: Der Kaiser hielt das zugesagte freie Geleit, obgleich Luther jetzt ein notorischer Ketzer war. Das war auch Ausdruck politischer Rücksichtnahme auf einige Reichsfürsten. Endgültige Sicherheit fand Luther erst auf der Wartburg. Als Junker Jörg verkleidet, verbrachte er fast ein Jahr, von

Anfang Mai 1521 bis Anfang März 1522, auf dieser »Festen Burg« seines Landesherrn und fand zugleich Muße zur Übersetzung der Bibel. Wenige Jahre später, 1526, ertrotzten sich die evangelischen Stände auf dem Reichstag zu Speyer das Zugeständnis, sich bis zu dem Konzil, auf das alle noch hofften, so verhalten zu dürfen, wie sie es meinten »gegen Gott und kayserl. Mayestät ... verantworten« zu können. Wiederum drei Jahre später und noch einmal in Speyer hatten sich die Dinge verschoben. Der italienische Feldzug, der sich zugleich gegen den Franzosenkönig richtete, hatte für die kaiserlichen Truppen eine glückliche Wende genommen. Im Mai 1527 hatten sie Rom erobert, ein Ereignis, das als Sacco di Roma, als Plünderung Roms, von den einen als Strafgericht und von den anderen als höchster Frevel gedeutet wurde. Der Papst mußte einen Separatfrieden schließen. Auf dem deutschen Reichstag konnte der Kaiser nun einen entschiedenen Ton anschlagen. Gestützt auf die Mehrheit der Reichsstände verfügte er ein Verbot aller Neuerungen. Fünf Fürsten und vierzehn Reichsstädte, geführt von Straßburg, Nürnberg, Ulm und Konstanz, legten dagegen eine Protestation ein. Das war ein überkommenes ständisches Rechtsinstrument, kaum aber Ausdruck eines neuartigen individualistischen Gewissenspathos, wie es spätere Generationen diesen »Protestanten« zuschrieben. Auf dem Reichstag zu Augsburg folgte schließlich 1530 die Übergabe der Confessio Augustana durch die evangelischen Reichsstände, im Februar 1531 ihr in Schmalkalden geschlossener Verteidigungsbund als Antwort auf die politisch und militärisch bedrohliche Stigmatisierung als Landfriedensbrecher. Endlich wurde ihnen 1532 im sogenannten Nürnberger Anstand (1539 und 1541 verlängert) ein befristeter Sonderfriede gewährt, weil der durch die Türken neuerlich bedrängte Kaiser innere Ruhe und militärische wie finanzielle Hilfe brauchte.

Inzwischen sah sich die Reformationspolitik der evangelischen Ständeminderheiten längst konfrontiert mit einer breiten spontanen Reformationsbewegung, die auch die Territorien katholischer Obrigkeiten erfaßte, was eine Gefährdung und Verstärkung zugleich war. Vor allem die ständischen Magistrate sahen sich vom Verlangen der Bürgergemeinde nach evangelischer Predigt vorangetrieben. Das führte dazu, daß die Reichsstädte im Reich an die Spitze der Reformation traten. Doch auch in manchem kleineren und mittleren Territorium wurde die Religionspolitik des Landesherrn von der im Landadel oder in den größeren Landstädten aufbrechenden reformatorischen Bewegung beeinflußt. Indes war »Reformation« noch lange nicht gleichbedeutend mit irgendeiner Art von geordnet und kontrolliert ablaufender Kirchenerneuerung.

Der Aufstand der Ritter um Franz von Sickingen richtete sich vor allem gegen die Territorialstaaten und die Städte, denen man die Schuld für den Abstieg der Ritter zurechnete. 1522 belagerte Sickingen die kurpfälzische Landstadt St. Wendel.

Anonymer Holzschnitt, 1522

Reformations*politik* und Reformations*bewegung* – das Aufeinanderprallen dieser beiden Strömungen verursachte Mitte der 1520er Jahre ein wildes Aufschäumen, das erst nach blutigen Auseinandersetzungen im obrigkeitlichen Sinne kanalisiert werden konnte.

Zunächst regten sich in den Städten die Spiritualisten und Täufer. Das war eine Bewegung, die 1522 in Wittenberg und 1524/25 in Zürich unter den Augen der Reformatoren entstanden war und noch 1534/35 in dem militant-eschatologischen Münsteraner Täuferreich einen letzten selbstzerstörerischen Triumph feierte. Aber diese Radikalen der Reformation waren in ihrer konsequenten Ablehnung der Volkskirche und der im 16. Jahrhundert noch selbstverständlichen Durchdringung von religiös-kirchlicher und gesellschaftlich-politischer Sphäre unzeitgemäß. Für Kirchenmänner – für die neuen ebenso wie für die alten – und für die Obrigkeiten waren sie die Staats-, ja Gesellschaftsfeinde schlechthin. Wenn man sie dulde, werde »eine Babelsche Confusion, und Underganck aller guden ordnungen im lande gewißlick erfolgen« – so wurde noch Anfang des 17. Jahrhunderts über die inzwischen allgemein friedlich und zurückgezogen lebenden Täufer geurteilt, und zwar in einem Mandat, das aus den als tolerant bekannten Niederlanden stammt.

Das ganze 16. Jahrhundert hindurch waren die Täufer blutigen Verfolgungen ausgesetzt, gemäß einem kaiserlichen Erlaß von 1529, der festlegte, »das alle und jede wydertauffer und wydergetaufften von natürlichem Leben zum todte mit dem fewer, schwerdt oder dergleychen one vorgeend der geystlichen richter inquisition gepracht werden«.

Ganz offensichtlich sind die sozialen und politischen Grundlagen und Ursachen des Ritterkrieges von 1522/23, wie ihn insbesondere Franz von Sickingen unter Berufung auf die Reformation ausfocht: Häufig war der reichsfreie Niederadel durch die wirtschaftlichen Entwicklungen der Epoche in ökonomische Schwierigkeiten geraten und von gar manchem der verachteten Städter längst an Reichtum und Prestige überflügelt worden. Vor allem aber sahen die Ritter sich durch das Verbot der Fehde und den allgemeinen Territorialisierungsprozeß ständisch wie geistig existentiell bedroht. So griffen nicht wenige Ritter die Reformation als religiöse Legitimation für den Versuch auf, das Rad der Geschichte aufzuhalten und zurückzudrehen; es war ein verspäteter Versuch, sich der Modernisierungswelle des Jahrhunderts entgegenzustemmen.

Vergleichbare Motive führten zum Bauernkrieg, dem »größten Naturereignis des deutschen Staates« (Leopold von Ranke), der »anno domini 1525« nach Darstellung der Zimmerschen Chronik als »ufrur der paurn schier durch die ganz deutsch nation entstanden, also das solchs vil mere ain plag oder straf Gottes über reich und arm, edel und unedel dann ain krieg hat sollen gehaißen werden«.

Die Bauern sahen sich durch den Umschlag der Wirtschaftskonjunktur und dem damit einhergehenden grundherrlichen Druck in ihrem traditionellen Rechtsbesitz geschmälert, teilweise sogar in ihrer wirtschaftlichen Existenz bedroht. Mancherorts waren die Bauern in »Dorfpatriziat« und »Dorfarmut« aufgespalten und dadurch in eine innerdörfliche Konkurrenzsituation gestellt, etwa bei der Nutzung der Allmende. Überall fanden sie sich nun dem Zugriff des aufsteigenden Territorialstaates ausgesetzt, der, ganz ähnlich wie bei den Rittern, ihre überkommenen Rechte und – in Alteuropa damit stets eng verbunden – ihre soziale Stellung antastete.

Vor allem in Südwest- und Süddeutschland, Bayern bemerkenswerterweise ausgenommen, und in Mitteldeutschland, so in Thüringen, griffen die Bauern die neue Idee von der Freiheit eines Christenmenschen begierig auf und richteten sie zugleich gegen ihre soziale Bedrückung, der sie nicht zuletzt von seiten der klösterlichen und bischöflichen Grundherren ausgesetzt waren. Ein reformiertes Gemeinde-Christentum sollte gleichzeitig die gemeindlich-genossenschaftliche Selbstverwaltung im weltlichen Bereich stärken und erneuern. Der schon im 15. Jahrhundert aufgebrochene Kampf ums »alte Recht« wurde zum Kampf ums »göttliche Recht«. Mancherorts ging er über in ein revolutionäres Ringen um eine gesellschaftliche Umgestaltung.

Alle diese ökonomischen und sozialen Probleme, die durch die in Alteuropa endemischen Mißernten immer wieder zugespitzt wurden, haben die Öffnung der Reformation zu einer breiten sozialen und politischen Bewegung unter Bauern, Städtern und Niederadel fraglos vorangetrieben. Die eigentliche Ursache für diese Kopplung von religiöser und sozialer Bewegung und die daraus resultierende Dynamik lagen aber woanders – nämlich in der gemeinsamen Verpflichtung auf das gemeindlich-genossenschaftliche Ideal als Gegenbild zu der Fremdbestimmung durch Kirchenhierarchie und städtische wie territoriale Obrigkeiten.

Dieses Ideal wurzelte in mittelalterlichen Vorstellungen. Wie die frühmoderne Staatsbildung in den Niederlanden, der Schweiz und Polen belegt, ließ es sich aber durchaus den neuzeitlichen Bedingungen anpassen. Schroff war der Gegensatz allerdings, wenn das frühmoderne Staatsprinzip alle Herrschaft auf eine fürstliche, obrigkeitlich verstandene Staatsspitze konzentrierte, wenn es als Fürsten-»Souveränität« auftrat, wie der noch im Reformationsjahrhundert geprägte Begriff lautete.

Anders als in der Schweiz hatten in Deutschland die Fürsten als Inhaber der Landesherrschaft historisch gesehen die erste Anwartschaft auf die Herbeiführung der frühmodernen Staatlichkeit und eine Übernahme der Souveränität. So erfaßten die Fürsten sofort, welche Gefahren sich für ihren Herrschaftsanspruch aus der religiösen und politischen Gemeindebewegung ergeben mußten. Entsprechend hart war ihre Reaktion, und zwar ganz unabhängig von ihrer persönlichen Glaubensentscheidung. Mit blutiger und brutaler Entschlossenheit warfen sie die Bauernhaufen nieder, wobei sie sich bestärkt fühlen konnten

In der großen Bauernerhebung von 1525 ebenso wie im Ritterkrieg und den städtischen Reformationsbewegungen fand das alte Prinzip einer gemeindlich-genossenschaftlichen Schwureinung eine neue Legitimation aus der Lehre Luthers, so wie die Bauern, Bürger und Ritter sie verstanden.

Aufständische Bauern, die auf die Bundschuh-Fahne schwören
Holzschnitt von 1513

durch die unselige Flugschrift »Wider die räuberischen und mörderischen Rotten der Bauern«, mit der Martin Luther der – wie er es sah – vom Satan eingeblasenen Verfälschung seines religiösen Anliegens durch die Bauern meinte entgegentreten zu müssen. Die Fürsten wußten ihren Triumph über die Ritter und Bauern um so nachhaltiger zu nutzen, als sie ihn ja allein und ohne Zutun des im Ausland gebundenen Reichsoberhauptes erfochten hatten.

Die rund eineinhalb Jahrzehnte von 1525 bis 1542 wurden zu einer *Zeit der Fürsten,* ohne die fortan weder die Religions- noch die Verfassungsfrage zu lösen war. Auf protestantischer Seite ragte Philipp der Großmütige, Landgraf von Hessen (1518–1567), hervor. Er war der eigentliche Besieger Sickingens. In der für ganz Mittel- und Norddeutschland entscheidenden Schlacht bei Frankenhausen zersprengte er die von Thomas Müntzer mit religiösem Fanatismus ins Verderben getriebenen Bauern. Auch an der Vernichtung des Täuferreichs von Münster war Philipp entscheidend beteiligt. Mit diesen Erfolgen machte er Hessen zum mächtigsten Territorium im westlichen Mitteldeutschland. Philipp selbst stieg zum politisch bedeutendsten Führer der Protestanten neben den sächsischen Kurfürsten Johann dem Beständigen (1525–1532) und Johann Friedrich dem Großmütigen (1532–1547, † 1554) auf. Dieser Herrschaftsanspruch kam auch in dem Marburger Religionsgespräch zwischen Luther und Zwingli zum Ausdruck, wo der Landgraf direkt in theologische Streitfragen eingriff.

Die Fürsten setzten die neugewonnene militärische Macht und ihr politisches Prestige, das nun kaum noch etwas mit der Stimmung auf dem Land und in den Städten zu tun hatte – auch das ein folgenreiches Ergebnis der Katastrophe von 1525 –, zielstrebig ein, um ihren jeweiligen Territorialstaat im Innern zu stabilisieren und nach außen, den Nachbarn und vor allem dem Reich gegenüber, abzusichern. So entstand ein die weitere deutsche Geschichte prägender Staats- und Gesellschaftstyp, der von den Fürsten und ihrer Umgebung geschaffen wurde. Das in den späten 1520er und den 1530er Jahren errichtete Fundament verfestigte sich im weiteren Verlauf des 16. und der ersten Hälfte des 17. Jahrhunderts; noch zweimal gab es Jahre kaiserlicher Bedrohung – 1548 bis 1552 und 1629 bis 1635 – aber die Weichen für den weiteren Weg der deutschen Geschichte waren gestellt.

Im Innern ihrer Territorien traten die Fürsten als Garanten der Ordnung und des Friedens sowie der protestantischen oder altgläubigen Orthodoxie auf und sorgten damit für die Beendigung des politisch-sozialen und religiösen Gärungsprozesses. Das eröffnete ihnen zugleich die Chance, auf lange Sicht auch ihre Untertanen für sich zurückzugewinnen; im Angesicht des erfahrenen Chaos zählen Frieden und Ordnung doppelt.

Der »Philippstein«, ein farbiges Sandsteinrelief von 1542 aus dem säkularisierten Kloster Haina im Kreis Frankenberg

Das Kirchengut wurde in den protestantischen Territorien für die neuübernommenen Bildungs- und Sozialaufgaben des Staates genutzt, in Hessen und im Falle der Zisterzienserabtei Haina für die Errichtung eines »Landeshospitals« für arme und kranke Untertanen.

Es war diese Grundlage, auf der sowohl Luther – und zwar keineswegs enthusiastisch – als auch die religiösen Führer der Alten Kirche notgedrungen mit den Fürsten eine Allianz eingingen. So ebneten sie dem frühneuzeitlichen Landeskirchentum den Weg. Organisatorisch wurde diese Entwicklung meist durch Visitationen eingeleitet, als erstes 1527 in Sachsen.

Ähnlich gestalteten sich die Dinge in der Schweiz, dort allerdings vornehmlich im Rahmen der Stadtstaaten. In Zürich und Bern entstand ein Staatskirchentum, das im Unterschied zu den Verhältnissen in lutherischen und katholischen, später auch in einigen calvinistischen Ländern nicht nur auf der faktischen Machtverteilung zwischen Kirche und Staat beruhte, sondern auf theologischen Prämissen in der Lehre Zwinglis und seiner Nachfolger.

Im Sog dieser kirchenpolitischen Konsolidierung erfolgte in den deutschen Territorien die Zähmung des Adels und die Integration der Städte sowie die Ausschaltung konkurrierender Gewaltenträger ganz allgemein, was in den protestantischen Ländern durch die Beseitigung des Klerus als Stand wesentlich erleichtert wurde. Innerhalb ihrer Territorien wurden die Fürsten somit Schritt für Schritt Herren im eigenen Hause.

Im Reich, wo die Beteiligung der Stände an den neu eingerichteten Institutionen wie Reichsregiment, Reichskammergericht und Reichskreise nie prinzipiell in Frage stand, gelang der monarchischen Gewalt Anfang 1531 mit der Wahl Ferdinands I. zum deutschen König und zum Nachfolger seines Bruders zwar eine Stabilisierung, aber die Grenzen des Herrschers wurden sogleich deutlich, als das evangelische Sachsen und das katholische Bayern sich dagegen zusammenschlossen. Dies war fortan eine Maxime der Reichspolitik: Jeder gravierende Machtgewinn des Kaisers, der die fürstliche Libertät bedrohte, führte über kurz oder lang zu einer überkonfessionellen Reaktion der Fürsten.

Kurz zuvor hatte sich unter Führung von Sachsen und Hessen in Schmalkalden der protestantische Oppositionsbund formiert. Er entwickelte sich rasch zu einem Instrument, das für das kommende Jahrzehnt machtvolle Fürstenpolitik ohne oder gar gegen die monarchische Gewalt möglich machte. Ein vielbeachteter Sieg solcher Fürstensolidarität auf Kosten der Habsburger war die 1534 vor allem von Philipp von Hessen betriebene Rückführung Herzog Ulrichs von Württemberg in sein Territorium, das seit seiner Vertreibung durch den Schwäbischen Bund (1519) unter habsburgischer Verwaltung gestanden hatte. 1542 bereinigten die Schmalkaldener durch die Eroberung des Herzogtums Braunschweig-Wolfenbüttel in Norddeutschland die Konfessionslinie in ihrem Sinne, ohne daß der Kaiser das hätte verhindern können.

3. Die Stunde der Pragmatiker – das Augsburger Friedenswerk und das frühneuzeitliche Reichssystem

Die Entwicklung zum Territorialfürstentum wurde noch einmal durch ein Zwischenspiel aufgehalten: Die Jahre 1543 bis 1553 wurden zu einem *Jahrzehnt des Kaisers.* Frei von außerdeutschen Bindungen war es Karl V. gelungen, die innere Oppositionsfront militärisch gleichsam mühelos aufzurollen. Der 1543 im Gelderschen Erbfolgestreit erfochtene Sieg über Herzog Wilhelm von Jülich führte zu einer lang angestrebten Abrundung der habsburgischen Niederlande und richtete zugleich Barrieren gegen ein weiteres Vordringen des Protestantismus in das Niederrheingebiet auf. Darüber hinaus war im Nordwesten des Reiches nun endgültig die Möglichkeit einer konkurrierenden Großmachtbildung gebannt. Im Jahre 1547 brachte die Schlacht bei Mühlberg an der Elbe einen wahren Triumph über die Schmalkaldener, deren Führer, Philipp von Hessen und Johann Friedrich von Sachsen, in Gefangenschaft gerieten. Der protestantische Bund war vernichtet, eine wirksame Opposition gegen den Willen des Kaisers erschien fortan unmöglich.

Aber all diese Erfolge bewirkten keine dauernde und grundlegende Veränderung der deutschen Dinge. Die vom Kaiser auf der Basis seiner Siege vorgelegten politischen und kirchlichen Lösungsmodelle – der kaiserlich geführte Reichsbund und die Zwischenkonfession des Interim – blieben Episode, ja trugen am Ende zur festen Formierung der Gegenkräfte bei. Die katholischen Stände mochten um des konfessionellen Sieges willen kein Jota ihrer ständischen Libertät aufs Spiel setzen, und der protestantische Herzog Moritz von Sachsen, der an der Seite des Kaisers zur Vernichtung der Schmalkaldener beigetragen hatte, hatte nicht die Stärkung der monarchischen Gewalt im Reich im Auge, sondern den Ausbau seiner eigenen territorialen und ständischen Position, der fürs erste nur im Bündnis mit dem Kaiser zu erreichen war: den Gewinn der Wettinischen Kurwürde samt den Kurlanden, die Herzog Moritz dem ernestinischen Vetter abjagte. Er blieb dem Gesetz, unter dem er angetreten war, treu, als er sich 1552 in der sogenannten Fürstenrebellion zur Sicherung der ständischen Libertät, die ihm nun das Wichtigste war, wieder gegen den Kaiser stellte und eine Allianz mit König Heinrich II. von Frankreich einging.

Karl V. als Tizian-Held von Mühlberg im Jahre 1547, als gichtgeplagter Flüchtling 1552 auf dem Weg über die unwirtlichen Alpen in die Isolation nach Villach und schließlich als müder, rasch gealterter Herrscher, der am 25. Oktober 1555 in Brüssel seine Abdankungsrede hält und sich dabei nach Darstellung

Karl V. zählt zu den tragikumwitterten Gestalten der Zeitwende zwischen ausgehendem Mittelalter und früher Neuzeit. Ohne Lust an der Macht, die herrscherlichen Pflichten und die religiösen Aufgaben eher erduldend als genießend, plagten den alternden Kaiser tiefe Zweifel, ob die Gewährung des freien Geleits für den Ketzer Luther nicht am Ende doch kaiserliche und christliche Pflichtvergessenheit war.

Karl V. in der Schlacht bei Mühlberg
Gemälde von Tizian

des spanischen Hofhistoriographen Frater Prudencio de Sandoval »mit der rechten Hand auf einen Krückstock und mit der anderen auf die Schulter Wilhelms von Oranien stützt«, – diese drei Szenen liegen enger beisammen als die Daten es erscheinen lassen. Im Rückblick ist auch die Siegerpose bereits von der Tragik des Scheiterns überschattet.

Was blieb, war die Festigung der habsburgischen Position im Nordwesten und im Süden, hier vor allem in den Reichsstädten – ersteres ein Erfolg, der dem Hause Habsburg bereits in der nächsten Generation entglitt und der calvinistischen Republik der Vereinigten Niederlande sowie dem Hause Wittelsbach als Träger einer bischöflichen Sekundogenitur in Köln zugute kam; letzteres bereits jenseits des universalen Kaisertums Karls V., aber ein Pfund zum Wuchern für die partikular gewordene Interessenpolitik seiner Nachfolger.

Aufbauend auf den bereits 1552 zwischen Karl und den Führern der Fürstenrebellion abgeschlossenen Passauer Vertrag konnte ein 1555 in Augsburg zusammengetretener Reichstag das lange Ringen um die Reform von Reich und Kirche, das mit dem Auftreten Luthers zu einer gewaltigen Zerreißprobe für

Karl V., in der Reisesänfte zur Flucht nach Innsbruck bereit, verabschiedet sich von Johann Friedrich von Sachsen, der durch die Fürstenrebellion die Freiheit zurückerlangte. Anonymer Holzschnitt

Karl V. verläßt unmittelbar nach seiner Abdankung den Thronsaal in Brüssel. Kupferstich von Franz Hohenberg

den deutschen Staat und die deutsche Gesellschaft geworden war, endlich beenden.

Das Augsburger Gesetzeswerk, häufig verkürzt als »Augsburger Religionsfriede« gewürdigt, war in jeder Hinsicht ein Kompromiß. Er war ohne direkte Beteiligung des Kaisers von König Ferdinand I. und den Pragmatikern unter den Fürsten ausgehandelt worden. Reichs- wie kirchenpolitisch besiegelte er das Scheitern der universalen Kaiseridee. Karl V. war das bewußt: Noch während der Reichstag abgehalten wurde, legte er die Kaiserwürde nieder. Später, bei seiner Abdankung in Brüssel, resümierte er: »Die Kaiserwürde habe ich nicht gesucht aus Herrschaftsgier über andere Königreiche, sondern um über Deutschland und die übrigen mir anvertrauten Länder zu wachen sowie über den Frieden und die Eintracht in der Christenheit. Um die christliche Religion gegen die Türken zu stärken, habe ich alle meine Kräfte und diejenigen meiner Reiche zusammengenommen. Aber wegen der Schwierigkeiten und Verwirrungen, die mir teils aus den Häresien Luthers und der anderen häretischen Neuerer in Deutschland erwuchsen, teils von den benachbarten Fürsten sowie anderer, die mich aus Haß und Neid in gefährliche Kriege stürzten, habe ich dieses Ziel nicht so erreichen können, wie ich es stets mit Eifer angestrebt habe.«

In gewisser Weise war aber auch Luther gescheitert: 1555 wurde die Reformation als universale Reformbewegung, als die sie in mittelalterlicher Tradition angetreten war, endgültig zu Grabe getragen. Statt der Erneuerung der einen, ganzen Kirche hatte sie separate, evangelische Konfessionskirchen hervorgebracht. Und auch die katholische Kirche war nur noch ihrem Anspruch und ihrem Namen nach die allgemeine, umfassende Kirche. Das neuzeitliche Prinzip der Partikularität, der Teilung und Scheidung also, breitete sich überall aus.

In europäischer Perspektive war der Augsburger Reichstagsabschied nur der auf Deutschland bezogene Teil einer Reihe von Partikularlösungen, auf die sich der Kaiser hatte zurückziehen müssen. In einem komplizierten Geflecht von Gesetzen und Verträgen wurde das universale Konzept habsburgischer Herrschaft in Europa ersetzt durch das System geteilter, wenn auch weiterhin aufeinander bezogener Linien der Casa de Austria – der spanischen unter der Herrschaft von Karls Sohn Philipp, der auch Nieder- und Oberburgund sowie Italien zugesprochen erhielt, und der deutschen unter Ferdinand I., dem die österreichischen Erblande sowie die Kaiserwürde zufielen. Karls Plan einer Alternanz zwischen den beiden Linien hatte sich als nicht realisierbar erwiesen. Über alle sachlichen Gegensätze und persönlichen Spannungen zwischen den beiden wesensverschiedenen Habsburger Brüdern hinweg, die bereits die Geburtsstunde dieses Konzeptes überschatteten, blieben beide Linien bis zum Absterben des spanischen Astes eng verklammert. Die beiden Habsburger Linien beherrschten so für ein gutes Jahrhundert das europäische Feld, nicht aufgrund eines sakral legitimierten Vorrangs, sondern durch eine dynastische Interessenallianz. Weil sie dieses neue Instrument internationaler Politik meisterhaft spielten, waren die Habsburger im neuzeitlichen Machtkampf rangmäßig gleicher, aber diplomatisch und militärisch unterschiedlich starker Staaten und Dynastien für einige Generationen allen anderen Kräften in Europa überlegen. So erreichte das Haus Habsburg in der Epoche spanischer Hegemonie, die unmittelbar an die Abdankung des großen Kaisers anschloß, eine reale Vormachtstellung in Europa, die zu erringen Karl V. versagt geblieben war, weil er sich dem alten Universalismus verschrieben hatte.

Die Lösung, die sich schließlich im Reich ergab, war dagegen für die Habsburger weit weniger günstig. Aber auch hier war ein neuer Anfang gemacht, der ihnen als den Trägern der Kaiserwürde eine Vielzahl von Möglichkeiten eröffnete, und zwar auch auf europäischer Ebene. Für das Reich selbst bedeutete die Neuregelung eine Beschneidung – nicht zuletzt durch das faktische Ausscheiden der Niederlande, die gleich der Schweiz fortan eigene Wege gingen. Andererseits wirkten Partikularität und Entsakralisierung des Kaisertums auch entlastend, wobei aber eine gewisse Umkehrung der politischen Dynamik unverkennbar ist: Im europäischen Mächtespiel war der deutsche Kaiser nun Partei geworden, und man versuchte ihn parteipolitisch wie militärisch in Deutschland selbst zu treffen. Das war durch jene weitgehend politische Autonomie möglich geworden, die das Augsburger Gesetzeswerk den deutschen Fürsten zugestanden hatte. Sie wurden als die eigentlichen Träger moderner Staatlichkeit anerkannt, am deutlichsten in der Religionsfrage. Neben der darin enthaltenen Weichenstellung für die Fortentwicklung ihrer Landeshoheit zur inneren Souveränität bedeutete das praktisch auch ihre Koalitionsfreiheit mit auswärtigen Mächten, wie es Moritz von Sachsen soeben durch sein Bündnis mit Heinrich von Frankreich im Vertrag von Chambord demonstriert hatte. Zur Verteidigung dieser Autonomie – der »fürstlichen Libertät« –, zu der sich neben den deutschen Fürsten bald auch auswärtige Mächte, vor allem Frankreich und Schweden, aufgerufen fühlten, wurde in den folgenden Jahrhunderten auf deutschem Boden manche verlustreiche Schlacht geschlagen.

Ebenso wichtig wie diese fürstlich-territorialstaatliche Weichenstellung war, daß es trotz dieser Verselbständigung der Territorialstaaten über die Religions-

LI BER TAS
Sendschrifften der Königlichenn Maiestat zu Franckreich / rc. An die Chur vnd Fürsten/Stende vnd Stett des Heyligen Römischen Reichs Teutscher Nation/darinn sie sich irer yetzigen Kriegsrüstung halben vffs kürtzest erclert.
HENRICVS SECVNDVS FRANCORVM REX, VINDEX LIBERTATIS GERMANIAE ET PRINCIPVM CAPTIVORVM.
ANNO 1552

Titelblatt der 1552 in Marburg gedruckten Propagandaschrift König Heinrichs II. von Frankreich, der hier als Rächer der deutschen Freiheit auftritt. Dolch und Mütze sind Symbole für die Adelsfreiheit.

spaltung hinweg gelungen war, den Reichszusammenhang zu bewahren und sogar institutionell zu festigen. Auch auf dem Höhepunkt der religiös oder ständepolitisch bedingten Opposition gegen Krongewalt und Habsburgerdynastie hatten die Fürsten die Einheit des Reiches nie prinzipiell in Frage gestellt. Im Gegenteil: Sie waren Schritt für Schritt weiter hineingewachsen in die Verantwortung für dieses Reich.

Der Kaiser hatte den Fürsten bereits bei seiner Wahl im Jahre 1519 in einer sogenannten Wahlkapitulation die Beteiligung an der Regierung des Reiches vertraglich zusichern müssen. Eine solche vertragliche Bindung des Reichsoberhauptes an die Reichsstände war fortan die Regel, seit Mitte des 17. Jahrhunderts in einem mehr oder weniger festen Wortlaut (capitulatio perpetua). Kaiser *und* Reich – das war die Formel, unter der auf den stets in kurzen Abständen zusammentretenden Reichstagen der Reformationszeit um eine Lösung der religiösen und politischen Probleme gerungen wurde.

In diesem Sinne ließe sich sagen, daß es gerade das Übermaß an Konflikten und Interessengegensätzen war, das dieses 16. Jahrhundert – und zwar auch seine zweite Hälfte, als es vordringlich um die Türkenabwehr ging – zur Epoche der großen Reichstage machte. Angesichts der Selbständigkeit, die die Großen des Reiches im Mittelalter erreicht hatten, war die Macht des Reichsganzen im 16. Jahrhundert von vornherein begrenzt. In dieser Situation mußte der Reichstag als das Gremium, in dem die Reichsstände zusammengeschlossen waren, besondere Bedeutung gewinnen.

Der deutsche Reichstag unterschied sich zwar in vieler Hinsicht von den Ständetagen anderer Länder. Vor allem im Vergleich mit dem englischen Parlament, in dessen Unterhaus Bürgertum und Niederadel (gentry) vertreten waren, wird deutlich, daß er als Versammlung von lokalen oder territorialen Hoheitsträgern besonders weit davon entfernt war, die Gesamtheit der Nation zu vertreten. Aber seine Organisation und Arbeitsweise – etwa in Ausschüssen – entsprachen Mitte des 16. Jahrhunderts durchaus denjenigen der ständischen Repräsentativversammlungen in anderen Ländern, und er übte auch dieselben Funktionen aus, so namentlich die Konfliktregelung und Konsensfindung. Ja noch mehr: Die Versammlung der mächtigen Reichsstände diente den ständischen Bewegungen in anderen europäischen Ländern als Vorbild und Motor. Die frühneuzeitliche Staatslehre schenkte dem Reichstag daher hohe Beachtung und räumte ihm stets eine Vorrangstellung ein. In diesem Sinne gehören die Reichstage, und zwar vor allem diejenigen des 16. Jahrhunderts, zur Vorgeschichte des modernen Parlamentarismus nicht nur in Deutschland.
Was die Machtverteilung zwischen der Krone und den Ständen bei der konkreten Wahrnehmung der Reichsgeschäfte anbetrifft, so war nach dem Scheitern sowohl des zentralistisch-monarchischen als auch des ständisch-unionistischen Modells der Reichsreform 1555 an eine wirkliche Reichsregierung mit mehr als symbolischem Charakter nicht mehr zu denken. Immerhin gelang es, eine

Der Kaiser und die Fürsten auf einem Reichstag im ersten Drittel des 16. Jahrhunderts. *Holzschnitt von Hans Sebald Beham als Titeleinfassung zu Justinus Gobler, »Gerichtlicher Proceß«, Frankfurt 1536*

Reichsexekutions- und eine Reichskammergerichtsordnung zu verabschieden, die das Reich im Kern funktionsfähig erhielten. Die neu belebten zehn Reichskreise – Zusammenschlüsse von in der Regel geographisch benachbarten Reichsständen – spielten dabei als mittlere Ebene zwischen Territorium und Reich die entscheidende Rolle; ihre Kompetenzen waren teils aus der Reichsgewalt abgeleitet, teils aus eigener korporativer Zuständigkeit. Mit der Vollstreckung der Reichskammergerichtsurteile und der Aufstellung des Heeres wurde ihnen die Sicherung des Landfriedens anvertraut, später kamen noch Wirtschafts-, insbesondere Münzangelegenheiten hinzu.

Der Kaiser war an der Reichsexekution kaum beteiligt. Es gelang ihm aber, sich Schritt für Schritt eine eigene Einflußsphäre zu schaffen, vor allem in der Rechtsprechung, wo der kaiserliche Reichshofrat seit Ende des Jahrhunderts dem Reichskammergericht wirksame Konkurrenz machte. Wie sich in den Grumbachschen Händeln, dem letzten Fehdeversuch eines Reichsritters (1563–1567), zeigen sollte, war dieses System durchaus in der Lage, der Monopolisierung der legalen Gewaltanwendung durch den Staat Geltung zu verschaffen. Der unbestreitbare Entwicklungsfortschritt der frühmodernen Staatsbildung war damit auch im Reich endgültig vollzogen. Darüber hinaus sorgte die Verbindung von innerer Friedenssicherung durch die Kreise und ordentlichem Rechtsgang bei den Reichsgerichten dafür, daß die politische Autonomie der Reichsglieder nicht zur Vergewaltigung der vielen Kleinen durch die wenigen Großen entarten konnte und daß auch die Untertanen in gewissen Grenzen eine Rechtssicherheit ihren Obrigkeiten gegenüber besaßen. Daß diese Rechtssicherheit dort aussetzte, wo die Räson der Groß- und Machtstaaten ins Spiel kam, war keine Besonderheit des deutschen Reiches; dies war eine charakteristische Schwäche eines jeden frühneuzeitlichen Rechtssystems.

Parallel zur Stabilisierung nach innen festigte sich die Verteidigungsfähigkeit des Reichsverbandes nach außen. Bei allem Feilschen um politische und konfessionelle Vorteile war die militärische Abwehr der Türken, die auch in Zeiten vorübergehenden formellen Waffenstillstandes nahezu alljährlich die Südostgrenze des Reiches bedrohten, durch Hilfskontingente am Ende immer gewährleistet, auch im »langen Türkenkrieg« der Jahre 1593 bis 1606.

Die einzelnen Reichsstände trugen zum Reichsaufgebot durch Truppenleistungen oder Geldzahlungen bei und zwar nach einem in der Reichsmatrikel entsprechend ihrer Größe und Finanzkraft festgelegten Ansatz. Dieses System bildete eine weitere Klammer für den Zusammenhalt des Reiches. Da aber Organisation und Finanzierung ganz in der Hand des jeweiligen Reichsstandes lagen, ergab sich daraus zugleich eine weitere Intensivierung und Verfestigung der territorialen Staatlichkeit, namentlich durch die zahlreichen Steuererhebungen. Gestalt und Auswirkungen der Reichskriegsverfassung fügten sich somit der allgemeinen Entwicklung in Deutschland ein.

Der Religionsfriede als Basis und Voraussetzung der Gesamtregelung erhob die wiederholt als zeitlich befristet anerkannte Eigenverantwortlichkeit der Stände in Religions- und Kirchenfragen zum »immerwährenden« Prinzip des Zusammenlebens im Reichsverband. Die Obrigkeiten, nicht die Untertanen oder Bürgergemeinden, erhielten das Recht, zwischen Katholizismus und Luthertum zu wählen. Die Lehre Zwinglis und der soeben in eine mächtige Expansionsphase eintretende Calvinismus blieben dagegen ebenso verboten wie alle Formen des protestantischen Radikalismus. Die Reichsjuristen nannten diese Regelung später das »cuius regio eius religio«-Prinzip, weil es Religions- oder, wie es bald hieß, Bekenntnisstand und Gebietsherrschaft (regio) zusammenband. Auch in der Religionsfrage hatte sich die neuzeitliche Vorstellung separierter Flächenstaaten durchgesetzt. Der daraus resultierende Gewissenszwang wurde gemildert durch das Auswanderungsrecht der Untertanen (beneficium emigrandi). Indem die Religions- und Kirchenhoheit vom Reich auf die Landesherren übertragen wurde, war eine weitere wichtige Entscheidung gegen den Reichsstaat und für die deutsche Staatsbildung in den Territorien, den Fürstentümern, gefallen.

Ungeachtet aller Mängel bedeutete der Augsburger Religionsfriede einen bedeutenden Schritt auf dem Weg zur Anpassung des Reiches an die neuzeitlichen Rahmenbedingungen: Die konfessionellen Gegensätze, die als weltanschauliche Totalkonfrontation den staatlichen, gesellschaftlichen, ja familiären Zusammenhalt zu zerreißen drohten, waren durch einen Kompromiß entschärft worden, der den Deutschen für fast zwei Generationen ein friedliches Zusammenleben garantierte und nach einigen Veränderungen im Westfälischen Frieden seit der Mitte des 17. Jahrhunderts eine dauerhafte Rechtsbasis für die Mehrkonfessionalität des Reiches abgab. Damit war Deutschland als erstem unter den betroffenen europäischen Großstaaten eine tragfähige Lösung des Kardinalproblems frühneuzeitlicher Staatsbildung gelungen, während Frankreich in den Hugenottenkriegen und England in der puritanischen Revolution die Zerreißprobe des konfessionellen Bürgerkriegs noch zu bestehen hatten.

Die Regelungen für die Untertanen waren in den wegen ihrer Toleranz vielgerühmten Republiken Polen und Holland, nach 1688 auch in England ohne Zweifel besser. Gering ist aber auch das deutsche Auswanderungsrecht nicht

Der Augsburger Religionsfriede von 1555, bekräftigt mit den Siegeln der vertragschließenden Parteien.

zu veranschlagen, vergleicht man es mit den Dragonaden, denen in Frankreich die Hugenotten noch Ende des 17. Jahrhunderts ausgesetzt waren. Entscheidend war, daß in Deutschland die Toleranz als zwischenstaatliche, machtmäßig erzwungene Abgrenzung Einzug genommen hatte und auch später nicht von unten her wachsen konnte, sondern vom Staat her verordnet worden war. Das prägte die kommende Zeit tief.

Das Augsburger Gesetzeswerk hat die Staatswerdung des Reiches »deutscher Nation« weder im Sinne einer ständischen Union noch eines monarchischen Staatswesens eröffnet. Eine Anpassungs- und Modernisierungsleistung war auch hier vollbracht, und zwar nicht nur insofern die Territorien nun endgültig Träger der frühmodernen Staatlichkeit in Deutschland waren, auch das Reich hatte sich in einer gebremsten Modernisierung vom mittelalterlichen Personenverband zum frühneuzeitlichen Reichssystem fortentwickelt. Das war zwar keine Staatsbildung nach Art der west- und nordeuropäischen Nationalstaatswerdung, wohl aber ein Wandel hin zu einem durchaus funktionsfähigen föderalen System eigenständiger Prägung.

Das Reich hatte als Friedens-, Rechts- und Verteidigungseinheit eine neue Realität erlangt, die es ungeachtet mancher Schmälerung bis zu seinem Ende im Jahre 1806 zu wahren wußte.

4. Macht und Bekenntnis – Staat, Gesellschaft und Kultur im Zeichen der Konfession

»Nachdem alle Obrigkeit zum Beschirmen der Frommen und zum Strafen der Übeltäter von Gott verordnet ist, damit ihre Gemeinde und Untertanen in der Furcht des Herrn gelehrt, in guter Zucht erhalten, mit Gerechtigkeit, guter Ordnung und Polizei stets gut regiert werden, haben wir darauf zu achten, daß die schweren Laster der Gotteslästerung, des Fluchens, Spielens, des Zu- und Volltrinkens, Tag und Nacht in Wirtshäusern Liegens sowie der Prunksucht in der Kleidung, was Weib und Kind sowie den Mann selbst an den Bettelstab bringt, dazu Streit und blutige Schlägereien, Ehebruch, Kuppelei und Hurerei, Wucher und alle anderen Bosheiten, von denen die Welt nun leider voll ist, nicht ungestraft bleiben, um des gemeinen Friedens und der Ordnung willen, sonderlich aber weil es Gott dem Allmächtigen zuwider, und sein heiliges Wort dadurch geschmähet wird. Daher weisen wir in einer jeden Stadt, Flecken oder Dorf die Vorsteher der Zünfte, sowie die Kirchengeschworenen [Kirchenvorsteher] mit ihren Pastoren oder Prädikanten an, daß sie alles, was sie hören und erfahren, was auf Straßen und an Mühlen erzählt wird, unserem Amtmann oder dem Landrichter mitteilen, damit dieser die Übeltäter nach Gebühr verurteile. Wer aber nach wiederholter Ermahnung von seinen Lastern nicht abläßt, der soll als ein mutwilliger Gotteslästerer zum Exempel für die anderen von uns öffentlich und schwer gestraft werden.«

Mit solchen Verordnungen, die in Begründung und Zielsetzung, ja häufig bis in den Wortlaut hinein identisch waren, gingen in Deutschland die fürstlichen und stadträtlichen Obrigkeiten von Ostfriesland bis Kärnten, von der Pfalz bis Ostpreußen seit Mitte des Reformationsjahrhunderts daran, ihre Territorien politisch und kirchlich zu konsolidieren und die bunte Vielfalt von sozialen Gruppen eigenen Rechts und besonderer Lebensführung einzubinden in die frühneuzeitliche Territorial- und Untertanengesellschaft – den hochfahrenden Adligen ebenso wie den auf seine zahlreichen Sonderrechte pochenden Kleriker; die Kaufleute und Handwerker der vielen unabhängigen Städte ebenso wie die in entlegenen Weilern lebenden Bauern oder gar die Hirten, Schäfer und Vagierenden, die durch das Land zogen, niemandem untertan und nach eigenen Gesetzen lebend.

Dieser staatliche Prozeß der inneren Konsolidierung und Formierung war kirchlich-konfessionell gesteuert, was ermöglicht wurde durch die im Augsburger Religionsfrieden festgelegte Territorialisierung von Kirche und Bekenntnis. Er war aber nicht in dem Sinne konfessionsgebunden, daß er typisch für das Luthertum, den Calvinismus oder den Katholizismus gewesen wäre. Mit im einzelnen unterschiedlichen Mitteln und Institutionen arbeiteten die deutschen Konfessionsstaaten unter dem Vorzeichen ihres jeweiligen Bekenntnisses auf dasselbe Ziel hin.

Gleichzeitig mit diesem inneren Erstarken der Territorialstaaten und der parallel verlaufenden Formierung hochorganisierter und sich absolut setzender Konfessionssysteme reifte innerhalb des Reiches eine neue politische und weltanschauliche Blockbildung heran, die Anfang des 17. Jahrhunderts in eine allgemeine Krise einmündete. Die Zeit zwischen dem Augsburger Religionsfrieden von 1555 und dem Ausbruch des Dreißigjährigen Krieges im Jahre 1618 war das konfessionelle Zeitalter unserer Geschichte und zwar auch und gerade unter gesellschafts- und kulturgeschichtlichem Aspekt.

Äußerlich schien es eine Epoche ohne spektakuläre Ereignisse und große Entwürfe zu sein, die Zeit solider Bauherren, die ihr Haus auf der Grundlage der Augsburger Entscheidungen errichteten. Das galt auch für das Reich, wo sich die institutionell-administrative und gesellschaftliche Konsolidierung fortsetzte. So wurde zum Beispiel der vom Kaiser abhängige Reichshofrat zum zweiten höchsten Reichsgericht neben dem in Speyer, ab 1689 in Wetzlar tätigen Reichskammergericht, das die Stände kontrollierten. Abgesehen von Appellationssachen waren beide Gerichte in erster Instanz zuständig für alle reichsunmittelbaren Personen. Wollte ein Fürst gegen einen anderen klagen oder – was durchaus nicht unüblich war – Untertanen gegen ihre Landesherren oder Stadtmagistrate, so konnten sie das Gericht wählen, vor dem sie sich die besseren Chancen ausrechneten. Dabei schnitt der Hofrat nicht schlecht ab, was sich daran zeigt, daß sich bei Konflikten innerhalb der Reichsstädte die Klage führenden Bürger im 17. und 18. Jahrhundert meist nach Wien wandten. Der Kaiser hatte also sein Prestige als Wahrer des Rechts keineswegs verspielt.

Auch der nicht landsässige Niederadel festigte nach 1555 seine Stellung, indem er sich zur bündisch verfaßten Korporation der Reichsritterschaft zusammenschloß. Damit war eine Organisationsform gefunden, mit der dieser archaische, dem Territorialitätsprinzip widersprechende Personenverband sich an das frühneuzeitliche Reichssystem anpassen und so bis 1806 überleben konnte. Eine 1603 in der Reichsstadt Frankfurt, die damals eine der größten

Seit jeher hatten die Kaiser darauf bestanden, daß ihre Herrschergewalt göttlich sanktioniert sei. In neuer Form kam das Gottesgnadentum in der Epoche der Reformation und Gegenreformation zum Ausdruck. So ließ Albrecht V., der Herzog von Bayern, sich und seine Familie unter der Himmelskönigin Maria und dem Christuskind malen.

Gemälde von Hans Mielich auf der Mitteltafel der Ingolstädter Liebfrauenkirche, 1572

jüdischen Gemeinden beherbergte, zusammengetretene Rabbinerversammlung strebte ähnliches für die »gemeine jüdischheit im Reich« an. Mit ihrer zu diesem Zweck entworfenen »Judenordnung« weckte sie aber den Argwohn der Fürsten, die ihre Territorialhoheit in Gefahr sahen. Indem sie die Rabbiner einer Verschwörung bezichtigten, bereiteten sie den Boden für die schweren Judenpogrome, die am Vorabend des Dreißigjährigen Krieges in mehreren Städten ausbrachen, der schlimmste in Frankfurt selbst.

Es ist schwer, diese Epoche auf einen Nenner zu bringen. Besonders die lutherischen Landesherren gelten allgemein als wenig bewegliche »Bet- und Sauffürsten«. Das ist soweit richtig, als sie sich auf Reichsebene mit dem Erreichten zufrieden gaben und zufrieden geben konnten, da sie unter dem Schutz des Religionsfriedens sicher lebten. Fähige Organisatoren des Territorialstaates finden sich aber auch unter ihnen – etwa Landgraf Wilhelm IV. von Hessen-Kassel (1567–1592), dessen planvolles und erfolgreiches Bemühen um seinen »Ökonomischen Staat« aus einer eingehenden Aktenführung aufs Beste bekannt ist; sein Vater hingegen, Philipp der Großmütige, hinterließ ein »Politisches Archiv«, eine weitausgreifende Korrespondenz, die noch das Reich und Europa mitgestalten wollte. Der Umschwung innerhalb einer Generation läßt sich bei den Lutheranern auch andernorts beobachten – in Sachsen zwischen Kurfürst Moritz (1541–1553) und seinem Bruder August (1553–1586) oder in Württemberg zwischen Herzog Ulrich (1541–1553) und seinen Nachfolgern Christoph und Ludwig (1550–1568 und 1568–1593).

Augenfälliger noch ist die innere Ausbauleistung der katholischen Reichsfürsten, weil es ihnen – gestützt auf ihre im Konzil von Trient (1545–1563) neu formierte Kirche – erstaunlich rasch gelang, im Zuge der katholischen Reform religiös-kulturell verlorenen Boden gutzumachen und durch eine planvoll und energisch betriebene Gegenreformation auch auf Reichsebene die Initiative zurückzugewinnen. Neben den Fürstbischöfen von Augsburg und Würzburg waren es insbesondere die bayerischen Herzöge – überragend Maximilian I. (1593/98–1651, ab 1623 Kurfürst) –, die binnen weniger Jahrzehnte ihr Territorium zu einem festgefügten, monarchisch regierten frühneuzeitlichen Staatswesen umformten.

Zur Seite standen ihnen die unermüdlichen Väter der Societas Jesu. Sie waren von ihrem Ordensgründer, dem Spanier Ignatius von Loyola, dazu bestimmt, als Stoßtruppe der Gegenreformation und mit unbedingtem Gehorsam gegenüber dem Papst in Europa zur geistig-religiösen Offensive gegen den Protestantismus anzutreten. Seit 1540 galt ihr besonderer Eifer dem Ursprungsland der lutherischen »Häresie«. Mit politischem Gespür konzentrierten sie sich auf die katholischen Höfe, wo sie in strenger Askese und mit psychologischem Geschick als Seelsorger und Berater der Fürsten und ihrer Umgebung tätig wurden. Sie dienten damit gleichermaßen der Erneuerung des katholischen Glaubens wie der Festigung des Fürstenstaates. Glänzend bewährte sich der Einsatz für den Nachwuchs in Seelsorge und Lehre sowie für die politische Elite in Adel und Beamtenbürgertum.

Bayern wurde zum Zentrum der katholischen Kultur und zum Bollwerk der Gegenreformation, das mit der kurfürstlich-kölnischen Sekundogenitur (1583–1761) einen strategisch wichtigen Außenposten im Nordwesten des Reiches besaß. Seit der Wende zum 17. Jahrhundert waren die Wittelsbacher gleichermaßen wichtigste Partner und gefährlichste Konkurrenten der habsburgischen Kaiserdynastie.

Nach dem Scheitern ihrer Pläne im Reich waren nun auch die Habsburger in erster Linie Landesherren, die ihre Erblande mit ähnlichen, zum Teil direkt von München übernommenen Mitteln formierten. Neben den Jesuiten stützten sie sich dabei vor allem auf die Kapuziner, auch dies ein neuer, gegenreformatorischer Orden, der am Kaiserhof Einfluß gewann; nicht von ungefähr wurde die Wiener Kapuzinergruft die großartige barocke Stätte der Grablegung der Habsburger. Aber auch zu den einfachen Leuten in Stadt und Land fanden die Kapuziner durch Predigt und Krankenpflege Zugang.

Konsequent und erfolgreich waren allerdings weniger die Inhaber der Kaiserwürde als vielmehr deren jüngere Brüder und Vettern, die nach einer von Kaiser Ferdinand I. verfügten Landesteilung über Innerösterreich, also Steiermark, Kärnten und Krain, und in Tirol regierten. Kaiser Maximilian II. (1564–1576), persönlich von humanistisch-evangelischer Frömmigkeit, verfolgte im Reich eine irenistische, das heißt auf ein friedliches Zusammenleben der Konfessionen abzielende Politik. Den Protestanten seiner Erblande, die in Adel und Bürgertum die Mehrheit besaßen, machte er wesentliche Zugeständnisse. Dem wollten seine am spanischen Hof streng katholisch erzogenen Söhne Kaiser Rudolf II. (1576–1612) und Kaiser Matthias (1612–1619) zwar entgegentreten, standen sich aber, in Bruderzwist verstrickt und auf Unterstützung der Untertanen angewiesen, meist selbst im Wege. Unter ihrer Regierung konnte sich in Österreich wie in Böhmen, Mähren und Ungarn die Koalition von Protestantismus und Ständebewegung weiter festigen. Der Höhepunkt war 1609 erreicht, als Rudolf II. den böhmischen Ständen im Majestätsbrief weitreichende politische und religiöse Freiheiten zusichern mußte.

Insofern läßt sich von einem Scheitern Rudolfs II. als Herrscher sprechen, das zurückzuführen sein mag auf seine ererbte Schwermut und Menschenscheu,

Kaiser Rudolf II. Früchte-Porträt von Guiseppe Arcimboldo

verwoben mit einem hohen Majestätsbewußtsein, das ihn auf die Entmachtungsversuche seiner Brüder mit äußerstem Grimm reagieren ließ. Geblieben ist die Erinnerung an den Glanz einer manieristischen Hofkultur, die sich in der Kaiserresidenz Prag um seine Person entfaltete. An seinen Hof zog es führende Wissenschaftler der Zeit, wie die Astronomen Tycho Brahe und Johannes Kepler, aber auch okkultische Scharlatane und alchimistische Abenteurer; neben ihnen wirkten bedeutende Künstler, wie der Maler Giuseppe Arcimboldo, der den Kaiser in einer surrealistischen Früchtekollage porträtierte, und der niederländische Bildhauer Adrian de Vries. Organisiert und finanziert war dies Gepränge von scharf rechnenden und an der kaiserlichen Sammlerleidenschaft gut verdienenden Kaufleuten, wie dem Holländer Hans de Witte, der später zum Bankier Wallensteins wurde.

Ein ganz anderes Bild bot dagegen die habsburgische Welt in Tirol und Innerösterreich. Den dort regierenden Erzherzögen gelang es bereits in den letzten Jahrzehnten des 16. Jahrhunderts, den Katholizismus neu zu beleben und gleichzeitig damit auch ihre landesherrliche Stellung zu stärken. Der leidenschaftliche Vorkämpfer einer in der Katholizität aller Untertanen sicher verankerten monarchischen Staatsgewalt war seit 1595 Erzherzog Ferdinand von Innerösterreich. Es ist derselbe Ferdinand, der 1617 König von Böhmen wurde und 1619 auch die übrigen österreichischen Territorien, mit Ausnahme Tirols, übernahm und schließlich als Ferdinand II. die Kaiserwürde errang. In Ingolstadt von den Jesuiten erzogen, konnte er sich auf die Erfahrung des bayerischen Herzogs Maximilian stützen, seines Vetters mütterlicherseits – ein Beispiel für die Wirkung des in allen gesellschaftlichen Schichten nachweisbaren frühneuzeitlichen Familien- und Personengeflechts.

Auf vergleichbare Weise verband sich innere Konsolidierung und überterritoriale Dynamik in den wenigen, politisch aber umso aktiveren calvinistischen Ländern des Reiches. Diese Form des Protestantismus geht zurück auf Johannes Calvin (1509–1564), der, aus Frankreich vertrieben, mit dem Eifer und der Entschiedenheit des Glaubensflüchtlings in Genf ein neues protestantisches Jerusalem errichtet hatte als Modell für alle Gemeinden, die in katholischer Umgebung für den Sieg der evangelischen Lehre kämpften. Es war die Theologie Luthers und vor allem Zwinglis und Martin Buzers in Straßburg, auf die Calvin aufbaute und die er in seinem Hauptwerk, der »Institutio Christianae Religionis«, zusammenfügte zu einem geschlossenen System, wie es keine andere Richtung des Protestantismus besaß. Die Einzelgemeinde wurde durch Älteste oder Presbyter regiert, Nachbargemeinden schlossen sich zu Synoden zusammen. Das befähigte den Calvinismus zur Selbstbehauptung im Untergrund. Hinzu kam eine politische Ethik, die, anders als die lutherische, im Falle der Glaubensbedrückung den aktiven, politischen Widerstand vorschrieb. So ausgerüstet entfaltete der Calvinismus von Genf aus eine Dynamik, mit der er ganz Westeuropa, von Frankreich über die Niederlande bis hin zu England und Schottland sowie große Teile Ostmitteleuropas, vor allem Polen, Böhmen, Ungarn und Siebenbürgen, in seinen Bann schlug.

In Deutschland faßte er erst nach 1555 festeren Fuß. Angeführt von der Kurpfalz (1563 Heidelberger Katechismus; endgültige Calvinisierung 1583) traten in den Jahrzehnten um die Jahrhundertwende eine Reihe vor allem im Westen

Mit puritanischer Einfachheit und glühendem Glaubensernst arbeiten die calvinistischen Theologen für die Ausbreitung ihres Glaubens.

Zacharias Ursinus, Professor an der Pfälzer Universität und Verfasser des Heidelberger Katechismus

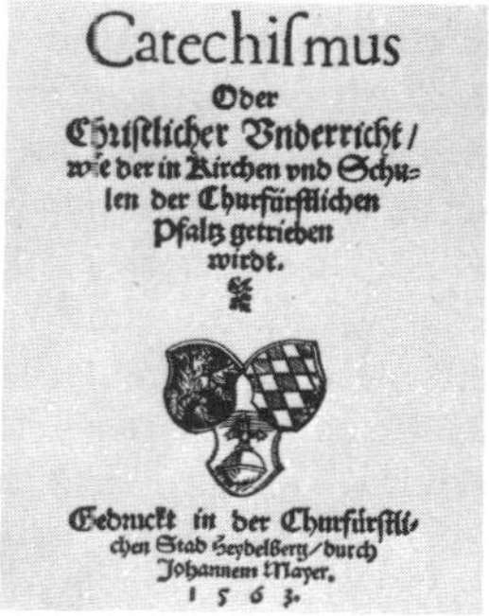
Catechiſmus
Oder
Chriſtlicher Underricht/
wie der in Kirchen und Schulen der Churfürſtlichen Pfaltz getrieben wirdt.

Gedruckt in der Churfürſtlichen Stad Heydelberg/ durch Johannem Mayer.
1563.

Der Heidelberger Katechismus von 1563, das wichtigste Lehrbuch für den deutschen Calvinismus

des Reiches gelegener Grafschaften sowie Hessen-Kassel und die Hohenzollern in Brandenburg-Preußen vom Luthertum zum Calvinismus über. Politisch und gesellschaftlich entsprach diese Welle der »Zweiten Reformation« ganz den allgemeinen Zeittendenzen. Verfügt von den Landesherren, die alle auf irgendeine Weise in Beziehungen standen zur Pfalz und den nördlichen Niederlanden und von reformiert-calvinistischen Theologen und Beamten beraten wurden, die zum Teil als Melanchthon-Schüler der lutherischen Orthodoxie entfremdet waren, machte es der neuerliche Glaubenswechsel möglich, die fürstliche Staatsgewalt zu festigen und die Ausbildung der Territorialgesellschaft weiter voranzutreiben. Das gilt zumal für jene Länder, in denen die lutherische Reformation die Position der Stände gestärkt hatte.

Für die pfälzischen Wittelsbacher, die seit Anfang des 16. Jahrhunderts sowohl in der territorialen Machtbasis als auch in der Reichspolitik immer weiter hinter die Habsburger zurückgefallen waren und sich nun auch noch der Konkurrenz des bayerischen Zweiges ihrer Dynastie ausgesetzt sahen, schien sich durch den Anschluß an den aktiven Calvinismus Westeuropas nochmals die Chance zur Umkehrung dieser Entwicklung zu bieten. Diese Hoffnung stand allerdings auf tönernen Füßen, weil die calvinistische Religionspolitik das Verhältnis zu den katholischen und lutherischen Nachbarn neu belastete und den alten Personen- und Satellitenverband der Pfalz endgültig zerstörte.

In Brandenburg blieb der 1613 vollzogene Konfessionswechsel der Hohenzollern auf die Dynastie und deren Entourage beschränkt. Die Widerstände des lutherischen Landes waren offensichtlich so stark, daß sich das landesherrliche Reformationsrecht des Augsburger Religionsfriedens nicht durchsetzen ließ, zumal es ja, streng reichsrechtlich gesehen, den Calvinismus gar nicht einschloß. Was zunächst wie eine Schwäche der Krongewalt aussah, erwies sich schließlich als deren Stärke und als Entwicklungschance für den Doppelstaat. Denn nun war es möglich, eine von der lutherischen Ständegesellschaft abgehobene, calvinistische Politikelite aufzubauen, die allein dem Fürstenhaus verpflichtet war. Damit gewann das bislang abgeschiedene und unbedeutende Land den Anschluß an die westeuropäische Modernisierungsbewegung und bereitete sich auf die zukünftige Großmachtrolle vor, deren geographisch-territorialpolitische Konturen sichtbar wurden, als die Hohenzollern 1618 im Herzogtum Preußen – dem späteren Ostpreußen – die Regierung antraten und die Anwartschaft auf die westdeutschen Territorien Kleve, Mark und Ravensberg erlangten.

Da der Calvinismus anders als das Luthertum reichsrechtlich noch nicht anerkannt war, mußten sich die calvinistischen Fürsten zur politischen Absicherung der inneren Konsolidierung ihrer Territorialstaaten auf Reichsebene zu einem offensiven Kampfbund zusammenschließen, der in enger Verbindung zu dem ebenfalls aggressiven, weil rechtlich und territorial nicht saturierten westeuropäischen Calvinismus stand. Das war keine tiefere Verstrickung der Religions- in die fürstliche Machtpolitik als im Falle des Katholizismus und des Luthertums, aber auch keine geringere.

Der Aufbau der in einer obersten Gewalt konzentrierten frühmodernen Staatlichkeit bedeutete vor allem zweierlei: erstens die Entwicklung einer staatlichen Zentral- und Lokalverwaltung, die getragen wurde von einer den Fürsten als den Inhabern jener Staatsgewalt verpflichteten Beamtenschaft mit umfassender Regierungs- und Verwaltungskompetenz; zweitens betraf es die Ausschaltung aller konkurrierenden Gewaltenträger. Vor allem die Stände wurden zu Gewalten abgeleiteten Rechts mediatisiert und in einen einheitlichen Untertanenverband eingebunden, was auf die Errichtung der inneren Souveränität der Landesherren hinauslief. Dieser tief einschneidende Wandel war bei der Verabschiedung des Augsburger Gesetzeswerkes in den einzelnen Territorien unterschiedlich weit vorangeschritten. Durch die Konfessionalisierung erhielt er von nun an die entscheidende Schubkraft.

Jetzt kam es zu einer beträchtlichen personellen und institutionellen Ausweitung des Behördenapparates durch die Angliederung der Kirchenverwaltung, was bei den Protestanten auf direktem Wege geschah, bei den Katholiken aber eher indirekt, nämlich durch Einflußnahme oder – wie in Bayern – durch einen gemischt aus Klerikern und Beamten zusammengesetzten »Kirchenrat«. Der Einfluß des Staates weitete sich aus durch die endgültige Übernahme der für die moderne Staatlichkeit so wichtigen Aufsicht über Ehe- und Familie, der Übernahme des Schul- und Erziehungswesens sowie der Armen- und Sozialfürsoge. Das waren Bereiche, die traditionell in der Zuständigkeit der bislang autonomen Kirche standen. Das staatliche Finanzwesen weitete sich durch eine direkte oder indirekte Aufsicht über das Kirchenvermögen aus. Die Fürsten und ihre Dynastien erhielten als besondere Glieder der Kirche (praecipua membra ecclesiae) beziehungsweise als Retter des Glaubens (defensores fidei) eine sakrosankte Dignität, was den Untertanen durch den Gottesgnadentitel, den nun jeder Fürst trug, sowie durch die allsonntägliche Fürbitte für den Landesherrn und seine Familie stets aufs neue vergegenwärtigt wurde. In einem Zeitalter noch vorwiegend personalbegriffener Staatlichkeit war das von kaum zu überschätzender Integrations- und Stabilisierungskraft.

Ein weiterer wesentlicher Dienst, den die Konfessionen den deutschen Partikularstaaten leisteten, war die Abgrenzung des Staatsgebietes und des Untertanenverbandes nach außen, dem Nachbarstaat gegenüber. Innerhalb ein und derselben Nation lassen sich effektivere Scheidungslinien kaum denken. Die durch Heiratsverhalten und bestimmte Kulturmuster vor allem auch des Volkes sozial verfestigten Konfessionsgrenzen hielten sich häufig bis weit ins 19. Jahrhundert hinein, als manche politische Trennlinie bereits gelöscht war. Die Unterschiede waren natürlich besonders ausgeprägt zwischen katholischen und protestantischen Territorien; sie bestanden aber auch zwischen lutherischen und calvinistischen, wie zum Beispiel zwischen Hessen-Darmstadt und Hessen-Kassel. Angesichts des territorialen Zuschnitts aller frühneuzeitlichen Kirchenordnungen ergaben sie sich sogar zwischen glaubensgleichen Nachbarterritorien. Schließlich bot der innerterritoriale Konfessionskonflikt den Fürsten in ihrem Ringen mit den Ständen um die Vorherrschaft im Staat nicht nur eine machtpolitische Chance, sondern vor allem eine das alte Recht brechende Legitimität, die Ständeopposition, teilweise bereits durch die Auflösung der Klerikerkurie geschwächt, endgültig zu zähmen. In Bayern, Österreich, später in Böhmen, vorübergehend auch in Brandenburg führte das zur Ausschaltung des Adels. Anderswo, vor allem im nordwestdeutschen Hansebereich, gelang auf diesem Wege die kirchliche und politische Integration der großen, bislang weitgehend selbständigen Landstädte.

Die Monopolisierung der Gewalt über, zumindest aber des Einflusses auf die territoriale Kirche in der Hand des Fürsten erfolgte in Deutschland zeitlich vor der Monopolisierung der militärischen Macht und des Steuererhebungsrechts, die der Soziologe Norbert Elias aufgrund seines vorwiegend westeuropäischen Beobachtungsfeldes als Schlüsselmonopole der frühneuzeitlichen Staatsbildung beschrieben hat. Das Kirchenmonopol hat die vor allem während des Dreißigjährigen Krieges erfolgte Durchsetzung jener Kompetenzen wesentlich erleichtert, wie es auch die territorialstaatliche Aneignung des Souveränitätsbegriffes förderte, mit dem der französische Jurist Jean Bodin damals das frühmoderne Staatsprinzip auf den Nenner brachte. Und auch der Herrscherkult, mit dem später die barocke Hofgesellschaft den Souverän »vergottete« und mit dieser Übersteigerung zugleich die Entpersonalisierung des Staatsprinzips einleitete, ist ohne die Konfessionalisierung schwer denkbar.

Die jungen Territorialregierungen waren bemüht, die vielgestaltige und nur locker organisierte Gesellschaft des Mittelalters in eine einheitliche Staats- und Untertanengesellschaft umzuformen. Es ging darum, Individuen und Gruppen mit Sonderrechten in den als homogen begriffenen Untertanenverband einzufügen. In langer Tradition wurzelnde Partikularinteressen von Klerus, Adel und Stadtbürgertum galt es abzuschleifen zugunsten eines »gemeinen Besten«, das zunehmend von oben verordnet wurde, durch den Staat und seine mit einer umfassenden Polizeigesetzgebung steuernd und ordnend eingreifenden Bürokratie. In dieser Akzentuierung der Staatseinwirkung liegt, wenn irgendwo, ein folgenschwerer Unterschied zur westeuropäischen Entwicklung, und zwar nicht zum absolutistischen Frankreich, wohl aber zur Bürgerrepublik Holland und der englischen »squirearchy« nach 1688; aber auch zum östlichen Nachbarn, der polnischen Adelsrepublik. Dort war das »gemeine Beste« je neu abzustimmen mit mehr oder weniger breiten Gesellschaftsgruppen, oder es wurde sogar von unten her festgesetzt, in einem Interessenkampf eben dieser Gruppen.

Auch bei dem als Sozialdisziplinierung begreifbaren gesellschaftlichen Formierungsprozeß haben in Deutschland die territorialen Konfessionskirchen entscheidend mitgewirkt. Das schloß Differenzen, bisweilen sogar Konflikte mit der Staatsmacht keineswegs aus, vor allem wenn es um Religionsfragen ging. Neben, ja vor den staatlichen Amtmännern wurden die Pfarrer, deren alltägliche Tätigkeit das letzte Haus im entlegensten Weiler erreichte, zu den wichtigsten Vermittlern des neuen moralisch-ethischen und politisch-rechtlichen Normensystems. Durch Hausbesuche, Visitationen, Kirchenzucht oder Episkopalgerichtsbarkeit kontrollierten und disziplinierten sie die alltägliche Lebensführung.

Wenn man sich die zahlreichen Abbildungen des prallen Lebens in den Badestuben des 16. Jahrhunderts anschaut, so versteht man, daß die »Puritaner« aller Konfessionen im 17. Jahrhundert vor allem das sexuelle Verhalten zu zähmen trachteten, um Ehe und Familie zu stärken. Verwunderlich ist indes ihr Erfolg. Durch sorgfältige Auszählung und Vergleiche der Daten von Eheschließung und Geburt des ersten Kindes ist deutlich geworden, daß in jenen Regionen, wo voreheliche Beziehungen zwischen Verlobten üblich waren, die Prozentsätze vorehelicher Schwangerschaften sprunghaft sanken, als die Kirchen das Ideal der Jungfräulichkeit predigten und Verstöße dagegen mit Kirchenstrafen belegten. In einem Dorf in der französischen Provinz Béarn, das man besonders genau untersucht hat, ging der Anteil der schwangeren Bräute zurück auf dreizehn Prozent bis Ende des 17. Jahrhunderts und dann stufenweise weiter bis auf drei Prozent zu Anfang des 19. Jahrhunderts. Ähnlich verhielt es sich mit der Geburt unehelicher Kinder, die mancherorts Ende des 17. und Anfang des 18. Jahrhunderts praktisch nicht mehr vorkam. Mit gleicher Energie betrieben die Kirchenmänner die Erziehung zu Ordnung, Pünktlichkeit, Sauberkeit, Fleiß,

Die derbe Wirklichkeitsfreude der Renaissance etablierte sich schließlich auch nördlich der Alpen. In immer neuer Form wird das freizügige Leben an der Wende zum 16. Jahrhundert ins Bild geholt, teils in Darstellungen des Jungbrunnens, teils in Schilderungen der Badefreuden in den Badestuben.

Gemälde von Hans Bock d.Ä., 1572

Verträglichkeit, Pflichterfüllung in Ehe und Beruf sowie zu Achtung und Gehorsam gegenüber Eltern und Ranghöheren, vor allem gegenüber der Obrigkeit und deren Amtsträgern – Tugenden also, auf denen die Lebenshaltung der nächsten Jahrhunderte sowie die Dynamik und Effektivität der Neuzeit ganz allgemein beruhen sollten. Während der Frühneuzeit wurden diese Verhaltensweisen in allen europäischen Gesellschaften eingeübt – auch dies keine Besonderheit der deutschen Mentalitätsgeschichte.

Der Beginn dieser noch Generationen beanspruchenden Formung der Gesellschaft zu einer disziplinierten, an rationaler Lebensführung ausgerichteten Territorialgesellschaft, die der Staatsgewalt gegenüber als einheitlicher Untertanenverband erscheint, in sich aber nach Ansehen, Rang und Ehre – in Alteuropa ein sozialer Schlüsselbegriff! – vielfältig abgestuft war, ist der wichtigste gesellschaftliche Vorgang der konfessionellen Epoche. Zu den anderen tiefgreifenden Wandlungen zählt der vor allem durch die Bürokratisierung der Territorien, aber auch die Verrechtlichung des Reiches ermöglichte Aufstieg des juristisch gebildeten Beamtenbürgertums, das im 16. Jahrhundert meist politisch einflußreicher war als der Adel, dann aber wieder ins zweite Glied trat, als die alten Adelsfamilien lernten, durch Studium und Ausbildung sich auf die veränderten Bedürfnisse des Staates einzustellen. Daneben stand dann der Übergang der Führungsrolle innerhalb des wirtschaftenden Bürgertums vom oberdeutschen frühkapitalistischen Großbürgertum, dessen prominenteste Mitglieder in den Adel übertraten, auf eine neuzeitliche, den mittelalterlichen Hansegeist sprengende Überseekaufmannschaft in den deutschen Nordseestädten Hamburg und Bremen sowie auf Unternehmer und Großfinanziers, erst in Frankfurt, später auch in Leipzig.

Diese Umschichtung der unternehmerischen Eliten erhielt entscheidende Impulse durch den Einwanderungsstrom fähiger unternehmerischer und handwerklicher Kräfte, die aus Glaubensgründen aus Westeuropa geflohen waren, namentlich aus den Niederlanden und Belgien. Deutschland profitierte erstmals in seiner neuzeitlichen Geschichte von der Aufnahme ausländischer Wirtschaftskräfte, ein Vorgang, der sich zu Ende des 17. Jahrhunderts mit der Hugenotten-Einwanderung wiederholen sollte. Im Verlaufe dieser frühen Konfessionsmigration entstanden in den kleineren Städten und ländlichen Gewerbeorten vor allem des Rheinlandes bereits Ansätze eines modernen, vom traditionellen Stadtbürgertum unterschiedenen Wirtschaftsbürgertums, das als calvinistische Minderheit politisch entrechtet war und sich daher ausschließlich wirtschaftlich betätigte, wobei es besonders effektiv sein konnte, weil ihm die politischen Rücksichtnahmen und Beschränkungen des altständischen Bürgertums fremd waren.

Das 16. Jahrhundert, häufig als bürgerliches Jahrhundert charakterisiert, brachte somit auch dem deutschen Bürgertum einen beachtlichen Entwicklungs- und Differenzierungsschub. Sein gesellschaftlicher und ökonomischer Modernisierungseffekt wurde durch den Dreißigjährigen Krieg und die Adelsreaktion des 17. Jahrhunderts für mehr als ein Jahrhundert gebremst.

Konfessionalisierung und Territorialisierung waren auch die Vorzeichen, unter denen Deutschland an der frühneuzeitlichen »Bildungsrevolution« (Lawrence Stone) teilnahm, die im 16. und 17. Jahrhundert gleichfalls in den großen Na-

An die Radherrn
aller stedte deutsch-
es lands: das sie
Christliche schulen
auffrichten
vnd
halten söllen.

Martinus Luther.
Wittemberg. M. D. xxiiij.

M L

Lasst die Kinder zu mir komen
vnd weret yhnen nicht Matt. 19.

Luthers beschwörender Aufruf an die Räte aller Städte, Schulen einzurichten.

tionalstaaten West- und Nordeuropas ablief. In den Wirren der frühen Reformation hatten für einen Augenblick auch Bildung und Wissenschaft auf dem Spiel gestanden, weil mancher der radikalen Theologen sie für überflüssig, wenn nicht für schädlich hielt.

Luther hatte sich solchen religiösen Eiferern mit der ihm eigenen Leidenschaft entgegengestemmt, unter anderem mit seinem berühmten Appell: »An die Ratsherren aller Städte deutscher Lande, daß sie christliche Schulen aufrichten und halten sollen« aus dem Jahre 1524. Den Banausen, die fragten: »Was ist nutze lateinische, griechische und hebräische Zungen und andere freie Künste zu lehren?« hatte er darin entgegengehalten: »So lieb uns das Evangelium ist, so hart laßt uns über diese Sprachen halten [und sie] vor allen anderen ehren.« Und jene, die meinten, Bildung sei nur für Geistliche nütze, hatte er wissen lassen, daß »doch allein diese Ursache genugsam wäre die allerbesten Schulen, beide für Knaben und Maidlein, an allen Orten aufzurichten, daß die Welt … doch bedarf feiner, geschickter Männer und Frauen, daß die Männer wohl regieren könnten Land und Leute, die Frauen wohl ziehen und halten könnten Haus, Kind und Gesinde«.

Luther hatte eine allgemeine Bildungsreform gefordert, die den alten scholastischen Ballast abwerfen sollte, damit »beides miteinander geht«, nämlich das Lernen in der Schule mit dem Handwerk, der Kaufmannschaft, dem Regieren und dem Regiment der Frau über Haus und Hof. Die Ratsherren und Fürsten, und zwar sehr bald auch die katholischen, griffen diese Aufforderung gerne auf, um das Verständnis für die Lehren ihrer jeweiligen Kirche zu fördern und die Bildung in ihren Ländern zu heben, mehr noch um willige und fromme Untertanen heranzuziehen und dem rasch zunehmenden Bedarf ihrer wachsenden Verwaltung nach gut ausgebildeten Landeskindern nachzukommen. Davon profitierten zunächst die deutschen und lateinischen Schulen in den Städten, seit Mitte des Jahrhunderts dann auch das niedere Schulwesen auf dem Lande. Der Konfessionsstaat des 16. Jahrhunderts entfaltete eine beachtliche Bildungsinitiative und zwar gerade auch in den mittleren und kleineren Territorien. Der Erfolg war aber nur von kurzer Dauer, da der Dreißigjährige Krieg diese kaum gediehenen Ansätze rasch verfallen ließ. In so mancher Region des Reiches sollte es fast zwei Jahrhunderte dauern, bis eine neue »Bildungsrevolution« einsetzen konnte.

Ähnlich verhielt es sich mit den Universitäten. Von den drei Gründungswellen, die sich in der älteren Geschichte der deutschen Universität unterscheiden lassen, war diejenige zwischen 1500 und 1625, der Reformations- und Konfessionsepoche also, mit achtzehn neueröffneten Hochschulen die intensivste, gefolgt vom späten Mittelalter (1348–1500) mit vierzehn und der Zeit des Barock und der Aufklärung (1650–1800) mit elf Neugründungen. Es war die Zeit der Territorial- und Konfessionsuniversitäten: Mit Marburg (1529) und Königsberg (1544), denen später Jena, Helmstedt, Gießen – eine Gegengründung zum inzwischen calvinistischen Marburg –, Straßburg, Rinteln und Altdorf (bei Nürnberg) folgten, setzten sich auch hier die lutherischen Territorien an die Spitze. Sie lieferten den katholischen Reformern das Vorbild und die zur Geldbeschaffung notwendigen Argumente.

»Es ist ja wirklich traurig, daß die Katholiken in Deutschland nun mehr so wenig und noch dazu ganz armselige Universitäten haben«, diese 1576 von dem Jesuiten Petrus Canisius, dem »Zweiten Apostel Deutschlands« und charismatischen Gegenreformator ausgesprochene Klage blieb nicht ungehört. Dafür sorgte nicht zuletzt Canisius selbst: Nachdem der Augsburger Fürstbischof in Dillingen bereits eine Jesuitenuniversität gegründet hatte, kam es in der nächsten Generation zur Eröffnung weiterer gegenreformatorischer Universitäten in Würzburg, Graz, Paderborn, Molsheim (bei Straßburg) und Salzburg, wo die Benediktiner dieselben Aufgaben übernahmen wie andernorts die Jesuiten.

Natürlich hatten bald auch die Calvinisten ihre Universitäten: zwei alte, hochangesehene in Heidelberg und Marburg, die durch die Zweite Reformation der Kurpfalz und Hessen-Kassels dem Calvinismus zugeführt wurden, und eine 1584 gegründete, für ein halbes Jahrhundert sehr erfolgreiche in Herborn, einem Städtchen in der eng mit den Niederlanden verbundenen Westerwälder Grafschaft Nassau-Dillenburg. Hinzu kam eine Reihe von akademischen Gymnasien, unter anderen in Bremen und Burgsteinfurt, die wegen des Ausschlusses der Calvinisten vom Religionsfrieden nicht Volluniversitäten werden konnten.

Die frühneuzeitliche Konfessionsuniversität war zugleich Territorialuniversität, die den jeweiligen Partikularstaat mit Lehrern, Pfarrern und vor allem Beamten für die Lokal- und Zentralverwaltung versorgte. Die konfessionelle Orthodoxie, auf die sich Professoren und staatliche Amtsträger teilweise eidlich festzulegen hatten – etwa in Württemberg und der dortigen Landesuniversität Tübingen auf die lutherische Konkordienformel –, war zugleich eine Verpflichtung auf den Landesherrn und seinen Territorialstaat. Mit der vor allem in der juristischen und theologischen Fakultät deutlichen Ausrichtung auf eine Berufskarriere hatten auch die Professoren und Studenten den Weg in die Neuzeit angetreten. Diese »Professionalisierung« war aber nur ein Impuls unter vielen und kaum der stärkste: Lehre, Lernen und Berufsausübung waren an ein religiöses Bekenntnis gebunden. Neben, ja meist vor der fachlichen Qualifikation war an den Universitäten ebenso wie im Staatsdienst weiterhin das persönliche und familiäre Beziehungsgeflecht ausschlaggebend, wurde die Karriere von der Nähe oder Ferne zum Hof bestimmt, wurden Gerichts- und Verwaltungsämter ebenso vererbt wie Lehrstühle. Die frühneuzeitliche Universität war ein Teil des Alten Reiches und seiner vormodernen Gesellschaft.

Wie die Wissenschaft, so war auch die Kunst dieser Epoche geprägt von der staatlich-kirchlichen Dynamik im Zeichen der Konfessionalisierung. Damit setzte eine Linie ein, die in den nächsten beiden Jahrhunderten in Deutschland jenen Kulturunterschied zwischen dem farbenfrohen und in glühender Leidenschaft an das Überirdische hingegebenen katholischen Süden mit Ablegern im Westen und den in ihrer Religiosität gezügelten protestantischen Landschaften Nord- und Ostdeutschlands entstehen ließ, der dem Reisenden ungeachtet der Kriegszerstörungen auch heute noch ins Auge springt:

Unter der geistig-religiösen Führung der Jesuiten und bei tatkräftiger Mitgestaltung durch kunstsinnige Fürsten – wie die bayerischen Herzöge Albrecht V. (1550–1579) und Wilhelm V. (1579–1597, † 1626), den Würzburger Fürstbischof Julius Echter von Mespelbrunn (1573–1617) oder die steirischen Erzherzöge Karl II. (1564–1590) und Ferdinand III. (1590–1637) in Graz – öffnete sich der Süden weit italienischem, spanischem und südniederländischem Einfluß. In München entstanden zwischen 1589 und 1597 in der Jesuitenkirche St.Michael, der berühmten Il Gesù in Rom nachempfunden, der erste große Kirchenbau in Deutschland seit mehr als hundert Jahren, der italienisch-hochbarocke und einheimische Formen der Spätgotik und der Renaissance zu einem monumentalen Raumeindruck verband und darin Vorbild für viele weitere Kirchen wurde, und das anschließende Jesuitenkolleg, für lange

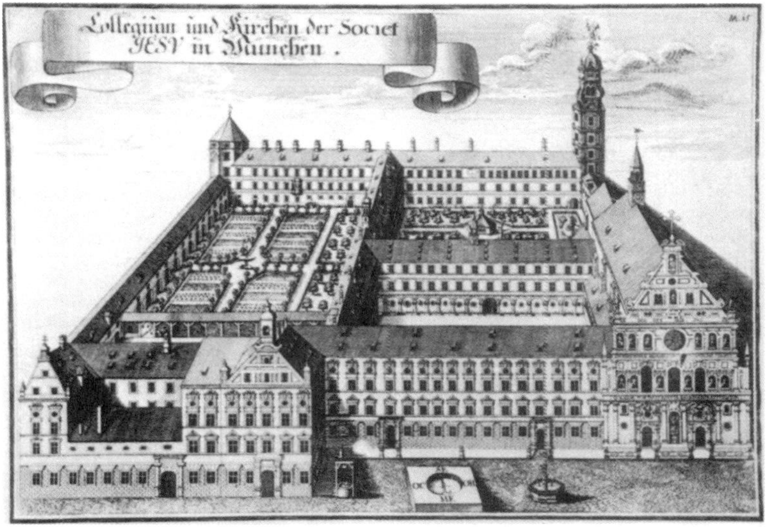

Zu den Monumenten der Gegenreformation gehört auch das Jesuitenkolleg in München, dessen monumentale Raumschöpfung den geistigen und politischen Machtanspruch spiegelt, mit dem ein reformierter Katholizismus dem protestantischen Konfessionsstaat entgegentritt.

Jesuitenkolleg in München mit der Kirche St. Michael Stich von 1696

Zeit der größte Profanbau Europas nach dem Escorial. In Würzburg wurde die ganze Stadt zum Programm der katholischen Reform und des gegenreformatorischen Konfessionsstaates: Echter von Mespelbrunn ließ hier die neuen Kollegiengebäude der 1582 gegründeten Universität zusammen mit dem bereits als Mausoleum geplanten »Templum academicum« über das Maintal hinweg in Sichtbeziehung setzen zu der gewaltigen bischöflichen Festung hoch oben auf dem Marienberg – ein imposanter Dreiklang von fürstbischöflicher Machtentfaltung, katholischem Bildungsprogramm und frühbarocker Allgegenwart des Todes.

Diese Bauten bildeten die Kulisse der alljährlich aufgeführten Jesuitendramen, mit denen die Pädagogen der Societas die Schüler ihrer angesehenen, bisweilen selbst von Protestanten besuchten Gymnasien und zugleich auch die zuschauende Bildungs- und Politikelite einübten in katholische Glaubenstreue

Der Kirchenbau des siegreichen Katholizismus gewinnt im Barock heitere Leichtigkeit und strahlenden Glanz; an die Stelle angsterfüllter Kreuzestheologie tritt der Triumph der Erlösungszuversicht, die sich in einer Gestaltung ausdrückt, die zu Festen geschaffen scheint.

Die berühmte Il Gesu in Rom, Vorbild für viele Barockkirchen Süddeutschlands

und christlich-stoische Standhaftigkeit. Der konfessionellen Akzentsetzung entkleidet, waren das Ideale, die auch das allgemeine Barockdrama darstellte, nicht zuletzt die Tragödien des in den Niederlanden ausgebildeten schlesischen Protestanten Andreas Gryphius (1616–1664). In den 1670er Jahren war es die Bischofsstadt Salzburg mit ihrer von Santio Solari nach dem Muster der Peterskirche in Rom erbauten großartigen Domfassade, vor der der Benediktiner Simon Rettenbacher (1634–1706) dem katholischen Schuldrama nochmals Glanzpunkte setzte. Jesuitengymnasium und Salzburger Benediktineruniversität brachten auch den gewaltigen Bußprediger Abraham a Santa Clara (1644–1709) hervor, der in Wien und Graz durch aufrüttelnde Kanzelreden der barocken Hofgesellschaft ebenso den Spiegel und das Memento mori vorhielt wie dem einfachen Volk.

Ihren Höhepunkt erreichte die katholische Kultur im Alten Reich in den zahlreichen Schloßbauten und in den Wallfahrts- und Klosterkirchen des Hoch- und Spätbarock – zum Beispiel in der Klosterkirche von Banz, in Vierzehnheiligen, in der Wieskirche, Klosterneuburg, im Brühler Schloß der Wittelsbacher Erzbischöfe von Köln und wiederum in Würzburg, wo Balthasar Neumann in der ersten Hälfte des 18. Jahrhunderts die neue fürstbischöfliche Residenz baute, die der Venezianer Giovanni Battista Tiepolo mit Fresken ausmalte. Imponierende Würde, blendender Glanz und erhabene Größe erzeugten eine festliche Stimmung, die zur weltlichen Selbstdarstellung des christlichen Fürsten und zur religiösen Seelenführung des Volkes diente. Eine wohlberechnete Farb-, Form- und Lichtgebung leitete hin zur religiösen Entrückung, in der der Gläubige die überirdischen Güter des Jenseits erahnen und die irdische Drangsal verwinden sollte.

Die predigtbezogene Nüchternheit des protestantischen Gottesdienstes wird in diesem zeitgenössischen Stich greifbar, der den Innenraum eines reformatorischen Gotteshauses bei Nürnberg zeigt.

Nüchtern und streng, mitunter fast düster begegnete demgegenüber der protestantische Christ seinem Gott. Alles war hier auf das Wort, auf die Predigt abgestellt. Nichts sollte den Gottesdienstbesucher von seiner Konzentration auf die Kanzelpredigt und den dadurch in seine Seele eingepflanzten Glauben ablenken. Besonders extrem war der Gegensatz zur süddeutschen Prachtentfaltung bei den reformierten Kirchen. St. Elisabeth in Marburg wurde noch Anfang des 17. Jahrhunderts durch einen späten, obrigkeitlich verordneten Bildersturm von den mittelalterlichen »Götzen- und Heiligenbildern« gereinigt. Selbst Orgel und Kirchenmusik waren zeitweilig verpönt, vor allem dort, wo der Einfluß Zwinglis stark war. Die Altäre machten Tischen Platz, an denen die Gemeinde das Abendmahl einnahm, den kunstvollen Kelch verdrängte der einfache Becher. Die wenigen Neubauten wuchsen zu einfachen Predigtkirchen; auf die Kanzel ausgerichtete »Hörsäle«. Selbst einen Lutheraner fröstelte, wenn er sie betrat:

> »Das ganze Gebäude wird seinem Äußeren nach nicht eine Kirche genannt werden können. Geht man durch eine der Haupttüren ein, so betritt man eine Vordiele mit Aufgang zu den Emporen. Drei große messingene Kronleuchter hängen in der Mitte der Kirche, an den Wänden sind messingene Armleuchter. Vor der Kanzel ist ein durch ein hölzernes Gitter abgekleideter Platz, an dessen vorderer Seite ein erhöhtes Pult für den Vorleser ist. An den beiden Seiten sind Sitze für die Kirchenältesten, für die Prediger und die übrigen Mitglieder des Kirchenrathes. Den Mittelraum unter der Kanzel füllt ein großer, hölzerner Schemel aus, auf den beim Gebrauch der Abendmahltisch und das Taufgerät gestellt wird. Alles Holzwerk ist weiß angestrichen. Am Fuße der Empore sind mit goldenen Buchstaben verzeichnete Bibelsprüche,

die fast alle dem Alten Testament entnommen sind. Übrigens findet sich in der Kirche nichts, was einer lutherischen Kirche angehört: Kein Bild, kein Cruzifix, kein Altar, keine Knieschemel, keine Altarleuchter, kein Taufstein, keine Sakristei, kein Beichtstuhl sind vorhanden. Am äußersten Ende der Nordseite ist eine Kirchenkammer, in welcher die Sitzungen des Kirchenrathes gehalten werden. An den Wänden dieses Zimmers sind Schränke für das Kirchenarchiv, auch sind die Bildnisse sämtlicher Prediger an dieser Kirche dort aufgehängt.«

Wo diese Kirchenbauten direkt von den Niederländern beeinflußt wurden, spiegeln sie die Leichtigkeit und das Können der Architekten des »goldenen Jahrhunderts« wider – so etwa die 1648 vollendete Neue Kirche in Emden, die erste barocke Predigtkirche in Deutschland, die den großen Kirchen Hendrik de Keysers in Amsterdam nachgebaut wurde, deutlich vor allem bei dem Dachreiter mit offener Laterne und Kaiserkrone.

In den lutherischen Landschaften war der Umschlag weniger kraß. Neben Schrifttafeln mit den Zehn Geboten, dem Glaubensbekenntnis oder den Einsetzungsworten von Taufe und Abendmahl findet man hier in den Kirchen weiterhin Altarbilder und sogar neue Wandgemälde, die häufig den Katechismus, das großartige Erziehungsbuch der Lutheraner, in Bildern vorführen. Und natürlich ließen sich auch protestantische Fürsten prächtige Barockschlösser bauen und heroische Denkmäler errichten – nicht zuletzt die Hohenzollern in Berlin und Königsberg durch den gleichermaßen von Niederländern wie Italienern beeinflußten Andreas Schlüter.

Im ganzen gesehen erreichten Malerei und bildende Kunst nun aber nicht mehr die Höhe der »Altdeutschen Meister« des ausgehenden Mittelalters und der Reformationszeit. In einer Zeitspanne von wenigen Jahrzehnten wirkten damals Albrecht Altdorfer (1480–1538), der Hauptmeister der Donauschule, dessen religiöse und mythologische Bilder richtungweisend wurden durch die Behandlung des landschaftlichen Hintergrundes; der Nürnberger Albrecht Dürer (1471–1528), der in dem Kupferstich »Ritter, Tod und Teufel« und in den großen Tafeln der vier Apostel Angst und Hoffen einer ganzen Epoche ausdrücken konnte; die beiden Augsburger Hans Holbein, Vater und Sohn (1465–1524; 1497–1543), der Jüngere, seit 1532 in England beschäftigt, zeichnete sich vor allem durch seine scharf beobachteten, detailreichen Porträts aus; Lukas Cranach der Ältere und der Jüngere, Vater und Sohn auch sie (1472–1553; 1515–1586), die in Wittenberg und am sächsischen Hof lutherische Theologen und Politiker malten und auf Altarbildern die Kernaussagen der Reformation darstellten.

Die strenge Wortgläubigkeit der Reformierten Kirche und der gedankliche Ernst der Gläubigkeit kommen auch in der protestantischen Porträtmalerei zum Ausdruck.

Die Hauptdiakone der Reformierten Gemeinde Emden
Gemälde von Alexander Sanders, 1665

Im 17. Jahrhundert konnte kein Deutscher mit den großen Holländern mithalten. Wie das ebenfalls protestantische Nachbarland zeigt, ist dieser Niedergang nicht allein auf die Konfessionsmentalität zurückzuführen, sondern wesentlich auch darauf, daß für eine protestantisch-bürgerliche Malerei nach Art der Holländer in Deutschland der Markt fehlte. Nur für Einzel- und Gruppenporträts brachten die Bürger noch Geld auf. Die Fürsten holten französische und italienische Meister an ihren Hof, wie etwa Friedrich der Große, der am liebsten galante Stücke von Watteau kaufte.

Große kulturelle Leistungen sind dem deutschen Protestantismus, und zwar fast ausschließlich dem Luthertum, auf einem anderen Felde zu verdanken: auf dem der Musik. Luther hatte als einziger Theologe seiner Zeit die Musik ohne Umschweife als Geschenk Gottes gefeiert, weil sie wie keine zweite Kunst geeignet sei, den Schöpfer zu loben, mit einem Instrument ebenso wie mit der menschlichen Stimme. Es war diese religiös, ja theologisch begründete Hochschätzung der Musik, die das lutherische Kirchenlied hervorbrachte, das die Deutschen zur Nation der Sänger und – im 19. Jahrhundert – der Gesangsvereine werden ließ:

»Wie schön leuchtet der Morgenstern
voll Gnad und Wahrheit von dem Herrn,
die süße Wurzel Jesse!

Du Sohn Davids aus Jakobs Stamm,
mein König und mein Bräutigam,
hast mir mein Herz besessen,
lieblich, freundlich, schön und herrlich,
groß und ehrlich, reich an Gaben,
hoch und sehr prächtig erhaben«,

so sang der lutherische Pfarrer Philipp Nicolai (1556–1608) mit seiner Gemeinde im westfälischen Unna zu Ende des 16. Jahrhunderts während einer großen Pestepidemie. Aus derselben Wurzel wuchsen die Passionen von Heinrich Schütz (1585–1672), Kapellmeister am lutherischen Hof des Kurfürsten von Sachsen, die großen Orgelwerke Dietrich Buxtehudes (1637–1707), Organist an der Marienkirche in Lübeck, die Oratorien und Opern Georg Friedrich Händels (1685–1759), Organistenschüler in Halle an der Saale und gefeierter Komponist in London, und vor allem das großartige Werk Johann Sebastian Bachs (1685–1750), Kantor der Thomasschule zu Leipzig, der sogar dem ganz auf französische Kultur festgelegten Preußenkönig Friedrich Achtung abverlangte.

Noch Ludwig van Beethoven (1770–1827), der dem katholischen Kulturkreis der südlichen Niederlande und des Rheinlandes entstammte, steht im Bannkreis der von Luther ausgehenden religiösen Begründung der deutschen Musik: Goethe solle, so schrieb er 1810 an Bettina Brentano, seine Sinfonien hören, damit er erfahre, »daß Musik der einzige unverkörperte Eingang in die höhere Welt des Wissens ist … So vertritt die Kunst allemal die Gottheit und das menschliche Verhältnis zu ihr ist Religion.« Die Musik Beethovens ist keine Kirchenmusik mehr. Deren religiöse Antriebe sind aber in ihr aufgehoben. Die musikalische Empfindsamkeit der Deutschen im 19. und 20. Jahrhundert gründete auf dem säkularisierten Boden der religiös-kirchlichen Musikkultur der Frühneuzeit.

5. Der Große Krieg – Deutschland in der allgemeinen Krise des 17. Jahrhunderts

Tränen des Vaterlandes. Anno 1636

Wir sind doch nunmehr ganz, ja mehr denn ganz verheeret!
Der frechen Völker Schar, die rasende Posaun,
Das vom Blut fette Schwert, die donnernde Kartaun
Hat aller Schweiß und Fleiß und Vorrat aufgezehret

Die Türme stehn in Glut, die Kirch ist umgekehret,
Das Rathaus liegt im Graus, die Starken sind zerhaun,
Die Jungfern sind geschändt, und wo wir hin nur schaun,
Ist Feuer, Pest und Tod, der Herz und Geist durchfähret.

Hier durch die Schanz und Stadt rinnt allzeit frisches Blut.
Dreimal sind schon sechs Jahr, daß unser Ströme Flut,
Von Leichen fast verstopft, sich langsam fort gedrungen.

Doch schweig ich noch von dem, was ärger als der Tod,
Was grimmer denn die Pest und Glut und Hungersnot:
Daß auch der Seelen Schatz so vielen abgezwungen.

Andreas Gryphius mußte noch zwei weitere Male das Zeitmaß von sechs Jahren erleben, bis die dreißig langen Jahre des Großen Krieges für ihn und sein deutsches Vaterland erfüllt waren und er zum »Schluß des 1648. Jahres« dankbar und flehend zugleich ausrufen konnte:

»Herr, es ist genug geschlagen,
Angst und Ach genug getragen;
Gib doch nun etwas Frist, daß ich mich recht bedenke!«

Dieser Dreißigjährige Krieg, wie er schon bald nach Abschluß des Westfälischen Friedens genannt wurde, war ein Glaubenskrieg in Deutschland und ein europäischer Krieg. Er war eine militärisch-politische Spielart der gemeineuropäischen Krise des 17. Jahrhunderts. Und er war eine Extremform des politischen und gesellschaftlichen Wandels hin zum neuzeitlichen Deutschland und Europa, somit gar Modernisierungsimpuls in aller Schrecklichkeit. 1618 mit dem berühmten Prager Fenstersturz entzündet, pflanzte sich der Brand in immer neuen Kreisen fort – vom Böhmisch-Pfälzischen (1618–1623) und Dänisch-Niedersächsischen Krieg (1625–1629), noch vorwiegend auf die inneren Probleme des Reiches konzentriert, zum Schwedischen (1630–1635) und Schwedisch-Französischen Krieg (1635–1648), als es zunehmend um auswärtige Interessen und die Balance im europäischen Mächtesystem ging, bis hin zum Westfälischen Friedensschluß von 1648.

Dieser Dreißigjährige Krieg war Leidensschicksal für zwei Generationen von Menschen, die das grausame Geschehen nicht verstanden und sich dennoch einrichten mußten im Chaos, in der ständigen Gefahr der Entwürdigung. Unmenschlich war das Schicksal als Opfer, wie es der bayerische Dorfschuhmacher Hans Heberle rückblickend in seiner seit 1618 geführten Chronik beschreibt: »Wir seyen gejagt worden wie das gewildt in wäldern. Einer ist ertapt und übel geschlagen, der andere gehauwen, gestochen, der dritte gar erschoßen worden, einem sein stückhle brot und kleider abgezogen und genommen worden.« Entmenschlicht waren aber auch die Täter: In seiner Unschuld kann der Knabe Simplicius Simplicissimus in dem Roman des Christoph von Grimmels-

Musketiere zu Beginn des 17. Jahrhunderts

Der Dreißigjährige Krieg ist die größte Katastrophe der Mitte Europas nach der Pest von 1348. Die Not des einfachen Volkes zeigt dieses Bild, auf dem ein Soldat einen Bauern reitet.

Holzschnitt aus einer Flugschrift des Dreißigjährigen Krieges

hausen (1621–1676) die Soldaten nicht als Menschen erkennen. Er sieht »Roß und Mann für eine einzige Kreatur an und vermeinte nicht anders, als es müßten Wölfe sein.« Und selbst als diese – von ihm in das versteckt im Spessart gelegene Dorf geführt – das Vieh abschlachteten, Magd und Mutter vergewaltigten, dem Knecht Jauche einflößten und dem gefesselten Vater »die Fußsohlen mit angefeuchtetem Salz einrieben, welches ihm unsere alte Geiß ablecken mußte«, muß er mit dem lachend in den Wahnsinn getriebenen Vater »Gesellschaft halber, oder weil ich's nicht besser verstunde, von Herzen mitlachen«. Denn er kann diese Brutalität nicht als Realität, sondern nur als Scherz begreifen. Aber das sich rasch drehende Rad der Fortuna sorgte dafür, daß der Soldat, der seine Freiheit täglich aufs neue mit dem Einsatz seines Lebens erkaufen mußte, nur zu leicht selbst Opfer wurde – gezwungen, mit faulenden Gliedstummeln oder als lahmgeschossener Krüppel bettelnd auf die Straße zu gehen.

Je länger der Krieg sich hinschleppte, um so mehr wurde den Deutschen die Soldateska zum Inbegriff der Sittenlosigkeit, ja des Teuflischen schlechthin. Neben dem religiösen Fanatismus, der insbesondere die Spanier auszeichnete, und der Abstumpfung durch das Kriegserleben selbst, trug zu dieser Verrohung bei, daß die Söldner längst nicht mehr »aus dem Land« stammten, sondern aus aller Herren Länder zusammengelaufen waren – Schotten, Franzosen, Kroaten, Wallonen, Italiener und viele mehr. Aus den »*Lands*knechten« des frühen Reformationsjahrhunderts waren »Kriegs*völker*« geworden. Zwar war seit den Vorschlägen des Kaiserlichen Feldhauptmanns Lazarus Schwendi (1522–1584) die Diskussion um eine Verbesserung der Disziplin nicht abgebrochen. Fürsten und Militärtheoretiker wie Graf Johann von Nassau-Siegen (1561–1623) und Johann Jacobi von Wallhausen (1580–1627) formulierten hohe Ansprüche an den Soldatenberuf: Ein moralisch gezügeltes Pflichtbewußtsein sollte einhergehen mit der perfekten Beherrschung des Körpers und der Waffen, dazu sollten Grundkenntnisse in der Mathematik und der Fortifikationstechnik kommen, die vor den großen Festungsbauten des Barock immer wichtiger wurden.

Die Realität des Krieges aber züchtete Wolfsnaturen. Als es am 6. Juli 1630 bei Peenemünde in Pommern landete, war das schwedische Bauernheer unter Gustav Adolf eine Ausnahme an Disziplin und Ordnung; wenige Jahre später gab es dem berüchtigten »Schwedentrunk« den Namen, den wir aus dem Bericht des Simplicissimus kennen. Gerade aus dieser kaum noch überbietbaren Fanatisierung der politischen Gegensätze und der Verrohung der Kriegsführung wuchs aber auch unaufhaltsam der Zwang zur Einhegung der zerstörerischen Kräfte. Im Laufe der folgenden Jahrzehnte entwickelte sich ein Kriegs- und Völkerrecht, das bald allgemein anerkannt wurde und schließlich zu einer Humanisierung des Kriegsgeschehens führte.

Am Ende dieser Schreckenserfahrung wurde die ausweglose Totalkonfrontation der Weltanschauungssysteme durch die Trennung von Konfession und Politik überwunden. Das war zugleich ein Schritt hin zum modernen, pragmatisch bestimmten Verständnis von politischem Handeln. Vorbereitet im Rechtsdenken des Jesuiten Francisco Suárez (1548–1617) in Spanien und des Hugo Grotius (1583–1645) in den Niederlanden, feierte diese Gesinnung 1625 bei der Übergabe Bredas an die Spanier einen frühen Triumph. Festgehalten ist das in dem berühmten Bild »Las Lanzas« von Diego de Velázquez (1599–1660): Der spanische Feldherr Ambrogio de Spinola erhält von Justinus von Nassau die Schlüssel der Festung, Sieger und Besiegter sind vereint in einer großherzigen Geste der Humanität.

Läßt man die konkreten Ursachen, Ziele und Zwecke beiseite, gibt sich der Dreißigjährige Krieg einschließlich seiner Inkubationszeit als Teil jener »allgemeinen Krise des 17. Jahrhunderts« zu erkennen, mit der die europäische Entwicklung nach dem Aufschwung und der inneren Formierung sowie der äußeren, kolonialen Expansion zu Beginn der Neuzeit nun in eine Phase ökonomischer und demographischer Stagnation sowie zwischen- und innerstaatlicher Turbulenzen eintrat. Dahinter stand ein verzweigtes Geflecht demographischer, sozio-ökonomischer, staatlich-politischer, teilweise auch kultureller Ursachen. Ungeachtet der europäischen Zusammenhänge war die konkrete Ausprägung der Krise in den einzelnen Ländern und Regionen unterschiedlich, abhängig von dem Entwicklungsstadium und dem ereignisgeschichtlichen Verlauf des 16. Jahrhunderts.

Das gilt bereits für den Basisvorgang, die Bevölkerungsentwicklung: Im Vergleich zur rasanten Expansion des 16. Jahrhunderts, als die europäische Bevölkerung schätzungsweise von 81 auf 104 Millionen, also um mehr als 25 Prozent anstieg, flachte das Wachstum im 17. Jahrhundert gesamteuropäisch gesehen deutlich ab. Die europäische Bevölkerung wuchs nur noch um zehn Prozent, nämlich von 104 auf 115 Millionen. In der Mittelmeerzone war die Bevölkerungsentwicklung sogar rückläufig, wenn auch nur von 23 auf 22 Millionen. In Zentraleuropa stagnierte sie bei 36 Millionen mit einem deutlichen Rückgang in der ersten Hälfte des 17. Jahrhunderts. Im Nordwesten, also in den Niederlanden und Belgien, England und Skandinavien, ist dagegen auch für das 17. Jahrhundert eine deutliche Expansion zu registrieren, und zwar von 12 auf 16 Millionen.

Infolge der Kriegseinwirkungen war die Bewegung in Deutschland besonders extrem. Dem Anstieg von 12 auf 15 Millionen während des 16. Jahrhunderts folgte ein Zusammenbruch auf 10 bis 12 Millionen; der Krieg hatte fast ein Drittel der Bevölkerung gekostet. Erst seit dem letzten Drittel des 17. Jahrhunderts vermehrte sich die Bevölkerung wieder kontinuierlich, und zwar auf 15 Millionen um 1700 und 17 Millionen um 1750, wobei allerdings auch innerhalb des Reiches deutliche regionale Unterschiede zu beobachten sind. Vor 1618 gab es offenbar keine krisenhaften Einbrüche, vielmehr setzte sich in den meisten Städten und zumindest in einigen Landregionen der Bevölkerungsanstieg fort, wenn auch mit ganz niedrigen Wachstumsraten.

Ähnlich sah es auf der Wende vom 16. zum 17. Jahrhundert hinsichtlich der Wirtschaftskonjunktur und der sozialen Lage breiter Bevölkerungsschichten aus. Auch hier war eine eindeutige Verschlechterung eingetreten, ohne daß man bereits von einer allgemeinen, manifesten Krise sprechen könnte. Aber die regionale Umschichtung nahm ihren Lauf: Der Norden und Nordwesten expandierten; vor allem in Hamburg und Frankfurt, aber bald auch in Leipzig entstanden zukunftsgerichtete Wirtschaftszweige. Der Süden fiel weiter zurück, wenn es auch mitunter neue Wachstumsimpulse gab, so etwa in der Augsburger Textilproduktion, die gerade zu Anfang des 17. Jahrhunderts in eine neue Blütephase eintrat, vermutlich auf Kosten der kleineren umliegenden Textilzentren.

Zu den augenfälligen Zügen der Vorkriegszeit zählt eine sozialpsychologische Erregtheit, mit der sich die Krise anzukündigen scheint. In den Jahrzehnten um die Wende zum 17. Jahrhundert durchfuhr viele Städte vor allem Nord-,

West- und Ostdeutschlands eine Aufstandswelle: von Hamburg, Bremen und Emden über Celle, Göttingen, Braunschweig, Leipzig und Stralsund hin nach Köln, Aachen und Frankfurt. Gleichzeitig kam es zu einer Folge von Judenpogromen, der blutigste 1614 während einer Erhebung der Frankfurter Bürgerschaft gegen ihren Rat. Dieser berüchtigte Fettmilch-Aufstand – nach dem Anführer, dem Bäcker Vinzenz Fettmilch benannt – hielt das Reich längere Zeit in Atem. Und auch die Hexenjagd, eine Erscheinung nicht des zu Ende gehenden Mittelalters, sondern der angebrochenen Frühmoderne, nahm mancherorts Züge einer Massenhysterie an. In der zweiten Hälfte des 16. Jahrhunderts einsetzend – und zwar unabhängig von der Konfessionsverteilung –, erreichte sie in Deutschland ihren Höhepunkt im Dreißigjährigen Krieg.

Man beobachtete gespannt den Sternenhimmel und wartete auf Zeichen, der Kaiser ebenso wie der adlige Kriegsmann oder der einfache Handwerker. Als der im Ulmer Territorium lebende Dorfschuster Johannes Heberle 1618 einen Komet sah »in gestalt einer schröcklichen rutten, die unß von Gott heftig tröwet [drohte], von wegen unsers sindtlichen lebens«, da beschloß er in einem »Zeytregister« alles Geschehen niederzuschreiben.

Diese seelischen Erregungswellen, die über ganz Deutschland gingen, hatten viele Ursachen, nicht zuletzt die ständig zunehmende Feindschaft der Konfessions- und Militärblöcke im Reich. Allein mit wirtschaftlichen Schwierigkeiten lassen sie sich nicht erklären. Sie verschärften sich, als unmittelbar nach dem Ausbruch des Krieges eine gewaltige Teuerungswelle durch das Reich lief. Der Geldbedarf der Kriegsherren ließ den seit langem steigenden Silberpreis so emporschnellen, daß kein Münzgesetz und keine Polizeiordnung mehr in der Lage waren, die Falschmünzerei zu verhindern. Die »Kipper und Wipper« traten auf den Plan. Sie »kippten« die gute Münze, indem sie sie an den Rändern beschnitten oder durch Münzen minderwertiger Legierungen ersetzten, und sie »wippten« beim Abwiegen des Edelmetalls, indem sie präparierte Waagen benutzten.

Doch diese Finanzkrise war bereits ein Teil des Kriegsgeschehens. Trotz verfeinerter Möglichkeiten systematisch-sozialwissenschaftlicher Trendanalysen bleibt es letztlich ungewiß, wie sich Bevölkerung und Wirtschaft ohne den Dreißigjährigen Krieg entwickelt hätten. Wäre das deutsche Wirtschaftssystem zumindest in bestimmten Zonen, etwa des Rheinlandes und Nordwestdeutschlands, nicht doch in der Lage gewesen, sich ähnlich wie das holländische auf das hohe Bevölkerungsniveau einzustellen, um dadurch ohne schwerere soziale und politische Erschütterungen eine Stabilisierung der Gesellschaft zu ermöglichen? Da selbst Anhänger fatalistischer oder mechanistischer Ge-

Das ausweglose Gegeneinander der Glaubensbekenntnisse und Weltanschauungssysteme, das Europa im allgemeinen und Deutschland im besonderen an den Rand des Abgrunds gebracht hatte, wurde am Ende in einem neuen Denken des Ausgleichs überwunden. Symbolisch führt das Gemälde von der Übergabe der niederländischen Festung Breda diese Wende vor: Sieger und Besiegte sind in der Geste der Humanität vereinigt.

Gemälde von Diego Velázquez, um 1642

schichtsdeutung kaum so verwegen sein dürften, den Krieg als eine List der Geschichte zur Lösung des Übervölkerungsproblems in Mitteleuropa zu deuten, müssen wir die politischen und religiösen Verhältnisse und Entwicklungen, die in die militärische Konfrontation führten, als die spezifischen Erscheinun-

Die Geldentwertung im Gefolge der Kriegswirren führte nicht nur zu Teuerungswellen, sondern auch zu Währungsbetrug: Die Münzen wurden beschnitten und die Waagen präpariert. Betrügerische Geldwechsler trieben die Münzen in die Höhe.

gen und Bedingungen der deutschen Krise begreifen. Die erzwungene und weder politisch noch geistig bewältigte Mehrkonfessionalität, verbunden mit einer kleinräumigen Staatsbildung in den konkurrierenden Fürstentümern führten dazu, daß in Deutschland die allgemeine Krise des 17. Jahrhunderts zum inneren Krieg zwischen territorialstaatlichen und konfessionellen Machtallianzen wurde. Verlauf und Ausgang dieser deutschen Katastrophe entschieden zugleich über das Schicksal Europas insgesamt.

Angesichts dieser Ausgangslage war der Konflikt bereits früh vorauszusehen, ebenso die Gefahr einer unkontrollierbaren Ausdehnung. Der Augsburger Religionsfriede hatte einige damals unüberwindbare Streitpunkte notgedrungen liegengelassen und ihre Lösung auf später vertagt. Das betraf vor allem die umstrittene Säkularisation landsässiger Klöster und das Reformationsrecht in den geistlichen Territorien. Mit dem Weg in die Konfessionalisierung betätigten sich die nachfolgenden Generationen aber als Zauberlehrlinge, die die Geister, die sie zur sakralen Fundierung ihrer Territorialgewalt und zur Formierung der Territorialgesellschaft gerufen hatten, nicht mehr loswurden. Ja, eigentlich wollten sie sie gar nicht loswerden. Denn im Streben nach Revision und Expansion war zumindest eine Gruppe katholischer und protestantischer Fürsten zu einem Risiko bereit, das sie für kalkulierbar hielten. Damit war aber die Kompromißgrundlage des Friedens verspielt.

Als erstes Steuerungsinstrument fiel ab 1588 und endgültig dann im Jahre 1600 das Reichskammergericht aus, weil die Konfessionsparteien es zur Durchsetzung ihrer Machtforderungen mißbrauchten. 1608 geschah dasselbe mit dem Reichstag. Im selben Jahr schloß sich unter Führung der Kurpfalz die protestantisch-calvinistische Aktionspartei zum Militärbündnis der Union zusammen. 1609 folgte die Gründung der katholischen Liga unter der Führung Bayerns.

Daß der Funke sich in einem der habsburgischen Territorien entzündete, und zwar beim Wechsel von dem schwachen, nachgiebigen Regiment Rudolfs II. und Matthias' zu dem entschlossen antiständischen und gegenreformatorischen Regime ihres Neffen, entsprach einem weitverbreiteten Mechanismus. Aufstände treten vorzugsweise dann auf, wenn bei wichtigen Gesellschaftsgruppen – hier den Ständen und den Protestanten – die zuvor rasch angestiegenen Zukunftserwartungen plötzlich und radikal zusammenbrechen. Mit dem Regierungsantritt Ferdinands II. sah sich die protestantische Ständemehrheit in Böhmen und Mähren unter Zugzwang, wollte sie nicht alles das an politischer und religiöser Freiheit verlieren, was sie soeben in zähem Kampf errungen hatte.

Und als sich der junge, lebenslustige Kurfürst Friedrich V. von der Pfalz, gedrängt von seinen ehrgeizigen Beratern und seiner stolzen Frau, einer englischen Königstochter, bereitfand, gegen den Habsburger anzutreten, indem er die von den böhmischen Ständen angebotene Königskrone annahm, bewahrheitete sich die Befürchtung seines Kölner Kurfürstenkollegen: »Sollte es so sein«, hatte dieser kurz zuvor gesagt, »daß die Böhmen im Begriffe ständen, Ferdinand abzusetzen und einen Gegenkönig zu wählen, so möge man sich nur gleich auf einen zwanzig-, dreißig- oder vierzigjährigen Krieg gefaßt machen.« Das war weniger Prophetengabe als Realitätssinn eines Mannes, der als Bruder des bayerischen Herzogs und Führers der katholischen Liga inmitten des politischen Ringens stand.

Nach der pfälzischen Entscheidung war der Flächenbrand eines deutschen und europäischen Krieges nicht mehr zu vermeiden. Denn zugleich mit den Führern der Glaubensparteien innerhalb des Reiches standen sich zwei europäische Macht- und Weltanschauungssysteme gegenüber: die Casa de Austria als Exponent einer aggressiven Gegenreformation und der nicht minder entschlossen auftretende internationale Calvinismus.

Der tschechische Historiker Josef Polišenský spricht sogar von einer Konfrontation der Gesellschaftssysteme: auf der einen Seite der katholisch, absolutistisch-autokratische Feudalismus der europäischen Adelsgesellschaft mit dem Brennpunkt in Madrid und auf der anderen die protestantische, republikanisch-demokratische Bürger- und Handelswelt mit den nördlichen Niederlanden als gegenwärtiger und England als zukünftiger Führungsmacht. Das ist eine brillante, aus der tschechischen Erfahrung gespeiste Deutung, die jedoch die Komplexität und Widersprüchlichkeit der historischen Realität nicht ganz einzufangen vermag. Der adelig-höfische Absolutismus war ja nicht weniger ein Schritt hin zur neuzeitlichen Gesellschaft, als es die keineswegs modern-bourgeoise Wirtschafts- und Bürgerwelt Nordwesteuropas war, allerdings – das sei nicht geleugnet – mit ganz anderen politischen und gesellschaftlichen Konsequenzen.

Vor allem aber gehen weder die religiösen noch die machtpolitischen Gegensätze in einer gesellschaftsgeschichtlichen Zuordnung auf. So folgte etwa die pfälzische Politik unter calvinistischem Vorzeichen in gleicher Weise autokratisch-territorialstaatlichem sowie fürstlibertärem Muster, wie das auf der Gegenseite Maximilian von Bayern tat. Maximilian war Vorkämpfer der Gegenreformation und Zweckverbündeter des Kaisers und zugleich Verfechter bayerischer Territorialstaatsinteressen und reichsständischer Libertät. Damit war er aber ein Gegner der absolutistischen Bestrebungen des Hauses Habsburg, der »spanschen Servitut«, wie es damals unter den Fürsten hieß, und also Partner der Franzosen in ihrem Kampf gegen die spanisch-habsburgische Hegemoniestellung in Europa. Bereits die katholische Allianzpolitik Herzog Maximilians, die ihn zum Haupt des vom Kaiser unabhängigen Liga-Heeres machte, war Ausdruck dieses Prinzips.

Die große Stunde des Bayernherzogs kam dann 1619/20, als er dem militärisch ganz unzureichend vorbereiteten Ferdinand II. in Böhmen gegen den Pfälzer zur Seite sprang. Der glänzende Sieg über die »Rebellen« am 8. November 1620 in der Schlacht am Weißen Berg, dem zögernden Befehlshaber der kaiserlichen Armee, Graf Buquoy, geradezu abgerungen, war ein persönlicher Triumph Maximilians und seines von Tilly kommandierten Liga-Heeres. Sie stellten den Feind und gingen energisch zum Angriff über, obgleich der Fürst

Kurfürst Friedrich V. von der Pfalz wird nach der Niederlage am Weißenberg als »Winterkönig« und Glücksritter verspottet.

Flugblatt von 1621 mit dem Rad der Fortuna

von Anhalt auf dem Höhenzug des Weißen Berges seine pfälzisch-böhmischen Truppen in günstiger Stellung hatte aufmarschieren lassen. Der Erfolg gab dem Bayern recht: Das zuerst angegriffene Regiment Thurn wich vor dem Stoß der kaiserlichen Kavallerie zurück, die böhmischen Musketiere brannten hastig und zu früh ihre Gewehre ab. Als sie die Flucht ergriffen, zogen sie die Pikeniere, deren Lanzen dem Feind den letzten Hieb versetzen sollten, mit sich fort – binnen einer halben Stunde war der ganze linke Flügel der böhmischen Armee in Auflösung begriffen. Der Rest sah sich einer Zangenbewegung der Kaiserlichen und der Bayern ausgesetzt, so »daß er«, wie Herzog Maximilian am nächsten Tag an den Kurfürsten von Sachsen schrieb, »anfänglich seine aufgeworfene Schanz, hernach alle seine Feldstück [Kanonen], deren wir 7 erobert, verlassen und nach Prag, teils in den Tiergarten durch die Flucht zu salvieren sich unterstanden«. Friedrich von der Pfalz, der Winterkönig, wie er bald spöttisch genannt wurde, hatte ausgeträumt. Gleichsam vom Festbankett weg mußte er die Flucht ins Exil antreten – ein Opfer auch er, doch seiner eigenen übersteigerten Ziele.

Die Schlacht am Weißen Berge, deren Verlauf hier stellvertretend für die vielen noch folgenden Treffen des langen Krieges geschildert wurde, war eine der kürzesten und zugleich diejenige, die die Sieger am entschiedensten nutzten: Über die Aufständischen brach ein furchtbares Strafgericht herein. Mit Todesurteilen und Massenenteignungen sorgten die neuen alten Herren dafür, daß in kurzer Zeit der »widerspenstige Adel Böhmens und Mährens« ersetzt wurde durch einen dem Katholizismus und den Habsburgern ergebenen Neuadel.

Vor allem aber für Maximilian von Bayern hatte sich der Einsatz gelohnt. Durch den triumphalen Sieg, den er dem Kaiser zu Füßen gelegt hatte, hatte er zugleich die eigene territoriale und reichspolitische Machtposition erheblich gefestigt, auch gegenüber seinem kaiserlichen Vetter Ferdinand. Dieser mußte ihm die Kurwürde übertragen, die der geächtete Pfälzer verwirkt hatte, dazu die Oberpfalz als Pfand für die Kriegskosten. In seinem eigenen Territorium konnte der neue Kurfürst nun die entscheidenden Schritte zur Entmündigung der Landstände und zum Aufbau des fürstlichen Absolutismus tun.

Diese Entwicklung zum absolutistischen Territorialstaat wurde in Bayern wie in den anderen deutschen Territorialstaaten wesentlich erleichtert – wenn nicht gar erst ermöglicht – durch den Notstand des Krieges, der »necessitas«-Situation, wie es im Staatsrecht des 17. Jahrhunderts hieß. Die landesherrlichen Juristen erklärten die Fürsten für befugt, zur Abwendung der dem Lande drohenden Gefahr die Untertanen auch ohne oder mit nur formaler Zustimmung der Stände zu besteuern. Damit wurde das zentrale Mitwirkungsrecht der Landstände ausgehöhlt. Landtage traten von nun an nur noch selten zusammen oder wurden durch Ständeausschüsse vertreten. Die von den Steuern bezahlten Söldnerheere entwickelten sich im Verlauf des 17. Jahrhunderts zu stehenden Heeren fort, wozu der Westfälische Friede die reichsrechtlichen Grundlagen schuf. Damit hatten die armierten Fürsten innerhalb ihrer Territorien ein bis dahin nicht gekanntes Machtinstrument erlangt, mit dem sie jeden ständischen Widerstand im Keim ersticken konnten.

Der Entwicklungszusammenhang zwischen Krieg, Rüstung und Absolutismus läßt sich im 17. Jahrhundert allenthalben in Europa beobachten – selbst in den republikanischen Niederlanden. Aufgrund der langen Kriegsperiode griffen die Veränderungen in Deutschland aber besonders tief.

Daß der Krieg mit der »Befriedung« Böhmens nicht sein Ende fand, hing auch damit zusammen, daß die protestantischen Söldnerführer Ernst von Mansfeld und Christian von Halberstadt zusammen mit den frommen, für die protestantische Sache einstehenden Markgrafen Georg Friedrich von Baden-Durlach auf eigene Faust die Kämpfe nach West- und Nordwestdeutschland trugen und daß auch auf katholischer Seite die Kriegsprofiteure nicht daran dachten, die ihnen gebotene Chance ungenutzt verstreichen zu lassen.

Der skrupelloseste, aber auch der genialste unter ihnen war der böhmische Adelige Albrecht von Wallenstein (1583–1634). Aus eher bescheidenen Verhältnissen stammend, hatte er seine Fortune eingeleitet durch eine Eheverbindung mit einer begüterten jungen Witwe, was deren Beichtvater zur Stärkung der katholischen Partei geschickt angebahnt hatte. Nach der Schlacht am Weißen Berg, an der er selbst nur indirekt durch sein wallonisches Reiterregiment teilgenommen hatte, rundete er seine Besitzungen ab, indem er fünfzig der konfiszierten Adelsgüter, die zu Schleuderpreisen auf den Markt geworfen

Wallensteins atrologisches Amulett mit der Sternkonstellation des Feldherrn

Auf der Bühne des Geschehens agierte Wallenstein, herrschaftsbesessen und tragikumwittert; im fernen Wien führte Ferdinand III. vor, daß auch ein schwacher Herrscher über einen mächtigen Heerführer triumphiert.

Ferdinand III. im Krönungsornat und mit dem Siegerlorbeer Zeitgenössischer Stich

wurden, aufkaufte. Dem von Johannes Kepler aufgestellten Horoskop vertrauend, das sein Leben in dieselbe Sternenkonstellation rückte wie das der großen Königin Elisabeth von England, und die Zeichen der Zeit richtig deutend, setzte Wallenstein auf Krieg und auf den Kaiser. So machte er sein Herzogtum Friedland zu einer einzigen Kriegsfabrik, in der Waffen, Munition, Schanzzeug, Kleidung und Schuhwerk, kurz: alles produziert wurde, was eine Armee damals brauchte. Und diese Armee stellte er dann auch gleich auf eigene Kosten auf und zwar in der stattlichen Stärke von vierzigtausend Mann.

Die Geschäftsverbindung zwischen dem Kriegsunternehmer, der zur Profitmaximierung nach dem Grundsatz »der Krieg soll den Krieg ernähren« wirtschaftete, und dem kaiserlichen Kriegsherrn, der erstmals ein schlagkräftiges Heer sein eigen nannte und damit unabhängig von seinem bayerischen Verbündeten operieren konnte, bewährte sich 1627 und 1628 in einem triumphalen Siegeszug durch Norddeutschland. Ohne die Stände zu beteiligen, erließ Ferdinand II. daraufhin im März 1629 ein Restitutionsedikt, das eine umfangreiche Umschichtung des territorialen Besitzstandes zugunsten der Katholiken verfügte. Im bislang kaiserfernen Norddeutschland wurden mehrere der den Protestanten abgesprochenen geistlichen Territorien den Habsburgern übertragen: Das Reich sollte wieder katholisch und zugleich kaiserlich-habsburgisch werden.

Wallenstein ließ sich das Herzogtum Mecklenburg als kaiserliches Lehen übertragen und trat damit in den Reichsfürstenstand ein. Aus dem untertänigen böhmischen Landjunker war ein mächtiger und selbständiger Herrscher geworden. Als »General des ozeanischen und baltischen Meeres«, dieses Amt hatte er inzwischen auch inne, war er entschlossen, seinem Befehl über den Küstensaum des Reiches hinaus Geltung zu verschaffen. Fortuna konnte aber selbst er nicht überlisten: Dem strahlenden Aufstieg folgte ein jäher Sturz. Die echten Fürsten des Reiches verachteten den Homo novus wie sie ihn fürchteten. Auf einem Kurfürstentag in Regensburg erzwangen sie 1630 die Entlassung des kaiserlichen Feldherrn, wobei der französische Gesandte, der Kapuziner Père Joseph, sie geschickt ansporntе. Am unerbittlichsten verhielt sich dabei der eben erst ernannte Kurfürst Maximilian von Bayern, ein Aufsteiger auch er, aber der Sproß einer alten und anerkannten Fürstendynastie.

Wallenstein war noch einmal eine glänzende Rückkehr vergönnt, weil nur er den nun auf dem Schlachtfeld erscheinenden schwedischen Löwen zu bändigen versprach. Nach der schweren Niederlage bei Breitenfeld drängte ihm der Kaiser im Dezember 1631 den Oberbefehl geradezu auf. Wenig später mußte er ihm offensichtlich sogar die unumschränkte Befehlsgewalt »in absolutissima forma« zugestehen und sich verpflichten, vom Heer fernzubleiben. Das wurde

Da der Kaiser dem mächtigen Heerführer keinen ordentlichen Prozeß machen kann, wird Wallenstein am 25. Februar 1634 in der böhmischen Festung Eger durch den irischen Hauptmann Devereux ermordet.

Zeitgenössische Federzeichnung

mündlich vereinbart und ist nur durch spätere Quellen überliefert, die dem Generalissimus übelwollten. Aber auch die Ereignisse zeigen, daß Wallenstein jetzt noch unabhängiger schalten und walten konnte und daß er weniger denn je ein an Weisungen gebundener General im modernen Sinne war. Doch die Zeitspanne war kurz bemessen. Als er weitausgreifende Macht- und Friedenspläne entwickelte und hierüber hinter dem Rücken des Kaisers mit Sachsen und den böhmischen Emigranten, ja selbst mit Frankreich und Schweden Fühlung aufnahm, schien er den schmalen Grat der auch ihm auferlegten Loyalität gegenüber dem Kaiser als Reichsoberhaupt verlassen zu haben. Damit war sein Schicksal besiegelt. Auch am Kaiserhof traute man ihm nun zu, nach Königskronen oder gar der Kaiserkrone zu greifen. Am 25. Februar 1634 wurde Wallenstein in der Festung Eger von gedungenen Mordschergen niedergestochen wie ein toller Hund: Das frühneuzeitliche Reichssystem hatte den genialen Glücksritter des Krieges besiegt. Im Deutschland des 17. Jahrhunderts war es nicht mehr möglich, nach Art der italienischen Renaissance-Kondottieri mit dem Schwert Dynastien und Fürstenhäuser zu begründen.

Und auch die Zeit, in der es hätte gelingen können, einen kaiserlichen Reichsstaat zu errichten, war vorbei. Der Widerspruch, den Ferdinand II. 1630 auf dem Regensburger Kurfürstentag hatte hinnehmen müssen, richtete sich auch gegen den kaiserlichen Reichsabsolutismus, wie er mit dem Restitutionsedikt am Horizont aufzuziehen drohte. Geführt von Bayern, hatte sich quer zu den Konfessionsblöcken die »Partei« der Fürsten-Libertät formiert. Wie 1548/52 zwischen Moritz von Sachsen und Karl V. endete auch das Bündnis zwischen Maximilian von Bayern und Ferdinand II. dort, wo der Kaiser seine Macht auf Kosten der Fürsten und der Territorialstaaten auszuweiten trachtete. Im Prager Frieden von 1635 wurde Ferdinand II. dann endgültig wieder auf das 1555 eingesetzte austarierte Reichssystem verpflichtet. Damit war im Prinzip die innerdeutsche Entscheidung gefallen, zumal die meisten Reichsstände diesem Frieden beitraten. Doch der Krieg war von Anbeginn mehr als ein deutsches Ereignis gewesen, so daß noch über ein Jahrzehnt um die Konturen einer europäischen Neuordnung zu ringen war.

Das europäische Mächtesystem besaß zu Anfang des 17. Jahrhunderts eine Eigendynamik, die von der jeweiligen Staatsräson – ein Schlüsselbegriff in der politischen Theorie des Jahrhunderts – seiner einzelnen Mitglieder bestimmt wurde, die ihrerseits häufig quer zu den konfessionellen und gesellschaftlich-ökonomischen Kraftlinien verlief. Abgesehen von ihrer allgemeinen gegenreformatorischen und dynastischen Politik war die europäische Hegemonialmacht Spanien innerhalb des Reiches vor allem an der Sicherung der »Spanischen Straße« interessiert, das heißt an der über die Schweizer Alpenpässe, das Bodenseegebiet, Elsaß und Lothringen beziehungsweise die westliche Rheinpfalz verlaufenden Verbindung zwischen ihren italienischen und niederländischen Besitzungen. Als wichtigste Achse ihrer Mitteleuropapolitik hatte diese Route durch den niederländischen Freiheitskrieg der sieben calvinistischen Nordprovinzen noch an Bedeutung gewonnen. Allerdings bestand seit 1609 ein zwölfjähriger Waffenstillstand mit den Aufständischen, der auch nach 1618 eingehalten wurde.

Mit diesem Sonderarrangement hatte sich bereits vor Ausbruch des großen europäischen Glaubenskrieges die Möglichkeit pragmatischer Regelungen jenseits der Weltanschauungsgegensätze angekündigt. Ungeachtet ihres europäisch-calvinistischen Engagements und ihrer Ausstrahlungskraft auf die protestantische Aktionspartei im Reich verfolgte die niederländische Republik in Deutschland nur begrenzte Ziele, nämlich die Sicherung des östlichen Vorfeldes bis nach Westfalen hinein. Ihr Hauptinteresse galt den Handelswegen über die Nord- und Ostsee sowie nach Übersee. Im übrigen bot sie in den 1620er Jahren den geschlagenen Führern des deutschen Protestantismus Exil und einen sicheren Ort zur diplomatischen und organisatorischen Vorbereitung ihrer militärischen Operationen.

Angesichts dieser Zurückhaltung der Holländer wurden im deutschen Kriegsgeschehen das katholische Frankreich und das lutherische Schweden zu den Hauptgegnern Spaniens und des Kaisers. Frankreich war seit mehr als einer Generation aus dem deutschen und europäischen Mächtespiel ausgeschieden. Der eigene Konfessions- und Bürgerkrieg hatte es gelähmt; vor allem aber hatte es durch die Bartholomäusnacht des Jahres 1572, als viele deutsche Freunde und Gäste der Hugenotten nur mit Not ihr Leben retten konnten, die Bündnisfähigkeit für die protestantischen Fürsten des Reiches verloren. Nachdem 1629 mit dem Fall der letzten Hugenottenfestung in La Rochelle das Land im Innern befriedet war, kehrte Frankreich nun unter Führung der nicht zuletzt diplomatisch geschickten Kardinäle Richelieu (1585–1642) und Mazarin (1602–1661) auf die Bühne des Theatrum Europaeum zurück. Dort nahm es sogleich seine antihabsburgische Politik aus der ersten Hälfte des 16. Jahrhunderts wieder auf. Wie beim Kampf gegen den Universalismus Karls V., so war es auch jetzt zur Sprengung der spanischen Umklammerung sowie zur Verhinderung einer kaiserlichen Übermacht im Reich nötigenfalls bereit, ein Bündnis mit dem Teufel, sprich den Türken oder Protestanten, einzugehen. Erste Erfolge errang Richelieu gegen die Spanier in Italien und an den Schweizer Pässen –

Die Konfessions- und Bürgerkriege hatten Frankreich ein halbes Jahrhundert gelähmt, doch nach der endgültigen Niederlage der Hugenotten kehrte es unter Kardinal Richelieu in die Rolle der diplomatischen Vormacht Europas zurück.

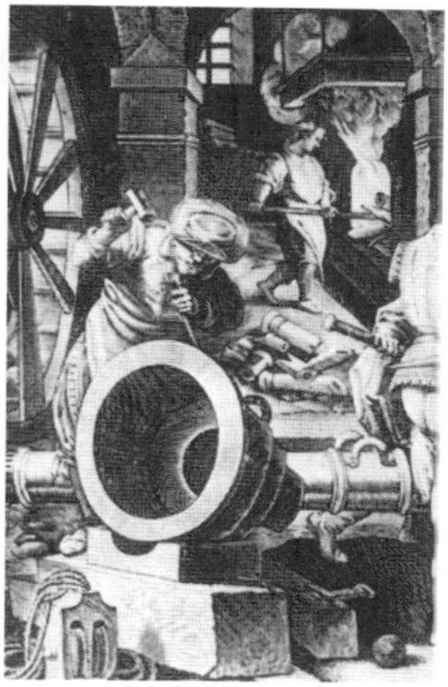

Kanonengießerei im 16. Jahrhundert Stich von Stradanus

1624 in Graubünden, 1627 bis 1631 im Mantuaer Erbfolgekrieg, 1635 im Veltlin. Im selben Jahr trat Frankreich in das deutsche Kriegsgeschehen ein, nachdem es zuvor schon die Schweden und die protestantischen Fürsten finanziell und diplomatisch unterstützt hatte. Die Schweden, die neu auf der europäischen Bühne erschienen, hatten mit der 1630 im Moment des kaiserlich-katholischen Triumphs von König Gustav Adolf eingeleiteten Intervention zweifellos die Hilfe für die bedrängten Glaubensbrüder im Auge. Ihr Eingreifen in den deutschen Krieg war aber zugleich Teil einer größer angelegten, zuvor bereits in Polen und im Baltikum vorgetragenen machtpolitischen Offensive.

Der skandinavische Bauernstaat, der im Innern eine ökonomische Modernisierung vorantrieb, strebte die Vorherrschaft in der Ostsee an und damit den Eintritt in den Kreis der europäischen Großmächte. Wenn ein Krieg jemals einem Volk Aufstieg und Modernisierung gebracht hat, dann im 17. Jahrhundert den Schweden: Von direkten Kriegseinwirkungen im eigenen Land vollständig verschont, gab der Ausrüstungsbedarf der großen Heere und Flotten des Kontinents dem skandinavischen Königreich die Chance, eine effektive, neuzeitliche Wirtschaft aufzubauen. Das kam vor allem der mit archaischen Methoden und Betriebsverfassungsformen arbeitenden Metallproduktion zustatten. Finanziert und organisiert wurden diese Reformen von niederländischen Unternehmern, die ihre eigenen Fachkräfte mitbrachten. Der berühmteste unter ihnen war der »Kanonenkönig« Louis de Geer (1587–1652), ein calvinistischer Glaubensflüchtling aus den Südprovinzen, der über Amsterdam nach Stockholm zog, von wo aus er ein wahres Wirtschaftsimperium leitete, mit Eisen-, Silber- und vor allem den berühmten Faluner Kupferminen, mit Erzhütten, Metallhämmern und Papiermühlen, dazu Textilwerkstätten und Kornmühlen zur Versorgung der Armee und der eigenen Arbeiter mit Kleidung und Nahrung. 1627 erhielt de Geer von Gustav Adolf ein Monopol für die schwedische Waffenproduktion. Der Erfolg ließ nicht lange auf sich warten – so schnellte zum Beispiel der Export von gußeisernen Kanonen von armseligen zwanzig Tonnen in den 1620er Jahren hinauf auf tausend Tonnen in den 1640er und zweitausend Tonnen in den 1660er Jahren. Der König selbst trug durch Experimente und ballistische Berechnungen dazu bei, daß die schwedischen Kanonen und Feuerwaffen stets verbessert wurden und zu den besten in Europa zählten, begehrt auch von den Gegnern.

Eine weitere Voraussetzung für die schwedische Großmachtpolitik war die große Kriegsflotte, die Gustav Adolf in den ersten Jahren seiner Regierung aufbaute, um jederzeit auf der Gegenküste eingreifen zu können. Auch dabei kamen ihm der Rohstoffreichtum seines Landes und das technische Können niederländischer Schiffsbaumeister zustatten. Das Regalschiff der schwedischen Flotte sollte den Namen des Königshauses tragen: Es wurde Mitte der 1620er Jahre unter Leitung von Hendrik Hybertsson de Groot auf der Stockholmer Werft gebaut, die damals mehr als dreihundert Männer beschäftigte. Die Wasa wurde mit vierundsechzig Geschützen bestückt und mit kunstvollem Schnitzwerk reich verziert, vor allem am Heck, wo sie das Reichswappen und die Königskajüte trug. Am Bugspriet war als Gallionsfigur ein mächtiger zum Sprung ansetzender Löwe angebracht. Er sollte das Meer, das er überspringen wollte, nie erreichen: Das mächtige Schiff kenterte am 10. August 1628 auf seiner Jungfernfahrt noch innerhalb des Stockholmer Hafens.

Ungeachtet der großen Erfolge, die den Schweden beim Friedensschluß 1648 bedeutende Gebietsgewinne bringen sollten, wurde der Glanz des Wasa-Heeres vom Schatten eines schweren Verlustes verdunkelt: In der Ebene bei

Lützen, wo sich am 16. November 1632 mit Wallenstein und Gustav Adolf zwei bislang unbesiegte Feldherren entgegentraten, geriet der Schwedenkönig, den eine angeborene Kurzsichtigkeit behinderte, in eine Schar feindlicher Kürassiere und fand den Tod.

Nach ihrem starken Engagement auf dem europäischen Kriegsschauplatz war für die Schweden, die fortan der politisch und militärisch begabte Reichskanzler Axel Oxenstjerna (1583–1654) führte, ebenso wie für die Franzosen eine Beendigung des Krieges nur akzeptabel, wenn über den Tagessieg hinaus in einer gesamteuropäischen Neuordnung eine dauerhafte Sicherung der eigenen Staatsinteressen gewährleistet war. Und nicht anders sah es mit der dritten auswärtigen Großmacht aus: Unter der Devise »Pax et Imperium« kämpfte auch Spanien um eine Friedensordnung in Europa, die seinen eigenen Bedürfnissen entsprach. Nach Lage der Dinge war die Entscheidung nur in Deutschland zu erkämpfen. Insbesondere die französischen Politiker strebten nach einer dauerhaften Präsenz im Reich, um in politischen und militärischen Allian-

Die Niederlande und Schweden erschienen im 17. Jahrhundert neu auf der europäischen Bühne. Die schwedische Kriegsflotte gewann für beträchtliche Zeit die Vorherrschaft in der Ostsee. Legende wurde die Wasa, das königliche Flaggschiff, das auf der Jungfernfahrt noch im Hafen von Stockholm unterging.

Der schwedische Löwe zum Sprung ansetzend Gallionsfigur der Wasa

Das schwedische Großmachtstreben verkörpert sich glanzvoll in der Herrschergestalt Gustavs II. Adolf

zen mit den Fürsten das deutsche und europäische Machtsystem auszutarieren und dadurch dem habsburgischen Vormachtstreben in Europa ein für allemal den Boden zu entziehen.

Trotz dieser real- und machtpolitischen Interessen, die schließlich auch die Friedensverträge prägten, wird der Westfälische Friede von 1648, den spätere Generationen gerne als »Schmachfrieden« beschimpften, heute allgemein als erster Versuch einer neuzeitlichen europäischen Friedensordnung gewertet. Ausgehandelt auf einem seit 1643 tagenden Friedenskongreß, auf dem gleichsam en passant die bislang meist als Nebenbeschäftigung ausgeübte europäische Diplomatie professionalisiert wurde und festgefügte Formen annahm, wurde das Vertragswerk am 24. Oktober 1648 gleichzeitig in Münster und Osnabrück unterzeichnet.

Die Vertragsabschlüsse wurden zu einem großen barocken Friedenszeremoniell, das die Vertragspartner ebenso zur Selbstdarstellung nutzten wie die gastgebenden Städte – durch Dutzende von Dienern, Reitern und Läufern, durch vier- oder sechsspännige Equipagen, die in einer nach Stand und Würde genauestens abgestuften Reihenfolge vorfuhren – zunächst die Sekretäre und Adjunkten, schließlich der Gesandte selbst –, durch Ehrenkompanien aus Bürgermilizen und Stadtsoldaten, mit Paukenschlag und Trompetenschall. In den Kirchen feierte man Gottesdienste: »Darauf das Te Deum laudamus allenthalben gesungen worden, eine überauß grosse procession durch die gantze statt gehalten, unter währender solcher procession seynd mit allen glocken durch die gantze statt geleutet worden. Auff dem Domhoff seynd 12 kammer-stücke gepflantzet gewesen, und mit denselben ist zu drey mahlen nacheinander salve geschossen worden«. Dankgottesdienste, Friedensgeläut und Freudenschüsse, von denen diese gedruckte Friedenspostille aus Münster berichtet, pflanzten sich fort durch das ganze Reich. In Ulm zum Beispiel war es der 13. Dezember, an dem man – wie der Schuster Hans Heberle in seine Chronik eintrug – »das danckh- und freudenfest feyrlich beging, mit predigen, communicieren und fleißigem gebett«.

Seinem Inhalt nach war der Westfälische Friede zugleich – und zwar in sachlicher Verschränkung – Reichsgrundgesetz, das die deutsche Religions- und Verfassungsordnung bis zum Ende des Alten Reiches festlegte, und europäische Friedensordnung, die zusammen mit dem 1659 zwischen Frankreich und Spanien abgeschlossenen Pyrenäen-Frieden und dem auf Nord- und Nordosteuropa bezogenen Olivaer Frieden von 1660 die Gewichte im internationalen System neu bestimmte.

Schweden und Frankreich, die zu nord- beziehungsweise westeuropäischer Vormacht aufstiegen, konnten dabei nicht zuletzt die Territorialgewinne in Deutschland auf die Waagschale legen. Mit Vorpommern und den Ländern der ehemaligen Bistümer Bremen und Verden errang Schweden eine Schlüsselstellung an den handels- und militärstrategisch wichtigen Mündungen von Oder, Elbe und Weser, zudem wurde es Reichsstand. Frankreich wiederum erhielt durch die Besitzbestätigung der 1553 als »Reichsvikariate« übernommenen Bistümer Metz, Toul und Verdun sowie die Übertragung Breisachs und der habsburgischen Herrschaftsrechte im Elsaß die notwendigen Trittsteine für die Arrondierung in seinen »natürlichen Grenzen«, wie die auf die Rheingrenze abzielende Losung bald heißen sollte. Durch die formelle Entlassung der Schweiz sowie der nordniederländischen Republik aus dem Reichsverband

Flugblatt von 1648, das den Friedensschluß anzeigt und den Anbruch eines neuen Zeitalters der Wirtschafts- und Kunstblüte feiert.

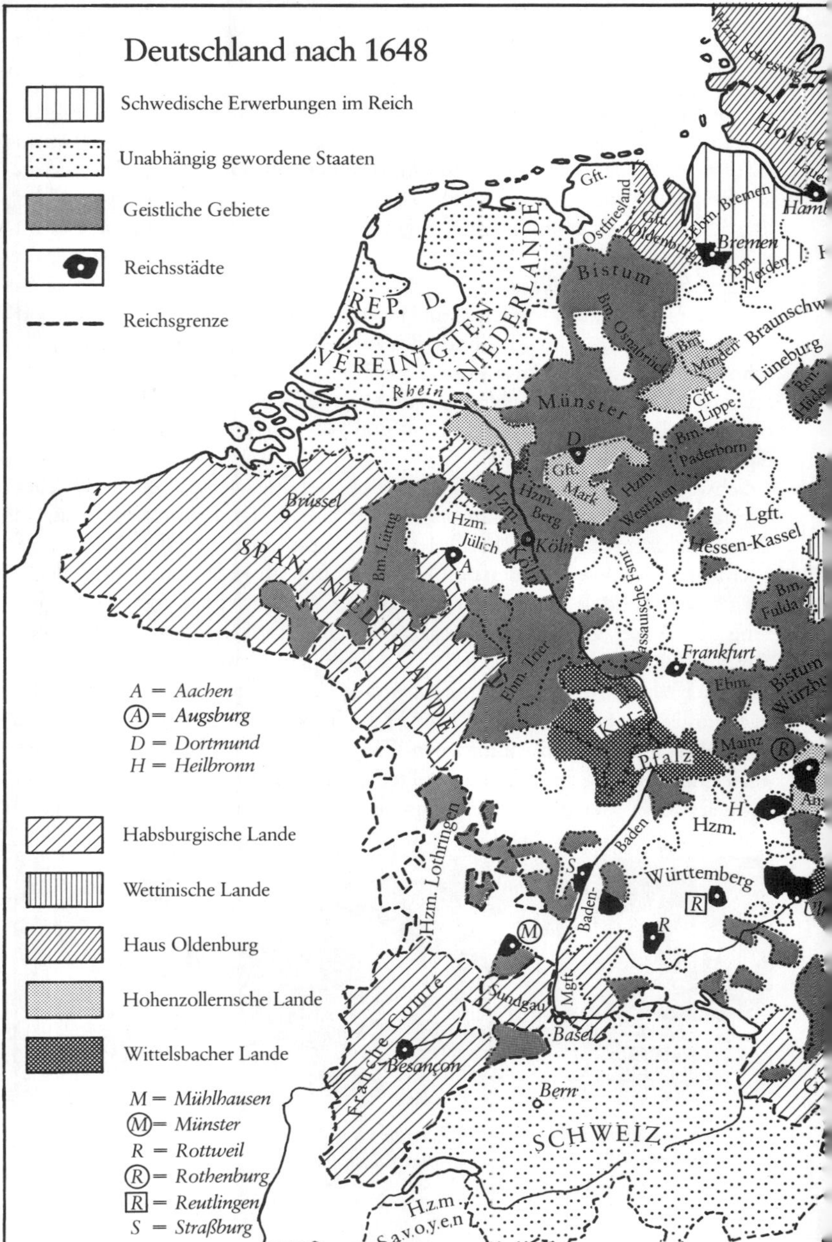
Deutschland nach 1648
Schwedische Erwerbungen im Reich
Unabhängig gewordene Staaten
Geistliche Gebiete
Reichsstädte
Reichsgrenze
A = Aachen
(A) = Augsburg
D = Dortmund
H = Heilbronn
Habsburgische Lande
Wettinische Lande
Haus Oldenburg
Hohenzollernsche Lande
Wittelsbacher Lande
M = Mühlhausen
(M) = Münster
R = Rottweil
(R) = Rothenburg
[R] = Reutlingen
S = Straßburg
REP. D. VEREINIGTEN NIEDERLANDE
Rhein
Gft. Ostfriesland
Gft. Oldenburg
Ebm. Bremen
Bremen
Bm. Verden
Hzm. Schleswig
Holstein
Bistum Bm. Osnabrück
Bm. Minden
Braunschweig
Lüneburg
Gft. Lippe
Münster
Bm. Paderborn
Gft. Mark
Hzm. Westfalen
Hzm. Berg
Hzm. Jülich
Köln
Brüssel
SPAN. NIEDERLANDE
Bm. Lüttich
Lgft. Hessen-Kassel
Nassauische Fsmr.
Bm. Fulda
Frankfurt
Ebm. Trier
Ebm. Mainz
Bistum Würzburg
Kur-Pfalz
Hzm. Lothringen
Baden
Baden-Baden
Hzm. Württemberg
Mgft.
Sundgau
Basel
Franche Comté
Besançon
Bern
SCHWEIZ
Hzm. Savoyen

Hzm.
Danzig
Ermland
Preußen
Vorpommern
Hinterpommern
übeck
Hzm. Mecklenburg
Weichsel
Kfsm. Brandenburg
Berlin
Posen
KGR. POLEN
Ebm. Magdeburg
Oder
Anhalt Fsmr.
Hzm.
Kursachsen
Elbe
Breslau
Herzogtümer
Schlesien
Krakau
Mgft.
Bayreuth
Prag
KGR. BÖHMEN
Ober
Pfalz
Nürnberg
Mgft. Mähren
Brünn
Bm.
Regensburg
Bm. Passau
Kfsm. Bayern
Ehzm. Österreich
München
Wien
Donau
Salzburg
Ofen
Pest
KGR. UNGARN
Hzm. Steiermark
Ebm. Salzburg
rol
Hzm. Kärnten
Rep.
Venedig
Hzm. Krain

wurden diese beiden eigengeprägten Staaten, die bereits seit langem eine selbständige und kraftvolle Außenpolitik betrieben, nun auch rechtlich souveräne Mitglieder des europäischen Mächtesystems. Darüber hinaus dokumentierte die ebenfalls 1648 in Münster besiegelte Unabhängigkeit der Niederlande augenfällig das Ende der spanischen Hegemonialstellung in Europa.

Was das Reichsverfassungsrecht anlangt, so sicherten die Bestimmungen des Westfälischen Friedens zusammen mit dem sie ergänzenden Abschied des Regensburger Reichstages von 1653/54 den 1555 in Augsburg eingeschlagenen Weg weiter ab, indem sie die konfessionellen Reibungsflächen sowie die letzten Hindernisse für die Staatswerdung der Territorien beseitigten: Die Reichsinstitutionen sollten fortan strikt paritätisch von Protestanten und Katholiken besetzt werden. Die Konfessionsparteien wurden zu Verfassungskörperschaften des Reiches. Als Corpus Evangelicorum und Corpus Catholicorum berieten sie fortan auf den Reichstagen alle Religionsfragen getrennt und auf dem Wege eines »gütlichen Austrags« (amicabilis compositio), also ohne Gefahr der Konfliktanhäufung oder der Majorisierung. Eine auf das sogenannte Normaljahr 1624 und damit auf die Lage vor den Veränderungen durch das Restitutionsedikt von 1629 festgelegte Besitzstandsgarantie beendete die langen Besitzstreitigkeiten zwischen den Konfessionen. Auch das fürstliche Reformationsrecht wurde auf dieses Jahr begrenzt, womit zugleich ein bedeutender Schritt zur Entpersonalisierung der öffentlichen Angelegenheiten getan wurde. Schließlich wurde der Calvinismus als dritte reichsrechtlich gesicherte Religionsgemeinschaft anerkannt. Mit diesen Regelungen war die Mehrkonfessionalität des Reiches ihrer selbstzerstörerischen Konfrontationsdynamik entkleidet und hatte ein sicheres Rechtsfundament erhalten.

Den Fürsten wurde formell die volle Landeshoheit in geistlichen und weltlichen Angelegenheiten zugesprochen – »superioritas territorialis« im lateinischen, aber bereits »souveraineté« im französischen Text! Wichtige neue Impulse für die Staatswerdung der deutschen Territorien brachten das Armierungsrecht, das den Aufbau stehender Heere rechtlich absicherte, sowie das Bündnisrecht untereinander und mit ausländischen Mächten. Dadurch wurden die deutschen Einzelstaaten zu selbständigen Völkerrechtssubjekten, die im Rahmen ihrer Möglichkeiten eine europäische Macht- und Militärpolitik betreiben konnten. Sie blieben allerdings eingebunden in das Reichssystem, das sie mit ihren Allianzen nicht verletzen durften.

Diese Bestimmungen mögen, wie die neuere Forschung betont, rechtlich noch durchaus offen gewesen sein. Realgeschichtlich war nun die Entscheidung besiegelt für eine nur noch formal begrenzte Souveränität der Territorialstaaten, jedenfalls der größeren unter ihnen. Daß sie dennoch eingebunden blieben in das Reich, ja letztlich nur mit diesem zusammen funktionsfähig waren, ist kein Widerspruch, sondern Ausdruck der besonderen historischen Qualität des Reiches, die sich rechtssystematisch nicht aufrechnen läßt. Denn ungeachtet des ausdrücklich festgelegten ständischen Mitwirkungsrechtes bei allen inneren und äußeren Aktivitäten des Kaisers hat auch der Westfälische Friede dieses Reich nicht zu Grabe getragen. Die Einschränkung des Bundesrechtes bestätigte im Gegenteil ausdrücklich die lehensrechtlichen Grundlagen des Reiches. Damit wurde verhindert, daß das Reich zu einer nur noch völkerrechtlich bestimmbaren Hülse entleert wurde. Das dem mittelalterlichen Personenverbandsstaat entstammende Lehnsrecht paßte nicht zu den neuzeitlichen Souveränitätsvorstellungen. Wer aus der Welt der westeuropäischen Nationalstaaten ins frühneuzeitliche Deutschland kam, konnte seine Bedeutung daher kaum verstehen: Les Allemagnes, die »Deutschländer« – das war die Sicht der Franzosen. Für die Deutschen selbst besaß das Reich weiterhin Realität und zwar nicht zuletzt aufgrund der beachtlichen Rolle, die das Lehnsrecht auch in den letzten anderthalb Jahrhunderten des Alten Reiches spielte. Zustatten kam das in erster Linie dem Kaiser, der als oberster Lehnsherr die Zusammengehörigkeit der deutschen Fürsten- und Staatengesellschaft repräsentierte.

Auch der Reichstag gelangte zu neuem Leben. Nachdem er für mehr als vierzig Jahre blockiert gewesen war, trat er 1653 in Regensburg zusammen, um all jene Verfassungsprobleme zu beraten, die der Friedenskongreß nicht hatte lösen können, namentlich Fragen der Kaiserwahl sowie der Kreis-, Steuer-, Militär- und Gerichtsverfassung.

Dieses neu formulierte Reich war ein kompliziertes, in seinen Funktionen vielen bereits damals unverständliches Gebilde. Häufig war dieses mangelnde Verständnis aber auch Ausdruck konkreter Machtinteressen innerhalb des Reichsverbandes, zum Beispiel, wenn der in schwedischen, später dann in brandenburgischen Diensten stehende Jurist und Publizist Samuel Pufendorf (1632–1694) in seinem berühmten Traktat »De statu imperii Germanici« schreibt: »Es bleibt uns also nichts anderes übrig, als das deutsche Reich, wenn man es nach den Regeln der Politik klassifizieren will, einen irregulären und einem Monstrum ähnlichen (monstrum simile, im lateinischen Text) Körper zu nennen.« Das war maliziös und gegen den Kaiser gerichtet; die Schrift wurde daher von der österreichischen Zensur verboten. Auf der Linie dieser antikaiserlichen Reichspublizistik haben auch spätere Generationen von protestantisch-borussischen Historikern das Reich abqualifiziert. Heute stellt sich das anders dar.

Nimmt man Pufendorfs Bild als neutrale Beschreibung der Realität, so ist es durchaus treffend: Einem Monstrum vergangener Epochen gleich ragte das Reich in die neue Zeit der frühmodernen Nationalstaaten hinein. Treffend ist das Bild auch, insofern es die Schwerfälligkeit und Unbeweglichkeit markiert. Seit dem Vertragswerk von 1648 war das Reich nun endgültig gegen einen gewaltlosen inneren Wandel abgeschirmt: Als Teil des internationalen Friedenswerkes unterlag das westfälische Reichsgesetz dem »Schutz« und dem Willen der auswärtigen Garantiemächte Schweden und Frankreich, deren Staatsräson jeder solchen Veränderung entgegenstehen mußte. Namentlich das rasch zur europäischen Vormacht aufsteigende Frankreich wird sich dann bis zum Ende des Alten Reiches in diesem Sinne als »Hüter deutscher Libertät« betätigen; es fühlte sich sozusagen aufgefordert, in die deutschen Dinge einzugreifen.

6. *Höfe und Allianzen – Deutschland im Jahrhundert des höfischen Absolutismus*

Das knappe Jahrhundert zwischen dem Westfälischen Frieden und dem Jahre 1740, als mit dem gleichzeitigen Regierungsantritt Maria Theresias und Friedrichs II. eine ganz neue politische Dynamik einsetzte, ähnelt in mancher Hinsicht der Epoche nach dem Abschluß des Augsburger Friedens von 1555. Namentlich beim Ausbau des Territorialstaates knüpften die Fürsten und ihre Bürokraten direkt an die Entwicklungen des ausgehenden 16. Jahrhunderts an. Einen neuen Zuschnitt hatte allerdings das zwischenterritoriale Mächtespiel gewonnen. Hatte es im 16. Jahrhundert nur durch den Umweg über dynastische oder konfessionelle Verbindungen in den europäischen Raum ausgegriffen, so spielte es sich angesichts des neu errungenen internationalen Bündnisrechtes der deutschen Reichsstände nun von vornherein und ganz offen auf europäischer Bühne ab. Noch krasser ist der Unterschied der beiden Epochen im Hinblick auf die Stellung Deutschlands oder der deutschen Einzelterritorien innerhalb der wirtschaftlichen und gesellschaftlichen Entwicklung Europas.

Anders als in der zweiten Hälfte des 16. Jahrhunderts, als die unternehmerische Dynamik den oberdeutschen und rheinischen Produktionszentren und Handelsmetropolen einen führenden Platz verschafft hatte, lag die deutsche Wirtschaft nun weit zurück. Und auch der Aufstieg des Wirtschaftsbürgertums, der sich in einigen Regionen angekündigt hatte, kam – wenn überhaupt – nur noch langsam voran. Bei der europäischen Übersee-Expansion waren die vielversprechenden Ansätze einer deutschen Beteiligung im Sand verlaufen, während die Niederlande, England und Frankreich entschlossen mit den alten Kolonialmächten Spanien und Portugal gleichzogen. Spätere Versuche der deutschen Großterritorien, doch noch den Anschluß zu finden, wurden im Keim erstickt, wie das Schicksal der 1722 von den Habsburgern in Ostende gegründeten Ostindien-Handelsgesellschaft zeigt, oder sie blieben kümmerlich stecken, wie das Goldküsten-Unternehmen des Großen Kurfürsten, das dessen nüchtern rechnender Enkel 1721 an die Generalstaaten verkaufte.

Diese Schwächung des eben noch so vitalen Wirtschaftsraumes ist natürlich eine der Folgen des langen Krieges. In dem Moment, in dem die west- und nordwesteuropäischen Nachbarn in die entscheidende ökonomische und handelsstrategische Expansionsphase eintraten, mußten die deutschen Regierungen erst einmal darangehen, verlassene Höfe und Dörfer neu zu besiedeln und zerstörte Gewerberegionen wieder aufzubauen: »Die Äcker sind Wald geworden ... Von den 2245 Hufen, die der Kurfürst in Niederbarnim hat, genießt er nicht das geringst ... Ein Bote, der von Kursachsen nach Berlin eilt, ging vom Morgen bis zum Abend über unbebautes Land, durch anschließendes Nadelholz, ohne ein Dorf zu finden, in dem er rasten konnte.« So liest man in den Berichten der brandenburgischen Amtsmänner Seite um Seite. Und auch der Chronist Hans Heberle weiß aus der Umgebung Ulms zu berichten, daß »der Heidhoft und der Zimmersumpf zusammengewachsen [sind], welches zu meiner Zeit ein ganzes Feld war. Jetzund ist es ein Holz worden«.

Das Morden der Soldateska, Hunger und Pest hatten Höfe, Dörfer, ja ganze Landstriche entvölkert. Fast noch schlimmer für die Überlebenden war der Mangel an Zugtieren, die die Soldaten in den letzten Kriegsjahren auch aus den entlegensten Ställen geraubt hatten: »Da hat man wenig mit sähen können ausrichten.« Obgleich mancherorts wahre Bettlerhorden übers Land zogen, an einem Tag »bis auf die 20 oder 30 einem für das hauß kommen und unverschempte bettler gewesen sind«, waren Arbeitskräfte knapp und teuer: »Das Land ist noch gar sehr mit Leuten erschöpft«, so berichtete ein Schultheiß aus der eben noch so hochkultivierten Gegend zwischen Heidelberg und Mannheim, »daß man das Gesinde im Land nit selbsten haben kann. Und ausländische Leut, die man zu hohem Lohn gewinnt, sein zu untauglich und widerwillig, daß sie dem armen Landmann viel Schaden an dem Vieh oder in der Arbeit tun.« Wegen der Unterernährung und der ständig drohenden Seuchengefahr kam auch das Bevölkerungswachstum, das nach Kriegen in der Regel rasch einsetzt, nur langsam in Gang: »Wegen des elenden und betrüblichen Zustandes in zwei Jahren und darüber kein Kind zur Welt geboren worden«, diese Eintragung im Kirchenbuch eines Ackerbürgerstädtchens bei Coburg dürfte keinen Einzelfall beklagen.

Die Berichte der Chronisten und Beamten sind durchaus wörtlich zu nehmen: Ruinen, Hunger und Armut waren das Schicksal der Nachkriegsgeneration. Dennoch erscheint es wenig überzeugend, die deutschen Schwierigkeiten allein oder auch nur vorwiegend aus den Kriegszerstörungen abzuleiten. Vor allem das lange Ausbleiben einer neuen Phase sozialer und ökonomischer Dynamik läßt sich damit allein nicht erklären, denn auch die anderen europäischen Länder hatten eine Periode innerer und äußerer Kriege durchlitten, die wirtschaftlich führende niederländische Republik nicht weniger als achtzig lange Jahre. Sicher, in Deutschland waren die unmittelbaren Kriegseinwirkungen ungleich größer. Doch neben Zonen mit erheblichen Kriegseinwirkungen und Bevölkerungsverlusten zwischen einem Drittel und der Hälfte, wie in Brandenburg, Magdeburg, Hessen, Franken, Bayern, Schwaben und Elsaß, oder gar von bis zu zwei Dritteln, wie in Pommern, Mecklenburg, Thüringen, Kur-Trier, der Pfalz und Württemberg, gab es im Norden, Nordwesten und in den Alpen Gebiete mit geringen Verlusten, so Westfalen, Niedersachsen und am Niederrhein. Dort fand man sogar blühende Städte und Landstriche, die von den Bevölkerungsverlusten verschont geblieben waren, so Salzburg und die österreichischen Erblande, Schleswig-Holstein und weite Teile der Nordseeküste. Hamburg erreichte einen ersten Höhepunkt seiner Wirtschafts- und Bevölkerungsentwicklung – von rund 22000 Einwohnern um 1600 über 40000 zwanzig Jahre später auf 60000 zu Ende des Krieges, und dann weiter auf 75000 in den 1660er Jahren. Da die ökonomische Entwicklung der Frühneuzeit in Wirtschaftsräumen, nicht aber in Staatsgrenzen ablief, bestanden durchaus Wachstumsaussichten. Hinzu kommt, daß es auch in Deutschland ähnlich wie in Schweden Regionen intensiver Kriegswirtschaft gegeben hatte – so in Nürnberg, der Oberpfalz, im mittleren Thüringer Wald mit Suhl und Schmalkalden sowie im Rheinland in Essen und Solingen. Zerstörungen waren hier natürlich nicht ausgeblieben, aber man hatte die Eisenhämmer und Waffenschmieden doch auch immer wieder aufgebaut: um 1620 exportierte Essen 15000 Handfeuerwaffen pro Jahr, in den 1650er Jahren waren es immerhin noch 1000 bis 1800 Stück. Und Kapital war auch vorhanden in der Hand so manchen Kriegsprofiteurs, der klug genug gewesen war, die Karten nicht zu überreizen, wie es Wallensteins Bankier Hans de Witte getan hatte, dem nur noch der Weg in den Freitod

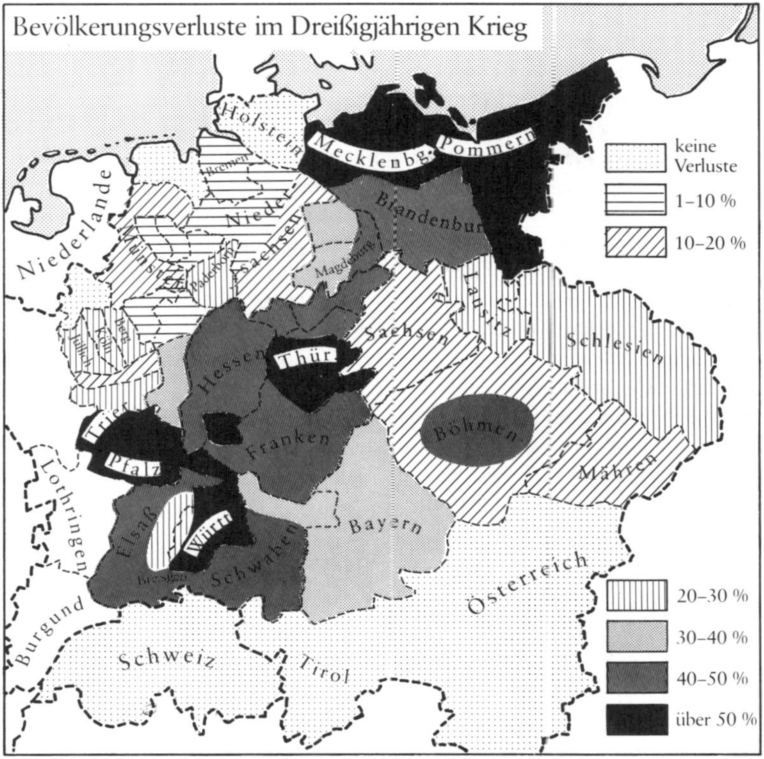

geblieben war. Und schließlich stellte sich auch in Deutschland die Erholung der Geburtenrate ein. Anhaltende Bevölkerungsprobleme gab es nur dort, wo diese wichtige Erholungsphase sogleich wieder durch neue Kriegseinwirkungen direkt oder indirekt gestört wurde – so im Donauraum wegen der Reichskriege gegen die Türken und vor allem wegen des Spanischen Erbfolgekrieges zu Anfang des 18. Jahrhunderts sowie in der Pfalz und am Mittelrhein wegen der Franzoseneinfälle im letzten Viertel des 17. Jahrhunderts.

Woran es wirklich lag, daß Deutschland in der zweiten Hälfte des 17. Jahrhunderts so deutlich hinter der Entwicklung seiner westeuropäischen Nachbarn zurückblieb, zeigt ein Blick auf die dortigen Verhältnisse. Vielbewunderte und eifrig kopierte europäische Vorreitergesellschaft waren die nördlichen Niederlande. Seit dem ausgehenden 16. Jahrhundert hatten sie trotz des Existenzkampfes mit der spanischen Hegemonialmacht die Führung der kommerziellen und gewerblichen Entwicklung übernommen und waren auch erfolgreich in die Übersee-Expansion eingetreten. Begünstigt durch ihre geographische Lage, die sie indes in gewissem Umfang mit Nordwestdeutschland teilten, beruhte dieser Erfolg im Kern auf der bürgerlich-republikanischen Staats- und Gesellschaftsverfassung, die eine beachtliche Leistungsfähigkeit und ungehemmte Wirkungsmöglichkeit der vor allem in den Seeprovinzen traditionell starken gemeindlich-genossenschaftlichen Strukturen garantierte. Das gilt im besonderen Maße für die Vielzahl zum Teil recht kleiner Stadtkommunen, in denen neue Großgewerbe aufblühten (Leiden, Haarlem) und deren Kaufmannschaft entschlossen in den Welthandel einstieg, voran die Amsterdamer, aber auch diejenigen solch kleiner Städte wie Hoorn und Enkhuizen. Doch auch die Agrarproduktion hatte sich entschieden modernisiert, weil die zur Anpassung an die frühneuzeitliche Nachfragelage notwendige Differenzierung und Spezialisierung der Landwirtschaft angesichts der fehlenden oder nur schwachen Feudalstrukturen nicht behindert wurde.

Die Sperrung des östlichen Mittelmeers durch das Hochkommen des Islam und die Erschließung der transatlantischen Seewege nahm nicht nur den oberdeutschen Handelsstädten Augsburg, Ulm und Nürnberg ihre Bedeutung; auch die Mittelmeerhäfen Genua und Venedig verloren ihre Schlüsselrolle als Handelsplätze. Die Nordseehäfen Amsterdam und London wurden nun Zentren des Welthandels.

London, zeitgenössische Darstellung

Die Entfaltung moderner Wirtschafts- und Geisteskräfte, die sich andernorts der konfessionellen Verfolgung ausgesetzt fanden, war in den Nordprovinzen der Niederlande auch durch eine weitgehende Toleranz gesichert, die vornehmlich im Großbürgertum verankert war. Die soziale und wirtschaftliche Selbstregierung vor allem der Stadtkommunen innerhalb eines bündisch aufgebauten Ständestaates und die ungeschmälerte Aneignung der Gewinne durch eine relativ breite Schicht von Großbürgern und Freibauern erwiesen sich bis in die letzten Jahrzehnte des 17. Jahrhunderts hinein als sichere Grundlage ökonomischer Dynamik. Dann wurde die kleine Republik, deren Wohlstand gleichwohl auch weiterhin beachtlich blieb, Zug um Zug überholt durch den konzentrierten Einsatz des Übergewichtes an Bevölkerungs-, Finanz-, schließlich auch Rohstoffressourcen der zentralistisch verfaßten Macht- und Großstaaten Frankreich und England, wohin sich allmählich die europäischen Handels- und Gewerbe-, zuletzt auch Finanzzentren verlagerten.
Nach den Entscheidungen der ersten Phase der Frühneuzeit konnte in Deutschland das Schwungrad gesellschaftlicher Entwicklung weder nach niederländischer Art durch gemeindlich-genossenschaftliche Initiative von Stadtbürgern und Freibauern, noch mit dem abgestimmten, konzentrierten Einsatz nationaler Kräfte, wie im Falle Frankreichs und Englands, in Gang kommen: Das war nur möglich von der Basis der Territorialstaaten her als einer speziellen deutschen Variante der Entwicklung in den westeuropäischen Großstaaten und zwar weniger des englischen als des absolutistisch-französischen Typs. Die Möglichkeit einer solchen Wirtschaftsentfaltung blieb aber im Grunde auf die wenigen Mittel- und Großterritorien beschränkt. Den vielen Klein- und Kleinstfürstentümern, die das Bild des Alten Reiches aufs Ganze gesehen prägten, fehlte meist bereits die Kraft zur Vollendung der frühmodernen Staatsbildung; der Grundlagen für eine eigenständige Wirtschafts- und Gesellschaftsentfaltung ermangelte es allemal. Um so eifriger bemühte sich so mancher dieser Duodezfürsten durch Nachahmung des französischen Absolutismus und seines Versailler Hofes – für das ganze Jahrhundert ein Vorbild fürstlich-adeliger Selbstdarstellung – wenigstens seine ständische Ebenbürtigkeit unter Beweis zu stellen. Das Ergebnis war eine für die Untertanen häufig besonders unangenehme weil hautnahe Abart des höfischen Absolutismus.

Entscheidend blieben die Großterritorien, vor allem Österreich, Brandenburg-Preußen, Bayern, Sachsen, später auch Hannover, seit 1692 zum Kurfürstentum aufgestiegen und 1719 um die schwedischen Herzogtümer Bremen und Verden vergrößert. Diese Staaten waren geprägt durch eine dem atlantischen Welthandel abgekehrte Binnenlage, zudem noch durch traditionell star-

»Jud und Bauer« – das Gemälde von König Friedrich Wilhelm I. von Brandenburg-Preußen zeigt den binnenländischen Erfahrungshorizont der deutschen Regierungen.

ke oder neu erstarkte Feudalstrukturen. Jetzt, da alles auf die Entwicklung in den Großterritorien ankam, wurden die gesellschaftsgeschichtlichen Kosten deutlich, die Deutschland dafür zu zahlen hatte, daß sich in den schwach feudalisierten und küstennahen Gebieten am Niederrhein und an der Nordsee kein Großterritorium hatte bilden können oder – wie im Falle Jülichs – von den Habsburgern in den Ansätzen zerstört worden war. Hinzu traten Hemmnisse, die sich aus der Einbindung dieser Großterritorien in das Reichssystem ergaben: Man hatte sich in zum Teil komplizierten Verfahren untereinander und mit den kleinen Reichsständen im Kreis und auf dem Reichstag abzustimmen. Gravierender noch waren die unliebsamen Folgen der Konkurrenzsituation, die sich zwischen Habsburg und Preußen bald zu einer Interessenkonfrontation steigern sollte. Hierdurch und infolge der anhaltenden Auseinandersetzungen mit den Schweden, Türken und Franzosen, die auf die Mittellage des Reiches zurückzuführen waren, kam kaum jemand in Deutschland auf den Gedanken, den Vorrang militärischer und politischer vor gesellschaftlichen und ökonomischen Anstrengungen in Frage zu stellen.

Das läßt sich an der Stellung der Städte und des Bürgertums ablesen. Die absolutistische Wirtschafts- und Gesellschaftspolitik förderte sie durchaus. Falls aber Interessenkollisionen drohten, hatten ihre Bedürfnisse hinter den finanz- und militärpolitischen Belangen des Staates zurückzutreten. So ließ etwa die brandenburg-preußische Regierung um viele Flecken und Städte Bretterzäune mit bewachten Durchgängen errichten, um die den Bürgern auferlegte Umsatz- und Verbrauchssteuer, die Akzise, besser erheben zu können. Damit steigerte sie zwar die direkten Staatseinnahmen, zugleich führte die Abriegelung dieser Akzisestädte von ihrem Umland aber zu einer empfindlichen Störung alter Stadt-Land-Verflechtungen. Ökonomische Wachstums- und Innovationsimpulse, die mit dem ungehinderten Fluß des städtischen Kapitals auf das umliegende Land verbunden waren, wurden dadurch zerstört oder zumindest verzögert.

Auch die gewaltigen, nach neuesten ballistischen Erkenntnissen errichteten Bastionen und Verteidigungsgürtel, die sich um die zahlreichen Garnisons- und Festungsstädte des Barockzeitalters legten, lähmten die auf Austausch gerichteten Kräfte. Steinernen Korsetten gleich schnürten sie Wirtschaftsleben und Bürgerfreiheiten ein und ließen sie verkümmern. Solche Hemmschuhe in der Entwicklung des Bürgertums waren in England und weiten Teilen Frankreichs unbekannt. In den benachbarten Niederlanden hatten sich die städtischen Magistrate unmittelbar nach Abschluß des Westfälischen Friedens das letzte Entscheidungsrecht in allen Festungs-, Garnisons- und militärischen Finanzangelegenheiten zu sichern gewußt.

Die rein zahlenmäßig weiterhin bedeutenden deutschen Städtelandschaften wurden zunehmend geprägt von einem Stadttypus, den man deutsche »Heimatstadt« (home town) genannt hat – überschaubare, durch einen altfränkischen, nunmehr vom Staat dirigierten Bürgergeist geprägte und von ihren Bewohnern als eigene Welt geliebte Gebilde, in denen die Entwicklung stillzustehen schien. Den strahlendsten Glanz des absolutistisch-barocken Stadt- und Bürgerwesens verbreiteten in Deutschland die nach Dutzenden zählenden

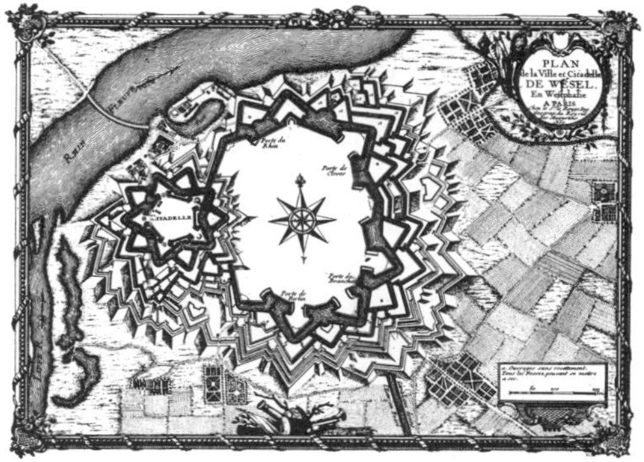

Die einst weitgespannten Handelsverbindungen der klevischen Stadt Wesel werden gekappt, als hier im 17. Jahrhundert ein Bollwerk der preußischen Staats- und Militärinteressen am Niederrhein entsteht.

Plan der Stadt und Festung Wesel, 1757

Residenzstädte, an ihrer Spitze Wien – mit rund achtzigtausend Einwohnern die größte Stadt des Reiches –, dann Berlin, Dresden, München, Hannover und Stuttgart. Hof und Regierung, Adel und Beamtenschaft setzten hier die gesellschaftlichen Normen und gaben durchaus auch ökonomische Impulse – nicht nur im Dienstleistungsbereich, sondern auch im Gewerbe, vor allem im Kunst- und Möbelhandwerk.

Die Geschichte des deutschen Bürgertums wurde aufs Ganze gesehen vom territorialen Beamtenbürgertum – in den protestantischen Territorien zählte dazu auch das neue Pfarrerbürgertum – bestimmt, das dem Staat näherstand als der Wirtschaft. Das seit dem 16. Jahrhundert in Ansätzen sich bildende frühneuzeitliche Wirtschaftsbürgertum war auf das Verständnis der absolutistischen Bürokratie angewiesen. In einigen Regionen, etwa in den Montan- und Textilgebieten des Rheinlandes – später auch Westfalens –, in Schlesien und Sachsen, erhielt es eine beachtliche Förderung. Sie reichte aber bei weitem nicht aus, den Vorsprung der europäischen Nachbarn aufzuholen. Bedeutsame Entwicklungsimpulse ergaben sich durch die Zuwanderung französischer Hugenotten, deren größter Teil sich in Brandenburg ansiedelte. Im Gegensatz zu den niederländischen Glaubensflüchtlingen des 16. Jahrhunderts bildete sich angesichts der Staatslenkung des Siedlungsvorganges bald auch bei ihnen eine Staats- und Fürstenloyalität aus, die dem Exulantenbürgertum mit der Zeit dieselben zwitterhaften Züge wie dem einheimischen Bürgertum verlieh.

Innerhalb der Grenzen, die vom Vorrang des Staates und seiner Machtinteressen gesetzt waren, förderten die absolutistischen Regierungen die Wirtschaft nach Kräften. Im Zeichen des sogenannten Kameralismus konzentrierten sie sich zunächst auf die Steigerung der fürstlichen Einkünfte aus den Domänen und Kammergütern. Erweitert um eine allgemeine Wirtschafts- und Verwaltungslehre, wurde dieser Kameralismus seit 1727 an den Universitäten Halle und Frankfurt an der Oder als eigene staats- und wirtschaftswissenschaftliche Disziplin gelehrt. Das in dieser Tradition wurzelnde Interesse an der Landwirtschaft blieb erhalten, als sich im letzten Drittel des 17. Jahrhunderts auch in Deutschland zunehmend die Ideen des in Westeuropa, am stärksten in Frankreich, entstandenen Merkantilismus durchsetzten, der in seinen seenahen Ursprungsländern vorrangig auf Handel und Schiffahrt ausgerichtet war.

Die Grundannahme dieser Wirtschaftslehre entsprach aber ganz den Bedürfnissen der deutschen Territorialstaaten: das war die Vorstellung, daß ein starker Staat die Wirtschaft dirigieren und ordnen müsse – etwa durch Schutzzölle, Manufakturgründungen, Getreidebevorratung und Preisregulierungen sowie durch gewerbliche und landwirtschaftliche Erziehungs- und Musteranstalten –, um eine optimale Entwicklung der Territorialwirtschaft und zugleich jedem Stand sein Einkommen zu garantieren. Der führende deutsche Theoretiker, der in Speyer geborene Pfarrerssohn Johann Joachim Becher (1635–1682), war als Berater der Münchener und Wiener Regierungen tätig. Er entwickelte Pläne für bayerische Kolonien in Nord- und Südamerika, errichtete Manufakturen, wie die österreichische Seidenmanufaktur in Walpersdorf, und gründete große Kommerziengesellschaften, unter anderem für den Orienthandel.

Brandenburg-Preußen betrieb eine gezielte Peuplierungs- und Kolonisationspolitik für seine verwüsteten und entvölkerten Länder und verbesserte seine Verkehrswege, um so die wichtigsten Voraussetzungen für eine erfolgreiche merkantilistische Wirtschaftsförderung zu schaffen: Als Ludwig XIV. von Frankreich 1685 das Toleranzedikt von Nantes widerrief, nahm man rund zwanzigtausend Hugenotten auf; allein sechstausend gingen nach dem damals knapp zehntausend Seelen zählenden Berlin und gaben dem Geistes- und Wirtschaftsleben der Hauptstadt Glanz und Aufschwung. Wenige Jahrzehnte später, 1732, folgten rund siebzehntausend Salzburger Exulanten, die vorwiegend in Ostpreußen angesiedelt wurden.

Bereits der Große Kurfürst hatte in den Jahren 1662 bis 1668 den Oder-Spree-Kanal graben lassen und damit eine Wasserverbindung von Schlesien über Berlin nach Hamburg hergestellt, die seine Länder an die Atlantikschifffahrt anschloß. Unter seinen Nachfolgern, vor allem unter seinem Enkel Friedrich Wilhelm I. (1713–1740), ging die staatliche Wirtschaftsförderung eine immer engere Allianz mit der Militarisierung ein. So gründete der Soldatenkönig noch im Jahr seines Regierungsantritts in Berlin im sogenannten Lagerhaus die größte Textilmanufaktur im damaligen Deutschland, um die Versorgung seiner Armee mit Uniformen sicherzustellen.

Ähnlich bestimmend waren die Staatseinwirkungen für die kirchlich-religiöse Entwicklung, die – wie die Niederlande und England lehren – über das Toleranzproblem die wirtschaftliche und allgemein gesellschaftliche Entfaltung direkt beeinflußte. In Deutschland hat sich eine Toleranzpolitik nur sehr langsam Bahn gebrochen. Am wenigsten geeignet waren dazu die Reichsstädte, weil dort die Magistrate eifersüchtig auf den Religionsbann als Zeichen ihrer obrigkeitlichen Stellung bedacht waren und sich einem zunehmenden Druck von seiten des schon aus ökonomischen Gründen fremden- und minderheitenfeindlichen Zunftbürgertums ausgesetzt sahen. Das führte namentlich in den katholischen Reichsstädten Köln und Aachen zu schwerwiegenden wirtschaftlichen Einbrüchen. Doch auch in lutherischen Städten waren die Behinderun-

Die Toleranzpolitik Brandenburgs machte das norddeutsche Kurfürstentum zur Zufluchtsstätte nicht nur von französischen Hugenotten, sondern auch von Salzburgischen Flüchtlingen.

Ausschnitt aus der Marschkarte der Salzburger Protestanten, 1732 in Nürnberg von Peter Conrad Monath gestochen

gen spürbar, selbst in den relativ offenen Reichsstädten Frankfurt und Hamburg. Ebensowenig trugen die Umstände in den sogenannten paritätischen Reichsstädten Süddeutschlands dazu bei, die Konfessionen an eine echte Toleranz zu gewöhnen. Um politische Reibungsflächen zu beseitigen, hatte man im Westfälischen Frieden für die konfessionell gemischten Städte Augsburg, Biberach, Dinkelsbühl und Ravensburg bei der Besetzung des Rates und aller städtischen Ämter die genaue numerische Parität zwischen Katholiken und Protestanten festgelegt. Doch nicht Annäherung und gegenseitiges Vertrauen ergaben sich daraus, sondern Engstirnigkeit, Argwohn und Fremdheit.

In den meisten katholischen Territorien, zumal in den Fürstbistümern und in Österreich, das 1648 ausdrücklich von der Einschränkung des Religionsbannes ausgenommen worden war, herrschte der konfessionelle Absolutismus nach Art des französischen Sonnenkönigs: In Salzburg wurden noch 1731/32 etwa einundzwanzigtausend Protestanten zur Auswanderung gezwungen. Das alles begann sich erst mit der Aufklärung zu ändern.

Vorreiter in der Toleranzentwicklung wurde Brandenburg-Preußen, seit dem Übertritt der Dynastie zum Calvinismus und durch den Gewinn der von Katholiken, Lutheranern und Calvinisten bewohnten rheinisch-westfälischen Territorien ein konfessionell stark durchmischter Staat, dem sozusagen die Vernunft Gewährenlassen befahl. Indes hat Preußen mit seiner Toleranzpolitik den absolutistischen Staat nicht weniger gefördert als das Österreich mit seinem konfessionalistischen Katholizismus getan hat. Die preußische Toleranz war eine staatlich verordnete, keine gesellschaftlich gewachsene Toleranz. Mentalitätsgeschichtlich ist das ein entscheidender Unterschied. Theoretisch und juristisch basierte die brandenburgisch-preußische Toleranzpolitik auf dem neu entwikkelten kirchenrechtlichen System des Territorialismus, das in Ablösung des reformatorischen Episkopalsystems die Rechte der Landesherren über Religion und Kirche nicht mehr aus der altkirchlichen Bischofsgewalt ableitete, sondern als Bestandteil der aufs Territorium bezogenen, nicht mehr konfessionell gebundenen Staatsgewalt begriff. Damit war der Konfessionsstaat der älteren Frühneuzeit überwunden, keineswegs aber der Staatseinfluß auf die geistlich-kirchlichen Dinge. Im Gegenteil, die Selbständigkeit der Kirchen wurde weiter beschnitten. Gleichzeitig bahnte sich durch den vor allem in Brandenburg und Württemberg starken Pietismus auch von innen her die Überwindung der orthodox-konfessionellen Fixierung an. Denn die Betonung der inneren Frömmigkeit und der christlichen Erbauung, die sich jetzt auch bei den Katholiken bemerkbar machte, drängte die dogmatischen Fragen in den Hintergrund.

Im Zentrum des staatlich gelenkten gesellschaftlichen und politischen Wandels stand der Ausbau des Militär-, Verwaltungs- und Regierungsapparates, der in den absolutistischen Großterritorien nach Ausschaltung auch des Restes ständischer Mitspracherechte nun ganz in der Hand des Fürsten lag. Neben der Ausbildung einer allein dem Fürsten und den Staatsinteressen verpflichteten Beamtenschaft ging es in den Großterritorien, die sich aus mehreren, über Personalunion verbundenen Ländern zusammensetzten, vor allem um die Schaffung einer zentralen Gesamtstaatsverwaltung.

In den Territorien der Habsburger und der Hohenzollern wirkte das Heer als mächtiger Motor der Konzentration und Gesamtstaatsbildung. Die höhere Beamtenschaft und das Offizierskorps wurden zu den tragenden Säulen des Staates. Davon profitierte vor allem der Adel, der nach seiner politischen Niederlage im Kampf um die Trägerschaft der Staatsgewalt nun als Diener des fürstlichen Souverän in Armee und Administration wieder die erste Stellung im Staat einnahm. In den habsburgischen Ländern gab er auch im kulturellen Leben den Ton an. In Wien strömte der Adel der Erblande, des Reiches und selbst der des Auslandes zusammen. Neben den Habsburgern waren es diese Adeligen, die mit ihren Palais, Lustschlössern und Kunstsammlungen die Kaiserstadt zur Metropole des Geschmacks und des Kunstsinns machten. Hier baute der Barockarchitekt Lukas Hildebrand (1668–1745), der selbst schließlich ein Adelsprädikat errang, die Stadtpalais der Lichtensteins, Kinskys und Schwarzenbergs sowie das Lustschloß Belvedere für den Prinzen Eugen von Savoyen: ein Schloß, ausgestattet mit Fresken von Martino Altimonte und fast imperialen Plastiken von Balthasar Permoser – darunter die Apotheose des Türkenbezwingers – und umgeben von einem königlichen Barockpark mit großangelegten Wasserspielen von Dominique Girard und Anton Zinner. Zur gleichen Zeit bauten Bernhard Fischer und sein Sohn Joseph (1656–1723; 1693–1742) für die Schwarzenbergs, Trautsons, Auerspergs und Lobkowitz' sowie ebenfalls für den Savoyardenprinzen des Stadtpalais. Auch sie steigen dabei als Fischer von Erlach in den Adel auf. Viele dieser Herren hielten sich eigene Hofkapellen. Die berühmteste war diejenige des ungarischen Magnaten Nikolaus von Esterhazy, die Joseph Haydn von 1760 bis 1790 leitete und für die er die meisten seiner Sinfonien, Quartette und Sonaten komponierte, dazu achtzehn Opern für das Marionettentheater des Fürsten.

Das Instrument zur Integration dieser Adelsgesellschaft war der Hof – in Wien der Kaiserhof, in den Territorien die Fürsten-, bald auch Königshöfe. Hier fand sich der Ort der symbolhaften Vergegenwärtigung der Symbiose von Fürst und Adel, wie sie sich seit Mitte des 17. Jahrhunderts in allen deutschen Staaten eingestellt hatte, nachdem die politischen Gegensätze der älteren Frühneuzeit überwunden waren.

Was geschah mit den Bauern, deren Schicksal noch deutlicher als dasjenige der Städter dem Staats- und Machtinteresse funktional zugeordnet war? Dort, wo es zur Stabilisierung der Militär- und Verwaltungsleistung des Staates nötig

Die Kreise in ihrer Funktion als Hüter der Währung. Reichstaler als Gemeinschaftsprägung des schwäbischen Kreises, 1694

Vorderseite: Schild mit dem Wappen des schwäbischen Kreises

Rückseite: Wappen der kreisausschreibenden Fürsten, des Bischofs von Konstanz und des Herzogs von Württemberg

erschien, wurden sie geschützt und ihre Lage durch Ablösung von Frondiensten sogar verbessert – so in Kurbayern bereits 1665/68 und in Österreich im Zuge der theresianischen Militärreform; wenn aber, wie vor allem in Brandenburg-Preußen, der Ausgleich mit dem Adel es verlangte, überließ sie der Staat ihren adeligen Herren, die durch den Ausbau ihrer Gutsherrschaft mit Schollenbindung, Gesindezwang und Heiratskontrolle die traditionellen bäuerlichen Rechte vollends beseitigten.

Die Reichsgeschichte der späteren Frühneuzeit bot aufgrund des Bündnis- und Armierungsrechtes der Reichsstände zunehmend das Bild eines europäischen Mächtesystems im Kleinen. Die vielen Allianzen zwischen deutschen und auswärtigen Mächten – in erster Linie mit Frankreich, aber auch mit Schweden, den Niederlanden, Polen und dem Papst – führten dazu, daß das diplomatische und kriegerische Ringen zwischen den deutschen Territorialstaaten immer zugleich auch ein Teil des gesamteuropäischen Mächtespiels war. Alle großen europäischen Friedensschlüsse berührten direkt oder durch Folgeabschlüsse die innerdeutschen Verhältnisse.

Es gab aber einen gravierenden Unterschied: Das internationale Mächtesystem konnte nur durch Krieg und militärische Allianzen austariert werden. Dagegen existierten im Reich permanente, reichsverfassungsrechtlich verankerte Ausgleichs- und Schlichtungsinstanzen: die Kreise und die Reichsgerichte, die den mittleren und kleineren Territorien einen gewissen Schutz boten und die Wolfsnatur der Großen zähmten, und vor allem der Reichstag, der sich 1663/64 zu einem immerwährenden Gesandtenkongreß mit festem Sitz in Regensburg umgebildet hatte. Da die Könige von Dänemark und Schweden für ihre deutschen Territorien die Reichsstandschaft besaßen und seit 1714 Großbritannien und Kur-Hannover in Personalunion verbunden waren, standen in Regensburg stets auch europäische Dinge zur Debatte. Ungeachtet aller Unzulänglichkeiten konnte der deutsche Reichstag für jene Kräfte zum Vorbild werden, die sich auch für Europa eine Institution friedlichen Interessenausgleichs erträumten.

Die Allianzbestrebungen der deutschen Reichsstände setzten unmittelbar nach Abschluß des Westfälischen Friedens ein. Vor allem die kleineren und mittleren Territorien des Westens trafen sich im Bestreben, die weiterhin überragende Stellung Österreichs auszugleichen. Das war eine innerdeutsche Variante der gegen das Haus Habsburg gerichteten europäischen Interessenpolitik Frankreichs. Die damit gebotene Chance hat Kardinal Mazarin, der Erste Minister Ludwigs XIV., entschieden zu nutzen gewußt: 1658 schlossen sich eine

Reihe mittelrheinischer und nordwestdeutscher Staaten zum ersten Rheinbund zusammen, dem auch Brandenburg und Frankreich beitraten. Das gab Frankreich Gelegenheit, immer wieder direkt in die Reichspolitik einzugreifen, so zum Beispiel 1664 bei der Unterwerfung Erfurts unter den Kur-Mainzer Territorialstaat sowie kurz danach als Schiedsrichter im Streit zwischen Mainz und der Kurpfalz. Entgegen den Absichten des Mainzer Kurfürsten Johann Philipp von Schönborn, der sich als erster einer Reihe von Kirchenfürsten dieses Reichsrittergeschlechts um eine eigenständige reichspolitische Linie zwischen den inneren und äußeren Machtblöcken bemühte, wurde das Bündnis aber zunehmend zum Instrument französischer Hegemonialpolitik. Als deren Aggressivität Ende der 1660er Jahre beim Einfall Ludwigs XIV. in die spanischen Niederlande offen zutage trat, zerbrach das Bündnis an inneren Spannungen.

Die französische Sicherheitspolitik nahm unter Ludwig XIV. Züge vordem unbekannter Grausamkeit an. Eine Politik der verbrannten Erde verwüstete die angrenzenden Gebiete. So hat sich Ludwig XIV., der glanzvolle Sonnenkönig Frankreichs, dem deutschen Gedächtnis für lange Zeit als Schreckensherrscher eingeprägt, was bis in die »Erbfeind«-Mythologie des 19. Jahrhunderts hineinwirkte.

Doch auch ohne eine solche formelle Allianz profitierte Frankreich in stets wechselnden Konstellationen von den innerdeutschen Gegensätzen sowie den Sonderinteressen einzelner Territorien – der geistlichen Klein- und Mittelterritorien am Rhein und in Franken, des an vielen Fronten interessierten Brandenburg-Preußen sowie auch und gerade der Wittelsbacher in Bayern und Kur-Köln, den alten Konkurrenten der Habsburger im katholischen Lager. Zwar schlossen sich auch immer wieder große Abwehrallianzen gegen die Franzosen zusammen, organisiert vor allem von Wilhelm von Oranien, Statthalter in Holland und seit 1688 König von England, den der französische Einfall in die Niederlande 1671/72 zum erbitterten Feind Ludwigs XIV. gemacht hatte. Und auch in Deutschland schlug die antifranzösische Stimmung bald hoch und brachte die Frankfurter Assoziation von 1681 sowie 1682 die Laxenburger und 1686 die Augsburger Allianz hervor. Zusätzlichen Antrieb erhielt diese Bewegung durch den gewaltigen Reichspatriotismus, den der Sieg über die Türken vor Wien im Jahre 1683 auslöste. Doch die überlegene französische Diplomatie

Die Erfahrung des Dreißigjährigen Krieges führte nicht nur ein neues staatsrechtliches Denken herauf, sondern auch praktische Schlichtungsinstanzen. Der Reichstag, früher nur von Fall zu Fall einberufen, wurde ein immerwährender Gesandtenkongreß, der Konflikte unter Kontrolle halten sollte.

Immerwährender Reichstag zu Regensburg, eine Sitzung im Jahre 1675

wußte stets aufs neue unter geschickter Ausnutzung der inneren Gegensätze im europäischen und deutschen Mächtesystem diese Allianzen zu sprengen und militärische Niederlagen in Verhandlungssiege umzumünzen.

Ludwig XIV. gelang es auf diesem Wege Schritt für Schritt, seine aus der französischen Staatsräson abgeleiteten, vorrangig gegen Reichsgebiet gerichteten territorialen Arrondierungsinteressen zu forcieren. 1667/68 brachte ihm der sogenannte Devolutionskrieg gegen die zum Reichsverband gehörenden südlichen Niederlande im Aachener Frieden den Gewinn militärisch-strategisch wichtiger flandrischer Festungen. 1674 kam es zwar im Anschluß an den gescheiterten französischen Einfall in die nördlichen Niederlande (1672–1678) zu einem Reichskrieg, der aber bereits 1679 mit dem Frieden von Nimwegen beendet wurde, ohne daß Frankreich an seinen Erwerbungen hätte Einbußen hinnehmen müssen. In den folgenden Jahren gelangen Ludwig XIV. im Osten, vor allem im Elsaß, wichtige Annexionen, mit denen er sein Reich zum Rhein hin abrundete. Am spektakulärsten war die 1681 erfolgte Einnahme der Reichsstadt Straßburg – 1684 befristet, im Rijswijker Frieden von 1697 dann auf Dauer anerkannt. Zur Legitimation berief man sich auf alte Urkunden, aus denen hervorging, daß die begehrten Gebiete irgendwann einmal in lehnsrechtlichen Beziehungen zu den 1648 an Frankreich gelangten Reichsteilen gestanden hatten. Die französische Propaganda nannte das »Réunion«. Hier wurde mit Rechtsinstrumenten des mittelalterlichen Personenverbandsstaates moderne Machtstaatpolitik betrieben.

Es folgte 1688 bis 1697 der Pfälzer Krieg, den König Ludwig mit Erbansprüchen seiner Schwägerin Liselotte von der Pfalz begründete. Mit seiner kühl berechneten Strategie der verbrannten Erde, die die Bewohner in Schrecken versetzen, den deutschen Heeren den Gegenschlag erschweren und das Reich zu einem raschen Friedensschluß zwingen sollte, ließ Louvois, der Kriegsminister Ludwigs XIV., im Rhein-Mosel-Gebiet ganze Landstriche verwüsten. Häufig blieben nur die schwer zu zerstörenden Grundgemäuer der Kirchen und Klöster stehen. Zahllose Dörfer und Flecken wurden dem Erdboden gleichgemacht. Das gleiche Schicksal ereilte die Städte Oppenheim, Heidelberg, Mannheim, Speyer und Worms. Die eigenen Offiziere waren entsetzt. Der Generalquartiermeister Chamlay, ein harter Soldat, der jede Festungsanlage schleifen ließ, entgegnete Louvois auf die Anweisung, Trier niederzubrennen: »Es ist schon zu wünschen, daß diese Stadt nicht gerade da wäre, wo sie ist. Doch es wäre ein entsetzlicher Skandal, eine so alte und ansehnliche Stadt zu zerstören.« Die Züge gingen in Bewußtsein und Erinnerung als »Raubkrieg« ein. Sie haben das Verhältnis zwischen Deutschen und Franzosen lange belastet.

Einzug der Franzosen in die Reichsstadt Straßburg im Oktober 1681, nachdem die Stadt vor den Truppen Ludwigs XIV. kapituliert hatte.

Für die Völkerrechtler, die sich um eine Bändigung der Kriegsführung bemühten, waren sie ein Schlag ins Gesicht.

Mit diesem Pfälzer Krieg sowie mit dem nur drei Jahre später eröffneten Spanischen Erbfolgekrieg (1701–1714), durch den die Bourbonen sich das Erbe der mit ihnen verschwägerten spanischen Habsburger sichern wollten, hatte Ludwig XIV. den Bogen jedoch überspannt: Sowohl 1688 als auch 1702 wurde ihm der Reichskrieg erklärt, und auch der Kaiser unternahm nun große Anstrengungen. Nach Habsburgerart keinen Augenblick an der heiligen Würde seines Amtes und der einzigartigen Sendung seines Hauses zweifelnd, hatte Leopold I., der fast ein halbes Jahrhundert, von 1658 bis 1705, regierte, in Deutschland und in Europa seine Zeit durch Abwarten heranreifen sehen. Und das, was andere Zufall und Glück nannten, war ihm göttliche Bestätigung seines Auftrags: Nachdem Wien am 12. September 1683 buchstäblich in letzter Minute vor den Türken errettet worden war, zeigte sich der Kaiser, der zu Beginn seiner Regierung stets auf den Waffenstillstand gesetzt hatte, zum Entscheidungskampf entschlossen. Europa sollte endgültig befreit werden von der »Geisel Gottes«, wie es in der nun erwachenden habsburgerischen Propaganda hieß. Ende der 1680er Jahre trat er erstmals auch den Franzosen am Rhein entschieden entgegen, so daß Wien nun einen Zweifrontenkrieg führte. Mit einer Unterbrechung von wenigen Jahren nach dem Frieden von Rijswijk, der 1697 den Pfälzer Krieg beendete, dauerte dieser offene Konflikt bis zu den Friedensschlüssen von Rastatt und Baden im Jahre 1714; es war fast ein zweiter Dreißigjähriger Krieg. Die öffentliche Meinung nahezu ganz Deutschlands antwortete auf diese energische Offensive Habsburgs mit einer Welle der Reichs- und Kaisersympathie: Man sah den alten Glanz des Kaisertums zurückkehren, glaubte das Reich auf dem Weg der Erneuerung und feierte den Habsburger als Leopold den Großen.

Die Realität war indes weniger hochgestimmt, jedenfalls was den Einsatz der Reichsstände im Westen anbetrifft. Zu einem einheitlichen und kompromißlosen Abwehrkampf waren sie auch jetzt nicht in der Lage. Der brandenburgische Kurfürst Friedrich Wilhelm, der in den 1670er Jahren neben dem Kaiser der wichtigste Gegner Frankreichs gewesen war, sich im Friedensschluß von Nimwegen von seinen Verbündeten aber im Stich gelassen fühlte, stand seit Ende des Jahres 1679 mit Ludwig XIV. in einem Geheimbündnis, das ihm zehn Jahre lang dringend benötigte Subsidien sicherte, wofür er im Reich die Interessen Frankreichs zu vertreten hatte. Kurbrandenburg, dessen Armee im Kampf gegen die Schweden Ansehen gewonnen hatte, machte daher die Unterstützung gegen die Türken von der kaiserlichen Anerkennung der französischen Eroberungen im Elsaß, namentlich Straßburgs, abhängig. Diese Bedingung wurde 1684 im Regensburger Stillstand erfüllt, zunächst auf zwanzig Jahre befristet, endgültig dann im Frieden von Rijswijk. Jetzt war es allerdings der

Mit Leopold I., den die Zeitgenossen den Großen nannten, schien der Glanz des Kaisertums zurückgekehrt und das Reich auf dem Weg der Erneuerung. Kaum ein Jahrhundert später sollte der brandenburgische Herausforderer Friedrich II. den Habsburgern die kostbarste ihrer Provinzen entreißen.

Brandenburger, Friedrich I., der Sohn des Großen Kurfürsten, der dem Kaiser Vorhaltungen machte und für die Wiedergewinnung Straßburgs eintrat.

Die sichersten Parteigänger Frankreichs waren auch zu Ende des 17. Jahrhunderts die Wittelsbacher in Köln und Bayern. Während des Spanischen Erbfolgekrieges gingen sie erneut ein formelles Bündnis mit dem Sonnenkönig ein. Der Kaiser erwirkte daraufhin die Reichsacht, doch Frankreich sollte sich noch im Augenblick der Niederlage stark genug zeigen, die Restitution seines Verbündeten zu erzwingen.

Im Innern war das Kaiserhaus in der letzten Phase des Krieges erneut geschwächt. Leopolds ältester Sohn, Joseph I., der nicht zuletzt durch die Ernennung des Prinzen Eugen zum Präsidenten des österreichischen Hofkriegsrates die frühen Erfolge im Spanischen Erbfolgekrieg ermöglicht hatte, regierte nur sechs Jahre, von 1705 bis 1711, und starb erst zweiunddreißigjährig. Mitten im Krieg bestieg Leopolds zweiter Sohn, Karl VI. (1711–1740), den Thron und richtete sein Hauptinteresse auf die Sicherung der Erbfolge seiner eigenen Nachkommen vor den Kindern seines Bruders. Zu diesem Zweck erließ er 1713 die folgenreiche Pragmatische Sanktion, für deren Anerkennung er unter den deutschen und europäischen Mächten werben mußte. Diese Schwächung der Dynastie machte es möglich, daß Ludwig XIV. nach den schweren Niederlagen, die ihm die unter Prinz Eugen und John Churchill, Duke of Marlborough, kämpfenden alliierten Truppen beibrachten, auf den Friedenskongressen von Utrecht, Rastatt und Baden zwar in seine Grenzen verwiesen wurde, diese Grenzen aber durchaus weit bemessen blieben. Ein Ziel hatte er auf jeden Fall erreicht: Die habsburgische Umklammerung war endgültig aufgebrochen – auf dem spanischen Thron saßen fortan französische Bourbonen, allerdings unter dem ausdrücklichen Verbot, Frankreich und Spanien je in Personalunion zu vereinen. Österreich erhielt aus dem spanischen Erbe die südlichen Niederlande und die Besitzungen in Italien: Mailand, Mantua und Neapel, ab 1720 auch Sizilien.

In eine neue Phase offensiver Außenpolitik trat Frankreich in den 1730er Jahren ein. Das Reich war davon nur am Rande betroffen. Es ging in erster Linie um die Stellung Frankreichs in Lothringen und der Habsburger in Italien. Zum Anlaß nahm man die durch den Tod Augusts des Starken (1. 2. 1733) notwendig gewordene Neubesetzung des polnischen Throns, die schon häufig ein europäisches Ereignis gewesen war. Frankreich favorisierte Stanislaus Leszczyński (1677–1766), den Schwiegervater Ludwigs XV.; Rußland und Österreich Kurfürst Friedrich August von Sachsen (1696–1763), den Sohn Augusts des Starken. Als der Krieg offen ausbrach, besetzte Frankreich Lothringen, um die Gefahr zu bannen, die es aufziehen sah: daß nämlich dieses an seiner Ostgrenze gelegene Herzogtum zur Offensivbastion der Habsburger ausgebaut werden könnte, wenn – wovon jeder ausging – der lothringische Herzog Franz Stephan (1708–1765) die Kaisertochter Maria Theresia heiraten und – was man für möglich halten mußte – dereinst auch zum Kaiser gewählt würde. Das eine erfolgte 1736, das andere 1745. Eine Bedrohung Frankreichs konnte sich daraus aber nicht mehr ergeben. Denn nachdem 1734/35 Deutsche und Franzosen im Rhein-Mosel-Gebiet mit wechselndem Erfolg gekämpft hatten, aber sämtliche italienischen Besitzungen der Habsburger von den Bourbonen erobert worden waren, hatte sich bereits Ende 1735 die Lösung des Konfliktes durch einen großangelegten Tausch von Ländern und Titeln angebahnt: König von Polen wird der Sachse, sein Gegenspieler Leszczyński darf sich weiterhin ehrenhalber »König von Polen und Herzog von Litauen« nennen; er erhält die Herzogtümer Lothringen und Bar, die nach seinem Tode an Frankreich fallen; deren angestammter Landesherr, Franz Stephan, wird mit dem Großherzogtum Toskana entschädigt; in Sizilien und Neapel wird eine bourbonische Sekundogenitur errichtet; Österreich bekommt dafür Parma und Piacenza, so daß zusammen mit den älteren Besitzungen im Nordwesten Italiens ein geschlossen habsburgisches Gebiet entsteht – das Europa der Fürsten und Dynastien steht in seinem Zenit.

Wichtiger noch als diese Folgen für West- und Südeuropa war die Tatsache, daß im polnischen Erbfolgekrieg endgültig klar wurde, daß im Osten und Nordosten ein Rollentausch im deutschen und europäischen Mächtespiel eingetreten war: Das unter Peter dem Großen (1689–1725) im Innern modernisierte und politisch gefestigte Zarenreich hatte inzwischen im Nordischen Krieg von 1700 bis 1721 Schweden niedergerungen und die Vormachtstellung im Ostseeraum eingenommen. Weiterhin hatte es in der Ukraine begonnen, sich zu Lasten des polnisch-litauischen Großreiches auszudehnen. Das System von 1648 war zusammengestürzt – die alteuropäischen Großmächte Schweden und Polen waren durch Rußland in den Hintergrund gedrängt worden. Im Osten des Reiches bestand nun jene Konstellation, deren Nachgeschichte bis ins 20. Jahrhundert hinein fortwirkt: Es sollte nur noch eine Generation dauern, bis sich zu den beiden »Schwarzen Adlern« Rußlands und Österreichs der dritte, der preußische, gesellte.

Stärker als in der Verteidigung seiner ober- und niederrheinischen Interessen erwies sich das Reich in den Auseinandersetzungen mit den Türken, die 1663 und 1664, 1683 bis 1699, 1716 bis 1718 und – in einer neuen Konstellation als Allianzkrieg von Rußland und Österreich gegen die Türkei – 1735 bis 1739 Phasen offenen Krieges durchliefen. Vor allem als Sultan Mehmed II. 1683 dem »Cäsar Roms« in einer orientalisch ausschweifenden Kriegserklärung befahl, ihn in der »Residenzstadt Wien zu erwarten, damit wir Dich köpfen können«, und sich bald darauf die Nachricht verbreitete, die durch Ungarn heranrückenden Türken und Tataren hätten »Kindern die Augen ausgestochen, den Weibsleuten durch die Brüste Löcher und den Mannspersonen in die Ohren Löcher gestochen, so aneinander gekoppelt in die ewige Dienstbarkeit geführt«, da regte sich im Reich und bei seinen östlichen Nachbarn der Wille zur Abwehr.

Das aus Kontingenten des Kaisers, der Reichskreise, Bayerns, Sachsens und Polens bestehende Reichsheer, das Wien nach langen Belagerungswochen voll Angst, Hunger, Seuchen und täglichem Kampfgetümmel am 12. September 1683 erlöste, wurde befehligt von dem Polenkönig Johann III. Sobieski (1674–1696). Dieser politisch begabte und hochgebildete Sproß einer polnischen Magnatenfamilie hatte sich bewußt in die Tradition der großen Jagiellonenkönige des 15. und 16. Jahrhunderts gestellt und war bestrebt, die alte Vormachtstellung Polens im Osten in einer gewandelten Welt zu behaupten. Nach

In der Schlacht vor Wien wurde der türkische Ansturm, der die Kaiserstadt seit mehr als hundertfünfzig Jahren in immer neuen Wellen bedroht hatte, endgültig gebrochen.

Radierung von Romeijn de Hooghe

dem Friedensschluß von Nimwegen und der Annäherung zwischen Ludwig XIV. und dem Kurfürsten von Brandenburg im Jahre 1679 hatte sich hierzu das traditionelle Bündnis mit Frankreich als ungeeignet erwiesen. Sobieski setzte nun darauf, sich an die Spitze derjenigen Mächte zu stellen, die an einer Eindämmung des Osmanischen Reiches im Südosten, von der Moldau bis in die Ukraine, interessiert waren. Das 24000 Mann starke polnische Kontingent trug wesentlich dazu bei, daß die insgesamt etwa 75000 Mann zählende alliierte Armee in der Entscheidungsschlacht am Kahlenberg die Türken besiegte. Und trotz der persönlichen Kränkung, die ihm der im Triumph hochfahrende Kaiser zufügte, behielt Sobieski seine antitürkische Politik bei, weil er sie für die einzig realistische polnische Interessenpolitik hielt: Im März 1684 schlossen sich der Kaiser, der Papst, Venedig und Polen zu einer Heiligen Liga zusammen, die es Leopold I. erlaubte, auf dem Balkan zu einer dauerhaften Offensive überzugehen. Bereits 1687 gelangte er in den Besitz von ganz Ungarn und Siebenbürgen, was ihm nach weiteren Siegen der Herzöge Karl von Lothringen († 1690), des Kurfürsten Max Emanuel von Bayern, des Markgrafen Ludwig Wilhelm von Baden (dem sogenannten Türkenlouis) und zuletzt vor allem des Prinzen von Savoyen 1699 im Frieden von Karlowitz rechtlich bestätigt wurde. Darüber hinaus erhielt Österreich damals Gebiete Sloveniens und Kroatiens zugesprochen. Bezahlt hat dies in erster Linie das polnisch-litauische Reich. Denn nach dem sensationellen Beitritt des orthodoxen Rußland zur Heiligen Allianz, dem

Türkische Roßschweife, die als Rangabzeichen der militärischen Führer vor den Zelten aufgepflanzt wurden.

Prinz Eugen von Savoyen, dem wegen seiner körperlichen Gebrechen der Dienst im Heere Frankreichs verwehrt worden war, wurde als Oberbefehlshaber des österreichischen Kaisers der legendäre Verteidiger des christlichen Europa gegen die osmanische Bedrohung.

Bündnis katholischer Mächte, war es dieser östliche Rivale, der auf Kosten der alteuropäischen Großmacht Polen aufstieg und deren Position im europäischen Mächtespiel einnahm.

Die neue Macht sollte bald auch Österreich zu spüren bekommen: Zwar gelang ihm in der nächsten Etappe des Türkenkrieges 1717 die Einnahme Belgrads – von den Soldaten gefeiert mit dem Lied vom Prinzen Eugen, dem edlen Ritter. Und nach dem Frieden von Passarowitz (1718) begann die deutsche Besiedlung des Banats, Nordserbiens und der kleinen Wallachei. Aber das waren Gebiete, die Österreich schon zwanzig Jahre später, 1739, im Frieden von Belgrad wieder verlor, nachdem es sich durch das verbündete Rußland in einen neuen Krieg gegen das Osmanische Reich hatte ziehen lassen. Ohne den inzwischen verstorbenen Prinzen Eugen wurde dieser Waffengang zur militärischen Katastrophe, und das unglückliche Österreich handelte sich obendrein mit dem militärisch glücklicher operierenden Zarenreich einen gefährlichen Rivalen auf dem Balkan ein.

Diese inneren und äußeren Kämpfe waren Hintergrund und Motor für den Aufstieg Österreichs und Brandenburg-Preußens zu deutschen Großstaaten von europäischem Gewicht. Damit bildete sich ein neuartiger, auch vom kulturellen Gegensatz zwischen protestantischem Norden und katholischem Süden geprägter Mächtedualismus im Reich heraus, der seit 1740 mit dem Regierungsantritt einer neuen Herrschaftsgeneration mit Händen zu greifen war und den alten, inzwischen kaum noch brisanten Verfassungsdualismus Kaiser – Reich völlig verblassen ließ.

Nach einer abwartenden Übergangsphase zu Beginn der Regierungszeit Kaiser Leopolds I. (1658–1705) hatte Österreich entschlossen die Herausforderung durch die zeitweilig verbündeten Großmächte Frankreich und Türkei aufgegriffen und war selbst zu einer Expansionspolitik großen Stils übergegangen. Die südöstliche Stoßrichtung war auch eine Konsequenz des Westfälischen Friedens, der die Stellung der Habsburger im Westen des Reiches geschwächt hatte. Der Triumph über die Türken auf dem Balkan gab Leopold I. und seinen Söhnen Joseph I. und Karl VI. die Kraft, das östliche und südöstliche Mitteleuropa zu einem einheitlichen Staatsverband zusammenzufassen. In Wien entstanden Zentralbehörden für die beiden Königreiche Böhmen und Ungarn, die österreichischen Erblande und nach 1713/14 die italienischen und südniederländischen Besitzungen – die Hofkanzlei für die Außenpolitik, Justiz und Verwaltung, die Hofkammer für die Finanzen und der Hofkriegsrat für die Militärverwaltung und eine konzentrierte Kriegführung. Diese Habsburgermonarchie mit ihrem gewaltigen Länderkomplex im Südosten, ergänzt um die südlichen Niederlande und die Besitzungen in Italien, war im 18. Jahrhundert unbestritten eine europäische Großmacht.

Neben dem allen deutschen Territorialstaaten zur Verfügung stehenden Instrumentarium, das die Österreicher zur Errichtung eines konfessionellen Absolutismus nutzten, der bei den ungarischen Protestanten bald nach der »Befreiung« gute Erinnerungen an die glaubensliberalen Türken erwecken sollte, besaßen die Habsburger als Kaiserdynastie zusätzliche Mittel der Herrschaftsabsicherung, die jeden machtpolitischen Konkurrenten im Reich zunächst einmal in die Hinterhand versetzten. Als oberster Lehnsherr vermochte der Kaiser durch systematische Klientelpolitik vor allem in den traditionell kaisernahen Gebieten Süd- und Südwestdeutschlands dem Habsburgerstaat eine stabile Einflußzone zu eröffnen. Wie das Schicksal der Wittelsbacher während des Spanischen Erbfolgekrieges zeigte, war auch das Mittel der Reichsacht keineswegs ganz wirkungslos geworden.

Außerdem hatten auch die mächtigsten Territorialfürsten immer noch auf den Kaiser und damit auf die Interessen Österreichs Rücksicht zu nehmen, wenn sie eine jener Standeserhebungen erlangen wollten, die im höfischen Zeitalter mit seiner differenzierten Rang- und Reputationsskala eine so große Rolle spielten. Das hatten die Welfen erfahren, als für sie 1692 die neunte Kurwürde errichtet wurde, ebenso die sächsischen Wettiner, die mit Unterstützung des Kaisers die polnische Königskrone errangen, und die Hohenzollern, als es in den Jahren 1700/01 um die Anerkennung ihres preußischen Königtums ging. Mit ihnen wußten das eine ganze Reihe kleinerer Reichsstände, die die Fürstung erlangen wollten. Hinzu kam die Attraktivität des kaiserlichen Hof-, Zivil- und Militärdienstes nicht nur für das Groß- und Bildungsbürgertum, sondern auch für manchen kleineren Reichsstand und manches Mitglied der europäischen Adelsgesellschaft. Im ausgehenden 17. und in den ersten Jahrzehnten des 18. Jahrhunderts waren die Habsburgerkaiser im Reich präsent wie selten seit den Zeiten Maximilians I.

Dem hatte Brandenburg wenig entgegenzusetzen: Ein Kurfürstentum unter acht beziehungsweise neun anderen, fernab der politischen und ökonomischen Kernlande gelegen, bis in die Frühneuzeit hinein abschätzend Reichsstreusandbüchse tituliert. So ergaben sich die entscheidenden Impulse für das Großmachtstreben vorzugsweise aus den territorialen Gewinnen der Hohenzollern im Osten und Westen: Kleve, Mark und Ravensberg aus dem Jülicher Erbe, 1614 im Vertrag von Xanten vorläufig, 1666 dann endgültig erworben;

Durch Bestellung von Hilfstruppen im Spanischen Erbfolgekrieg und durch beträchtliche Zahlungen erkaufte sich Preußen die Einwilligung der Habsburger zu seiner Königswürde, die vorerst auf Preußen, den alten Ordensstaat außerhalb des Reiches, begrenzt blieb.

Zepter und Reichsapfel, die Zeichen preußischer Königswürde, 1701

1618 das der polnischen Krone lehenspflichtige Herzogtum Preußen. Dazu gesellten sich 1648 Hinterpommern sowie die säkularisierten Fürstbistümer Kammin, Halberstadt, Minden und Magdeburg, letzteres als Anwartschaft, zugestanden zum Teil als Kompensation für den Verzicht auf das an die Schweden vergebene Vorpommern.

Durch diese geographische Lage vielseitig in das innerdeutsche wie europäische Mächtespiel involviert, setzte Friedrich Wilhelm, der Große Kurfürst (1640–1688), das neue Armierungs- und Bündnisrecht der Reichsstände effektiv und virtuos ein, um im Innern seine Souveränität wie ein »Rocher de bronce«, eine Redewendung seines Enkels, zu stabilisieren sowie nach außen seinen Territorialstaat zu arrondieren und als neue Kraft in das europäische Mächtesystem einzufügen. Neben dem energischen Einsatz des stehenden Heeres, mit dem er 1675 bei Fehrbellin einen entscheidenden Sieg über die Schweden errang, wechselte er hierzu mehrmals geschickt die Allianzen zwischen dem Kaiser, Frankreich und Schweden.

Sein Sohn und sein Enkel wußten jeder auf seine Weise mit den ihnen anvertrauten Pfunden gewinnbringend zu wuchern: Kurfürst Friedrich III. (1688–1713) krönte sich im Jahre 1700 in Königsberg als Friedrich I. zum König und verschaffte seiner Dynastie und seinem Staat im rechten Moment die für eine große Rolle auf der europäischen Staatenbühne notwendige Standeserhöhung. Gegründet war dieses Königtum auf der Souveränität der Hohenzollern in

Ostpreußen, also außerhalb des Reiches. Friedrich Wilhelm I. (1713–1740), der fromme, bürgerlich sparsam wirtschaftende Soldatenkönig, machte die preußische Armee zu einem Instrument der Machtpolitik, mit dem ein entschlossener Herrscher Europa herausfordern konnte. Als er den Thron bestieg, zählte die Armee im Kriege knapp vierzigtausend Soldaten; er übergab sie in einer Friedensstärke von zweiundachtzigtausend Mann seinem Sohn, dem späteren Friedrich dem Großen, und zwar mit einem Rekrutierungs- und Finanzierungssystem, das es diesem gestattete, bis 1757 die Heeresstärke auf rund zweihunderttausend Mann hinaufzuschrauben. Seinen Staatshaushalt hat Friedrich Wilhelm aus Prinzip ohne Schulden geführt, während England, die Niederlande, Frankreich und Österreich in steigendem Maße Staatskredite in Anspruch nahmen. Für außerordentliche Bedürfnisse, namentlich für den Kriegsfall, legte der König einen Staatsschatz, einen »Tresor«, an. Bei seinem Tod betrug dieser rund acht Millionen Taler, die in Fässern verpackt im Keller des Berliner Schlosses lagerten. 1722/23 führte der Soldatenkönig eine großangelegte Verwaltungsreform durch, die die Umbildung der in Personalunion vereinten Länder zum brandenburgisch-preußischen Gesamtstaat weit vorantrieb. Es entstand das vom Herrscher selbst entworfene Generaldirektorium, eine oberste Behörde für die Militär- und Staatsverwaltung sowie die Wirtschaftspolitik, der die territorialen Kriegs- und Domänenkammern untergeordnet waren. Das beibehaltene Prinzip territorialer Zuständigkeit wurde ergänzt durch übergreifende Fachressorts für den Gesamtstaat. Die traditionellen Länder eigenständigen Rechts wurden Schritt für Schritt umgebildet zu Provinzen der preußischen Monarchie.

Wichtige geistige und soziale Antriebe dieser preußischen Dynamik kamen aus dem Calvinismus, der im brandenburg-preußischen Umfeld disziplinierend und rational machtkonzentrierend wirkte, nicht demokratisierend wie in den Niederlanden und im angelsächsischen Raum. Innerhalb des Adels, der Theologenschaft und infolge der Hugenotteneinwanderung auch im Großbürgertum entstand eine geschlossene calvinistische Führungsschicht, die von der älteren, lutherischen Ständeelite abgehoben blieb und der calvinistischen Hohenzollerndynastie eng verbunden war. Dazu stellte der Calvinismus die politisch wie geistig-kulturell gleichermaßen wichtige Verbindung zum europäischen Westen her, vor allem nach Holland. Anfang des 18. Jahrhunderts trat in Brandenburg-Preußen der Pietismus seinen Siegeszug an, durch die Herrscher wohlwollend gefördert. Damit konnten jetzt auch die lutherischen Geisteskräfte dem Staat nutzbar gemacht werden. Und auch die alten Adelsfamilien wandten sich wieder der Dynastie zu.

Noch bevor Preußen in der Epoche Friedrichs II. um den Besitz Schlesiens einen europäischen Krieg gegen die Vormächte des Kontinents, Frankreich, Österreich und Rußland, führte, entwarf es sich für die königliche Residenz, die kaum neunzigtausend Einwohner zählte, ein Zentrum, das mit Petersburg, Paris und Wien konkurrieren konnte.

1740 war der brandenburg-preußische Gesamtstaat ohne Zweifel die zweite Kraft im Reich. Auf Dauer konnte er sich aber nur behaupten, wenn ihm der letzte Sprung zur europäischen Großmacht gelingen würde. Auch abgesehen von den konkurrierenden Gebietsansprüchen – vor allem in Schlesien – mußte das angesichts des macht- und einflußpolitischen Vorsprungs Österreichs, der die brandenburg-preußischen Interessen im Reich immer wieder einengte, früher oder später auf eine Konfrontation mit dem Habsburgerstaat hinauslaufen. Wie die Dinge standen, würde dieses Preußen eines Tages die Partie wagen, die Würfel im deutschen Machtspiel zu werfen. Noch aber war das Land arm und seine Residenz klein. Ganze neunzigtausend Einwohner zählte Berlin und elftausend Potsdam, als Wien an die zweihunderttausend, Paris fünfhunderttausend und London gar über sechshunderttausend Köpfe hatte.

Noch war Preußen der Habenichts unter den europäischen Mächten, aber es hatte, was Emporkömmlinge oft besitzen: Energie und Bedenkenlosigkeit.

IV

Hagen Schulze
Die Geburt der deutschen Nation

1740 bis 1866

Die Eisenbahn vor der hohenzollerischen Residenzstadt Potsdam, der rasante Wandel von Wirtschaft und Gesellschaft neben dem schroffen Beharrungsvermögen der alten, vorindustriellen Eliten, die Gleichzeitigkeit des Ungleichzeitigen: In dieser Spannung vollzieht sich die deutsche Geschichte zwischen dem Ende des Heiligen Römischen Reiches und dem Anfang des Bismarck-Staates.

(Adolf von Menzel, Die Berlin-Potsdamer Eisenbahn, 1847)

Die Freikorps der Freiheitskriege 1813 bis 1815, mit denen Preußen in einer europäischen Koalition gegen Napoleon die Vorherrschaft Frankreichs abwarf, haben militärisch nie eine hervorragende Rolle gespielt, aber der Enthusiasmus, der die Söhne der gebildeten Stände zu den Waffen führte, stiftete einen Mythos, der ein Jahrhundert überdauerte und noch in den Weltkriegen des 20. Jahrhunderts die Seelen gefangennahm.
Das Lützowsche Freikorps wurde schon im Juni 1813 von württembergischen Soldaten aufgerieben, aber das Grab des patriotischen Freiherrn, ihres Führers, ging in die Empfindungs- und Gedankenwelt der Deutschen ein.

Dem
Adolph von Lützow

Köln, das antike Colonia Agrippinensis am Übergang von Mittel- und Niederrhein, konnte seine römische Vergangenheit in die christliche Zukunft herüberretten: schon im 4. Jahrhundert ist es wichtigster Bischofssitz an der Grenze zwischen den ehemaligen gallischen und germanischen Siedlungsgebieten. Während die anderen Plätze aus karolingischer Zeit von Worms und Trier bis zu Speyer und Aachen in den folgenden Jahrhunderten zurücksinken, wird Köln im 13. Jahrhundert ein Zentrum mittelalterlicher Gläubigkeit, Kunst und Architektur.

Der Dom, eine der größten Kirchen der Christenheit, bleibt jedoch jahrhundertelang unvollendet; erst im 19. Jahrhundert wird er als Nationaldenkmal fertiggestellt. Bereits dreißig Jahre vor seiner Einweihung überspannt die Eisenbahnbrücke, später geschmückt mit dem Reiterstandbild Wilhelms I., den Rhein: modernste Technik und verklärtes Mittelalter, Christentum und Nationalstaat fließen in sonderbarer Gleichzeitigkeit und Ungleichzeitigkeit zusammen.

1. Deutschland – aber wo liegt es?

Mitteleuropa nach dem Siebenjährigen Krieg, im letzten Drittel des 18. Jahrhunderts: ein Flickenteppich wie eh und je, eine ungestalte Fläche ohne Mitte und klare Grenzen, mehr denn je mit den Worten des großen Staatsdenkers Pufendorf »unregelmäßig und einem Monstrum ähnlich«. Dreihundertvierzehn größere und kleinere Territorien, zudem anderthalbtausend freie Rittersitze, eine Fülle von »Deutschländern« – les Allemagnes, wie die Franzosen sagten, – zwischen Maas und Memel, Etsch und Belt, europäisches Niemandsland. Eine Welt geradezu zoologischer Vielfalt von Königreichen, Kurfürstentümern, Herzogtümern, Fürstentümern, Bistümern, Grafschaften, Reichsstädten, Abteien und Balleien, meist in Fetzen auseinanderhängend und von Enklaven durchlöchert, aber allesamt eifersüchtig auf ihre verbriefte Souveränität bedacht und leidenschaftlich mit »Abrundungen« und der Beseitigung fremder Korridore befaßt: Alptraum der Kartographen, Entzücken der Völker- und Staatsrechtsexperten, die dieses anarchische Gewirr in rechtsförmige Begrifflichkeit zu bringen hatten und deshalb das strahlendste Jahrhundert ihrer Disziplin erlebten.

Und das Reich? Ein verblassender Mythos eher denn Staatswirklichkeit, ein juristisches Konstrukt, gegenwärtig allenfalls in einigen Einrichtungen wie dem Reichshofrat in Wien, dem Reichskammergericht in Wetzlar oder dem »Immerwährenden« Reichstag zu Regensburg. Dem jungen Johann Wolfgang Goethe erschien 1764 die Königskrönung des nachmaligen Römischen Kaisers Joseph II. in der alten Reichsstadt Frankfurt als fremdes exotisches Spektakel, ein endloses, kompliziertes, altväterisches Zeremoniell voll unverständlicher Symbolik, und dennoch anrührend, weil »das durch so viele Pergamente, Papiere und Bücher beinah verschüttete deutsche Reich wieder für einen Augenblick lebendig« wurde. Ein respektloser und aufrührerischer Kopf wie Christian Friedrich Daniel Schubart erklärte seinen Zeitgenossen die Reichssymbole in neuer Beleuchtung, so die Bedeutung des doppelköpfigen Reichsadlers: »Kaiser Josephs Kopf, des toleranten Weisen« sah er im bissigen Gezänk mit Friedrichs Kopf, »des Donnergotts der Preußen«. Warum die beiden uneins seien, wisse jedes Kind:

»Sie sind entzweit in dem gemeinen Falle:
Was eine Kralle packt, packt auch die andre Kralle.
Drum zerren sie so jämmerlich –
O Vaterland, wie daurst du mich!«

Das Reich zerrissen in Nord und Süd: das war neu. Der Aufstieg Preußens war lange angelegt gewesen, im Innern durch eine militärische und bürokratische Konzentration, die im absolutistischen Europa ihresgleichen suchte, nach außen durch eine zunehmende Ablösung vom Reich, begünstigt durch den geringeren kaiserlichen Einfluß in Norddeutschland und durch die zunehmende Schwäche der polnischen und schwedischen Nachbarn. Der gut kalkulierte Griff Friedrichs des Großen nach dem österreichischen Schlesien im Jahr 1740, als Habsburg durch das drohende Aussterben in der männlichen Erbfolge und die Nachfolgeprobleme geschwächt war, bedeutete dem jungen König vor allem ein Rendezvous mit dem Ruhm, war daneben aber auch Konsequenz einer bereits von seinen Vorfahren betriebenen Ausdehnungspolitik – der schlesische Feldzug beruhte auf einem Plan, den schon der Große Kurfürst siebzig Jahre zuvor ausgearbeitet hatte. Es wurde freilich kein militärischer Spazier-

gang; Friedrich hatte seine kaiserliche Gegnerin Maria Theresia ebenso unterschätzt wie die Interessen der europäischen Mächte, denen an einer neuen Machtballung in der europäischen Mitte nur solange gelegen sein konnte, wie sie in ihr eigenes machtpolitisches Kalkül einzupassen war.

So konnte Friedrich zwar im ersten Schlesischen Krieg (1740–1742) mit Frankreich, Bayern, Spanien und Sachsen im Rücken sein Ziel, die Einnahme Schlesiens, erreichen, nicht jedoch Habsburg aus seiner Führungsposition im Reich verdrängen. Schon der zweite Schlesische Krieg (1744–1745), den Friedrich aus Besorgnis vor dem österreichischen Gegenschlag begann, konnte nur mit Glück gegen ein österreichisch-englisch-sächsisches Bündnis zum Remis gebracht werden. Vierzehn Jahre darauf folgte der Endkampf um Schlesien und um die Vorherrschaft in Deutschland, der Siebenjährige Krieg (1756–1763), und nun war Preußen vollends der Störenfried des europäischen Gleichgewichts geworden, gegen den eine gewaltige Koalition zwischen Österreich, Frankreich, Rußland und den meisten Reichsfürsten antrat. Erst in diesem Krieg gegen die Zahl und die Wahrscheinlichkeit wurde Friedrich ein Großer; er gewann ihn gewiß auch mit Hilfe englischer Subsidien und dank dem unerwarteten Tod der Zarin Elisabeth im Jahr 1762, vor allem aber kraft seines Feldherrngenies, gepaart mit einem das Selbstmörderische streifenden harten Willen und märchenhaftem Glück. Dabei war alles das nur ein Nebenkriegsgeschehen im weltgeschichtlichen Ringen zwischen Frankreich und England um die Führung auf den Weltmeeren und den Besitz der großen Kolonialreiche; der Erschöpfungsfriede von Hubertusburg vom 15. Februar 1763, in dem die preußische Großmachtstellung wie auch der preußische Besitz Schlesiens garantiert wurden, folgte um fünf Tage dem Frieden von Paris, in dem Frankreich den Großteil seiner überseeischen Besitzungen an England abtrat.

Seitdem war Deutschland längs der Mainlinie in zwei Lager gespalten: der kaiserlichen Macht im Süden stand nun im Norden eine nahezu ebenbürtige Gegenmacht gegenüber, dem katholischen Kaiser war im Hohenzollernkönig so etwas wie ein protestantischer Gegenkaiser erwachsen, das evangelische Deutschland hatte seine Mitte gefunden. Das arme Brandenburg-Preußen, »des Heiligen Römischen Reiches Streusandbüchse«, war kraft des Machtwillens seiner Fürsten, der Organisationskraft seiner Verwaltung und der Überlegenheit seiner Armee zum modernen Machtstaat geworden, von Europa bewundert und gefürchtet. Jener Zug von Anspannung und Ernst, jener aus Pietismus und Staatstugend entstandene Mangel an Urbanität, Lebensfreude und bürgerlicher Zivilcourage, der das preußische Wesen ausmachte und die europäischen

Nachbarn so befremdete, alles das war Ausfluß einer gewaltigen Anstrengung, die diesen Staat gegen die Ratio des Mächtegleichgewichts, gegen die Logik der Geographie zur Großmacht emporgetragen hatte.

Auf der anderen Seite Österreich-Habsburg, verzweifelt bemüht, seine Stellung als deutsche Vormacht zu halten und den Emporkömmling im Norden in seine Grenzen zu weisen. Der junge Kaiser Joseph II. bewunderte den Erzfeind Friedrich, ahmte ihn zum Entsetzen Maria Theresias bis in die Äußerlichkeiten nach, trug wie der große Preußenkönig stets Uniform, schlief auf dem Feldbett und ging daran, das buntscheckige Bild Habsburgs, wie die Kaiserin-Mutter klagte, zu »verpreußen«: Verwaltungs-, Justiz- und Heeresreform nach preußischem Muster, Ausweitung und Zentralisierung der landesherrlichen Macht auch in Ungarn und den österreichischen Niederlanden, Einführung des Deutschen als Verwaltungssprache im gesamten Vielvölkerstaat, Säkularisierung des Kirchenguts und Aufhebung der Zensur – alles das nicht nur Nachahmung des »roi-philosophe« von Sanssouci, sondern ein verzweifelter Versuch, das Blatt doch noch zu wenden. Dazu gehörte auch, daß die Österreicher 1778 in Bayern einmarschierten, um die habsburgischen Grenzpfähle bis zum Main und zum Fichtelgebirge vorzuschieben; aber nichts glückte. Im Frieden von Teschen 1779 mußte sich Joseph mit dem Gewinn des Innviertels begnügen, und nach seinem Tod 1790 nahm sein Bruder und Nachfolger Leopold II. die meisten der überhastet und unzureichend abgesicherten inneren Reformen unter dem Druck der Stände, namentlich der ungarischen, zurück. Jetzt schon wurde sichtbar, was in den kommenden Jahrzehnten überdeutlich werden sollte: daß der Vielvölkerstaat Österreich bei dem Bemühen um Modernisierung sich selbst im Wege stand, daß er die Überdehnung seiner Grenzen nach Ost-und Südeuropa mit der Unbeweglichkeit seiner inneren Verfassung zu bezahlen hatte, wenn anders die labile Balance zwischen den deutschen, ungarischen, böhmischen und italienischen Landesteilen nicht ins Kippen geraten sollte.

Was war noch deutsch an diesem Staat, der zu zwei Dritteln außerhalb der Reichsgrenzen lag, dessen Untertanenmehrheit der deutschen Sprache nicht mächtig war? Gewiß, in den Anfangsjahren der josephinischen Reformen blickte das aufgeklärte Deutschland auf Österreich; der große Klopstock selbst schlug eine Akademie der Wissenschaften und Künste zur Beförderung des deutschen Geistes in Wien vor, doch der Plan scheiterte, allem kaiserlichen Reformeifer zum Trotz, am engstirnigen Mißtrauen der österreichischen Bürokratie, die den Zustrom norddeutscher Freigeister und Libertins fürchtete. Und der Griff nach Bayern zeigte den Kaiser nicht mehr, wie einst in den Reichskriegen gegen Franzosen und Türken, als Beschützer Deutschlands, sondern als

*Joseph II. führt den Pflug
Unbekannter Künstler, 1769*

Der aufgeklärte Fürst als väterliches Vorbild: Nicht Unternehmer oder Magnaten, sondern vor allem die Vertreter der Obrigkeit sorgten für Fortschritt. Seit der Mitte des 18. Jahrhunderts mehrten sich die Anstrengungen, die Fruchtbarkeit der Böden zu verbessern, das Brachland zu bearbeiten und neue landwirtschaftliche Geräte einzuführen. Die Agrarrevolution Europas führte zur Verbesserung der Bevölkerungsernährung; Hungerkatastrophen wurden seltener, die Widerstandskraft der Menschen gegen Epidemien stieg an: entscheidende Voraussetzung für das Bevölkerungswachstum. ▷

einen Fürsten, der, wie andere auch, der Arrondierung seiner Machtsphäre zuliebe bereit war, die Souveränität seines Nachbarn und damit den Kern der Reichsverfassung zu verletzen.

Wie anders stand der norddeutsche Konkurrent um die Vormacht da, der Preußenkönig Friedrich! Er war es, der zur Abwehr habsburgischer Übergriffe auf die alten deutschen Freiheiten 1785 den »Deutschen Fürstenbund« gründete, dem fast alle deutschen Fürsten beitraten. Und hatte nicht Friedrich mit seinen Siegen über die französischen und russischen Armeen im Siebenjährigen Krieg das Beispiel eines deutschen Helden gestiftet, hatte er nicht, wie Goethe schrieb, »die Ehre eines Teils der Deutschen gegen eine verbundene Welt« gerettet? Der Friedrich-Mythos wirkte tief, vor allem bei der Jugend im Reich, die, da sie noch kein deutsches Nationalbewußtsein kannte (denn das Wort war noch nicht erfunden), statt dessen »fritzisch« fühlte. Große und weniger große Dichter liehen Friedrichs Ruhm ihre Federn, Lessing schrieb die »Minna von Barnhelm« zur Ehre jenes »großen Mannes«, Klopstock dichtete emphatisch, wenn auch nicht ganz auf seinem gewohnten Niveau:

»Die Schlacht geht an! Der Feind ist da.
Wohlauf, ins Feld herbei!
Es führet uns der beste Mann
Im ganzen Vaterland.
Der du im Himmel donnernd gehst,
Der Schlachten Gott und Herr!
Leg deinen Donner! Friedrich schlägt
Die Scharen vor sich her.«

Und ähnlich dichteten ihn viele an, die Gottsched, Gellert, Gleim und Ramler. Friedrich dagegen war zwar durchaus bereit, dergleichen propagandistisch zu nutzen, hegte aber tiefe Verachtung gegen alles, was sich deutsche Dichtung und deutsche Kunst nannte. Seine Welt, die Welt des Geistes, der Kultur und

des Geschmacks, war eine französische Welt; deutsch war für ihn der tief gehaßte Hof des Vaters gewesen, der ihm zeitlebens dumpf, geistlos, bigott und ungebildet vorkam, gehüllt in Bierdunst und Tabakswolken. »Ich mache Ihnen streitig, ein besserer Franzose zu sein als derzeit ich«, schrieb er 1741 an den Kardinal Fleury, Leitender Minister am Hofe Ludwigs XV., und dem französischen Gesandten Mirabeau, der ihn 1786, kurz vor seinem Tode, fragte, weshalb er nie der Augustus der deutschen Kunst geworden sei, antwortete er: »Aber was hätte ich für die deutschen Schriftsteller mehr tun können, als ich für sie tat, als ich mich nicht mit ihnen abgab und ihre Bücher nicht las?« Am Potsdamer Hof und in der Berliner Akademie der Wissenschaften wurde französisch gesprochen, Lessing, Kant, Winckelmann, Herder hatten nicht die geringste Chance, in Berlin angestellt oder gar bei Hofe vorgelassen zu werden. Und was den »Deutschen Fürstenbund« anging, so dachte Friedrich dabei gewiß nicht an Deutschland, sondern an Preußens Hegemonialstellung gegenüber Österreich; »das aber«, schrieb er an seinen Bruder Heinrich, »muß man verheimlichen wie einen Mord«. Kein deutscher Held also, wenn auch ein deutscher Mythos – aber oft machen eben nicht Männer die Geschichte, sondern ihre Mythen.

Nie zuvor war das Reich so desolat wie jetzt, im letzten Drittel des 18. Jahrhunderts, nie waren die Deutschen so sehr »ein Rätsel politischer Verfassung, ein Raub der Nachbarn, ein Gegenstand ihrer Spöttereien, uneinig unter uns selbst, kraftlos durch unsere Trennungen, stark genug, uns selbst zu schaden, ohnmächtig, uns zu retten, unempfindlich gegen die Ehre unseres Namens, unzusammenhängend in Grundsätzen, gewalttätig in deren Ausführung, ein großes und gleichwohl verachtetes, ein in der Möglichkeit glückliches, in der Tat selbst aber sehr bedauernswürdiges Volk«, so Friedrich Carl v. Moser. Und gleichzeitig waren sie wie nie zuvor auf dem Weg zu sich selbst, zu ihrer Identität als Nation.

Man mag von der Ironie der Geschichte reden, von der List der Vernunft: Die Nation wuchs aus dem Gewirr der territorialen Zersplitterung, aus dem Prinzip des Duodez-Fürstentums, aus den Bedürfnissen der Vielzahl absolutistischer Serenissimi. Es lag in der zeitüblichen, ganz Europa eigenen Tendenz, daß die Herrschaft kleiner und geschlossener Adelseliten durch örtliche und personelle Konzentration der Herrschaftsausübung abgelöst wurde. Absolutismus hieß: Entmachtung rivalisierender Adelsgruppen zugunsten einer einzigen Herrscherperson, Vereinheitlichung der Rechts- und Verfassungsverhältnisse, Ausdehnung des herrscherlichen Machtmonopols auf alle regionalen, gesellschaftlichen, wirtschaftlichen und kulturellen Bereiche, Zentralisierung und Legitimation der staatlichen Machtausübung. Ausdehnung des Staats hieß aber auch Ausdehnung der Verwaltung, die zudem immer kompliziertere Probleme zu bewältigen hatte. Mit den herkömmlichen ständischen Machtinstrumenten war dergleichen nicht mehr zu bewältigen; abgesehen davon, daß es im Interesse der Fürsten lag, den Adel von der unmittelbaren Machtausübung fernzuhalten, ihn an den Hof zu ziehen oder ihn in Uniform zu stecken und in der Armee auf den standesüblichen Kriegsdienst zu beschränken, verlangte die Staatsverwaltung auch Fähigkeiten, die weit über den Bildungshorizont des durchschnittlichen Adligen hinausgingen. Der neue Beamte mußte imstande sein, seine Tätigkeit rational und effektiv auszuüben; er mußte juristisch gebildet sein, denn der Staat war rechtsförmig durchorganisiert; er mußte über volkswirtschaftliche Kenntnisse verfügen, denn Wirtschaft und Handel unterlagen staatlicher Aufsicht, wurden oft sogar vom Staat selbst betrieben; er mußte technische, insbesondere agrartechnische Fähigkeiten besitzen, denn die

Entwurf eines Denkmals für Friedrich den Großen Johann Gottfried Schadow, 1801

Schon zu Lebzeiten Friedrichs II. von Preußen begann die Legende des »Alten Fritz« seine wirklichen Taten zu überwuchern. Nie zuvor oder später hat sich um einen Namen der deutschen Geschichte eine solche Fülle von Erzählungen, Mythen und Anekdoten gerankt: Brennpunkt unbewußter nationaler Identifikationssehnsucht für die einen, Sinnbild eines prinzipienlosen, systemsprengenden Machtstaatsgedankens für die anderen.

Verbesserung des Manufakturwesens und der landwirtschaftlichen Produktion waren Voraussetzung der Hebung des Staatswohlstandes und damit des Ruhms und der Macht des Fürsten.

Mit einem Wort: Die Staatsverwaltung benötigte den gebildeten Beamten; nicht mehr der Stand von Geburt, sondern Fähigkeiten und Kenntnisse waren hier gefragt. Schon 1755 führte Friedrich der Große das Staatsexamen für Juristen ein; fünfzehn Jahre später wurde das Staatsexamen für alle höheren Beamten obligatorisch, und zu deren Heranbildung sorgte der Staat für Gymnasien, Akademien und Universitäten. Da nun jeder Landesherr eifersüchtig auf die Autonomie seiner Verwaltung und infolgedessen auch auf landeseigene Bildungsanstalten pochte, zählte man nirgendwo so viele Universitäten wie in Deutschland, von Kiel bis Graz, von Königsberg bis Freiburg, um 1770 insgesamt nicht weniger als vierzig; in Frankreich gab es zu dieser Zeit dreiundzwanzig, in England zwei wissenschaftliche Hochschulen. Auf diese Weise waren bürgerliche Karrieren möglich, und sie waren begehrt; noch Clemens Brentano läßt nicht umsonst sein Gedicht, in dem er alle Nöte eines in beengten bürger-

Bibliothek der Universität Göttingen, um 1750

lichen Verhältnissen aufwachsenden Jugendlichen aufzählt, in dem Trostvers ausklingen:

»So geplackt und so geschunden,
Tritt man endlich in den Staat;
Dieser heilet alle Wunden,
Und man wird Geheimerat.«

Und auch der Adel war gezwungen, sich dem bürgerlichen Bildungsstand anzupassen, wollte er im Verwaltungsdienst avancieren. So entstand in ganz Deutschland, vor allem in den Residenz-, Universitäts- und Handelsstädten, eine außerständische, adlig-bürgerliche Bildungsschicht, fast durchweg privilegiert, vom Kriegsdienst und von Steuern befreit, unmittelbar den obersten staatlichen Gerichten unterstellt. Das höhere Beamtentum bildete den Kern dieses Bildungsbürgertums, dazu gesellten sich evangelische Pfarrer und Professoren ebenso wie Juristen, Lehrer, Ärzte oder Buchhändler, die allesamt eins verband: Sie übten ihre Ämter und Berufe nicht aufgrund ihres Standes, sondern aufgrund ihres Könnens aus, und der Ausweis des Könnens bestand in ihrer akademischen Bildung.

Diese neue Schicht bildungsstolzer Bürger unterschied sich in mancherlei Hinsicht von dem Bürgertum westeuropäischer Provenienz; sie war weder, wie in England, durch Handel und Gewerbe entstanden, materiell unabhängig und vorwiegend wirtschaftlich interessiert, noch, wie in Frankreich, von den attraktiven und einträglichen Verwaltungsposten abgeschnitten, vom ständigen Gefühl der gesellschaftlichen und politischen Unterprivilegierung gequält und daher ein Herd ständiger politischer Unruhe. In Deutschland war man als Beamter, Jurist, Lehrer, Professor, Pastor an Staat und Krone gebunden und dem jeweiligen Herrscherhaus in Loyalität verpflichtet; zugleich aber war man von den internationalen Ideen der Aufklärung durchdrungen, der Gegensatz zum Adel als ständischer Korporation war durchaus ein schmerzhafter Stachel, und die Unhaltbarkeit der gesellschaftlichen Ordnung des 18. Jahrhunderts, die so sehr der Idee des großen Königsberger Philosophen Immanuel Kant vom Ausgang des Menschen aus seiner selbstverschuldeten Unmündigkeit widersprach, war bei diesen lese- und diskussionshungrigen Gebildeten allgemeines Gedankengut. Mehr noch: Die eigene Bildung stärkte das im deutschen Bürgertum seit jeher verbreitete Gefühl der eigenen moralischen Überlegenheit über die lockeren Sitten der Höfe und der Adelshaushalte. Zum überlieferten bürgerlichen Ehrbarkeitsideal trat im Laufe des 18. Jahrhunderts der zunehmende Einfluß des Pietismus, einer strengen protestantischen Reaktion auf den

Beantwortung der Frage: Was ist Aufklärung? Immanuel Kant (1784)

»Aufklärung ist der Ausgang des Menschen aus seiner selbst verschuldeten Unmündigkeit … Habe Mut, dich deines eigenen Verstandes zu bedienen! ist also der Wahlspruch der Aufklärung … Zu dieser Aufklärung aber wird nichts erfordert als Freiheit; und zwar die unschädlichste unter allem, was nur Freiheit heißen mag, nämlich die: von seiner Vernunft in allen Stücken öffentlich Gebrauch zu machen … Ich verstehe aber unter dem öffentlichen Gebrauche seiner eigenen Vernunft denjenigen, den jemand als Gelehrter von ihr vor dem ganzen Publikum der Leserwelt macht …«

aufgeklärt-rationalistischen Libertinismus der Adelskultur, des höfischen Rokoko, und nicht zuletzt auch das antike Tugendideal des Stoizismus, das im Zuge der Neuentdeckung der griechischen Antike seit Winckelmann an den deutschen Universitäten erneut Fuß faßte. Was hier entstand, das war eine sehr bewußt antihöfische, und da die Kultur der Höfe gänzlich im Banne der französischen Hofkultur stand, auch eine antifranzösische bürgerliche deutsche Kultur.

Und diese Kultur beherrschte zunehmend die Öffentlichkeit, denn sie war die Öffentlichkeit, ja sie stellte sie überhaupt erst her. Bis in die Kleinstädte hinab bildeten sich Foren und Zentren bürgerlicher Diskussion, die Bürgervereine, Lesevereine, Tischgesellschaften, Lesekabinette, in denen das gebildete Bürgertum zusammentraf, gemeinsam las und das Gelesene heiß diskutierte. Im Verhältnis zur Gesamtbevölkerung war es eine recht kleine Schicht; der Berliner Buchhändler und Schriftsteller Friedrich Nicolai, der wie kein anderer das aufgeklärte Publikum seiner Zeit kannte, schätzte es um 1773 auf etwa zwanzigtausend Menschen bei einer deutschsprachigen Gesamtbevölkerung von zwanzig Millionen: alles andere also als ein Massenpublikum. Aber es war das entscheidende Publikum – hier entstanden die Themen und die Begriffe, die den geistigen Horizont der deutschen Kultur im ausgehenden 18. Jahrhundert absteckten. Denn der »Lesewut« jener Zirkel, über die sich mancher zeitgenössische Beobachter amüsierte, entsprach eine ungeheure, vorher und danach ungekannte Schreibfreudigkeit; als um 1800 Johann Georg Meusel den Versuch machte, »die ganze litterarische Industrie der lebenden Teutschen Schriftsteller« zu verzeichnen, kam er auf dreitausend Schriftsteller um 1770, auf fünftausend um 1780, auf siebentausend um 1790 und auf nicht weniger als knapp elftausend um 1800. Und da jene Schriftsteller ihr Publikum praktisch ausschließlich innerhalb ihrer eigenen Bildungsschicht besaßen, hieß das: Etwa jeder fünfte bis zehnte bürgerliche Leser schrieb selbst Gedichte, Romane, Rezensionen oder wissenschaftliche Abhandlungen, die auch im Druck erschienen.

Das war der Boden, auf dem die neue deutsche Nationalkultur wuchs. So kam es auch jetzt erst zur Entstehung einer allgemein verbindlichen Schriftsprache, die in der zweiten Hälfte des 18. Jahrhunderts zur Sprache der deutschen Hochkultur zusammenwuchs, ein Hochdeutsch, entstanden aus mitteldeutsch-sächsisch-lutherischen Wurzeln, verbreitet vor allem durch Gottscheds und Adelungs Sprachlehren, die jedermann besaß, der schreiben wollte. Erst jetzt gab es in Deutschland oberhalb der Dialekte und Mundarten eine

Sprache, die so allgemein war, daß sie mit den herkömmlichen überregionalen Verständigungsmitteln, dem höfischen Französisch und dem gelehrten Latein, in Konkurrenz treten konnte. Wer jetzt deutsch schrieb, tat dies nicht nur, weil der literarische Markt dies forderte; er bekannte sich damit auch zur Einheit eines aufgeklärt bürgerlichen Geistes, der über den Territorialgrenzen stand und sich bewußt von der französischen Sprachkultur abgrenzte. Nicht mehr »der Affe fremder Moden« sein zu wollen, war ein häufig gebrauchtes Wort, und Justus Möser warf unter allgemeinem Beifall in seiner berühmten Schrift »Über die deutsche Sprache und Literatur« Friedrich dem Großen vor, in seinen Abhandlungen in Sprache und Geist nur Abklatsch fremder Meister zu sein, »und es geht mir als einem Deutschen nahe, ihn, der in allem übrigen ihr Meister ist und auch in deutscher Art und Kunst unser aller Meister sein könnte, hinter Voltairen zu erblicken«.

Wenn nicht einmal Friedrich bei den großen Geistern seiner Zeit auf Anerkennung als Meister rechnen durfte, obgleich kein Geringerer als der große Kant in ihm als einzigem deutschen Fürsten den Garanten bürgerlicher Freiheit sah: wo blieb da der Zusammenhalt der deutschen Kultur, die sich in ungeahnter Streuung von Residenz zu Residenz in einer Unzahl von Theatern, Opernhäusern, Orchestern, Bibliotheken, Galerien und Vereinen manifestierte, die

Vaterlandslied

Ich bin ein deutsches Mädchen!
Mein Aug' ist blau, und sanft mein Blick,
Ich hab ein Herz
Das edel ist, und stolz, und gut.

Ich bin ein deutsches Mädchen!
Mein gutes, edles, stolzes Herz
schlägt laut empor
Beym süßen Namen: Vaterland!

So schlägt mirs einst beym Namen
Deß Jünglings nur, der stolz wie ich
Aufs Vaterland,
Gut, edel ist, ein Deutscher ist!

Friedrich Gottlieb Klopstock

Unnütze Prahlerei
Es gibt heuer eine gewisse Art Leute, meistens junge Dichter die das Wort Deutsch fast immer mit offnen Naslöchern aussprechen. Ein sicheres Zeichen, daß der Patriotismus bei diesen Leuten sogar auch Nachahmung ist. Wer wird immer mit dem Deutschen so dicke tun? Ich bin ein deutsches Mädchen, ist das etwa mehr als ein englisches, russisches oder otaheitisches? … Ich bitte euch Landsleute, laßt diese gänzlich unnütze Prahlerei …

Georg Christoph Lichtenberg

fast Jahr für Jahr ein neues junges Genie gebar und sich anschickte, zum Staunen und zum neuen Vorbild europäischer Literatur zu werden? Ein Lessing, ein Klopstock hatten bereits Beispiele der literarischen Form und des kulturellen Urteils gegeben, ein Mozart vermochte mit seinen Sinfonien, mehr noch mit seinen deutschsprachigen, äußerst populären Singspielen die jahrhundertealte italienische Vormacht in der Musik und auf den Opernbühnen in Frage zu stellen: Die Einheit in der Vielfalt der kulturellen deutschen Klassik schuf ein einziger, Johann Wolfgang Goethe.

Man nennt die Jahrzehnte um 1800 gemeinhin die »Goethezeit« – gewiß eine Ungerechtigkeit gegen die großen Leistungen der vielen anderen, die so in den Schatten des großen Mannes geraten, der Herder und Hölderlin, der Wieland und Schiller, der Kleist und Jean Paul, der Schlegel und Novalis, von denen jeder einzelne genügend Originalität und Genie besaß, um einer Epoche seinen Namen zu geben. Aber in Goethe, dem »wahren Statthalter des poetischen Geistes auf Erden«, wie Novalis sagte, fand sich die Mitte dieser Republik des Geistes. Er war der Meister, Vorbild in allem, stand über den verschiedenen Lagern, sein Urteil in Fragen der Literatur, des Geistes und des Geschmacks war letzte Instanz. Kein Abschnitt der deutschen Literaturepochen jener Zeit,

Johann Wolfgang Goethe
Joseph Friedrich August Darbes, 1785

Die Schlußverse des Faust II in Goethes Handschrift

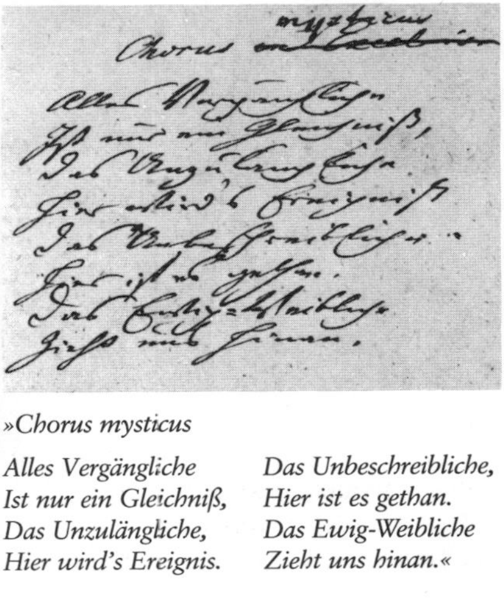

»Chorus mysticus

Alles Vergängliche
Ist nur ein Gleichniß,
Das Unzulängliche,
Hier wird's Ereignis.
Das Unbeschreibliche,
Hier ist es gethan.
Das Ewig-Weibliche
Zieht uns hinan.«

Christoph Martin Wieland (1733–1813)

Johann Gottfried Herder (1744–1803)

Friedrich Schiller (1759–1805)

der nicht in einem Werk des 1749 geborenen Sohnes eines Frankfurter Ratsherren seinen Höhepunkt erreicht hätte – das Drama »Götz von Berlichingen« als Denkmal der Sturm-und-Drang-Periode, der Roman »Die Leiden des jungen Werthers« als Gipfel einer Epoche der Empfindsamkeit, in der eine Generation junger Bürger sich kleidete wie der Goethesche Romanheld und Selbstmorde à la Werther modisch wurden, bis zum »Wilhelm Meister«, dem klassischen bürgerlichen Bildungsroman. Daneben Goethes Gedichte, »die Morgenröthe echter Kunst und reiner Schönheit«, wie der junge Friedrich Schlegel schrieb, und schließlich der »Faust«, Mythos der Neuzeit – das Drama des Menschen, der einer fremden und rätselhaften Natur seine Herrschaft aufzuzwingen sucht, schwankend zwischen dem Guten der aufklärerischen Selbsterkenntnis und dem Bösen der dämonischen Macht, Spiegel der Deutschen auf der Suche nach sich selbst bis in die Gegenwart. Das größte Kunstwerk Goethes war aber seine eigene Biographie, die planvoll gestaltete Vorbildlichkeit seiner Existenz: In ihm, »der alten göttlichen Exzellenz«, wie Dorothea Schlegel den erst Fünfzigjährigen nannte, sollte der deutsche Geist sich geradezu inkarnieren, und alle Welt war damit einverstanden.

Da war mehr im Spiel als bloße Literatur. Man denke sich Goethe in Frank-

Lesegesellschaft in Weimar
Georg Melchior Kraus, um 1795

reich, in England: Das Genie wäre eingebunden gewesen in das politische Machtgefüge der Nation, Hofdichter in Versailles, in England vielleicht Unterhausabgeordneter der Tories, mit guten Aussichten, ein hohes Amt in der Regierung oder am Hof von St. James zu bekleiden. In Deutschland dagegen, das es allenfalls noch dem Namen nach gab, dessen politischer Mittelpunkt in einem juristischen Konstrukt bestand, reichte es für ihn gewiß zur Nobilitierung und zum Amt eines herzoglich sachsen-weimarischen Staatsministers, das er auch gewissenhaft und mit viel Sinn für das graue Alltagsgeschäft eines hohen Beamten versah. Aber seine Sache war nicht die Politik, und darin war Goethe ganz Spiegelbild jener Welt, die in ihm ihren Fluchtpunkt fand: eine Kultur von Bürgern, die ihre Freiheit, ihre Selbstbestimmung nicht in der Politik und also in der Rebellion, sondern in der Idee und daher in der Reflexion suchte. Nicht über freie Mitbestimmung der Bürger im Staat wurde raisonniert, sondern über die freie Selbstbestimmung des einzelnen über seine eigene Meinung, ein Erbe der in der territorialen Spaltung des Reiches versteinerten Tradition aus dem Jahrhundert von Reformation und Gegenreformation, als jeder Fürst auch Herr über das Gewissen seiner Untertanen geworden war: »Cuius regio, eius religio«. Staat und Staatsverfassung standen daher so lange außerhalb jeder grundsätzlichen Kritik, wie sie in aufgeklärtem Geiste Gewissens- und Redefreiheit verbürgten; die »Gebildeten Deutschlands«, beobachtete die französische Schriftstellerin Madame de Staël, »machen einander mit größter Lebhaftigkeit das Gebiet der Theorien streitig und dulden in diesem Bereich keine Fesseln, ziemlich gern aber überlassen sie dafür den irdischen Machthabern die ganze Wirklichkeit des Lebens«. Die irdischen Machthaber waren aber nur Splitter des Reiches; die Einheit Deutschlands dagegen bestand in der Sprache, in der Kultur, in der Literatur, in den Köpfen der Gebildeten, und deshalb waren Goethe und Weimar für sie das gleiche wie der König und London für die Engländer, wie Napoleon und Paris für die Franzosen: Mitte und Verkörperung der Nation – keiner Staats-, sondern einer Kulturnation. Nicht ohne eine Spur ironischer Resignation hat Goethe das Dilemma beim Namen genannt:

»Deutschland? Aber wo liegt es? Ich weiß das Land nicht zu finden,
Wo das gelehrte beginnt, hört das politische auf.«

2. Revolutionäre Zeiten

»Es ist eine wunderliche und wirkliche mystische Zeit, in der wir leben«, schrieb der märkische Adlige Alexander v. d. Marwitz an seine Freundin, die geistvolle Rahel Levin. »Was sich den Sinnen zeigt, ist kraftlos, unfähig, ja heillos verdorben, aber es fahren Blitze durch die Gemüter, es geschehen Vorbedeutungen, es wandeln Gedanken durch die Zeit und zeigen sich wie Gespenster in mystischen Augenblicken dem tieferen Sinn, die auf eine plötzliche Umwandlung, eine Revolution aller Dinge deuten, wo alles Frühere so verschwunden sein wird wie eine im Erdbeben untergegangene Erde, während die Vulkane unter entsetzlichem Ruin eine neue, frische emporheben.« Die junge Generation, um 1780 geboren, lebte im starken Bewußtsein der Krise und des kommenden Neuen; anders als bei der Generation ihrer aufklärerischen Großväter und der klassisch gestimmten Väter war ihr Weltbild nicht vernünftig konstruiert, sondern poetisch angelegt, und das Versprechen der Aufklärung erschien jetzt platt und unglaubwürdig. Man lebte nicht mehr in einer Welt, in der das Glück des einzelnen, garantiert durch eine wohlorganisierte und freiheitlich denkende Obrigkeit, und damit das Wohl der Menschheit zum Greifen nahe schien; das ausgehende 18. Jahrhundert nahm eine entschiedene Wendung ins Katastrophale.

Viel kam zusammen, um das Zeitalter der Revolutionen zu eröffnen; vor allem anderen jedoch stand das demographische Problem. Die Bevölkerung Europas begann nach jahrhundertelangem Gleichgewicht, brutal ausbalanciert durch verheerende Kriege, Epidemien und Hungersnöte, seit der Mitte des Jahrhunderts sprunghaft zuzunehmen; um 1750 gab es, grob gerechnet, 130 Millionen, um 1800 bereits 185 Millionen Menschen zwischen Ural und Atlantik. Deutschland macht da keine Ausnahme; 1760 dürften innerhalb der Reichsgrenzen ungefähr siebzehn Millionen Menschen gelebt haben, um 1800 waren es bereits über zwanzig Millionen.

Selbst Kriege, Hungersnöte oder Naturkatastrophen wie der kalte Winter 1783/84, in dem die Menschen massenhaft erfroren, änderten nichts daran; nachdem beispielsweise Schlesien während der Hungersnot von 1771/72 etwa fünfzigtausend Einwohner verloren hatte, kamen innerhalb der nächsten drei

Arbeiten auf einem Kleinbauernhof Johann Ludwig Ernst Morgenstern, 1784

Jahre bereits wieder mehr als siebzigtausend hinzu. Die landwirtschaftliche Produktion, die bisher nur in guten Jahren die Bevölkerung gerade eben ernähren konnte, reichte nicht mehr aus; die Menschen begannen zu wandern. Das Vagabundentum auf dem Lande nahm erschreckend zu, das Reisen war unsicher, und die Behörden wurden der Räuberbanden nicht mehr Herr. In den Städten wuchs das Elend, denn sie zogen den ländlichen Bevölkerungsüberschuß magnetisch an, ohne daß sich genügend Beschäftigung fand. Zudem stiegen seit Mitte der 1770er Jahre allenthalben die Getreidepreise, denn die Ernten verschlechterten sich in ganz Europa, so daß der durchschnittliche Lebensstandard absank. Wer sich nicht als Handwerker durchschlagen konnte, weil eine veraltete Zunftordnung die Zahl der Betriebe ebenso strikt beschränkte wie die Zahl der Gesellen und Lehrlinge, der stieß zum Massenheer des Gesindes, einer schlechtversorgten, unterbezahlten, ständig unzufriedenen Bevölkerungsgruppe, die beispielsweise in Berlin gut zehn Prozent der gesamten Stadtbevölkerung ausmachte, oder er mußte betteln – in Köln etwa machten die Bettler ein Drittel der Bevölkerung aus.

Eine Wirtschafts- und Sozialkrise, die den gesamten Kontinent erfaßte, und die von den Behörden in ihren Zusammenhängen gar nicht wahrgenommen wurde, weil sie dem allgemein anerkannten Grundsatz widersprach, daß der Reichtum der Staaten in der Zahl ihrer Einwohner bestehe. So kam es immer häufiger zu Unruhen, zu städtischen und ländlichen Revolten, die in aller Regel schnell unterdrückt wurden, aber immer wieder woanders aufflammten und ein allgemeines Klima der Unsicherheit schufen. Eigentlich war das in der europäischen Geschichte nichts Neues; Krisen dieser Art, aufflammend und erlöschend im Gleichtakt der zyklisch wiederkehrenden Perioden von Mißernten und der damit verbundenen Getreide- und Brotpreis-Schwankungen, kannte man seit dem Mittelalter.

Neu war etwas anderes. Die Krisen älteren Typs hatten sich im Rahmen einer fest gegründeten christlichen Normen- und Wertewelt abgespielt, die Rebellen ebenso wie Fürsten umfaßt hatte, und die Ordnung von Staat und Gesellschaft war daher kaum grundsätzlich strittig gewesen. Jetzt aber trugen die alten Mythen und Sinngebungen nicht mehr; Gottesgnadentum und »gutes altes Recht« wurden unglaubwürdig. Der Prozeß der Dechristianisierung Europas war seit Beginn des 18. Jahrhunderts in Gang gekommen, erkennbar nicht nur in der elitären Philosophie der Aufklärung, sondern auch als Wandel verbreiteter kollektiver Einstellungen, von den Beerdigungsbräuchen bis zur Geburtenkontrolle. Nicht mehr an die göttliche Ordnung wurde geglaubt, sondern an das Recht des einzelnen auf Freiheit und Glückseligkeit. Die Religion trat ihre Rechte an die Philosophie ab, und in deren Namen kam die gärende Unruhe Europas zu ihren Begriffen: Freiheit und Gleichheit sollten sein, die Idee der Volkssouveränität, von der allgemeinen Substanz der Staatsbürgerschaft, an der alle teilhaben, verband sich mit dem Gedanken Rousseaus, nach dem nur die Gesamtheit der Individuen, ihr Zusammenschluß zum Volk, als politisch handelndes Subjekt existieren könne. Im Volk, in der Nation inkarnierte sich der Gemeinwille, vor ihm hatte sich alle Herrschaft zu rechtfertigen: Alles das war vernünftig, weil es natürlich war, und deshalb war die alte Welt, die Welt der Tyrannen, Priester und falschen Götzen, dem Untergang geweiht. Das Heil lag nicht im Himmel, sondern auf Erden, und um es zu erlangen, bedurfte es nicht mehr als des Gebrauchs der Vernunft und einiger Entschlossenheit.

Und auch das Beispiel fehlte nicht. In Amerika erhob sich das Volk gegen die Tyrannei der britischen Krone und gründete ein republikanisches Gemeinwesen auf den Pfeilern von Freiheit, Gleichheit und »pursuit of happiness«, dem Recht auf Glückseligkeit. Die Ferne des Geschehens steigerte den Aspekt des Märchenhaften, und manchem deutschen Bürger schien jenseits des Atlantiks ein neues Paradies entstanden:

»Die bessre Hälfte der Welt,
Wo süße Gleichheit wohnet, und Adelsbrut,
Europens Pest, die Sitte der Einfalt nicht
Befleckt«,

wie ein Anonymus 1783 in der »Berlinischen Monatsschrift« meinte. Allenthalben in Europa, von Polen bis zu den Niederlanden, von Mailand bis Genf wuchs die Bereitschaft, im Namen der Menschenrechte kurzen Prozeß zu machen, und so war der Boden vorbereitet, als im Juli 1789 die Nachricht aus Paris kam: Der Dritte Stand der Ständeversammlung habe sich zur Nationalversammlung, zur einzigen legitimen Vertretung des französischen Volkes proklamiert und gehe daran, eine Staatsverfassung auf der Grundlage von Volkssouveränität und Menschenrechten zu verkünden.

In der deutschen Geisteswelt gab es nur eine Reaktion: »Diese Revolution«, bemerkte Kant, »findet doch in den Gemütern aller Zuschauer (die nicht selbst in diesem Spiele mit verwickelt sind) eine Teilnehmung dem Wunsche nach, die nahe an Enthusiasmus grenzt...« Der Grund für diesen Enthusiasmus war charakteristisch für die deutsche Bildungsschicht – ein Scheitern der Revolution, meinte der preußische Kriegsrat Friedrich Gentz, wäre einer der härtesten Unfälle, die je die Menschheit betroffen hätten, denn: »Sie ist der erste praktische Triumph der Philosophie, das erste Beispiel einer Regierungsform, die auf Prinzipien und auf ein zusammenhängendes, konsequentes System gegründet wird.« Die Philosophie an die Macht! Die Revolution als letzte Vollendung, als politische Übersetzung eines Jahrhunderts des Geistes, des Fortschritts und der Aufklärung! Alle Welt pilgerte nach Paris, verfolgte andächtig die Sitzungen der Nationalversammlung und kehrte, wie der Pädagoge Johann Heinrich Campe, in der Überzeugung zurück, »daß diese französische Staatsumwälzung die größte und allgemeinste Wohltat ist, welche die Vorsehung, seit Luthers Glaubensverbesserung, der Menschheit zugewandt hat, und daß daher das ganze weiße, schwarze, braune und gelbe Menschengeschlecht, rund um den Erdball herum, ein allgemeines feierliches ›Herr Gott Dich loben wir‹ dafür anstimmen sollte«.

Aber das Entzücken blieb nicht lange ungetrübt. Das Ideal vom brüderlichen und friedlichen Zusammenleben freier und gleicher Bürger vertrug sich nicht mit den weiteren Nachrichten aus Paris; die Revolution glitt blutig aus, und der revolutionäre Terror, der Massenmord im Namen sämtlicher Tugenden der Aufklärung, wurde von den entsetzten deutschen Bürgern als Katastrophe empfunden. Die Revolution wandelte sich zum Lehrstück: Politisches Handeln und philosophisches Denken sind zwei schwer vereinbare Welten – Kant sagte das in seiner 1795 erschienenen Schrift »Zum ewigen Frieden« so: »Daß Könige philosophieren, oder Philosophen Könige würden, ist ... nicht zu wünschen: weil der Besitz der Gewalt das freie Urteil der Vernunft unvermeidlich verdirbt.« Der Geist hatte also mit der Macht nichts zu schaffen, um so weniger, als im Vergleich zu Frankreich in Deutschland die Dinge so schlecht gar nicht standen – gibt es ein Volk in Europa, fragte der greise Wieland seine Landsleute, mit größeren Aussichten zur Verbesserung seiner Lage, mit auch nur annähernd so guten Bildungseinrichtungen, »einer größern Denk- und Preßfreiheit, und, was eine natürliche Folge von diesem allem ist, einer hellern und ausgebreitetern Aufklärung ... als die Teutschen im Ganzen genommen?« Und ein anderer namhafter Aufklärer, der bremische Beamte Adolph Freiherr von Knigge, sekundierte apodiktisch: »Ich behaupte, wir haben in Deutschland keine Revolution weder zu befürchten, noch zu wünschen Ursache.«

Mehr noch: Was war von einer Philosophie zu halten, in deren Namen die Guillotine ihr Werk verrichtete? Die Versprechen der Aufklärung schienen durch die französischen Ereignisse rettungslos diskreditiert. Auswege aus der Vernunft wurden gesucht, durch die das selbständige Ich sich von den kalten Abstraktionen aufgeklärter Prinzipien zu sich selbst emanzipieren konnte. Der große Immanuel Kant, das ehrwürdige Denkmal deutscher Aufklärung, lieferte

Der Freiheitsbaum, Symbol der französischen Revolution
Johann Wolfgang Goethe, 1792

selbst einen entscheidenden Ansatz, indem er in einer kopernikanischen Wende gegen alle bisherige Erkenntnistheorie die Erkennbarkeit der Wirklichkeit »an sich« bestritt und forderte, man müsse das Sittengesetz und die Maßstäbe des Handelns in sich selbst finden, da sie außer uns nicht nachweislich existierten.

Der Jenenser Philosoph Johann Gottlieb Fichte dachte den Gedanken weiter: »Aller Realität Quelle ist das Ich«, sagte er, »denn dieses ist das Unmittelbare und schlechthin Gesetzte. Erst durch und mit dem Ich ist der Begriff der Realität gegeben.« Das Ich schafft die Welt – das war eine grundlegende Einsicht der idealistischen Philosophie, und diese Einsicht fand in der jungen Generation deutscher Bürger begeisterte Zustimmung. Nicht mehr die allgemeine Menschheitsbefreiung war nun das Thema, sondern die Verwirklichung des autonomen Individuums durch die Kunst. Die Vernunft hatte die Partie verloren, das Gefühl trat an ihre Stelle, und mit ihm die schweifende Suche nach der Synthese der Erscheinungen in der Poesie, nach dem »Schönen ohne Begrenzung«, wie Jean Paul in seiner »Vorschule der Ästhetik« das Wesen der Romantik zu fassen suchte: »Das Verhältnis unserer dürftigen Endlichkeit zum Glanzsaale und Sternenhimmel der Unendlichkeit ..., das Ahnen einer größern Zukunft, als hienieden Raum hat.« Nicht in der Politik lag die eigentliche Bestimmung des Geistes, sondern in der Ästhetik, und so begab sich eine Schar glänzender Dichter wie Ludwig Tieck, Achim v. Arnim, Clemens Brentano oder Novalis, ästhetischer Theoretiker wie der Brüder Schlegel und idealistischer Philosophen wie Johann Gottlieb Fichte oder Wilhelm Schelling auf die romantische Wanderung nach innen, während Alteuropa in Kriegen und Revolutionen versank.

Seit April 1792 herrschte Krieg zwischen dem revolutionären Frankreich und dem übrigen Kontinent. Die Höfe Europas hatten die französische Umwälzung eine Zeitlang mit großer Zurückhaltung betrachtet; das Vordringen Rußlands im Osten, der preußisch-österreichische Gegensatz schienen gefährlicher für das Kräftegleichgewicht, und England sah mit einigem Wohlgefallen, wie sein weltpolitischer Rivale im Chaos versank. Auf den Krieg hin arbeiteten die französischen Emigranten, die den preußischen König Friedrich Wilhelm II. so sehr beeindruckten, daß auf seine Veranlassung hin im August 1791 Preußen und Österreich die Deklaration von Pillnitz unterzeichneten: eine großsprecherische Kundgebung, in der das neue Regiment in Frankreich als verbrecherisch und als Rebellion gegen Gott und die Weltordnung gebrandmarkt und die Wiederherstellung der legitimen königlichen Regierung in Frankreich verlangt wurde. Das war kaum mehr als ein konterrevolutionäres Lippenbekenntnis, aber es genügte, um der girondistischen Partei in Frankreich Auftrieb zu verschaffen, die seit jeher, um die Revolution nicht versanden zu lassen, ihren Export über die Grenzen hinaus gefordert hatte. Mit der französischen Kriegserklärung an Österreich vom 20. April 1792 waren die Würfel gefallen; Preußen trat zur Überraschung Frankreichs, wenn auch nur halbherzig, an die Seite des feindlichen habsburgischen Bruders, war jedoch sehr viel mehr an der polnischen Frage interessiert, die durch den Vormarsch russischer Heere in Litauen und Wolhynien aufgeworfen wurde. Der Oberbefehlshaber der preußisch-österreichischen Truppen, der Herzog von Braunschweig, erließ ein von französischen Emigranten diktiertes, rasendes Kriegsmanifest, das einschüchtern sollte, auf die französischen Kriegsfreiwilligen jedoch ganz den entgegengesetzten Eindruck machte, und rückte über die Grenzen auf Paris vor. Vermutlich wäre die alliierte Armee erfolgreich gewesen, wäre nicht der Oberbefehlshaber, ungeachtet seiner martialischen Verlautbarungen, ein ängstlicher und risikoscheuer Mann gewesen; als die Interventionsarmee bei Valmy auf verschanzte Franzosen traf, begnügte er sich mit einer kurzen Kanonade und zog sich dann zurück.

Das war die große Wende. Goethe, als Schlachtenbummler dabei, nahm später für sich in Anspruch, den preußischen Offizieren am Lagerfeuer gesagt zu haben: »Von hier und heute geht eine neue Epoche der Weltgeschichte aus.« Tatsächlich glich das Versagen des alliierten Heeres bei Valmy einem Deichbruch; die französischen Bürgersoldaten, in dem Bewußtsein, das Vaterland aus der größten Gefahr zu retten, geführt von jungen, wagemutigen Generälen, die vor sich den Ruhm, hinter sich die Guillotine sahen, strömten nach Deutschland hinein, ohne ernsthaften Widerstand zu finden, besetzten Speyer, Worms, Mainz, Frankfurt, während in Paris der revolutionäre Befreiungskrieg für alle Völker Europas verkündet wurde. Das pfälzische Bayern erklärte sich für neutral, in Mainz wurde von einigen Idealisten eine rheinische Republik gegründet. Bald zeigte sich, daß sich der Befreiungskrieg im Namen von Freiheit, Gleichheit und Brüderlichkeit in einen Eroberungskrieg klassischer Dimension auswuchs; das besetzte Rheinland, Belgien und Savoyen wurden von Frankreich annektiert, und Danton entwickelte die Theorie der »natürlichen Grenzen«, deren das Vaterland bedurfte, um vor den Anschlägen der gegenrevolutionären Koalition sicher zu sein. Der Koalition waren mittlerweile die meisten europäischen Mächte beigetreten, aber sie erwies sich als brüchig; Preußen, stets in der geostrategischen Zwickmühle zwischen Rußland und Frankreich, schloß im April 1795 mit Frankreich den Sonderfrieden von Basel, gab so das Rheinland

Der Morgen
Philipp Otto Runge, 1805

»Welcher Lebendige, Sinnbegabte, liebt nicht vor allen Wundererscheinungen des verbreiteten Raumes um ihn, das allerfreuliche Licht – mit seinen Farben, seinen Strahlen und Wogen; seiner milden Allgegenwart, als weckender Tag. Wie des Lebens innerste Seele athmet es der rastlosen Gestirne Riesenwelt, und schwimmt tanzend in seiner blauen Flut – athmet es der funkelnde, ewigruhende Stein, die sinnige, saugende Pflanze, und das wilde, brennende, vielgestaltete Thier – vor allem aber der herrliche Fremdling mit den sinnvollen Augen, dem schwebenden Gange, und den zartgeschlossenen tonreichen Lippen ... Seine Gegenwart allein offenbart die Wunderherrlichkeit der Reiche der Welt.«
Hymnen an die Nacht
Friedrich v. Hardenberg, genannt Novalis (1800)

endgültig preis und wandte seine ganze Aufmerksamkeit nach Osten, um Rußland von seinen Grenzen fernzuhalten und sich an der dritten Teilung Polens gewinnbringend zu beteiligen. Ein gefährliches Geschäft: Nachdem man im Namen der Legitimität die französischen Königsmörder bekriegt hatte, schloß man mit dem Erzfeind des alten Europa Frieden, um anderswo gemeinsam mit Rußland und Österreich einen ganzen Staat von der Landkarte zu wischen. Auch das war Revolution, Revolution gegen die jahrhundertealten Prinzipien der legitimen Ordnung der europäischen Staatenwelt, und wie um dieser Ordnung einen weiteren Stoß zu versetzen, einigte sich Preußen ein Jahr später mit Frankreich darauf, das Fürstbistum Münster als Entschädigung für die verlorenen rheinischen Besitzungen zu übernehmen.

Während der europäische Krieg weiterging, unterbrochen von zahlreichen Friedensschlüssen, die doch nur Waffenstillstandsabkommen waren, kam so ein mitteleuropäischer Grundstücksmarkt nie dagewesenen Ausmaßes in Gang. Während Spanien und Portugal erschöpft aus dem Kriege ausschieden, Österreich Niederlage auf Niederlage hinnehmen mußte, England zunehmend isoliert dastand und Rußland desinteressiert war, um 1802 sogar mit Frankreich gegen England gemeinsame Sache zu machen, schritt Frankreich von Triumph zu Triumph. Belgien und das Rheinland annektiert, die Niederlande in ein Protektorat verwandelt, Italien in französische Tochterrepubliken aufgeteilt – die kühnsten Träume Ludwigs XIV. waren weit übertroffen, Frankreich besaß gemeinsam mit Rußland die Hegemonie in Europa. Die geschädigten deut-

schen Fürsten dagegen, neben Preußen Bayern, Hessen-Kassel, Württemberg und Baden, hatten den Ausweg gefunden, aus dem Desaster billig und sogar mit Gewinn davonzukommen: gegen die Abtretung des Rheinlandes an Frankreich versprach man sich gegenseitig »angemessene Entschädigung« auf Kosten fast aller geistlichen, reichsstädtischen und reichsritterschaftlichen Gebiete, und der Kaiser selbst zog in einem Geheimabkommen zum Frieden von Campo Formio 1797 nach, gab damit die Reichsintegrität zugunsten habsburgischer Interessen auf. Das letzte Wort sprachen nicht einmal die beteiligten deutschen Fürsten, sondern Frankreich und Rußland als Garantiemächte des Reichs: Ihr Entschädigungsplan wurde im Reichsdeputationshauptschluß vom 25. Februar 1803 verabschiedet und einen Monat darauf vom Reichstag bestätigt.

Die zersplitterte Kleinstaatenwelt Deutschlands gehörte damit der Vergangenheit an, die Zahl der reichsunmittelbaren Territorien sank auf etwa dreißig, die verbliebenen rund dreihundert Reichsrittertümer nicht mitgerechnet. Die treuesten Anhänger, die Kaiser und Reich besessen hatten, Reichsstädte, Reichsadel und Reichskirche, waren somit fast ausgelöscht, während die mit französischer Hilfe vergrößerten deutschen Mittelstaaten in der engen Anlehnung an Frankreich ihre Zukunft sahen. Der junge Joseph Görres, damals begeisterter Anhänger der französischen Republik, hielt der alten Welt die Totenrede: »Am 30. Dezember 1797, am Tage des Übergangs von Mainz, nachmittags um 3 Uhr, starb zu Regensburg in dem blühenden Alter von 955 Jahren 5 Monaten und 28 Tagen sanft und selig an einer gänzlichen Entkräftung und hinzugekommenem Schlagflusse, bei völligem Bewußtsein und mit allen heiligen Sakramenten versehen, das heilige römische Reich, schwerfälligen Angedenkens ....«

Der Todeskampf des Reichs war noch nicht zu Ende, aber er dauerte nicht mehr lange. Macht und Recht des Kaisers waren dahin, aber der Mythos war doch noch so stark, daß er nicht ohne Ersatz aus der Welt schwinden konnte. Der kleine korsische General Bonaparte, in der großen Zahl der von der Revolution hervorgebrachten jungen Kriegsgenies der erfolgreichste, als letzter auch im fortwährenden Kampf der Revolutionsverwalter gegeneinander übriggeblieben, hatte sich 1799 durch einen Putsch zum Ersten Konsul der Französischen Republik aufgeschwungen; er hatte die Revolution für beendet erklärt, die innere Anarchie Frankreichs beseitigt, Ordnung und Wohlstand gestiftet und durch märchenhafte Siege den Ruhm der Großen Nation genährt. Er war Herr des größten Reiches, das seit dem Mittelalter zwischen Rhein und Atlantik, Nordsee und Italien bestanden hatte: War nicht er der wahre Nachfolger Karls des Großen? Im Herbst 1804 unternimmt er eine Rundreise durch die Rheinlande: Der Jubel der Bevölkerung ist unermeßlich; in Aachen übergibt ihm der Gesandte des österreichischen Kaisers sein Beglaubigungsschreiben, und in Mainz hält er in denselben Räumen hof, in denen nur wenige Jahre zuvor der Habsburger Feste gefeiert hatte. Wenige Wochen darauf läßt sich Napoleon Bonaparte in Paris zum Kaiser der Franzosen krönen; Franz II. nimmt gleichzeitig den Titel eines Kaisers von Österreich an. Zwei Kaiser in Europa? Napoleon hat eine tiefe, ja mystische Idee von seinem Amt; nach dem Vorbild mittelalterlicher Herrscher denkt er daran, Aussätzige durch Handauflegen zu heilen, und der Nebenbuhler in Wien ist für ihn »ein Skelett, das nur ein Verdienst der Vorfahren auf den Thron gebracht hat«. Der Todesstoß fällt leicht; am 12. Juli 1806 unterzeichnen die Vertreter von sechzehn süd- und südwestdeutschen Staaten die Rheinbundakte, mit der sie die Verpflichtung eingehen, sich vom Reich loszusagen und dem Protektorat des Kaisers der Franzosen zu unterstellen. Am 6. August 1806 legt daraufhin Franz II. die deutsche Kaiserkrone nieder. Ein Streit seines Postkutschers, bemerkt Goethe dazu, habe ihn mehr interessiert als diese Nachricht, und wie er geht alle Welt achselzuckend über das Ende des fast tausendjährigen Heiligen Römischen Reiches Deutscher Nation zur Tagesordnung über; nur der alte Markgraf Karl-Friedrich von Baden fällt in einem einsamen Zimmer dem Erzkanzler Dalberg weinend in die Arme und beklagt den Untergang des Vaterlands.

3. Napoleon oder Vom Feinde lernen

Napoleon – der hervorragendste Intellekt, den die Welt in neuerer Zeit hervorgebracht hat, das »unheimliche Phänomen eines immer arbeitenden und präsenten ungeheuren Verstandes« (Michael Freund). Und doch wäre er ein namenloser bürgerlicher Artillerieoffizier geblieben, wäre da nicht die Revolution gewesen, die ihm erst die Mittel zu seiner Entfaltung gab. Napoleon und die Revolution waren eins; Schiller hat das schon frühzeitig vorausgesagt, als er 1793, zur Zeit des jakobinischen Terrors, zu einem Freunde bemerkte, die französischen Zustände trieben unaufhaltsam der Auflösung entgegen, »und das einzige Heil der Nation werde sein, daß ein kräftiger Mann erscheine, er möge herkommen, woher er wolle, der den Sturm beschwöre, auch wenn er sich zum unumschränkten Herrn nicht nur von Frankreich, sondern auch von einem Teil von dem übrigen Europa machen sollte«. Ohne das neue Heer der Revolution wäre Napoleons Genie vergeudet gewesen; es war das Heer der allgemeinen Wehrpflicht, in dem Soldat und Bürger eins waren, in dem nicht mehr durch die Furcht vor unmenschlichen Strafen zusammengezwungene, ehrlose und verachtetete Kriegsknechte fochten, sondern freie Bürger einer freien Nation. Der Kaiser brauchte deshalb seine Truppen nicht aus Furcht vor Massendesertionen, wie sie die Armeen seiner absolutistischen Gegner lähmte, in eng geschlossenen großen Formationen auf dem Schlachtfeld zu konzentrieren. Das versetzte ihn in die Lage, mit kleineren, beweglicheren Verbänden schnell zu operieren und weit überlegene feindliche Armeen in einer Art Blitzkriegstaktik auszumanövrieren und zu schlagen.

So war der Kaiser der Franzosen 1806, wie Schiller vorausgesehen hatte, Herr nicht nur Frankreichs, sondern darüber hinaus Hollands, der Schweiz,

Napoleon in vaterländischer Karikatur: auf den Überresten seiner Opfer sitzend, nährt er sich von den Tränen der Unterdrückten, während die deutschen Rheinbundfürsten sich durch närrisches Ordenswesen bestechen lassen. Aber die Rache naht in Gestalt der blitzschleudernden Wappenadler Preußens, Österreichs und Rußlands; im Hintergrund brennt bereits Moskau.

Italiens sowie der deutschen Rheinbund-Staaten, die sich französischem Protektorat unterworfen hatten: vor allem Bayern, Württemberg, Baden, Hessen-Darmstadt sowie das neugeschaffene Großherzogtum Berg, vorwiegend aus ehemals preußischen Besitzungen am Rhein zusammengesetzt, unter dem Regime Joachim Murats, des Adjutanten Napoleons im Italienfeldzug. Der Vereinfachung und Revolutionierung der deutschen Landkarte folgte die Revolutionierung der inneren Ordnung jener Staaten im Sinne der »Ideen von 1789«: Verfassungen wurden erlassen, die Staatsverwaltungen nach französischem, zentralistisch-bürokratischem Vorbild modernisiert, der Code Napoléon, das neue französische Zivilgesetzbuch, wurde übernommen, der die Feudalverfassung nicht mehr kannte und den bürgerlichen Staat des nachrevolutionären Frankreich in rechtliche Normen faßte. Bürgerliche Rechte für alle, Abschaffung sämtlicher Adelsprivilegien, Befreiung der Bauern – dieser Teil Deutschlands hatte seine Unabhängigkeit verloren, aber im Innern war er freier und fortschrittlicher als das übrige Deutschland.

Im nachhinein kann es scheinen, als sei angesichts dieser Entwicklung die preußische Staats- und Armeeführung mit Blindheit geschlagen gewesen. Man weiß, daß die Siege und Erfahrungen eines Krieges die Niederlagen im nächsten Krieg begründen. Preußen hatte die beiden Schlesischen Kriege und den Siebenjährigen Krieg gegen eine erdrückende feindliche Übermacht gewonnen; nun glaubte man sich im Besitz der besten Staats- und Militärverfassung Europas. Unter allgemeiner Zustimmung auch aus bürgerlichen Kreisen hatte Außenminister Hertzberg nach Ausbruch der Revolution in Frankreich erklärt, »daß die preußische Regierung nicht despotisch ist«, und das war durch eine ganze Kette von Reformen unter Beweis gestellt worden, vom Allgemeinen Preußischen Landrecht von 1794 über die Aufhebung der Erbuntertänigkeit der Domänenbauern bis hin zur beginnenden Reformierung der Zölle und Steuern nach der Berufung des Freiherrn vom Stein zum Finanz- und Wirtschaftsminister 1804. So war das Band zwischen Staat und Bürgertum stark wie eh und je, aber bei alldem war manchem Beobachter die Verknöcherung und Unbeweglichkeit des friderizianischen Staatswesens doch schmerzhaft bewußt – dem Leutnant Hermann v. Boyen zum Beispiel, der schon 1795 öffentlich die Abschaffung der entehrenden Prügelstrafe für Soldaten gefordert hatte, und der dennoch elf Jahre später erleben mußte, daß die durch Furcht vor dem Offiziersstock zusammengehaltene preußische Militärmaschinerie den französischen Bürgersoldaten erlag.

Nach einer langen Epoche des diplomatischen Manövrierens hatte sich Preu-

Rekrutenaushebung Johann Wolfgang Goethe, 1779

Als Präsident des herzoglich sächsisch-weimarischen Kriegskollegiums hatte Goethe die Aufgabe, die Rekruten auszuheben, die Weimar ohne Rechtsgrundlage an Preußen zu liefern hatte. Als guter Beamter überwachte Goethe die Prozedur selbst und schrieb derweil an der »Iphigenie«.

ßen schließlich 1806 zur Kriegserklärung an Napoleon entschließen müssen, denn der Kaiser wollte offensichtlich durch fortwährende Übergriffe auf preußisches Gebiet und demonstrative Nichtachtung preußischer Interessen die Auseinandersetzung provozieren. Die preußischen Militärs waren sich vollständig sicher, den korsischen Emporkömmling empfindlich zurechtweisen zu können; der jedoch schrieb am Tag vor der Entscheidungsschlacht aus dem Feldquartier an seine Frau: »Mit Gottes Hilfe, glaube ich, wird in wenigen Tagen alles eine recht peinliche Wendung für den armen König von Preußen nehmen.«

Die preußische Niederlage bei Jena und Auerstedt vom 14. Oktober 1806 war so total, daß es zu einer weiteren größeren Schlacht nicht mehr kam. Fast kampflos rückte Napoleon vor; in Magdeburg ergab sich eine komplette preußische Armee ohne einen einzigen Schuß, nicht anders als die meisten anderen preußischen Festungen mit Ausnahme Kolbergs, das sich noch monatelang unter der Führung des Handelsschiffers Nettelbeck und eines bis dahin unbekannten Majors v. Gneisenau verteidigte. Nachdem die Armee ihre militärische Unfähigkeit vorgeführt hatte, schien sie auch noch ihren moralischen Bankrott erklären zu wollen. Am 27. Oktober zog Napoleon ungehindert in Berlin ein, von Massen Schaulustiger begeistert begrüßt, während der König bis in den äußersten Nordosten Preußens zurückweichen und schließlich, vom russischen Verbündeten verlassen, am 9. Juli 1807 in Tilsit das Friedensdiktat

des Siegers unterschreiben mußte. Es kam zu einem Treffen zwischen Napoleon und dem russischen Zaren, Alexander I., auf einem Floß auf dem Fluß Memel; »Alexander«, so ein Beobachter, »schleppte den König von Preußen, den man kaum bemerkte, hinter sich her«. Europa wurde in zwei Teile geteilt, einen napoleonischen und einen alexandrischen, und Bonaparte malte dem Zaren phantastische Perspektiven einer gemeinsam gegen England errungenen Weltherrschaft des Kaisers des Okzidents und des Kaisers des Orients.

Preußen wäre vermutlich zwischen diesen beiden Mühlsteinen zerrieben worden, wäre nicht beiden Verbündeten an einem strategischen Glacis zwischen ihren Machtblöcken gelegen gewesen. So blieb der geschlagene und gedemütigte Staat Friedrichs des Großen am Leben, allerdings nur mühsam und am kurzen Gängelband des Siegers: die polnischen Erwerbungen wurden Preußen genommen, dazu sämtliche Gebiete westlich der Elbe einschließlich Magdeburgs; Danzig wurde Freistaat unter französischem Protektorat, alle preußischen Gebiete zwischen Elbe und Oder blieben von französischen Truppen besetzt, und Preußen hatte Kontributionen zu zahlen, die seine finanziellen Fähigkeiten weit überstiegen. Fast über Nacht war Preußen von einer kontinentalen Großmacht zu einem zweitrangigen Mittelstaat herabgesunken, und sein endgültiges Verschwinden von der Landkarte war absehbar. Das alte Preußen, das durch seine Armee groß geworden war, war schließlich an dieser Armee gescheitert.

Bei aller Bedrückung durch diese Katastrophe sah man doch aber auch die Chance für das Neue; der Theologe Friedrich Schleiermacher schrieb bereits wenige Wochen nach Jena an einen Freund: »Alles Politische, was bis jetzt bestand, war, im großen und ganzen gesehen, ein unhaltbares Ding, ein leerer Schein. Die Trennung des einzelnen vom Staat und der Gebildeten von der Masse war viel zu groß, als daß Staat und Masse etwas hätten sein können. Dieser Schein muß verschwinden, und nur auf seinen Trümmern kann die Wahrheit sich erheben. Eine allgemeine Regeneration ist notwendig und wird sich aus diesen Begebenheiten entwickeln. Wie? das kann man jetzt noch nicht

◁ *Der Chasseur im Wald*
Caspar David Friedrich, 1813

Der Schnee als Anspielung auf die Grabesruhe in Deutschland unter Napoleon, der Wald als Symbol für die Einheit der deutschen Patrioten, der Rabe auf dem Baumstumpf, der dem einsamen französischen Soldaten ein Sterbelied krächzt: die scheinbare Waldesidylle enthüllt sich bei näherer Betrachtung als vaterländischer Aufruf von bedrohlicher Eindringlichkeit.

sehen, aber wir wollen dabei sein und mit angreifen.« Jetzt, da nur mehr rudimentäre staatliche Einrichtungen bestanden, da die Kräfte des Beharrens und der Tradition mit einem Mal an Einfluß verloren hatten, schlug die Stunde des gebildeten, aufgeklärten Beamtentums.

Gewiß, die Namen der beiden großen Leiter der Reformen in Preußen, des Reichsfreiherrn vom Stein und des Karl August Graf von Hardenberg, stehen aus vollem Recht für die Geschehnisse nach Jena und Tilsit; die zur Zeit ihrer jeweiligen Staatsministerien erlassenen Edikte und Gesetze tragen ihre sehr charakteristischen Handschriften, und das unfruchtbare Zwischenspiel des Beamtenministeriums Dohna-Altenstein 1808 bis 1810 demonstriert, daß ohne die überragende Persönlichkeit eines selbständig und furchtlos seinem Monarchen entgegentretenden Leitenden Ministers der Reformelan in kurzer Zeit versanden mußte. Personen waren hier Programme, und daß Stein auf älteren ständisch-konservativen Grundpositionen fußte, während Hardenberg sehr viel stärker von den rationalistischen Ordnungsgedanken westeuropäischer Provenienz ausging, hat zur Folge, daß eigentlich zwei preußische Reformen unterschieden werden müssen, die jeweils mit den Namen der leitenden Staatsmänner verbunden sind. Dieser Eindruck wird verstärkt durch die scharfe persönliche Abneigung zwischen Stein und Hardenberg; während der letztere seinem großen Vorgänger politische Naivität im Umgang mit Frankreich und seine Vorliebe für ineffektive Kollegialverwaltungen vorwarf, haßte Stein den Staatskanzler Hardenberg geradezu, nahm ihm seine politische Schmiegsamkeit, ja selbst seine Weibergeschichten übel und verstieg sich sogar beim Tode Hardenbergs 1822 dazu, der »preußischen Monarchie zu diesem glücklichen Ereignis« zu gratulieren.

Aber dem ersten Eindruck zum Trotz waren Stein und Hardenberg nicht die einzigen Spieler auf der Bühne; hinter ihnen stand die preußische Reformbürokratie. Diese Gruppe von Staats- und Finanzräten, von Kriegs- und Domäneräten, von Polizeidirektoren und Offizieren gehörte jenem Bildungsbürgertum an, das seit zwei Generationen zum eigentlichen Träger deutscher Kultur und deutscher Öffentlichkeit geworden war, dessen Horizont weit über den Dunstkreis preußischer Amtsstuben hinausreichte, philosophisch gebildet bis in die Fingerspitzen und von den Ideen der amerikanischen und französischen Revolutionen ebenso beeindruckt wie von den Erfolgen Napoleons. Vom Gegner lernen, um ihn zu schlagen – der »Griff in das Zeughaus der Revolution« war nach den Worten des Militärreformers Gneisenau das einzige Mittel, Preußen zu befreien und seine alte Stärke zurückzugewinnen. Und so wurden allgemeine Wehrpflicht und Abschaffung des Ständestaats, Nationalrepräsentation und

Medaillon mit Profilbildnis der Königin Luise von Preußen (1776–1810)

Medaillon mit Profilbildnis des Königs Friedrich Wilhelm III. von Preußen (1770–1840)

Medaillon mit Profilbildnis des Generals Gerhard Johann David von Scharnhorst (1756–1813)

Medaillon mit Profilbildnis des Generals August Wilhelm Anton Graf Neithardt von Gneisenau (1760–1831)

Nationalerziehung neben der Straffung und Modernisierung der staatlichen Institutionen und der Wirtschaftsordnung geplant. Mit dem Oktoberedikt von 1807 wurde die Aufhebung der Leibeigenschaft eingeleitet, es folgten Städteordnung und Landgemeindereform, Judenemanzipation und Modernisierung der Justiz, Einführung einer hierarchisch und rational organisierten Staatsverwaltung mit einem Ministerkollegium an der Spitze, die Ablösung der veralteten Zunftverfassung durch die Freiheit der Gewerbeausübung, verbunden mit einer Erneuerung des Zoll- und Steuerwesens, eine Bildungsreform, mit der die bisherige Standes- und Berufserziehung zugunsten des Ideals einer allgemeinen Volkserziehung im Geist des Neuhumanismus beseitigt wurde, und nicht zuletzt eine Erneuerung der preußischen Armee, die Ablösung des alten Söldnerheeres durch eine Armee freier Staatsbürger, deren Avancement nicht Sache der Geburt, sondern von Leistung und Verdienst sein sollte. »Aller bisher stattgehabter Vorzug des Standes«, hieß es in einem Offiziersreglement vom 6. August 1808, »hört beim Militär ganz auf, und jeder, ohne Rücksicht auf seine Herkunft, hat gleiche Pflichten und Rechte.«

Die Furcht der Rittergutsbesitzer, des ständischen Rückgrats der alten Ordnung, war wohlbegründet – in einer Eingabe an den König vom 9. Mai 1811 wurde gewarnt: Nach fremden Grundsätzen solle der Staat von nun an regiert werden, die alte ständische Verfassung werde über den Haufen geworfen, alle wohlerworbenen ständischen Rechte seien gefährdet, kurz, die Revolution habe Preußen erfaßt. Aber wenn das Revolution war, so doch eine recht andere als die, die man in Amerika oder Frankreich erlebt hatte: Nicht die Nation war es, die sich selbst für souverän erklärte, die sich eine Konstitution gab und die Einheit von Bürgertum, Volk und Staat herstellte. Die neuen Ideen waren den Reformern vor allem Mittel, nicht Zweck. Der neue Staat in unerhörter Konzentration und Machtfülle wurde gedacht, und wenn von Nation die Rede war, so mußte diese doch erst verwirklicht werden, genauer gesagt: Sie bestand eigentlich nur in den Köpfen jener schmalen Bildungsschicht, die die Reformen trug, während die große Mehrheit der Bevölkerung, die ländlichen Schichten, die noch immer fast achtzig Prozent des gesamten preußischen Volkes darstellten, aber auch die gewerbetreibende Stadteinwohnerschaft und selbstverständlich der in seinen Vorrechten bedrohte Adel den Reformen aus den unterschiedlichsten Gründen allen erdenklichen Widerstand entgegensetzten. Offenbar, das war die unabweisbare Schlußfolgerung der Reformer aus diesen Widerständen, war das preußische Volk noch nicht bereit, sich per Dekret in den Stand freier Staatsbürgerschaft versetzen zu lassen – es bedurfte daher der Erziehung, und wer war berufener dazu als jene Beamten- und Professorenschaft, die am eigenen gesellschaftlichen Aufstieg die segensreiche Wirkung von Bildung und Erziehung erfahren hatte.

Deshalb auch scheiterten die halbherzigen Anläufe zur Krönung des Reformwerks, zur Bildung einer Nationalrepräsentation der Bürger, denn die Beamtenschaft sah vor allem sich selbst als berufene Vertreterin des Staatsganzen. Da von den beiden Einrichtungen, die in Konkurrenz miteinander den Anspruch erhoben, das Interesse der Gesamtheit zu vertreten, in Preußen die Macht der Bürokratie etabliert war, bevor Parlamente entstanden, war und blieb auch die Bürokratie der wirkliche Verfassungskern des preußischen Staats. Der Staat, das war von nun an die große Erfahrung, war Schöpfer aller Veränderungen, der mit Hilfe der Beamtenschaft die Gesellschaft zu ihrem eigenen Wohl unter Kuratel stellte. Ein Stück obrigkeitlicher Absolutismus wurde so, durch die Reformen modernisiert und legitimiert, bis in die jüngere deutsche Vergangenheit gerettet. So bleiben zwar die preußischen Reformen bis heute Bestandteil großer, legendenbildender, gemeinschaftsstiftender Überlieferung, doch zur Bildung der deutschen Nation haben sie kaum beigetragen.

Was »deutsche Nation« sei, war bisher durchaus unklar. Als preußischer, bayerischer, sachsen-gothaischer oder schwarzburg-sondershausenscher Untertan konnte man sich zwar als »Teutscher« fühlen, aber die »Teutschheit« konkurrierte ohne Schwierigkeiten mit einem verbreiteten aufgeklärten Kosmopolitismus wie auch mit der Loyalität zum jeweiligen Landesherrn, und wenn von »Nation«, von »Vaterland«, von »Patriotismus« die Rede war, dann konnte irgendein vage umgrenztes Deutschland ebenso gemeint sein wie der Gegenwartsstaat, in dem man lebte, aber ohne weiteres auch beides gemeinsam. Erst in der Konfrontation mit dem aggressiven französischen Nationalismus wurde nun

Johann Gottlieb Fichte

»Volk und Vaterland ... als Träger und Unterpfand der irdischen Ewigkeit und als dasjenige, was hinieden ewig sein kann, liegt weit hinaus über den Staat im gewöhnlichen Sinne des Wortes ... Dieser will gewisses Recht, innerlichen Frieden, und daß jeder durch Fleiß seinen Unterhalt und die Fristung seines sinnlichen Daseins finde, solange Gott sie ihm gewähren will. Dies alles ist nur Mittel, Bedingung und Gerüst dessen, was die Vaterlandsliebe eigentlich will, des Aufblühens des Ewigen und Göttlichen in der Welt, immer reiner, vollkommener und getroffener im unendlichen Fortgange ...«
Reden an die deutsche Nation
Johann Gottlieb Fichte (1807/1808)

die Idee Johann Gottfried Herders von der durch Sprache begründeten fundamentalen Individualität des Volkstums virulent. Im Winter 1807 auf 1808 hielt Johann Gottlieb Fichte in Berlin seine »Reden an die deutsche Nation«: Das deutsche Volk ist das ursprüngliche, das unverfälschte Volk, das gegen die militärische wie kulturelle Unterjochung durch Frankreich um seine Freiheit und Identität kämpft und damit im Dienst des Fortschritts der Menschheitsgeschichte steht. Dieser neue, romantische Volksbegriff wurde ergänzt durch eine neue, wesentlich pietistische Religiosität, die die Nationalidee durchdrang und ins Absolute steigerte: Für Friedrich Ludwig Jahn, den »Turnvater«, der die deutsche Jugend zum Turnen aufrief, um sie tüchtig zu machen für den Kampf gegen Napoleon, waren die Deutschen neben den Griechen ein »heiliges Volk«, und der Dichter Ernst Moritz Arndt predigte: »Einmüthigkeit der Herzen sey eure Kirche, Haß gegen die Franzosen eure Religion, Freiheit und Vaterland seyen die Heiligen, bei welchen ihr anbetet!«

Das war der Grundton, der im intellektuellen Milieu der Zeit Fuß faßte, der in den Predigten von den Kanzeln, Vorlesungen von den Kathedern ebenso erkennbar wurde wie in den Gesprächen und Diskussionen der Lesezirkel und Salons. Der zunehmende Haß gegen das Okkupationsregime hatte keineswegs von Anfang an geherrscht; selbst Hardenberg, der auf ein gutes Verhältnis zu Frankreich sah, um die Lasten des preußischen Staates nicht noch weiter zu vermehren, beklagte sich in einem Schreiben an den Finanzminister Altenstein noch 1808 über den fehlenden »Sinn für Aufopferung ganz vorzüglich [bei] den Gebildeten«, wofür er den herrschenden »kalten Kosmopolitismus« verantwortlich machte. Mancher Deutsche sah sogar in Napoleon eine geschichtliche Notwendigkeit – der Philosoph Hegel beispielsweise, der eines Tages »den Kaiser, diese Weltseele« ausreiten sah und von der wundersamen Empfindung überwältigt wurde, den inkarnierten Weltgeist zu Pferde erblickt zu haben. Oder Goethe, der das wohltätige Regiment der napoleonischen Neuordnung Europas bewunderte und den Umsturz dieser Ordnung fürchtete. Der bayerische Gelehrte und Publizist Freiherr von Aretin erklärte geradezu, nur unter Napoleon könnten die deutschen Völker in Freiheit leben, denn eine deutsche Nation habe es nie gegeben und werde es nie geben.

Doch im Laufe der nächsten Jahre zeigte sich, daß Napoleon in Deutschland hauptsächlich die imperiale Rekrutierungsbasis der Grande Armée und das Objekt finanzieller und wirtschaftlicher Ausbeutung sah. Zu den Finanzlasten, die Preußen nach dem Tilsiter Frieden zu tragen hatte und die zur Verarmung der gesamten Bevölkerung führten, zu den lästigen Einquartierungen und verheerenden Durchmärschen fremder Armeen kam ein Zollsystem, das die fran-

Georg Wilhelm Friedrich Hegel
Wilhelm Hensel, 1829

»Die theoretische Arbeit – überzeuge ich mich täglich mehr – bewegt mehr Zustände in der Welt als die praktische; ist erst das Reich der Vorstellungen revolutioniert, so hält die Wirklichkeit nicht aus.«
Hegel an Niethammer, 28. Oktober 1808

zösische Wirtschaft auf Kosten der übrigen europäischen Staaten schützte, so daß Teuerung und wirtschaftliche Zusammenbrüche folgten. Die ursprüngliche Gleichgültigkeit der Bevölkerung im Verhältnis zur französischen Okkupationsmacht schlug daher innerhalb weniger Jahre in haßerfüllte Abneigung um, und konspirative Gruppen, der »Tugendbund«, der »Deutsche Bund« Jahns und zahllose Gesprächskreise und Tischgesellschaften fanden sich zusammen, um den Widerstand zu organisieren und eine zögernd, oft sogar verräterisch erscheinende Staatsführung zum Freiheitskampf gegen den korsischen Eindringling zu ermuntern. Aus Spanien, aus Tirol hörte man von »Insurrektion«, vom Guerillakampf der Bevölkerung gegen französische Truppen und deren Verbündete, und während Preußen sich duckte, jeden äußeren Anschein der Unbotmäßigkeit gegen Napoleon ängstlich vermied, während der König sogar den Freiherrn vom Stein entließ, weil der als Feind Frankreichs galt, flammte in Österreich unter dem leitenden Minister, dem süddeutschen Reichsgrafen Philipp Stadion, ein offener, durch die Regierung geförderter Patriotismus auf, der Anfang 1809 im Kriegsaufruf des österreichischen Oberbefehlshabers, des Erzherzogs Karl, an die Völker Deutschlands gipfelte.

Die österreichische Verzweiflungstat scheiterte mit dem Sieg Napoleons bei Wagram und seinem Einzug in Wien, aber das Beispiel wirkte mächtig. In Norddeutschland formierten sich aktivistische, patriotische Gruppierungen, die den Kleinkrieg gegen französische Fouragekolonnen und Festungsbesatzungen übten; da war beispielsweise der preußische Major Friedrich v. Schill, der entgegen den Befehlen seiner Vorgesetzten mit Teilen seines Regiments eines Tages die Berliner Garnison verließ, sich durch Mitteldeutschland bis Magdeburg und dann bis zur Ostseeküste durchschlug und in Stralsund im Straßenkampf fiel. Militärisch gesehen waren dergleichen Unternehmungen Mückenstiche gegen die Besatzungsmacht, aber der propagandistische Effekt war enorm; der Berliner Zivilgouverneur Sack meldete dem Innenminister: »Die gemeinen Leute erzählen sich froh einer dem anderen: Nun ist es gut, nun ist der Schill fort! der wird uns schon befreien.« Schill freilich scheiterte nicht zuletzt daran, daß sein Beispiel zwar begeisterte, aber nicht zur Nachahmung reizte; als er in einem Dorf eine Ansprache an die versammelten Bauern hielt, »ihnen mit lebhaften Farben die großen Bilder der Spanier, der Tiroler malte und sie zur Nachfolge aufrief, gab ein Bauer zur Antwort: ›Sie haben recht, es muß anders werden; lassen Sie uns nur noch abwarten, bis die Ernte vorbei ist!‹« Das Volk, namentlich das bäuerliche, war noch weit entfernt, sich als so »teutsch« zu begreifen, wie es in den patriotischen Phantasien der Intellektuellen in Berlin und Wien sein sollte.

Um das zu ändern, brauchte es des napoleonischen Rußland-Abenteuers und der vernichtenden Niederlage der Grande Armée von 1812. Die Schwäche Napoleons nutzte der Generalleutnant v. Yorck, Befehlshaber des preußischen Hilfskorps, der am 30. Dezember 1812 in der Mühle von Poscherun bei Tauroggen mit dem russischen General v. Diebitsch ein Neutralitätsabkommen schloß, um sich anschließend der Volksbewaffnung der ostpreußischen Bevölkerung zu widmen: eigentlich Hoch- und Landesverrat, vom König jedoch merkwürdig milde beurteilt, von der Bevölkerung bejubelt. Der Rubikon war damit überschritten, Preußen konnte für Frankreich kein Verbündeter mehr sein, und so trat Friedrich Wilhelm III. die Flucht nach vorn an und schloß am 28. Februar 1813, »vor Angst schlotternd«, wie ein englischer Historiker meint, mit dem Zaren Alexander einen Bündnisvertrag.

Nun mußte alles auf eine Karte gesetzt werden; ohne Sieg war Preußens Untergang gewiß. Die preußische Armee, obgleich mittlerweile durch Militärreformer wie Scharnhorst, Gneisenau und Boyen vorzüglich reorganisiert und verjüngt – von den 143 Generälen des Jahres 1806 waren 1813 nur noch zwei im Dienst – war zu schwach, um den Krieg mit herkömmlichen Mitteln allein zu führen. Soviel hatte man aus den napoleonischen Erfolgen gelernt: Das Volk mußte den Kampf als seine Sache ansehen, wie einst die französischen Sansculotten gegen den Feind ausgezogen waren, als das Vaterland in Gefahr war.

Dazu genügte nicht die Einrichtung der Landwehr, die Scharnhorst neben die reguläre Linienarmee gestellt hatte, eine Milizarmee, in der die Bürgersöhne bis in mittlere Offiziersränge avancieren konnten. Dazu gehörte vor allem die Erkenntnis, die Gneisenau einst dem König entgegengehalten hatte, als dieser die Vorstellungen der Reformer als bloße Poesie abgetan hatte: »Auf Poesie ist die Sicherheit der Throne gegründet«, und: »Es sind nicht immer die stehenden Heere gewesen, die Throne und Staaten gerettet haben. Häufiger war es die Liebe eines für seinen Herrscher begeisterten Volkes.«

Für Poesie brauchte nicht gesorgt zu werden, sie war längst da, bisher freilich aus Furcht vor französischem Druck durch rigorose Zensur unterdrückt. Die Zensur wurde aufgehoben, und über Deutschland ergoß sich eine Flutwelle nationalistischer und franzosenfeindlicher Zweckdichtung in Form von Broschüren, Flugblättern, Liederbüchern, Aufrufen, Bilderbögen, Handzetteln und Zeitungen, und kaum ein deutscher Dichter, der nicht vom neuen Zeitgeist erfaßt, vorübergehend die Suche nach der blauen Blume der Romantik aufgegeben und schauerlichste Haß- und Totschlagslyrik verfaßt hätte, die Kleist,

Germania an ihre Kinder
. . .
Chor
So verlaßt, voran der Kaiser,
Eure Hütten, eure Häuser;
Schäumt, ein uferloses Meer,
Über diese Franken her!

Alle Plätze, Trift' und Stätten,
Färbt mit ihren Knochen weiß;
Welchen Rab' und Fuchs verschmähten,
Gebet ihn den Fischen preis;
Dämmt den Rhein mit ihren Leichen;
Laßt, gestäuft von ihrem Bein,
Schäumend um die Pfalz ihn weichen,
Und ihn dann die Grenze sein!

Chor
Eine Lustjagd, wie wenn Schützen
Auf die Spur dem Wolfe sitzen!
Schlagt ihn tot!
Das Weltgericht
Fragt euch nach den Gründen nicht!

Heinrich v. Kleist

Gußeiserner Fingerring mit der Umschrift »Gold gab ich für Eisen. 1813.«

Nach Beginn der Freiheitskriege gründete Prinzessin Marianne von Preußen den »Frauen-Verein zum Wohl des Vaterlandes«, der neben anderem zu Goldspenden aufrief. Schnell bürgerte sich ein, den Trauring als Symbol der Treue gegen einen eisernen Ring auszutauschen. »Auf die eisernen Ringe sind sie gefallen, mir sie abzufordern«, schrieb Prinzessin Marianne indigniert, »weil ein Werkmeister hier proklamiert hat, er ließe welche machen und austauschen gegen Trauringe. Und die Leute haben die Rage, sie hinzugeben. Auf den Ringen steht: Gold gab ich für Eisen, und sind sehr garstig.«

Arndt, Körner, Rückert, Friedrich Schlegel oder Arnim; selbst der sanfte Clemens Brentano ließ sich beispielsweise vernehmen: »Bajonette / Um die Wette / Stoßt die Kette / Nieder an des Flusses Bette / Daß kein Deutschlands Feind sich rette!« Dergleichen verbreitete sich hunderttausendfach im Volk und schürte eine Massenbegeisterung, die die deutsche Geschichte noch nicht gekannt hatte.

Als dann noch, nach langem und ängstlichem Zögern, Friedrich Wilhelm III. endlich am 17. März 1813 seinen Aufruf »An mein Volk« erließ, in dem er »Preußen und Deutsche« zum Kampf für ehrenvollen Frieden oder einen ruhmreichen Untergang aufforderte, da kam es zu einer Massenstimmung, die in manchem Ähnlichkeit mit den spontanen Aufständen der französischen Revolutionsepoche besaß. Bildungsbürger wie Handwerker strömten in Freiwilligeneinheiten, die Freikorps, während die Frauen Gold für Eisen gaben und patriotische Häkelkränzchen organisierten; die Menschen wurden von einem Taumel erfaßt, der für knapp anderthalb Jahre die deutsche Nation zum sinnlichen Erlebnis machte. Die revolutionären Blutopfer ersetzte der Tod fürs Vaterland, schon lange im Geiste des Neohellenismus von einer pathetisch-ästhetischen Gloriole umgeben:

> »Lebe droben, o Vaterland,
> Und zähle nicht die Toten! Dir ist,
> Liebes! nicht Einer zu viel gefallen.«

Die Freiwilligenverbände fühlten sich als »Nation in Waffen«; in der Gestalt des gefallenen Dichters Theodor Körner und der unerkannt in Männerkleidung vor dem Feind gebliebenen Eleonore Prohaska besaß die entstehende Nationalbewegung ihre Märtyrer. Der französische Gegner wurde mit einer Wut verfolgt, die alle Schrecken des ungehegten und uneingeschränkten Volks- und

Auf Vorposten
Georg Friedrich Kersting

Der Maler, selbst Lützower Jäger, hat seine Kameraden Hartmann (links vorn), Theodor Körner (links hinten) und Friedrich Friesen (rechts) abgebildet; alle drei sind im Verlauf des Freiheitskriegs gefallen. Tracht und Haltung der Freiwilligen waren dem zeitgenössischen Betrachter ungewohnt; die Uniform des Freikorps Lützow bestand aus der in patriotischen Kreisen üblichen »altteutschen Tracht«, lediglich schwarz eingefärbt und mit roten Aufschlägen sowie mit goldenen Knöpfen versehen: Ursprung der deutschen Nationalfarben Schwarz-rot-gold. Lässige Haltung und Pfeiferauchen, letzteres in der Öffentlichkeit polizeilich verboten, signalisieren Freiheit, der Eichenwald steht für das vaterländische Ziel, das Eiserne Kreuz verweist auf Opferbereitschaft und künftigen Heldentod.

Weltanschauungskriegs des 20. Jahrhunderts vorwegnahm – kaum ein Gefechtsbericht, der nicht zu rühmen wußte, daß Landwehrtruppen oder Kriegsfreiwillige in der Hitze des Kampfes Verwundete und Gefangene mit Bajonett und Gewehrkolben niedergemacht hätten, und die aufs höchste erregte öffentliche Meinung nahm dergleichen billigend zur Kenntnis.

Dennoch stand anfangs das Kriegsglück auf der Kippe; selbst die dezimierte französische Armee vermochte die preußischen Truppen mehrmals zu schlagen, und erst der Kriegseintritt Österreichs am 12. August 1813 verschob die Gewichte endgültig zuungunsten Napoleons. Die »Völkerschlacht« bei Leipzig brachte im Oktober 1813 die Vorentscheidung; die rheinbündischen Truppen gingen in geschlossenen Einheiten zu den Alliierten über, ihre Fürsten folgten in aller Hast. Bis zum Ende des Jahres war Deutschland befreit, ein halbes Jahr darauf standen preußische, russische und österreichische Truppen vor Paris. Auch die französische Nation war der Grandeur müde, die sie ungeheure Opfer gekostet hatte; Napoleon endete in der Verbannung.

Und was jetzt? Die Erwartungen der deutschen Öffentlichkeit waren hochgespannt; die Mühsal der Besatzungszeit sollte nicht umsonst ertragen, das Blut der Kriegsfreiwilligen nicht umsonst geflossen sein. Man solle in den Regierungen jetzt nicht glauben, daß Traktate und gute Worte genug seien, schrieb Joseph Görres im »Rheinischen Merkur«; »die Völker haben in der *Tat* geleistet, in der *Tat* wollen sie den Lohn empfangen. Etwas Ganzes und Rechtes soll da werden, und man soll dabei die Stimme des Volkes befragen, die vernehmlich und deutlich aller Orten spricht ... Teutschland will eine Verfassung, die sichere, was das Volk mit seinem Blute erworben!« Den Oberst von Clausewitz überkamen aber bereits trübe Ahnungen; aus dem Feld schrieb er an seine Frau: »Bonaparte konnte besiegt werden und ist besiegt worden, aber unser eigener Kleinmut ist unbesiegbar. Ich fürchte statt irgendeines Fortschrittes die Rückkehr in den alten Schlendrian.«

4. Zurück zur Idylle

Ein zweiundzwanzigjähriger Weltkrieg war zu Ende. In Wien traten die Beteiligten zusammen, um die neue Friedensordnung zu beschließen, mißtrauisch betrachtet von denen, die für ein anderes Deutschland und ein anderes Europa gekämpft hatten und nun fürchteten, um die Früchte ihrer Siege gebracht zu werden: »Der Soldat hat das Seinige redlich getan«, schrieb Gneisenau mißmutig aus dem eroberten Paris nach Hause, »nun aber tritt ihm der Diplomat in den Weg und sagt ihm: Freund, du bist ein plumper Geselle, du wußtest die Leute nicht zu behandeln. Die sind weit wohlerzogener wie du und wollen in zierlichen Phrasen angeredet sein: du vermagst nur mit Kanonen zu reden. Halt also das Maul.« Nach dem jahrzehntelangen Blutvergießen schien es, als wollten die verbündeten Staatsmänner und Diplomaten Europa zeigen, was es alles versäumt hatte: Der Kongreß verhandelte und beschloß nicht nur, er tanzte auch – »nichts als Visiten und Gegenvisiten«, notierte Erzherzog Johann, »Essen, Feuerwerk, Beleuchtung. Überhaupt habe ich seit 8–10 Tagen nichts getan. Das ist ein Leben!« Der Zar von Rußland, der Kaiser von Österreich, der preußische König, die übrigen deutschen Zaunkönige und Großherzöge von Napoleons Gnaden, die Könige von Schweden, Dänemark und den Niederlanden, der britische Außenminister Lord Castlereagh sowie eine der größten und abstoßendsten Figuren der europäischen Politik, Bischof, Revolutionär, Königsmörder, Minister Napoleons wie der Bourbonen, der französische Außenminister Talleyrand: ein glänzender Reigen Alteuropas, ein Taumel mehr der Überlebens- als der Lebensfreude – man hatte in Abgründe geblickt, man war mit dem Schrecken davongekommen und sich in einem, freilich nur darin, einig: Eine Revolution durfte es in Europa nie wieder geben.

Wiedergeburt, Restauration, Regeneration, Wiederherstellung – das waren die Schlüsselwörter der europäischen Diplomatie. Zurück vor allem zum alten, vorrevolutionären Staatensystem, zum friedenssichernden Gleichgewicht souveräner Staaten nach dem Muster des Westfälischen Friedens von 1648. Spanien und Portugal wurden unter ihren alten Dynastien restauriert, Holland wurde um die ehemaligen österreichischen Niederlande vergrößert, die Schweiz wiederhergestellt, Schweden blieb mit Norwegen vereinigt, und da die Pentarchie, das Gleichgewicht der fünf europäischen Großmächte, ohne Frankreich nicht denkbar schien, blieb dieses innerhalb der vorrevolutionären Grenzen bestehen und war, als wäre nichts gewesen, maßgeblich an der Wiener Friedensordnung beteiligt: Das letzte Mal in der Geschichte Europas konnten die Staatsmänner eine vernünftige Politik des Interessenausgleichs und der Friedenssicherung betreiben, ohne daran von Ideologien und Völkerhaß gehindert zu werden. Gewiß, auch bei den Wiener Kommissionsberatungen und Ausschußsitzungen war der Geist des neuen Jahrhunderts anwesend, die Scheu vor der bloßen Macht ohne legitimierende Idee: eine »Heilige Allianz« sollten nach dem Willen des russischen Zaren die Mächte Europas miteinander eingehen, ein Bündnis auf der Grundlage der christlichen Religion und der legitimen Ordnung. Alexander I. war in schwärmerischer Aufrichtigkeit überzeugt, auf diese Weise die Solidarität der Fürsten und ihrer Völker zu befestigen; Castlereagh dagegen nannte die Heilige Allianz eine Mischung von sublimer Mystik und Unsinn, und Klemens Fürst Metternich, der leitende österreichische Staatsmann und führende Stratege der neuen europäischen Ordnung, schrieb an den Zaren: »Abstrakte Gedanken zählen nicht viel. Wir nehmen die Dinge so, wie sie sind, und wir suchen nach Kräften uns zu hüten, Gefangene von Illusionen über die Wirklichkeit zu werden.«

Gefangene von Illusionen waren andere: der Freiherr vom Stein zum Bei-

Nordsee
KGR. ENGLAND
KGR. DÄNEMARK
Kopenhagen
Odense
HZM. SCHLESWIG
Schleswig
Kiel
HZM. HOLSTEIN
Rostock
Lübeck
GHZM. MECKL.-SCHWERIN
Schwerin
Bremerhaven
Hamburg
GHZM. OLDENB.
Oldenburg
Bremen
KGR. HANNOVER
Hannover
Minden
S.-L.
Braunschweig
HZM. BRAUNSCHWEIG
Magdeburg
Brandenb
L.-D.
HZM. ANHALT
Dess
Amsterdam
Rotterdam
KGR. DER NIEDERLANDE
Münster
Westfalen
Dortmund
Göttingen
HZM. Sachs
Kassel
W.
KURFSM. HESSEN
Antwerpen
Düsseldorf
Boulogne
Bruxelles
Köln
Aachen
Liège
Bonn
Marburg
Eisenach
Weimar
THÜRINGISCHE STAATEN
HZM. Gießen HESSEN
Koblenz
Wetzlar
GHZM. LUXEMBURG
Niederrhein
NASSAU
Frankfurt
Fulda
Meiningen
Luxembourg
Mainz
Darmstadt
GHZM.
Bamberg
Trier
Reims
Hambach
Pfalz
BADEN
Nürnberg
Paris
Metz
KGR. FRANKREICH
KGR. WÜRTTEMBERG
Karlsruhe
Stuttgart
KGR. BAYERN
Regensb
Strasbourg
Augsburg
GHZM.
FSM. HOHENZOLLERN
Ulm
Freiburg
München
Mulhouse
Lindau
Kempten
Dijon
Basel
Konstanz
Zürich
Besançon
Bern
Innsbruck
SCHWEIZ
Tirol
Genève

Mitteleuropa nach dem
Wiener Kongreß 1815
Grenze des Deutschen Bundes
Kaiserreich Österreich
Königreich Preußen
Andere deutsche Kleinstaaten
L.-D.-Lippe-Detmold, W.-Waldeck
S.-L. Schaumburg-Lippe
Bornholm
Ostsee
Rügen
Memel
Tilsit
Königsberg
Ostpreußen
Allenstein
Danzig
West-
preußen
Kolberg
Pommern
Stettin
Bromberg
KAISERREICH RUSSLAND
Bialystok
Warszawa
Brest
andenburg
Posen
Frankfurt/O.
Lodsch
Lublin
Cottbus
Glogau
Schlesien
Breslau
Oppeln
Dresden
KRAKOW
Galizien
Prag
Mähren
Brünn
Budweis
Nieder-
Ober-
Österreich
Linz
Wien
Poszony
KGR.
UNGARN
Buda
Pest
Steiermark
Graz
ärnten

spiel, der mit Feuer die Erneuerung des Reiches unter einem habsburgischen Kaiser vertrat, freilich mit landständischen Verfassungen und einer starken kaiserlichen Exekutivgewalt; er spürte, daß er mit seinem Plan recht allein stand, machte sich allerseits unbeliebt, weil er den diplomatischen Ton nicht beherrschte, und reiste vorzeitig verbittert ab. Oder der »Turnvater« Friedrich Ludwig Jahn, der eines Tages in Wien auftauchte, wegen seiner altertümelnden »Teutschen Tracht«, seiner bärtigen Gestalt und seines polternden Freimuts von der feinen Gesellschaft wie ein Tanzbär bestaunt, aber wie ein Narr behandelt, als er in aller Naivität versuchte, die deutschen Fürsten an ihre Einheits- und Verfassungsversprechen zu erinnern. »Jakobiner im Bärenfell« nannte man die Enthusiasten der deutschen Einheit: wäre nicht die Verwirklichung ihrer Forderung, die staatliche Einheit Deutschlands, einer erneuten Revolution gleichgekommen? Das ganze sorgfältig ausbalancierte europäische Gleichgewicht hing davon ab, daß die europäische Mitte zersplittert blieb, diffus und ohne Macht; auf diesem Prinzip hatte das System des Westfälischen Friedens geruht, und darauf ruhte das Europa des Wiener Kongresses: »Wer kann die Folgen berechnen, wenn eine Masse wie die deutsche, zu einem einzigen Ganzen gemischt, aggressiv würde? Wer kann sagen, wo eine solche Bewegung halt machen würde?« schrieb Talleyrand an Ludwig XVIII. nach Paris, und das war nicht nur eine französische Angstvorstellung.

So blieb auch Deutschland, wie es gewesen war – allerdings war keiner der mittleren Fürsten bereit, auf seine Gebietserwerbungen auf Kosten der geistlichen Fürstentümer und der mediatisierten kleinen Herrschaften zu verzichten. Restauriert wurde deshalb das Deutschland von 1803, das rheinbündische Deutschland, und nur drei Staaten veränderten sich erheblich: Da war Sachsen, dessen König nach der Schlacht von Leipzig nicht schnell genug das Bündnis gewechselt hatte, und der nun einen Teil seines Gebiets an Preußen abgeben mußte gemäß der Bemerkung Talleyrands, daß der Verrat eine Frage des Datums sei. Österreich gab alle Ansprüche im Westen, in Belgien und den oberrheinischen Besitzungen auf und wurde dafür mit Venezien und der Lombardei entschädigt: Verminderung also der österreichischen Präsenz in Deutschland, Vermehrung der nichtdeutschen Untertanen – ein folgenreicher Schritt auf Österreichs Weg aus der deutschen Geschichte.

Und da war Preußen, das auf seine Rechte als Hauptträger der Freiheitskriege pochte und für seine Leiden entschädigt zu werden wünschte. Vor allem auf Sachsen hatte Friedrich Wilhelm III. ein begehrliches Auge geworfen, aber hauptsächlich dank britischer Intervention bekam Preußen nur einen Teil davon, wurde jedoch durch Schwedisch-Pommern an der Ostsee arrondiert und erhielt vor allem Westfalen und die alten geistlichen Territorien westlich des Rheins: Damit war Preußen endgültig auch eine westdeutsche, eine rheinische Macht geworden. Das hatte weitreichende Folgen: Preußen war jetzt mit Abstand der größte deutsche Territorialstaat, wenn auch Hannover noch wie ein Korridor zwischen dem westlichen und dem östlichen Landesteil lag: ein ärgerlicher, ein konfliktträchtiger Schönheitsfehler. Zudem hatte die protestantische deutsche Vormacht nunmehr eine beträchtliche katholische Bevölkerungsminderheit, die sich »beutepreußisch« fühlte, nie vergaß, daß Paris näher lag als Berlin, und mit der ganzen Verachtung kulturell überlegener Bürgerlichkeit auf die ungehobelten ostelbischen Landjunker herabsah, die sich nun anschickten, das Land zu verwalten. Und überdies hatte Preußen jetzt Habsburgs alte Rolle am Rhein übernommen, war direkt mit Frankreich konfrontiert und daher dessen deutscher Hauptgegner, wenn es zum Konflikt kam. Kurz: Preußen war erheblich gewachsen, aber mitgewachsen waren seine innen- wie außenpolitischen Risiken.

So war denn der »Deutsche Bund«, der nach langem Tauziehen mit der Unterzeichnung der Bundesakte am 8. Juni 1815 das Tageslicht erblickte, ein legitimer, wenn auch säkularisierter Nachfolger des einstigen Reiches. Es hatte nur zu einem lockeren Bündnis der neununddreißig souveränen Staaten und Städte gereicht, mit einem ständigen Gesandtenkongreß, dem »Bundestag«, als einzigem gemeinsamen Verfassungsorgan, vom österreichischen Kaiser präsidiert, doch mit einer Stimmenverteilung, die eine Majorisierung der übrigen Staaten durch Preußen und Österreich unmöglich machte. Diese beiden Großmächte gehörten dem Bund lediglich mit ihren ehemaligen Reichsteilen an, während die Könige von Dänemark, England und den Niederlanden als deutsche Landesherren Mitglieder waren: eine entschlossene Verneinung des Nationalprinzips, ein letzter Versuch, Deutschland nicht als kompakte Macht der Mitte, sondern als Feld des europäischen Interessenausgleichs zu ordnen.

Aber ganz ließ sich doch die Verfassung des alten Reichs nicht mehr restituieren. Nicht nur, daß die 1803 ihrer Reichsunmittelbarkeit entkleideten Mitglieder des Reichsritter- und des Reichsfürstenstandes mediatisiert blieben – vor allem ließ sich der Grundsatz nicht aufrechterhalten, der zum europäischen Gleichgewicht des 18. Jahrhunderts entscheidend beigetragen hatte: die strikte Trennung von Außen- und Innenpolitik. Bisher hatte das Prinzip des »cuius regio eius religio« gegolten: Die inneren Verhältnisse eines Staats waren ausschließlich Sache des jeweiligen Souveräns und berührten dessen Außen- und

Bündnispolitik nicht im geringsten. Aber »religio« hieß nach der Revolution eben nicht mehr protestantisch oder katholisch, sondern konservativ oder liberal, genauer: absolutistisch oder konstitutionell. Selbst die konservativsten Politiker und Staatsdenker waren von der Notwendigkeit geschriebener Verfassungen überzeugt; der Streit ging lediglich darum, ob Repräsentativverfassungen nach französischem oder stärker ständisch orientierte Verfassungen mit Blick auf englische Beispiele vorzuziehen seien. So bestimmte denn die Bundesakte von 1815 in sibyllinischer Kürze, in allen deutschen Bundesstaaten werde »eine landständische Verfassung stattfinden«. Aber dann ereigneten sich Dinge, die den revolutionsängstlichen Exzellenzen und Hoheiten an den Wiener Verhandlungstischen Furcht vor der eigenen Courage machten. Zum einen entstand unter den süddeutschen Staaten ein Wettlauf um die fortschrittlichste Verfassungsordnung, und die Pläne namentlich Württembergs und Hessen-Darmstadts sahen den französischen Revolutionsverfassungen so ähnlich, daß Metternich das Legitimitätsprinzip bereits durch den revolutionären Grundsatz der Volkssouveränität durchlöchert fand und daranging, den Deichbruch zu verhindern. Und es kam hinzu, daß es Kräfte in der deutschen Öffentlichkeit gab, die sich mit dem Versprechen einer gemäßigten Modernisierung der alten Zustände keineswegs zufriedengaben.

Da waren vor allem die Freiwilligen des Freiheitskriegs, die mit unerhörtem Enthusiasmus in den Krieg gezogen waren. Hauptsächlich im Freikorps Lützow hatten sich Intelligenz und akademische Jugend gesammelt, die nicht nur

◁ *Allegorie auf die Stiftung der Heiligen Allianz Heinrich Olivier, 1815*

Das persönliche Bündnis zwischen den Monarchen Preußens, Österreichs und Rußlands vom 26. September 1815 als Beschwörung eines romantisch idealisierten Mittelalters. »Die drei verbündeten Fürsten sehen sich nur an als die Bevollmächtigten der Vorsehung, um drei Zweige einer und derselben Familie zu regieren, damit bekennend, daß die christliche Nation, zu der sie und ihre Völker gehören, in Wahrheit keinen anderen Souverän hat als … unsern göttlichen Erlöser Jesus Christus.« Friedrich Gentz, Metternichs Berater, kommentierte trocken: »Sollte sie irgend etwas zur Festigung des Friedens beitragen, so mag sie immerhin mehr wert gewesen sein als so viele andere Farcen unserer Zeit, welche nichts als Unheil stifteten. Jedenfalls wird sie bald vergessen sein und im diplomatischen Buch des 19. Jahrhunderts nur als Denkmal menschlicher und fürstlicher Sonderbarkeit prangen.« Immerhin begründete die Heilige Allianz eine lang andauernde europäische Friedensepoche, wenn auch um den Preis der Unterdrückung liberaler und nationaler Bewegungen.

von einem enormen Aktionsdrang, von der Suche nach Erregung und neuem, abenteuerlichem Leben vorangetrieben wurde, sondern die auch ihr Kriegserlebnis poetisiert auf die Begriffe zu bringen imstande war: »Gott«, »Freiheit«, »Vaterland«, »Deutschland«, »Altar«, »Geweihte«, »Volk« – in den Liedern, die da gesungen und gedichtet wurden, entfaltete sich eine neue Sprache, stark, dichterisch, unmittelbar und mitreißend, die die Vorstellung von verschworener Gemeinschaft und Harmonie, von Opferbereitschaft und religiös gefärbter Transzendenz des einzelnen in das Ganze der Nation hervorrief. Mit der Einnahme von Paris sollte der Rausch mit einem Mal beendet sein, die jungen Leute sollten Vernunft annehmen, zurückkehren in die Hörsäle und Kontore und der Weisheit der bürokratischen Obrigkeit trauen, die in Wien daranging, die Träume der Jugend von der Einheit und Freiheit des deutschen Vaterlandes zu zerreden und, wie es manchem schien, zu verraten.

1817, aus Anlaß der dreihundertsten Wiederkehr des Lutherischen Thesenanschlags zu Wittenberg, versammelten sich die deutschen Burschenschaften auf der Wartburg unter der schwarz-rot-goldenen Fahne, den Farben, die die Montur des Lützowschen Freikorps trug. Man feierte das Gedenkfest wie einen Gottesdienst, und jedermann sah die Bedeutung: Mußte nicht heute wieder Deutschland durch eine kühne Tat reformiert werden? Ging es nicht erneut um die Freiheit von überkommenen, fremden, drückenden Mächten? Eine Minderheit ging einen Schritt weiter: »Ein großer Korb ward jetzt ans Feuer gebracht«, so berichtet ein Augenzeuge, »voll Bücher, die hier öffentlich, im Angesichte des deutschen Landes der Flamme übergeben werden, im Namen der Gerechtigkeit, des Vaterlandes und des Gemeingeistes. Ein gerechtes Urteil sollte hier gehalten werden über die schlechten, das Vaterland entehrenden, unseren Volksgeist verderbenden Schriften; zum Schrecken der Schlechtgesinnten und aller derjenigen, die mit ihrem seichten Wesen, leider! nur zu sehr die alte keusche Volkssitte entstellt und entkräftet haben. Der Titel jedes Buches ward von einem Herold laut ausgerufen; dann erscholl jedes Mal ein lautes Geschrei der Anwesenden, ein Ausspruch ihres Unwillens: Ins Feuer! Ins Feuer! Zum Teufel mit denselben! Somit ward das corpus delictum den Flammen überantwortet!« Und auch die letzte, konsequente Tat blieb nicht aus: Zwei Jahre darauf erstach der Student Karl Ludwig Sand den Schriftsteller August v. Kotzebue, denn der hatte sich in seinen Schriften über die Ideale der Nationalbewegung lustig gemacht und war also ein Schlechtgesinnter. Hier wurden zum ersten Mal die Nachtseiten des nationalen Geistes sichtbar, und Metternich sah sich in seinen schlimmsten Befürchtungen bestätigt.

Auch in den übrigen deutschen Kabinetten ging die Angst vor der deutschen

Revolution im Namen von Einheit und Freiheit um, zusätzlich geschürt durch den stürmischen Verlauf der ersten Landtagssitzungen in München und Karlsruhe. Ruhe war die erste Bürgerpflicht, Experimente gefährdeten den unendlich schwierig konstruierten Neubau der europäischen Friedensordnung: Im August 1819 einigten sich die Minister der deutschen Staaten in Karlsbad auf eine Veränderung der Bundesverfassung, die als »Karlsbader Beschlüsse« in die Geschichte eingehen sollte. Die Universitäten wurden strikter staatlicher Über-

Die Verbrennungsszene auf dem Wartburgfest
Ludwig Bürger, 1817

Das Doppelgesicht der deutschen Nationalbewegung: neben Büchern unpatriotischer und reaktionärer Schriftsteller wurden ein hessischer Zopf, ein preußischer Ulanenschnürleib und ein österreichischer Korporalstock, Symbole der absolutistischen Restauration, in die Flammen geworfen: Nationalismus und Liberalismus waren zwei Seiten der gleichen Medaille.

wachung unterstellt, »demagogische« Professoren wurden entlassen, die Burschenschaften aufgelöst; sämtliche Druckerzeugnisse unterlagen fortan der Zensur, Redakteuren drohte ein Tätigkeitsverbot. Dies alles war nicht mehr Sache der einzelnen Staaten, sondern des Deutschen Bundes, der mit einer zentralen Kommission zur »Untersuchung revolutionärer Umtriebe« ein weiteres Verfassungsorgan erhielt, mit der Geheimpolizei und Staatsschutz vereinheitlicht wurden. Und schließlich: Gliedstaaten, die sich den ordnungstiftenden Einwirkungen der Bundesbehörden entzogen oder gar revolutionär gefährdet waren, drohte die Bundesexekution.

Jetzt erst war Deutschland in vorrevolutionäre Zeiten zurückgeworfen; die Verfassungsentwicklung in den deutschen Mittelstaaten stagnierte; Österreich und Preußen kehrten zum Absolutismus zurück, die Kräfte der National- und Freiheitsbewegung verschwanden im Untergrund. Der Damm gegen die Revolution und damit gegen den archetypischen Schrecken der europäischen Kabinette schien gesichert zu sein; Metternich allerdings wußte, daß kein Weg zurückführte. »Mein geheimster Gedanke ist«, trug er in sein Tagebuch ein, »daß das alte Europa am Anfang seines Endes ist.«

Doch zwei Jahrzehnte lang konnte es scheinen, als habe die Zeit den Atem angehalten. Seit Menschengedenken waren die Zeitläufe mit Kriegs- und Hun-

Der Invalid im Irrenhaus

Leipzig, Leipzig! arger Boden,
Schmach für Unbill schafftest du.
Freiheit! hieß es, vorwärts, vorwärts!
Trankst mein rotes Blut, wozu?

Freiheit! rief ich, vorwärts, vorwärts!
Was ein Thor nicht alles glaubt!
Und von schwerem Säbelstreiche
Ward gespalten mir das Haupt.

Und ich lag, und abwärts wälzte
Unheilschwanger sich die Schlacht,
Über mich und über Leichen
Sank die kalte, finstre Nacht.

Aufgewacht zu grausen Schmerzen,
Brennt die Wunde mehr und mehr;
Und ich liege hier gebunden,
Grimm'ge Wächter um mich her.

Schrei ich wütend noch nach Freiheit,
Nach dem bluterkauften Glück,
Peitscht der Wächter mit der Peitsche
Mich in schnöde Ruh' zurück.

Adelbert v. Chamisso

gersnot verbunden gewesen – jetzt herrschte eine Generation lang Frieden in Europa, und die einzigen, die sich darüber beklagten, waren die Soldaten in den Garnisonen, die den Kasernen- und Gamaschendienst haßten und nicht avancieren konnten – fünfzigjährige Leutnants waren keine Seltenheit. Die Bürger überkam dagegen ein neues Lebensgefühl: Man lebte sicher, man lebte ruhig, man lebte allerdings auch ärmlich, denn die Napoleonischen Kriege hatten den Reichtum Europas aufgezehrt. Es war eine Zeit der kleinen Verhältnisse, der selbstzufriedenen Genügsamkeit, und daß die politische Ruhe mit polizeilicher Repression, mit Zensur und Demagogenverfolgung, mit dem Bruch großer Versprechungen aus den Notzeiten und mit dem Einfrieren bürgerlicher Freiheit und politischer Teilhabe bezahlt wurde, störte vorerst nur die Minderheit. Man fühlte sich keineswegs unfrei, denn die Freiheitsidee der Französischen Revolution hatte in Deutschland bis jetzt kaum Fuß fassen können. Nicht Rousseau, sondern Adam Smith, dessen Lehren an preußischen und hannoverschen Universitäten sehr geschätzt wurden, stand da Pate. »Wahre Freiheit« hieß: gleiche Anwendung der Gesetze, freier, auf Fähigkeit und Leistung beruhender Wettbewerb, Sicherheit des Besitzes und der Person, gleichmäßige Verteilung der Lasten – der gute Staatsbürger, so lehrte Smith, war der freie Wirtschaftsbürger, der den Staatswohlstand mit dem eigenen mehrte, und eben das hatten die Reformen, insonderheit in Preußen die Gewerbe- und Steuerreform, wahr gemacht. Gewiß, die Zensur war störend, aber Theater und Literatur blühten dennoch mächtig auf, denn die Zensoren kümmerten

Klemens Fürst von Metternich

»Das erste Ziel der Bemühungen unserer Regierung und aller seit der Wiederherstellung der Unabhängigkeit Europas mit ihr verbündeten Regierungen ist die Aufrechterhaltung der gesetzlichen Ordnung, die das glückliche Ergebnis dieser Wiederherstellung ist; eines Zustandes der Ruhe, der allen die Früchte eines so teuer erkauften Friedens sichert und dadurch allein die für die Zukunft gesäten Keime des Guten fruchtbar zu machen vermag... Das Übel ist der revolutionäre Geist, geboren aus jener ordnungswidrigen Unruhe, welche die Umwälzungen der Epoche der heutigen Generation aufgeprägt haben, gespeist durch begehrliche Leidenschaften und tiefe Entsittlichung der einen, begrüßt durch den Fanatismus der anderen...«
Instruktion Metternichs für den österreichischen Gesandten in der Schweiz, 9. Juni 1826

sich vorwiegend um die Presse, und wenn es auch keinen Schriftsteller gab, der nicht in irgendwelche Untersuchungen verwickelt war, so gab es doch Ausweichmöglichkeiten. So galten Werke über zwanzig Bogen, also mit mehr als 320 Seiten, als zensurfrei, sei es, weil die Zensoren die umfangreiche Lektüre scheuten, sei es, weil man glaubte, daß gefährliche Ideen in dicken Büchern genügend verwässert waren. Daher die Weitschweifigkeit der Romanschreiber der Zeit, aber auch das Ausweichen auf Unverfängliches. Man träumte sich fort aus der Gegenwart, Reisebeschreibungen und historische Romane wurden die große Mode, oder aber das Idyll: Das Zeitalter des Biedermeier war angebrochen, genannt nach einer erst 1855 erschienenen parodistischen Sammlung »biederer«, höchst schlichter Verse, angeblich aus der Feder eines schwäbischen Schulmeisters namens Biedermaier.

Kleinheit, Überschaubarkeit, Gemütlichkeit – darauf lief alles nach den allzugroßen Aufschwüngen der Vergangenheit hinaus. Die bürgerliche Familie wurde zum Mittelpunkt des Lebens, Familienfeiern, Familienglück beschäftigten die Menschen, und selbst der königliche Hof in Berlin machte da keine Ausnahme – wann hatte man je gehört, daß ein gekröntes Haupt mit seinen Angehörigen unter dem Weihnachtsbaum Lieder sang und kleine Geschenke auspackte? Der Familienspaziergang am Sonntag wurde, auch das eine Neuigkeit,

Hausmusik bei Franz Schubert
Ferdinand Waldmüller, 1827

Professor Claassen aus Hamburg und seine Familie

Gemälde von Karl Julius Milde

zum Massenvergnügen, vorweg in heiterer Beschaulichkeit der Vater als Familienpatriarch, den gewaltigen Regenschirm am einen, die mit Schutenhut und bauschärmeligem Kleid angetane Gattin am anderen Arm, dahinter die artige, aber heitere Kinderschar, wenn man den zahllosen Genremalern der Zeit Glauben schenken darf. Das Leben war gesellig, die gehobenen bürgerlichen Stände besuchten Salons und Weinstuben, die minderbemittelten die Kaffeelokale vor den Toren oder die Konditoreien, in denen Beamte, Journalisten, Militärs und politische Agenten ein eigentümliches Klima leicht beklommener Öffentlichkeit herstellten, während die niederen Stände, die Handwerker, Arbeiter und Dienstboten die Tabagien frequentierten, in denen geraucht werden durfte und das Bier, vom ehemaligen Volksnahrungsmittel zum plebejischen Genußmittel herabgesunken, in Strömen floß.

Die Literatur der Epoche war eigentümlich kraftlos, epigonal; die großen klassischen Dichter der jüngsten Vergangenheit, Goethe, Schiller, auch Jean Paul, waren in preiswerten Gesamtausgaben allenthalben verbreitet, erdrükkende Vorbilder, die erst verblassen mußten, bevor ein neuer literarischer Aufschwung stattfinden konnte. Den Dichtern der Gegenwart blieb hauptsächlich die kleine Form, der Essay wie im Falle Börnes oder die Lyrik Mörikes, Platens, Rückerts, vor allem aber Heines, dessen leichtfüßige, eingängige, bildhafte, täuschend schlichte Versmelodien eine ganze Generation aufs innigste entzückten. Dem sentimental-lyrischen Geschmack der Epoche entsprach auch der Aufschwung der Musik; kein musikalischeres Zeitalter als dieses, in dem öffentliche Konzerte gesellschaftliche Ereignisse ersten Ranges waren, in dem die Aufführung des »Freischütz« von Karl Maria von Weber die Berliner Bürgerschaft in verfeindete Parteien spaltete, in dem man in jedem besseren Haus zusammenkam, um Streichquartette zu spielen, Opern mit verteilten Rollen zu singen, eigene Kompositionen vorzustellen oder sich gar dem exquisiten Vergnügen der gemeinsamen Lektüre einer neuen Sinfonie-Partitur zu widmen. Die Musik eines Beethoven, eines Schubert, eines Mendelssohn-Bartholdy war Tagesgespräch, und die Arien neuer Opern von Weber, Kreutzer, Lortzing oder Nicolai wurden am Tag nach der Uraufführung von den Straßenjungen gepfiffen.

Bei aller Freude am Musischen waren doch die Mittel sehr einfach: eine Frage eher des Mangels als des Geschmacks. Karl Friedrich Schinkel, der maßgebliche Architekt der Epoche, der Entwürfe für alles und jedes schuf, vom Stadtbild über Opernausstattung bis zum Gartenstuhl, hat Paläste von megalomanen Dimensionen und schaurigem stilistischen Pomp geplant; eingeschränkt durch die notwendigerweise kargen Portefeuilles seiner Auftraggeber, entstanden jedoch Bauten und Möbel von klassischer Schönheit der Linien, Vollkommenheit der Proportionen: das Alte Museum gegenüber dem Berliner Stadtschloß, »so herrscherlich wie anmutig«, wie ein zeitgenössischer Kritiker schreibt, oder die Bauakademie, ein bis heute gültiges Modell des sachlichen Zweckbaus. Die Ärmlichkeit der Verhältnisse zwang zu schlichter Zweckmäßigkeit, und da der Sinn für Proportionen noch nicht zerstört war, gelangen in der Architektur, in der Möbelkunst, im Kunsthandwerk und im Schmuckgewerbe Formen, durch die die herrschende Bildungswelt des Neuhumanismus in die Materie übersetzt zu sein schien.

Aber die Gefahr der Zerstörung dieses Formensinns war bereits nah; sie äußerte sich in dem historischen Sinn der Zeit, der eine allgemeine Restaurationswut zur Folge hatte. Kaum ein altes Bauwerk, das unverschönt blieb: Hier drängte sich eine romantische Vergangenheitssehnsucht in die bildende Kunst, die jede Form gelten ließ, wenn sie nur historisch, romanisch, gotisch, oder irgendwie altertümlich schien. Die beginnende Überwucherung der bildenden Kunst durch Vergangenheitszitate war Teil einer umfassenden Tendenz zum Geschichtlichen, des Historismus, der der Geschichtswissenschaft enorme Impulse verlieh, der sämtliche Bereiche von Wissenschaft und Kultur in das Licht der Vergangenheit tauchte, die Gegenwart ausschließlich aus ihren geschichtlichen Wurzeln rechtfertigte: jenseits des romantischen Zeitbewußtseins, von dem ganz Europa ergriffen war, ein Reflex der Ratlosigkeit der Deutschen über Sinn und Form ihrer nationalen Existenz. Das deutsche Vaterland blieb nach den Freiheitskriegen ein kollektiver Traum, in dem eine lichte Zukunft sich mit einem idealisierten Griechenland, Germanien oder Mittelalter verband.

Aber man darf sich durch den sentimental-romantischen Ton der Epoche nicht täuschen lassen: Vieles war modische Konvention, Flucht in ein Traumland der

Der Sommerremter der Marienburg
Domenico Quaglio, 1835/36

Das einstige Haupthaus des Deutschen Ordens in Westpreußen, 1772 anläßlich der ersten polnischen Teilung an Preußen gefallen, war seitdem nur noch vom preußischen Militärfiskus als Magazin genutzt worden. Das abbruchreife Gebäude wurde Anfang des 19. Jahrhunderts von dem Oberpräsidenten Theodor v. Schön gerettet, der die Marienburg als Sinnbild der Reform des preußischen Staats in Erinnerung an die Größe der Vergangenheit restaurieren ließ. So wurden preußische Traditionen, einem tiefen Bedürfnis der Epoche folgend, bis in die Deutschordens-Geschichte des Mittelalters verlängert.

Innerlichkeit, die aber zugleich bewußt beobachtet und ironisch kommentiert wurde. Das Biedermeier war auch die Blütezeit der Parodie, der Satire, und der Verdacht saß tief, daß das alles nicht dauern könne. Noch war die Zeit der alten Postkutsche, und die Lyriker von Eichendorff bis Lenau wetteiferten darin, dieses Verkehrsmittel in das Licht romantischster Reize zu hüllen, während in Wirklichkeit die Unhaltbarkeit der postalischen Zustände, die Langsamkeit des Verkehrs, die Verwahrlosung der Straßen und die Unverschämtheit der Postillone allenthalben beklagt wurden. Und als endlich die erste Eisenbahn fuhr und Justinus Kerner bewegte Klagen über den Verlust der Poesie durch das neue Verkehrsmittel führte, entgegnete ihm Gottfried Keller ungerührt:

»Schon schafft der Geist sich Sturmesschwingen
Und spannt Elias Wagen an –
Willst träumend du im Grase singen,
Wer hindert dich, Poet, daran?«

Für Deutschland begann damit der größte Aufbruch des Jahrhunderts, tiefgreifender als Krieg und Revolution: die Industrialisierung.

Bayerischer Postwagen 1. Hälfte des 19. Jahrhunderts

Die Zeit der Postwagen ging zu Ende. Im Deutschen Post-Almanach für das Jahr 1848 räsonniert ein Postillon: »Wer ist das Ungeheuer, das uns so mir Nichts, dir Nichts, jeden Bissen Brod, jedes Glas Schnaps vor der Nase wegschnappt? – Der Dampfwagen! O, sein erster Pfiff war unser Sterbelied, die erste Schraube zur Locomotive war ein Nagel zu unserm Sarge; ich wollte, die erste Rauchwolke, die aus dem Kessel und der Esse des Dampfwagens emporgewirbelt, hätte mich erstickt...«

5. Handel und Wandel

»Ein adliger Major in Preußen«, notiert der Schriftsteller Varnhagen von Ense unter dem 21. Juni 1826, »schreibt an einen bürgerlichen Regierungsdirektor ›Wohlgeboren‹, dieser, hierdurch verletzt, schreibt jenem ebenso zurück, und nun macht der adlige Offizier seinerseits Lärm; die Sache ist an das Staatsministerium gekommen. Der Justizminister hat geäußert, er finde nirgends eine gesetzliche Vorschrift, welche bestimme, daß einem Edelmann oder Offizier das ›Hochwohlgeboren‹ gehöre, auch hier sei es bloßer Gebrauch, wie bei den höheren Staatsbeamten bürgerlichen Standes.« Fürwahr ein deutsches Problem, aber ein neues. Es zeigte an, daß die Gesellschaft unübersichtlich geworden war, daß sich die Orientierungsmarken für oben und unten auflösten, daß Bürgertum und Adel, »Wohlgeboren« und »Hochwohlgeboren« begannen, durcheinanderzugeraten. Vor zwanzig Jahren war das anders gewesen; noch 1794 hatte Preußens Allgemeines Landrecht zwar gleiches Recht für alle, zugleich aber eine strikte Trennung der Stände festgeschrieben: Adel, Bürger und Bauern waren in ihren Rechten, Pflichten und Privilegien voneinander unterschieden gewesen, und Etiketten- und Rangfragen stellten sich nicht. Dann war Napoleon gekommen, und die Anpassung an die neuen französischen Ideen von der Aufhebung der Ständeschranken war in den Rheinbundstaaten wie in Preußen zur Überlebensfrage geworden. In preußischen, württembergischen, bayerischen Amtsstuben wurde wie am Reißbrett die neue Gesellschaft konstruiert und per Dekret verkündet: die Auflösung der ständischen Schranken, die Formierung einer Ordnung frei wirtschaftender Bürger, die mit dem reorganisierten Obrigkeitsstaat zur Harmonie einer neuen Staatsnation führen sollte, einig im Innern, stark nach außen. Dann ging das napoleonische Abenteuer zu Ende, die neue Gesellschaft mußte auf eigenen Beinen stehen, und es zeigte sich, daß der Weltgeist sich eben doch nicht in den Amtsstuben einer aufgeklärten Beamtenelite offenbart hatte. Die Obrigkeit stand da wie der Zauberlehrling, der der Kräfte, die er beschworen hatte, nicht mehr Herr wurde.

Gewiß, manches war erreicht. Die tiefen Gräben zwischen Adel und Bürgertum, zwischen Stadt und Land waren flacher und überwindbar geworden; der Güterhandel blühte, bürgerliches Kapital floß in adelige Ländereien, und durch die Ablösung der bäuerlichen Zwangsdienste, die mittels Geld oder Land stattfand, sanierte sich der Gutsbesitz, während zugleich eine Schicht groß- und mittelbäuerlicher Unternehmer entstand, was insgesamt dem Landesausbau und der agrarischen Produktion einen kräftigen Schub verlieh. Mit der Herstellung von Gewerbefreiheit, Niederlassungsfreiheit, freien Eigentumsverhältnissen, mit der Reform von Zöllen und Steuern war die Voraussetzung für die Entstehung einer aus eigener Initiative wirtschaftenden bürgerlichen Besitzschicht geschaffen, von den unzähligen Handwerksgesellen, die bisher von Zunftzwängen am Vorankommen gehindert waren und jetzt ohne weiteres eigene Werkstätten eröffnen konnten, bis zu kapitalkräftigen Unternehmern, die endlich nach eigenem Gutdünken investieren und ihre Unternehmungen überall ansiedeln konnten: alles wichtige Voraussetzungen für einen wirtschaftlichen und industriellen Aufschwung Deutschlands, und da Preußen in der wirtschaftlichen Liberalisierung am weitesten gegangen war, besaß es hier einen Vorsprung, der künftig seine Vorherrschaft in Deutschland untermauern sollte.

Aber die Kosten waren hoch. Auf dem Land sanken die zahllosen Kleinstelleninhaber und Bauern mit schlechten Besitztiteln in ein elendes Landproletariat ab: auf den Gütern Gesinde und Tagelöhner, in den Dörfern bäuerliche Hintersassen, Kätner, Einlieger und Kleinhandwerker, eine Menschenmasse ohne Besitz und ohne Hoffnung, aus dem elenden Handlangerdasein herauszukommen. Und in den Städten ging Ähnliches vor sich: Spätestens seit der großen Depression von 1816/17, einem tiefen Konjunktureinbruch bei gleichzeitiger Hungersnot, zeigte sich, daß gerade diejenige Schicht, die von den Gewerbereformen am meisten erhofft hatte, nämlich die der Handwerker, ohne den alten zünftigen Gewerbeschutz den Marktkräften hilflos ausgesetzt war, denn es gab jetzt viel mehr Gewerbetreibende, als der Markt aufnehmen konnte. Und während die Epoche der zwanziger und dreißiger Jahre oberflächlich nach politischer Windstille und biedermeierlicher Behaglichkeit aussah, bildeteten sich unter der Oberfläche bürgerlicher Selbstgenügsamkeit gefährliche gesellschaftliche Spannungslinien und Bruchzonen.

Zudem war da ein weiteres Problem, das man seit einem halben Jahrhundert ungelöst mitschleppte: das enorme Bevölkerungswachstum, denn dadurch wurde die Lage wirklich dramatisch. Die Reformen hatten die Zunahme sogar noch beschleunigt, denn die unterbäuerliche Schicht, immerhin etwa ein Viertel der Gesamtbevölkerung, bisher durch Sitte, Heeresdienst und Eherecht weitgehend am Heiraten gehindert, vermehrte sich nun in einem Tempo, als gelte es, einen jahrhundertelangen Nachholbedarf zu befriedigen. So kam es, daß die Gesamtbevölkerung des Deutschen Bundes von 1815 bis 1848 von zweiundzwanzig auf fünfunddreißig Millionen Menschen anwuchs, innerhalb einer Generation also um ein gutes Drittel. Die Landwirtschaft konnte diese Menschenmassen nicht aufnehmen, geschweige denn ernähren; das Elend der bäuerlichen Einlieger, Kätner und Tagelöhner wurde ungeheuerlich, und in manchen Landstrichen stellten die Behörden die Armen, etwa ein Drittel der gesamten Bevölkerung, zu regelrechten Bettlerzügen zusammen, die täglich in einem festgelegten Turnus durch die umliegenden Dörfer ziehen und ihre Almosen zusammenbetteln mußten.

Wer aber in die Stadt zog, dem erging es nicht besser, denn er vergrößerte lediglich das Heer der ungelernten Gelegenheitsarbeiter, die froh sein mußten, wenn sie für gelegentliche Trägerdienste, für Schneeschaufeln oder Befestigungsarbeiten sich und ihre Familien am Leben erhalten konnten. Zudem stieg die Elendsgrenze an, erreichte das Handwerk, dessen Einkommen wegen der Ausweitung der Handwerksbetriebe bei gleichbleibender Nachfrage ständig sank. Es gab Berichte von grauenvollem Elend, vor allem Bettina v. Arnims Buch an den König von 1843, in dem minuziös über die Zustände in den »Familienhäusern« im sogenannten Voigtland vor den Toren Berlins berichtet wird – von privaten Spekulanten errichtete Armenhäuser, in deren kleinen Stuben durchschnittlich sieben Menschen hausten, meist mehrere Familien, nur durch Seile getrennt. Man hungerte, um die geringe Miete zahlen zu können, denn sonst blieb nur das Arbeitshaus. Ein Hamburger Arzt inspizierte ähnliche Massenquartiere und fand »Familien ohne Betten, ohne Möbel, ohne Mittagbrot, in Kot und Unrat, in Lumpen und Ekel wie begraben«.

Man nannte das wachsende Massenelend »Pauperismus« und war ratlos; die führende Enzyklopädie der Zeit, der »Brockhaus«, definierte 1846: »Der Pauperismus ist da vorhanden, wo eine zahlreiche Volksklasse sich durch die angestrengteste Arbeit höchstens das notdürftigste Auskommen verdienen kann, auch dessen nicht sicher ist, in der Regel schon von Geburt an und auf Lebenszeit solcher Lage geopfert ist, keine Aussichten der Änderung hat, darüber immer tiefer in Stumpfsinn und Roheit versinkt, der Branntweinpest und viehischen Lastern aller Art, den Armen-, Arbeits- und Zuchthäusern fortwährend eine immer steigende Zahl von Rekruten liefert und dabei immer noch sich in reißender Schnelligkeit ergänzt und vermehrt.«

In der Tat konnte diese Entwicklung in einer Katastrophe enden; der schottische Geistliche Thomas Robert Malthus hatte längst schon die Prognose gestellt, das dauernde Bevölkerungswachstum müsse bei gleichbleibenden Ressourcen unweigerlich zum Kollaps der Menschheit führen, die Grenzen des Wachstums seien erreicht. Aus Schottland kam jedoch auch das Rezept zur Abhilfe, verordnet von Adam Smith, dem führenden Nationalökonom der Epoche: Man befreie die Wirtschaft von sämtlichen unnatürlichen Schranken,

Schusterwerkstatt am Sonntagmorgen, 1845

von Zünften, Vorrechten, Prämien, Monopolen, Ein- und Ausfuhrverboten, man verbanne vor allen Dingen den Staat aus dem Wirtschaftsleben und lasse die freien Kräfte des Marktes, Angebot und Nachfrage, walten. Hat sich auf diese Weise erst der natürliche Preis für Ware und Arbeitskraft eingespielt, so wird immer mehr Kapital in den Produktionsprozeß fließen, die Nachfrage nach Arbeitskraft wird steigen, und Gerechtigkeit, Fortschritt und Reichtum für alle müssen notwendig folgen.

Der unerhörte industrielle Aufschwung Englands schien Smiths Theorie aufs eindrucksvollste zu bestätigen; beeindruckt waren vor allem die preußischen Reformbürokraten, und sie handelten nach Smiths Rezepten: wirtschaftspolitisch entmachtete der Staat sich selbst, indem er auf Monopole verzichtete, durch Städteordnung, Bauernbefreiung und Gewerbereform den unternehmerischen Geist freisetzte und die unüberschaubare, ganz unvernünftige Fülle von Aus-, Ein- und Durchfuhrverboten, Torabgaben, Wege- und Flußzöllen abschaffte und statt dessen die Staatsgrenze zur einzigen Zollgrenze erklärte, wo niedrige, den freien Handel begünstigende Zolltarife erhoben wurden.

Aber der Staat befreite die Wirtschaft nicht nur, indem er sich aus ihr zurückzog, sondern er suchte Handel und Wandel aktiv zu fördern: Gewerbeschulen, Polytechnika, Technische Hochschulen wurden errichtet, um die künftige technische Intelligenz auszubilden; Chausseen, Kanäle und Flüsse wurden ausgebaut, um die Verkehrs- und Transportverbindungen zu erleichtern, den Fernhandel zu fördern und die Transportkosten zu senken; und nicht zuletzt wurde ein umfangreiches Netz der Industriespionage in England, Belgien, Holland und Schweden eingerichtet. Vereine zur Beförderung des Gewerbefleißes schossen allenthalben mit staatlicher Stützung aus dem Boden, und die neuen Industrie- und Handelskammern, halbstaatliche Interessenvertretungen und Selbstverwaltungsorgane zugleich, führten Kaufleute und Unternehmer zu gemeinsamem Handeln und zum Bewußtsein gemeinsamer Interessen zusammen; neben dem älteren Bildungsbürgertum wuchs so eine neue besitzbürgerliche Schicht, überlegen nicht durch geistige, sondern durch materielle Güter, selbstbewußt, nüchtern und zu pragmatischem politischen Handeln bereit: eine neue politische Klasse, die in die Organe der Provinzialverwaltungen ebenso wie in die süddeutschen Parlamente einströmte und weniger an politischer Philosophie als an wirtschaftlicher Modernisierung interessiert war.

Bei alledem blieb aber die wirtschaftspolitische Zersplitterung Deutschlands ein Ärgernis. Auch die preußische Verwaltung war unzufrieden; die Trennung der beiden aufblühenden Westprovinzen Rheinland und Westfalen vom östlichen Kernland behinderte den Handel, und die unterschiedlichen Zoll- und Währungsordnungen der neununddreißig deutschen Staaten konnten vom Deutschen Bund nicht reguliert werden. So ging der preußische Finanzminister Friedrich Motz daran, mit einer Mischung von Zwang und Lockung Norddeutschland wirtschaftspolitisch so abzurunden, wie man früher die Grenzen militärisch-politisch zu arrondieren gesucht hatte. Seit 1828 gehörten Hessen-Darmstadt und einige thüringische Fürstentümer zum preußischen Zollverband, während Württemberg und Bayern sowie Hannover, Sachsen und Hessen-Kassel regionale Zollunionen abschlossen, die letzteren Staaten vorwiegend, um die preußische Wirtschaftsmacht zu behindern, und dies mit österreichischer und französischer Unterstützung. Aber die Vorteile der preußischen Zollunion lagen auf der Hand, und zudem betrieb Motz seine Politik unter einer sehr viel größeren Perspektive: Die Probleme der Zeit seien von den deutschen Einzelstaaten nicht zu lösen, es bedürfe eines Zusammenschlusses aller deutschen Staaten unter preußischer Vorherrschaft, und Österreich, im Inneren brüchig und in außerdeutsche Händel verstrickt, müsse ausscheiden. Wirtschaftspolitik als nationale Einigungspolitik – das war eine neue, fast revolu-

Österreichische Spielkarte
des 19. Jahrhunderts

Polytechnische Schule
zu Karlsruhe
Heinrich Hübsch, 1829–35

tionäre Idee, und deshalb war Motz auch bereit, engere preußische Wirtschaftsinteressen zurückstehen zu lassen, wenn sich anders die Bildung eines einheitlichen deutschen Wirtschaftsraumes nicht erreichen ließ.

So kam es 1834 zum Zusammenschluß der preußischen, mittel- und süddeutschen Zollunionen zum »Deutschen Zollverein«. Das vereinigte Wirtschaftsgebiet wirkte wie ein Magnet, bis 1842 gehörten achtundzwanzig der neununddreißig deutschen Bundesstaaten hinzu, und Metternich, nach wie vor Lenker der österreichischen Politik und Gralshüter des deutschen Systems von 1815, sah die Gefahr deutlich: Ein »Staat im Staate« habe sich etabliert, bemerkte er grämlich, die »Präponderanz« Preußens sei gestärkt, die »höchst gefährliche Lehre von der deutschen Einheit« befördert. Wie in vielem war auch hier der große österreichische Konservative hellsichtiger als viele seiner Zeitgenossen: Der von Österreich präsidierte Deutsche Bund war und blieb gewiß der größere politische Rahmen deutscher Politik, zudem durch internationale Abkommen und Interessen ebenso gestützt wie durch Tradition und Legitimität; aber der Deutsche Bund war ein Instrument des Status quo, der Stabilisierung, aber auch der Verhinderung alles Neuen, eine letzte Verteidigungsbastion Alteuropas. Dagegen der preußisch dominierte Zollverein: ein in die Zukunft gerichtetes Gemeinwesen, ständig an wirtschaftlicher Kraft und finanziellem

Gewicht zunehmend, magnetisch auf die umliegenden Staaten wirkend, »und in dieser auf gleichem Interesse und natürlicher Grundlage beruhenden Verbindung«, so erklärte Motz seinem König schon 1829, »wird erst wieder ein real verbündetes, von innen und außen wahrhaft freies Deutschland unter dem Schutz und Schirm von Preußen erstehen und glücklich sein«. Nicht die Politik, die Wirtschaft war das Schicksal.

Aber der neugeschaffene preußisch-deutsche Wirtschaftsraum krankte an den altmodischen, langsamen und unzuverlässigen Verkehrsmitteln; mit Flußkähnen und Pferdefuhrwerken blieb der Güteraustausch schwerfällig und ineffektiv, mochten Chausseen und Kanäle auch stark verbessert worden sein. Anderswo hatte man das Problem längst gelöst; der liberale Wirtschaftstheoretiker Friedrich List, aus dem dumpfen politischen Klima Deutschlands nach Amerika entflohen, hatte dort erlebt, wie weit auseinanderliegende Häfen, Kohle- und Eisenerzgruben sowie Verarbeitungs- und Absatzgebiete durch ein wachsendes Netz von Eisenbahnen zu prosperierenden Wirtschaftsregionen zusammengeschlossen wurden. Zurück in Deutschland machte List sich unter unerhörten Opfern an Geld und Gesundheit daran, den Eisenbahnbau zu pro-

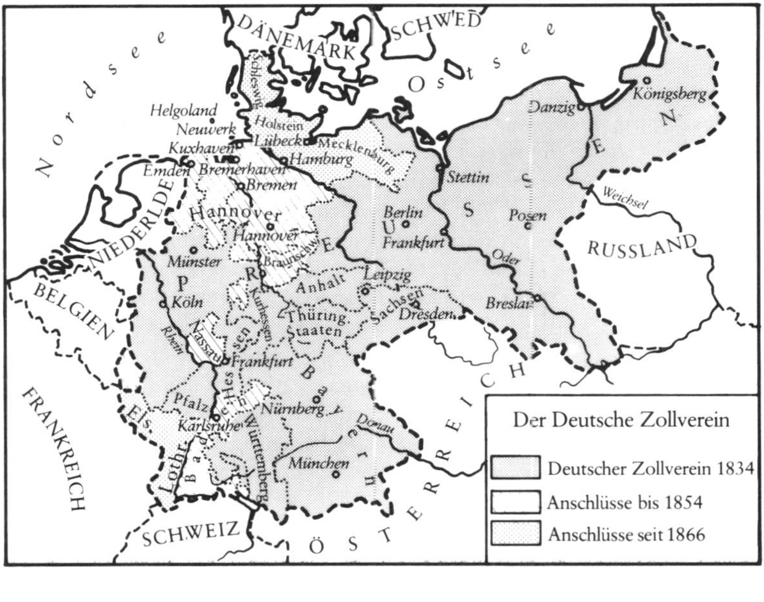

Friedrich List

»Das Eisenbahnsystem und der Zollverein sind siamesische Zwillinge; zu gleicher Zeit geboren, körperlich aneinandergewachsen... streben sie nach einem und demselben großen Ziel... – als Nationalverteidigungsinstrument; denn es erleichtert die Zusammenziehung, Verteilung und Direktion der Nationalstreitkräfte; – als Kulturbeförderungsmittel; – als Assekuranzanstalt gegen Teuerung und Hungersnot und gegen übermäßige Fluktuation in den Preisen der ersten Lebensbedürfnisse; – als Gesundheitsanhalt; – als Stärkungsmittel des Nationalgeistes; denn es vernichtet die Übel der Kleinstädterei.«
Das deutsche Eisenbahnsystem
Friedrich List (1841)

pagieren, darin unterstützt von rheinischen und süddeutschen Unternehmern, doch zunächst mit wenig Erfolg; Friedrich Wilhelm III. knarrte: »Kann mir keine große Glückseligkeit vorstellen, ob man einige Stunden früher in Potsdam ankommt oder nicht«, und der preußische Verkehrsminister Generalpostmeister v. Nagler gab List den guten Rat: »Wenn Sie Ihr Geld absolut loswerden wollen, so werfen Sie es doch lieber gleich zum Fenster hinaus, ehe Sie es zu solchem unsinnigen Unternehmen hergeben!«

Erst am 7. Dezember 1835 konnte die erste deutsche Eisenbahnlinie eröffnet werden: ganze sechs Kilometer von Nürnberg nach Fürth – in Belgien gab es bereits zwanzig, in Frankreich 141, in Großbritannien 544 Kilometer Eisenbahn. »Es war eine unermeßliche Menschenmenge vorhanden, und sie jauchzte und jubelte zum Teil den Vorüberfahrenden zu«, berichtete das »Stuttgarter Morgenblatt« von der Jungfernfahrt. Aber es jubelten nicht alle Zuschauer; »Pferde auf der nahen Chaussee sind beim Herannahen des Ungetüms scheu geworden, Kinder haben zu weinen angefangen und manche Menschen haben ein leises Beben nicht unterdrücken können«. Kein Wunder, denn ein bayerisches Ärztegutachten hatte ausdrücklich vor dem Abenteuer gewarnt: »Ortsveränderungen mittels irgendeiner Art von Dampfmaschinen sollten im Interesse der öffentlichen Gesundheit verboten sein. Die raschen Bewegungen« – man erreichte immerhin Höchstgeschwindigkeiten um 30 Kilometer pro Stunde – »können nicht verfehlen, bei den Passagieren die geistige Unruhe, ›delirium furiosum‹ genannt, hervorzurufen.« Zwar könne niemandem verwehrt werden, auf diese Weise Selbstmord zu begehen, doch müsse man wenigstens auf beiden Seiten der Strecke eine zwei Meter hohe Wand errichten, damit unschul-

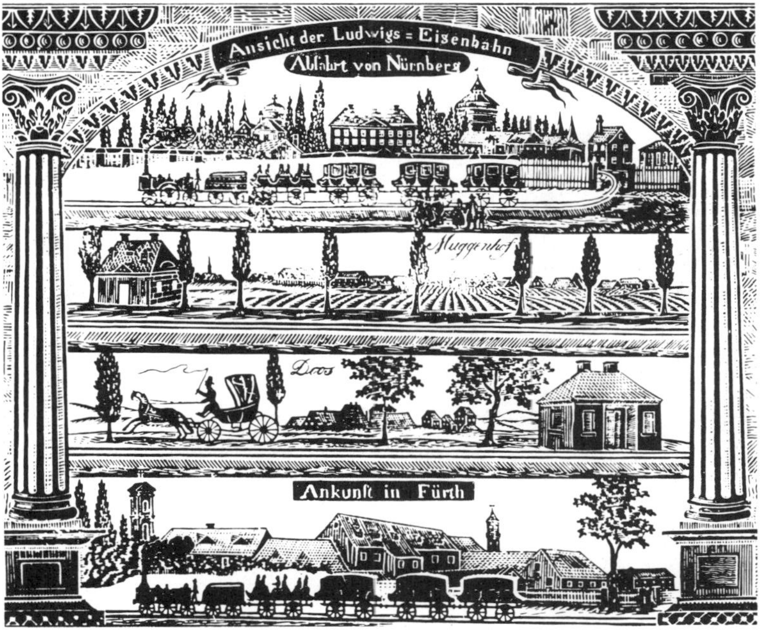

Die erste deutsche Eisenbahn
Volkstümlicher Holzschnitt, 1835

dige Zuschauer nicht von dem schrecklichen Anblick geschädigt würden. Aber der Fortschrittsoptimismus der Zeit war selbst durch solche eindringlichen Warnungen nicht zu bremsen; ein »erhebendes Gefühl« bei Tausenden, die diese erste Bahnfahrt gesehen hatten, diagnostiziert der Zeitungsreporter, »und kein Skeptiker wird imstande sein, ihnen den neuen Glauben an den menschlichen Geist und seine Macht zu erschüttern, um so weniger, da er ein freudiger, ein erhebender ist«.

Es ging weiter Schlag auf Schlag; 1838 wurde die Linie Berlin–Potsdam fertig, 1839 die Strecke Leipzig–Dresden, 1841 Berlin–Anhalt, 1842 Berlin–Stettin. Die Schienenstränge strahlten von den Hauptstädten und Industriegebieten aus, vernetzten sich, überschritten die Grenzen – 1840 waren es bereits 469 Kilometer, acht Jahre später knapp fünftausend Kilometer innerhalb des Zollvereins, mehr als doppelt soviel wie in Frankreich, über viermal soviel wie in

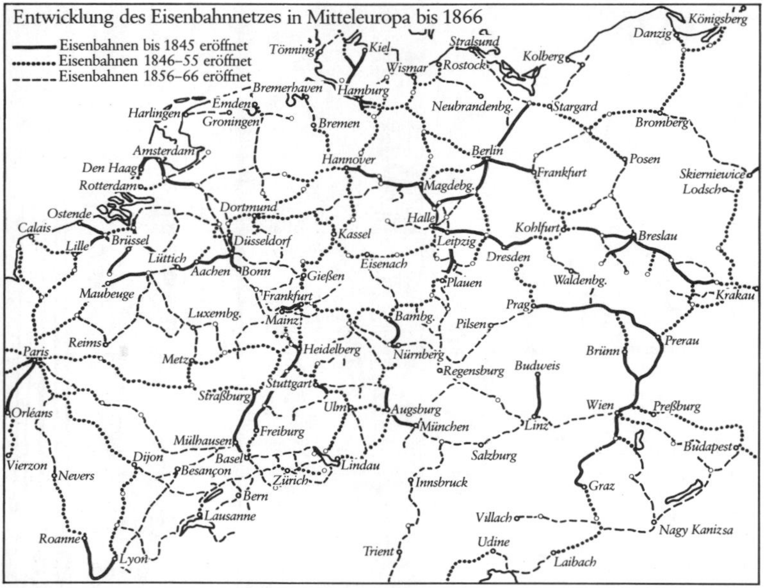

Entwicklung des Eisenbahnnetzes in Mitteleuropa bis 1866

Österreich. Und was hing nicht alles daran: Man brauchte Schienen, Lokomotiven, Waggons; die Maschinen- und Lokomotivfabriken blühten auf, eine weit aufgefächerte Zulieferindustrie schoß allenthalben aus dem Boden, die Kohle- und Eisengruben kamen mit der Lieferung des Rohmaterials kaum nach. Und die fertiggestellten Eisenbahnlinien sorgten dafür, daß die Rohstoffe zu niedrigen Kosten mit hoher Geschwindigkeit an weit entfernte Verarbeitungsorte gebracht, daß landwirtschaftliche Produkte, ohne zu verderben, Hunderte von Kilometern weit zu den städtischen Ballungsgebieten geschafft und daß Menschenmassen, Truppen oder Arbeitssuchende, quer durch die gesamte Geographie befördert werden konnten. Raum und Zeit veränderten sich im allgemeinen Bewußtsein, und die Telegraphie tat ein übriges, um die Entfernungen auf ein Nichts schrumpfen zu lassen. Politik, Wirtschaft, Kultur und Krieg hatten sich bisher in eng begrenzten Regionen abgespielt, ausgemessen durch die Geschwindigkeit von Pferdestaffetten und Postkutschen; nunmehr, innerhalb weniger Jahre, fand alles das massenhaft, einheitlich und beherrschbar über die ganze Weite des Kontinents statt.

Und ein weiteres veränderte sich: Bisher war Deutschland, im Vergleich zu England oder Frankreich, recht arm gewesen, die Kapitaldecke war dünn, ein entscheidendes Hindernis der Industrialisierung. Der Eisenbahnbau, auch die Gründung von Maschinenfirmen benötigten weitaus mehr Kapital, als einzelne Unternehmer besaßen. Jetzt erst wurde Geld in größerem Umfang mobilisiert, vor allem durch Gründung von Aktiengesellschaften und Versicherungen. »Akkumulation des Kapitals«, der Begriff entstand in dieser Zeit.

Karl Marx sah darin eine unentrinnbare Tendenz der Industrialisierung, mit gesetzmäßigen Folgen: Immer mehr Reichtum sammele sich bei immer weniger Unternehmern an, während alle übrigen Bevölkerungsschichten, Angestellte, Handwerker, kleine Händler, in ein besitzloses, immer stärker verelendendes Proletariat absänken. Die Prognose sollte sich in der Zukunft als falsch erweisen, aber die Beobachtung gegenwärtiger Auswirkungen der beginnenden Industrialisierung traf im Kern zu, wurde von vielen anderen Beobachtern geteilt, so von dem Verleger Friedrich Christoph Perthes, der bereits 1828 aus dem aufstrebenden Industriestädtchen Elberfeld berichtete: »Die Gegensätze auf diesem Menschenmarkte sind gar zu groß. Kaufmännische Großhänse mit Schmerbäuchen und ausgearbeiteten Freßwerkzeugen, ausgehungertes Lumpengesindel, abgemagerte Gestalten mit Gesichtern, bleich von innerer sectiererischer Arbeit…« Das Elend des Pauperismus wurde, entgegen den optimistischen Voraussagen der frühen Liberalen, vorerst keineswegs durch freie

Karl Marx als Student

»Die einzig praktisch mögliche Befreiung Deutschlands ist die Befreiung auf dem Standpunkt der Theorie, welche den Menschen für das höchste Wesen des Menschen erklärt. In Deutschland ist die Emanzipation von dem Mittelalter nur möglich als die Emanzipation zugleich von den teilweisen Überwindungen des Mittelalters. In Deutschland kann keine Art der Knechtschaft gebrochen werden, ohne jede Art der Knechtschaft zu brechen… Die Emanzipation des Deutschen ist die Emanzipation des Menschen. Der Kopf dieser Emanzipation ist die Philosophie, ihr Herz das Proletariat. Die Philosophie kann sich nicht verwirklichen ohne die Aufhebung des Proletariats, das Proletariat kann sich nicht aufheben ohne die Verwirklichung der Philosophie. Wenn alle inneren Bedingungen erfüllt sind, wird der deutsche Auferstehungstag verkündet werden durch das Schmettern des gallischen Hahns.«
Zur Kritik der Hegelschen Rechtsphilosophie
Karl Marx (1844)

Unternehmerinitiative und freien Handel beseitigt – im Gegenteil, zunächst verschärfte der Strukturwandel von der alten Handwerks- zur neuen Industriegesellschaft sogar die Übervölkerungskrise. Da waren beispielsweise die schlesischen Weber, deren Produkte der Konkurrenz durch billige Fabriktextilien nicht mehr gewachsen waren, und das angesichts eines steigenden Überangebots an Arbeitskraft; unmenschliche Arbeitszeiten, Kinderarbeit, Hungerlöhne waren die Folge. 1844 kam es in den Dörfern der Bezirke Langenbielau und Peterswalde zu ungeordneten Revolten, die von preußischem Militär unterdrückt wurden. Dazu dann die Unbilden der Natur – seit 1845 war das Volksnahrungsmittel Kartoffel unerschwinglich teuer geworden, die Kartoffelfäule vernichtete die Früchte bereits im Boden. Hinzu kamen 1846/47 Getreidefehlernten: die letzte große Hungerkrise Europas, zu der sich 1847/48 eine moderne industrielle Wachstumskrise gesellte, ausgelöst durch einen Einbruch der Konsumgüter-Konjunktur. Die Revolten und Aufstände häuften sich, in Berlin, Stuttgart, Ulm, Wien mußte Militär eingesetzt werden, um die randalierenden, plündernden, verzweifelten Menschen von den Straßen zu bringen. Wie in den 1780er Jahren stiegen mit den Brotpreisen Unruhe und Unzufriedenheit, und wie damals brauchte es nur einiger Begriffe, Parolen und Anlässe, um das Fanal der Revolution zu entzünden.

6. Schwarz-rot-goldenes Zwischenspiel

In der Bilanz des Wiener Kongresses von 1815, die auf dem Papier so schlüssig und vernünftig durchgerechnet schien, hatte ein wesentlicher Posten gefehlt: das Volk, das lediglich als systemwidrige Masse erschien, die ruhiggestellt werden mußte. Nirgendwo war deutlicher geworden, daß der Geist der neuen Zeit jedenfalls nicht am Wiener Verhandlungstisch gesessen hatte. »Glaube mir, es gibt zwei gute und wohltätige Potenzen in der Welt: Gott und das Volk«, schrieb Wilhelm v. Humboldt an seine Frau. »Was in der Mitte liegt, taugt reinweg nichts, und wir selbst nur insofern, als wir uns dem Volke nahestellen.« Das war die große Idee eines Herder, eines Fichte, die die Kämpfer des Freiheitskriegs wie die preußischen Reformer befeuert hatte: Das gute Volk war es, das allein Herrschaft legitimierte, denn in ihm lag die Kraft der Nation, die sich in seiner Kultur, seiner Sprache, seinen Märchen und Liedern offenbarte. Rousseau stand da ebenso Pate wie christlich-pietistische Anschauung, und Ziel der

Reformen war es gewesen, alle Hindernisse zu beseitigen, die sich zwischen König und Volk gestellt hatten. »Demokratische Grundsätze in einer monarchischen Regierung« wollte Hardenberg erreichen – das war die romantische Utopie vom freien Volk in einer weise geleiteten Monarchie, die sich auch in den Volksmärchen der Brüder Grimm, in den Volksliedern der Arnim und Brentano wiederfand. Man kann lange darüber nachdenken, wie die deutsche Geschichte verlaufen wäre, hätten die deutschen Fürsten, hätte vor allem der preußische König seine Versprechen wahrgemacht, für die die Freiwilligen der Freiheitskriege in den Kampf gezogen waren: Wären die Reformen im gleichen Geiste fortgesetzt worden, wären Freiheit der Rede und des Geistes geblieben, wäre alles das durch eine Verfassung gekrönt worden, die wenigstens dem gebildeten, besitzenden und wirtschaftenden Bürgertum zur Repräsentation im Staate verholfen hätte – die Loyalität der politisch aktiven Bevölkerung den jeweiligen Landesherren gegenüber wäre erhalten geblieben, die Legitimität der deutschen Territorialstaaten wäre wohlfundiert gewesen, ihnen und dem Deutschen Bund hätte vielleicht die Zukunft gehört.

Die Chance wurde verspielt. Die Reformen versandeten, wurden zum Teil sogar rückgängig gemacht, aber ihre Folgen blieben. Abgesehen von den hohen sozialen Kosten der Bauernbefreiung und der Gewerbereformen: Man konnte nicht die allgemeine Wehrpflicht einführen, die Nationalerziehung verbessern, das Instrument der öffentlichen Meinung spielen bis zur rasenden Aufpeitschung in den Freiheitskriegen und dann damit rechnen, daß das Volk sich weiterhin den weisen Erziehungsmaßnahmen einer bürokratischen Elite unterordnete. Zu den wachsenden sozialen Spannungen des Vormärz gesellte sich die Verbitterung über die gebrochenen Verfassungsversprechen und über eine Obrigkeit, die, erschrocken ob der radikalen Töne in der oppositionellen öffentlichen Meinung und voller Furcht vor einer Revolution auf deutschem Boden, die Zensurschraube anzog und der Forderung, wirtschaftliche Freiheit mit politischer Teilhabe zu verbinden, mit polizeilichen Mitteln Herr zu werden suchte. So wurden Krone und Volk, Staat und Gesellschaft nicht zusammengebracht, sondern auseinandergetrieben.

Wo die politische Gegenwart keinen Raum für Neues bietet, da blühen die Utopien. Freiheit und Einheit lautete die oppositionelle Parole; jetzt erst erhielt die deutsche Nationalidee ihre wirkliche Schärfe, denn sie wandte sich nicht nur gegen den französischen Feind der Freiheitskriege, sondern zugleich auch gegen die verzopfte, reaktionäre Kleinstaaterei des Deutschen Bundes und gegen dessen Verfassung. Nationalismus und Liberalismus waren jetzt die beiden Seiten der gleichen Medaille. Das drückte sich vorerst kaum aus, denn im

Klima der Demagogenverfolgung und des Biedermeiers war die Scheu groß, sich mit einer machtstarrenden Obrigkeit in einen Konflikt einzulassen. Aber in den 1820er und 1830er Jahren nahm die Alphabetisierung der Bevölkerung erheblich zu; die Schülerzahlen stiegen um das Zwei- bis Dreifache, und gleichzeitig verdoppelte sich die Zahl der jährlichen Neuerscheinungen von Büchern und Zeitschriften. Die Mobilität der Menschen und der Nachrichten vervielfachte sich dank der Verbesserung der Verkehrswege, der Verkürzung der Reisezeiten und der Senkung der Reisekosten.

So hatte sich eine neue Qualität von Öffentlichkeit gebildet, als 1830 die Nachricht von der Juli-Revolution in Paris und vom polnischen Aufstand die politi-

Die Volksmärchen der Brüder Grimm können auch als Spiegel romantischer Staatsentwürfe im Geiste eines Freiherrn vom Stein gelesen werden: Nur König und Volk gibt es da; dem freien, arbeitsbereiten, an keinen Ort gebundenen Gesellen winkt stets das Glück, und als höchsten Lohn erringt er die Hand der blondhaarigen Prinzessin.

Illustration zu Grimms Märchen »Die Prinzessin und der Schweinehirt« Otto Speckter, um 1840

sche Windstille in Deutschland störte. In Braunschweig, Sachsen, Hannover und Kurhessen kam es zu Barrikadenkämpfen, getragen vorwiegend von Handwerkern und städtischen Unterschichten, und im Anschluß daran zur Erfüllung der von den Aufständischen wie von liberalen bürgerlichen Honoratioren erhobenen Forderung nach dem Erlaß von Verfassungen, wie man sie bereits in Süddeutschland besaß.

Bei der Gelegenheit wurde bereits erkennbar, daß das Lager der Opposition gespalten war. Auf der einen Seite ein großbürgerlicher liberaler Flügel, der seine Stützen hauptsächlich in den süd- und mitteldeutschen Landtagen besaß, monarchisch-konstitutionell eingestellt war und die Lösung der nationalen Frage im Lichte bestehender Verfassungsverhältnisse sah; ihm zur Seite stand eine frühindustrielle, hauptsächlich im Rheinland beheimatete Fabrikantenelite mit kräftigen Verbindungen zur höheren Bürokratie. Auf der anderen Seite hatten sich in den Kämpfen von 1830 und zwei Jahre darauf beim Hambacher Nationalfest radikale Zeitungsredakteure, Rechtsanwälte, Burschenschafter, Handwerker und Bauern zusammengefunden, deren Forderung nach einem deutschen Nationalstaat bereits unüberhörbare demokratisch-republikanische Töne enthielt. Die Bewegung wurde von den Behörden zwar unterdrückt, ihr »linker«, radikaler Flügel in das Ausland, nach Paris, Brüssel, London und Zürich abgedrängt, aber die Unruhe blieb und nahm 1840 neue Formen an.

Die französische Regierung Thiers hatte, um eine schwere Schlappe ihrer Orientpolitik zu kompensieren, die Rückgewinnung der »natürlichen« Rheingrenzen propagiert. In Deutschland stieg auf diese Nachricht hin die Woge eines elementaren Nationalismus. Das Rheinlandlied Nikolaus Beckers »Sie sollen ihn nicht haben, den freien deutschen Rhein« wurde fast von einem Tag zum anderen zur inoffiziellen deutschen Nationalhymne; Max Schneckenburgers »Wacht am Rhein« und Hoffmann von Fallerslebens Deutschlandlied entstanden ebenfalls in diesem Sog und wirkten daran mit. Die Idee, mit Karl Marx zu reden, erfaßte die Massen und wurde zur materiellen Gewalt: Das erste Mal verspürten die deutschen Kabinette einen »Basisschub«, der ihnen den politischen Kurs aufzwang – unter dem Erwartungsdruck der Bevölkerung reformierte der Deutsche Bund die Bundeskriegsverfassung, der Bundestag beschloß die Errichtung der Bundesfestungen Rastatt und Ulm, Preußen und Österreich einigten sich unter Berufung auf die allgemeine »Nationalgesinnung« auf einen gemeinsamen Operationsplan für den Kriegsfall: Hatte sich 1830 die Opposition als liberale Volksbewegung zu erkennen gegeben, so erschien sie jetzt als nationale Volksbewegung, und beide Male mußte die Obrigkeit Kompromisse eingehen, um die Bewegung zu beschwichtigen.

Lied der Deutschen

Deutschland, Deutschland über alles,
Über alles in der Welt,
Wenn es stets zum Schutz und Trutze
Brüderlich zusammenhält.
Von der Maas bis zu der Memel,
Von der Etsch bis zu dem Belt,
Deutschland, Deutschland über alles,
Über alles in der Welt!

Deutsche Frauen, deutsche Treue,
Deutscher Wein und deutscher Sang
Sollen in der Welt behalten
Ihren alten, schönen Klang,
Und zu edler Tat begeistern
Unser ganzes Leben lang –
Deutsche Frauen, deutsche Treue,
Deutscher Wein und deutscher Sang!

Einigkeit und Recht und Freiheit
Für das deutsche Vaterland!
Darnach laßt uns alle streben
Brüderlich mit Herz und Hand.
Einigkeit und Recht und Freiheit
sind des Glückes Unterpfand –
Blüh im Glanze dieses Glückes,
Blühe, deutsches Vaterland!

August Heinrich Hoffmann,
gen. v. Fallersleben

Schwarz-Rot-Gold

In Kümmernis und Dunkelheit,
Da mußten wir sie bergen!
Nun haben wir sie doch befreit,
Befreit aus ihren Särgen!
Ha, wie das blitzt und rauscht und rollt!
Hurra, du Schwarz, du Rot, du Gold!
Pulver ist schwarz,
Blut ist rot,
Golden flackert die Flamme!
Das ist das alte Reichspanier,
Das sind die alten Farben!
Darunter haun und holen wir
Uns bald wohl junge Narben!
Denn erst der Anfang ist gemacht,
Noch steht bevor die letzte Schlacht!
Pulver ist schwarz,
Blut ist rot,
Golden flackert die Flamme!
Das ist noch lang die Freiheit nicht,
Sein Recht als Gnade nehmen
Von Buben, die zu Recht und Pflicht
Aus Furcht nur sich bequemen!
Auch nicht: daß, die ihr gründlich haßt,
Ihr dennoch auf den Thronen laßt!
Pulver ist schwarz,
Blut ist rot,
Golden flackert die Flamme!

Ferdinand Freiligrath

Acht Jahre später gelang das nicht mehr. Im Jahr 1848 bündelten sich die Zeittendenzen zu einer klassischen revolutionären Situation: nationale Frage und Verfassungsforderungen, Hungerelend und allgemeine Erwartung des Umsturzes trafen zusammen, und dazu in sämtlichen deutschen Staaten eine verschreckte Obrigkeit, die den Deckel nicht mehr auf dem brodelnden Topf zu halten wußte und zu halbherzigen Teilkapitulationen bereit war. Nichts war geplant, sämtliche Akteure reagierten spontan und ohne die Folgen gewollt zu haben. Wie 1830 begann es mit der Nachricht aus Paris, wieder war dort ein

◁ *Hoffmann v. Fallerslebens Deutschlandlied, entstanden im August 1841 und zum ersten Mal von Hamburger Turnern zu Ehren des demokratisch gesonnenen Professors Welcker auf die Melodie aus Haydns Kaiserquartett gesungen, war keineswegs aggressiv oder chauvinistisch gemeint. Die erste Zeile stellt die Einheit Deutschlands über die Vielstaaterei des Deutschen Bundes; Maas, Memel, Etsch und Belt umgrenzten das Gebiet des Deutschen Bundes oder der deutschsprachigen Staaten, die zum Deutschen Bund gehörten. Das Lied stand im 19. Jahrhundert ganz hinter der populären »Wacht am Rhein«, nach der Reichsgründung 1871 hinter der Kaiserhymne »Heil Dir im Siegerkranz« zurück und wurde erst 1922 von Reichspräsident Friedrich Ebert in bewußter Anknüpfung an die Traditionen der Revolution von 1848 zur Nationalhymne erklärt.*

Schwarz-rot-gold, nicht zufällig eine Trikolore wie die französische Revolutionsflagge, hat tatsächlich nichts mit alten Reichsfarben zu tun, sondern entstand aus den Uniformfarben des Freikorps Lützow in den Freiheitskriegen. Zunächst Zeichen der deutschen Burschenschaften, wurden die Farben schnell zum Symbol der liberalen Nationalbewegung. Sie wehten über dem »Allerdeutschenfest« auf dem Hambacher Schloß 1832, wurden 1848 von der Deutschen Nationalversammlung zu den Farben des Deutschen Bundes erklärt und blieben Symbol der deutschen Einheit aus dem Geist der Volkssouveränität; aus diesem Grund hat Bismarck 1871 Schwarz-rot-gold als Flaggenfarben des Deutschen Reichs verworfen.

König gestürzt worden, es hatte Barrikadenkämpfe und revolutionäre Märtyrer gegeben. In sämtlichen deutschen Residenzen kam es daraufhin zu Tumulten auf der Straße; in den Parlamenten forderte die gemäßigt-liberale wie die radikal-demokratische Opposition Pressefreiheit, Versammlungsfreiheit, Zulassung von Parteien, Volksbewaffnung, also Bürgermilizen, um den Armeen der Einzelstaaten, den Garanten der alten Ordnung, ein bürgerliches Machtmittel entgegenzustellen, und als Krönung des Umsturzes ein deutsches Nationalparlament. Den »Märzforderungen« folgten die »Märzregierungen« – allenthalben, von Sachsen bis Baden, von Bayern bis Oldenburg wurden Kabinette aus liberalen Honoratioren gebildet. In Heidelberg trafen sich Abgesandte der liberalen Bewegung, vorwiegend aus Süddeutschland, um ein deutsches Vorparlament, die Vorstufe zu einer Nationalvertretung aller Deutschen, zu gründen: Es herrschte eine Stimmung wie 1813, das Schwarz-Rot-Gold der Nationalbewegung flatterte, ohne auf erheblichen Widerstand gestoßen zu sein, über fast ganz Deutschland.

Alles kam nun auf die Entwicklung der beiden deutschen Hauptmächte, Österreich und Preußen, an. In Wien hatte es zunächst ähnlich begonnen wie in

Das Hambacher Fest, die erste große politische Volksversammlung der deutschen Geschichte, machte deutlich, wie heterogen die Kräfte der deutschen Nationalbewegung waren; sozialrevolutionäre Töne und demokratische Tendenzen herrschten vor, aber auch nationalpolitische Forderungen bis zum Wunsch einer Wiedervereinigung des Elsaß mit Deutschland wurden laut.

Zug auf das Schloß Hambach Volkstümliche Graphik, 1832

den deutschen Mittelstaaten; das gemäßigte liberale Element wurde aber bereits Mitte März von einem Strom radikalerer Revolutionäre fortgeschwemmt; radikal-demokratische Studenten bildeten die Speerspitze einer breiten Volksbewegung, die den Rückzug des Militärs und den Rücktritt Metternichs erzwang, während in den Wiener Vorstädten eine Arbeiterrevolte tobte, Leihhäuser, Steuerämter und Fabriken gestürmt und Geschäfte geplündert wurden. Zugleich fanden in den italienischen Provinzen, in Ungarn und in Böhmen nationale Aufstände gegen die habsburgische Zentralmacht statt; der Hof rettete sich nach Innsbruck, Metternich floh nach England, und binnen weniger

Wochen war Österreich, Vormacht des Deutschen Bundes und Garant des »Systems Metternich«, politisch handlungsunfähig.

Und Preußen? Friedrich Wilhelm IV., König seit 1840, galt im Gegensatz zu seinem Vater als phantasievoller, idealistischer Fürst, dem nationalen Gedanken gegenüber aufgeschlossen und repressiven Maßnahmen abhold. Von bürgerlichem Partizipationsverlangen hielt er freilich nichts, er dachte ganz in den Bahnen romantischer Fürstenherrlichkeit und träumte von einer Einheit von Volk und Monarchie, die dem Modell des ostelbischen Gutshofs zu entsprechen schien: der König als oberster Gutsherr, und die väterliche Sorge um das Wohl der Untertanen als Christen- und Ordnungspflicht der Herrschaft. Er war deshalb hin- und hergerissen, als die Unruhen im Verlauf der ersten Märzwochen auch in Berlin zunahmen. Militär wurde zusammengezogen, bis Berlin einem Heerlager glich; den Delegationen darob aufgebrachter Bürger erklärte der König jedoch feierlich, er wolle sich an die Spitze Deutschlands stellen und alle nötigen Freiheiten gewähren. Niemand wußte recht, was werden sollte; die

Revolutionäre Studenten in der Wachstube der Wiener Universität

Ungewißheit über die königliche Haltung trug zur gereizten Volksstimmung bei, und schließlich, am 18. März 1848, entlud sich die Spannung in einem wilden Aufstand, dessen die Truppe nicht Herr wurde: »Der Straßenkampf im eigenen Lande hat etwas unbeschreiblich Unheimliches«, berichtete ein Offizier. »Man weiß nicht, wer oder wo der Feind ist. Die Tücke, das Mordähnliche des Verfahrens der Aufrührer ist entsetzlich widerlich und reizt zur Wut und Grausamkeit.«

Am folgenden Tag kapitulierte der König, der die Welt nicht mehr verstand. Die Truppen wurden aus Berlin abgezogen, ein liberales Ministerium wurde gebildet, und der König unternahm einen Ritt durch die Stadt, um den Arm die schwarz-rot-goldene Binde und vom Volk bejubelt. Der junge Theodor Fontane begegnete in Begleitung seines Vaters dem Zug; der Alte war bestürzt: »›Es hat doch ein bißchen was Sonderbares ... so rumreiten ... Ich weiß nicht.‹ Eigentlich«, so der Sohn, »war ich seiner Meinung. Aber es hatte mir doch auch wieder imponiert und so sagt' ich denn: ›Ja Papa, mit dem Alten ist es nun ein für allemal vorbei. So mit Zugeknöpftheiten, das geht nicht mehr. Immer an der Spitze ...‹ ›Ja, ja.‹ Und nun gingen wir auf Puhlmanns Kaffeegarten zu.« Preußen war nicht wiederzuerkennen – ein liberales Ministerium, eine preußische Nationalversammlung, Freiheit der Presse und der Versammlung, und Friedrich Wilhelm IV. hatte sich sogar ausdrücklich zum Symbol der deutschen Einheit, den Farben Schwarz-Rot-Gold, bekannt: »Ich habe heute die alten deutschen Farben angenommen und mich und mein Volk unter das ehrwürdige Banner des Deutschen Reiches gestellt. Preußen geht fortan in Deutschland auf.«

Am 18. Mai 1848 traten in der Paulskirche zu Frankfurt am Main die 585 Vertreter des deutschen Volkes zu einer Nationalversammlung zusammen, um eine freiheitliche Verfassung für ganz Deutschland zu beschließen und eine nationale Regierung zu wählen. Es war eine Heerschau der großen Namen des geistigen und freiheitlichen Deutschland; Dichter wie Ludwig Uhland und Friedrich Theodor Vischer waren ebenso gewählt wie die Führer aus den Zeiten der Freiheitskriege, Arndt und Jahn; große Historiker wie Friedrich Christoph Dahlmann, Johann Gustav Droysen oder Georg Gottfried Gervinus, aber auch Priester wie der Mainzer Bischof und Sozialtheoretiker Freiherr v. Ketteler, dazu die Führer des politischen Liberalismus sämtlicher Couleurs, Altliberale wie Friedrich Bassermann oder Heinrich v. Gagern ebenso wie die Demokraten und Republikaner Gustav v. Struve oder Jacob Venedey. Dreiviertel der Abgeordneten waren Akademiker, jeder fünfte Professor, jeder weitere fünfte Richter oder Staatsanwalt, und nur etwa ein Sechstel der Abgeordneten kam aus wirtschaftlichen Berufen, waren also Kaufleute, Bankiers oder Fabrikanten: Noch um die Mitte des 19. Jahrhunderts war das Bildungsbürgertum die eigentliche Trägerin des nationalen Einheitsgedankens.

Aber was sollte Deutschland eigentlich sein? Über diese Frage hatte es nie Einigkeit gegeben, und auch die Paulskirchenabgeordneten waren darüber heillos zerstritten. »Das ganze Deutschland soll es sein«, unter dieser Devise begann die Debatte, und wie jede Professorendebatte verlief sie im Uferlosen. Heinrich v. Gagern, Präsident der Nationalversammlung, beantragte, »Österreich als in den zu errichtenden deutschen Bundesstaat nicht eintretend zu betrachten« – ihm schwebte eine kleindeutsche Lösung vor, wie sie in Gestalt des Zollvereins weitgehend bereits bestand, und deshalb stimmte er für den preußischen König als künftigen deutschen Kaiser. Da waren sie, die festen Grenzen, die klaren Umrisse, die vernünftigen Lösungen – war Österreichs Macht nicht ohnehin durch die Wirren im Vielvölkerstaat gebrochen, hatte sich nicht der preußische König zu den Idealen der deutschen Einheit und Freiheit bekannt? Aber für diese Lösung sprach nur der Verstand, nicht das Herz. Deutschland ein Großpreußen? Der Widerspruch war erregt, kam aus allen »Factionen« der Versammlung. Das »Riegelwerk der Karpathen« wurde beschworen, das »unüberwindliche Bollwerk von Tirol«, Böhmen, »das Haupt und die Stirne Deutschlands«, und auch die zivilisatorische Sendung der Deutschen im Osten und auf dem Balkan – daß dort andere Nationen ebenfalls für ihre Unabhängigkeit kämpften, fiel in den Debatten der deutschen Nationalversammlung kaum ins Gewicht. Großdeutschland unter dem habsburgischen Kaiser, das wiedererwachte alte Reich mit einem Tropfen liberalen Salböls, das war die Alternative, der die Mehrheit der versammelten Honoratioren entgegenträumte.

So verging Monat um Monat; die liberale Revolution trat auf der Stelle, während die Paulskirchenabgeordneten Kathederdiskussionen führten. Immerhin verabschiedete man schließlich eine Verfassung, ein ehrwürdiges Dokument in der freiheitlichen Tradition amerikanischer und französischer Vorbilder, und auch eine provisorische Reichs-Zentralgewalt kam zustande mit einem Reichsverweser, dem österreichischen Erzherzog Johann, an der Spitze, und mit einem Reichsministerium unter dem Fürsten Karl von Leiningen. Aber es war eine Verfassung ohne eigentliche Geltung, eine Regierung ohne wirkliche Macht: Als die aus einem nationaldeutschen Aufstand gegen die dänische Herrschaft in Schleswig-Holstein hervorgegangene provisorische Regierung in Kiel die Nationalversammlung um Hilfe bat, mußte man sich preußische Truppen ausleihen, die denn auch bis nach Jütland vordrangen. Aber das rief die

Die Eröffnung der Deutschen Nationalversammlung in der Paulskirche zu Frankfurt am 18. Mai 1848

europäischen Mächte auf den Plan, die ohnehin den deutschen Einheitsbemühungen äußerst skeptisch gegenüberstanden und nunmehr, mit dem Ausgreifen der deutschen Nationalbewegung auf die Länder der dänischen Krone, ihre Befürchtungen bestätigt sahen. Der britische Botschafter in Berlin predigte der preußischen Regierung, sie müsse ihre Politik »an dem System des internationalen Rechts ausrichten, der besten Garantie des Friedens, das die Enthusiasten der deutschen Einigung so eifrig zu überwinden suchen, und das die Apostel der Unordnung mit so großem Erfolg der Verachtung und Vergessenheit zu überantworten streben...« Die Unordnung: Das war in den Augen der europä-

Die zwei Gesichter der Achtundvierziger-Bewegung: Während in der Frankfurter Paulskirche gewählte Honoratioren zum ersten gesamtdeutschen Parlament zusammentraten, um die Verfassung eines deutschen Volksstaats zu beraten ... ... gingen revolutionär gestimmte Demokraten den direkten Weg. In Baden gelang es den Radikalen unter Führung des Rechtsanwalts Friedrich Hecker, die sozialrevolutionäre Unruhe der Bildung einer republikanischen Bewegung dienstbar zu machen. Im April 1848 kam es zum badischen Aufstand, der durch Bundestruppen blutig niedergekämpft wurde. Die versprengten Freischärler sammelten sich auf der Schusterinsel im Rhein, ehe sie sich zur Flucht in die Schweiz aufmachten.

Die Deutsche Republik auf der Schusterinsel

ischen Kabinette die deutsche Einigung, der schiere Aufruhr wider die seit Jahrhunderten geheiligten Prinzipien des europäischen Gleichgewichts. Britische Kriegsschiffe demonstrierten in der Nordsee, russische Truppen marschierten an der preußischen Ostgrenze auf, französische Gesandte forderten Garantien für die fortbestehende Souveränität der deutschen Teilstaaten: Unter dem massiven Druck der europäischen Mächte zog Preußen seine Truppen aus Schleswig-Holstein zurück und schloß mit Dänemark Frieden, mochte das Professorenparlament in Frankfurt noch so sehr protestieren.

Das war die Wende: In einer Revolution siegt, wer die Machtfrage zu seinen Gunsten beantwortet, und die Paulskirche war völlig machtlos. Das wurde auch dem letzten Idealisten klar, als der demokratische Radikalismus, bisher von den bürgerlichen Honoratioren überspielt, seinerseits die Machtfrage aufwarf. Republik und Volkssouveränität, Einheitsstaat und egalitäre Demokratie: Das waren die Forderungen der zweiten Revolution, getragen von den liberalen Linken, aber auch von Intellektuellen und Handwerkern, die bereits nach der sozialen, der roten Revolution riefen. Der Ruf nach direkter Aktion wurde laut, die Parole vom Parlament als liberaler Schwatzbude machte das erste Mal in der deutschen Geschichte die Runde. Am 18. September 1848 versuchten radikale Demokraten, die Paulskirche zu besetzen; zwei konservative Abgeordnete wurden von der randalierenden Menge umgebracht, und die verängstigten Volksvertreter mußten von preußischen und österreichischen Truppen herausgehauen werden. »Ihr habt es ja nicht anders haben wollen«, rief der konservative Dichter Joseph v. Eichendorff den liberalen Honoratioren zu:

»So habt den Zeitgeist ihr gebraut, gemodelt,
Und wie so lustig dann der Brei gebrodelt,
Ihm eure Zaubersprüche zugejodelt.
Und da's nun gärt und schwillt und quillt – was Wunder,
Wenn platzend dieser Hexentopf jetzunder
Euch in die Lüfte sprengt mit allem Plunder!«

Es war das alte Lied, wie man es bereits aus dem Verlauf der französischen Revolution kannte: Am Beginn ein bürgerlicher Liberalismus, der ein bißchen Revolution haben wollte, Einheit und Freiheit, aber nicht zuviel Gleichheit; Umsturz und Blutvergießen hatten nicht auf dem Programm gestanden. Angesichts radikaler Aufstände am Rhein, in der Pfalz, in Hessen, in Baden, in Mitteldeutschland schienen den liberalen Zauberlehrlingen in der Paulskirche Jacobinerterror und Guillotine mit einem Mal zum Greifen nahe; jetzt ging es nur noch darum, das Erreichte hastig zu konsolidieren und im Bündnis mit den alten Mächten für Sicherheit und Ordnung zu sorgen.

Und die alten Mächte, Österreich, Preußen, hatten sich mittlerweile vom Revolutionsschock erholt. Alle Welt hatte nach den Märzereignissen mit der Auflösung der habsburgischen Vielvölkermonarchie gerechnet, aber die Revolutionen in Österreich hatten sich gegenseitig paralysiert – die konstitutionellen, die nationalen und die sozialen Bewegungen überkreuzten einander, die schwarz-rot-gold gesonnene deutsche Bevölkerung fürchtete den Zerfall des habsburgischen Reiches und den Verlust ihres Vorrangs, so daß es den Armeen unter den Feldmarschällen Windischgrätz und Radetzky gelang, in Böhmen, Norditalien und Ungarn die Heere der Aufständischen getrennt zu schlagen und schließlich, Ende Oktober 1848, das von Radikalen beherrschte Wien einzunehmen.

Nicht anders in Preußen; hier hatte den Sommer über und in den Herbst hinein die preußische Nationalversammlung an einem Verfassungsentwurf gearbeitet, ein kompromißlos liberales Papier mit starkem parlamentarischem System, dem Aufbau einer Volksmiliz und reduzierten königlichen Rechten. Das mißfiel Friedrich Wilhelm IV., und als zudem auch in Berlin Arbeiterunruhen ausbrachen, Barrikadenkämpfe zwischen der gemäßigt liberalen Bürgerwehr und den Kräften der »Straßendemokratie« stattfanden, war es der Militär- und Junkerpartei ein Leichtes, den König für ein staatsstreichähnliches Vorgehen gegen die preußische Nationalversammlung zu gewinnen. Am 8. November zogen Truppen unter General Wrangel kampflos in der Hauptstadt ein, das Parlament wurde aus der Stadt gejagt, der König oktroyierte eine Verfassung, die allerdings auf einen Kompromiß zwischen der liberalen Charte und dem monarchischen Prinzip beruhte. Ende 1848 hatte die Gegenrevolution dort gesiegt, wo die wirkliche Macht lag, in Berlin und Wien, und das geängstigte Bürgertum war nur zu gerne bereit, sich gegen konstitutionelle Zusagen mit den alten Kräften zu vertragen.

Der Rest war eine Tragikomödie. In Frankfurt hatte man sich mittlerweile darauf geeinigt, die gesamtdeutsche Verfassung auf das Gebiet des Deutschen Bundes zu beschränken; Paragraph 2 lautete: »Kein Teil des Deutschen Reiches darf mit nichtdeutschen Ländern zu einem Staat vereinigt sein.« Damit war die großdeutsche Partei ins Abseits geraten, denn die österreichische Regierung dachte gar nicht daran, um des Schemens eines deutschen Nationalstaats willen den Vielvölkerstaat aufzukündigen und damit die soeben errungenen Siege über die nichtdeutschen Nationalitäten preiszugeben. So blieb nur die ungeliebte kleindeutsche Lösung übrig, und am 3. April 1849 erschien eine Delegation des Paulskirchenparlaments vor Friedrich Wilhelm IV., um ihm tiefbewegt die deutsche Kaiserkrone anzutragen. Der aber hatte mittlerweile seine schwarz-rot-goldenen Gefühle vom März des vergangenen Jahres vergessen und war empört über diese Zumutung: Was die Delegation ihm da bringe, schrieb er an den Großherzog von Hessen, sei eine »Schweinekrone«, ein »Reif aus Dreck und Letten«, an dem »der Ludergeruch der Revolution« hinge. Der König von Preußen hatte viele Gründe, die Krone nicht entgegenzunehmen, und nicht alle Gründe waren unvernünftig: neben dem Haß auf die Revolution, die ihn gede-

Es ginge wohl, aber es geht nicht Karikatur 1849 *Dem gesichts- und konturenlosen Friedrich Wilhelm IV. wird von der deutschen Nationalbewegung die Kaiserkrone angeboten, die er unter dem Druck der Bundesfürsten ablehnt.*

mütigt hatte, neben dem Glauben, daß das Recht der Krone nicht auf parlamentarischen Mehrheitsentscheidungen, sondern auf göttlicher Legitimität ruhe, war da die wohlbegründete Befürchtung, daß ein solcher Schritt zum Krieg mit Österreich führen mußte. Ein neuer Siebenjähriger Krieg war aber Sache des friedfertigen und konfliktscheuen Königs nicht.

Damit war die deutsche Revolution gescheitert. Die Paulskirchenversammlung lief auseinander, nur eine Handvoll Unentwegter zog nach Stuttgart, weil die dortige Regierung die Reichsverfassung angenommen hatte. Das geisterhafte Wirken des Rumpfparlaments, das fünf »Reichsregenten« als Herren über Deutschland einsetzte und die Volksbewaffnung beschloß, wurde am 18. Juni 1849 durch württembergische Dragoner beendet, die den Sitzungssaal in ein Trümmerfeld verwandelten und die fliehenden Abgeordneten mit Lanze und Säbel durch die Straßen jagten. Vier Wochen später trat in Frankfurt der Bundestag, der Gesandtenkongreß des Deutschen Bundes, wieder zusammen, und es war, als wäre nichts geschehen. »Die phantastische Professoren-Zeit«, wie der preußische Thronfolger Prinz Wilhelm die Revolutionsjahre nannte, war zu Ende, und Wilhelm, der künftige preußische König, war es auch, der an General v. Natzmer schrieb: »Wer Deutschland regieren will, muß es sich erobern; à la

Gagern geht es nun einmal nicht. Ob die Zeit zu dieser Einheit schon gekommen ist, weiß Gott allein! Aber daß Preußen bestimmt ist, an die Spitze Deutschlands zu kommen, liegt in unserer ganzen Geschichte, – aber das wann und wie? darauf kommt es an.«

7. *Realpolitik und Wirtschaftsboom*

Für den oberflächlichen Betrachter sah die europäische Landkarte von 1850 kaum anders aus als die des Wiener Kongresses. Der deutsche Nationalstaat war so wenig Wirklichkeit geworden wie der Freiheitstraum der unterdrückten europäischen Nationen von Polen bis Italien. Gewonnen hatte allenthalben der monarchische Obrigkeitsstaat, gewonnen hatte allerdings auch die gemäßigte liberale Verfassungspartei, die rechtzeitig mit der demokratischen Linken gebrochen und den Ausgleich mit den Kräften des Beharrens gesucht hatte. Selbst in Preußen, das nach der napoleonischen Ära wieder zu absolutistischen Verfassungsformen zurückgefunden hatte, band sich nun die Krone an eine geschriebene Konstitution und teilte ihre gesetzgebende Gewalt mit parlamentarischen Kräften. Wieder hatte ein Konflikt zwischen den Mächten der Beharrung und denen der Bewegung mit einem Kompromiß geendet: der monarchische Konstitutionalismus war nunmehr die herrschende Verfassungsform in ganz Deutschland.

Die Revolution lag zurück, ein bißchen war erreicht, aber die großen Hoffnungen hatten sich verflüchtigt. Zurückgeblieben waren Ernüchterung und Abwendung von der erfolglosen »idealistischen« Politik. 1853 erschien ein Buch des früheren Burschenschaftlers und demokratischen Revolutionärs August Ludwig v. Rochau unter dem Titel »Grundsätze der Realpolitik, angewendet auf die staatlichen Zustände Deutschlands«, das den Schlüsselbegriff der neuen Epoche kreierte. Die radikalen Demokraten wanderten entweder aus, oder sie wandelten sich zu nüchternen, desillusionierten Betrachtern der bestehenden Verhältnisse; die liberalen Bourgeois arrangierten sich mit den Gegebenheiten, wandten sich wirtschaftlichen oder gelehrten Berufen zu oder ließen sich als treue Diener des Volkes wie der Krone in die zweiten Kammern der Landtage wählen. Die Politik verfiel nach den Jahren der Unruhe und Ekstasen in einen Dornröschenschlaf. Das lag nicht nur am natürlichen Pendelausschlag zwischen Bewegung und Ruhe, Aufregung und Erschöpfung, der in allen geschichtlichen

In Deutschland, Österreich, Frankreich und Dänemark siegt die Reaktion. Die übriggebliebenen Revolutionäre werden in die Schweiz getrieben oder nach Amerika verschifft. In Warschau ist das Licht der Freiheit erloschen, in Frankfurt kümmert eine parlamentarische Vogelscheuche dahin, in England dagegen, wo die Revolution ausgeblieben war, triumphiert der Kommerz.

Rundgemälde Europas nach dem Ende der Revolution
Schroeder, 1849

Abläufen den Takt angibt, auch nicht nur daran, daß die siegreichen Mächte der »Reaktion« die Zügel wieder fest anzogen, Zensur und politische Polizei belebten, sondern vor allem an der Wirtschaft: Deutschland war in die eigentliche Antriebsphase der industriellen Revolution eingetreten.

Es traf sich glücklich, daß zugleich mit der politischen Krise auch der Konjunktureinbruch der End-Vierziger zu Ende gegangen war. In ganz Europa, nicht nur in Deutschland, garantierte die politische Beruhigung ungestörte, langfristige Anlageplanung, und da zudem, unterstützt durch die kalifornischen und australischen Goldfunde, die Kapitalmenge enorm stieg, Kredite infolgedessen billig waren, während die Preise anzogen und die Nachfrage zunahm, brachen für das Wirtschaftsbürgertum goldene Zeiten an. Allenthalben entstanden neue Banken; zwischen 1851 und 1857 stiegen Notenumlauf, Bank-Depositenbestände und einbezahltes Kapital um fast das Dreifache, und auch an Anlagemöglichkeiten bestand kein Mangel. Da war vor allem der Eisenbahnbau, der jetzt eigentlich erst wirklich sich auszuzahlen begann, denn nun wurden die überregionalen Verbindungen häufiger und die Netze dichter, ihre Länge verdoppelte sich zwischen 1850 und 1860. Maschinen-, vor allem Lokomotivenbau hatte Hochkonjunktur; die Borsig-Werke in Berlin, 1837 von dem ehemaligen Zimmermannslehrling August Borsig gegründet, hatten 1854 fünfhundert, vier Jahre später bereits eintausend Lokomotiven gebaut, und neben Borsig blühten die Maschinenfabriken Henschel in Kassel, Egestorff in Hannover, Maffei in München, Hartmann in Chemnitz, Schichau in Elbing und die Eßlinger Maschinenfabrik: Der Maschinenbau stieg zur wichtigsten Sparte der deutschen Industrie auf, und in seiner Folge die ganze Fülle technischer Neuerungen, die mit ihm verbunden war, bis hin zur Signal- und Nachrichtentechnik. Und auf der anderen Seite florierte die industrielle Grundstoffversorgung, vor allem die Kohle-, Eisen- und Stahlindustrie. Noch zehn Jahre zuvor hatte man den Stahl für die Eisenbahnschienen ebenso wie die Kohle zur Heizung der Lokomotiven aus England einführen müssen; gefördert durch die Li-

Die Klettsche Maschinenfabrik vor den Toren Nürnbergs, etwa 1855

beralisierung des preußischen Berggesetzes von 1851 entstand jetzt hauptsächlich an Ruhr, Rhein und Saar, aber auch in Schlesien, eine Fülle von Kohle- und Eisenbergbaubetrieben, vom Rheinisch-Westfälischen Bergwerksverein über den Hörder Bergwerksverein, die Concordia-Hütte in Oberhausen, den Bochumer Verein für Bergbau- und Gußstahlfabrikate bis zu den Unternehmungen der schlesischen Magnaten Graf Ballestrem, v. Schaffgotsch und Henckel-Donnersmarck. Einer der weltweit bekanntesten deutschen Namen, Friedrich Krupp, nahm jetzt seinen Aufstieg; die Gußstahlfabrik war zwar schon 1812 in Essen gegründet worden, doch ihren großen Durchbruch erlebte sie erst mit der Zulieferung von Radreifen für Lokomotiven und anderen Stahlteilen für den Eisenbahnbau.

Und noch etwas anderes bewirkte die Eisenbahn: sie stellte den Markt des Deutschen Zollvereins überhaupt erst her. Solange es wegen der unzureichenden Verkehrsverhältnisse regional beschränkte Wirtschaftsinseln gegeben hatte, hatten sich Angebot, Nachfrage und Preise recht unterschiedlich ausbilden können; die Eisenbahn sorgte nun dafür, daß der Wettbewerbsdruck in sämtlichen Teilen des Zollvereins gleichmäßig stark wurde, wodurch leistungsunfähige Unternehmungen, die einst durch Entfernung und Topographie geschützt gewesen waren, verschwanden. So kam es, daß die wirtschaftlichen Schwerpunkte sich teilweise verlagerten. Die einst reichste preußische Provinz, Schlesien, fiel wegen ihrer Randlage stark zurück, während die Industrie an Rhein und Ruhr aufblühte.

Und ein weiterer Grund führte zum Wirtschaftsboom: Arbeitskraft war billig. Die neuen Fabriken, Gruben und Hütten saugten die Menschen an. Das Arbeitskräftereservoir war unerschöpflich, denn die elenden, vom Pauperismus erfaßten Menschenmassen waren glücklich, überhaupt zu geregelter Arbeit und gesicherten Löhnen zu kommen. Bei aller nachträglichen wie zeitgenössischen Kritik an den Löhnen und Lebensbedingungen dieser ersten Generation von Fabrikproletariern wird man das im Auge behalten müssen: Im Vergleich zum vorindustriellen Massenelend war der durchschnittliche Arbeiter materiell besser dran; Arbeitslosigkeit, Unterbeschäftigung, die Unterbietung der Löhne durch Heimarbeit, Frauen- und Kinderarbeit, der Lohndruck durch die englische Konkurrenz ließen nach, und binnen zweier Jahrzehnte, spätestens seit dem Ende der Gründerkonjunktur um 1873, war Pauperismus kein Thema mehr.

Dennoch waren die Lebensumstände des sich formierenden vierten Standes in den neuen rußigen, eintönigen, überfüllten und lärmenden Industriestädten

Montierungswerkstätte der Lokomotivfabrik Maffei in München, um 1850

Noch dominiert im Maschinenbau die Einzelanfertigung; der Arbeitsvorgang ist handwerklich geprägt.

trostlos: drückende Wohnungsnot bei rasant sich verteuernden Mieten, hygienische Mißstände, die allen gesundheitspolizeilichen Bemühungen trotzten, kaum noch beherrschbare Umweltprobleme; in den Fabriken eintönige, oft genug auch mangels ausreichender Unfallschutz-Vorkehrungen gefährliche Arbeit bei durchschnittlich vierzehn Tagesarbeitsstunden um 1855, immerhin noch zwölf um 1870 – Sonntagsarbeit war gang und gäbe und wurde erst 1891 verboten. Die besonderen Arbeits- und Lebensumstände des Proletariats hatten tiefgreifende Auswirkungen auf die Lebensperspektive jedes einzelnen Arbeiters: Seine Arbeitskraft war schnell verbraucht, oft schon zu Beginn des fünften Lebensjahrzehnts; mit dem Nachlassen der Körperkraft schwanden die Verdienstmöglichkeiten, das Alter brachte Verarmung und Abhängigkeit von Wohlfahrtseinrichtungen, eine naturgegebene Katastrophe.

Kein Wunder, daß zunächst für manchen die Fabrikarbeit ein drohender Alptraum war; das galt vor allem für diejenigen Handwerker, die der Konkurrenz maschinell gefertigter Ware nicht mehr standhalten konnten und sich notgedrungen in einer Fabrik verdingen mußten: »Ist überhaupt in einer Fabrik anders, als in einem meisterischen Hause und kein Zusammenhalt nit unter den

Gesellen«, schrieb ein Handwerksbursche, den es in die Fabrik verschlagen hatte. »Läuft jeder seinen Weg und dreht sich nit viel nach dem anderen. Eine zunftmäßige Aufführung ist überall unter den Kollegen nit zu finden und kein Umgang, wie unter ordentlichen Gesellen. Zudem gefällt mir das Arbeiten nit, dieweil jeder den langen Tag die gleiche Arbeit verrichten muß und dabei das Ganze aus dem Auge verliert. Muß wohl in einer Fabrik solcherweis geschehen, kann mich aber nit darein schicken und meine immer, ich triebe mein Gewerb nur halb.« Zum drohenden Abstieg aus dem stolzen, selbstbewußten und traditionsreichen Handwerk in ein gesichtsloses Massenproletariat gab es nur eine Alternative: die Auswanderung. Nie hat es in der deutschen Geschichte einen derart starken Drang über die Grenzen gegeben wie in den 1850er Jahren: waren im Verlauf des vorangegangenen Jahrzehnts immerhin bereits 502000 Deutsche ausgewandert, was sich leicht mit den krisenhaften Lebensverhältnissen und der politischen Unruhe jener Jahre erklären läßt, so verließen zwischen 1850 und 1859, in einer Zeit des nie dagewesenen Wirtschaftsaufschwungs und der politischen Beruhigung, 1,1 Millionen Deutsche ihre Heimat, davon mehr als eine halbe Million allein in den Jahren der besten Konjunktur, zwischen 1853 und 1855. Das hieß: In diesem Jahrzehnt wanderte jeder fünfunddreißigste Deutsche aus – ein ungeheurer Aderlaß, der allerdings neben der Zunahme industrieller Arbeitsplätze bei der Bewältigung der Massenarmut mithalf. Der Grund war einfach: Neben denen, die nach der gescheiterten Revolution auf politische Freiheit in der alten Welt nicht mehr hofften, war es vor allen Dingen die Kunde vom unerhörten amerikanischen Wirtschaftsboom und die Sage von den unbegrenzten Möglichkeiten für tüchtige, wagemutige Unternehmer jenseits des Atlantiks, die die verarmenden Handwerker anzogen.

Und auch die Wanderungsbewegungen der vorindustriellen Zeit vom Land in die Städte setzten sich fort und verstärkten sich noch erheblich. Noch wanderten die Menschen nicht über große Entfernungen; die schlesisch-ostdeutsche Zuwanderung nach Berlin, die die Stadt seit Jahrhundertbeginn um das Anderthalbfache hatte wachsen lassen, war noch eine Ausnahme. Die Menschen kamen hauptsächlich aus dem Umland in die nächsten Städte, in armen, vom Aufschwung vernachlässigten Gebieten Ost- und Süddeutschlands weniger, in den neuen industriellen Wachstumsregionen um so mehr: wuchsen die vierzig größten deutschen Städte zwischen 1850 und 1860 durchschnittlich um 2,2 Prozent, so nahm die Bevölkerung von Dortmund im selben Zeitraum um 7,6, die von Essen um 8,9, die von Hannover sogar um 9,4 Prozent zu – Anzeichen eines mächtigen industriellen Gründerfiebers in diesen Gebieten, das die Landbevölkerung anzog wie das Licht die Motten.

Von diesem in der deutschen Geschichte nie dagewesenen Mobilisierungsschub waren nicht nur die Unterschichten betroffen, sondern auch breite bürgerliche Mittelschichten. Ländliches Handwerk zog in die Städte, städtische Unternehmer wurden in die aufstrebenden Industriemetropolen gelockt und mit ihnen das wachsende Heer der Verwaltungsangestellten. Der expandierende staatliche Verwaltungsapparat entwickelte zudem die Versetzung administrativen Personals in möglichst weit von den jeweiligen Herkunftsorten entfernte Regionen förmlich zum Prinzip – preußische Junker zogen in die Landratsämter und Bezirksverwaltungen des Rheinlands ein, während katholische Westfalen sich bemühten, ostpreußischen Dickschädeln staatliche Präsenz zu demonstrieren, kurz: Immer mehr Menschen lebten an einem anderen Ort als dem ihrer Geburt. Das vorherrschende Gefühl der Epoche war das der Entwurzelung, der Heimatlosigkeit – Familienbande waren zerrissen, religiöse Bindungen gelockert, herkömmliche Treue- und Abhängigkeitsverhältnisse aufgegeben. Die Menschen erlebten ihre Gegenwart in rasender Beschleunigung, schwindelerregend und unsicher, sie waren betäubt von dem dauernden Andrang des Neuen und Unerhörten, das scharf gegen die frühere Ruhe im eingehegten und überschaubaren Bereich der altgewohnten Milieus abstach. Ihr tägliches Leben veränderte sich radikal, und damit verblaßten die alten Bindungen, Mythen und Loyalitäten. Der einst feste, auch im Geistigen verankerte Sozialkörper der ständischen Gesellschaft brach unter dem Druck der Industrialisierung auf und entließ Myriaden von alleingelassenen Einzelwesen, die nach neuen Sinngebungen suchten, sofern sie nicht mit der nackten Daseinsvorsorge befaßt waren.

Der Ruf der Zeit nach Umwertung aller Werte wurde aus vielen Richtungen beantwortet. Wo Religion und feste gesellschaftliche Bindungen nicht mehr trugen, dort traten die Mythen und Sinngebungen der neuen Epoche ein, miteinander konkurrierend, sich auf das heftigste befehdend und einander kategorisch ausschließend. Da war die alles andere überwölbende Idee von der Einheit der Nation, vom Volk als letzter legitimierender Instanz. Damit verbunden noch der liberale Anspruch auf Freiheit und Glückseligkeit des einzelnen, daneben aber bereits im Aufstieg die Klasse als identitätsstiftendes Prinzip. Die alte Welt mobilisierte Abwehrkräfte, die ihrerseits wieder massenwirksame Ideologien ausbildeten – der Konservativismus verlor seinen elitären Charakter als Abwehrfront traditioneller Führungsschichten gegen den Aufstand des »Pöbels« und erhielt gelegentlich, auch schon in Verbindung mit antisemitischem Bodensatz, selbst einen entschiedenen Zug ins Pöbelhafte. Der politische Ka-

Die Kirche, die bereits im Verlauf des 18. Jahrhunderts ihr Monopol auf Sinnstiftung und Transzendenz verloren hatte, sank in der Folge bürgerlicher Spätaufklärung des 19. Jahrhunderts weithin in eine gesellschaftliche Schattenrolle zurück. An ihre Stelle trat die Verheißung diesseitigen Heils durch technischen und industriellen Fortschritt. Die Säkularisation des Religiösen spiegelt sich in der Profanarchitektur der Zeit: Bahnhofshallen erinnern an Kathedralbauten, Fabriken – wie hier die Königlich Preußische Königshütte in Schlesien, um 1820 einer der modernsten Hüttenbetriebe Europas, – waren Klöster des neuen Zeitalters, in denen asketische Arbeitsgesinnung zu Ehre von Produktivität und Wachstum herrschte.

tholizismus stellte die Reaktion einer von gesellschaftlichem Normverlust weniger erfaßten Bevölkerungsminderheit auf den Herrschaftsanspruch von Liberalismus und aggressiv protestantischem Junkertum dar.

Aus den ganz unterschiedlichen Antworten auf die Orientierungskrise einer im Sog der Industrialisierung rasant mutierenden Gesellschaft erwuchsen »Associationen«, »Factionen«, »Partheyen« mit vorerst noch unklarer Begriffsbestimmung und ungewisser Aufgabe: vorwiegend Gesinnungsgemeinschaften, zusammengehalten durch Zeitungen, Lesegesellschaften, Vereine, die sich nach dem Fall des Parteienverbots in den fünfziger Jahren im Umfeld der nachrevolutionären Parlamente nach und nach zu Parteistrukturen verfestigten, zu jenem Sechseck von Konservativismus, völkischem Nationalismus, Nationalliberalismus, Linksliberalismus, politischem Katholizismus und Sozialdemokratie, das den deutschen Parlamentarismus bis 1933 bestimmen sollte. Das ganze Parteiensystem war ein Gewirr unversöhnlicher Feindschaften und Gegensätze, denn jede Partei hielt sich selbst für den Sachwalter des Ganzen, erhob einen ans Religiöse streifenden Anspruch auf Alleingültigkeit und versprach ihrer Anhängerschaft, eher Kirche denn Interessenvertretung zu sein. Die Gesinnung, die Philosophie, das Programm – das war es, was Menschen zu Parteigängern machte, nicht der Appell an wirtschaftliche oder gesellschaftliche Interessen. »Partei, Partei, wer sollte sie nicht nehmen, die doch die Mutter aller Siege war«, sang der Revolutionspoet Georg Herwegh, und Gottlieb Christian Abt beantwortete die Frage, welcher Partei das Recht zur Herrschaft zukomme, so: »Nicht darauf kommt es an, ob sie liberal oder conservativ, radical oder vermittelnd sich nennt, ob sie die Minorität oder die Majorität für sich hat, sondern es kommt allein darauf an, ob sie Privilegien oder allgemein menschliche Interessen, ob sie die Vortheile einzelner Classen oder das Wohl des Ganzen, ob sie Rechte Einzelner oder das Recht aller Einzelnen verficht.« Und da die Parteien zwar in die Parlamente einzogen, aber unter den herrschenden Verfassungsverhältnissen des monarchischen Konstitutionalismus mit Exekutive und Regierungsbildungen in keiner Weise befaßt waren, bestand für sie auch kein Grund, sich in der schmerzhaften Tugend des demokratischen Kompromisses und des Interessenausgleichs zu üben. Für die Geschichte des deutschen Parteiwesens und des deutschen Parlamentarismus sollte das unheilvolle Folgen haben.

Die Windstille der Gründer- und Reaktionsepoche dauerte nur bis zum Ende der 1850er Jahre. Wieder ließ die Konjunktur zu wünschen übrig. Die Gründerwelle der vergangenen Jahre hatte ein überoptimistisches Investitionsklima verursacht, und die Aufnahmefähigkeit des Marktes war vorübergehend erschöpft; die Güterpreise sanken, und hinzu kam die Nachricht von einer Bankenpanik in New York, die über London auch Norddeutschland in Mitleidenschaft zog. Zwar erholte sich das Wirtschaftswachstum bereits nach zwei Jahren wieder, verstärkte sich sogar weiter und begann, vor allem auf dem Gebiet der Schwerindustrie, den technischen und wirtschaftlichen Vorsprung Englands einzuholen. 1863 überstieg der deutsche Maschinenexport bereits den Import, und fünf Jahre darauf entstand ein Eisenexportüberschuß. Der weitere Wirtschaftsaufschwung wuchs nun aus sich selbst, die Spirale von zunehmender Nachfrage und wachsendem Angebot, von steigender Produktivität und sich vermehrenden Arbeitsplätzen drehte sich aus eigenem Antrieb weiter, bis 1873 die erste große Weltwirtschaftskrise diese Entwicklung unterbrechen sollte; innerhalb des Vierteljahrhunderts seit der Revolution von 1848 hat sich das deutsche Volkseinkommen verdoppelt.

Aber wie stets in wirtschaftlichen Flauten geriet auch Ende der fünfziger Jahre die Politik wieder in Bewegung. Manches kam da zusammen. Die deutsche

Frage wurde durch die von Napoleon III. inszenierte italienische Krise von 1859 wieder aufgeworfen, denn Österreichs italienische Gebiete wurden durch die französisch-piemontesische Allianz gefährdet, und die nationale Erregung schlug in Deutschland plötzlich wieder hohe Wellen. Oberitalien erschien auch nüchternsten Liberalen als tragende Säule des Reiches, die moderne Nationalstaatsidee verband sich wie von selbst mit der Erinnerung an die alte staufische Herrlichkeit, die ganz im Zeichen deutscher Herrschaftsrechte in Süd- und Südosteuropa gedeutet wurde. In den Parlamenten der deutschen Bundesstaaten, auf Parteiversammlungen, auf wissenschaftlichen Tagungen und gesamtdeutschen Sänger-, Turner- und Schützenfesten, in einer Flut von Flugschriften und Zeitungen setzte sich der Glaube durch, daß die Lösung der deutschen Frage jetzt dicht bevorstehe; das alte Motiv der deutsch-französischen Erbfeindschaft feierte fröhliche Wiedererweckung, und auch die Einverleibung Elsaß-Lothringens in ein neues Deutsches Reich wurde jetzt gefordert. In den Feiern zum hundertsten Geburtstag Friedrich Schillers, die im gesamten deutschsprachigen Raum stattfanden, erreichte die nationale Welle einen Höhepunkt; der Geburtstag des Dichters der deutschen Nationalbewegung war allerdings auch der Tag, an dem das geschlagene Österreich im Frieden von Zürich die Lombardei an Frankreich abtrat.

Die politische Gärung griff auf andere Gebiete über; es waren die Jahre, in denen die ersten dauerhaften Organisationen einer selbständigen deutschen Arbeiterbewegung auftauchten; angeregt durch sächsische Arbeiterbildungsvereine entwarf der Publizist Ferdinand Lassalle ein Programm, das zur Grundlage des 1863 gegründeten »Allgemeinen Deutschen Arbeitervereins« wurde: ein sehr deutsches, ein sehr preußisches Gebilde, das auf dem Gedanken eines Bündnisses von Krone und Arbeiterschaft gegen das Besitzbürgertum ruhte, der Staat als Motor des kulturellen wie wirtschaftlichen Aufstiegs des Proletariats – manches daran erinnerte an die sozialromantischen Ideen aufgeklärter Bürokraten und preußischer Konservativer, und Lassalles höhnisches Wort von der bürgerlichen »Nachtwächteridee« des Staats war den vorindustriellen Führungsschichten Preußens wie aus der Seele gesprochen. Der ADAV sollte später mit der marxistischen Gruppe um August Bebel und Karl Liebknecht zur Sozialdemokratischen Partei Deutschlands zusammenschmelzen, doch Lassalles Staatsethos ist bis heute in der SPD, wenn auch selten bewußt und abhängig von politischen Konjunkturschwankungen, lebendig geblieben.

Und auch der parlamentarische Liberalismus wurde munter. In Preußen war auf den zuletzt geisteskranken Friedrich Wilhelm IV. dessen Bruder Wilhelm I.

Germania auf der Wacht am Rhein
Lorenz Clasen, 1860

Seit den Freiheitskriegen und der Rheinkrise von 1840 war die Figur der Germania poetisches Symbol für die deutsche Einheit mit starkem antifranzösischem Akzent. Die erste populäre Darstellung der Germania, von dem Historienmaler Clasen anläßlich der Italienkrise von 1859/60 gemalt, war in zahllosen Nachbildungen verbreitet.

gefolgt, der zwar während der Achtundvierziger-Revolution als »Kartätschenprinz« verrufen gewesen war, zur allgemeinen Überraschung jedoch ein liberales Ministerium ernannte und den innenpolitischen Druck lockerte. Zugleich plante er aber eine Reform der preußischen Heeresorganisation, die der liberalen Mehrheit im preußischen Abgeordnetenhaus mißfiel; vor allem die vorgesehene Erhöhung der Dienstzeit war den Honoratioren ein Dorn im Auge, denn so blieben die Söhne des Besitzbürgertums noch länger von Hörsaal und Kontor fort und unterlagen dem konzentrierten politischen Einfluß der preußischen Armee-Erziehung. Und zudem planten der König und sein Kriegsminister Albrecht v. Roon, die Landwehr abzubauen, ein in der Tat militärisch überflüssiges Institut, jedoch eine bürgerliche Errungenschaft der Reformära. So gelangte der Konflikt schnell ins Grundsätzliche, und die liberalen Fraktionen machten Anstalten, mit Hilfe des Budgetrechts parlamentarischen Einfluß auf die Heeresorganisation zu nehmen. Die Armee aber gehörte zu den Reservatbereichen der königlichen Macht; gelang es dem Parlament, die Heeresorganisation an die jährliche Bewilligung des Staatshaushaltes zu binden, wäre eine entscheidende Stütze der Monarchie gefallen, und die Parlamentarisierung

Preußens, die Machtverlagerung von der Krone zum Abgeordnetenhaus wäre nicht aufzuhalten gewesen.

Wilhelm I. gedachte lieber abzudanken als diese ans Revolutionäre streifende Veränderung der preußischen Machtverhältnisse zuzulassen; im Entwurf seiner Abdankungsurkunde, die er am 22. September 1862 aufsetzte, hieß es: »Weder mit den Grundsätzen Unseres eigenen Lebens, noch mit der glorreichen Geschichte und Vergangenheit Unseres theuren Vaterlandes können wir brechen. Dieser Bruch aber wäre nöthig, um den bestehenden Konflikt zu beseitigen.« Das war die Stunde des Mannes, den die preußische Armeeführung und die Hochkonservativen schon lange hinter den Kulissen in Bereitschaft gehalten hatten für den Fall, daß die Dinge auf eine schiefe, also parlamentarische Bahn gerieten. Kriegsminister Roon telegraphierte an Otto v. Bismarck, derzeit preußischer Botschafter in Paris, die vereinbarten Code-Sätze: »Periculum in mora. Dépêchez-vous.« Die Szene im Schloßpark von Babelsberg ist oft geschildert worden: Der König zweifelnd, halb schon zur Resignation bereit, Bismarck beschwörend: In Frage stehe jetzt nicht die Person des Königs, sondern das Prinzip der Königsherrschaft gegen das der Parlamentsherrschaft. Er sei bereit, »die letztere unbedingt und auch durch eine Periode der Diktatur abzuwenden«. Am 24. September 1862 ernannte Wilhelm I. Bismarck zum preußischen Ministerpräsidenten.

8. *Eisen und Blut*

Bismarck war kein Einzelfall; die 1860er und 1870er Jahre waren in ganz Europa Jahrzehnte der starken Männer, von Napoleon III. in Frankreich über Benjamin Disraeli in England bis zum piemontesischen Ministerpräsidenten und Einiger Italiens, dem Grafen Camillo Cavour. So verschieden diese Männer nach Persönlichkeit, Absichten und nationalen Eigenheiten waren, verkörperten sie doch einen politischen Typ, in dem sich die autokratische Herrschaft der Vergangenheit mit der Massendemokratie der Zukunft verband. Kühl kalkulierende Interessenpolitik anstelle ideologischer Träume, Bürokratie und Armee als politische Instrumente, der Appell an die Massen als legitimierendes Machtmittel gegen die retardierenden Kräfte, gegen Krone, Adel und gegebenenfalls auch das Parlament, und die Lust am weiträumigen Denken, am imperialen Ausgriff – cäsaristisch nannte das eine zwischen Abscheu und Bewun-

Bismarck während einer Sitzung des Preußischen Abgeordnetenhauses Stich, 1862

derung hin und her gerissene liberale Öffentlichkeit, und Karl Marx brachte solche Erscheinungen auf den gemeinsamen Nenner: Bonapartismus, die klassische Herrschaftsform einer Zeitenwende zwischen alter und neuer Gesellschaft, zwischen Alteuropa und der Moderne.

Von Popularität konnte freilich bei dem neuen preußischen Ministerpräsidenten vorerst keine Rede sein; für die liberale deutsche Öffentlichkeit war Bismarck der Mann der Gegenrevolution sans phrase, das Werkzeug der Armee und des Hochkonservativismus mit dem Auftrag, den preußischen Verfassungskonflikt mit allen Mitteln zu beenden und den parlamentarischen Liberalismus in die Knie zu zwingen. Selbst bei Hofe gruselte man sich etwas vor der Unberechenbarkeit und Unbedingtheit des pommerschen Ultra-Royalisten: »Riecht nach Blut! Nur zu gebrauchen, wenn das Bajonett schrankenlos waltet«, hatte Friedrich Wilhelm IV. im März 1848 über Bismarck geäußert, als dieser in völliger Verkennung der Lage die Bauern und Knechte seines Guts zusammengetrommelt hatte, um den König mit Gewalt herauszuhauen. Worin aber alle Seiten Bismarck falsch beurteilten, das waren die Annahmen über die Motive seiner Politik: Die preußische Ministerpräsidentschaft war für ihn nicht das Ziel, sondern nur Mittel zur Erreichung eines höheren Zwecks. Ihm ging es um die Machterweiterung und Konsolidierung Preußens in einem revolutionären Europa, ein Weg, der nach seiner Überzeugung nur durch die Errichtung der preußischen Hegemonie in Deutschland zu gehen war, auf Kosten Österreichs, aber möglichst im Einklang mit den anderen europäischen Mächten. Die Mittel revolutionär, das Ziel konservativ: Mit den Begriffen des Jahrhunderts war dieser »weiße Revolutionär« (Henry Kissinger), war dessen »Prinzip der schöpferischen Antirevolution« (Michael Stürmer) nicht zu fassen.

Während Bismarck daranging, den preußischen Verfassungskonflikt ganz nach den Erwartungen seiner Freunde wie Gegner zu lösen, indem er die oppositionelle Kammermehrheit ignorierte, ohne Budget regierte und den Landtag, wenn er gar zu lästig wurde, einfach auflöste, formierten sich die Kräfte der deutschen Nationalbewegung, die Liberalen aller Richtungen, aber auch Katholiken und Demokraten in zwei Heerlagern wie zum letzten Gefecht: Kleindeutsch oder großdeutsch hieß hier die Losung, oder, in der zeitgemäßen Drapierung mit Versatzstücken mittelalterlicher Kaiserherrlichkeit: »Hie Welf, hie Waibling!« Auf dem Höhepunkt der nationalen Begeisterungswelle von 1859 hatte sich aus Enttäuschung über die politische Bewegungslosigkeit des Deutschen Bundes wie der beiden Führungsmächte Preußen und Österreich der »Deutsche Nationalverein« gebildet, in dem Liberale und gemäßigte Demokraten aus allen nichtösterreichischen Ländern zusammenfanden. Sein Programm knüpfte an die schmählich verstorbene Paulskirchenverfassung von 1849 an; zwar vermied man es, klare Aussagen über den Inhaber der künftigen deutschen Kaiserkrone und über die Zugehörigkeit der deutschen Provinzen Österreichs zum künftigen deutschen Nationalstaat zu machen, aber die Ausrichtung auf Preußen wurde in der publizistischen Begleitmusik deutlich. Das Elend der deutschen Kleinstaaterei, schrieb der ehemalige Radikalrepublikaner und neuerliche »Realpolitiker« Ludwig Bamberger, sei einzig eine Folge des österreichischen Despotismus; wenn auch an dem süddeutschen Abscheu gegen den »märkischen Intelligenzdünkel« viel Wahres sei, bleibe es doch »der einzige Ausweg aus Deutschlands Jammerzustand, daß Preußen möglichst weit das Raubstaatensystem absorbiert«. Der Nationalverein organisierte sich in einer großen Zahl von Ortsvereinen, mit funktionstüchtiger Spitze, wohldurchdachter Kassenführung, regelmäßigen Versammlungen und eigenen publizistischen Organen; seine wichtigste Aufgabe sah er darin, Beiträge für eine künftige deutsche Reichsmarine zu sammeln und sie bei der preußischen Regierung zu deponieren.

Der kleindeutsche Preußenenthusiasmus verlor allerdings stark an Eindringlichkeit, nachdem Bismarck das politische Feld betreten hatte, jener »letzte und schärfste Bolzen der Reaktion von Gottes Gnaden«, wie die Wochenschrift des Nationalvereins meinte. Man behielt jetzt die Flottengelder ein und war unschlüssig, ob man nicht auf das falsche Pferd gesetzt hatte. Zudem organisierte sich 1862 als Antwort auf den preußischen Hegemonialanspruch ein »Deutscher Reformverein«, neben partikularistischen und konservativ-klerikalen Kräften auch enttäuschte Anhänger des preußischen Erbkaisertums, die nun doch von einem liberalen Großdeutschland vom Etsch bis zum Belt unter einer

Plakat für die Kölner Dombau-Lotterie
Um 1865

»In seiner trümmerhaften Unvollendung, in seiner Verlassenheit ist es ein Bild gewesen von Teutschland, seit der Sprach- und Gedankenverwirrung; so werde es denn auch ein Symbol des neuen Reiches, das wir bauen wollen!« hatte Joseph Görres 1814 über den unvollendeten Kölner Dom geschrieben. Der Kölner Dom als deutsche Nationalkirche, als Denkmal nicht nur der Einheit Deutschlands, sondern auch der deutschen Christenheit jenseits der Konfessionsgrenzen war eine Idee, die in den folgenden Jahrzehnten die deutsche Nationalbewegung einte. Anders als die meisten übrigen Nationaldenkmäler wurde hier der Bau in erster Linie durch Spenden der Bevölkerung finanziert; allenthalben, selbst von deutschen Auslandskolonien, wurden Dombauvereine gegründet, und seit 1863 kam die Dombau-Lotterie hinzu. Bei der Vollendungsfeier 1880 hatte sich allerdings manches gewandelt; der Glaube, daß die Gotik ein eigentümlicher deutscher Baustil sei, war durch den Vergleich mit französischen Kathedralbauten obsolet geworden, und der Kirchenkampf hatte die Kluft zwischen rheinischem Katholizismus und preußischem Staat demonstriert. Von einer Nationalkirche war jetzt keine Rede mehr, und Klerus wie katholische Laienschaft nahmen an der Feier nicht teil.

schwarz-rot-gold reformierten Habsburgerkrone träumten. Bismarcks antiliberale Innenpolitik, aber auch seine offensichtliche Absicht, das europäische System von 1815 möglichst wenig zu stören, sollte schließlich dazu führen, daß sich am Vorabend des Krieges von 1866 beide Lager der Nationalbewegung in ihrer Ablehnung gegen jede preußische Machtausweitung zusammenfanden:

die »Revolution von unten« stand kurz vor der Reichseinigung überwiegend im Lager Österreichs.

»Nicht durch Reden und Majoritätsbeschlüsse werden die großen Fragen der Zeit entschieden – das ist der Fehler von 1848 und 1849 gewesen –, sondern durch Eisen und Blut« – diese Einsicht Bismarcks, vor der sich die Liberalen entsetzten, war nicht mehr als die logische Schlußfolgerung aus den Erfahrungen vergangener Niederlagen. Die Blut-und Eisen-Metapher war auch keineswegs einem kriegslüsternen Junkerhirn entsprungen, sondern sie stammte aus einem Lied eines jener Freiwilligen von 1813, die später den Kern der studentischen Einheits- und Freiheitsbewegung bilden sollten, von Max v. Schenkendorf:

»Denn nur Eisen kann uns retten
Und erlösen kann nur Blut
Von der Sünde schweren Ketten,
Von des Bösen Übermut.«

Das war ein revolutionäres Bekenntnis, und daß Bismarck den Gedanken gewissermaßen adoptierte, während Schenkendorfs liberale Nachfolger vor der Ultima ratio der Politik, dem Griff zur Waffe, zurückschraken, machte sichtbar, wo die Mächte der Veränderung wirklich zu suchen waren: Revolution in Deutschland – wie anderswo in Europa zu jener Zeit auch – fand nicht von unten, sie fand von oben her statt.

Die große außenpolitische Lage der Zeit war durch zwei Grundgegebenheiten bestimmt, denen der preußische Ministerpräsident bei dem Vorhaben einer kleindeutschen Einigung unter preußischen Auspizien Rechnung zu tragen hatte: Da war einerseits das 1815 neu begründete Mächtesystem, ein vielfach von Zerfall bedrohtes, aber auf immer neuen internationalen Konferenzen mühsam befestigtes Gleichgewicht der europäischen Staaten, das auf der Unverletzlichkeit und Integrität sämtlicher Teilhabermächte beruhte, derzeit freilich gestört durch den Krimkrieg (1853–1856) und dessen Folgen, denn England und Rußland waren jetzt weit auseinandergerückt, was die politische Manövrierfähigkeit der europäischen Mitte, insbesondere Preußens, erhöhte. Auf der anderen Seite stand das revolutionierende Prinzip der nationalstaatlichen Einigung, beruhend auf der identitätsstiftenden Kraft gemeinsamer Sprache und Kultur auf Kosten bestehender europäischer Grenzziehungen. Vor allem Rußland und Österreich hatten den Nationalismus zu fürchten, der ihre Staatsgebiete zu zerreißen drohte, während Frankreich unter Napoleon III. dies zu nutzen suchte, um die Wiener Friedensordnung von 1815 zugunsten einer erneuerten europäischen Vormachtstellung Frankreichs im Geiste Ludwigs XIV. und Napoleons I. umzustürzen. Bismarck dagegen plante, sich beider Elemente zugleich zu bedienen: Politik im Sinne der deutschen Nationalbewegung zu betreiben, aber so, daß die Interessen der großen Mächte Europas gewahrt blieben.

Zunächst galt es, den Rücken frei zu bekommen. Im Laufe des Jahres 1863 spitzte sich die Lage in Osteuropa zu; ein Aufstand in Russisch-Polen führte zu einer großen gesamteuropäischen Sympathiewelle für das unterdrückte polnische Volk; nur Bismarck, Rußlands Neutralität im Falle eines preußisch-österreichischen Kriegs im Auge, stellte sich auf die Seite des Zaren, und die öffentliche Meinung Deutschlands und Europas schäumte über vor Entrüstung. Der »Deutsche Nationalverein« ging so weit, dem Mann »an der Spitze des preußischen Staates, vom eigenen Volke verurteilt, am Ruin der preußischen Staatsmacht arbeitend«, den Krieg anzukündigen für den Fall, daß er nach der Macht in Deutschland greifen sollte. Und die Feindschaft der Nationalbewegung steigerte sich noch, als Bismarck sich daranmachte, die schleswig-holsteinische Frage aufzugreifen.

Oberflächlich betrachtet war das Problem Schleswig-Holstein leicht beschrieben: die der dänischen Krone in Personalunion verbundenen »Elbherzogtümer« Schleswig, Holstein und Lauenburg waren überwiegend deutschsprachig, Holstein und Lauenburg darüber hinaus Teile des Deutschen Bundes. Während eine starke deutsche Bewegung die Trennung der Herzogtümer von Dänemark forderte, gab es auch eine nicht weniger national gestimmte eiderdänische Partei, die auf die vollständige Eingliederung Schleswig-Holsteins in den dänischen Staat hinarbeitete. Weniger klar war die rechtliche Situation, ein kaum durchschaubarer Wirrwarr von Bundes-, Landes-, Vertrags-, Anwartschafts-, Sprachen-, Erb- und Thronfolgerechten; der britische Premierminister Palmerston hatte dazu bemerkt, nur drei Menschen hätten bisher die schleswig-holsteinische Frage ganz begriffen: der Prinzgemahl Albert, und der sei jetzt tot; ein deutscher Professor, und der sei darüber verrückt geworden; und er, Palmerston, selbst, aber er habe alles wieder vergessen.

Seit dem Revolutionsjahr 1848 war die schleswig-holsteinische Irredenta ein Lieblingsthema der deutschen Nationalbewegung gewesen, und die Entrüstung wallte mächtig auf, als der dänische Reichsrat 1863 die gänzliche Einverleibung Schleswigs in den dänischen Staat beschloß. Die deutsche liberale Presse beeilte sich, die Selbständigkeit Schleswig-Holsteins unter einem deutschen Fürsten, dem Herzog von Sonderburg-Augustenburg, zum Imperativ nationaler Politik zu erheben, Schleswig-Holstein-Vereine wurden bis in die letzten

Kleinstädte hinab gegründet, und in Frankfurt forderten fünfhundert Abgeordnete aus allen deutschen Parlamenten die Befreiung der Herzogtümer. Aber Befreiung mit welchen Mitteln? Die Augen richteten sich, wie schon 1848, auf Preußen. Und Preußen war auch wieder zum Eingreifen bereit, aber keineswegs für die Unabhängigkeit der Herzogtümer und für die Rechte des Augustenburgers. Der hatte zwar das Erbfolgerecht auf seiner Seite, nicht jedoch das internationale Vertragsrecht, das die Unteilbarkeit des dänischen Staats bestätigte.

Unbeeindruckt von allen nationalen Aufwallungen erkannte Bismarck daher die Herrschaftsrechte des neuen dänischen Königs aus dem Hause Sonderburg-Glücksburg an, was die übrigen europäischen Mächte zufriedenstellte, plante jedoch dessen ungeachtet den bewaffneten Einmarsch in die Elbherzogtümer wegen der Verletzung der schleswig-holsteinischen Sonderrechte, wofür er auch den österreichischen Außenminister zu gewinnen wußte. Der Unterschied zwischen den Forderungen der Nationalbewegung und denen der zur allgemeinen Überraschung plötzlich Arm in Arm auftretenden beiden deutschen Großmächte war also vorerst rein juristischer Art, aber den deutschen Patrioten erschien die formelle Anerkennung der dänischen Königsrechte und der europäischen Friedensordnung unerträglich. Während seit dem Januar 1864 preußische und österreichische Truppen in Holstein einrückten, erst fast kampflos, dann beim Übergang auf die Insel Alsen unter schweren Verlusten vorankamen, um bis zur Jahresmitte ganz Jütland besetzt zu haben, kannte die Wut der liberalen Öffentlichkeit keine Grenzen – nicht ohne Grund, wie sich nach dem Friedensschluß vom 30. Oktober 1864 zeigte, als die befreiten Elbherzogtümer keineswegs als eigener deutscher Staat im Deutschen Bund aufgingen, sondern kurzerhand in Form eines Kondominiums der Verwaltung der beiden siegreichen Mächte, Österreich und Preußen, unterstellt wurden. Aber es zeigte sich auch, daß Bismarcks Verachtung der »Schwätzer und Schwindler der Bewegungspartei«, wie er die patriotischen Liberalen nannte, nicht ohne Grund war. Angesichts seines Erfolges bröckelte das Lager der Bismarck-Gegner ersichtlich ab – prominente Historiker wie Heinrich v. Treitschke, Heinrich v. Sybel und Theodor Mommsen bekannten sich jetzt öffentlich zu Bismarcks zwar scheinbar gesinnungsloser, aber offensichtlich erfolgreicher Politik, und selbst ein Demokrat wie Franz Waldeck, ein Mann des äußeren linken Flügels im preußischen Abgeordnetenhaus, erklärte unumwunden, er sehe zu Bismarcks Konzept keine Alternative mehr.

Der erste Schritt war getan: Die Nationalbewegung, die liberale Öffentlichkeit hatte sich als lautstark, aber machtlos erwiesen; Dänemark war aus dem Deutschen Bund hinausgedrängt, Preußen erweitert, und nun sollte das große Ziel verwirklicht werden, die endgültige Etablierung der preußischen Hegemonie in Deutschland und die Abrechnung mit Österreich: Konsequenz einer mehr als hundert Jahre alten preußischen Politik, die 1740 mit Friedrichs Griff nach Schlesien ihren Anfang genommen hatte. »Unsere Politik«, so Bismarck schon 1853 in einem Brief an einen Freund, »hat keinen anderen Exerzierplatz als Deutschland, schon unserer geographischen Verwachsenheit wegen, und gerade diesen glaubt Österreich dringend für sich zu gebrauchen, für beide ist kein Platz nach den Ansprüchen, die Österreich macht, also können wir uns auf die Dauer nicht vertragen. Wir atmen einer dem anderen die Luft vom Munde fort, einer muß weichen, oder der andere ›gewichen werden‹, bis dahin müssen wir Gegner sein, ich halte das für eine unignorierbare Tatsache, wie unwillkommen sie auch sein mag.«

Seit dem Ende der Revolution von 1848 hatte ein labiles Gleichgewicht zwischen Preußen und Österreich geherrscht; die Rivalität der beiden Mächte war immer spürbar gewesen, wie zwei gleichstarke Ringer hatten sie sich gegenseitig belauert und ständig versucht, den Gegner in einem Schwächemoment zu ertappen und Vorteile für die letzte Auseinandersetzung zu gewinnen. Es war ein dauernder Kampf um die Majorität im Bundestag, um die Stimmen der kleineren Staaten des »Dritten Deutschland«, die ihre Unabhängigkeit und die Aufrechterhaltung der bestehenden Bundesverfassung durch nord-südliche Schaukelpolitik zu sichern suchten; auch in den Zollverein hatte Österreich eintreten wollen, um die preußische Vormachtstellung in wirtschaftlicher Hinsicht zu neutralisieren, war aber an der überlegenen preußischen Diplomatie gescheitert. Und nicht zuletzt das Feld der europäischen Politik diente als untergründiger Kampfplatz, indem in Krisenfällen, 1854 zur Zeit des Krimkriegs wie 1859 im Fall der Italienkrise, jede Seite die andere in eine außenpolitische Abseitsposition zu drängen suchte, um sie dann im Bündnis mit anderen Mächten auszumanövrieren. Das war bisher daran gescheitert, daß die großen europäischen Staaten kein Interesse an einer hegemonialen Machtballung in Mitteleuropa hatten; insbesondere Napoleon III. sorgte dafür, daß die europäische Machtbalance in dieser empfindlichen Region bestehen blieb, indem er in schöner Parteilosigkeit Berlin wie Wien hofierte.

Mit dem dänischen Krieg hatte sich etwas geändert. Das erste Mal hatte sich die mitteleuropäische Landkarte verändert, ohne daß eine der Mächte von der europäischen Peripherie eingegriffen hätte; Österreich war in die preußische Falle getappt, indem es sich an dem Feldzug beteiligt hatte und nunmehr zusehen mußte, wie Bismarck daranging, das preußische Staatsgebiet um die

Graf Rechberg und Bismarck teilen sich Deutschland Karikatur des »Kladderadatsch«, Juni 1864

Noch 1864 lief nicht alles auf den Krieg zwischen Österreich und Preußen hinaus. Der österreichische Außenminister Graf Rechberg zog den Ausgleich mit Preußen einem Zusammengehen mit den Mittelstaaten vor; eine Trennung Deutschlands in zwei Interessensphären längs der Mainlinie lag im Bereich des Möglichen. Erst die Erneuerung des Zollvereins im Oktober 1864, aus dem Österreich nach wie vor ausgeschlossen blieb, zeigte an, daß Wien das Spiel um die Macht in Deutschland bereits fast verloren hatte.

Elbherzogtümer zu arrondieren; man hatte »pour le roi de prusse«, auf deutsch: umsonst, gearbeitet. Die österreichischen Versuche, nun doch noch den Augustenburger als Souverän eines schleswig-holsteinischen Staates zu unterstützen, wurde von Bismarck dazu benutzt, sämtliche preußischen Bündnisverpflichtungen gegenüber Österreich für erledigt zu erklären. Schon zu Jahresbeginn 1866 war man sich im Berliner Kronrat wie im Wiener Ministerrat klar darüber, daß die endgültige Auseinandersetzung bevorstand; man zögerte sie lediglich noch ein paar Monate hinaus, um Verbündete zu suchen und der jeweils anderen Seite die Verantwortung für den Kriegsausbruch zuzuschieben.

England zeigte sich an den deutschen Dingen relativ uninteressiert; Rußland war seit dem Krimkrieg Österreichs Gegner auf dem Balkan, neigte eher zu Preußen und verhielt sich vorerst neutral; Frankreich schloß nach langem Hin und Her einen Geheimvertrag mit Österreich, versprach aber nicht mehr als wohlwollende Neutralität. Italien dagegen schlug sich offen auf die preußische Seite, was den Wiener Ministerrat am 21. April 1866 dazu zwang, die Grenztruppen gegen Italien zu mobilisieren. So kam die Lawine ins Rollen; Preußen marschierte demonstrativ in das österreichisch verwaltete Holstein ein, worauf die Mehrheit des Frankfurter Bundestags sich auf die österreichische Seite stellte: Streng genommen fand also kein preußisch-österreichischer, sondern ein preußisch-deutscher Krieg seinen Anfang, und die Soldaten der »Reichsarmee«, der auf österreichischer Seite stehenden deutschen Truppenkontingente, fochten mit schwarz-rot-goldenen Armbinden gegen die unter den Farben Schwarz-weiß kämpfenden Preußen.

Trotz des italienischen Verbündeten sah das militärische Kräfteverhältnis für Preußen nicht gut aus; ein Staat mit achtzehn Millionen Einwohnern und einer

Der Krieg von 1866 als Würfelspiel

Armee, die seit fünfzig Jahren nicht mehr im Feuer gestanden hatte, zudem durch gegnerische Staaten in zwei Teile geteilt, stand nicht nur fast allen übrigen deutschen Staaten gegenüber, sondern auch dem Koloß Österreich, mit doppelter Bevölkerungsstärke, einem kampfgeübten Heer und dem strategischen Vorteil der inneren Linie. Alle Welt rechnete mit einem langen Krieg; die Berliner Börse setzte auf den Sieg Österreichs.

Es wurde einer der kürzesten Kriege der Geschichte. Am 21. Juni 1866 überschritten preußische Truppen die böhmische Grenze; eine Woche später kapitulierte die eingeschlossene hannoversche Armee, während die preußische Hauptmacht, geführt von dem genialen Generalstabschef Helmuth v. Moltke, in drei Armeegruppen auf das Schlachtfeld bei Königgrätz zumarschierte, wo sich die österreichisch-sächsische Hauptmacht formierte. Die preußischen Truppen waren kriegsungewohnt, aber glänzend ausgebildet und geführt, bewaffnet mit dem neuen Zündnadelgewehr, mit dem man sieben Schuß in der Minute abgeben konnte – die österreichischen Gewehre brachten es nur auf zwei Schuß. Der preußische Aufmarsch ging ungewöhnlich schnell vor sich, denn Moltke nutzte die bestehenden Eisenbahnlinien, um große Truppenmassen mit bisher nie dagewesener Geschwindigkeit zu verschieben, und das größte Kunststück war es, die drei Armeen, mit Hilfe des Telegraphen geführt, präzise zum selben Zeitpunkt auf dem Schlachtfeld erscheinen zu lassen.

Österreich dagegen wurde jetzt zum Unheil, was ihm in Deutschland stets wie ein Mühlstein angehangen hatte: das Erbe des Alten Reichs, die Multinationalität. Die Mobilmachung ging schleppend langsam voran, denn man konnte die Truppen nicht in ihrer Heimat zusammenziehen, weil sonst die Gefahr bestand, daß sie sich mit dem Volk verbrüderten, anstatt für den Vielvölkerstaat zu kämpfen. Und überdies waren starke Kräfte in Italien gebunden, die an Land und zur See glänzende Siege erfochten, ohne die Entscheidung näherzubringen.

Die Entscheidung fiel in Böhmen, dem alten Einfallstor Preußens nach dem Süden seit den Tagen Friedrichs des Großen. Der österreichische Oberbefehlshaber, Feldzeugmeister Ludwig v. Benedek, wußte nur in Italien Bescheid und war sich nach eigenen Worten nicht einmal ganz klar darüber, wo die Elbe floß. Er war davon überzeugt, daß Österreich Vabanque spielte, und wartete, bereits halb resigniert, auf den Gegner, der wie von Maschinen gelenkt von drei Seiten heranrollte, die österreichische Armee umfaßte und im Morgengrauen des 3. Juli 1866 angriff. Am Abend war alles entschieden; Kaiser Franz Joseph, der den ganzen Tag über im Telegraphenzimmer des Wiener Nordbahnhofs auf Nachricht gewartet hatte, erhielt die Mitteilung: »Vorgestern schon besorgte Katastrophe der Armee heute vollständig eingetroffen.« Benedek hatte in der größten Schlacht des 19. Jahrhunderts dreiundvierzigtausend Mann an Toten, Vermißten, Verwundeten und Gefangenen verloren, Moltke dagegen nur neuntausend, und der Weg nach Wien, ins Herz des Habsburgerreichs, stand den preußischen Armeen offen. »Casca il mondo!« sagte in Rom der Kardinalstaatssekretär: Die Welt stürzt ein.

Für die deutsche Nationalbewegung, für den deutschen Liberalismus dagegen ging die Sonne auf, die Bismarck hieß, kaum, daß die Kanonen von Königgrätz verstummt waren. Revolution von oben durch Blut und Eisen, nicht von unten mittels Reden und Majoritätsbeschlüssen: der Deutsche Nationalverein löste sich wenige Monate später sang- und klanglos auf, die angesammelten Flottengelder erhielt der Verein zur Rettung Schiffbrüchiger.

V Michael Stürmer
Das industrielle Deutschland

Von 1866 bis zur Gegenwart

Die Beben des 20. Jahrhunderts kündigen sich vor den Ereignissen an – in den Kriegsgedichten Georg Heyms, den Bildern in sich zusammenstürzender Städte Ludwig Meidners und in den phantastischen Ahnungen kommender Greuel.
Max Beckmann malt 1918 sein Bild »Die Nacht«, das jene Folterszenen in verborgenen Verliesen vorwegnimmt, die wenig später die modernen Gewaltherrschaften exekutieren werden.

Hitler, der die weiten Ebenen zwischen Weichsel und Ural germanisieren wollte, hatte eine tiefe Abneigung gegen die herbe Melancholie der norddeutschen und ostdeutschen Landschaft. Berlin liebte er nicht, aber München machte er zur »Hauptstadt der Bewegung«, Linz bestimmte er zu seiner Altersresidenz und Totengruft, und Nürnberg wollte er zur »Stadt der Reichsparteitage« ausbauen. Davon ist nicht viel mehr geblieben als der künstliche See und die an das Colosseum erinnernde Kulisse der Kongreßhalle, die niemals fertiggestellt werden sollte.

Durch das Brandenburger Tor zog Napoleon nach dem Sieg von Jena und Auerstedt 1806 in die Hauptstadt des Gegners ein. Hier, aus einem Fenster des Reichstags, wurde 1918 die deutsche Republik ausgerufen und hier fand sie auch ihr Ende, als vier Wochen nach den Fackelzügen des 30. Januar 1933 Wallots Bau in Flammen aufging.

Am selben Platz lieferten sich 1945 sowjetische Gardesoldaten und deutsche SS tagelang Kämpfe von Zimmer zu Zimmer, und an der Lanze von Schadows Quadriga pflanzten die Russen die Rote Fahne zum Zeichen des Sieges über Hitler auf.

Vor dem Reichstag formierte sich 1948 unter Ernst Reuter aber auch der Widerstand des westlichen Berlin gegen die Angliederung an das östliche Imperium, dessen mitteleuropäische Grenze heute die Mauer am Brandenburger Tor symbolisiert.

1. Der Bismarckstaat 1866 bis 1890 – Revolution von oben

Hat die Schlacht von Königgrätz, 3. Juli 1866, die Geschicke Mitteleuropas entschieden? Zur Zeit des Deutschen Krieges zwischen Preußen und Österreich war die Stadt an der Elbe in Nordböhmen die wichtigste Festung der österreichischen Kaisermacht. Sie sperrte den Weg nach Wien. Der preußische Generalstabschef v. Moltke (»Der Schweiger«) hatte in einem großen, die Eisenbahn nutzenden Aufmarsch die preußischen Kräfte auf Königgrätz konzentriert, um dort die gegnerischen Divisionen zu stellen, zu umfassen und zu vernichten. Nördlich der Festung, bei dem Dorf Sadowa, kam es dann zu dem Zusammenprall von 500000 Mann, das preußische Blau auf der einen Seite, das Hellblau, Karmesin, Schwarzgelb und Grün der Österreicher und Sachsen auf der anderen Seite. Am Nachmittag zogen die österreichischen Truppen, geschlagen aber nicht vernichtet, sich in guter Ordnung nach Süden zurück.

Wenige Tage später erwies sich, daß die Schlacht in Böhmen den Krieg entschieden hatte. Denn Bismarck, der zuvor mit diplomatischer Finesse, mit dem italienischen Bündnisvertrag, dem Leerfegen des europäischen Geldmarkts und unannehmbaren Reformvorschlägen für den Deutschen Bund zum Krieg getrieben hatte, trieb jetzt ebenso entschieden zum Frieden: keine Verfolgung unter die Wälle Wiens, keine Demütigung der Österreicher. Der Krieg, wie ein Duell begonnen, sollte wie ein Duell unter Offizieren enden. Der Grund: Der französische Kaiser drängte auf Waffenstillstand und einen Frieden, der Frankreich für Preußens Sieg Entschädigung verschaffte. Frankreich war damals noch Führungsmacht des Kontinents. Die Machtprojektion des französischen Kaisertums reichte bis Böhmen. Beugte sich Preußen nicht, so drohte Krieg mit dem Empire Français.

So kam es zum Vorfrieden von Nikolsburg. Preußen wurde nicht allein gestattet, Schleswig und Holstein seinem Staatsgebiet einzuverleiben. Der Friede gab auch das restliche Norddeutschland Berlin zur Beute. Kurhessen, Nassau, Frankfurt und das Königreich Hannover wurden kurzerhand annektiert. Österreich war künftig aus Deutschland ausgeschlossen. Süddeutschland zwischen Rhein und Donau aber – das »Dritte Deutschland« – sollte seine Zukunft selbst bestimmen: europäischer Machtfaktor, wenn es nach Paris ging, oder Teil eines von Preußen beherrschten Deutschland, wenn es nach Berlin ging. Ein maßvoller Friede, alles in allem gesehen, und nur erklärlich aus der historischen Erfahrung, daß die Deutsche Frage in ihrer langen Entwicklung seit dem Mittelalter den Deutschen niemals allein gehört hatte. Bismarck erinnerte seinen

Monarchen und die Generäle an Preußens Geographie und schwierigen Aufstieg. »Ich habe die undankbare Aufgabe, Wasser in den brausenden Wein zu gießen und geltend zu machen, daß wir nicht allein in Europa leben, sondern mit noch 3 Mächten, die uns hassen und neiden« (an seine Frau, 9. Juli 1866).

Österreich hatte den Krieg verloren. Seine künftige Entwicklungsrichtung wurde der Südosten, wo die alte Kaisermacht 1867 den Ausgleich mit Ungarn bewerkstelligte: vergessen der Aufstand, das Blut und die Galgen von 1848, unvergessen aber die Demütigung Österreichs, das nur durch Rußlands Hilfe überlebt hatte, und das blutige Aufräumen der Kosaken unter dem ungarischen Adel. Jetzt wurde die Macht zwischen Magyaren und Deutschen geteilt. Fortan fehlte der Donaumonarchie und vor allem ihrer deutschen Führungsschicht jenes westliche Schwergewicht, das ihr zuvor das Alte Reich und seit 1815 der Deutsche Bund gegeben hatten. Im Südosten mußten die Wiener Militärs die alten Kämpfe mit den Osmanen weiterführen. Zugleich aber trafen sie schon auf den Panslavismus, die moskowitische Missionsidee des »Dritten Rom« und das russische Streben, den Balkan zu beherrschen, die Osmanenmacht zu liquidieren und die Kosakenpferde ans Mittelmeer zu treiben. Diese neue Lage hat Wien, als vier Jahre nach Königgrätz der Deutsch-Französische Krieg ausbrach, dazu bestimmt, die verlorene Partie um Deutschland nicht wieder zu erneuern und neutral zu bleiben. Die norddeutschen Verbündeten von 1866 waren großenteils von der Landkarte verschwunden, die Süddeutschen, ob sie es wollten oder nicht, Alliierte Preußens geworden. Für Wien kam fortan die Gefahr aus dem Osten.

Zu den Verlierern von 1866 zählte auch der Reichspatriotismus alter Prägung. Es gehörte auch der politische Katholizismus dazu. Schon 1870 – in Preußen standen Landtagswahlen bevor – riefen Notable Westfalens die Deutsche Zentrumspartei ins Leben, um fortan auf parteipolitischer Basis Parlament und Öffentlichkeit zu beeinflussen, auf die Regierung in Berlin Druck auszuüben und dem katholischen Kirchenvolk seine bürgerlichen Rechte und dem politischen Katholizismus ein Veto zu sichern.

Doch auch der alte Konservatismus Preußens, der den König von Gottes Gnaden wörtlich nahm und einer romantischen Idee der legitimen Monarchie nachhing, mußte zu den Verlierern gezählt werden. Der preußische Landadel hatte den Kampf mit der alten Kaisermacht Österreich nicht gutgeheißen. Wenn der König ihn anordnete, so mußte man ihn zweifelnd und zähneknirschend hinnehmen. Nach dem Sieg spalteten sich die Konservativen. Die regierungstreue, freikonservative Richtung glaubte an Bismarck und den Nationalstaat. Die altpreußischen Getreuen dagegen, pietistische Schwarzseher, verfluchten Bismarck und sahen im Nationalstaat nichts als das sichere Ende Preußens. Wer will heute sagen, daß die einen recht, die anderen unrecht gehabt hätten?

Ob die Liberalen auf der Siegerstraße gingen, war unter ihnen selbst umstritten. Damals begann jene Spaltung in Nationalliberale, die regierungstreu waren, bismarckfromm und dem Protektionismus zuneigend, und Fortschrittsmänner, die aus ihren Jugenderinnerungen von 1848 alte Freiheitsideale und aus ihrer preußischen Oppositionszeit ein tiefes Mißtrauen gegen Bismarck und den Verwaltungsstaat mitschleppten. Diese Spaltung in rechts und links im Liberalismus sollte bis zum Ende der Weimarer Republik Bestand haben. Die einen kaisertreu, revolutionsängstlich und industriefreundlich, die anderen eher Handel, Handwerk und Banken zugeneigt, auf Volks- und Verfassungsrechte pochend, zentralistisch gesonnen und weniger bismarcktrunken. Beide Richtungen allerdings teilten die soziale Grundlage im Bürgertum von Bildung und Besitz, und die nationale Einheit von der See bis zum Gebirge war ihnen Herzenssache. Sie waren Deutsche aus Überzeugung und Interesse. Die Konservativen hingegen mußten den Nationalismus erst noch lernen.

Die Sozialdemokratie war, wie die junge Gewerkschaftsbewegung, noch Sekte. Ferdinand Lassalle war im Duell wegen einer Frauenaffäre totgeschossen worden. Jetzt führten der Drechslermeister Bebel und der Intellektuelle Wilhelm Liebknecht, Dr. phil., die Partei vom marxistischen Zentrum aus. Von den Großpropheten in London lernten sie, den Nationalstaat als Fortschritt, den preußischen Triumph als Rückschritt zu verstehen. Ihre Rhetorik setzte auf Umsturz der bürgerlichen Gesellschaft und ökonomische Krisen als Katastrophenbringer. Ihre Praxis – und alsbald auch die Wählermassen – lebte vom Prinzip Hoffnung: Hoffnung auf kürzere Arbeitszeit und höheren Lohn, Hoffnung aber auch, durch Solidarität der Unteren und Klassenkampf gegen die Oberen das, was dem Arbeiter verweigert wurde, sich eines Tages doch zu holen.

Der Norddeutsche Bund, der im Krieg 1866 geboren wurde, war weniger als Deutschland und mehr als Preußen. Ob ihn zu seiner Zeit irgend jemand als Dauerform deutschen Daseins verstanden hat? Napoleon III. und Frankreichs öffentliche Meinung nicht, Bismarck nicht und nicht die deutschen Liberalen. Alles im Norddeutschen Bund, Verfassung und Bündnisse, Militärorganisation und Wirtschaftsordnung, war darauf angelegt, dem deutschen Nationalstaat unter preußischer Führung vorzuarbeiten. Nach außen ein Staatenbund Preußens, das seit 1866 mehr als je zuvor europäische Großmacht war, mit 22 Mittel- und Kleinstaaten nördlich der Mainlinie. Nach innen aber ein Bundes-

Der Orkan Bismarck stürmt über Deutschland, westlich des Rheins Napoleon III.

Karikatur aus dem Jahre 1866

staat, wo die Berliner Regierung das erste und das letzte Wort behielt, wo aus der Wilhelmstraße im alten preußischen Regierungsviertel Berlins regiert wurde und wo der Reichstag des allgemeinen, gleichen und geheimen Wahlrechts den Einigungsprozeß vorantreiben konnte.

Die Verfassung des Norddeutschen Bundes: Sie glich in allem schon der Reichsverfassung von 1871, die nur noch durch einige konstitutionelle Schönheitsreparaturen zugunsten Württembergs und Bayerns ergänzt wurde. Sie galt bis zum Ersten Weltkrieg, ja dem Buchstaben nach bis 1918. Es war eine Verfassung, kurz und dunkel, wie der verblichene Fürst Talleyrand sich ein zweckmäßiges Staatsgrundgesetz gewünscht hatte. Die deutsche Verfassung war ohne Staatsidee und damit ohne Vorkehrung, bei wem im Konflikt zuletzt die Entscheidung liegen sollte. Vielleicht war dies nicht nur ein Nachteil, Man-

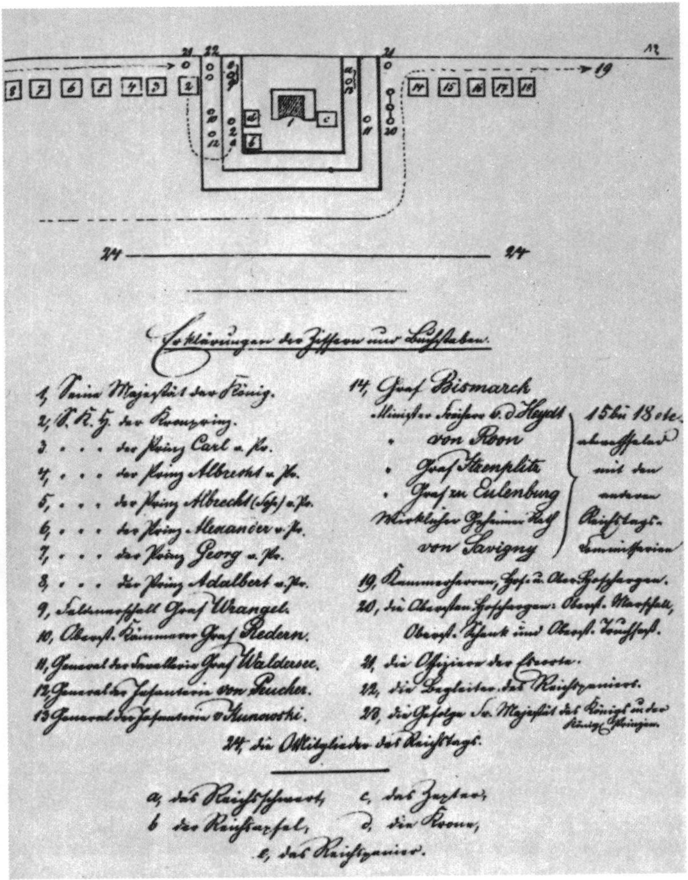

Platzanordnung für die feierliche Eröffnung des Reichstags des Norddeutschen Bundes

gel an emanzipatorischer Energie, sondern auch ein Vorteil, nämlich Offenheit in die Zukunft. Weder hatte sich das Prinzip der Volkssouveränität und parlamentarischer Letztentscheidung durchsetzen können, noch war dies der alte Obrigkeitsstaat in neuem Gewand. Vielleicht war die Verfassung nichts als das alte preußische Staatskunstwerk, verbunden aber mit dem Sprengsatz des allgemeinen und gleichen Wahlrechts und eines industriell-agrarischen Interessenpluralismus.

Die Verfassung beruhte auf der Einsicht, daß nur als deutscher Nationalstaat Preußen noch moderne Großmachtqualität gewinnen konnte, und daß Mitteleuropa als Großwirtschaftsraum einer neuen, nationalstaatlichen Kraftbündelung bedürftig war. Kein Zweifel, Parlament und Regierung mußten miteinander Kompromisse finden bei Gesetzgebung und Haushalt, sonst wurde das Staatsleben blockiert. Ohne den Reichstag gab es kein Gesetz, keinen Haushalt. Der Monarch aber hatte die alten Machtattribute in der Hand: Heer, Außenpolitik, Ernennung der Beamten. Zudem verfügte er über den Ausnahmezustand, das heißt, in jedem Konflikt um die Verfassung war er als Sieger designiert. Zwischen dem Nationalparlament des Reichstags und dem preußisch-deutschen Monarchen aber stand Bismarck, 1867 Bundeskanzler und 1871 Reichskanzler und dazu preußischer Ministerpräsident und Außenminister. Bismarck war Achse dieses Verfassungssystems, kein Diktator, sondern konstitutioneller Minister und – nach den Siegen von 1864 über Dänemark und 1866 über Österreich – cäsarische Führergestalt, ein populärer Mythos schon in seiner Zeit.

Zwölf Monate nach Königgrätz war Deutschland geeint, und es war nicht geeint. Geeint durch die Verfassung des Norddeutschen Bundes, die konservativ genug war für die preußische Führung und liberal genug für den späteren Beitritt des »Dritten Deutschland«. Geeint noch mehr durch wirtschaftliche Interessen: 95 Prozent der süddeutschen Exporte gingen nach Preußen oder über preußische Ströme, Straßen und Schienen. Berlin war die große Drehscheibe für Kapital und Investitionen. Was sollten die süddeutschen Regierungen anderes tun, als im Deutschen Zollverein mitmachen, der deutschen Freihandelszone zwischen Alpen und See? War ihnen der Unterschied entgangen? Bis 1866 ein Staatenbund, wo ihr Veto etwas galt, seitdem aber ein wirtschaftlicher Bundesstaat, wo im »Zollparlament« Mehrheiten entschieden. Am wichtigsten wurde die Gewerbeordnung von 1868/69, die im Süden die Reste der alten Zünfte wegschob und überall dem freien Unternehmertum die Zügel schießen ließ.

Geeint war Deutschland auch durch die Militärkonventionen, die Preußen nach Nikolsburg den deutschen Regierungen so nachdrücklich anbot, daß Ablehnung nicht in Frage kam: preußischer Drill, preußisches Kommando, preußische Führung galten fortan auch im Süden.

Aber auch nicht geeint. Wenn die neue deutsche Einheit auf die Probe des französischen Vetos und eines europäischen Krieges gestellt wurde, würde sie dann halten? Würden die Bündnisse funktionieren, Regierungen mobilisieren, Truppen marschieren? Österreichs Diplomatie registrierte mit Schadenfreude die Unzufriedenheit der ländlich-katholischen Bevölkerung im Süden. Frankreich gab das deutsche Spiel, das Richelieu gespielt und Napoleon gemeistert hatte, noch nicht verloren. Als 1868 zum ersten und einzigen Mal für das Zollparlament in Berlin gewählt wurde, da gewannen die Preußengegner mit dem auf Berlin gemünzten schlichten Spruch: »Steuern zahlen, Maul halten, Soldat sein«.

1869 wollten die Liberalen im Norddeutschen Reichstag den Einigungsprozeß in einem großen Schub voranbringen und schlugen vor, das Großherzogtum Baden im deutschen Südwesten an den Norddeutschen Bund anzuschließen. Das wäre ein Triumph des Liberalismus gewesen, für Frankreich aber der Casus belli. Mit schneidender Kälte lehnte Bismarck damals ab. Aus Rücksicht auf Frankreich? Weil er keine Volkspolitik wollte? Weil die deutsche Einheit von oben kommen sollte oder überhaupt nicht? Wohin wollte er? Hatte die Einheitsbewegung noch eine Chance? War die Einheit denkbar, war sie machbar ohne europäischen Krieg?

1866 war kein Triumph französischer Politik, aber auch keine Niederlage. Bismarck stellte Kompensationen in Aussicht: Luxemburg, das holländisches Eigentum und deutsche Bundesfestung war, wurde ins Spiel gebracht und, als Napoleon III. zugreifen wollte, durch eine internationale Konferenz neutralisiert. Das mußte Bitternisse schaffen. Im selben Jahr, 1867, war Preußen auf der Pariser Weltausstellung durch eine gigantische Krupp-Kanone vertreten. In Presse und Öffentlichkeit Frankreichs wurde Napoleon III. angegriffen, dessen mexikanische Intervention mit einem Desaster und der Erschießung seines Schützlings, des österreichischen Erzherzogs und mexikanischen Kaisers Maximilian geendet hatte. »Rache für Sadowa!« war der Kampfruf der Linksopposition, und es war unklar, ob dieser Ruf sich gegen Preußen oder auch gegen Napoleon III. richtete.

1870 bot sich ein bizarrer Anlaß für die französische Politik, das Maß ihres preußischen Gegners zu nehmen und aufzutrumpfen. In Madrid war der Thron vakant, die Cortes boten ihn einem Sproß der katholischen Seitenlinie Hohenzollern-Sigmaringen an. Sollte die Macht des Habsburgers Karl V. wiedererstehen, in dessen Reich die Sonne nicht unterging? Anti-bonapartistische Agitation, Einkreisungsangst und der Prestigehunger der Regierung mischten sich in Paris. Sehr schnell hat der preußische König Wilhelm I. für die Hohenzollern, was die Thronkandidatur anging, abgesagt. Bismarck hat sie aufs neue ins Spiel gebracht, erneut sagte Wilhelm I. ab. Nun aber stellte Benedetti, der fran-

In Bad Ems, Juli 1870: das Gespräch des preußischen Königs mit dem französischen Botschafter, das Gegenstand der Emser Depesche wurde.

zösische Botschafter, den Monarchen auf der Promenade in Bad Ems. Er verlangte Garantien, daß niemals wieder ein Hohenzoller für den spanischen Thron in Frage kommen dürfe. Wilhelm I. winkte ab. Ein langer Bericht ging nach Berlin. Bismarck kürzte ihn so zusammen, daß er wie die Aufforderung zu einer Kriegserklärung klang: »... daß Seine Majestät dem Botschafter nichts weiter mitzuteilen habe.« So der Schluß. Für Paris blieb nur, die Abfuhr einzustecken oder den Krieg zu erklären. Napoleon III., ein kranker und kriegsunwilliger alter Mann, mehr Händler als Held, zu seinen Ministern: »Wir haben keinen richtigen Kriegsgrund, trotzdem werden wir uns für den Krieg entscheiden müssen, um dem Willen des Landes zu gehorchen.«

Es war ein grotesker Anlaß für zwei europäische Nationen, Blut zu vergießen und Krieg zu führen. Die Gründe lagen tiefer. Es ging um Frankreichs Führungsstellung auf dem Kontinent, um die deutsche Einheit und das künftige Gesicht Europas. Würde aber der Süden Deutschlands mit Preußen marschieren? In den Kammern fielen knappe Entscheidungen für den Krieg. Würden sie die ersten Niederlagen überdauern? Frankreichs Armee galt als die beste in Europa. Aber der preußische Generalstab führte einen Blitzkrieg. Nach blutigen Sturmläufen und Reiterschlachten in Lothringen wurden Sedan und Metz eingeschlossen, die wichtigsten Festungen Nordost-Frankreichs. Bismarck nach acht Wochen Krieg, am 3. September aus Sedan: »Der Vor- und gestrige Tag kosteten Frankreich 100 000 Mann und einen Kaiser. Heute früh ging Letzterer mit allen seinen Hofleuten, Pferden und Wagen nach Wilhelmshöh bei Kassel ab.«

Aber den verlorenen Krieg des Kaiserreichs machte die Republik unter Gambetta zum Volkskrieg »à outrance«. Der Friede wurde erst geschlossen, als Frankreichs Notable fürchteten, der Krieg werde, wie 1792, in den sozialen Umsturz münden. Fünf Milliarden Goldfrancs mußten gezahlt, Elsaß und Lothringen abgetreten werden an das Reich, das es noch gar nicht gab. Die preußischen Militärs wollten es so, aber auch das badische Bürgertum und die im Taumel des Sieges delirierende öffentliche Meinung.

Was aber Sicherung im nächsten Krieg sein sollte, wurde zum Bleigewicht deutscher Sicherheitspolitik nach 1871. Bismarck hat sich den militärischen Argumenten gebeugt, trotz böser Ahnungen – zum französischen Geschäftsträger 1871: »Alsace-Lorraine, c'est la Pologne avec la France derrière« – und mit den »Reichslanden« allen denkbaren süddeutschen Alleingängen einen festen militärischen Riegel vorgeschoben.

Das deutsche Kaiserreich wurde, nicht anders als Frankreichs Dritte Republik, im Krieg geboren, und beide sollten im Krieg untergehen. Gegen die Republik der Notablen und die Vorherrschaft der Provinz erhob sich, während der deutsche Belagerungsring weiter bestand, die Hauptstadt Paris. Die »Commune« stützte sich auf Handwerker und Arbeiter, sie hatte radikale sozialistische Züge, vor allem aber stand hier die Tradition der »sans-culottes« von

Der Trierer Bischof 1874 beim Antritt einer Gefängnisstrafe

1792/93 auf. Nach drei Monaten Bürgerkrieg war alles zu Ende. Die letzten »communards« auf dem Friedhof Père-Lachaise erschossen, die anderen auf die Teufelsinsel geschickt: Dem französischen Sozialismus war für eine Generation das Rückgrat gebrochen.

Der deutsche Triumph wurde im Spiegelsaal des Sonnenkönigs zu Versailles kalt genossen – bitterkalt, weil der Raum nicht heizbar war. Am 18. Januar 1871 wurde Wilhelm I. von Preußen zum Deutschen Kaiser ausgerufen: ein »Charaktermajor«, wie der Monarch wegwerfend sagte. War das Kaisertum aber tatsächlich leerer Titel? Damals schrieb Heinrich v. Sybel, liberaler Politiker und Historiker, an einen anderen, der wie er lange Zeit Bismarck bekämpft hatte: »Wodurch hat man die Gnade Gottes verdient, so große und mächtige Dinge erleben zu dürfen? Und wie wird man nachher leben? Was zwanzig Jahre der Inhalt alles Wünschens und Strebens gewesen, das ist nun in so unendlich herrlicher Weise erfüllt!«

So hat das Bürgertum von Bildung und Besitz in seiner Mehrheit wohl gedacht. Aber auch konservative Katholiken und Sozialisten? Die Konservativen gingen großenteils in eine innere Emigration. Die vordem mächtige konservative Partei zerfiel und wurde erst 1876 von Bismarck und der Agrarlobby als »Deutsch-Konservative Partei« neu aufgebaut, stramm nationalistisch, auf Regierungskurs und für den Zollschutz der mittlerweile notleidend gewordenen deutschen Großlandwirtschaft.

Der politische Katholizismus wurde zum Außenseiter des neuen Reichs gemacht. »Reichsfeinde« nannte Bismarck die Allianz aus Welfen, Polen und Elsässern, die im Zentrum Heimat und Bollwerk fand. Eine bittere und gehässige Auseinandersetzung folgte, um Schule und Kanzel, um Zivilehe und Staatsleistungen an die Kirche geführt. Die Liberalen sprachen propagandistisch vom »Kulturkampf«.

Am übelsten aber ging es den Sozialisten, auch sie als Reichsfeinde gebrandmarkt. Als August Bebel im Reichstag die »Commune« pries als Vorhut der europäischen Arbeiterbewegung, da wurde dies als Erklärung des Bürgerkriegs quittiert: zuerst ungläubig und lachend, dann aber, als die Wählerzahl der Sozialisten wuchs und wuchs, mit Angst und Erbitterung.

Das Sozialistengesetz von 1878 war eine späte, gehässige Antwort, aber auch halbherzig. Halbherzig deshalb, weil die Partei verboten wurde und jede Organisation und Agitation für sie unter schwere Strafe kam. Die SPD-Fraktion im Reichstag aber konnte ungeschmälert reden und abstimmen und anschließend ihre Brandreden zum Druck geben. Gehässig, weil die politische Arbeit unter Ausnahmerecht gestellt wurde und gleichzeitig ihre sozialpolitischen Ziele auf-

Familie Strousberg im Glück. Das Gruppenporträt zeigt großbürgerliches Familienleben im Park. Strousberg gehörte zu den sprichwörtlichen »Gründern«. Sein Finanzimperium brach im »Gründerkrach« zusammen. Gemälde von Ludwig Knaus, 1875

genommen wurden. Und spät, weil es im Grunde nicht allein um Sozialistenangst ging, sondern längst um den Versuch, den moralischen und politischen Preis der Industrialisierung zu drücken.

Die deutsche Industrialisierung, die seit 1850 Wachstumsraten um die zehn Prozent erzeugt, die lange Krise 1857/58 ohne dauernden Schaden überstanden und seitdem im Schutz niedriger Löhne, eines stabilen Investitionsklimas, liberalen Aktien- und Börsenrechts, hoher Renditen begleitet von fiebriger Spekulation zur industriellen Revolution gesteigert war, erreichte nach 1870 ihren Zenit. Es war Gründerzeit. Der Eisenbahnbau florierte. Die Städte weiteten sich aus, explosiv und ungeplant wie Nürnberg, wo Fabrik und Arbeiterquartier sich aneinanderreihten, oder geplant wie Berlin, wo imperiale Boulevards den sandigen Kiefernboden der Mark in Besitz nahmen und aus Bauerndörfern Angestelltenstädte machten, die durch Schnellbahnen, Trambahnen (seit 1881) und

Untergrundbahnen (seit der Jahrhundertwende) an das Leben der Metropole angeschlossen waren.

Es begann ein Zeitalter der Bewegung, der Heimatlosigkeit und der großen Hoffnung, daß das Leben anderswo mehr von seinem Reichtum preiszugeben habe. Die Zahl der Menschen, 1871 noch 41 Millionen, lag schon zwanzig Jahre später bei 50 Millionen; 1913 werden es 67 Millionen sein. Um die Jahrhundertwende waren die Deutschen im Durchschnitt jünger als je zuvor, ihre Zahl wuchs schneller als die ihrer Nachbarn, Rußland ausgenommen, und sie alle mußten Arbeit und ein anständiges Auskommen in der Industrie suchen oder in jenem Bereich, den man bald den »tertiären Sektor« nennen sollte: Handel, Banken, Versicherungen, Dienstleistungen aller Art wie Post und Bahn, kommunale Behörden. Hier entwickelten sich die Armeen des »neuen Mittelstandes«, Angestellte mit monatlicher Gehaltszahlung auf monatliche Kündigung, nicht Bourgeois und nicht Proletarier, aber bildungshungrig, aufstiegswillig, sparsam und leistungsfähig.

Von jeher war Deutschland ein Land, das seine Söhne nicht ernähren konnte. Nach 1871 stieg die Zahl der Auswanderer, weil viele, statt nach Amerika zu reisen, nach Frankreich hatten marschieren müssen. Danach trieben Landhunger und Arbeitsmangel infolge der 1873 beginnenden Deflationsperiode, die zwanzig Jahre anhielt, Jahr um Jahr an die 100000 Menschen ins Ausland. Die meisten suchten auf den Prärien des mittleren Westens Bauernland, das zu Hause nicht zu haben war, oder eine handwerkliche Existenz.

Hoffnung auf die Neue Welt: Auswanderer in Bremen 1874

Lithographie von Johannes Gehrts

Die Auswanderung bewegte sich in Wellen, ein Höhepunkt um 1880, ein zweiter um 1890, entsprechend der Konjunkturlage zu Hause. 1893 dann ein scharfer Schnitt: »the panic of 1893« zeigte, daß in den USA die Bäume nicht in den Himmel wuchsen. Im selben Jahr endete die freie Landnahme im Westen, die offene »frontier« hatte den Pazifik erreicht. 1894/95 begann auch jener zweite industrielle Aufschwung, der die deutsche Industrie in Schlüsselbranchen wie Maschinenbau, Chemie und Elektrotechnik an die Spitze brachte, die Löhne steigen ließ und das Sozialklima verbesserte. Es ließ sich seitdem besser leben in Deutschland, jedenfalls waren die meisten Deutschen davon überzeugt.

Zweifellos hat auch zur inneren Befriedung die staatliche zwangsgenossenschaftliche Sozialversicherung beigetragen. In drei Stufen 1883, 1884 und 1889 wurden die Arbeiter gegen die schlimmsten Gefahren proletarischer Existenz abgesichert: Krankheit, Unfall und Alter und dauernde Invalidität. Nicht christliche Politik war die Wurzel, nicht paternalistische Politik, wie so oft gesagt worden ist: Die deutsche Sozialpolitik entstand als Vorkehrung gegen den Bürgerkrieg. Sie war Räson des bedrohten Machtstaates in der europäischen Mitte.

Was die eine Hand den Arbeitern an politischer Freiheit nahm, gab die andere an sozialer Sicherheit. Kein Zweifel, in der späten Bismarckzeit waren die deutschen Arbeiter lesekundiger, besser gesichert und in ihren Löhnen nicht schlechter gestellt als die Arbeiter in England, Frankreich oder Nordamerika. Im Wahlrecht waren sie zwar beschränkt, nur für den Reichstag galt das allgemeine, gleiche und geheime Wahlrecht. Aber wenn man genauer hinschaute, dann waren Parteiensystem und Wahlrecht in den westlichen Demokratien auch nicht eben einladend gestaltet für die Arbeiter. Und allemal war die SPD die mächtigste Arbeiterpartei unter den industriellen Nationen. Mächtig genug jedenfalls, um Liberalen und Katholiken die Lust zu verderben auf Parlamentarismus und Teilung der Macht. »Gute alte Zeit« in jenem Sinne, der nach dem Ersten Weltkrieg den goldenen Zehnmarkstücken, den Strohhüten und den Matrosenjacken nachtrauerte, war das Kaiserreich zur Zeit Bismarcks nicht, und die meisten Menschen tauschten nur ihre alten Ängste und Nöte gegen neue aus. Die Gespenster von 1848 waren nicht erlöst, sie waren nur gebannt. Der Ernstfall wurde oft beschworen, und niemand tat es mit mehr politischer Imagination und suggestiver Kraft als Bismarck, wenn er von drohendem Zerfall des Reiches sprach, von den roten Fahnen auf dem Brandenburger Tor oder von der Notwendigkeit, den Staatsstreich in Erwägung zu ziehen. »Wenn ich nicht staatsstreichere, setze ich nichts durch«, so ließ er sich 1878 vernehmen, als die große Angst durchs Land zog. »Die Hungrigen ... werden uns fressen«,

Die Bevölkerung Berlins wuchs schneller als die Mietskasernen: Behelfswohnungen am Stadtrand. *Holzstich von C. Klein, 1872*

prophezeite er einer fassungslosen Tischgesellschaft 1884. »Ich sage dies ohne Bitterkeit und ganz ruhig: ich sehe sehr schwarz in Deutschlands Zukunft.«

Die Reichsgründungszeit war für das geistige Deutschland Kassandrazeit. Während alles baute, gründete, mehr verdiente als je zuvor, spekulierte und fieberte, übten sich die großen Geister in bösen Prophetien: Richard Wagner maß das Reich an fernster Vergangenheit und fernster Zukunft und fand es kalt und unausstehlich. Friedrich Nietzsche sagte Kriege voraus, wie die Welt sie noch nicht gesehen hatte. Jacob Burckhardt, der konservative Basler Historiker, sah in der Zukunft den Militärstaat und die große sozialistische Kaserne. Selbst der alte hugenottische Preuße Theodor Fontane trauerte um das alte Preußen und mißtraute des neuen Reiches Glanz.

Aber nicht nur das geistige Deutschland, auch das politische Deutschland war von Pessimismus geschüttelt. Bebel wurde nicht müde, den Kladderadatsch der bürgerlichen Welt zu prophezeien. Die Liberalen fürchteten Obrigkeitsstaat, Priesterherrschaft und rote Revolution. Katholiken und protestantische Orthodoxie sahen Sittenlosigkeit und Materialismus heraufkommen, Aufruhr und ein industriekapitalistisches Sodom und Gomorrha. Die Angst vor dem

Zweifrontenkrieg, Bismarcks »cauchemar des coalitions« kam niemals mehr zur Ruhe.

Aber statt des Jüngsten Tages kam 1873 eine Krise der Überinvestitionen und der Überproduktion. Sie zog im Textil- wie im Montanbereich einen langen Preisverfall nach sich, beschleunigte die Konzentration der Unternehmen, halbierte neue und alte Aktienvermögen und führte die Zahl der Streiks drastisch zurück, während die Reallöhne, nur schwach gebremst, weiterhin stiegen. Dem großen Gründerkarneval folgte die Aschermittwochstimmung, mehr jedoch im Bereich der Massenseele und der Politik als in den Bilanzen der Unternehmen. Stahlindustrie und Textilproduzenten allerdings schrien lauter als je zuvor – und sie hatten lange Übung – nach Schutzzöllen. Eine ganze Generation von wirtschaftlichen Interessenverbänden entstand seit 1873, die die Ministerien in der Wilhelmstraße belagerten und die Parteien aufzukaufen suchten.

Zur Konjunkturkrise der Industrie, die bis in die Mitte der neunziger Jahre anhielt und sich in Wellen verschärfte, trat bald die Strukturkrise der Landwirtschaft. In den 1870er Jahren wurde die Kornkammer des mittleren Westens der USA an den Weltmarkt angeschlossen. Die ersten Dampfer und die letzten Klipper fuhren um die Wette, und sie beförderten das Getreide billiger als je zuvor nach Europa. Die wirtschaftliche Krise wurde, als sie industrielle Arbeitsplätze und die ökonomische Basis ländlicher Macht bedrohte, zum politischen Überlebensproblem. Die Antwort der Staatspolitik bestand in Abkehr vom Freihandelsprinzip, das in Preußen seit dem Sturz des ersten Napoleon regiert hatte. 1879 wurde ein Zolltarif für Landwirtschaft und Industrie Gesetz, der die Einnahmen des Reiches verbesserte, Industrie und Landwirtschaft einen Trost bot und den Liberalismus auf der Linie von Freihändlern und Protektionisten spaltete.

War das Versprechen des Fortschritts eine Täuschung gewesen? War die Wurzel des Übels »der Kapitalismus«? Merkwürdig, wie rasch der Begriff aufkam und seine denunziatorische Bedeutung annahm. Ruinierte das Ausland Rittergut und Hochofen in Deutschland? Eine Epoche des ängstlichen und aggressiven Protektionismus begann. Jeder, der sich in Gefahr sah, rief nach dem starken Staat, nach Hilfe von oben, nach gesetzlichem Schutz gegen ausländische Konkurrenz. Aus dem Zoll von 1879 wurde im folgenden Jahrzehnt ein Schutzzoll. Aber er nutzte wenig. Die Kosten der Landwirtschaft stiegen, weil Maschinen und chemische Düngung hohen Kapitalaufwand erforderten, die Erlöse sanken. Die deutsche Zahlungsbilanz entwickelte sich in den 1880er Jahren stark negativ. Ständig wurde mehr importiert als exportiert. Wie lange ließ sich diese Entwicklung durchhalten?

Der Staat konnte wenig tun. In einer Zeit weltweiter Gold- und Silberwährung war nationale Notenpolitik kaum zu führen. Zolltarif und Handelsverträge aber waren schwache Waffen. Staatliche Kreditschöpfung war kaum möglich. Für große staatliche Konjunkturprogramme fehlte jede Voraussetzung nicht nur in der Theorie, sondern auch im Steuersystem. Es blieb die Hoffnung, in den Kolonien Rohstoffe und Warenmärkte zu finden und vielleicht dorthin Menschen zu exportieren.

Der Traum vom »deutschen Indien in Afrika« bewegte die Herzen, mehr im Inland als an der Küste. 1882 bis 1887 erwarb das Reich in Mittelafrika, in Ost- und Südwestafrika riesige Landstriche, großenteils unfruchtbar und dünn besiedelt. Die deutschen Banken blieben unterdessen kühl, die Industrie vermißte den aufnahmefähigen Markt. Zu Investitionen ließ man sich drängen, um der Wilhelmstraße einen symbolischen Gefallen zu tun. »Jetzt moussiert alles wegen Kolonialpolitik«, meinten die politischen Planer zur Zeit der Kongokonferenz 1884, als die Grenzen Afrikas mit dem Lineal gezogen wurden. Aber wenige Jahre später schon winkte Bismarck müde ab, als ihm ein Kolonialschwärmer noch mehr Afrika aufreden wollte: »Ihre Karte von Afrika ist ja sehr schön. Aber hier ist Frankreich, und da ist Rußland, und wir sind in der Mitte, und das ist meine Karte von Afrika.«

Über dem Deutschen Reich zog der Ernstfall herauf. Mitteleuropa, seit mehr als 200 Jahren das Schachbrett der europäischen Großmächte, war durch die Reichsgründung als Machtstaat organisiert worden. War das »the German revolution« (B. Disraeli)? War dies eine Kriegserklärung an Europa? Während das dissonante europäische Mächtekonzert sich zum Weltmächtesystem wei-

Otto von Bismarck, 1874

August Bebel, der Arbeiter-Bismarck. Bürgerlich im Habitus wurde Bebel Bürgerschreck.

tete, blieben die Deutschen in die europäische Mittellage eingezwängt. Sie war stets in der Geschichte Preußens Chance gewesen, aber auch die Verdammnis der Gernegroßmacht. Die Mittellage aber wurde seit 1870 den Deutschen, mehr als Preußen je zuvor, Alptraum und Verführung zugleich.

1871 hatte Frankreich anderthalb schöne Provinzen verloren. Man konnte sich streiten, wie französisch das Elsaß und Lothringen gewesen waren und wie künstlich der Schmerz der französischen Deputierten, die die Statue Straßburgs an der Place de la Concorde, der Geliebten Victor Hugos nachgebildet, schwarz verhängen ließen. Die französische Dritte Republik war jedermanns zweite Wahl gewesen. Die Idee der Revanche für 1870 gab ihr den Ersatz einer Staatsräson. »Frankreich ist hoffnungslos« – das wußte Bismarck. Seine gesamte Außenpolitik seit 1871 war Sicherheitspolitik. Er suchte vom Deutschen Reich die europäischen Folgen seiner Gründung abzuwenden. Frankreich isolieren und, wie seit hundert Jahren, mit Rußland die polnische Gans teilen und die Revolution bekämpfen, den Kampf Rußlands und Österreich-Ungarns um das Erbe der Osmanen unter Kontrolle halten und England für die Ruhe des Kontinents und damit für die Erhaltung des neuen Deutschen Reiches gewinnen: das war für Bismarck deutsche Staatsräson. Sie erforderte nach innen Ruhe und Stabilität. »Wir sind« – so beschwor er die Deutschen – »was der alte Fürst Metternich nannte, eine saturierte Macht.« War der weiße Revolutionär ein später Schüler der Staatsmänner des Wiener Kongresses geworden? Kein Weg führte dahin zurück.

1876 begann Serbien einen Krieg gegen die Türken. Petersburg sandte Geld und Offiziere zur Front und Gebete gen Himmel. Als die Serben geschlagen wurden, griffen die Russen ein, machten erst vor Istanbul halt und diktierten den Osmanen den Frieden von San Stefano, der den halben Balkan zu Rußlands Vorhof machte. Der Friede war so exzessiv, daß Briten und Österreicher protestierten und mobilisierten. Der Berliner Kongreß aber (13. Juni-13. Juli 1878) sollte den Krieg der europäischen Großmächte verhüten. Bismarck wollte – statt den Russen die Beute zu sichern – »ehrlicher Makler« sein. Bleichröder, sein Bankier, bemerkte düster und wissend: »Es gibt keinen ehrlichen Makler.«

Die Folge war ein tiefes Mißtrauen der Panslavisten und Militärs gegen Berlin, akzentuiert durch einen Zollkrieg der Russen gegen deutsche Lokomotiven und Maschinenexporte. 1879 suchte Bismarck durch den Zweibund mit Österreich eine Sicherheitsachse quer durch Europa zu legen. Der Zweibund gab Österreich-Ungarn eine Bestandsgarantie, die in Moskau und Petersburg als stille Kriegserklärung gelesen wurde, und je länger desto mehr. Im folgenden Jahr gelang es sogar, das Zarenreich, im Aufbruch der Reformen verunsichert und von Terrorismus geplagt, vorübergehend zum Anschluß an Berlin und Wien zu bewegen. Als Meisterstück der Diplomatie entstand ein Bündnissystem, das unklar genug war, Berlin immer Zeit zum Nachdenken zu geben. Seine innere Logik lag nicht im Krieg, sondern im Frieden. Bismarck wollte Deutschland zum »Bleigewicht am Stehaufmännchen Europa« machen. Jede Macht außer Frankreich sollte des deutschen Bündnisses bedürftig sein und bleiben.

Ließ sich – ungeachtet Reichsgründung und »German revolution« – das Wiener System rekonstruieren, aber mit Preußen-Deutschland als Dreh- und Angelpunkt? Bismarck selbst wußte zu gut, wie gefährlich die Lage längst war. Der Nationalismus der Völker war entfesselt, wie sollte er jemals wieder storniert werden ohne namenlose Katastrophen? Bis zum Ende widersetzte Bismarck sich jedem Präventivkriegsgedanken. Aber hinter dem deutsch-russischen Rückversicherungsvertrag (1887–1890) drohte schon das russisch-französische Bündnis. Frankreich suchte Sicherheit und Revanche. Rußland wollte den Südosten gewinnen und Österreich-Ungarn als Großmacht vernichten. Als 1892/94 die Militärallianz der Flügelmächte Kontinentaleuropas gegen Deutschland stand, da zeichnete sich ab, daß Elsaß-Lothringen zu annektieren ein tödlicher Fehler gewesen war.

2. Das ruhelose Reich 1890 bis 1914 – Weltwirtschaft und Weltpolitik

Niemals vergaß Bismarck, daß das Deutsche Reich »erst unter dem ... bedrohenden Gewehranschlag des übrigen Europa ins Trockene gebracht« worden war. Zwanzig Jahre lang versuchte er, die Folgen abzuwenden. In diesem Zweck vereinigten sich friedenstiftende Außenpolitik und friedlose Innenpolitik. Berlin berechenbar machen für das restliche Europa, Machtkämpfe an den Rand verlagern, auf Kosten der Türkei Geschäfte machen, den Zankapfel nach Afrika werfen, das Reich heraushalten aus den Weltkonflikten, den deutschen Liberalen keine Flotte geben, den Nationalisten kein deutsches Indien in Afrika, den tödlichen Machtvisionen ausweichen und die Entscheidung zwischen Ost und West vermeiden, zwischen Österreich und Rußland vermitteln: Das alles gehörte zu dieser Politik. Es gehörte aber auch dazu, die Soziale Frage fest in Staatshand zu nehmen, die Parlamente zu schwächen, den Liberalismus zu entpolitisieren, den charismatischen Führer herauszukehren und den Nationalismus zu domestizieren, ja ihn zu verstaatlichen.

Bismarck hat auf diese Weise für die deutsche Sicherheit viel erreicht. Nur eines erreichte er nicht, Frankreichs Gesicht von der blauen Linie der Vogesen nach Afrika zu drehen und zwischen Rußland und England das Reich unangreifbar zu machen, es aus der Bedrohung der Mittellage zu erlösen und durch Diplomatie die Geographie und die Geschichte zu überwinden.

Warum aber konnte das Reich nicht dauern, wie Bismarck es wollte? Haben die Eliten falsch gedacht? Die Massen falsch gewollt? Nicht falscher wohl, im großen und ganzen, in Berlin als zur selben Zeit in Paris, Petersburg oder London. Was in der Londoner Music-Hall der Jingoismus war und in den Petersburger Salons der Panslavismus, das waren in Frankreich Revanche und Chauvinismus. Ein Imperialismus war des anderen wert. Jene vulgären Missionsideen, die für die Nationen Zement waren, waren für das europäische Mächtesystem Dynamit.

Wo es um Rohstoffe und Dampferlinien ging, um Märkte und Investitionen, um Arbeitsplätze und Rendite, um »Weltmacht durch Seemacht« wie der US-

Die Massenstreiks im Bergbau kündigten innenpolitisch das Ende der Ära Bismarck an. Ihre Zentren waren Gelsenkirchen und Waldenburg in Oberschlesien.

Plakat von der Saar, 1889

Admiral Mahan der Welt darlegte, oder um »the scramble for Africa«, wer durfte da zurückstehen? Eine Regierung, die den Tiger des Nationalismus zügeln wollte, mußte fest im Sattel sitzen. Gleichwohl, es war dies die Konzeption Bismarcks.

Aber sie konnte nicht dauern. Der Machtstaat bedurfte der starken inneren Bindungskräfte, was aber mehr Wachstum und Weltgeltung forderte, mehr innere Versöhnung auch und mehr Sozialreform als Bismarck geben konnte und wollte. Seine konservative Utopie war zukunftslos. Die große innenpolitische Wende vollzog sich im April und Mai 1889, als mehr als 140000 Bergleute zwischen Essen und Gelsenkirchen streikten. Die deutsche Energieversorgung war in Gefahr, den strategischen Bahnen drohte die Lähmung, Truppen zernierten das Streikgebiet in weitem Umkreis. Während Bismarck auf Parlamentskonflikt und Ausnahmezustand hinarbeitete, empfing der junge Kaiser eine Arbeiterdelegation. Er wollte nicht, so seine Worte, seine ersten Regierungsjahre mit dem Blut seiner Untertanen färben. Die Unternehmer schonte er nicht. Ihre Arbeiter hätten sie ausgepreßt wie Zitronen und sie dann »auf dem Mist« verfaulen lassen. Die Ära Bismarck ging zu Ende: kein Paukenschlag, nur eine Dissonanz. Am 17. März 1890 genehmigte der junge Kaiser das angeforderte Entlassungsgesuch des alten Kanzlers.

Ging in Berlin, wie die berühmte Karikatur im »Punch« es zeigte, der Lotse von Bord? Bismarck war längst einsames Denkmal geworden. Die Machtfülle, die er 28 Jahre lang dem Monarchen zugeschoben hatte, um aus ihr zu schöpfen, kehrte sich gegen ihn. Seine Antworten verloren ihre Geltung. Bei den allgemeinen Reichstagswahlen 1890 hatte die Sozialdemokratie, Sozialistengesetz hin oder her, zwanzig Prozent der Stimmen und zehn Prozent der Mandate gewonnen. Das Sozialistengesetz war seitdem mangels Mehrheit im Reichstag nicht mehr verlängerbar.

Alle Parteien suchten eine Massenbasis, das Zentrum im »Volksverein für das katholische Deutschland«, die Konservativen seit 1893 im »Bund der Landwirte«, der anti-industriell und protektionistisch war und der den Nationalismus von rechts sattelte. Die Sozialdemokratie dagegen wurde, revolutionär redend und reformistisch handelnd, Ersatzkirche und Ersatzstaat, geführt von Bebel als Volkstribun und Arbeiter-Bismarck: autoritär, kompetent, unduldsam und charismatisch. Eine Massenbewegung entstand, die von der Wiege bis zur Bahre den Menschen Heimat gab. Die feste Basis lag in der Verklammerung von Partei und Freien Gewerkschaften. 1906 gewann sie im Mannheimer Abkommen die Form eines Staatsvertrags.

Das Land war unübersehbar in einer Revolution des Alltags begriffen. Alles änderte sich, fast alles. Es wurde mehr geheiratet als je zuvor, es wurden mehr Kinder geboren als je in der deutschen Geschichte: eine junge Nation im Aufbruch. Mußte nicht seitdem die Erfahrung der Väter die Lebenswelt der Söhne verfehlen? Wer wollte noch auf die Weisheiten der alten Männer hören? Sie erinnerten an Zeiten, da alles bescheidener und knapper, aber auch leiser und vorsichtiger zugegangen war, im Alltag wie in der Großen Politik.

Zwischen 1885 und 1895 übernahm die Industrie gegenüber der Landwirtschaft die Führung nach Investitionen, Zahl der Beschäftigten und Summe der Wertschöpfung. Das Deutschland, das seitdem in Weltwirtschaft und Weltpolitik getrieben wurde, war nicht mehr das Großpreußen, das 1871 zustande gekommen war. Mächtiger und brüchiger als Preußen, trieb es an der Jahrhundertwende in Unregierbarkeit und Unberechenbarkeit, ein ruheloses Reich in der Versuchung der Weltpolitik.

Der »Neue Kurs«, 1890 mit einer scharfen Wendung eingeleitet und schon 1894 wieder abgebrochen, setzte auf Versöhnung im Innern und Vertrauensbildung nach außen. Der Reichskanzler v. Caprivi, ein befähigter General und ein Kanzler des Ausgleichs, suchte mit England Verständigung. Helgoland wurde gegen das Protektorat über das Sultanat Sansibar getauscht. Mit Rußland kam erstmals ein Handelsvertrag zustande. Billige russische Kornexporte kamen nach Deutschland, dafür wurde der deutschen Industrie der russische Markt wieder geöffnet. Caprivi im Reichstag: »Wir müssen exportiren. Entweder wir exportiren Menschen oder wir exportiren Waren. Mit dieser steigenden Bevölkerung ohne eine gleichmäßig zunehmende Industrie sind wir nicht in der Lage weiter zu leben.«

Deutsche Staatsräson lag für den Kanzler v. Caprivi in friedlicher Weltpolitik und innerer Reform. Aber gegen den Helgoland-Sansibar-Vertrag mit England erhob die Koloniallobby ein wütendes Geheul. Als Zentralagentur des deutschen Vorkriegsnationalismus entstand der einflußreiche »Alldeutsche Verband«. Gegen russisches Korn für den deutschen Markt aber kämpfte die von Landflucht und hohen Kapitalkosten bei sinkenden Erträgen bedrängte Landwirtschaft, voran der Bund der Landwirte (im Gründungsjahr 1893 = 300000 Mitglieder), mit marktschreierischer Agitation: Die Regierung, Juden, Kapitalisten und Freihändler waren an der Misere der Grünröcke schuld.

Der »Neue Kurs«, der auf Bismarcks hartes Regiment folgte, hatte mehr Sozialpolitik, mehr Industriewirtschaft, mehr industrielle Arbeitsplätze und mehr Wachstum gebracht, als mit dem inneren Machtgleichgewicht vereinbar war. Jetzt revoltierten Rittergut und Hochofen. Caprivi, Verkörperung deutscher

»The pilot leaves the ship« – Der Lotse geht von Bord. Oben Wilhelm II., unten Bismarck. Aber wußte Bismarck 1890 noch die Richtung? Karikatur von Sir John Teniel im »Punch«, 1890

Anfänge deutscher Weltpolitik: Das 1895 gebildete ostasiatische Kreuzergeschwader demonstrierte deutsche Machtprojektion nach Übersee. Der eigentliche Aufbruch zur Flottenrüstung begann unter Tirpitz 1898. Zeitgenössisches Aquarell

Staatsräson und vertrauensbildender Weltpolitik, mußte zurücktreten und dem greisen Fürsten Hohenlohe Platz machen, hinter dem des Kaisers Entourage das persönliche Regiment als populäre Regierungsform entfalten wollte. Am Ende aber kam nichts zustande als Lähmung der Politik und Diskreditierung der Monarchie.

Caprivis Politik hatte den Aufbruch in die Weltwirtschaft eröffnet. Nun folgte die Ära der Weltpolitik. Sie ritt auf der ansteigenden Welle der Weltkonjunktur und folgte aus der Dynamik des Industriestaats. Wo das europäische Mächtesystem zum Weltmächtesystem sich weitete, wo der weiße Mann in Südafrika, in Fernost, in der Südsee die letzten Territorien eroberte, da konnte das Deutsche Reich nicht zurückstehen. Die deutsche Außenpolitik verlor den angstvoll-behutsamen Grundzug, der ihr seit Bismarck und noch unter Caprivi zu eigen gewesen war. Den »Platz an der Sonne« für die Deutschen forderte 1897, wehleidig und auftrumpfend, der neue Mann im Auswärtigen Amt, Staatssekretär Bernhard von Bülow.

Weltpolitik sollte der innere Klebstoff werden, der die industrielle Massengesellschaft zusammenhielt: Arbeitsplätze, Wachstum und Wohlstand sichern, aber auch Begeisterung für den monarchischen Führer schaffen und den Machtstaat sichern. 1898 begann der Bau der deutschen Schlachtflotte, anfangs von den Agrarkonservativen bekämpft, von dem Chef des Reichsmarineamts Tirpitz der Öffentlichkeit dargeboten als Bedingung und Mittel deutschen Welthandels und deutscher Weltgeltung, inszeniert als technokratischer Triumph und strategisch gegen Englands Seeherrschaft gerichtet. Technische Innovation in Schiffbau, Panzerung und Bewaffnung machte damals die hölzernen Flotten des 19. Jahrhunderts obsolet. Jetzt oder nie kam die Chance der Deutschen, mit England die Kräfte zu messen und das Empire zu beerben. War das schon unausweichlich der Weg in den Krieg? Jedenfalls war es der Weg in eine Konfrontation auf Leben und Tod, das Ende der englischen Bündnischance, Anfang der Einkreisung.

Die Annexion des Elsaß und Lothringens und die Entscheidung für den Schlachtflottenbau: So populär diese Politik war, so gefährlich war sie auch. Politische Gewitterschwüle hing seit der Jahrhundertwende über Europa. Sie verdichtete sich mit der französisch-britischen »Entente cordiale« 1904 und dem britisch-russischen Abkommen 1907. Die französisch-englischen Generalstabsabsprachen 1911, wo bereits die Gefechtsstreifen zur Abwehr des erwarteten deutschen Vormarsches eingeteilt wurden, erhellten blitzartig die Umrisse des kommenden großen Krieges.

War der Punkt, auf den alles zulief, »finis Germaniae«? Der Weg in den großen Krieg war nicht unausweichlich. Wohl aber die Mächtekonflikte, die ihn herbeiführten, die moderne Machtstaatsidee, die ihn rechtfertigte, und die bedrohliche und bedrohte Lage des Machtstaats in der europäischen Mitte. Es gab retardierende Momente. Bis 1902 bestand die Chance, mehr als je in der Bismarckzeit, mit Großbritannien ein Bündnis zu schließen: aber der durch Englands Burenkrieg im südlichen Afrika entfesselte Haß und die Rivalität um Mesopotamien und die Bahnen der Türkei waren stärker. 1905 riß der Russisch-Japanische Krieg das französische Bündnis mit dem Zarenstaat auf. Wenn die deutschen Generäle den Präventivkrieg wollten, damals hätten sie ihn haben können.

Seit 1908 waren die deutschen Panzerschiffe ausmanövriert durch den Bau der britischen »dreadnoughts« (»Fürchte-nichts«). Mit diesem Sprung mitzuhalten, überforderte die Kontinentalmacht finanziell, die gegen Rußlands und Frankreichs Heere den Rüstungswettlauf bereits verloren hatte. Auch waren der Kieler Kanal und die Schleusen von Wilhelmshaven zu eng, um Schiffe dieser Größe, hätte man sie gebaut, passieren zu lassen. 1912 boten die Briten ein Abkommen zur Rüstungsbegrenzung an. Obwohl der Kaiser und Tirpitz es ablehnten, begannen danach Absprachen über Einflußbereiche in der Türkei: die Bagdadbahn für die Deutschen, die Docks und die Dardanellen für die Bri-

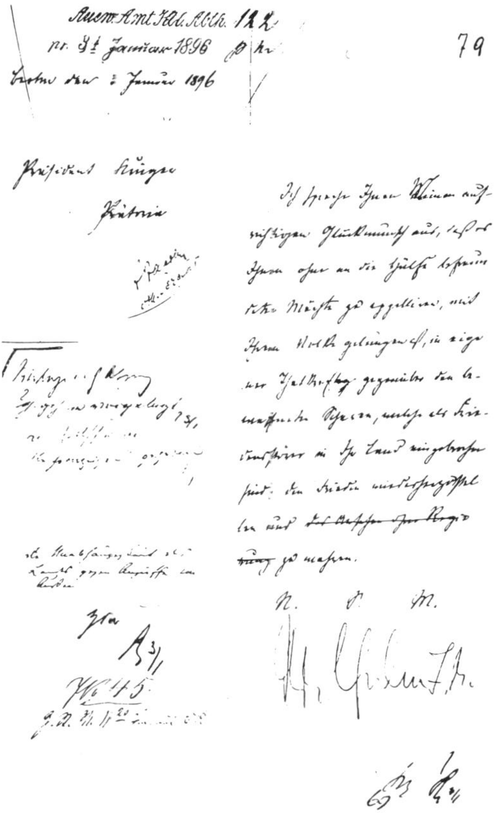

Telegramm Wilhelms II. an Präsident (»Ohm«) Krüger in Pretoria: die Krüger-Depesche

ten, und beide zusammen gegen ein russisch kontrolliertes östliches Mittelmeer. Die portugiesischen Kolonien wurden theoretisch bereits zwischen Berlin und London geteilt: Es gab Abkommen, wer was übernehmen sollte, wenn portugiesische Staatsanleihen notleidend wurden. Während des Balkankriegs 1912/13, Serbien, Bulgarien, Griechenland und Montenegro gegen die Türkei, wachten Berlin und London gemeinsam, damit die Funken Europa nicht in Brand steckten. War der Große Krieg doch noch vermeidbar?

Mit dem Modus der Großen Politik änderte sich auch der Zustand der europäischen Gesellschaft. Eines bedingte das andere. Überall eröffneten sich neue, lockende, gefährliche Horizonte. Es ist denkbar, daß die Schlüsselereignisse der Jahrhundertwende nicht in der Sprache der Politiker, der Militärs und Statistiker buchstabiert wurden, sondern in den Idiomen der Künstler, Dichter, Wissenschaftler, des Theaters und der Architektur. Die Risse, die sich in der Politik auftaten, kamen aus dem Fundament von Kultur und Gesellschaft. Jene Spannung von Zerstörungsdrang und Schöpferkraft, die der Kultur der Weimarer Republik das Antlitz zerriß, war schon um die Jahrhundertwende im Entstehen. Jeder Gedanke der zwanziger Jahre hat seine Anfänge in Müdigkeit und Revolte, in Abschied und Aufbruch der Jahrhundertwende. Die Entdeckung, der Weg des Fortschritts verlaufe am Abgrund, eröffnete dem Fin de siècle die Perspektive auf Machtstaat und Bürgerkrieg, auf Imperialismus und Sozialreform, auf Identitätsverlust und Massenangst.

Diese Revolution des Denkens, begann sie im naturalistischen Theater? Gerhart Hauptmanns »Vor Sonnenaufgang« wurde 1889 in der »Freien Bühne« in Berlin uraufgeführt. Bald folgten die »Weber« und wurden vom Polizeipräsidenten v. Richthofen (»de janze Richtung paßt uns nich«) verboten. Vom Oberverwaltungsgericht freigegeben, wurde das Schaustück vom Elend der Unteren und der Kälte der Oberen, alles kaum fünfzig Jahre her, öffentlich gegeben. Das bürgerliche Publikum applaudierte. »Besonders die Zerstörung des Hauses des Fabrikherrn wird stürmisch beklatscht« – hielt der badische Bundesratsbevollmächtigte entrüstet fest. Die Kritik sah im Erfolg des Stückes einen Protest gegen die Kunstschelte des Kaisers. Die kaiserliche Loge wurde gekündigt. Offizieren wurde nahegelegt, nicht in Uniform zu kommen. Der Kaiser verlangte ein Gesetz gegen den »Umsturz«. Darüber stürzte dann 1894 Caprivi, und im Reichstag gab es dafür keine Mehrheit.

Es begann die große Zeit des Kabaretts in Münchens locker lebendem Vorort Schwabing. »Jugend« und »Simplicissimus« fanden ein Publikum bei einer ganzen Generation von Bürgerkindern, die die Konventionen ihrer Eltern und die Forschheit der Militärs, den Prunk der Hofgesellschaft und das martialische Gehabe der Kunst zum Lachen und zum Weinen fanden. Ein neues, leichteres Lebensgefühl der »Belle Epoque« war im Entstehen. Eleganz zählte mehr als Zakkigkeit. Radikaler Schick und sanfter Sozialprotest begannen ein Verhältnis. Richard Wagner wurde Inbegriff der Doppeldeutigkeit: In Deutschland zog sein Musiktheater die Sehnsucht nach Germaniens Wäldern auf sich, in Frankreich wurde es Inbegriff der »décadence«.

Am tiefsten wohl wirkte sich die Entdeckung jenes verbotenen Landes aus, wo die Sexualität wohnte. Eine dramatische Formulierung war vor der Jahrhundertwende kaum zulässig. Doch gab es Wagners Musiktheater und die alljähr-

Sigmund Freud

Richard Wagner

Friedrich Nietzsche

liche Prozession zum Bayreuther Festspielhügel, Gewoge auf der Bühne und Getose davor, in der Musik aber eine subversive Botschaft, die so drohend wie verführerisch war. Die Andeutung des menschlichen Triebverhaltens durch die Kunst und seine Analyse durch die Wissenschaft mußten beunruhigen. Die Menschen wurden an sich selbst erinnert, und ihre Abgründe brachten die Institutionen in Gefahr. Während Ibsen schon Noras Ausbruch aus dem Puppenhaus ungeschönt auf die Bühne brachte (deutsch 1880), ließ Theodor Fontane die Frauengestalten seiner Romane noch zerbrechen am Widerspruch von revoltierender Innenwelt und konventioneller Außenwelt. Niemals gerieten Fortschrittsglaube und Absturzangst so zur Einheit wie an der Jahrhundertwende, als die Decke der Konventionen riß.

Der Wiener Seelenforscher Sigmund Freud beunruhigte nicht nur die Fachleute der Psychiatrie. Was er sagte, zog dem Gefüge von Schuld und Verantwortung den Boden weg. Mußte man aber Fachliteratur bewältigen, um zu begreifen, was in der Luft lag? Es war das Versprechen der Befreiung, dem doch die Verteidiger von Sitte und Tradition die Ahnung entgegensetzten, es werde dafür auch ein Preis zu entrichten sein. Aber es war die verbotene Frucht, die lockte, und das Versprechen der Identität. Es löste den Eros aus dem lastenden Gefüge der Rechtsinstitutionen von Familie und Erbrecht und säte Zweifel an der Institution der Ehe. Jahrhunderte der Zähmung des Ego durch Pietismus und Sozialdisziplin drohten dahinzugehen. Dazu aber kam die dunkle Mahnung des Wiener Doktors, es müsse dabei bleiben, daß Triebsublimierung und Kulturleistung einander bedingten. Die andere große Botschaft des Wiener Forschers aber riß den Boden der Wirklichkeit vollends auf: Lag unter der glatten Oberfläche der Zivilisation ein geheimer Todestrieb?

Ein Zeitalter der Reizsamkeit brach an, erfüllt von Sinnendurst und Sinnverlust und dem Versuch, beiden zu begegnen. Während der neue industrielle Aufschwung seit 1894 Gewinne und Investitionen, Löhne und Hoffnung auf die Zukunft steigen ließ und die Deutschen durch systematische naturwissenschaftliche Großforschung in Universitätslabors und Industrie sich technologische Vorsprünge sicherten – im Pharmabereich und bei Anilinfarben wurden sie Nummer eins, im Maschinenbau, in der Elektrotechnik und im Waffenbau lagen sie weit vorn – erschraken sie vor der Fratze der Modernität. Was der Obrigkeitsstaat an moralischen Bremsen einzusetzen hatte, zeigte nicht viel Wirkung. Aus Dekadenzgefühl und Steuerlosigkeit erwuchsen Visionen von Bürgerkrieg und letztem Gefecht. Der Vulgärdarwinismus, der das Überleben des Stärkeren kündete, wurde zum öffentlichen Tagtraum.

Zu Ende war die politische Kultur des liberalen Zeitalters, die das Bürgertum des 19. Jahrhunderts mit Leben erfüllt und noch seinen Gegnern zugeschoben hatte: staatsbezogen und elitär, individualistisch und rationalistisch. Von ganz links und ganz rechts drängte die praktische Erkenntnis vor, daß Massenkonsens in der Industriegesellschaft aus anderem als bürgerlichem Boden wuchs: aus Demonstration und Fahnenwald, aus Marschtritt und Wir-Gefühl, aus machtvoll organisierten Interessen, aus Suche nach Sinn in einer Welt ohne Gott und aus dem Bedürfnis nach neuer Führung, wo die alte zum Mummenschanz wurde. Charismatisches Führertum, plebiszitäre Kraft und Massenge-

Jugendstil in der Architektur: Hauptportal zur Maschinenhalle der Zeche Hohenzollern II/IV in Dortmund-Bövinghausen

»Seid einig, einig, einig«: das Motto über dem Parlament verriet eher Mißtrauen als Zutrauen.

folgschaft bestimmten den tiefen Umbruch der deutschen Parteienlandschaft an der Jahrhundertwende. War es ein Zufall, daß damals der große Soziologe Max Weber (»Wirtschaft und Gesellschaft«) unter den drei reinen Typen legitimer Herrschaft neben die traditionale und rationale Begründung der Macht auch die durch den charismatischen Führer stellte?

Wie war die neue, gespaltene Wirklichkeit zu deuten? Durch die bittere Seelenanalyse des Theaters, durch die ätzende Sozialkritik der Romanciers, durch das Menschheitspathos des Musiktheaters? Spiegelte sie sich im großbürgerlichen Reichsstil des Berliner Reichstagsbaus von Wallot oder in den kühnen Entwürfen für Fabriken und Montagehallen von Peter Behrens? In der spielerischen Sehnsucht des Jugendstils oder in den Ritterburgen der Korporationshäuser in deutschen Universitätsstädten? Hielten die Geisteswissenschaften den Schlüssel? Psychologie und Sozialwissenschaften, junge Wissenschaften in der Anfechtung unkontrollierbarer Macht über die Geister? Konnte die Wissenschaft Gott ersetzen als Quelle menschlichen Lebenssinnes? Max Weber hat in einem nachmals berühmten Artikel über die Objektivität sozialwissenschaftlicher und sozialpolitischer Erkenntnis solchen Hoffnungen einen tapferen Pessimismus entgegengehalten: »Das Schicksal einer Kulturepoche, die vom Baum der Erkenntnis gegessen hat, ist es, wissen zu müssen, daß wir den Sinn des Weltgeschehens nicht aus dem noch so sehr vervollkommneten Ergebnis seiner Durchforschung müssen ablesen können, sondern ihn selbst zu schaffen imstande sein muß.« Wissenschaft könne Ziele nicht setzen, sondern nur Mittel benennen, Folgen abschätzen und Rang und Bedeutung der Ziele im soziokulturellen Bezugsrahmen verdeutlichen.

Die Fachhistorie, alt und traditionsbewußt, lehrte das Verstehen. Sie predigte die Einmaligkeit der Menschen und Ereignisse. Sie war zusammen mit dem Bürgertum entstanden, eine bürgerliche Weltsicht. Noch vor der Jahrhundertwende hat die Phalanx der Orthodoxie die Versuche Lamprechts und anderer zermalmt, aus Kulturgeschichte das moderne Massendasein zu deuten. Staatsbezogen zwischen Hegels Vernunftlehre und Bismarcks Pragmatismus, wurde die neo-rankeanische Historie an der Jahrhundertwende eine neue, nationale Art, Identität zu stiften. Der »whig interpretation of history« in England, die auf den Siegeszug von Vernunft und Reform setzte, erschien Englands Empire als Ausdruck einer zivilisatorischen Mission, »white man's burden«, wie Rudyard Kipling schrieb. In Deutschland war die Antwort ein von Macht und Aufstieg fasziniertes National- und Geschichtsbewußtsein. Die Bismarcksche Reichsgründung war im historischen Denken der Jahrhundertwende notwendiger Schlußpunkt der preußischen Großmachtbildung, die Ausweitung des europäischen Mächtesystems zum Weltmächtesystem versprach mehr Chance als Bedrohung deutscher Politik, der Anspruch des Reiches auf Weltgeltung erschien aus inneren Gründen notwendig und in Europa legitim. Der deutsche

Vorkriegszeit 1913, Freude am Soldatenspiel: der Kaiser mit seinen Söhnen auf dem Weg vom Berliner Schloß zum Zeughaus

Eine Familie des Bürgertums um 1910, die Kinder, ob Jungen oder Mädchen, im Matrosenanzug. Mode oder patriotische Anstrengung?

Imperialismus, der gegen die Geschichte revoltierte, bezog doch aus der Geschichte seine Verführungen.

Das aber hieß, den modernen Industriestaat vor allem als Machtstaat zu begreifen. Aus Bismarcks Trauma der »Kaunitzschen Koalition«, die im Siebenjährigen Krieg Preußen hatte eliminieren sollen, wurde im letzten Vorkriegsjahrzehnt, als die europäischen Bündnisse sich schlossen, die Angst vor der Einkreisung. Kraftgefühl und Bedrohungsbewußtsein erzeugten trotzige Festungsmentalität. Angst vor dem Bürgerkrieg und Zuflucht beim Kriegerstaat öffneten dem Fin de siècle neue Denkperspektiven. Die Unrast, das Gefühl nahender Katastrophen und die Verteidigung der Ordnung, wie sie war und doch nicht mehr sein konnte: Das alles kam aus Antrieben, die in Mentalitätswandel und veränderten Lebensformen ihren Ursprung hatten.

Fortschrittsglaube und Krisenangst aber standen nicht gegeneinander. Sie kamen aus derselben Wurzel. Gefährlich, tödlich aber mußte der entfesselte

Nationalismus der Jahrhundertwende werden, wenn die Gleichgewichte ins Wanken kamen, wenn der österreichische Vielvölkerstaat nichts mehr war als ein müdes »Kakanien« (R. Musil), wenn Rußland den Kampf um das Erbe der Osmanen anfing oder in Revolution versank, und wenn schwache Regierungen allenthalben vor Unregierbarkeit und Kraftbewußtsein des Volkes die Flucht antraten in den Krieg. Aus der langen Friedensepoche, die noch Erinnerungen an die Vernunft des Wiener Kongresses in sich trug, wurde seit der Jahrhundertwende unmerklich Vorkriegszeit.

3. *Der Kriegerstaat 1914 bis 1918 – Höllensturz der bürgerlichen Welt*

Weder erste Ursachen noch letzte Folgen gibt es im Strom der Zeit. Geschichte ist Bewegung; nicht allein ihre Verläufe sind in Fluß, auch ihre Wirkungen und Deutungen. Und doch muß der große Krieg, den zwecks Unterscheidung vom folgenden schon die nächste Generation den Ersten Weltkrieg zu nennen hatte, als tiefer Bruch in Lebensformen, Denken und Politik gelten, und mithin als historische Zäsur. Mit ihm endete, was mit der Französischen Revolution begann, das bürgerliche Zeitalter.

Dem Fortschrittsglauben des Industriezeitalters hatte sich von allem Anfang Angst vor dem Abgrund zugesellt. Der Weltkrieg erwies, daß die Schöpferkraft der technischen Zivilisation und ihre Zerstörungskraft eins waren. Ein neuer Dreißigjähriger Krieg begann, mit Siegen, die flüchtig waren, und Friedensschlüssen, die nicht dauern konnten. Der Anlaß, der Tod des Thronfolgers einer morschen Monarchie, war bald vergessen. 1914 begann, mit G. F. Kennan zu reden, »die große Anfangskatastrophe unseres Jahrhunderts«.

»In Europa gehen die Lichter aus. Wir werden sie in unserem Leben nicht mehr leuchten sehen.« – Das sollen die Worte des britischen Außenministers Sir Edward Grey gewesen sein, ratlos und resigniert, als am 4. August 1914 alle europäischen Großmächte, auf Leben und Tod gegeneinander aufmarschierend, im Krieg standen. Fünf Wochen zuvor (28. Juni 1914) war in Sarajevo, im gärenden Süden der Donaumonarchie, der österreichische Thronerbe Erzherzog Franz Ferdinand ermordet worden, durch serbische Nationalisten, wie jedermann vermutete. Mehr als drei Wochen, während Europa einen heißen Sommer genoß, herrschte täuschende, lauernde Ruhe. Dann ging am 23. Juli das späte, scharfe Ultimatum Wiens an Serbien heraus, das serbische Urheberschaft unterstellte und schnelle Untersuchung forderte, und zwar durch österreichische Beamte. Die Antwort war hinhaltend. Österreich-Ungarn machte mobil gegen Serbien, Rußland aber gegen die Mittelmächte, nachdem zuvor Frankreich Bündnistreue signalisiert hatte. Gab es noch einen Ausweg? Für Vermittlung fehlten Zeit und Kraft, und bis Rußlands Kriegsmaschinerie in Gang kam, mußten die Deutschen, sonst standen sie im tödlichen Zweifrontenkrieg, bereits im Westen gesiegt haben. Die deutsche Kriegserklärung nach Osten und der militärische Schlag nach Westen, rascher Vormarsch durch Belgien, waren die Antwort. Die Russen drangen tief nach Ostpreußen ein. Die Briten erklärten den Krieg. Zwei Fragen bleiben bis heute: Warum der Handlungszwang in Wien? Und warum die russische Generalmobilmachung, die doch den großen Krieg unausweichlich machte?

Jeder hatte an den kommenden Krieg geglaubt, reinigendes Gewitter oder Endkampf um die europäische Vormacht. Manche indes hofften, er sei zu furchtbar, um noch mit Willen und Verstand ausgelöst zu werden: ein kalkuliertes Risiko, aber kein Bild der Zukunft. So entstand neben der falschen Sicherheit des Friedens die sich selbst erfüllende Prophezeiung des Krieges. Neben Kraftgefühl, Machtrhetorik und Hochrüstung standen Angst vor innerem Zerfall und Verlust der letzten Bündnissicherheit.

Wenn Wien nicht mit den Serben kurz und erfolgreich abrechnete, war der Mord von Sarajevo dann der Anfang vom Ende der Donaumonarchie? Das war die Angst in Wien und Berlin. Mit Österreich aber fiel, während Rußland und

Sonnabend, 1. August 1914 Berliner Morgenausgabe

Lokal-Anzeiger

№ 385 Zentral-Organ für die Reichshauptstadt 32. Jahrgang

Deutschlands letztes Wort an Rußland.

Zwölfstündiges Ultimatum an Rußland. – Der Kaiser an sein Volk. – Der Reichstag wird einberufen. – Die Bekanntmachungen des Oberbefehlshabers in den Marken. – Verlobung des Prinzen Adalbert.

Wenn diese Zeilen in die Hände unserer Leser gelangen, ist die endgültige Entscheidung über Krieg und Frieden gefallen. Noch einmal, ehe die Waffen sprechen, hat Deutschland dem russischen Reiche auf seine Herausforderung großmütig eine kurze Frist gegeben, sich zu besinnen und die drohende Katastrophe abzuwenden. Eine heute nacht erschienene und von uns sofort durch eine zweite Extraausgabe in der Reichshauptstadt verbreitete Sondernummer der Norddeutschen Allgemeinen Zeitung bringt folgende Mitteilung:

Nachdem die auf einen Wunsch des Zaren selbst unternommene Vermitt- [illegible]

[illegible] führen, daß sie es mit Ehren wieder in die Scheide stecken kann.

Die Vorgeschichte des Konflikts.

In einer amtlichen Darstellung wird die Vorgeschichte der gegenwärtigen Verwicklungen wie folgt zusammengefaßt:

Nachdem Seine Majestät der Kaiser den Kriegszustand für das Reich erklärt hat, ist der Zeitpunkt gekommen, die Vorgänge, die zu diesem Entschluß geführt haben, in Kürze darzulegen. Eine genauere aktenmäßige Darstellung bleibt vorbehalten.

Seit Jahren hat Oesterreich-Ungarn gegen Bestrebungen zu kämpfen, die mit verbrecherischen Mitteln unter Duldung [illegible]

Tage unter erneuter Betonung, daß Oesterreich-Ungarn den Bestand Serbiens nicht antasten wolle, zu erklären: Vorbereitende militärische Maßnahmen Rußlands müßten uns zu Gegenmaßregeln zwingen. Diese müßten in der Mobilisierung der Armee bestehen. Die Mobilisierung aber bedeute den Krieg. Wir könnten nicht annehmen, daß Rußland einen europäischen Krieg entfesseln wolle. Am nächsten Tage erklärte der russische Kriegsminister unserem Militärattaché, es sei noch keine Mobilmachungsorder ergangen, kein Pferd ausgehoben, kein Reservist eingezogen. Es würden lediglich vorbereitende Maßregeln getroffen. Wenn Oesterreich-Ungarn die serbische Grenze überschreite, würden die auf Oesterreich-Ungarn gerichteten Militärbezirke mobilisiert, unter keinen Umständen die an der deutschen [illegible]

Rußland aufhöre, Deutschland und Oesterreich-Ungarn zu bedrohen.

Während also die deutsche Regierung auf Ersuchen Rußlands vermittelte, machte Rußland seine gesamten Streitkräfte mobil und bedrohte damit die Sicherheit des Deutschen Reiches, von dem bis zu dieser Stunde noch keinerlei außergewöhnliche militärische Maßregeln ergriffen waren.

So ist, nicht von Deutschland herbeigerufen, vielmehr wider den durch die Tat bewährten Willen Deutschlands, der Augenblick gekommen, der die Wehrmacht Deutschlands auf den Plan ruft.

Die Anspr[illegible]

Frankreich methodisch neue Massenheere aufbauten, der letzte deutsche Bündnispartner. Das war das Kalkül in Berlin; die Generalität ließ den Reichskanzler wissen, daß mit einem russischen Schlag in zwei, drei Jahren ohnehin zu rechnen sei.

In Petersburg waren Massenstreiks im Gang. Die Zarenregierung konnte sie nur beschwichtigen, indem sie die Gefahr für die slavischen Brüder riesengroß darstellte. Danach aber war sie Gefangene des Panslavismus und der befeuerten Massen. »Das Volk will es«, so resigniert unterschrieb der Zar den Mobilmachungsbefehl, ahnend, daß ohne raschen Triumph dies sein und der Monarchie Todesurteil war. In Paris aber regierte die Angst, wenn jetzt gezögert würde, in Zukunft allein zu stehen, ausgeliefert der deutschen Übermacht. Wenn aber der große Krieg in Westeuropa kam, so standen britische Gleichgewichtsinteressen auf dem Spiel. Die Berliner Führung, die zuerst auf rasche chirurgische Operation gegen Serbien gedrängt hatte, dann die Entente sprengen wollte, taumelte schließlich, jede Alternative verstellt, in die militärische Aktion. Ein Teufelskreis der Angst und der verzweifelten Hoffnung auf den Sieg schloß sich.

Die Deutschen waren zahlenmäßig unterlegen, hatten aber den Vorteil der inneren Linie, der entwickelten Technik und der entschlossenen militärischen Führung. Die deutsche Chance lag darin, im Westen den Krieg offensiv zu führen und dann im Osten gegen den Vormarsch der russischen Massenheere die Entscheidung zu erzwingen. Aber der deutsche Stoß durch Belgien und Nordostfrankreich kam an der Marne, einen Tagesritt nordöstlich von Paris, zum Stehen. Daß die französischen Feldarmeen der Vernichtung entgingen, war fast ein Sieg. Britische Verstärkungen rückten in die Lücken ein. Die Verteidigung war technisch dem Angriff überlegen. Der Masseneinsatz von Artillerie brachte die Entscheidung nicht. Das Maschinengewehr zerfetzte jeden Angriff. Der Krieg wurde in die Gräben gezwungen.

Am Jahresende 1914 war alle Hoffnung auf raschen Sieg und kurzen Krieg dahin. Die Front dehnte sich vom Kanal bis zum Schweizer Jura in einem verzweigten, tief gestaffelten doppelten Grabensystem, oft nur durch verknäulte Stacheldrahtverhaue und die Wurfweite einer Handgranate voneinander getrennt. Im Osten, nach der Panik, den Trecks und der Massenflucht der Zivilbevölkerung am Anfang nur hinhaltende Verteidigung in Ostpreußen, dann die große Umfassungsschlacht zwischen den Masurischen Seen und der Sieg von Tannenberg und weitere Abwehrschlachten. Im Herbst 1914 kam die Front in Russisch-Polen zum Stehen, die Linien erstarrt, die Infanterie ineinander verkrallt. Die gefürchtete russische Dampfwalze war gebremst, überall zurück-

Kriegsbeginn 1914: Karnevalsstimmung und Angst vor dem Untergang. Rechts: Radierung von Max Beckmann, 1914

Der Heldentod wird in alter Form verklärt.

gedrängt, aber nicht vernichtet. Im Südabschnitt hatten die österreichischen Truppen grauenvoll gelitten. Ihre Vorstöße in Galizien, in immer neuen Wellen vorgetragen, rannten sich fest. Die Koalitionskriegführung war zerfahren und erregte Bitterkeit. Der Bewegungskrieg wurde zum Stellungs- und damit Materialkrieg.

Die Politik wurde gelähmt, die Diplomatie schwieg, die totale Mobilmachung der Kräfte erzeugte ihren eigenen ideologischen Sog. Die vagen Kriegsziele beider Seiten, aus Vorkriegsängsten und Vorkriegsgier erwachsen, unterschoben jetzt erst, zu Programmen ausformuliert, der tödlichen Anstrengung einen neuen Sinn: hier ein in Zukunft unangreifbares Mitteleuropa, drüben die Domestizierung der unberechenbaren Militärmacht in der Mitte Europas am besten durch Teilung. So trieb der Krieg den Krieg voran, wurde Endkampf und

Entscheidung für alle Vergangenheit und alle Zukunft. Von Sieg zu Sieg stürzte das Reich seiner Endkatastrophe entgegen.

Entente und Mittelmächte suchten die tödliche Umklammerung aufzubrechen, den mitteleuropäischen Krieg zum gesamteuropäischen und diesen endlich zum Weltkrieg zu machen. Die Türkei schloß sich noch 1914 den Mittelmächten an, Serbien wurde besetzt, deutsche Truppen und Kriegsmaterial rollten nach Südosten. Bei Gallipoli griffen Truppen des British Empire an, um die Meerengen zu besetzen und die Südverbindung zu Rußland herzustellen. Aber die »Anzac«-Landung brach zusammen im türkischen Abwehrfeuer. Die Bitternis, die daraus erwuchs, hat das Empire nicht mehr überwunden.

Die Entente gewann Japan als Bündnispartner, Italien wurden Tirol und die Großmachtstellung im Mittelmeer versprochen. Aber Italiens Volk zahlte seit 1915 für die imperiale Vision mit entsetzlichen Verlusten an der Alpenfront. Jede Ausweitung des Krieges in neue Regionen versagte ihren Urhebern die Entscheidung. Es war die britische Führung, die mit der Blockade weit draußen im Atlantik, am Rande der Reichweite der deutschen Schlachtschiffe und in sicherer Entfernung von deutschen Torpedobooten, die deutsche Niederlage vorbereitete. Die Seemacht war der Landmacht überlegen.

Die deutsche Antwort, als die Verluste stiegen, war der U-Boot-Krieg, seit Frühjahr 1917 ohne Rücksicht auf neutrale Flaggen geführt, auch nicht auf die »stars and stripes« der USA. Dadurch und durch die vom Auswärtigen Amt verfolgten Biertisch-Pläne eines gemeinsamen deutschen Feldzuges mit Mexiko gegen die USA wurden Flottenmacht und Industriemacht der USA, deren Neutralität seit 1914 Schlagseite zur Entente gehabt hatte, mobilisiert. Europa hatte sich ausgekämpft. Seit 1917 wurde der Krieg um die europäische Vormacht zum Weltkrieg.

Die Nachrichten von der russischen Revolution des Frühjahrs 1917 wirkten in Deutschland ansteckend und beunruhigend. Die »Osterbotschaft« des Kaisers stellte innere Reformen in Aussicht, Ende des Dreiklassenwahlrechts in Preußen. Im Juli 1917 beschloß die Mitte-Links-Mehrheit des Reichstags, einen Frieden »ohne Annexionen und Kontributionen« anzustreben. Zwar stürzte darüber der lange schwankende Kanzler v. Bethmann Hollweg. Aber die Oberste Heeresleitung Hindenburg/Ludendorff, die faktisch die Militärdiktatur ausübte, wurde gestärkt, vor allem durch den Sieg im Osten. Die spätere »Weimarer Koalition« der SPD mit Zentrum und Linksliberalismus war in dieser Krise des Sommers 1917 geboren, aber ihr taktisches Ungeschick im Umgang mit der Macht im Innern und den Friedensproblemen entsprach ihrer politischen Schwäche.

Umfang: 16 Seiten.

IV. Jahrgang. No. 50 — 124. Kriegsnummer — 10. Dezember 1916. Einzelpreis 10 Pfg.

Das Illustrierte Blatt

Verlag der Frankfurter Societäts-Druckerei G.m.b.H. Frankfurt am Main

Ein Titelblatt im Dezember 1916: Arbeiterinnen einer staatlichen Geschoßfabrik bei der Erholung während der Mittagspause

Das Jahr 1917, von der amerikanischen Kriegserklärung bis zum Zusammenbruch Rußlands, brachte die Wende im Krieg und eröffnete zugleich die Perspektive auf ein neues Weltsystem. Zwei Visionen der Welt und des Friedens standen fortan gegeneinander. Die Botschaft Lenins »An Alle« vom Weltfrieden durch Weltrevolution kam im November 1917 vom Osten. Die Botschaft der »Vierzehn Punkte« des US-Präsidenten Wilson für Weltfrieden durch Demokratie, Selbstbestimmung und freien Handel kam im Januar 1918 vom Westen. Beide meinten Deutschland als geostrategisches Zentrum des ausgebrannten und doch für die Machtverteilung der Welt noch immer entscheidenden Europa. Während die deutsche Militärführung nach dem Zusammenbruch Rußlands und dem gleichsam mit vorgehaltener Pistole diktierten Frieden von Brest-Litowsk – die Ukraine wurde deutscher Satellit, die baltischen Provinzen wurden aus Rußland herausgebrochen – noch eine Million Soldaten herumwarf und im Westen den Sieg suchte in den Offensiven des Frühjahrs 1918, bereitete sich unaufhaltsam die Niederlage vor.

Der Krieg war ein Kampf, in dem Armeen so wichtig waren wie Rohstoffe; »Burgfrieden« und »Union sacrée« so wichtig wie Propaganda und Desinformation; die Aussicht auf fette Beute ebenso wie die Sicherung der Massenloyalität. Zuerst waren das freie Welthandelssystem und der Goldstandard zusammengebrochen, auf dem es beruhte. Binnen weniger Monate war in ganz Europa die Staatsbürokratie als Mangel- und Zwangsverwaltung mächtiger und größer als je zuvor. Der Ausnahmezustand wurde überall Normalzustand. Während in England und Frankreich die Parlamente demokratische Diktaturen bestellten und Allparteien-Koalitionen entstanden, wurde der deutsche Reichstag kaum noch – außer zum Bewilligen von Kriegsanleihen – einberufen. Das Kriegshandwerk entmündigte die Staatskunst. Erst 1916, als die Gewerkschaften gebraucht wurden für mehr Effizienz der deutschen Kriegsanstrengung, kam der Reichstag wieder in sein Recht, als er das Gesetz über den »Vaterländischen Hilfsdienst« beschloß. Es unterstellte fortan alle Arbeitskräfte einem quasimilitärischen Regime, sicherte dafür den Gewerkschaften aber im Betrieb entscheidende Mitsprache-, Konsultations- und Mitbestimmungsrechte und machte sie zu staatstragenden Institutionen. Hier wurden Strukturen des deutschen Sozialstaats geschaffen, die sich als dauerhaft erwiesen: Wie unter Bismarck war Staatsräson das Leitmotiv.

Entgegen der Rhetorik vom Schützengraben, der hoch und niedrig zu Kameraden mache, riß der Krieg scharfe soziale Bruchlinien auf. Viele mittelständische Existenzen wurden vernichtet. Am Anfang des Krieges stand ein Produktionsrückgang um 40 Prozent, gekoppelt mit Massenarbeitslosigkeit. Die Zusammenarbeit von Verwaltung, Verbänden und Großindustrie förderte die Unternehmenskonzentration. Investitionsmittel und Rohstoffe gingen an Kleinunternehmen und Landwirtschaft vorbei. In der Kriegsindustrie spielte sich jener Rationalisierungs-, Modernisierungs- und Standardisierungsprozeß ab, der sich später, in den zwanziger und dreißiger Jahren, für die deutsche Großindustrie auszahlen sollte. Die durch massenhaften Druck von Papiergeld vorangetriebene, durch Preisverordnungen und Abgabezwang kaum gebremste Inflation schnitt in die Sparvermögen ein. Das industrielle Nominaleinkommen stieg zwar von 1914 = 100 auf 1918 = 313. Aber davon konnte man kaum satt werden. Schwarzer Markt, Hortung, Hamstern und Tauschwirtschaft zwischen Stadt und Land waren die Antwort. Unter den Landwirten

Fleischmarke 1/10 Anteil 27.11.–3.12. Preußen Siegkreis	Fleischmarke 1/10 Anteil 4.–10. Dez. Preußen Siegkreis	**Reichsfleischkarte für ein Kind**	Fleischmarke 1/10 Anteil 18.–24. Dez. Preußen Siegkreis	Fleischmarke 1/10 Anteil 11.–17. Dez. Preußen Siegkreis
Fleischmarke 1/10 Anteil 27.11.–3.12. Preußen Siegkreis	Fleischmarke 1/10 Anteil 4.–10. Dez. Preußen Siegkreis		Fleischmarke 1/10 Anteil 18.–24. Dez. Preußen Siegkreis	Fleischmarke 1/10 Anteil 11.–17. Dez. Preußen Siegkreis
Fleischmarke 1/10 Anteil 27.11.–3.12. Preußen Siegkreis	Fleischmarke 1/10 Anteil 4.–10. Dez. Preußen Siegkreis	Kgr. Preußen Siegkreis Gültig vom 27. Nov. bis 24. Dez. 1916.	Fleischmarke 1/10 Anteil 18.–24. Dez. Preußen Siegkreis	Fleischmarke 1/10 Anteil 11.–17. Dez. Preußen Siegkreis
Fleischmarke 1/10 Anteil 27.11.–3.12. Preußen Siegkreis	Fleischmarke 1/10 Anteil 4.–10. Dez. Preußen Siegkreis	Name …………	Fleischmarke 1/10 Anteil 18.–24. Dez. Preußen Siegkreis	Fleischmarke 1/10 Anteil 11.–17. Dez. Preußen Siegkreis
Fleischmarke 1/10 Anteil 27.11.–3.12. Preußen Siegkreis	Fleischmarke 1/10 Anteil 4.–10. Dez. Preußen Siegkreis	Buchdruckerei Gebr. Dammisch, Siegburg	Fleischmarke 1/10 Anteil 18.–24. Dez. Preußen Siegkreis	Fleischmarke 1/10 Anteil 11.–17. Dez. Preußen Siegkreis

Nur noch Anteile am Mangel: Reichsfleischkarte für ein Kind

braute sich Mißstimmung zusammen gegen staatlichen Ablieferungszwang und Preisvorschriften, gegen Mangel an Kapital, Kunstdünger und Maschinen, der die Höfe ruinierte. Seit dem ersten »Steckrübenwinter« 1915/16 breiteten sich Unterernährung, Mangelkrankheiten und in ihrem Gefolge tödliche Epidemien aus. Es entstand eine Knappheits-, Not- und Ausbeutungssituation, wie es sie seit Generationen nicht mehr gegeben hatte.

Neben dem Protest der Landwirte gegen zuviel Staat, neben der Mißstimmung unter den Industriearbeitern gab es seit der russischen Februarrevolution 1917 eine wachsende radikale Verweigerungsbewegung, angeführt durch »Spartakusbund« und »Revolutionäre Obleute«. Daraus wurde an der Jahreswende 1918/19 die Kommunistische Partei: Seit den Greueln der bolschewistischen Machtübernahme in Rußland und der Drohung der Januarstreiks in deutschen Rüstungswerken 1918, wo SPD und Gewerkschaften nur noch Zuschauer waren, war die Führung der Sozialdemokratie alarmiert. Die wenigen Pazifisten und Internationalisten der SPD im Reichstag, die seit 1914 alle Kriegskredite verweigert hatten, spalteten sich 1917 von der Partei ab und gründeten später die USPD, die in der Revolution Massenwirkung und Gewicht gewann.

Die letzte deutsche Offensive im Frühjahr 1918 blieb stecken. Im Herbst 1918 zerfiel die österreichisch-ungarische Armee. Der britische Panzerdurchbruch in die deutschen Gräben in Flandern war nicht mehr abzuriegeln. Die Disziplin löste sich auf. Die »Vierzehn Punkte« Wilsons erschienen unterdessen vielen Deutschen wie eine Bestandsgarantie des Reiches. Wofür noch kämpfen? Angesichts der absehbaren Niederlage verlangte Ludendorff von den Parlamentariern in Berlin, eine neue Regierung zu bilden und um Waffenstillstand zu

Im dritten Steckrüben-winter: Kartoffelausgabe 1917

ersuchen. Politiker der Sozialdemokratie, des Zentrums und der Fortschrittlichen Volkspartei bildeten unter dem süddeutschen Grandseigneur Prinz Max von Baden eine Regierung, die im Oktober 1918 fieberhaft verhandelte und die Bismarcksche Verfassung parlamentarisch umbaute. Aber der Zusammenbruch der Front und damit der Verlust der letzten Verhandlungschance war nicht mehr zu verhindern. Der Admiralstab befahl der Flotte, zum letzten Gefecht in die Nordsee auszulaufen. Sollte die »schimmernde Wehr«, im Krieg kaum gebraucht, in den Untergang geschickt werden? Sollte ein Heldenmythos für die Zukunft entstehen? Der Streik der Matrosen wurde zur Meuterei, diese löste überall den Zusammenbruch der militärischen Disziplin aus. In den Heimatgarnisonen wurden Offizieren Waffen und Rangabzeichen genommen, ohne viel Gewalt. Es bildeten sich Arbeiter- und Soldatenräte, bald geschah das gleiche an der Front. Dem Kaiser legte die Generalität den Heldentod, dann die Abdankung nahe. Er floh im Salonwagen ins Exil nach Holland. Massenstreiks und Massendemonstrationen, Plünderungen und Straßenkämpfe, Hunger und Hoffnungslosigkeit: War das die Revolution?

Am 9. November 1918 riefen in einem Wettlauf um Symbole und Begriffe der Spartakusführer Karl Liebknecht vom Berliner Schloß aus die Sozialistische, der Sozialdemokrat Philipp Scheidemann vom Reichstag aus die Parlamentarische Republik aus. Reichskanzler Prinz Max von Baden übertrug die Regierungsgeschäfte auf Friedrich Ebert, den SPD-Führer. Für Kontinuität und Loyalität der Verwaltung war dieser formale Akt von entscheidender Bedeutung. Ebert bildete den Rat der Volksbeauftragten aus USPD und MSPD, der für wenige chao-

Philipp Scheidemann ruft vom Reichstag die Republik aus.

tische Wochen die Regierungsgewalt darstellte. Ihm stellte sich – ohne Klärung der Machtfrage – ein improvisierter »Vollzugsrat der Arbeiter- und Soldatenräte« zur Seite.

Daß die Gewerkschaften für Ebert waren, daß die »Zentrale Arbeitsgemeinschaft« von Gewerkschaften und Unternehmern keinen sozialen Umsturz wollte, und daß Ebert und die Heeresleitung der geschlagenen Armee, durch eine Telephonleitung zwischen Berlin und Kassel verbunden, einander Unterstützung zusagten: Diese drei Faktoren machten es möglich, daß die erste deutsche Republik überhaupt entstehen konnte. Sie haben ihr allerdings auch, lange bevor die Verfassung beschlossen wurde, die entscheidenden Prägungen gegeben.

Der Kontinuität und der Führungsrolle der SPD kam zugute, daß die Alliierten nicht mit einer revolutionären Gewalt verhandeln wollten. Die Regierung Ebert wollte so schnell wie möglich Wahlen abhalten für eine Nationalversammlung, durch sie eine Verfassung schaffen und damit einen neuen Rechtsboden errichten. Die bewaffneten Aufstände und Unruhen aber zwangen überall die Sozialdemokraten, den Schrecken der Bolschewistenherrschaft vor Augen, in die Verantwortung. Das aber hieß Ruhe und Ordnung sichern, Truppen heimführen und demobilisieren, Nahrungsmittel und Rohstoffe herbeischaffen, die Friedensproduktion anlaufen lassen, Arbeitsplätze sichern, die Mark stabil halten.

Es waren Monate des Bürgerkriegs, des Aufstiegs und Falls der Münchner Räterepublik, der sowjetischen Waffen- und Propagandalieferungen, des Wahlboykotts der KPD und des Kampfes roter Truppen gegen Sozialdemokratie und Nationalversammlung. Diese hatten bald keine andere Wahl mehr, als sich von rasch zusammengerafften Truppenteilen und Freikorps verteidigen zu lassen. Dafür hat die deutsche Republik später einen hohen, vielleicht tödlichen Preis gezahlt. Hinter dem Bürgerkrieg aber standen die Finanz-, Wirtschafts- und Sozialprobleme eines von außen besiegten und im Innern ruinierten Landes. Haben die Sozialdemokraten es damals versäumt, einen demokratischen Sozialismus zu verwirklichen? Haben sie damit letztlich Weimars Untergang und Hitlers Aufstieg ermöglicht?

Für Sozialismus gab es in Deutschland zu keiner Zeit eine Mehrheit. Sollte die Demokratie als Diktatur der Minderheit beginnen? Tatsächlich ist in kurzer Zeit viel geschehen, vor allem in der Sozialpolitik: Achtstundentag, Sicherung von Betriebsräten, ein hoher Stundenlohn; die Revolution wurde in eine Lohnbewegung überführt. In den Kompromissen der Weimarer Nationalversammlung wurde sie entschärft. Dort gab es zwar eine Dreiviertelmehrheit für die parlamentarische Demokratie, aber nicht für Revolution durch Volksfront oder Rätestaat, nicht für entschädigungslose Enteignung von Großindustrie und Großlandwirtschaft oder für die sozialistische Schule. Daß die Nationalversammlung in Weimar zusammentrat, geschah nicht, um Potsdam zu überwinden, war nicht Huldigung an die Musen Schillers und Goethes. Weimar empfahl sich, weil die kleine thüringische Residenz durch eine Handvoll loyaler Truppen gegen die Gewalt der Straße und putschende Soldaten abzuschirmen war.

4. Weimar 1919 bis 1933 – Belagerte Republik

Belagerte Civitas, stand die erste deutsche Republik von ihrem Aufstieg im Revolutionswinter 1918/19 bis zu ihrem Untergang vierzehn Jahre später im Schatten des Ernstfalls. In diese Perspektive bleibt sie bis heute auch für die historische Betrachtung gestellt. »Weimar« mußte nicht in der totalitären Diktatur enden. Aber die freiheitliche Demokratie war auch nicht lebensfähig, da ihr der tragende Konsens der Bürger fehlte. Bis heute gilt, daß niemand die Geschichte der ersten deutschen Republik anders zu sehen vermag als im Banne des Bürgerkriegs, in dem sie zustande kam, der trügerischen Hoffnungen, die sie begleiteten, und des moralischen und politischen Höllensturzes, der ihrem Scheitern folgte.

In den zwanziger Jahren geriet England im Generalstreik (1926) an den Rand des Bürgerkriegs. In Frankreich taumelte die Dritte Republik ihrem Ende zu. In Europa triumphierten die Diktatoren, ob in Ungarn, Polen, Portugal, Spanien oder Österreich. Italien war das Land, das sich als die »grande proletaria« unter den Siegern sah. Hier führte der abtrünnige Sozialist Benito Mussolini die faschistische Bewegung zum Sieg. Es war kein Zeichen von Gesundheit, daß Mussolini zur Zeit der ersten deutschen Republik die deutsche Faszination wurde. Mehr als tausend Titel über ihn und seine Bewegung, ein Drittel der Weltliteratur über den italienischen Ordnungsstaat erschienen in Deutschland vor 1933: Ausdruck einer zerrissenen Zivilisation auf der Suche nach einem Messias.

Wer würde Deutschlands Mussolini sein? Zwischen Aufstieg und Untergang der Republik von Weimar liegt der klinisch-historisch sezierbare Fall einer liberal-demokratisch verfaßten Industriegesellschaft, die der Versuchung der totalitären Diktatur anheimfiel. Weil dies in einer hochentwickelten technischen Zivilisation in der Mitte Europas geschah, in einem Siebzig-Millionen-Volk von altgewohnter Sozialdisziplin, technischer Fähigkeit und militärischer Leistungskraft, hatte die Katastrophe von Weimar weltpolitische Folgen. Die Bundesrepublik Deutschland hat in jeder Phase ihrer Geschichte sich ängstlich vergewissert, daß die Wiedergänger von Weimar nicht aus dem Grab aufstiegen. Es gab in vier Jahrzehnten kaum einen ideologischen Konflikt in Nachkriegs-Deutschland, ohne daß an die Vergangenheit erinnert und die Schuld neu vermessen wurde.

Weimar war der Versuch, einer Nation am Rande des Bürgerkriegs das Haus einer gemeinsamen Verfassung zu geben. Freiheit, Rechtsstaat und Menschenrechte sollten Versöhnung stiften. Weil aber der Freiheit die angenommene Ordnung fehlte, der Konsens, hat sie zuletzt ihrem eigenen Untergang vorgearbeitet. Zerrissen war die deutsche Nation in der Tat, die so hoch hinausgewollt hatte in die Weltpolitik und die seit 1918 die Früchte des Zorns kostete. Eine zerrissene Nation, der nur am 4. August 1914 der Traum der Einigkeit beschieden war, der dann zum Alptraum wurde.

Das Epochenjahr 1917 hat, lange bevor die Verfassunggebung von Weimar begann, die inneren Risse Deutschlands offenbart und zugleich die Risse des Weltbürgerkriegs eröffnet, in dem die deutsche Republik wohl oder übel eine Entscheidungsrolle spielte. Denn die bolschewistische Revolution konnte nach 1917 nicht Weltrevolution werden, solange noch das deutsche Kaiserreich und dann die deutsche Republik hielten, das ungeliebte Kind des Kompromisses zwischen Sozialisten, Liberalen und Katholiken.

So eröffnete sich noch vor Kriegsende und Zusammenbruch der Blick auf die Konfliktkonstellationen von Weimar: In der Mitte eine labile Koalition liberal-parlamentarischer Kräfte, die aus dem Kaiserreich mehr gegensätzliche Interessen mitschleppten als Gemeinsamkeiten und Erfahrungen im parlamentarischen Kompromiß. Ganz links formierte sich die kommunistische Erlösungshoffnung gegen die parlamentarische Republik, die auf der Achse Moskau–Berlin die bürgerliche Welt umstürzen wollte. Ganz rechts entstand in der Vaterlandspartei für kurze Zeit 1917/18 ein breites Protestpotential, weniger Partei als Bewegung, das die deutsche Weltmachtpolitik der Vorkriegszeit zur Weltmachtstellung auf alle Zeit vollenden wollte und alle Schwäche, alle Opposition, allen Zweifel auszutilgen suchte: Es war eine kurzlebige, radikale Utopie auf der Suche nach einem Führer, Hoffnung auf Herrschaft über Europa.

Kriegsende, Bürgerkrieg und dann die Dreiviertelmehrheit des Januar 1919 für die demokratisch-liberalen Parteien in der Nationalversammlung: Erlaubte das alles nicht die Hoffnung, der Weg Deutschlands werde fortan an der Seite des Westens verlaufen? Eine gemischte Verfassung entstand, eine parlamentarische Demokratie mit starken Elementen des Bismarckschen Sozialstaats und des Kriegssozialismus, dazu aus der Tradition des Alten Reiches der Föderalismus, nämlich die Souveränitätsreste der alten Länder, deren Dynastien in der einen Woche vom 6. bis zum 12. November 1918 gestürzt waren. Die Dynamik der Revolution war übergeleitet worden in eine Lohnbewegung für die Arbeiter und einen neuen Rechtsboden für das Bürgertum. In der »Zentralarbeitsgemeinschaft« trugen Industrie und Gewerkschaften, aus unterschiedlichen Motiven und doch in gleicher Weise Gegner von Rätesystem und Sozialisierung, den Verfassungsboden. Die Armee sicherte sich in dem Maße, wie sie in den Bürgerkriegskämpfen 1918/19 unentbehrlich wurde, die Chance des politischen Schiedsrichters. Im weiteren Verlauf der Geschichte der Republik konnte sie sie um so stärker ausspielen, als es einen unverrückbaren Grund von Verfassungswerten und Verfassungstatbeständen in Deutschland nicht gab.

Ein dritter Weg zwischen Bolschewismus und bürgerlicher Demokratie sei anfangs gangbar gewesen, wollten später viele wissen, und er hätte Hitler verhindern sollen. Aber mehrheitsfähig war der Weg des »demokratischen Sozialismus« zu keiner Zeit und auch nicht der der Räteverfassung. Konnte man aber die Demokratie 1918/19 gegen Mehrheiten gründen und verteidigen? Allein der Weg des Parlamentarismus und des Parteienstaats war damals gangbar und – für ein Jahrzehnt – mehrheitsfähig.

Die Weimarer Verfassung, die die Grundrechte von 1848 und die starke Obrigkeit des Kaiserreichs verbinden wollte, rückte 1919 Deutschland geistig

9. November 1918:
Die Revolution zieht durchs Brandenburger Tor.

Appell an Vernunft und Disziplin

Regierungsplakat Ende 1918

an die Seite des Westens und stand doch auch in der deutschen Tradition des sozialen Interventionsstaats und eines starken Interessenpluralismus. Ihre Werte aber wurden von den Verfassunggebern nicht, wie der einflußreiche Staatsrechtslehrer Carl Schmitt damals so höhnend wie treffend bemerkte, bürgerkriegsparteifähig gemacht; das heißt, es war gestattet, die Verfassung zu bekämpfen, solange legal gehandelt wurde. Warum aber unterblieb ein wirksamer Schutz der Verfassung? Die drei Verfassungsparteien hatten tiefe ideologische Vorbehalte gegeneinander. Zu späterer Zeit wollte die SPD die Verfassung weiterentwickeln. Und so wollte es auch das Zentrum. Aber beide wollten in andere Richtung gehen. Wirkliche Verfassungspartei war allein die kleine, linksliberale Deutsche Demokratische Partei. Für die SPD galt, was noch das Heidelberger Programm 1925 in vielen Worten wiederholte: »Demokratie das ist nicht viel, Sozialismus ist das Ziel«. Das Zentrum hat sich niemals von der verklärenden Erinnerung an den Beamtenstaat gelöst, der Parität für den katholischen Volksteil und Mitsprache in allen Regierungsdingen verbürgte. Daraus ist später Brünings autoritärer Traum 1930 bis 1932 erwachsen, der gegen Kommunisten und Nationalsozialisten die Demokratie nicht mehr retten konnte, den inneren Frieden aber, den Rechtsstaat und eine friedliche Außenpolitik bewahren wollte.

Die Republikaner von Weimar wußten 1919, daß die Nation zerrissen und der Parlamentarismus schwach war als Rahmen des Konsens. War es ihnen erlaubt, den Schutz der Verfassung und damit Ausnahmezustand, Armee und Beamtenkörper einem mächtigen, vom Volk in direkter Wahl bestellten Hüter in die Hände zu geben, dem Reichspräsidenten? Das hat nicht nur das Parlament demoralisiert, das in jeder Krise die Verantwortung an eine höhere und mächtigere Instanz abgeben konnte und ohnehin durch Volksbegehren und

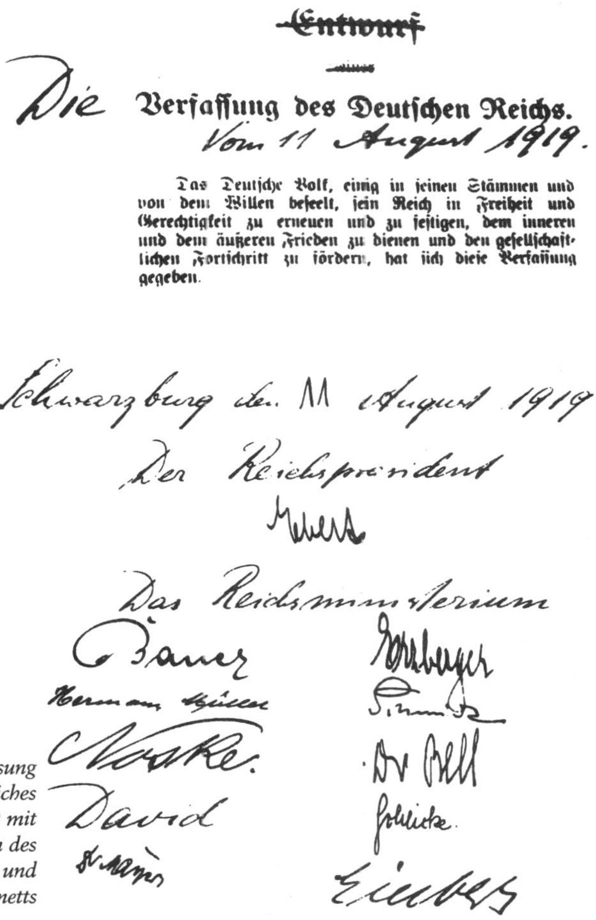

~~Entwurf~~

Die Verfassung des Deutschen Reichs.
Vom 11 August 1919.

Das Deutsche Volk, einig in seinen Stämmen und von dem Willen beseelt, sein Reich in Freiheit und Gerechtigkeit zu erneuern und zu festigen, dem inneren und dem äußeren Frieden zu dienen und den gesellschaftlichen Fortschritt zu fördern, hat sich diese Verfassung gegeben.

Schwarzburg den 11 August 1919

Der Reichspräsident
Ebert

Das Reichsministerium
Bauer
Erzberger
Hermann Müller
Noske
Dr Bell
David
Schlicke
Giesberts

Präambel der Verfassung des Deutschen Reiches vom 14. August 1919 mit den Unterschriften des Präsidenten und des Kabinetts

Volksentscheid dem institutionalisierten Mißtrauen des Verfassunggebers ausgesetzt war. Der Reichspräsident hielt seitdem die Tür zu einer anderen Republik in der Hand. Unter dem Sozialdemokraten Friedrich Ebert blieb die Tür geschlossen, unter Paul von Hindenburg, dem alten kaiserlichen Feldmarschall, seit 1925 aber nicht mehr. Selbst Ebert hat indessen, als das wirtschaftliche Chaos drohte und Hitler in München putschte, 1923 mit der Idee der Militärdiktatur auf Zeit gespielt. Sieben Jahre später hat Reichskanzler Brüning dann, angesichts der Auflösung der Republik, Anstalten gemacht, den Bismarckstaat wiederherzustellen, den Bruch der Revolution zu heilen, den Beamtenstaat zu restaurieren. So zeigt sich seit 1930, daß in der Weimarer Verfassung von allem Anfang zwei gegensätzliche politische Kulturen, ja Entscheidungssysteme enthalten waren: das parlamentarische, das abgewirtschaftet hatte und selbst bei den politischen Parteien keinen Kredit mehr besaß, und das präsidiale, das die Republik retten sollte und sie doch nicht retten konnte. Was als Sicherungssystem gedacht war, erwies sich als Zerstörungskraft.

Die Weimarer Verfassung war der Versuch der Deutschen, politische Kultur auf die Werte des Westens zu bauen, eine zweite, demokratische Reichsgründung. Der Versailler Vertrag 1919 indes gab eine schneidende Antwort der siegreichen Westmächte: Im Modus war er Diktat, in der Sache der Versuch, die deutsche Großmacht militärisch zu fesseln, wirtschaftlich auszubluten und durch Reparationen zu schwächen. Dabei wurde auf Zuweisung der Alleinschuld für den Krieg an Deutschland bestanden. Im Vertragswerk, das auch den Völkerbund als Rückversicherung gegen die Deutschen nutzte, setzte sich französische Eindämmungspolitik gegen Deutschland durch gegenüber der britischen Politik, die schon seit 1917 die Eindämmung der Sowjetunion für vorrangig hielt. Die USA, wo 1920 die Republikaner siegten und Wilson und die Demokraten verdrängten, gingen in neo-isolationistische Abseitsstellung und zogen sich für wenige entscheidende Jahre von Europa zurück.

Wurden durch Versailles nicht jene deutschen Strategen gerechtfertigt, die noch Ende 1918 die Front hatten herumwerfen wollen? Mit dem roten Osten gegen das neue Polen und gegen den Westen marschieren? Ein revolutionäres Bündnis zeichnete sich da ab, um Europa in Flammen zu setzen. Vorerst wurde nichts daraus, es blieb für die zwanziger Jahre beim Ausspielen der östlichen Option gegen den Westen, ein Stück vorbereitende neue Großmachtpolitik. Es brauchte nicht lange, 1919/20 polnische Vorstöße nach Osten und Westen, und Reichswehr und Rote Armee leisteten einander Unterstützung. Die Deutschen halfen bei der Ausbildung, die Russen bei der von den Westmächten verbotenen und daher geheimen Rüstung. Die Geschäftsbasis war der gemeinsame Wille, das neue Polen, das weder die Deutschen noch die Russen gewollt hatten, unter Kontrolle zu halten. Der Weg nach Rapallo war hier schon vorgezeichnet, wo 1922 Russen und Deutsche wechselseitig auf alle Forderungen aus der Kriegszeit verzichten.

Mußte aber alles so kommen, wie es dann kam? Der erste Rechtsputsch ereignete sich schon 1920, halb improvisiert, von dem ostpreußischen Generallandschaftsdirektor Kapp und dem Reichswehr-Generalleutnant v. Lüttwitz inszeniert. Anlaß war, daß die Brigade Erhardt, eines der großen (5000 Mann) Freikorps, aufgelöst und entwaffnet werden sollte. Aber die hohen Beamten in den Berliner Ministerien machten beim Putsch nicht mit; die Gewerkschaften riefen den Generalstreik aus. Die Regierung entzog sich durch die Flucht nach Stuttgart dem Zugriff der Putschisten. Die Reichswehr wartete ab, und nach drei Tagen war der Spuk vorbei. Aber nun mußte auf Verlangen der Bürgerlichen neu gewählt werden, und da war es mit der Mehrheit der Weimarer Gründerparteien vorbei. Sozialdemokraten, Zentrum und Deutsche Demokratische Partei, die im Januar 1919 rund 75 Prozent der Stimmen gehabt hatten, verloren im März 1920 von zehn Wählern vier. Seitdem war Weimar eine Republik ohne Republikaner.

Trotzdem hat die Republik noch zehn Jahre lang gekämpft, hat das nationalliberale Lager des Bürgertums zu sich herübergezogen und selbst die Agrarkonservativen in der Deutschnationalen Volkspartei und im Reichslandbund noch bei ihren wirtschaftlichen Interessen gepackt und 1925 und 1927/28 in Regierungsverantwortung gebracht. Der Präsident war von der Verfassung gewollt als übermächtiger Schiedsrichter des Pluralismus. Bis 1923 hat Friedrich Ebert mehr als hundertzwanzigmal mit Hilfe des Artikels 48 der Verfassung durch Notverordnung Gesetze über Wirtschaft, Haushalt und Sozialpolitik in Kraft gesetzt und der Republik weitergeholfen. Im Präsidentenpalais saß ein loyaler Ersatzgesetzgeber, als das zerstrittene Parlament versagte. Er tat, was die Verfassungsväter ihm aufgegeben hatten, ein Hüter der Verfassung.

Die Inflation war ein Erbteil des verlorenen Krieges. Die Zerstörung der Sparvermögen und der Wettlauf von Preisen und Einkommen trieben den Mittelstand in Panik. Aber die Inflation sicherte auch die ersten Reparationen und die staatlichen Leistungen für Sozialpolitik und Aufrechterhaltung der Ordnung und bot, bis im November 1923 die Rentenmark der Wirtschaft wieder festen Boden gab, jahrelang Vorteile im Export. Dann folgten, eingeleitet durch die Währungsreform des November 1923 (Einführung der »Rentenmark«) und den amerikanischen Dawes-Plan zur Anpassung der Reparationen

Reichsaußenminister Walther Rathenau, Industrieller und »homme de lettres« kurz vor seiner Ermordung in Berlin am 24. Juni 1922

an die deutsche Leistungsfähigkeit, die kurzen mittleren Jahre von 1924 bis 1929. Sie brachten eine Stabilisierung von Politik und Wirtschaft; aber golden genannt zu werden, verdienen sie wohl nicht. Beim Bruttosozialprodukt war schon in der Mitte der zwanziger Jahre der Stand von 1913 wieder erreicht, aber der unproduktive Anteil blieb dauernd weit höher als in der Vorkriegszeit. Investitionen und Wertschöpfung dagegen hingen bedrohlich zurück. 1927, als Folge des britischen Generalstreiks vom Vorjahr, war das beste Jahr der Republik, denn die Deutschen konnten liefern und die Briten nicht.

Aber die wirtschaftlichen Krisenelemente blieben: das lange Zeit ungelöste Problem der deutschen Reparationen und ihres Transfers nach Frankreich und England, unzureichende Kapitalbildung der Industrie und der Privaten, extreme außenwirtschaftliche Abhängigkeit, kurzlaufende Anleihen in Milliardenhöhe langfristig angelegt – jeder Rückruf der Gelder über den Atlantik mußte zur Katastrophe werden –, die hohe Lohnquote im internationalen Wettbewerb kaum auszugleichen. Dahinter aber, und wahrscheinlich entscheidend, stand eine geistig-moralische Dauerdistanz der Deutschen zur Republik. Bis auf das tapfere Häuflein der Deutschen Demokratischen Partei, deren Wählersubstanz zerrann, hat keiner die Republik so, wie sie geworden war, gewollt. Sie blieb jedermanns Vorbehalts-Republik, stets gemessen an einer anderen, für die Sozialisten gerechteren, für das Zentrum christlicheren, für die Linke demokratischeren, für die Rechte mächtigeren und effizienteren Republik.

Es bedurfte nicht Hitlers, um zu beweisen, daß die Republik kaum Freunde hatte, bei den Eliten nicht und nicht bei den Massen. Die Republik war bereits im Verfall begriffen, als das wirtschaftliche Wachstum in der ersten Jahreshälfte

Mitteleuropa nach den Friedensverträgen 1919/20

- Grenze des Deutschen Reiches seit 1870/71
- Europäische Ländergrenzen 1920
- Deutschland, Österreich-Ungarn bis 1918
- Internationalisierte Flüsse
- Volksabstimmungsgebiete
- Alliierte Besatzungszonen im Rheinland
- Alliierte Besetzung als Sanktionen 1920–1926
- Völkerbundsmandate: Saarland 1919/20–1935, Freie Stadt Danzig 1920–1939
- Französische Besetzung des Ruhrgebietes 1923–1925

1929 bedenklich stockte, im Herbst 1929 alle Indikatoren negativ wurden und 1931 die Weltwirtschaftskrise zur Katastrophe wurde. Als sie weder Brot noch Arbeit sicherte, weder Vertrauen noch Stärke gab, wurde die Republik, von ihren Freunden kaum verteidigt, zur Beute ihrer Feinde. Nicht erst die Weltwirtschaftskrise hat die Republik in Agonie versetzt, aber sie hat zu ihrem Sturz entscheidend beigetragen. Mit Sicherheit liegt in der Weltwirtschaftskrise die eigentliche Ursache dafür, daß 1930/33 der autoritäre Präsidialstaat keinen Halt mehr bot, sondern daß alles weitertrieb in die totalitäre Diktatur von links oder von rechts.

War Weimar doch zum Untergang verdammt? Der Versailler Vertrag 1919 war kein Karthagischer Friede gewesen, der nur Schutt und rauchende Trümmer hinterließ. Das Reich erlitt zwar Verluste an Bevölkerung und Territorium, im Westen ging Elsaß-Lothringen an Frankreich, im Osten fielen Teile Oberschlesiens, Posen und Westpreußen an Polen, im Norden Teile Schleswigs an Dänemark. Aber Deutschland blieb ungeteilt und war sogar, da erstmals seit Bismarck ohne Doppelbedrohung aus Ost und West, weniger gefährdet als zuvor. Die Geschichte der Dritten Republik Frankreichs nach 1870 lehrt, daß aus der Niederlage ein dauerhaftes Staatswesen entstehen kann, daß Vielparteiensystem und starke Bürokratie einander nicht ausschließen und daß eine Republik auch ohne Verfassung, ja als jedermanns zweite Wahl ein Menschenalter überdauern kann.

Was aber war in Weimar so anders? Der Erste Weltkrieg gründete die deutsche Gesellschaft tiefer um als jemals eine Katastrophe seit dem Dreißigjährigen Krieg. Er zerstörte alle überkommenen sozialmoralischen Normensysteme für das, was man tat, und das, was man unterließ. Damit nicht genug. Die bolschewistische Revolution in Rußland verkündete den ideologischen Weltbürgerkrieg, und Deutschland war die nächste Etappe. Fortan war alles politische Denken polarisiert. Der Erste Weltkrieg hatte schon das Bild einer totalitären Gesellschaft geschaffen. Es fehlte den Deutschen nach solchen Brüchen eine Mitte akzeptierter, kampfstarker und befeuernder republikanischer Werte, jener Konsens mithin, der allein die freie Gesellschaft vor der Versuchung ihrer Selbstzerstörung rettet.

Inflation als soziale Deklassierung, Statusverlust und soziale Heimatlosigkeit, die Millionen erfaßte, haben von 1914 bis 1923 den Boden aller Tradition aufgerissen, den der Monarchie so gut wie den der Arbeiterbewegung, den der Kirchen so gut wie den des bürgerlichen Liberalismus. Das alles trug nicht mehr,

Metropolis, Photomontage von Paul Citroen, 1923 ▷

AMERIKA

vielleicht mit Ausnahme von Kernbereichen des Katholizismus und des Protestantismus, als Besitz, Sicherheit und alte Lebensform dahingingen. Die weltwirtschaftliche Depression und die Schwäche der Republik, deren politische Maschinerie unter der Last der Verteilungskämpfe hörbar knirschte, die kein Vertrauen schuf, die auf Abwehr ihrer Todfeinde verzichtete: das alles steigerte die Wertekrise zum politischen Ernstfall. Der Bürgerkrieg, Grundfigur des politischen Denkens seit 1848, im Konsens des Bismarckreichs noch einmal bewältigt, brach 1917/18 radikal wieder auf und wurde Wirklichkeit auf den Straßen, in den Parlamenten und in den Köpfen. Zuletzt legitimierte er die radikale Wendung zur messianischen Erlösung.

Der Führer und Messias verkörperte nicht eine neue Politik, sondern schlechthin ihr Ende und ihre Aufhebung durch die Diktatur der Klasse oder die Herrschaft der Rasse. Ein Millennium war des andern wert. Beide wollten sie das Ende der Geschichte. Dahinter stand jene Identitätskrise, die Karl Jaspers 1930 diagnostizierte und im Heidelberger Hörsaal mit den Worten kennzeichnete: »Es ist wohl ein Bewußtsein verbreitet; alles versagt; es gibt nichts, das nicht fragwürdig wäre; nichts Eigentliches bewährt sich; es ist ein endloser Wirbel, der im gegenseitigen Betrügen und Sichselbstbetrügen durch Ideologien seinen Bestand hat. Das Bewußtsein des Zeitalters löst sich von jedem Sein und beschäftigt sich mit sich selbst. Wer so denkt, fühlt sich zugleich selbst als Nichts. Sein Bewußtsein des Endes ist zugleich Nichtigkeitsbewußtsein seines eigenen Lebens. Das losgelöste Zeitbewußtsein hat sich überschlagen.«

Jaspers' Worte beschrieben einen Zustand, in dem die Bildungsschichten des Protestantismus, vor allem die Studenten, sich selbst und ihre Unruhe wieder-

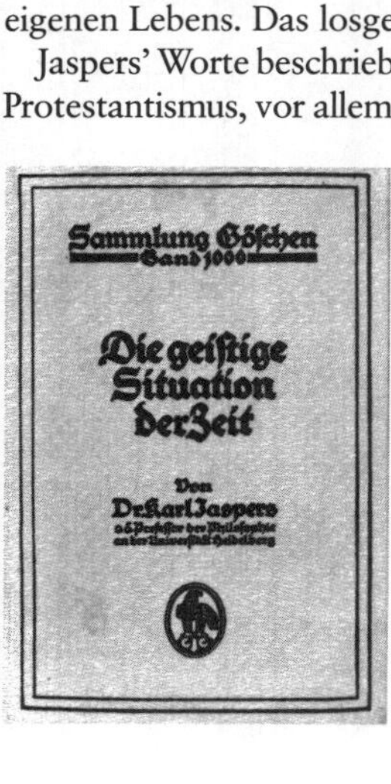

»Es ist wohl ein Bewußtsein verbreitet; alles versagt; es gibt nichts, das nicht fragwürdig wäre; nichts Eigentliches bewährt sich … Das losgelöste Zeitbewußtsein hat sich überschlagen.«
Karl Jaspers, Die geistige Situation der Zeit (1931)

Gustav Stresemann, Vernunftrepublikaner, Außenminister 1923 bis 1929: der bedeutendste Staatsmann der Weimarer Republik

erkannten. Das schmale Buch »Die geistige Situation der Zeit«, Band 1000 der angesehenen Reihe Göschen, ging in wenigen Monaten durch mehrere Auflagen. Jaspers gab Stichworte, wo seine Leser von Ratlosigkeit und Verzweiflung getrieben wurden. Wie sollten in dieser Lage die Republik und mit ihr Rechtsstaat und Freiheit überdauern?

Seit dem Herbst 1929 ging es mit der letzten parlamentarischen Mehrheitsregierung bergab. Damals starb Gustav Stresemann, Außenminister und Führer der rechtsliberalen Deutschen Volkspartei. Mit ihm ging der letzte Weimarer Staatsmann dahin, der noch die Gesamtvision friedlichen deutschen Wiederaufstiegs in der Weltpolitik mit einer Politik republikanischer Staatsräson verbunden hatte. Die »Große Koalition«, die von der industrienahen Deutschen Volkspartei über die bürgerliche Mitte bis zu den Sozialdemokraten noch eine republikanische Mehrheit hatte, geriet unter den Druck sinkender Investitionen, sinkender Erträge, sinkender Nachfrage und sinkender Beschäftigung. Der panische Abzug kurzlaufender amerikanischer Anleihen seit dem New Yorker Börsenkrach des Oktober 1929 fegte den deutschen Kapitalmarkt leer und machte Kredite unerschwinglich. Als die steigende Zahl der Arbeitslosen die Leistungsfähigkeit der erst 1927 gegründeten Reichsanstalt für Arbeitslosenversicherung und Arbeitslosenvermittlung überstieg, kündigten die Sozialdemokraten die Koalition. Sie hatten angesichts der Krise einen Anlaß gesucht, die Verantwortung für die kommende Sparpolitik abzuwerfen, wohl ahnend, daß eine autoritäre Präsidialregierung die Antwort sein würde, ja die Wendung zu einer anderen Republik.

War Mussolini die Antwort auf die Krise der liberalen Demokratie Europas?

Viele haben das damals geglaubt, nicht nur auf der Rechten. Sein Faschismus war Oberklassenherrschaft, gestützt auf Militanz und Korporatismus und befeuert von den Zielen des europäischen Imperialismus im 19. Jahrhundert. Würde Adolf Hitler, Führer der in München beheimateten NSDAP, der deutsche Duce werden? Was die Bewegungen verband, war die charismatische Unersetzbarkeit der Führer, aber Hitlers Nationalsozialismus stand in vielen Elementen und in seiner sozialen Dynamik Stalin näher. Weil aber viele den Führer der NSDAP für einen deutschen Mussolini hielten, mißverstanden sie die Vernichtungsideologie des meteorhaft aufsteigenden Nationalsozialismus. Die NSDAP war die Bewegung der Angst und der Drohung, die der österreichische Bohemien, Weltkriegs-Gefreite, Reichswehr-Agitator, Putschist von 1923, Landsberg-Häftling und »Mein Kampf«-Autor Adolf Hitler geformt hatte. Für die von der Weltwirtschaftskrise ihm zugetriebenen Anhänger aus oberem und unterem Mittelstand, für Bauern, Bildungsbürgertum, »déclassés« aller Schichten und massenhaft Arbeitslose wurde er neuer Messias und charismatischer Führer. 1930 hat Hitler öffentlich erklärt, legal werde er an die Macht kommen, dann würden Köpfe rollen.

In einem Ordnung liebenden Volk war der Bonus der Legalität wichtig. Aber der Nationalsozialismus umfaßte auch viel von den widersprüchlichen Moden der zwanziger Jahre: Faszination der Technik und Heimkehr aufs Land, Angst vor der Revolution und anti-kapitalistische Sehnsucht, die Jugend und die Tradition. Die Synthese von Nationalismus und Sozialismus entsprach alter Sehnsucht nach Ganzheit, nach Schützengrabengeist und Volksgemeinschaft. Die Revolution? Hitler wollte sie ungeschehen machen. Er versprach, die »jüdisch-bolschewistische Weltverschwörung« ein für allemal zu vernichten, wenn erst die Republik der »Novemberverbrecher« gestürzt wäre. Hitler war der Bürgerkrieg. Er verhieß die radikale Antwort auf die leninistische Machtergreifung in Rußland, auf das Trauma, das sie für Deutschland bedeutete, und auf die Drohung, die in Gestalt der KPD von ihr ausging. Mehr noch, Hitler war auch der Krieg. Wer seine Reden hörte, wer die haßtriefenden Seiten seines Buches gelesen hatte, konnte nicht zweifeln. Aber wer las die Reden? Und wer, wenn er sie las, glaubte ihnen? Seit 1930 wurde seine Partei Massenbewegung.

Der Weimarer Parlamentarismus war am Ende, als die Große Koalition von der Industrie bis zu den Gewerkschaften, von DVP bis SPD am 30. März 1930 auseinanderbrach. Durch die Reichswehrführung lange vorbereitet, von Landwirtschaft und Industrie gefordert und gefördert, kam nun die Stunde der präsidentiellen Reserveverfassung. Gestützt auf die Autorität des Reichspräsidenten, der über den Ausnahmezustand des Artikels 48 verfügte und zudem das

Parlament durch die Drohung, es aufzulösen, in Schach hielt, entstand eine Regierung, die keine parlamentarische Mehrheit mehr hatte und auch keine wollte. Zwar standen alle ihre Notverordnungen unter der Hypothese, daß der Reichstag sie aufheben konnte. Aber mit der Parlamentsauflösung ließ sich das verhindern.

Dr. Heinrich Brüning, der erste Reichskanzler des Präsidialsystems, Finanzfachmann und starker Mann vom Gewerkschaftsflügel der Zentrumspartei, Weltkriegs-Hauptmann und Reichswehr-Vertrauter, wollte eine Politik der Solidität, der Sparsamkeit, der Disziplin, des ausgeglichenen Haushalts und der wirtschaftlichen Gesundung. Der Ausweg in Kreditschöpfung, Inflationierung der Währung und defizitäre Haushalte war versperrt: durch internationale Verträge und die klassische liberale Haushaltstheorie, die Defizite für verderblich ansah. Zwar sanken die Großhandels- und Verbraucherpreise. Aber Löhne und Kaufkraft sanken noch schneller, und ihnen eilte die Massenarbeitslosigkeit voraus.

Brüning hat dies in Kauf genommen, denn er wollte die Gewerkschaften zähmen und die deutsche Wirtschaft schnell durch die Talsohle der Depression bringen, die Reparationen abwerfen und danach durch wirtschaftliche Stärke außenpolitisches Gewicht zurückgewinnen. Die von Frankreich verhinderte Zollunion des Reiches mit Österreich zielte auf »Mitteleuropa« unter deutscher Führung. Langfristig wollte Brüning die Rückkehr zum Staat Bismarcks. Ob er die populistische Natur von dessen Regime verstand, ist indes ebenso offen wie die Frage, ob er die Monarchie wiederherstellen wollte. Wie auch immer, die Verzweiflung und die Aussichtslosigkeit ihrer Lage trieb die Wähler in Massen den Kommunisten zu und noch mehr den Nazis.

Instrument der Politik Brünings waren vor allem der Haushalt und das Haushaltsrecht. Als SPD und DNVP seine Sparpolitik bekämpften, löste er den Reichstag auf. Am 14. September 1930 folgten Neuwahlen. Statt der Vernunft, wie Brüning erwartet hatte, siegte Hitler. Wo vordem vierzehn NS-Abgeordnete gesessen hatten, saßen nun mehr als hundert: in braunen Uniformen, johlend, trampelnd, pfeifend und drohend. Der Entwurf des autonomen Präsidialregimes war nach kaum sechs Monaten gescheitert. Was blieb, war ein Balanceakt mit dem Mittel der Notverordnung. Die Existenzbedingung war, daß die noch immer existierende, aber nicht mehr einigungsfähige republikanische Mehrheit stillhielt, daß die Reichswehr Kommunisten und Nationalsozialisten in Schach hielt, und daß die Länder, voran Preußen, ihren Verwaltungsapparat zur Verfügung hielten.

Mittelpunkt des Präsidialregimes war der Reichspräsident, seit 1925 der greise Feldmarschall von Hindenburg, der als Leutnant noch in Versailles 1871 bei der deutschen Kaiserproklamation zugegen gewesen war. Er war ein Mann, der rückwärts schaute, umgeben von Beratern, die ihn vorwärts drängten: zuerst in den zerstörerischen Konflikt mit den republikanischen und demokratischen Kräften, dann in das Niemandsland der autonomen Präsidialdiktatur, endlich in das Bündnis mit der NSDAP. Im Sommer 1932 sollte die siebenjährige Amtszeit Hindenburgs enden. Alles kam darauf an, Hitler einen mehrheitsfähigen Kandidaten der Mitte entgegenzustellen. Brüning brachte es fertig, selbst

Appell an nationale Gefühle: Adler und Eiche, 1931

Mit den Mitteln des Expressionismus gegen die Republik: die Hitler-Bewegung als Hoffnung der Leidenden

SPD und Zentrumspartei für Hindenburg zu gewinnen. Der Achtzigjährige wurde noch einmal gewählt. Wenige Tage später wurde Brüning – später bemerkte er bitter: »Hundert Meter vor dem Ziel« – von ihm brüsk entlassen. Brüning, der Architekt der Präsidentenwahl, drohte zu stark zu werden. Zudem stand er dem großen Rechtsbündnis im Wege. Er wollte eine autoritäre Führung, aber er wollte sie nicht mit, sondern gegen Hitler und seine verzweifelten, begeisterten Massen.

Dem autoritären Asketen Brüning folgte von Juli bis November 1932 Franz von Papen, ein Dilettant und Intrigant. Er kam aus katholischem Landadel, auch er ein Exoffizier. Seine erste Tat war der »Preußen-Schlag« des 20. Juli 1932. Das war die Übernahme des demokratisch regierten Preußen, dessen SPD-Ministerpräsident Otto Braun keine Mehrheit mehr hatte, durch einen Reichskommissar. Die schnelle Aktion, mit der Reichswehr im Hintergrund, gab einen Vorgeschmack auf die spätere »Gleichschaltung«. Dann wurde, um Zeit zu gewinnen, der Reichstag aufgelöst. Die Neuwahlen stärkten KPD und NSDAP, und zusammen hatten sie jetzt erstmals eine Mehrheit, die indes nur im Kampf gegen Staat und Republik einig war. Im Völkerbund und auf der Genfer Ab-

»Das Verhängnis« – eine Radierung des Graphikers A. Paul Weber aus dem Jahre 1932. Einige seiner Graphiken dienten später der NS-Propaganda gegen England.

rüstungskonferenz trumpften die deutschen Vertreter auf. Der wirtschaftliche Niedergang hatte im Frühjahr 1932 seinen Tiefpunkt erreicht. Mehr als sechs Millionen Arbeitslose wurden registriert. Hitlers SA fand auch deshalb Zulauf, weil es dort zu essen gab, eine Uniform und eine durch den Marsch in Dreierreihen, Kampfgeist, Hoffnung und Beutelust geeinte Gemeinschaft. Eine erneute Reichstagsauflösung sollte im Herbst 1932 wiederum eine Atempause schaffen. Die Wahlen des November 1932 aber kosteten der NSDAP Stimmen und ließen ihre Führer fürchten, der Zug zur Macht sei verpaßt. An der Jahreswende 1932/33 schrieb die »Frankfurter Zeitung«, das Schlimmste sei vorbei und Hitler im Niedergang.

Der Reichswehrgeneral Kurt v. Schleicher war seit November 1932 Reichskanzler. Er wollte eine Koalition aller Vernünftigen von den Gewerkschaften bis zur Industrie, wollte mit der scharfen Schneide des Ausnahmezustands den

Bürgerkrieg verhindern, mit der Parlamentsauflösung drohen und im übrigen Zeit gewinnen. Aber die Gewerkschaften mißtrauten seinem Kalkül, die Nationalisten fürchteten den »roten General«, der Arbeitslosen Land in Ostpreußen geben wollte. Der Präsident verweigerte ihm die Auflösungsbefugnis gegen den Reichstag, die er brauchte, um Hitler unter Druck zu setzen. Insgeheim arbeiteten Papen für die Umgebung Hindenburgs, Göring für die NSDAP und Hugenberg für die Deutschnationalen an einer Hitler-Koalition, die Parteienstaat und Gewerkschaften ein für allemal beenden, selbst aber durch Präsident, Reichswehr und Deutschnationale gezähmt werden sollte. Am 30. Januar 1933 war es soweit. Es war eine gespenstische Szene, als die neue Reichsregierung im Palais des Präsidenten auf die Weimarer Verfassung vereidigt wurde. Keinem der Anwesenden kam ein Zweifel daran, daß die Agonien der ersten deutschen Republik mit dem Tode geendet hatten.

5. Die deutsche Gewaltherrschaft 1933 bis 1945 – Vom Bürgerkrieg zum Weltkrieg

Wann begann die Geschichte des »Dritten Reiches« und wo? In Berlin am 30. Januar 1933, als das erste Kabinett Hitler auf die Weimarer Verfassung vereidigt wurde, als die Deutschnationalen sich für die Stärkeren und Klügeren hielten und die Konservativen im Blick auf Hitler prahlten: »Wir haben ihn uns engagiert«? Als die westlichen Staatskanzleien abwarteten und Stalin den deutschen Kommunisten den weiteren Kampf gegen den »Sozialfaschismus« der Sozialdemokratie befahl? Es war am 30. Januar gegen Mitternacht, der große Fackelzug von SA und Stahlhelm durch das Brandenburger Tor vorbei, als Hitler zu den Seinen sagte: »Lebend bringt uns hier keiner mehr 'raus!«

Oder hatte die Geschichte des »Dritten Reiches« vierzehn Jahre zuvor auf der Friedenskonferenz in Paris begonnen? Paris 1919 wurde nicht Wien 1814. Kein zweiter Wiener Kongreß ordnete die Welt und gründete das Konzert der Mächte. Im Zeitalter der Ideologien, der Massendemokratie und des industriellen Großkriegs konnte es schwerlich anders sein. Die Folgen aber: Weder konnte Frankreichs Hegemonie, gestützt auf schwache Bündnispartner in Ostmitteleuropa und die erschöpfte Kriegsallianz mit Großbritannien, dem Kontinent dauerhafte Ordnung geben, noch gab es ohne und gegen Deutschland und die Sowjetunion ein System kollektiver Sicherheit durch den neuen Völkerbund.

Am Abend des 30. Januar 1933:
Fackelzug der »Nationalen Verbände« durch das Brandenburger Tor.
Gemälde von Arthur Kampf

Die USA, die den Krieg entschieden hatten, zogen sich 1919/20 von Europa zurück, unwillig, die Nachkriegsordnung zu garantieren. Wenn aber keine wirkliche Macht hinter dieser Ordnung stand, dann war sie nichts als eine leere, bedrohliche Geste, die den Keim ihrer eigenen Zerstörung in sich trug. Alles, was vor 1933 geschehen war, zeigte die Schwäche der Friedensschlüsse von 1919, darin eingeschlossen der Vertrag von Versailles. Und alles, was seit 1933 geschehen sollte, zeigte, daß der prekäre Friede, wenn nicht ein Wunder geschah, nichts gewesen war als der Übergang zu neuen Kriegen und Katastrophen.

Oder kam das »Dritte Reich« aus der Krise der bürgerlichen Zivilisation mit ihren Parlamenten, ihrem Fortschritts- und Vernunftglauben, ihrem Vertrauen auf den Staat und ihrer Hoffnung auf einen vernünftigen Geschichtsplan? Warum konnten die bürgerlichen Demokratien von 1919 nicht, angesichts der

Schrecken des Krieges und der bolschewistischen Revolution, wie die Adelswelt des Wiener Kongresses angesichts der Französischen Revolution, ein Kartell der aufgeklärten Selbstinteressen bilden gegen die Propheten des Bürgerkriegs und der Weltherrschaft? Hatte Nietzsche sie nicht gewarnt, Richard Wagner sie nicht alarmiert, Sigmund Freud sie nicht beunruhigt? Hatte die Faszination von Niedergang und Dekadenz sie nicht wachgemacht gegen die Revolte, die sich zusammenbraute gegen Industriestaat und Modernität? Die zivilisationskritische Kultur der Jahrhundertwende war durch den Krieg zur Heilslehre aufgestiegen. Die Geschichte selbst hatte dem Faschismus Italiens, den antidemokratischen Strömungen Frankreichs, dem antimodernistischen Aufbruch der Deutschen vorgearbeitet. In den Schriften von Sorel bis Péguy, in den Theorien der Eliten von Mosca, Pareto und Michels, im revolutionären Syndikalismus und all den politischen und intellektuellen Sehnsüchten, die seit dem Beginn des Jahrhunderts den neuen Staat und den neuen Menschen erträumten, lagen Symptome einer großen Krise, auch wenn sie bis 1914 die politischen Strukturen noch kaum erfaßte. Aber in Kunst und Literatur, Architektur und Stadtplanung entwarf sie längst das Bild neuer Welten. So wurden die zwanziger Jahre in ganz Kontinentaleuropa die Epoche des Faschismus, und der Frühling der Demokratien dauerte nicht lange. Nur wenige unter den neuen Republiken von 1919 überlebten in Westeuropa die autoritäre Sehnsucht, die zum Erbe des Krieges gehörte.

Oder muß man für die Geschichte des »Dritten Reiches« vor allem die Geschichte eines Mannes untersuchen, Beamtensohn aus kleinbürgerlichem Milieu, haßerfüllter Außenseiter der zerfallenden k.u.k. Monarchie, ewiger Versager, der den Beginn des Ersten Weltkriegs als Erlösung und die bolschewistische Revolution als Weltbedrohung erlebte, Adolf Hitler? Er glaubte an den Krieg, und er stieg auf im Nachkrieg, als jene bürgerliche Welt zusammengebrochen war, die ihn von sich gestoßen hatte.

Hitlers Weltanschauung hat ihre Wurzeln in dem Haß auf die Welt vor 1914, im Trauma der Leninschen Revolution und in der Revolte gegen die zivilisatorische Modernität seiner Epoche. Lange bevor Hitler den Zweiten Weltkrieg begann, hatte er allem den Krieg erklärt, was das 20. Jahrhundert prägte: der Demokratie, der Technik, der Gesellschaftswissenschaft und der Geschichte, und doch sollte er sich all dieser Mittel bedienen. Er war Erlöser und Demagoge, er nutzte die Technik zuerst als Propagandamittel und dann als Instrument für Bürgerkrieg und Krieg. Er wollte die Geister beherrschen und die geschichtliche Bewegung beenden: Drittes Reich, Tausend Jahre, das Millennium. Was war das anderes als die Kriegserklärung an die Vergänglichkeit und mit ihr an den Fortschritt?

Wo er Haß und Selbstmitleid, seine Visionen von Lebensraum und Weltherrschaft, seine Träume von der Vernichtung der Juden und der Ausmerzung des Bolschewismus zusammengeklaubt hat, ist nur in Umrissen zu sagen. Merkwürdig schnell bildete der Reichswehr-Agitator von 1919, der zum Führer einer Bierkellerpartei und zur Münchner Lokalgröße aufstieg und endlich zum Putschisten wurde (1923), in der dafür verhängten Landsberger Festungshaft das, was er seitdem seine »Weltanschauung« nannte und was besser seine Religion heißen würde, mit ihm selbst als politischem Heilsbringer. War sein Machthunger und jenes Sehnen, das er in den Augen seiner Anhänger las, am Ende wichtiger als die widerstreitenden und chaotischen Ressentiments, die er aus Wien und von der Westfront mit sich schleppte? War seine ganze Weltanschauung am Ende die Summe von Haß und Hoffnung seiner Zeit? Daß er in den auf die Haft folgenden wenigen Jahren zum Schrecken der Republikaner und zur Hoffnung der Antidemokraten aufstieg, Führer einer radikalisierten Bewegung mit halbreligiösem Ritual, Parteiarmee und absolutem Machtanspruch, das bleibt weniger seiner Person zuzuschreiben als dem Zerfall der bürgerlichen Zivilisation durch Krieg und Nachkrieg und jener massenhaften Hoffnungslosigkeit, auf die der deutschen Republik die Antwort fehlte.

Hitler baute Haß auf wie ein magnetisches Feld. Er war Virtuose der Macht. Er hatte den Instinkt des Wolfs – er wollte Wolf und nicht Adolf genannt werden, und auch sein Autowerk hieß Wolfsburg und sein Hauptquartier Wolfsschanze –, den Instinkt für das, was nur noch gestoßen werden mußte, um zu fallen. Er war der »homme révolté« des 20. Jahrhunderts, und so fremd er seiner Gefolgschaft war, so täuschend war er auch seinen Feinden. Die Kommunisten hielten ihn für die Puppe des Großkapitals; die Konservativen für einen Tromm-

Volksgemeinschaft, Eintopfessen: Propagandaplakat zum 1. Oktober 1933

Stahl und Glas als Mittel moderner Architektur: Faguswerk von Walter Gropius, 1911-18

Zitadelle, Zwingburg oder zentrale Steuerung? Ambivalenz der modernen Architektur: Entwurf der Reichsbank Berlin von Walter Gropius, 1933

Triumphbogen, den Hitler nach der Haft in Landsberg zeichnete: Vision klotzartiger Macht über einer flachen Ebene, auf der Menschen wie Staub erscheinen. Aus der Sammlung Albert Speers, dem Hitler das Blatt schenkte.

ler, den man nur einzurahmen brauchte, um das Spiel mit ihm zu machen. Die Sozialisten meinten, er sei der Knecht der Junker, und die Intellektuellen der Republik spotteten, zu Hitler falle ihnen nichts ein. Am Ende der dreißiger Jahre sagte der britische Publizist Malcolm Muggeridge über Hitler: »Vielleicht lag Hitlers größter Vorteil in dem Unglauben, den seine Absichten erregten.« In der Tat blieb, bis heute, die Geschichte Hitlers weitgehend die Geschichte seiner Unterschätzung.

Hitler war Virtuose im skrupellosen Umgang mit der Macht. Er nutzte seine Fremdheit und stilisierte sie zur Distanz des Führers, er sprach gern und wie süchtig immer wieder von seinen geringen Anfängen und wußte daher seinen Aufstieg in die Perspektive der göttlichen Vorsehung zu stellen. Außenseiter zu sein war für ihn nicht Schwäche, sondern Element der Stärke. Deshalb handelte er schneller, bedenkenloser, konsequenter als alle, die bis 1933 die Republik verteidigt hatten, und so überwältigte er auch alle jene, die seitdem den Staat gegen ihn einsetzen wollten. Er hat sie alle überspielt, unterworfen und vernichtet. Er hat die Regeln des innenpolitischen Spiels außer Kraft gesetzt, in das ihn die alten deutschen Machteliten hineinziehen wollten. Er hat die Spielfiguren vom Tisch gefegt, an dem die Großmächte, Italiens Duce, Großbritanniens Tories, Frankreichs Dritte Republik und zuletzt Rußlands Diktator das große Spiel mit ihm machen wollten. Aber am Ende, nach der Revolutionierung Deutschlands und dem Umsturz Europas, hat er das Spiel verloren.

Die politischen Parteien, die hartköpfigen Interessengruppen, die Gewerkschaften, der Föderalismus, die deutsche Selbstverwaltung in Städten und Kreisen, die freie Presse, die unabhängige Justiz: Als hätten alle auf ihren Untergang gewartet, waren sie binnen weniger Monate nach dem 30. Januar 1933 beseitigt. Als habe es nur eines Signals bedurft, wurden sie von der Diktatur verschluckt. »Gleichschaltung« war das neue Wort, in dem sich Gewalt und Desorientierung, Resignation und Terror verbanden. Eine legale Revolution war im Gang: eine Paradoxie, die alles außer Kraft setzte, was gestern noch gegolten hatte.

Nur wenige Tage im Amt, kündigte Hitler der Generalität Aufrüstung, Machtpolitik, Preußentum und alte Tugenden an. Mehr noch: oberstes Ziel deutscher Außenpolitik müsse es sein, so dozierte der neue Reichskanzler vor den ungläubigen Generälen, »Lebensraum im Osten« zu gewinnen und diesen »rücksichtslos« zu »germanisieren«. Abschätziger Kommentar eines Beteiligten: »Neue Besen kehren gut.« Den Spitzen der Industrie verhieß er wenige Tage später die Ausschaltung der Gewerkschaften und das Ende des Parteienstaats. Die Wahlen vom 5. März 1933 würden auf lange Zeit die letzten Wahlen in Deutschland sein.

Am 27. Februar 1933 brannte der Reichstag. War das das Fanal des Kommunisten-Putsches? So behaupteten die Nazis das Unwahrscheinliche. War der Brand das Werk Görings? Oder ein makabrer Zufall und das Werk eines Geistesgestörten? Letzte Klarheit gibt es bis heute nicht. Unzweifelhaft bleibt, wer Nutznießer des Feuers war. Am nächsten Morgen erging die Reichstagsbrandverordnung: Sie hob alle Bürgerrechte auf, sie war das Ende des Rechtsstaats. Es war unter diesen Umständen erstaunlich, daß NSDAP und Deutschnationale am 5. März 1933 nur knapp die Mehrheit der abgegebenen Stimmen erhielten.

Für Hitler hatte der am 5. März 1933 neugewählte Reichstag nur noch eine

Propaganda der Nazis und die Illusionen des konservativen Deutschland: »Tag von Potsdam«

einzige, letzte Aufgabe: ihm unter dem Schein der Legalität die bereits gewonnene Staatsmacht offiziell zu überantworten. Das geschah durch das Ermächtigungsgesetz vom 23. März 1933. Die notwendige Zweidrittelmehrheit kam dadurch zustande, daß die Mandate der KPD-Reichstagsabgeordneten, die verhaftet oder untergetaucht waren, nicht gezählt wurden. Der Abstimmung des Parlaments war eine pathetische Komödie vorausgegangen, der Tag von Potsdam. In der Garnisonkirche der alten preußischen Residenz versammelten sich die Spitzen der neuen Regierung, des alten Militärs, der traditionellen Verwaltung. Das Photo des Feldmarschalls, dem Hitler seinen Diener machte, ging durch alle deutschen Zeitungen: es verkörperte die Illusionen, die das bürgerliche Deutschland hegte. Die Propaganda feierte die Versöhnung von Preußentum und NS-Bewegung. Die Vermählung finde statt zwischen der »alten Größe« und der »jungen Kraft«.

Die deutschen Einzelstaaten waren, Bayern als letzter, in der Hand der Berliner Regierung. Der Reichsrat zählte nicht mehr. Als nächste fielen die Gewerkschaften. Sie hatten, um die Organisation zu retten, kooperieren wollen. Hitler machte den 1. Mai zum »Feiertag der Arbeit«. Wollte er den Kompromiß? Am nächsten Morgen stürmte SA die Gewerkschaftshäuser, es gab Massenverhaftungen, die Gewerkschaftspresse erschien zum letzten Mal. Es war das bittere Ende einer stolzen, trotzigen, erfolgreichen und dann nur noch hilflosen Bewegung. Das Vermögen wurde übertragen an die Deutsche Arbeitsfront, die neue Einheitsorganisation von Arbeitnehmern und Arbeitgebern.

Dann starben die Parteien eine nach der anderen, eher bürokratisch als pathetisch, zuletzt auch die »Deutschnationale Front« – Hitlers Bündnispartner; auf die Gründung einer neuen Partei stand von nun an die Todesstrafe. Kaum ein Verband, kaum eine Jugendgruppe überlebte den Prozeß, der mit dem Wort »Gleichschaltung« technisch verharmlost wurde. Große Teile des Protestantismus, politisch ohnehin seit 1918 im Schwanken, gerieten in den Sog jener »deutschen Christen«, die die Synthese zwischen der Liebeslehre des Nazareners und der Rassenlehre des deutschen Führers suchten. Vorbereitet durch eine Schrift des Theologen Karl Barth (»Theologische Existenz heute«) und seine Forderung, »ein geistliches Widerstandszentrum zu bilden«, stand dagegen, zuerst in Form freier Synoden, die »Bekenntnisgemeinschaft der Deutschen Evangelischen Kirche« auf. Sie führte erstmals seit der Reformation Lutheraner, Reformierte und Unierte zusammen zu einer »Theologischen Erklärung« in sechs Thesen, dem Barmer Bekenntnis vom 31. Mai 1934. Es war gerade der Verzicht auf äußere Revolte, der politische Wirkung hervorrief: Indem die Kirchen sich auf ihrem eigenen Boden dem Kampf wider die neue Ersatzreligion stellten, gaben sie den Kräften des aktiven Widerstands einen festeren Boden als den der Politik.

In Barmen fiel das prophetische Wort (H. Asmussen) von der verderblichen Suche nach Gott ohne Christus und der Gewalt, die dadurch andere Herren über die Geister gewönnen: »Sie bieten sich an als Erlöser, aber sie erweisen sich

Das Faszinosum der Technik im Dienst des neuen Glaubens

Das sozialistische Du für die Volksgenossen, die Stimmen für den Führer.

Plakat zur Wahl, die keine Wahl mehr war: 13. November 1933

Gläubige Blicke, geballte Fäuste, im Gleichschritt marsch: Was 1932 Propaganda war, wurde 1933 Wirklichkeit.

als Folterknechte einer unerlösten Welt.« Die Berufung auf das Evangelium war der absolute Maßstab, der nicht nur kirchliche und gemeindliche Eigenexistenz sichern half, wo alles andere gleichgeschaltet war, sondern auch die überkommenen Gegensätze zwischen den Konfessionen in Deutschland einebnete. Zwar war der Katholizismus als politische Kraft gelähmt durch das Reichskonkordat, Hitlers Vertrag mit dem Vatikan vom Frühjahr 1933, und politisch sprachlos geworden durch das Ende der katholischen Zentrumspartei. Und doch: Während der Widerstand, der aus den untergegangenen Parteien und Organisationen der Arbeiterbewegung kam, bis 1936 entweder durch den Polizeiapparat zerschlagen oder durch die Sozialpolitik des Regimes ausgetrocknet war, zeigte sich die theologische Rückbesinnung, die – ohne es zu wollen – Widerstand wurde, als eigentliches Gegengewicht zu dem Regime, das als messianische Heilsbewegung angetreten war.

Was konnte man damals wissen? So ist später oft gefragt worden. Am 1. April 1933 wurden im ganzen Reich alle Geschäfte in jüdischer Hand boykottiert, es gab Demonstrationen, Mordreden und Willküraktionen gegen Juden. Wer Augen hatte zu sehen und Ohren zu hören, der mußte wissen, daß der Weg des

Regimes der des Bürgerkriegs war. Aber es wurde rasch gefährlich zu sehen und zu hören und etwas zu sagen. Zudem bewahrte das Regime einen verwirrenden Doppelcharakter. Der eine Teil des Machtapparats bedrohte, folterte, verhängte nach Willkür »Schutzhaft« in rasch errichteten Konzentrationslagern, enteignete, verfolgte und mordete. Der andere funktionierte wie eh und je und manchmal besser als zuvor: Steuern wurden bezahlt, Beleidigungsklagen angestrengt, Grundbücher geführt, Pensionsansprüche befriedigt. Der alte Sozialstaat wurde ohne dramatischen Bruch zum neuen Betreuungs- und Daseinsvorsorgestaat. Aber dahinter stand der Bevormundungs- und Überwachungsstaat. Jeder ahnte, daß er unter der Drohung der Geheimen Staatspolizei stand und daß das Schreckliche auch ihn treffen konnte, zu jeder Zeit und an jedem Ort.

Schon im Herbst 1933 konnte Hitler die Ernte der legalen Revolution überblicken. Der Staatsapparat war Beute in seiner Hand. Die Staatsrechtslehre, die sich der Diktatur zur Verfügung stellte, suchte nach neuen Begriffen und sprach von der Einheit von Staat, Bewegung, Volk. Aber der Maßnahmestaat und der Normenstaat existierten nebeneinander, verschmolzen nie. Ein Doppelstaat entstand, wie ein emigrierter Sozialwissenschaftler, Ernst Fraenkel, am Ende der dreißiger Jahre schrieb. Ein Wirrwarr an Kompetenzen war die Folge, konkurrierende Machtzentren, unklare Parallelität von Staatsapparat und Parteikontrolle. Kein Zweifel aber war erlaubt, daß der Wille des Diktators und die Macht des Terrorapparats alle überlieferte Ordnung, alle Traditionselemente, alle gesellschaftliche Macht kurzschlossen.

Zwischen Hitler und der unbegrenzten Macht stand nach einem einzigen Jahr allein noch die Reichswehr. Die Generäle aber waren beschwichtigt, beschäftigt und fasziniert durch die kommenden großen Aufgaben. Ihr wilhelminischer Instinkt ließ sie den Demagogen unterschätzen und zu spät begreifen, daß er nicht Weltpolitik wollte, sondern Weltmacht. Sie verachteten die SA. Bald aber fürchteten sie die Übermacht der Parteiarmee, deren Stabschef, der Reichswehrhauptmann a.D. Ernst Röhm, in der Öffentlichkeit verkündete: »Ich bin der Scharnhorst der neuen Armee.« Als Röhm auch von Hitler mehr Revolution verlangte, verbündeten sich Reichswehrspitze und SS. Am 30. Juni 1934, als die Mordkommandos der SS den Anspruch der SA auf eine »Zweite Revolution« zusammenschossen, quittierte die Generalität dies kühl als einen Sieg. Sie ignorierte, daß auch zwei Reichswehrgeneräle unter den Opfern waren, v. Schleicher und v. Bredow. Sie beruhigte sich bei Hitlers Versicherung, daß die Wehrmacht künftig der einzige Waffenträger der Nation sein sollte und daß kein Bekenntnis zur Ideologie des Regimes verlangt werde. Sie sah darüber

Carl Zuckmayer

Bruno Walter

Albert Einstein

Mit dem Gesicht nach Deutschland: Verfolgte, Flüchtlinge, Emigranten.

hinweg, daß Hitler längst begonnen hatte, durch Bewaffnung der SS und Vereidigung auf ihn selbst eine unabhängige Führergewalt zu errichten und daß der Chef der SS, Himmler, ermächtigt worden war, bewaffnete Verbände bis zur Stärke von 20000 Mann aufzustellen.

Der 30. Juni 1934 schloß die erste Phase der »Gleichschaltung« ab. Die Reichswehr fühlte sich als Triumphator und war doch als Komplize in die Untaten des Regimes verstrickt. Als Hindenburg starb, mußte die Armee den Preis für die Ausschaltung der verhaßten SA zahlen: Hitler verlangte den persönlichen Treueeid der Soldaten. Als die stolze Reichswehr, Mann für Mann, ihn leistete, hatte sie sich selbst gleichgeschaltet. Die Wiedereinführung der allgemeinen Wehrpflicht am 16. März 1935 zog auch die jungen Offiziere in den Bann des Regimes, und die Wehrpflichtigen kamen bald aus Hitlerjugend und

Arbeitsdienst. Seit dem 30. Juni 1934 hatte die Reichswehr aufgehört, eine politische Kraft zu sein. Sie war Instrument geworden.

Wie konnten ein humanistisch kultiviertes Bürgertum, eine industrielle Massengesellschaft, ein mächtiger Staatsapparat, eine traditionsreiche Armee zur Beute einer vulgären Massenbewegung und eines messianischen Tyrannen werden? Gewalt und Verführung waren auf ein zerfallendes Gemeinwesen, eine zerfallende Gesellschaft getroffen, auf Absturzangst und Vernichtungsdrohung, auf Krise und Krisenbewußtsein, auf Rat- und Richtungslosigkeit. Auffallend war, daß unmittelbar nach dem 30. Januar 1933, noch vor dem wirtschaftlichen Aufschwung, die Zahl der Heiraten jäh gestiegen war und mehr Kinder gezeugt wurden, ehelich und unehelich, als seit vielen Jahren. Die rasch ausgesetzten Ehestandsdarlehen erklären nicht alles, auch nicht das mit großem Propagandaaufwand und nicht unerheblicher Wirkung eingerichtete Hilfswerk »Mutter und Kind«. Wichtiger noch waren symbolische Gesten, Spatenstiche nach Vorbild Mussolinis, Grundsteine, willensstarke Reden und die Hoffnung, nun werde sich alles, alles wenden.

Nach der Sicherung der Macht durch die »Gleichschaltung« standen an zweiter Stelle die Schaffung wirtschaftlicher Zuversicht und die Zurückdrängung der Arbeitslosigkeit: Hitler beim Spatenstich für den Reichsautobahnbau, den er, obwohl die Planungen aus der Weimarer Zeit stammten, für sich in Anspruch nahm.

Wichtig war auch die Propaganda, was ein altes Wort kirchlichen Ursprungs für eine neue Technik war, die in allen Punkten Bekanntes aufnahm und doch einen radikal neuen Zusammenhang stiftete. Dr. Josef Goebbels, Jesuitenzögling und Student beim jüdischen Germanisten Gundolf, wurde Minister für »Volksaufklärung und Propaganda«. Schon der Name seines Hauses war nicht ohne jene Mischung aus Drohung und Verführung gewählt worden, die fortan die ideologischen Führungsstrukturen des Dritten Reiches kennzeichnen sollte.

Beides war am Werk im Frühjahr 1933, als in den Universitätsstädten Bücher von Voltaire bis Heine, von Heinrich Mann bis Stefan Zweig ins Feuer geworfen wurden, wie zu Zeiten der Inquisition oder des deutschtümelnden Wartburgfests von 1817. Bald folgte die Denunziation der Abstrakten und der Expressionisten als einer entarteten Kunst. Das Publikum aber kaufte die genehme Kunst, wie befreit von dem schweren Alpdruck der Moderne. Was bald im neuerbauten Haus der Deutschen Kunst in München ausgestellt wurde, symbolisierte Kraft und Einfachheit, romantischen Rückschlag und Revolte gegen die Modernität.

Die eigentlichen Medien des Regimes wurden nicht die kontrollierte Presse, sondern Rundfunk und Tonfilm. Die Nationalsozialisten waren die ersten, die den Rundfunk als ideologisches Führungsmittel zur Blüte brachten und die Allpräsenz des messianischen Führers herstellten. Der Film wurde als unpolitisches Beruhigungsmittel genutzt wie als ideologisches Aufputschmittel, sei es in Form des Spielfilms, sei es durch die Wochenschau. Der Reichsparteitag 1934 in Nürnberg machte die Wirklichkeit zur Kulisse und die Kulisse zur Wirklichkeit. Leni Riefenstahls »Triumph des Willens« war ein filmisches Kunstwerk und stilisierte das Niederschweben der Führermaschine zum Akt der Erlösung. Als Albert Speer später Flakscheinwerfer zu Lichtdomen bündelte, da führte rauschhafte Ästhetik Wahn und Wirklichkeit zusammen.

Solche Entgrenzung fand sich auch in der technokratischen Maßlosigkeit des Regimes. Ob das Regime Autobahnen baute oder Konzentrationslager, ob es den Reichsrundfunk organisierte oder das Überwachungs- und Führungssystem der Gestapo, ob es die Luftwaffe entwickelte oder den Westwall baute: alles hatte, da Kosten keine Rolle spielen sollten und der Nutzen sich dem Maßstab der Macht beugte, eine Dimension, die Erfahrung und Geschichte sprengte. Die Faszination des Machbaren war Vollendung und Rückschlag der zwanziger Jahre. Daß sie vielen Begabungen Chancen bot, daß sie Verführung schuf und Macht versprach, das alles gehörte zur Wirklichkeit des revolutionären Regimes. Atemlosigkeit war Ausdruck und Mittel der Dynamik, durch Führerbefehl vorangetrieben und durch höchste Staatszwecke gefordert. Aus der verwalteten Massengesellschaft hatte die NS-Revolution freie Räume gebrochen, wo kein Recht galt und keine Beschränkung, wo der Himmel die Grenze war und wo alle Tradition versagte. Es war, im Dienst einer antitechnischen Utopie, für Blut und Boden, für Raum und Volk, die Faszination der Technokratie.

Zuletzt freilich waren es nicht Rausch und Utopie, die dem Regime Popularität verschafften und es stabilisierten, sondern Erfolge. Am wichtigsten war, daß der Arbeitsmarkt, ohnehin durch die schmalen Jahrgänge des Krieges 1914/18 entlastet, durch einen Fächer von produktiven und zerstörerischen Maßnahmen verändert wurde. Da die Weltkonjunktur nicht anzog und Impulse verweigerte, erzeugte der Staat fehlende Nachfrage. Die industrielle Welt war noch bis ans Ende der dreißiger Jahre, ja bis in die frühen vierziger Jahre von der Weltwirtschaftskrise bestimmt, nur Deutschland und Japan registrierten indu-

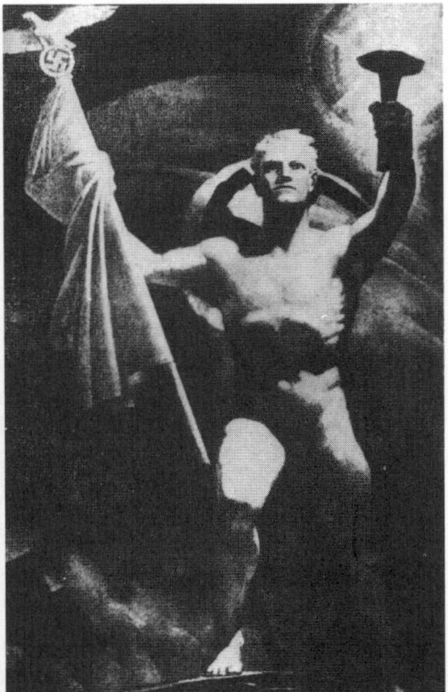

Die nackten Edelmenschen und die Kämpfer für die nationale Erhebung: populäre Propagandakunst von A. Ziegler und R. Klein

Die Architektur der Macht: Briefmarke mit der Ansicht des Ehrenhofes der von Albert Speer erbauten Neuen Reichskanzlei

Der Traum vom Massentourismus für die Volksgenossen: K.d.F.-Reise ans Nordkap

strielles Wachstum. Das geschah in Deutschland zuerst durch Aktivierung des Autobahnprogramms der letzten Weimarer Jahre, danach vor allem durch Rüstung und Parteibauten. Die Verwendung des Bruttosozialprodukts zeigte eine dauernde Verlagerung vom privaten auf den staatlichen Verbrauch.

Bereits 1936 war Vollbeschäftigung erreicht. Seitdem gab es Engpässe für Fachkräfte in Schlüsselbereichen der Rüstungswirtschaft, und dort stiegen auch, ungeachtet aller Bremsmaßnahmen von oben, die Löhne. 1938 war für die meisten Facharbeiter das Niveau der Reallöhne von 1928 ungefähr wieder hergestellt. Zur Zufriedenheit trug bei, daß die Deutsche Arbeitsfront, die den Klassenkampf verdammte, doch den Arbeitgebern Forderungen stellte. Sozialpolitische Programme wurden mit viel Lärm verwirklicht. »Schönheit der Arbeit« bedeutete Rasenflächen vor den Werken und helle Werkskantinen mit Blumen und Gardinen. Das Eintopfessen vereinigte einmal in der Woche symbolisch Direktor und Hilfsarbeiter. »Kraft durch Freude«, wörtlich aus dem Italienischen Mussolinis übersetzt, betrieb zum ersten Mal Massentourismus und förderte Massenkultur, das Kirchenkonzert nicht anders als Kreuzfahrten nach Norwegen und Teneriffa. Zur Zerstörung der Arbeiterbewegung kam die Demütigung, daß die Arbeiter sich mit dem erfolgreichen Regime offensichtlich arrangierten.

Alles war doppeldeutig, alles war doppelgesichtig. »Gesundheitsführung« wurde 1933 eingeführt: Das Hilfswerk »Mutter und Kind« sorgte für junge Familien in Millionenzahl, organisierte Schwangerschafts- und Kleinkinduntersuchungen. Zugleich aber diente es der rassenbiologischen Überwachung und Steuerung und arbeitete der Leistungssteigerung und Wehrertüchtigung vor.

Eine neue schicke Schicht entstand, die auf der Olympiade zum ersten Mal vor aller Welt sichtbar wurde: Parteigrößen in vielerlei Uniformen, Filmsterne und Filmsternchen, Reiter-SS und die Günstlinge Hitlers, Görings und Goebbels', der Boxer Max Schmeling und der Rennfahrer Bernd Rosemeier, Neureiche, Industrieführer und Militärs. Man wohnte in Grunewald, Schwanenwerder und in München-Bogenhausen. Villen und Landhäuser ließen sich billig kaufen von den ins Ausland Geflüchteten. Gebaut wurde nicht viel im privaten Bereich, um so mehr im öffentlichen. Hitler gab Anweisung, bei den repräsentativen Parteibauten darauf zu achten, daß selbst die Ruinen nach Jahrhunderten noch von der Größe des »Dritten Reiches« zeugen sollten. Das bedeutete Verzicht auf Stahlskelett und Spannbeton, hieß Monumentalität und heroische Geste. Und doch verriet sich in Industrie- und Verwaltungsbauten der dreißiger Jahre, daß die Neue Sachlichkeit der zwanziger Jahre nicht verloren war. Umgekehrt zeigte vieles, was das Regime für sich in Anspruch nahm, auffallende Verwandtschaft mit der zeitgenössischen Repräsentationsarchitektur Europas und Amerikas. Der Staatsarchitekt Albert Speer, Protegé Hitlers, erhielt auf der Pariser Weltausstellung die Goldmedaille.

Das nationalsozialistische Regime erregte gemischte Gefühle: Schrecken, Staunen und Dankbarkeit. Für einige war es die Katastrophe, Exil und Verfolgung. Für viele bedeutete es große und kleine Vorteile und Hoffnungen. War es reaktionär? War es progressiv? Es sprengte alle überkommenen Kategorien des 19. Jahrhunderts und verwirrte daher beide, Freund und Feind. Die Gleichheitstendenzen des Sozialismus wurden weitergeführt, die Sozialpolitik stand nicht still, und die NS-Einheitsschule der Zukunft sollte egalitär sein. Die Gymnasiastenmützen fielen, Fußball und Kampfsport wurden auch für die Bürgersöhne Ausdruck von Leistungsstreben. Es kam hinzu, daß die »nationalpolitischen Erziehungsanstalten« (NAPOLAS) Aufstiegschancen eröffneten, die es zuvor nicht gegeben hatte, für Schichten, die diese Chance zuvor nicht gehabt hatten. Gleiches galt für die Wehrmacht, deren überstürzter Ausbau aus dem Hunderttausend-Mann-Heer der Reichswehr steile Karrieren zur Folge hatte.

Als Hitler die Macht gewonnen hatte, bot er der Industrie Aufschwung durch staatserzeugte, weltmarktunabhängige Nachfrage. Der Generalität kündigte er mehr Großmacht und Weltpolitik an, als die Generäle glaubten und haben wollten. Nach außen versicherte Hitler in vielen Reden und Interviews seinen Friedenswillen, um die Gegner zu beschwichtigen, solange sie das »Dritte Reich« noch niederwerfen konnten. Er wußte, daß vor ihm eine Gefahrenzone lag, in der eine Intervention von außen mit geringen Mitteln allem, was er wollte, ein rasches Ende setzen konnte. Daher wurde jede Kraftaktion durch friedliche Reden abgedeckt; jeder Überraschungserfolg als der letzte ausgegeben; jeder Rechtsbruch als durch die Umstände erzwungen und unwiederholbar hingestellt. Im Herbst 1933, als die deutschen Diplomaten Völkerbund und Genfer Abrüstungskonferenz verließen, fürchtete man in Berlin, die Siegermächte des Ersten Weltkriegs würden intervenieren. Die Reichswehr hätte damals das Deutsche Reich knapp drei Wochen halten können, für mehr reichten die Kräfte nicht. Aber die Westalliierten waren weder fähig noch willens, der deutschen Diktatur vorbeugend in den Arm zu fallen.

Hitlers erste außenpolitische Züge erschienen paradox. Kontinuität wurde betont und durch Personalpolitik herausgestellt, aber Zielsetzung und Methode waren ganz anders als zuvor. Zuerst kam das Reichskonkordat mit dem Vatikan, das kirchliche Rechte und kirchliche Schulen sichern sollte. Dafür gab der Vatikan die Zentrumspartei preis und verschaffte dem deutschen Diktator internationale Respektabilität. Dann folgte, Anfang 1934, der Freundschaftspakt mit Polen. War der deutsche Reichskanzler derselbe Mann, der in »Mein Kampf« haßerfüllt der slavischen Welt den Krieg erklärt hatte und im Osten Lebensraum erobern wollte?

Am 16. März 1935 hatte Hitler die allgemeine Wehrpflicht wieder eingeführt, unter offenem Bruch des Versailler Vertrags. Rom, Paris und London betrieben

Der Traum von der Massenmotorisierung: Statt des Käfers wurden Kübelwagen für die Truppe gebaut.

Erfolge, Begeisterung, Verführung

die diplomatische Eindämmung des deutschen Diktators. Aber schon drei Monate später schloß London mit Berlin einen Flottenpakt ab, der sich über die Bestimmungen des Versailler Vertrags hinwegsetzte. Zwar wurde die deutsche Seerüstung auf 35 Prozent der britischen begrenzt, aber dies war ein geringer Preis dafür, daß Großbritannien Vertragspartner der deutschen Diktatur wurde. Hitler sah hinter dem Flottenabkommen schon die Teilung der Welt. Für ihn war die Allianz mit Großbritannien Voraussetzung, um den Kontinent zu beherrschen.

Als im März 1936 Wehrmachttruppen in das entmilitarisierte Gebiet westlich des Rheins einmarschierten und damit die Bestimmungen des Versailler Vertrags umwarfen, war das System der Pariser Friedenskonferenz endgültig aus den Angeln gehoben. Hätte der Westen damals mobilisiert, wäre Hitler zurückgewichen, wie man heute aus den Akten weiß. Aber nichts geschah, und wieder ein Vierteljahr später folgten die Olympischen Spiele im Deutschland Hitlers.

Innerhalb von fünf Jahren hatte Hitler den ersten Teil seines Stufenplans verwirklicht. Deutschland war eine totalitäre Diktatur mit organisierten und straff geführten Bevölkerungsgruppen nach sowjetischem und faschistischem Vorbild. Wirtschaftlicher Aufschwung und Vollbeschäftigung, Propaganda und Begeisterung, Nationalstolz und Aufstiegsbewußtsein, Dankbarkeit und Schrekken banden die Massen an das Regime. Was Hitler aber wirklich wollte, hat er nur wenigen offenbart. So 1936 in der geheimen Denkschrift über den Vierjahresplan, der forderte, bis 1940 müsse Deutschland wirtschaftlich kriegsbereit sein. So auch am 5. November 1937, als er den Spitzen von Heer, Luftwaffe und Marine erklärte, »zur Lösung der deutschen Frage« könne es »nur den Weg der Gewalt geben«. Eine Siegeschance sah er nur bis 1943/45. Länger zu warten sei falsch, die Rüstung der Gegner steige, und die Last der Rüstung werde für die Deutschen immer schwerer, alles müsse in seiner Lebensspanne vollendet sein. Drei Monate später übernahm er den Oberbefehl über die Wehrmacht.

Aber der Aufbau der Wehrmacht war hektisch gewesen, die Truppe hatte sich zu rasch vergrößert, der Ausbildungsstand war schlecht, jedes Manöver zeigte die Fähigkeit zur Improvisation, aber auch deren Notwendigkeit. Zu den Folgen des überstürzten Ausbaus gehörte, daß der Wehrmacht die Tiefenrüstung fehlte; vor allem Eisenerz und Erdöl fehlten dem Reich. Konrad Heiden, dessen hellsichtige Bücher über Hitler und den Nationalsozialismus mehr vom Regime verstanden als die Außenministerien von London, Paris und Moskau, schrieb 1936/37, daß die Wehrmacht nur stoßartige Aktionen leisten könne: drei Jahre später wurden sie als »Blitzkrieg« bekannt.

Wie stellten sich die bedrohten Nachbarn zu der neuen militärischen Großmacht in der europäischen Mitte? Der Anblick der feldgrauen Kolonnen, der Panzer und der Sturzkampfbomber, die seit 1936 in brutaler Offenheit in Manövern und Paraden der Welt vorgeführt wurden – am spanischen Bürgerkrieg nahm auf der Franco-Seite die »Legion Condor« teil – war beunruhigend, aufreizend und demoralisierend. Großbritannien, von wirtschaftlicher Depression, überdehnten Empire-Verpflichtungen und innerem Pazifismus bestimmt, steuerte den Kurs des »appeasement«, der Beschwichtigung, zu dem es ohne eigene massive Aufrüstung – die erst 1938 begann – schwerlich eine Alternative gab. Frankreichs krisengeschüttelte Dritte Republik, hinter der Maginot-Linie verschanzt und in Skandale und Kämpfe zwischen Volksfront und bürgerlichem Lager verstrickt, sah die Bündnisse von 1919 in Stücke gehen. Stalin studierte »Mein Kampf«, zog daraus seine Schlußfolgerungen und prophezeite den Endkampf zwischen den kapitalistischen Staaten des Westens. 1936 versprach er dem Sowjetvolk, die Rote Armee werde als Schiedsrichter die Weltbühne betreten, zuletzt und entscheidend. Über alle Täuschungen und Fehler hinweg ist es darauf hinausgelaufen.

Der Generalstabschef des Heeres, Generaloberst Beck, versuchte 1938 vergeblich, durch eine Fronde der Generäle Hitler den Weg zu verlegen. Beck mußte zurücktreten und wurde seitdem einer der Köpfe des militärisch-konservativen Widerstands.

Der Stufenplan trat ins nächste Stadium. Es ging um Gewinnung des europäischen Kontinents ohne Krieg gegen England und Frankreich. Den Zweifrontenkrieg hatte Hitler für das Verhängnis des kaiserlichen Deutschland gehalten. Er glaubte, während der kommenden Eroberung im Osten mit Großbritannien die Macht teilen zu können, das Land für Deutschland, die See für England. Ohne England, so rechnete er, würde aber auch Frankreich nicht kämpfen.

Hatte Hitler damit schon England falsch eingeschätzt, so noch mehr die USA. Zwar scheint er sie als künftige Weltmacht begriffen zu haben, doch sah er noch die Chance, den Vereinigten Staaten durch ein deutsch beherrschtes Europa die Stirn zu bieten. Für die moralischen und industriellen Kraftquellen der Nordamerikaner fehlten ihm Erfahrung und Maßstab.

Aus strategischen wie aus wirtschaftlichen Gründen brauchte das Dritte Reich, um zum großen Krieg nach Osten anzutreten, Mitteleuropa als Basis. Die Angliederung Österreichs, Erfüllung alter Träume der Alldeutschen in Deutschland und der Großdeutschen in Österreich, war der erste Schritt. Im März 1938 stellte Hitler der österreichischen Regierung Schuschnigg ein Ultimatum und ließ die Wehrmacht einmarschieren, die von spalierstehenden Massen begeistert begrüßt wurde. Im September desselben Jahres forderte Hitler das Sudetenland, die seit Jahrhunderten von Deutschen bewohnte nördliche Randzone der jungen tschechoslowakischen Republik. Heer und Luftwaffe bezogen Angriffsstellungen.

Um den Krieg zu verhindern, auf den Italien wirtschaftlich und militärisch nicht vorbereitet war, drängte Mussolini, durch den »Stahlpakt« an Berlin gebunden, auf eine Konferenz der westlichen Staatsmänner mit dem deutschen Führer. Die konservative Opposition in Deutschland traf gegen Hitler ihre letzten Vorbereitungen, um den Krieg zu verhindern, Hitler zu verhaften und vor Gericht zu stellen. Sie beschwor die Briten, unnachgiebig zu bleiben. Aber die Konferenz der großen Vier stimmte in München der Angliederung des Sudetenlandes an das neue Großdeutsche Reich zu. Das war der Schlußstrich unter die französische »kleine Entente« von 1919 zur Eindämmung Deutschlands. Die Massen waren begeistert, die deutsche Opposition gescheitert: Sie hätte gegen den Kriegstreiber, vielleicht, mit Aussicht auf Erfolg losschlagen können, der triumphierende Diktator war unverwundbar.

Unterdessen setzte Hitler den Weg in den Krieg fort. Die nächste Beute war die »Rest-Tschechei«. Im März 1939 kapitulierte die Regierung in Prag, von Frankreich allein gelassen, vor dem deutschen Druck. Das böhmische Becken mit seiner intensiven Landwirtschaft und Mähren wurden am 16. März 1939 als »Reichsprotektorat« unterworfen. Böhmens Maschinenbau, Auto- und Waf-

Chamberlain, Daladier, Hitler und Mussolini in München. Am 29. September 1938 unterzeichneten sie das Abkommen, das das Sudetenland »heim ins Reich« führte. Statt des europäischen Friedens folgten die Blitz-Kriege.

Der Parteitag, der nicht stattfand. Adler und Hakenkreuz demonstrieren die Art Frieden, die Hitler wollte: das Großdeutsche Reich als Ordnungsmacht Europas.

Aufmarsch der Partei-Armee SS zum »Großen Appell« auf dem Reichsparteitagsgelände in Nürnberg

fenindustrie dienten seitdem der deutschen Rüstung. Das Territorium bot ein ideales Aufmarschgebiet für den künftigen Kampf um Landgewinnung im Osten.

Der März 1939 war die Zeit, da die Fassade nationaler Revisionspolitik fiel und unübersehbar Hitlers alte und niemals aufgegebene »Lebensraum«-Strategie als Leitmotiv hervortrat. Sollte nun Polen fallen? Die Regierung in Warschau hatte nach der Münchner Konferenz eine deutsche Sondierung abgelehnt, die das Ziel verfolgte, gemeinsam die Sowjetunion zu zerschlagen. Polen wollte nicht zwischen Hammer und Amboß geraten. Wie aber diesem Schicksal entgehen?

Seit dem Fall Prags rückte Warschau in den Mittelpunkt des europäischen Kräftemessens. In England wurde zwar die Politik von »peace and settlement« noch nicht aufgegeben. Doch wurde der britische Ton in dem Maße schärfer, in dem der Royal Air Force Abfangjäger zugeführt werden konnten, die, wenn es zum Äußersten kam, die britische Insel schützen würden. Vierzehn Tage nach dem deutschen Einmarsch in Prag – gleichzeitig mit Francos Einmarsch in Madrid – gab die britische Regierung eine Garantieerklärung für Polen ab (31. März 1939): mehr als eine Warnung an Berlin und weniger als ein Blankoscheck für Warschau. Ein Kompromiß auf Kosten der polnischen Republik blieb denkbar, ein maßvolles zweites München. Es wurde von den Polen gefürchtet, aber von Hitler nicht gewollt, der die britische Garantie, weil sie militärisch letztlich uneinlösbar war, für Bluff hielt.

Von Moskau wollten sich die Polen nicht eine zweite Garantie geben lassen. Sie fürchteten Stalin nicht weniger als Hitler, die sowjetische Übermacht nicht weniger als die deutsche. Die Warschauer Regierung, ihre eigene Stärke stolz überschätzend, wollte Polen unabhängig und unvermindert erhalten. Statt um jeden Preis hinhaltend zu verhandeln, setzte sie auf den Antagonismus der Diktatoren und mißachtete die unheilige Allianz, die sich seit dem Frühjahr 1939 abzeichnete. Alles hing seitdem von der Haltung der Sowjetunion ab. Würde der sowjetische Diktator die alten Drohungen, Ängste und Demütigungen vergessen und mit dem Westen zusammen Polen gegen Hitler halten, ein großes Eindämmungsbündnis gegen die deutsche Diktatur? Oder würde das geschehen, was jeder für unmöglich hielt, die rote Revolution und die braune im Bündnis miteinander zur Teilung Ostmitteleuropas? Im Sommer 1939 war es nicht sicher, auf welche Seite sich die Waagschale senken würde.

Es war eine welthistorische Entscheidungssituation. Hitler – aber wer konnte das wirklich wissen? – suchte kurzfristig das Bündnis mit der Sowjetunion, um Polen, und langfristig das Bündnis mit England, um die europäische Welt zu teilen. Die Geschichte ließ sich für das Zusammengehen der Westmächte mit Rußland wie für die Allianz Rußlands und Deutschlands geltend machen. Aber Hitler war nicht der, für den ihn die alten deutschen Machteliten und die europäischen Kabinette hielten: der wilhelminische Großmachtpolitiker aufs neue. Hitler wollte die europäische Geschichte revolutionieren, das Millennium nicht nur mit Worten schaffen, sondern auf alle Zeit in die Karte Europas eingraben: »Lebensraum« als Großreich der Zukunft, unangreifbar durch Seeblockade

Dem Hitler-Stalin-Pakt vom 23. August 1939, der Hitler gegen Polen freie Hand gab und Stalin an der Beute in Osteuropa beteiligte, folgte nach der Unterwerfung Polens durch Wehrmacht und Rote Armee am 28. September 1939 der deutsch-sowjetische Grenz- und Freundschaftsvertrag: Ende Polens und Sowjetisierung der baltischen Staaten. Zwischen Molotow und Stalin Hitlers Außenminister Ribbentrop

oder Luftkrieg. Nach innen aber sollte die unerbittliche Rassenutopie alles bestimmen, die der germanischen Rasse die Herrschaft versprach, der slawischen aber die Knechtschaft und den Juden die Vernichtung.

Der Sommer 1939 war erfüllt von Rüstungen, Ängsten und Verhandlungen, die alles noch wenden, Polen vielleicht auf verminderter Basis erhalten und eine Machtteilung zwischen Berlin und London herbeiführen sollten. Italiens Duce nahm unterdessen Albanien, um seine »mare nostro«-Forderungen auf das Mittelmeer durchzusetzen. Angelehnt an das Großdeutsche Reich, gab der italienische Führer zum ersten Mal jene Vorsicht auf, die Italien immer geraten hatte, es mit England nicht zu verderben. Rumänien fügte durch einen Handelsvertrag sein Wirtschaftspotential, vor allem das für jede motorisierte Kriegführung unentbehrliche Erdöl, dem deutschen Großwirtschaftsraum ein.

Die Sowjetunion, obwohl ihre Interessen auf dem Spiel standen, war am Münchner Konferenztisch nicht zugegen gewesen. Das hatte schwerwiegende Folgen. War München möglicherweise der Anfang einer westlichen Verschwörung mit Hitler gewesen, der seinen Kommunistenhaß niemals gezügelt und die deutsche Expansion auf Kosten der Sowjetunion prophezeit hatte? Sowjetische Einkreisungsangst war geweckt. Stalin hielt sich die große Rochade offen, um den Westen und Hitler gegeneinander kämpfen zu lassen. Als Prag fiel, blieb Stalin gelassen und signalisierte den Deutschen den Wunsch nach Einvernehmen. Die jetzt vom Westen versuchte Eindämmungspolitik gegen den deutschen Diktator kam zu spät.

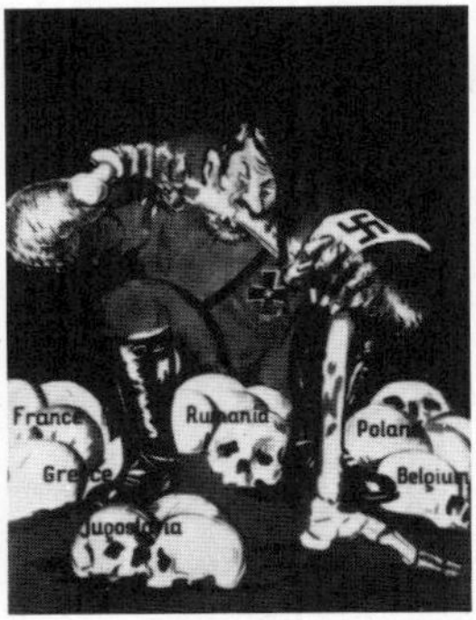

Alliierte Propaganda: Hitler Menschenfresser

Sechs Monate nach München begann ein Bündniswettlauf der Westmächte und Berlins mit dem Ziel, die Sowjetunion zu gewinnen. Stalin verlangte, auch die baltischen Randstaaten in das künftige Garantiesystem einzubeziehen, was darauf hinauslief, sie zu Sowjetsatelliten zu machen. Die Westmächte verhandelten – die kleinen osteuropäischen Nationen im Auge – hinhaltend und mißtrauisch; auch hatte London die Hoffnung, langfristig könne es Verständigung mit dem »Dritten Reich« über dessen ostmitteleuropäisches Imperium geben, noch immer nicht ganz verloren. Hitler aber hatte keine Bedenken, die baltischen Staaten zu opfern und Polen zu teilen.

Am 23. August 1939 unterzeichneten Ribbentrop und Molotow, die Außenminister der Diktatoren, einen Nichtangriffspakt; Hitler hatte seinen Coup. Das geheime Zusatzprotokoll, das die Interessensphären Deutschlands und der UdSSR durch die Linie der Flüsse Narew, Weichsel und San abgrenzte, war das Todesurteil Polens und der baltischen Staaten. Bald folgte die Exekution.

Im Morgengrauen des 1. September 1939 begann der deutsche Angriff, der durch kombinierte Panzer- und Flugzeugangriffe Polen binnen vier Wochen niederwarf. Die polnische Infanterie kämpfte zäh, polnische Kavallerie griff die deutschen Panzer an, aber nirgendwo hielt die Front länger als ein paar Tage, Ende September mußte Warschau kapitulieren. Seit dem 17. September griff auch die Rote Armee von Osten in den Krieg ein, um sich ihren Teil der Beute zu sichern. Während die Sonderkommandos der SS den Massenmord an den polnischen Eliten begannen und hinter der Front die jüdische Bevölkerung vor Massengräber getrieben und erschossen wurde, brachte der sowjetische NKWD 4143 kriegsgefangene polnische Offiziere bei Smolensk um. Im östlichen Polen feierten Wehrmacht und Rote Armee Verbrüderung.

Rußland und das Reich teilten die Beute vertragsgemäß. In den Ostsee-Staaten besetzte die Rote Armee Stützpunkte. Am 30. November 1939 überfiel die Sowjetunion Finnland, doch rannten sich die sowjetischen Truppen in Karelien fest. Der Völkerbund reagierte auf den sowjetischen Überfall mit Ausschluß der Sowjetunion. Die Briten begannen eine Landung in Norwegen zu planen, um die Finnen zu entlasten und die schwedischen Erzlieferungen an Deutschland, die für das Reich lebenswichtig waren, zu unterbinden. Der Winterkrieg wurde indessen im März 1940 von Stalin abgebrochen, da er den Westen nicht von Deutschland als Hauptgegner ablenken wollte.

Zwei Fragen bleiben: Hat Hitler nach dem Pakt mit Stalin tatsächlich geglaubt, Großbritannien werde der Teilung Osteuropas passiv zuschauen? Und hat er den Pakt nur geschlossen, um ihn nach dem Sturz Polens zu brechen? Großbritannien und Frankreich hatten dem Reich am 3. September 1939 den Krieg erklärt. Wo aber blieb die von der Wehrmachtführung gefürchtete Offensive im Westen, während die deutschen Armeen in Polen standen? Statt des französisch-britischen Angriffs kam es zum »Sitzkrieg«, Maginot-Linie gegen Westwall, »drôle de guerre« und »phoney war«. Die Wehrmachtopposition versuchte zwischen Herbst 1939 und Frühjahr 1940 noch einmal vergeblich, Hitler zum Verhandeln zu bringen oder ihn zu stürzen.

Im April 1940 kam Hitler durch die Landung in Norwegen der parallellaufenden britischen Landungsoperation um wenige Stunden zuvor und sicherte dadurch die schwedische Erzzufuhr und den Operationsraum im nördlichen Atlantik. Dänemark wurde im selben Zuge besetzt. Die deutsche Kontinentalmacht war gestärkt. Am 10. Mai 1940 folgte der Angriff durch Holland und Bel-

Sturzkampfflugzeug vom Typ Junkers »Ju 87« (»Stuka«)

gien auf Frankreich. Panzerkeile und Sturzkampfjäger zerschmetterten die gut ausgerüsteten und starken, aber im Grunde nicht kampfbereiten französischen Truppen – André Malraux: »Ein halber Soldat in einem halben Panzer« –, demoralisierten die flüchtende Zivilbevölkerung und drängten das britische Landungskorps am Strand von Dünkirchen zusammen. Mit knapper Not konnten infolge eines unerwarteten Haltebefehls Hitlers an die vorwärtsstürmenden Divisionen 200000 Briten und 100000 Franzosen über See entkommen. Die Wehrmacht überrollte den größten Teil Frankreichs. Am 14. Juni wurde Paris kampflos eingenommen, deutsche Truppen defilierten die Champs-Elysées hinab.

In eben jenem Salonwagen beim alten Königsschloß Compiègne, wo 1918 die Deutschen um Waffenstillstand hatten bitten müssen, diktierte Hitler nun der Regierung des alten Marschalls Pétain die Bedingungen. Es gab ein besetztes nördliches und westliches Frankreich und ein unbesetztes, mit geringen Streitkräften und eigener Verwaltung. Sitz der Regierung des neuen »Etat français« wurde der Badeort Vichy. Der »attentisme« des Marschalls Pétain stand gegen die »collaboration« Lavals. Wo war das wirkliche Frankreich? Über die BBC rief von London aus der Panzerfachmann, Militärtheoretiker und Brigadegeneral Charles de Gaulle zur Fortsetzung des Kampfes auf und organisierte die »Free French Forces«.

Es war der Nichtangriffspakt mit der Sowjetunion, der die militärische Konzentration im Westen erlaubt hatte. Nun verlangte Stalin den Preis des Stillhaltens. Die Sowjetunion annektierte Litauen, Estland und Lettland, entriß Rumänien das fruchtbare Bessarabien und schob sich damit näher an die rumänischen

Ölfelder heran. Alte Nationalrivalitäten auf dem Balkan verbanden sich mit dem Antagonismus zwischen dem Machtstreben der Sowjetunion und der deutschen Wirtschafts- und Militärhegemonie. War ein Arrangement mit der Sowjetunion möglich? Würde sich die Sowjetunion in das Bündnis des Reiches mit Italien und Japan einfügen lassen? Als Molotow nach Berlin kam, verlangte er statt dessen Rumänien, Bulgarien und die türkischen Meerengen, dazu wollte die Sowjetunion die Ostsee zu einem russischen Meer machen, Finnland und die Ostseezugänge sollten unter ihre Kontrolle geraten.

Im Sommer 1940 war Hitler der Herr Mittel-, Nord- und Westeuropas, und doch war der Plan, im Schatten der – erhofften – britischen Neutralität Europa Stück für Stück zu erobern, gescheitert. Das eigentliche Kriegsziel Hitlers hatte immer im Osten gelegen und würde immer dort zu finden sein. Aber um den Zweifrontenkrieg zu vermeiden, den er stets gefürchtet und als Grundfehler des Kaiserreichs gesehen hatte, mußte er zuerst mit England den Ausgleich finden oder die Insel niederringen. Seltsamer Zwiespalt, in dem das Scheitern schon enthalten war.

Wie Napoleon im Jahr 1804 zur Landung in England Truppen und Schiffe bei Boulogne versammelte, bereitete das Oberkommando der Wehrmacht das Unternehmen »Seelöwe« vor. Entscheidend war es, die Luftherrschaft über den Kanal zu sichern für die Invasion. Aber die Spitfires der Royal Air Force bündelten ihre Kräfte gegen die anfliegenden Messerschmitt-Jäger, die nur kurz zum Luftkampf kamen und dann abdrehen mußten, um ihre französischen Fliegerhorste zu erreichen. Die deutschen Verluste waren hoch. Daher waren es in der zweiten Phase der »Battle of Britain« die Bomber, die die britische Luftrüstung zerschlagen sollten, darunter die Stadt Coventry, wo die Jägerproduktion konzentriert war. In England schwankte die Stimmung zwischen Resignation angesichts der Beherrschung des Kontinents durch die Wehrmacht und dem zähen Kampfwillen der Seemacht, die der amerikanischen Unterstützung gewiß war. Nichts habe er zu versprechen außer Blut, Schweiß und Tränen, sagte Winston Churchill, Nachfolger Chamberlains und Kriegspremier, in einer großen Unterhausrede über die Notwendigkeit des Krieges und die Gewißheit des Sieges.

Scheitern im Triumph, Niederlage im Sieg – war das die Lage Deutschlands im Sommer 1940? Im Innern war Hitler nach dem Triumph über Frankreich, der durch sein Eingreifen gesteigert und vielleicht überhaupt bewirkt worden war, mehr als je der messianische Befreier. Auch den Konservativen war er nicht mehr der Gefreite, sondern der Führer. Alle Skeptiker und Kritiker in Wirtschaft und Wehrmacht hatten unrecht, er hatte recht behalten. Hitler wurde als Feldherr gefeiert, er wurde unverwundbar gegen alle Kritik, gegen jeden Widerstand. Warum war es damals nicht möglich, das Reich mächtiger denn je in seiner Geschichte, anzuhalten auf der Bahn des Erfolgs? Europäischer Großwirtschaftsraum, Mittelafrika offen, weitere Aufrüstung als Mittel der wirtschaftlichen Belebung, das deutsche Blitzkriegspotential gestärkt durch Eroberungen – alles das stand Hitler zu Gebot. Im Auswärtigen Amt wurde von einem »Großwirtschaftsraum« von 200 Millionen Einwohnern geträumt. In Begriffen klassischer europäischer Machtpolitik war fast nichts mehr zu wünschen. Aber wollte Hitler, der Revolutionär, klassische Machtpolitik, nur mehr davon? Gerade das wollte er nicht. Seine Ziele hießen Rassenkampf und Endkampf, Lebensraum und Geschichtsende. Was aber im kontinentalen Maßstab der Landmacht das Versprechen des Sieges war, war im Weltmaßstab der Seemächte die Drohung des Untergangs.

Schon am 21. Juli 1940, unmittelbar nach dem Sieg über Frankreich, hatte Hitler die Planung des Krieges gegen die Sowjetunion befohlen, der größte Blitzkrieg von allen wurde vorbereitet. Die Sowjetunion aber erfüllte ihre Lieferverträge, unterstützte die deutsche Kriegsanstrengung und ermunterte französische Kommunisten, in deutschen Rüstungsbetrieben zu arbeiten.

Seit dem Winter 1940/41 dachte Hitler in Begriffen des Weltblitzkriegs, um Raum zu gewinnen, mit Antibolschewismus und Rassendogma als Antriebskraft. Die Fachleute des Reichswirtschaftsministeriums warnten, die Sowjetunion liefere mehr Rohstoffe im Frieden, als durch Krieg jemals zu sichern wären. Die Interessen der Industrie waren längst befriedigt. Nicht wenige Militärs schreckten vor dem Rußlandkrieg zurück, den sie nicht für gewinnbar hielten, andere drängten auf die Entscheidung. Wenn das Regime, wie Hitler 1937 angedeutet hatte, den Krieg um der inneren Sicherung willen brauchte, so war auch dieses Ziel erreicht. Nach den Regeln der abendländischen Geschichte gab es fortan nur noch den Imperativ, das Eroberte zu halten. Der dem Widerstand nahestehende Staatssekretär im Auswärtigen Amt, Freiherr von Weizsäcker, warnte im Sommer 1940, daß schon die Erhaltung des Gewonnenen durch militärische Machtmittel über die Kräfte ging.

Das aber führt zu der Analyse, daß der Krieg gegen Rußland jede herkömmliche Staatsvernunft, jede traditionelle europäische Machträson sprengte. Er war zugleich Element einer unbegrenzten revolutionären Dynamik wie auch ihr eigentliches Ziel. Das Deutsche Reich und die Deutschen, sie waren für Hitler zu diesem Zeitpunkt nur noch Instrument. Als käme er von ganz weit her, ein Fremder in der deutschen Geschichte, hat er damals ausgesprochen, mit äußerster, unmenschlicher Kälte, daß die Deutschen, wenn sie nicht siegen könnten, untergehen sollten. Von jenem Schicksal, das den unterworfenen Völkerschaften zugedacht war, waren die Deutschen nicht ausgenommen – nur wußten sie es nicht.

Hitler glaubte, das Sowjetimperium werde zerfallen unter den ersten Stößen, der Krieg vor Einbruch des Winters und der Schlammperiode beendet sein, der Weg nach Mesopotamien und Persien offen, die Kräfte für den Endkampf im Bündnis mit Japan gegen den Westen frei. Dieser Gesamtkriegsplan vom Herbst 1940 rückte in die entscheidende Phase, als am 22. Juni 1941 der Angriff der Wehrmacht die Rote Armee überraschte und überrollte. Das »Unternehmen Barbarossa« machte die Serie der Feldzüge und Blitzkriege zum Weltkrieg. Der deutsche Angriffsstoß richtete sich zuerst in zwei Keilen gegen Leningrad und Moskau und dann in einem dritten gegen Stalingrad. Die Millionenstadt Leningrad wurde zwei Jahre lang vergeblich belagert, unter entsetzlichen Opfern der Zivilbevölkerung. Zwanzig Kilometer vor Moskau rannte sich der deutsche Panzervorstoß fest, und als der russische Winter die Kriegsmaschine lähmte und frische Sowjettruppen aus Sibirien – Stalin wußte durch Spionage, daß Japan nicht angreifen würde – zum Gegenstoß ansetzten, war er gescheitert.

Das »Unternehmen Barbarossa« schleuderte endgültig den europäischen »Normalkrieg« (E. Nolte) in die Dimension des Rasse- und Vernichtungskriegs. Schon der Polenfeldzug 1939 hatte der Haager Landkriegsordnung Hohn gesprochen, als hinter der Front die Einsatzkommandos den Massenmord organisierten. Der Krieg in Rußland, als Vernichtungskrieg geführt, wurde Hitlers eigentlicher Krieg. Das nationale Rußland sollte so wenig überleben wie das bolschewistische. Es war dieser Vernichtungs- und Versklavungswille, an Hunderttausenden unerbittlich exekutiert, der im Osten, wo die Dorfältesten den deutschen Panzerspitzen mit Salz und Brot entgegenkamen, alle Politik zunichte machte, der den Partisanenkrieg anfachte und der es Stalin innerhalb weniger Monate ermöglichte, durch Ausrufung des »Großen Vaterländischen Krieges« seine verhaßte Despotie zu retten.

Rassismus bedeutete im Wortsinne physische Ausrottung. Bislang hatten sich traditionelle Machtpolitik und nationalsozialistische Rassenpolitik ergänzt innerhalb des Dreiecks von Antisemitismus, Antibolschewismus und Lebensraumkonzept. Seit dem Polenfeldzug, vollends aber durch die Versklavungspolitik gegenüber den slavischen Völkern und die Vernichtungspolitik gegenüber den Juden trat der Rassenwahn als Vernichtungsideologie in den Vordergrund des Geschehens. Die traditionelle und rationale Machtpolitik blätterte ab

Selbstporträt des jüdischen Malers Felix Nussbaum. Er floh nach Belgien, wurde nach fünf Jahren in Verstecken verhaftet und nach Frankreich abgeschoben. Aus dem Internierungslager konnte er fliehen und sich vier Jahre lang vor der Gestapo verstecken. Im Frühjahr 1944 wurde er entdeckt, im Juli nach Mechelen in ein Sammellager verschleppt, im August nach Auschwitz deportiert und ermordet. Ein Gesicht unter sechs Millionen Ermordeten.

wie brüchiger Putz, und es zeigte sich der Kern des Doppelstaates: Die Rassenpolitik, die nicht Begleitumstand des Krieges war, sondern sein eigentliches Ziel.

Das hatte innen- und außenpolitische Folgen. Innenpolitisch zeigte sich, daß Antisemitismus und Antibolschewismus nicht nur Integrationsparolen gewesen waren, Höllengesänge der Propaganda, sondern daß sie wörtlich gemeint waren und zum Wesenskern des Regimes gehörten. Außenpolitisch aber verstellte diese Politik den Weg jeder Verständigung. Und wo die Kriegführung tief in das Verbrechen verstrickt wurde, da wurde das moralische Dilemma der Wehrmacht unauflöslich: Wer für das Vaterland kämpfte, kämpfte auch für seinen Verderber, und wer gegen den Zerstörer des Reiches aufstand, der nahm die Niederlage des eigenen Landes auf sich. In der Verstrickung der Wehrmacht begann die Tragödie des deutschen Widerstands.

Der Krieg als Vernichtungskampf: Das galt für ganz Osteuropa und vor allem für die Verfolgung der Juden. Bis 1941 hatte es noch Erwägungen und Ansätze gegeben, eine »Afrika-Lösung« zu verwirklichen. Es wurde dabei an erzwungene Massenauswanderung nach Madagaskar gedacht. Als die Serie der Blitzkriege zum Weltkrieg wurde, war es mit diesen Überlegungen vorbei.

Am 30. März 1941 hatte Hitler vor mehr als 200 Kommandeuren der Wehrmacht unzweideutig gesagt, worin er den Sinn des kommenden Krieges im Osten sah: »Kampf zweier Weltanschauungen gegeneinander. Vernichtendes Urteil über den Bolschewismus = asoziales Verbrechertum. Kommunismus ungeheure Gefahr für die Zukunft… Es handelt sich um einen Vernichtungskampf… Der Kampf wird sich sehr unterscheiden vom Kampf im Westen. Im Osten ist Härte mild für die Zukunft.«

So ist dann gehandelt worden, und Wehrmachttruppen haben teils direkt, teils indirekt Beihilfe geleistet. Nur wenige lehnten die Ausführung verbrecherischer Befehle ab. Aber nicht nur die Wehrmacht war in das Verbrechen verstrickt, auch die Reichsbahn, Zivilbeamte, im Grunde jeder, der wegsah und doch wußte, daß das Schreckliche geschah. Kurz nach dem Überfall auf die Sowjetunion wurde den Juden im ganzen deutschen Herrschaftsbereich auferlegt, den gelben Judenstern zu tragen. Er sollte sie aussondern, verächtlich machen, als Unberührbare markieren. Aber zugleich machte er alle, die den gelben Stern sahen, zu Mitwissern.

Grauenhafte Berichte kamen aus den eroberten Räumen des Ostens, Geschichten von Massenerschießungen und Massengräbern, von Sklavenarbeit und Todesmärschen. Aber der Massenmord an den Juden überstieg alle Vorstellungen. Zuerst war noch mit der Waffe gemordet worden, dann mit Ver-

Ein jüdisches Kind im KZ Theresienstadt zeichnet die Welt der Erwachsenen: Bewaffnete, Kapos und Häftlinge.

Weihnachten 1942 im Kessel von Stalingrad: die Schutzmantel-Madonna, die der Oberarzt Dr. Kurt Reuber aus Kassel für die Verwundeten und Sterbenden mit Kohle auf die Rückseite einer russischen Landkarte zeichnete.

Die Zeichnung kam mit einem der letzten Flugzeuge aus Stalingrad, Reuber starb 1944 im Gefangenenlager Jelabuga.

gasungswagen, schließlich, ab 1942, wurde Giftgas eingesetzt. Die Todesmaschine war längst in Gang, als am 20. Januar 1942 in einer Villa am Wannsee die »Endlösung der Judenfrage« beschlossen wurde. Das bedeutete den staatlich geplanten und industriell durchgeführten Massenmord auf der Basis eines gigantischen Erfassungs-, Transport- und Vernichtungssystems. In Vernichtungslagern wie Auschwitz und Treblinka im »Generalgouvernement Polen« wurden mehr als sechs Millionen Juden ermordet, Männer und Frauen, Kinder und Greise.

Am 7. Dezember 1941 griff die japanische Luftwaffe den wichtigsten pazifischen Truppenstützpunkt der USA an, Pearl Harbor, und versenkte einen Teil der Pazifik-Flotte. Gleichzeitig wurden die Besitzungen der USA, Englands, Frankreichs und der Niederlande in ganz Südostasien besetzt. Bisher hatte Hitler alles getan, um den Kriegseintritt der USA hinauszuzögern, hatte die amerikanische Besetzung Islands ignoriert und auf den Schießbefehl, den amerikanische Zerstörer in bestimmten Seegebieten gegen Schiffe der Achsenmächte hatten, nicht reagiert.

Roosevelt wollte »short of war« Hitler zu antiamerikanischen Entscheidungen veranlassen. Aber dieser wollte zuerst den Krieg im Osten gewinnen, bevor der Krieg nach Westen neu begann. Als am 11. Dezember 1941, vier Tage nach Pearl Harbor, Hitler und Mussolini den USA den Krieg erklärten, war dies Flucht nach vorn. Das Gesetz des Handelns lag nicht mehr bei der Achse.

Warum aber ließ sich der Krieg jetzt nicht abbrechen, warum nicht ein Remis erzielen? Die Antwort hängt mit der Natur des Rasse- und Vernichtungskriegs zusammen, den Hitler immer gewollt und den er seit 1939 und noch mehr seit dem Sommer 1941 verwirklicht hatte. Wo der Krieg zur Vernichtungs- und Zerstörungsutopie geworden war, gab es keinen Kompromiß mehr, keine Diplomatie, keine Vernunft, keinen Ausgleich. Jetzt zeigte sich, daß die Massenvernichtung nicht nur Mittel und Ziel des Krieges war, sondern auch seine Beendigung verhinderte. Damit war sie der Weg in den Untergang Deutschlands. Der Vernichtungskrieg, der für Hitler das letzte Ziel des Krieges war, war zugleich ein grausiges Mittel, die Deutschen an ihren Zerstörer zu binden.

Das Jahr 1942 brachte mit den größten Triumphen auch die Unausweichlichkeit der Niederlage. Die Heeresgruppe Süd – auf den Karten ihrer schnellen Aufklärungsabteilungen standen Namen wie Beirut und Damaskus – kämpfte sich bis Stalingrad vor. Das Industrie- und Verkehrszentrum an der Wolga wurde zu einem Trümmerfeld. Die sowjetische Propaganda hämmerte: »Stalingrad – Massengrab«. Im November 1942 kesselten Sowjettruppen die deutsche 6. Armee in Stalingrad ein. Die Armee verhungerte und erfror. 300000 Mann waren nach Stalingrad marschiert. 90000 von ihnen gingen Ende Januar 1943 in Gefangenschaft, von diesen überlebten nur 6000. Stalingrad war die Wende des Krieges in Rußland. Der deutsche Zusammenbruch stand nun fest.

Der Wende im Osten entsprach die Niederlage des deutschen Expeditionskorps in Nordafrika bei El Alamein. Die italienischen Truppen, die von Libyen aus operierten, standen kurz vor dem Zusammenbruch, als ein deutsches Korps unter General Rommel in Nordafrika landete. Der Vorstoß entlang der Küste, vorbei an Tobruk und auf El Alamein, scheiterte in Ägypten. Für kurze Zeit hatte das Oberkommando der Wehrmacht eine Vereinigung der deutschen Stoßkeile geplant, irgendwo in Mesopotamien, ein neuer Alexanderzug, vorwärts stürmend bis an die Ränder der Welt. Aber Hitler und seine Generäle unterschätzten die Operationsfähigkeit der Seemacht und die technische Leistungsfähigkeit der USA. Zu keinem Zeitpunkt gelang es, den deutschen Nachschub über das Mittelmeer zu sichern. Malta blieb britisch, von dort aus operierte die Royal Air Force. Die ägyptische Basis wurde gehalten, und bald landeten amerikanische Truppenmassen in Marokko. Das deutsche Afrikakorps ging in Gefangenschaft.

Bald folgte die Landung der Alliierten in Sizilien, dann, noch im Sommer 1943, im Golf von Salerno bei Neapel. Jetzt zeigte sich, daß Italiens Faschismus kein totalitäres Regime gewesen war, daß es Kräfte gegen den Duce gegeben hatte und noch immer gab. Der faschistische Großrat setzte Mussolini ab, und Marschall Badoglio führte den Süden Italiens auf die Seite der Alliierten. Die Entführung des gefangenen Duce durch deutsche Fallschirmjäger und die Errichtung der Republik von Salo waren nur noch bizarres Nachspiel.

Am 6. Juli 1944 folgte D-day – D stand für »disembarkation« –, die Landung der Amerikaner und Briten mit ihren polnischen, französischen und kanadischen Verbündeten an der normannischen Küste. 5 500 alliierte Bomber hatten zuvor das Hinterland angegriffen, Fallschirmjäger wurden abgesetzt, bei Tagesanbruch des 6. Juni schossen Schlachtschiffe, Kreuzer und Zerstörer von See her Trommelfeuer. Der Sturm auf das Europa Adolf Hitlers begann. Es wurde der »längste Tag« der Kriegsgeschichte. An seinem Ende hatten die Alliierten unter hohen Verlusten zwei Brückenköpfe gebildet. Hitler wußte, daß der Krieg endgültig verloren war, wenn es den Alliierten gelang, in Frankreich zu landen. Jetzt waren sie gelandet. Gleichwohl wies er jeden Gedanken an Beendigung des Krieges zurück. Solche Gedanken kamen nicht nur von deutschen Generälen wie dem Feldmarschall Rommel, sie wurden auch im Auswärtigen Amt geäußert, sie kamen von den Verbündeten. Aber zu keinem Zeitpunkt war Hitler bereit, Zugeständnisse zu machen oder irgendwo zwischen totalem Sieg oder totaler Niederlage einen Haltepunkt zu suchen. Längst war der Krieg »total« geworden, längst war auch deutlich, daß sein Ende total sein würde.

War die Niederlage unausweichlich in jener Form, die Offiziere und Diplomaten ahnungsvoll mit »finis Germaniae« umschrieben? Das meinte nicht nur Ende der Großmacht Deutschland, es bedeutete auch Teilung des Landes und Sowjetisierung weiter Gebiete, vielleicht des Ganzen. Die Alliierten, die stets die Bestrafung der Schuldigen gefordert hatten, steigerten dies 1943 in Casablanca zur Forderung nach bedingungsloser Kapitulation des Reiches.

Die deutsche Existenz von Hitler trennen, die moralische Identität der Deutschen von den Verbrechen des »Dritten Reiches« befreien, angesichts des alliierten Vormarschs die Fähigkeit zu autonomer deutscher Politik vor dem Sturz des »Dritten Reiches« bewahren, durch Staatsstreich und notfalls unter Opferung des eigenen Lebens: Das waren die Motive der Verschwörer, die seit 1938, als der Weltkrieg drohte, und vollends seit der Wende des Krieges 1942/43 die Überwältigung der Diktatur planten.

Im totalen Krieg waren die Militärs die einzigen, die über den Befehlsapparat und die Truppen verfügten, um die Tyrannei zu stürzen, ihre Diener und Hen-

Luftschutzplakat von 1939 – der Schrecken des Bombenkrieges sah anders aus: mit Gasmaske und verhängtem Kinderwagen im Aschenregen nach einem Luftangriff. Berlin, Kurfürstendamm, 23. November 1943.

ker vor Gericht zu stellen, den Krieg abzubrechen und die Nachkriegsordnung zu planen. Ihre Verbindungen gingen weit in die Kreise der Kirchen, des konservativen Bürgertums und der Arbeiterbewegung. Verbindende Leitidee war es, die Staatsräson zu retten gegen die Tyrannei Hitlers, das Reich und Mitteleuropa vor dem Zusammenbruch zu bewahren und – für die Nachkriegszeit erwies sich dies als entscheidend – durch den Aufstand des Gewissens der deutschen Zukunft eine moralische Grundlage zu sichern. Aber war es für alles das nicht längst zu spät? Die Antwort hat einer der Hauptverschworenen gegeben, Generalmajor Henning von Tresckow, unmittelbar vor dem Attentat des 20. Juli 1944: »Das Attentat muß erfolgen, coûte que coûte. Sollte es nicht gelingen, so muß trotzdem in Berlin gehandelt werden. Denn es kommt nicht mehr auf den praktischen Zweck an, sondern darauf, daß die deutsche Widerstandsbewegung vor der Welt und vor der Geschichte den entscheidenden Wurf gewagt hat. Alles andere ist daneben gleichgültig.« Die Verschwörung wurde, da Hitler die Explosion der Sprengladung in seinem Hauptquartier »Wolfsschanze« überlebte, zum Opfergang.

Es folgte die grausame Abrechnung mit den Verschwörern, Verfolgung ihrer Familien, Prozesse des Volksgerichtshofs, Foltern und qualvolle Hinrichtung. Der deutsche Widerstand, der Hitler als Schreckbild der Modernität begriff, hat mehr zurückgedacht als in die Zukunft der pluralistischen Industriegesellschaft: Seine moralische Einsicht war größer als seine politische. Sein Wollen aber war der Aufstand des Gewissens; sein Martyrium erinnert daran, daß es ein anderes Deutschland gab als das der Tyrannei. Erst die moralische und politische Tatsache des Widerstands hat es den Deutschen ermöglicht, nach dem Krieg auf ihre eigene jüngste Geschichte zurückzuschauen mit anderen Gefühlen als denen puren Entsetzens.

An der Jahreswende 1944/45 standen in Ost und West die Sieger bereit zur letzten, entscheidenden Offensive. Sie fanden ein Land vor, dessen Großstädte verbrannt, dessen Bahnen und Straßen zerstört, dessen Fabriken gelähmt waren. In Dachau, in Bergen-Belsen, in Flossenbürg Konzentrationslager, von den SS-Wachen verlassen, bevölkert von Gespenstern in Häftlingsuniformen am Rande von Massengräbern. Manche Städte, wie Nürnberg, wurden von den letzten Panzerschlachten vollends zerschlagen. Andere, wie Erlangen oder Bamberg, kampflos übergeben, wenn ein Wehrmacht- oder ein SS-Offizier sein Leben dafür riskierte.

Die Menschen, passiv und wie gelähmt, waren nur noch dankbar, wenn es Amerikaner oder Briten waren und nicht die Rote Armee, die sie eroberten. Im Osten war die Flucht vor dem Russensturm in vollem Gange. Aus Ostpreußen

Generaloberst Ludwig Beck, der 1938 als Chef des Generalstabs zurücktrat, 1944 von den Verschwörern des 20. Juli als Reichsverweser vorgesehen, am Abend des 20. Juli 1944 erschossen.

Oberst Graf Schenk von Stauffenberg (links im Bild), in Afrika schwer verwundet, Chef des Stabes beim Befehlshaber des Ersatzheeres in der »Wolfsschanze« kurz vor dem Attentat. In seiner Hand liefen die Staatsstreichvorbereitungen zusammen; er gehörte zu den wenigen Hitlergegnern, die Zugang zu dem schwer bewachten Diktator hatten. Er starb am 20. Juli 1944 mit dem Ruf: »Es lebe das heilige Deutschland!«

ging, von der Marine gedeckt, die Flucht über die Ostsee. Aus Schlesien kamen Bauernfamilien mit langen Trecks, die Panzern und Tieffliegern vergeblich zu entkommen suchten. 700 Jahre deutscher Geschichte östlich der Oder endeten in Blut und Schrecken, in Vergewaltigung, Brand und Mord.

Im Westen wurden die letzten schweren Kämpfe um das Ruhrgebiet geführt. In einem schwer begreiflichen Vernichtungsrausch steigerten die westlichen Luftflotten nun, wo alles längst entschieden und das Ende nur noch eine Frage von Wochen war, ihre Angriffe auf die deutschen Städte zu einer Untergangsorgie. Dresden, die schönste Stadt nördlich der Alpen, verbrannte in einer furchtbaren Nacht im Februar 1945, vollgestopft mit Flüchtlingen und ihrer armseligen Habe, unter dem alliierten Flächenbombardement: ungefähr 35 000 Tote und vielleicht noch mehr. Noch im März 1945 ereilte Würzburg, Stadt der Kirchen und der Lazarette, dasselbe Schicksal; von Potsdam bis Weimar wurden in einem grausigen Finale wie nach dem Baedeker die schönsten deutschen Städte ausgelöscht. Es war, als hätten sich die eigene und die gegnerische Staatsführung verbündet, um fünf Minuten vor zwölf die Substanz des Volkes auszulöschen, denn Hitler wandte den Grundsatz der verbrannten Erde nun auf

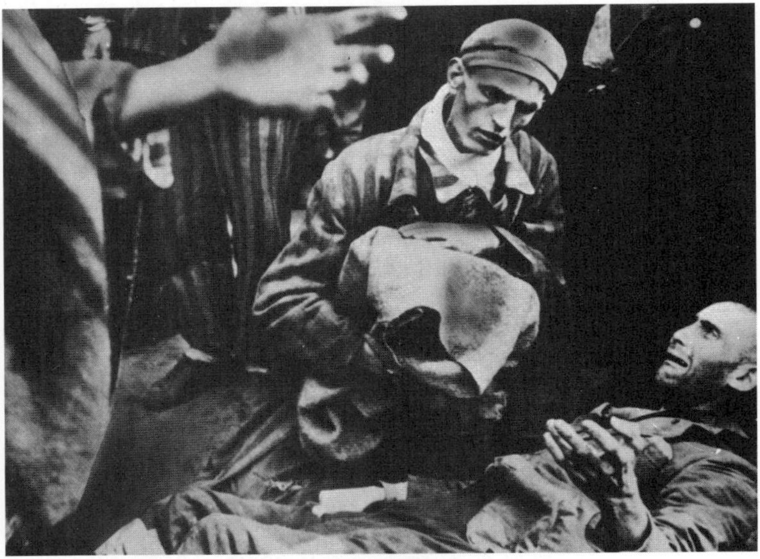

April 1945 in Wöbbelin bei Ludwigslust (Mecklenburg): befreite KZ-Häftlinge. Viele Häftlinge wurden vor dem Einmarsch der Alliierten von der SS erschossen oder auf Todesmärsche getrieben.

Dresden nach den Bombenangriffen Mitte Februar 1945.
Gerhart Hauptmann: »Wer das Weinen verlernt hat, der lernt es wieder beim Untergang Dresdens.«

das eigene Land an. Die Industrieanlagen sollten gesprengt, die Bergwerke unter Wasser gesetzt, selbst die Unterlagen der Behörden verbrannt werden. Der Gegner sollte in zerschmetterte Regionen einziehen. Es war Hitlers Architekt und Rüstungsminister Albert Speer, der in geheimer Verständigung mit örtlichen Befehlshabern und den Führern der Industrie die vollkommene Selbstzerstörung dessen verhinderte, was vom Großdeutschen Reich geblieben war.

In jenen Wochen begann der letzte russische Ansturm auf Berlin, bald wehte auf dem Brandenburger Tor die rote Fahne. Unweit davon lag der Bunker der Reichskanzlei, wo Hitler sich am 30. April 1945 erschoß.

Vor seinem Tode hatte er keinen seiner Parteiführer, sondern den ehemaligen Befehlshaber seiner U-Boote, den Großadmiral Dönitz, zu seinem Nachfolger eingesetzt. Aber Ende Mai wurden die Mitglieder dieser »Regierung Dönitz« von britischen Feldgendarmen verhaftet. Es gab keine deutsche Regierung mehr, kein deutsches Recht, keine deutsche Justiz, keine deutsche Verwaltung. Seit den Kapitulationen am 7. (Reims) und 9. (Berlin-Karlshorst) Mai gab es auch keine deutsche Armee mehr. Am 5. Juni 1945 übernahmen die Alliierten in aller Form gemeinsam – aber wie lange würde diese Gemeinsamkeit dauern? – die Oberste Gewalt in Deutschland. Niemand vermochte zu sagen, ob Deutschland noch mehr war als ein geographischer Begriff. Der Krieg war total gewesen. Total war die Katastrophe, die ihm folgte.

Der Aufstand gegen die Modernität hatte geendet als Bruch aller Tradition. Am ersten Tag des Polenfeldzugs wurden noch Kavalleriesäbel geschärft, und sechs Jahre später standen die Explosionswolken von Atombomben über zwei japanischen Städten. Was als Serie von europäischen Blitzkriegen geplant war, endete mit einem neuen Weltsystem, in dem Europa nur noch zählte nach dem Maß seiner Bedeutung für das globale Gleichgewicht. Die Revolution, um alle Revolutionen zu beenden, wurde, wenn man die Wirkung ermißt, Weltrevolution.

Deutschlands Großmachtrolle war zu Ende, Mitteleuropa geteilt zwischen den Siegern. Als Hitler sich im Bunker erschoß, war er gescheitert: mit der Weltreichsidee ebenso wie mit dem Versuch, den Deutschen ihren Untergang zu bereiten. Er war gescheitert mit der Vernichtung der Juden, denn nun entstand der Staat Israel. Gescheitert mit dem Antibolschewismus, denn fortan standen Sowjettruppen an der Elbe, die Sowjetunion war auf dem Weg zur nuklearen Supermacht. »Hitlers Platz in der Geschichte ist weit näher bei den großen Revolutionären als bei den aufhaltenden, konservativen Gewalthabern« (J. Fest). Er war aus dem Bürgerkrieg gekommen, der Zusammenbruch

Der Triumph der Sieger: Rotarmisten auf dem Brandenburger Tor, 2. Mai 1945

der bürgerlichen Epoche hatte ihn groß gemacht. Als Erlöser war er den Deutschen erschienen, und als Folterknecht ist er von ihnen geschieden. Der letzte, extreme Versuch, von Europa aus antirevolutionäre Weltpolitik zu machen, hat die Welt revolutionär verändert. Eine neue Epoche wurde in Schrecken geboren.

6. Zerbrochenes Haus 1945 bis 1963 – Zwei Staaten in Deutschland

Als die Wehrmacht kapitulierte, endete der zweite Dreißigjährige Krieg Europas, der 1914 begonnen hatte. Mit ihm endete die Tyrannei Hitlers und des Hakenkreuzes. Mit ihm endete auch die Epoche, da europäische Geschichte Weltgeschichte war. Die europäischen Nationalstaaten waren abgekämpft, erschöpft und ausgebrannt, ihre Missionsidee hatte sich selbst zerstört. Der europäischen Zivilisation graute vor sich selbst.

Die Geschichte Europas hat immer wieder Untergänge registriert. Kein Sturz aber war so tief wie der der Deutschen und ihres Reiches, kein Abschied so sehr von gemischten Gefühlen begleitet wie dieser. Manche europäischen Untergänge, auch die schuldhaften, hatten ihre eigene Würde, ihr eigenes Pathos gehabt. Wer unter den Deutschen das Kriegsende erlebte, spürte Asche in seinem Mund und zugleich Erleichterung. In der von den Sowjets besetzten Zone hatte man jetzt den Tag der »Befreiung« mit Fähnchenschwingen, Dankparolen für die Rote Armee und bitteren Anklagen gegen die deutsche Vergangenheit zu feiern. Solche Vereinfachung blieb den Bewohnern der westlichen Besatzungszonen erspart. Von der »tiefen Paradoxie« dieses Endes sprach der emigrierte Historiker Hans Rothfels: »Es waren deutsche Patrioten, die den Tag der Kapitulation herbeiflehen mußten, so wenig sie sich über das dann Kommende Illusionen machen mochten.«

Gab es noch Deutschland, gab es noch eine deutsche Geschichte? Oder gab es nur noch Trümmer auf dem Schachbrett der Weltpolitik an jener Stelle, wo einmal das Deutsche Reich gelegen hatte? Als am 15. Oktober 1945 der soeben gebildete Rat der Evangelischen Kirche in Deutschland mit Vertretern des ökumenischen Rates der Kirchen zusammentraf, da hatten die versammelten deutschen Kirchenführer, einige unter ihnen seit Barmen elf Jahre zuvor Gegner des Nationalsozialismus, das bittere und tapfere Wort zu formulieren: »Wir klagen an, daß wir nicht mutiger bekannt, nicht treuer gebetet, nicht fröhlicher geglaubt und nicht brennender geliebt haben.«

Trauer um das Verlorene und Einsicht in die Verstrickung der Diktatur waren Voraussetzung, damit die deutsche Geschichte noch einmal beginnen konnte, ausgehend von der Frage nach der Hinfälligkeit des Menschen und der Brüchigkeit der Zivilisation. Würden die Sünden der Väter heimgesucht werden bis ins dritte und vierte Glied? Bevor aber noch die Erschütterung über die Vergangenheit, deren Greuel jetzt offen zutage traten, Trauer und Reue zum deutschen

Grundgefühl machen konnte, nahmen die Gesetze des Alltags, die Notwendigkeit des Überlebens und die Entwicklung der Weltpolitik wieder von den Deutschen Besitz.

In den westlichen Besatzungszonen war es die Zeit der alten, weise gewordenen Männer. Friedrich Meinecke, der liberale Nestor der deutschen Geschichtswissenschaft, schrieb damals ein Buch, das die Frage aufwarf, ob nicht alles, fast alles in der deutschen Vergangenheit Stufe gewesen war auf dem Weg in »Die deutsche Katastrophe«, so lautete der Titel seines Buches von 1946, das viele Auflagen erlebte. Ludwig Dehio, gezeichnet durch die innere Emigration, schrieb über die notwendige »Rettung unserer geistigen Persönlichkeit, die seit einem halben Menschenalter tödlich bedroht ist«.

Noch war nicht auszumachen, ob das Kriegsende ein Abschluß war oder nur ein Zwischenhalt vor einem neuen Weltkrieg, den viele fürchteten. Dehio suchte Vergewisserung in der Geschichte. Aber auf welche Vergangenheit sollten die Deutschen blicken? »Wo wir einen festen Standort suchen, finden wir den Boden wanken, erschüttert bis weit zurück in die Jahrhunderte von derselben Katastrophe, die uns gegenwärtig erschüttert. Unsere Geschichte ist zweideutig, vieldeutig wie kaum eine – die Deutung aber, die uns anvertraut worden und uns vertraut geworden, sie ist in sich zusammengestürzt.«

Die Reichsmark war inflationiert, Produktion und Versorgung waren zusammengebrochen: Das Ergebnis war der Schwarze Markt mit Camel-Zigaretten als Leitwährung.

L. Kategorie
16. Ausgabe
Sch
85. Zuteilungsperiode
Ernährungsdienst für die französische Zone
EA:
Zusatzkarte für Schwerarbeiter
Gültig vom 1. 2. bis 28. 2. 1946
Name
Wohnort
Straße
Lose Abschnitte sind ungültig!
Nicht übertragbar!

85 1.K 1,5 Ltr. Bier G A
85 1.K 1,5 Ltr. Bier G B
85 1.K 1,5 Ltr. Bier G C
85 1.K 1,5 Ltr. Bier G D
85 1.K 1,5 Ltr. Bier G E
85 1.K 1,5 Ltr. Bier G F
85 1.K 1,5 Ltr. Bier G G

85 1.K 521 Brot
85 1.K 525 Nährm.
85 1.K 529 Zucker
85 1.K 533 Sond. Abschn.
85 1.K 537 Sond. Abschn.
85 1.K 541 Sond. Abschn.
85 1.K 545 Sond. Abschn.
85 1.K 549 Sond. Abschn.

Wann war die deutsche Geschichte heillos geworden? Nur dann, wenn dieses Datum nahe bei 1933 lag, ließ sich mit der deutschen Geschichte noch eine deutsche Zukunft denken und geistig retten. Daher der Versuch, die Revolution von 1848/49, das einstmals »tolle Jahr« der Deutschen, hundert Jahre später zum Traumland der Demokraten und der Liberalen zu machen. Daher auch der Versuch, den Nationalsozialismus – der bei den Nürnberger Prozessen gegen die Hauptkriegsverbrecher und in den Fragebogenaktionen der Besatzungsmacht gegen jedermann strafrechtlich abgerechnet werden sollte – minutiös zu erforschen. Bald aber rückte, da die ostdeutschen Kommunisten sich außer Verantwortung stellten für die gemeinsame deutsche Vergangenheit und den westlichen Teil Deutschlands allein haften lassen wollten, zwischen die Deutschen in Ost und West ein scharf gegensätzliches Bild der Vergangenheit.

War es der Kapitalismus gewesen, der zwangsläufig zum Nationalsozialismus geführt hatte, und der deshalb die Austilgung verdiente? Das war die Nachkriegsstimmung, die die meisten deutschen Landesverfassungen von 1946 und 1947 zwischen Rhein und Oder durchzog, noch das Ahlener Programm der CDU 1947 sozialistisch einfärbte, den Sozialdemokraten nachträglich recht gab und den Sozialismus zum moralischen Sieger machte. Oder war der Totalitarismus, entgleiste Massendemokratie unter diktatorischer Führung

Was man »auf Karte« bekam, war meist weniger als das notwendige Minimum. Nach der Währungsreform von 1948 schaffte Ludwig Erhard in einem kühnen Akt die Karten ab gegen heftige Kritik der Sozialdemokratie. Das Ergebnis: Die Läden füllten sich und bald auch die Mägen.

Schlangestehen

und in wirtschaftlicher Unfreiheit, die eigentliche Gefahr des 20. Jahrhunderts, der Nationalsozialismus die eine, der Sowjetkommunismus die andere Variation über dasselbe Thema?

Eine tiefe antikapitalistische Sehnsucht, begleitet von den gänzlich unsentimentalen Praktiken des Schwarzen Marktes, kam aus der deutschen Erschütterung der ersten Nachkriegsjahre. Ihr antwortete die Totalitarismus-Theorie, je mehr der Machtkampf um Mitteleuropa, China und Mittelasien die Anti-Hitler-Koalition auflöste. Die Totalitarismus-Theorie, die Stalin und Hitler als ideologische Zwillinge betrachtete, wurde zur Ideologie des Kalten Krieges und gab den Deutschen die Chance, zu ihrer eigenen Vergangenheit Distanz zu nehmen, ohne sich mit ihr auseinanderzusetzen.

Die Potsdamer Konferenz der »Großen Drei« – unmittelbar zuvor hatten Briten und Amerikaner, wie im Krieg vereinbart, Mecklenburg, Thüringen und Sachsen vor den nachrückenden Sowjettruppen geräumt und waren in die Westsektoren Berlins eingerückt – hatte noch Kompromisse gesucht, um die Risse der Kriegsallianz zu überdecken und die Erinnerung an die Tatsache aufzuheben, daß es erst Hitlers »Unternehmen Barbarossa« 1941 gewesen war, das aus den Feinden der dreißiger die Alliierten der vierziger Jahre gemacht hatte. In Potsdams Cäcilienhof, der ehemaligen deutschen Kronprinzenresidenz, idyllisch zwischen Seen und Schlössern gelegen, wurde die Annektierung der deutschen Ostgebiete durch Polen vom Westen zwar nicht formal anerkannt, aber faktisch hingenommen. Im übrigen wurde über Deutschland als Ganzes verhandelt, die Teilungspläne der Kriegszeit blieben in der Schublade.

Eine deutsche Zentralregierung war ausgeschlossen, aber es wurden doch zentrale deutsche Verwaltungsstäbe vorgesehen – die niemals zustande kamen. Deutschland sollte als wirtschaftliche Einheit überleben, so weit bestand Konsens. Dieser Konsens hatte seine Grundlage in den Interessen der Mächte: Jeder wollte Deutschland als Ganzes, und die Teilung entstand erst, als dies nur um den Preis des Dritten Weltkriegs zu haben war.

In Potsdam verlangte die Sowjetunion zehn Milliarden Dollar an Reparationen; die Amerikaner registrierten mißtrauisch, daß währenddessen längst Güter und Waren in großem Umfang aus der sowjetisch besetzten Zone Deutschlands abtransportiert wurden. So wurde beschlossen, daß jeder sich aus seiner Zone nehmen sollte, was ihm zustand. Aus dem Westen sollten den Sowjets zusätzlich weitere zehn Prozent an Industrieausrüstung gegeben werden. Die Sowjetunion strebte die gemeinsame Verwaltung des Ruhrgebiets an, aber Briten und Amerikaner blieben harthörig und mißtrauisch.

Sieger, Verbündete, Feinde: Josef Stalin, Harry S. Truman und Clement Attlee während der Potsdamer Konferenz 1945

Leichter einigte man sich auf Formelkompromisse, wo es um Demilitarisierung ging, um die Verantwortung der Deutschen für die Folgen der NS-Herrschaft und ihre Kriegführung und schließlich um die Umgestaltung des Landes auf demokratischer Grundlage. Viel wurde da versprochen: Pressefreiheit, Religionsfreiheit, freie Gewerkschaften, politische Parteien, Selbstverwaltung. Das aber sah für Stalin ganz anders aus als für Truman und Attlee. Wenn solche Versprechungen ernst gemeint waren, so mußten sie Wurzel tiefer Zerwürfnisse und Machtkämpfe werden. Denn außer dem gemeinsamen Interesse an der Besiegung Deutschlands gab es nichts, was die Sieger verband. So standen die Potsdamer Formelkompromisse, noch bevor die Tinte der Unterschriften getrocknet war, unter tiefen Vorbehalten. Churchill hatte wenige Wochen nach der deutschen Kapitulation angesichts der Sowjets nur noch Mißtrauen: »Ein eiserner Vorhang ist vor ihrer Front niedergegangen. Was dahinter vor sich geht, wissen wir nicht.«

Die Deutsche Frage in Europa war immer die Frage gewesen, wem Deutschland gehört, und wohin die Deutschen gehören. Niemals in ihrer langen Geschichte

Mitteleuropa nach dem Zweiten Weltkrieg

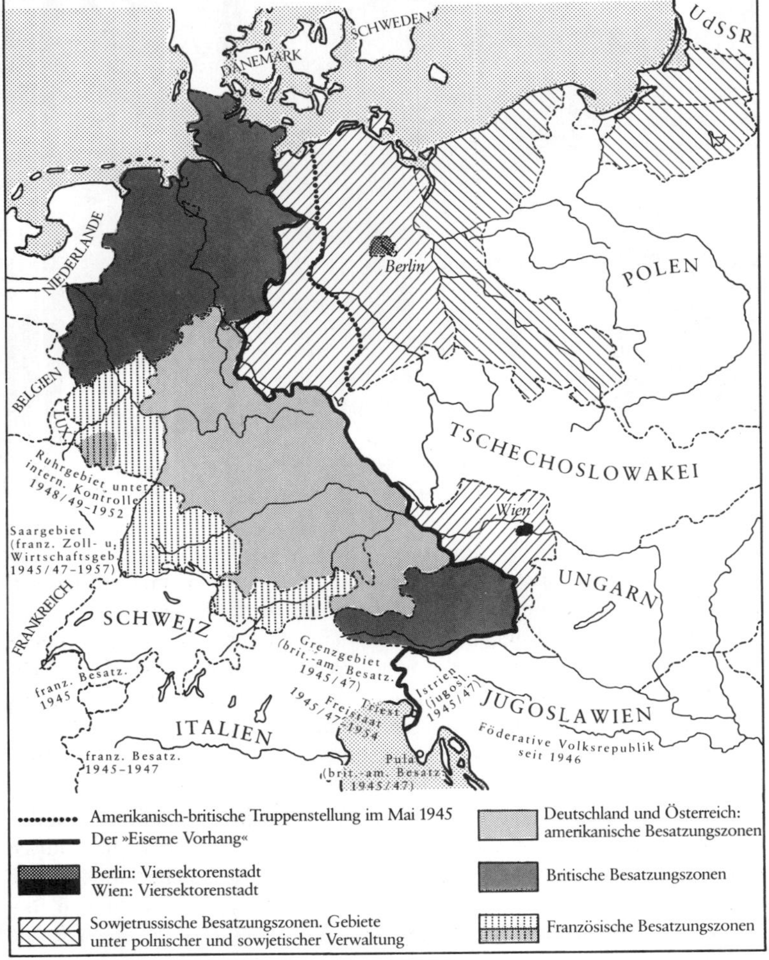

war die Entscheidung weniger in den Händen der Deutschen als 1945. Der Nationalstaat war dahin, das Reich zerstört, die Formelkompromisse der Sieger waren nicht tragfähig. Als im Krieg Besatzungszonen bestimmt worden waren, war dies Provisorium und Rechtsvorbehalt der Westmächte für den Fall, daß die Russen zuerst in Deutschland einmarschierten und das ganze Land nahmen. Jetzt drängten sich zwischen die britische Besatzungszone im Norden und die amerikanische Besatzungszone im Süden noch die Franzosen. Jeder der dreieinhalb Sieger hoffte, die Zeit werde ihm das Deutschland seiner Wahl bringen: den Briten die Kontrolle der Ruhr, die Ausschaltung der deutschen Konkurrenz und Sicherheit am Rhein; den Franzosen mehrere schwache Deutschlands; den Amerikanern ein stabiles, wirtschaftlich selbständiges, mit ihnen weltpolitisch und weltwirtschaftlich kooperierendes Westeuropa. Die Russen aber erstrebten den entscheidenden Brückenkopf in Mitteleuropa: ihre Besatzungszone, dem neuen Polen vorgelagert als Sicherheitszone, dazu wenn möglich einen Anteil an der Ruhr und vielleicht, wenn die Amerikaner erst wieder jenseits des Atlantik waren, Sowjet-Deutschland oder ein neutralistisches Gesamtdeutschland, klein genug, um von ihnen beherrscht zu werden, und groß genug, um das restliche Europa ihrer Kontrolle zu unterwerfen.

Konrad Adenauer, der 1949 erster Kanzler der Bundesrepublik Deutschland werden sollte, ein Mann von fast siebzig Jahren, war bei Kriegsende einer der wenigen deutschen Politiker, die unbelastet waren von den Agonien Weimars und den Greueln des Dritten Reiches. Aus kleinen Verhältnissen stammend, war er noch im Kaiserreich Oberbürgermeister von Köln geworden, in der Weimarer Zeit gehörte er zu den Führern der katholischen Zentrumspartei, war Vorsitzender des preußischen Staatsrats. 1933 setzten ihn die Nationalsozialisten ab, und er zog sich nach Rhöndorf unweit Bonn zurück. Für ihn war Kern der Deutschen Frage die Sicherung der Freiheit durch Bindung an den Westen. Wahrscheinlich hat er auch die deutsche Unruhe einbinden wollen im größeren europäischen Gefüge, um dadurch zugleich dem Westen Sicherheit und den Deutschen Stetigkeit zu geben. War dies ein »grand dessein«? Kein Deutscher war 1945 dazu in der Lage. Was Adenauer bestimmte, trotz seiner mangelnden Erfahrung in außenpolitischen Fragen, war ein Blick für reale Verhältnisse und ein geschärfter Sinn für die Kraft politischer Ideen. In diesem Sinne las er die Situation von 1945, und seine Stärke lag darin, daß sein Entwurf der Zukunft den Interessen der Vereinigten Staaten und den Instinkten der Deutschen entsprach.

Zur Zeit der Potsdamer Konferenz paraphrasierte er Churchill: »Rußland läßt einen eisernen Vorhang herunter. Ich glaube nicht, daß es sich bei der Ver-

Das Rettungsboot

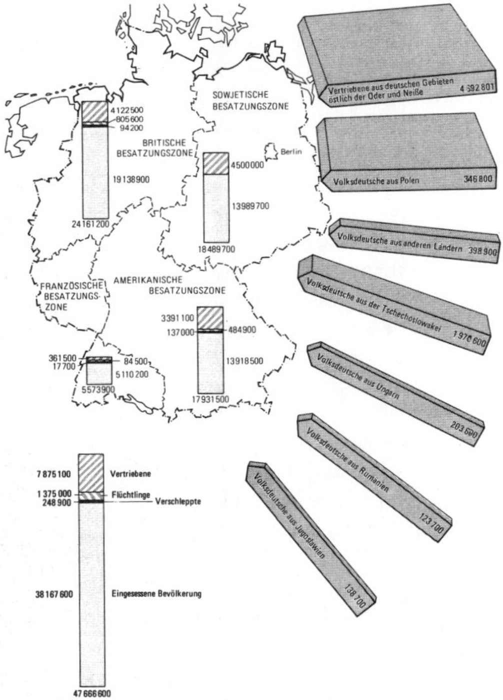

waltung der Hälfte Deutschlands, die ihm überantwortet ist, von der Zentralen Kontrollkommission irgendwie beeinflussen lassen wird.« Adenauer entging es nicht, daß die deutsche Chance, vom Objekt wieder zum Subjekt aufzusteigen, in der Uneinigkeit der Sieger lag. Ihren Konflikt galt es daher zu nutzen und auf der richtigen Seite entschieden Partei zu ergreifen. So und nur so ließen sich das weltpolitische Gewicht der Deutschen Frage und die strategische Bedeutung Mitteleuropas in der westlichen Gesamtposition für den Wiederaufstieg der Deutschen einsetzen.

Adenauer hat, indem er von Anfang an die Deutsche Frage und die europäische Einigung zusammendachte, die Zugehörigkeit der Deutschen zum Westen zur Bedingung künftiger Wiedervereinigung gemacht. Trauer um das Reich war ihm nicht fremd, aber alles Überleben setzte die Existenz eines westdeutschen Staates voraus, der unentbehrlich war für den Westen, für den aber auch der Westen unentbehrlich war. Das künftige Westdeutschland in Westeuropa mußte Damm, Asyl und Rettungsboot für alle Deutschen werden. Darin würde seine nationale Legitimation liegen, darin aber auch seine Bedeutung für den Westen. Voraussetzung allerdings war, daß die Kriegsallianz zerbrach, je früher desto besser.

Adenauer hatte keinen Zweifel, daß die Deutschen, die Hitler überlebt hatten, am Rande von Abgründen lebten, politischen wie seelischen. Skepsis und Menschenkenntnis waren eher seine Sache als Vertrauen und Optimismus. Eine Kargheit des Ausdrucks durchzog alle seine Äußerungen, die zur Zielklarheit des politischen Planens enge Beziehung aufwies. Ironie und bildhafte Sprache versagte er sich, ein disziplinierter Kommunalpolitiker, dem Präzision und Understatement zur zweiten Natur geworden waren. Nach dem Bombast des Wilhelminismus, dem Expressionismus von Weimar und den Propagandastür-

Kurt Schumacher, nach dem Krieg erster Vorsitzender der Sozialdemokratischen Partei Deutschlands, geht in den ersten Bundestag, September 1949

men des Nationalsozialismus bedurfte die Politik auch in ihrer Sprache der Ausnüchterung. Der SPD-Führer Schumacher, Schmerzensmann aus dem KZ und von Anfang an Adenauers großer Gegner, verfehlte mit seinem Pathos nationalistischen Klassenkampfes die neue Stimmungslage.

Adenauer war überzeugt, der russisch besetzte Teil Deutschlands sei »für eine nicht zu schätzende Zeit für Deutschland verloren«. So mahnte er die Besatzung, das westliche Deutschland zusammenzuhalten. Parteiführer geworden, drängte er die CDU, es staatlich zu konsolidieren und an Westeuropa anzubinden. In einer Aufzeichnung über die internationale Lage wurden diese Grundgedanken schon 1945 sichtbar: »Rußland entzieht sich immer mehr der Zusammenarbeit mit den anderen Großmächten ... In den von ihm beherrschten Ländern herrschen schon jetzt ganz andere wirtschaftliche und politische Grundsätze als in dem übrigen Teil Europas ... Der nicht von Rußland besetzte Teil Deutschlands ist ein integrierter Teil Westeuropas. Wenn er krank bleibt, wird das von schwersten Folgen für ganz Westeuropa, auch für England und Frankreich sein ... [Den Interessen] Frankreichs und Belgiens kann auf die Dauer nur durch wirtschaftliche Verflechtung von Westdeutschland, Belgien, Luxemburg, Holland wirklich Genüge geschehen. Wenn England sich entschließen würde, auch an dieser wirtschaftlichen Verflechtung teilzunehmen, so würde man dem doch so wünschenswerten Endziel ›Union der westeuropäischen Staaten‹ ein sehr großes Stück näher kommen.«

Adenauer stellte die Dinge, wie Bismarck, auf Entscheidung und Extrem. Er riß Gräben eher auf, als daß er sie zu überbrücken suchte. Er stand fest genug im katholischen Glauben, um die Verführbarkeit und Sündhaftigkeit der Menschen zu kennen und nicht darauf zu insistieren, daß sie neue Menschen wurden. Es reichte ihm, daß der Reue die tätige Buße folgte und manchmal nicht einmal das. Ein Pragmatiker von Grundsätzen, ein deutscher Europäer, hatte er wie Bismarck die Fähigkeit, das Detail der Politik aus einem Gesamtkonzept zu begründen. Und wie Bismarck hatte er die Chance, zur rechten Zeit zur Stelle zu sein.

Adenauer hatte einen Sinn für Macht und Realpolitik. Aber er konnte die Welle nicht lenken, die ihn trug. Er analysierte die weltpolitische Situation und zog seine Schlüsse, und er hat dann, als er Einfluß gewann, alles getan, um aus den Rissen der Kriegsallianz und den Konflikten der Sieger die Chance der Deutschen zu entwickeln. Nicht im Sinne einer gesamtdeutschen Neutralität, wie die Berliner CDU-Gründer, nicht im Sinne eines sozialistischen Reiches, wie Schumacher. Das eine hielt er für Illusion, das andere für Selbstaufgabe. Er wollte Westintegration des westdeutschen Teilstaats, und er sah, daß dies doppelte Eindämmung voraussetzte: Eindämmung der Sowjetunion und zugleich Eindämmung der Deutschen. Adenauer wußte, daß die nationale Einheit auf lange Zeit der Preis der Freiheit sein würde, und er hat diesen Preis, da es keine Alternative gab, willig anerkannt, anders als die meisten seiner frühen innenpolitischen Gegner. Zudem hatte er lange genug unter Deutschen gelebt, um die Abgründe ihrer Geschichte und ihre Lage zu kennen und sich mit der Tatsache abzufinden, daß der deutsche Wiederaufstieg nur möglich war, wenn er unter dem Vorbehalt der deutschen Teilung und der Eindämmung der deutschen Unruhe gestellt wurde. Dies war die Dialektik der Deutschen Frage nach 1945. Dies wurde die Dialektik, in der die Bundesrepublik bis heute steht.

War aber die deutsche Teilung dort, wo der Eiserne Vorhang niederging, unausweichlich? War die Bindung Westdeutschlands an den Westen Voraussetzung neuer Staatsbildung unter der Bedingung der politischen Freiheit? Oder gab es trotz allem noch eine Chance, Rest-Deutschland zwischen Rhein und Oder zusammenzuhalten, ohne in den Schatten der Sowjetunion einzutauchen? War die Teilung die einzig mögliche und dauerhafte Antwort auf die Deutsche Frage? Deutschland hatte die Kriegsallianz zusammengeführt, aber die Frage, wem Deutschland gehören würde, trennte die Sieger. Aus dem

Erinnerungsphoto:
Gründung der Deutschen Demokratischen Republik am 7. Oktober 1949

Kampf um die Randzonen des Sowjetreiches, vor allem aber um Deutschland, kam der Brennstoff des Kalten Krieges.

Es gehört zu den staunenswerten Ergebnissen der Zeitgeschichte, daß die Deutschen, die die vergleichsweise glimpflichen Folgen des Ersten Weltkriegs kaum zu ertragen vermochten, den Zusammenbruch des Reiches, den Verlust der Großmachtstellung, die Vertreibung aus den alten deutschen Provinzen östlich der Oder und der Lausitzer Neiße, die Sowjetisierung von Brandenburg, Thüringen, Mecklenburg, Sachsen und Anhalt hinnahmen, ohne daß das Rettungsboot im Westen kenterte. Was war 1945 so anders, als es 1918 gewesen war?

Der Erste Weltkrieg hatte die Gesellschaftsstrukturen in Deutschland angeschlagen, aber nicht zerstört. Die Revolution blieb 1918/19 politischer Umsturz, ihre klassenkämpferische Energie wurde in eine Lohnbewegung überführt. 1945 war Deutschland der ausgebrannte Krater europäischer Machtpolitik. Wo bis zum Einmarsch der Alliierten noch Parteigewaltige regiert hatten, war danach gar nichts mehr außer der unumschränkten Gewalt der Besatzungsmacht. Aber mehr, viel mehr war geschehen als der Zusammenbruch einer Gewaltherrschaft. Dem Nationalsozialismus war von konservativen und bürgerlichen Gegnern früh vorgehalten worden, er sei gleichmacherisch, antihistorisch und vulgär. Von »Nazi-Bolschewismus« hatte Friedrich Meinecke schon 1931 gesprochen. Spätere Historiker registrierten die Einebnung alter Klassengegensätze, die den Sturz der Monarchie und der Republik noch überdauert hatten. Ein sozialer Hobel war über alles weggegangen. Innerhalb eines Jahrzehnts, das mit dem Sturz der jüdischen Schichten von Besitz und Bildung begann und mit der Vernichtung der ostdeutschen Oberschichten endete, hatte sich eine soziale Revolution abgespielt. Der »braunen Revolution« der dreißiger Jahre folgte der Hobel des Krieges. In den Bombennächten seit 1942 wurde Besitz zu Asche. In den Fluchten und Vertreibungen danach zerfielen Form und Substanz bürgerlichen Lebens.

Als die Rote Armee im Juni 1945 auch Thüringen, das westliche Sachsen und Mecklenburg in Besitz nahm, wurde jene andere soziale Revolution begonnen, die die sowjetischen Besatzungstruppen überall in ihrem Machtbereich seit dem ersten Tag, da sie die Szene betraten, mit vorgehaltener Maschinenpistole durchgesetzt hatten. Der Sowjetmacht entzogen sich zuerst die alten Oberschichten, es folgten die Bildungsschichten, die Führer der bürgerlichen Parteien, der Gewerkschaften und bald auch der alten Sozialdemokratie. Mit der Besetzung Mitteldeutschlands durch die Rote Armee, der Enteignung des

Großgrundbesitzes, der Banken und der Industrie 1945, mit der unter dem Schutz der sowjetischen Militäradministration gewaltsam vollzogenen Vereinigung von Sozialdemokratie und Kommunisten zur Sozialistischen Einheitspartei Deutschlands (SED) zu Ostern 1946 und dann mit der Teilung Groß-Berlins 1948 wurde die Gründung der späteren DDR in der sowjetischen Besatzungszone bereits vorweggenommen. Denn wenn der Westen dem zustimmte, war bald ganz Deutschland sowjetisiert. Stimmte er aber nicht zu, so war die Teilung unausweichlich auf jener Linie, wo Russen und Amerikaner gegeneinander standen.

In den von Polen und Russen annektierten Gebieten Ostdeutschlands hatten vor dem Krieg mehr als zehn Millionen Deutsche gelebt, nahezu so viele Menschen wie in den drei skandinavischen Ländern. Sie flohen und hofften anfangs noch, zurückkehren zu können. Wer aber blieb und überlebte, der wurde bald vertrieben. Das rettende Ufer erreichten bis zum Ende des letzten Kriegsjahres zweieinhalb Millionen in Trecks oder festgeklammert auf Eisenbahnwaggons. 1946 registrierte man schon sechs Millionen Flüchtlinge, zwei von dreien lebten in den Westsektoren Berlins oder in den westlichen Besatzungszonen. Bis 1950 stieg die westliche Zahl auf sieben Millionen an. Fast anderthalb Millionen Menschen aber waren auf der Flucht verlorengegangen, vermißt, verdorben und gestorben.

Von jenseits der östlichen Grenze des Deutschen Reiches, wo 1939 noch einmal mehr als 7,5 Millionen Deutsche gelebt hatten, erreichten zwei Drittel das Rumpfdeutschland der vier Zonen. Zwölf Millionen, davon 8,5 Millionen Vertriebene und 1,6 Millionen Flüchtlinge im Westen, registrierte 1950 die Statistik. Auf dem Gebiet, das später die Bundesrepublik Deutschland wurde, hatten 1939 knapp 40 Millionen Menschen gelebt. 1950 betrug die Zahl fast 48, 1960 fast 54 Millionen Menschen. Jeder fünfte Bewohner Westdeutschlands kam aus dem Osten, mit wenig mehr ausgerüstet als einer großen Angst, einer großen Energie und einem großen Staunen, daß er noch lebte. Es war ein Wunder und am Ende eine große Leistung, daß so viel Zerstörung, so viel Leiden, so viele Verluste in der Summe nicht dazu führten, daß das westliche Staatswesen gesprengt wurde, sondern stabilisiert.

Die Umwälzungen der Vorkriegs-, Kriegs- und Nachkriegszeit hatten dafür die Voraussetzungen geschaffen, der Sturz der Diktatur die Deutschen wie betäubt zurückgelassen, der Aufbau nach dem Krieg gab ihnen einen Lebenszweck, die Einbindung in den Westen Sicherheit für den nächsten und übernächsten Tag. Wer die Richtung registrierte, in der die Menschen ihr Heil gesucht hatten, der konnte nicht zweifeln, daß das westliche Deutschland dasjeni-

Wer hatte den Sohn, den Mann in Rußland gesehen? Wer brachte ein Lebenszeichen, wer die Todesnachricht? Wartende im Lager Friedland bei Göttingen

ge war, das die meisten für das tragfähigere und freundlichere hielten. Die damalige These vom deutschen »Kernstaat« im Westen entsprach der Lebenserfahrung der meisten Bürger, die noch einmal davongekommen waren.

Zu den Voraussetzungen der Bundesrepublik gehörte auch und vor allem das wirtschaftliche Leistungspotential, das den Krieg, wenn auch vermindert, in der Substanz überdauert hatte. Der Westen mit seiner alten Schwerindustrie wurde in der ersten Phase der Nachkriegszeit, obwohl die Demontagen im Ruhrgebiet, in Salzgitter und im Volkswagenwerk noch bis 1950 weitergingen, Schwerpunkt des wirtschaftlichen Wachstums. In der zweiten Phase stieg dann der im 19. Jahrhundert von Industrialisierung nur gestreifte Süden auf mit altem Maschinenbau, Textilindustrie, mit Elektrotechnik, Autobau und Großchemie. Ein Facharbeiterstamm, der Zustrom der Flüchtlinge, die Bereitstellung amerikanischen Kapitals durch den Marshall-Plan und die Währungsreform von 1948, die ihr folgende dauernde Überbewertung des Dollars und dann der unausgesetzte Ölstrom, der aus den Golfstaaten nach Europa floß und den europäischen Industrien billige Energie sicherte, endlich der Konsumhunger der westlichen Industrieländer – das alles gab den Deutschen eine Chance zu arbeiten und Geld zu verdienen und, mehr als das, wieder Selbstbewußtsein zu gewinnen.

Das »Wirtschaftswunder«, das 1948 begann, hatte angebbare Ursachen, und es ging weit über den wirtschaftlichen Bereich hinaus. Es ließ die nationalsozialistische Epoche, die eben noch die Seelen der Deutschen besessen hatte, wie einen bösen Traum erscheinen, den man am besten rasch vergißt. Wenn schon die Historiker an der deutschen Geschichte verzweifelten, so war es nicht verwunderlich, daß die meisten Deutschen zu dem Schluß kamen, der beste Weg, mit ihr sich abzufinden, sei der, sie zu vergessen.

Noch immer hat in der europäischen Geschichte der Besiegte alles getan, vom Sieger zu lernen. Was in der sowjetisch besetzten Zone geschah – Sowje-

Werner Heldt, Berliner Stadtbild, vorn Stilleben mit Mandoline, 1950

tisierung bei gleichzeitiger Massenflucht – war die Ausnahme, was im Westen sich ereignete, die Regel. Noch bevor die Truman-Administration die »One World«-Vision ihrer Vorgänger aufgab, Eindämmung der Sowjetunion betrieb und das westliche Deutschland in das neue weltpolitische Konzept einfügte, hatten die Deutschen bereits begonnen, den amerikanischen Traum zu träumen.

Was mit Camel-Zigaretten und Hershey's Schokolade begann, setzte sich in Lebensform und Denken fort. »Re-education« und »denazification«, abgestuft nach Hauptschuldigen, Schuldigen, Minderbelasteten, Mitläufern und Unbelasteten, ritzten nur die Oberfläche. Elementar war die Erfahrung, daß die USA die stärkeren Bataillone hatten, und daß sie verbündet waren mit Gott, der Soziologie und dem Kapitalismus. Eine ganze Generation von Deutschen las in Rotationsdruck-Ausgaben zum ersten Mal Faulkner und Hemingway und das Blatt der amerikanischen Militärregierung, die »Neue Zeitung«. Sie lernte in Hollywoodfilmen ein neues Schönheitsideal kennen, hörte im AFN amerikanische Musik, lernte die abstrakte Kunst schätzen. Später kamen Stipendien für amerikanische Eliteuniversitäten hinzu. Die skeptische Generation der jungen Leutnants und Flakhelfer gab sich schlaksig und effizient, sprach Englisch mit amerikanischem Akzent und lernte, die Welt von Washington aus zu betrachten.

Unterdessen lernten die Vereinigten Staaten die Welt mit europäischen Augen zu sehen. Sie zogen drei Lehren daraus: daß ohne Präsenz amerikanischer Truppen Europa unter sowjetische Hegemonie geraten würde; daß nur ein wirtschaftlich gesundes Westeuropa die Nachkriegs-Depression zu überwinden vermochte; und daß Westeuropa nicht genug strategische Tiefe und nicht genug wirtschaftliche Kraft besaß, um eine sowjetisierte oder neutralisierte Mitte zu ertragen.

Im Mittelpunkt dieser drei Lehren stand die Deutsche Frage, die sich schnell auf die Frage nach der Zukunft Westdeutschlands reduzierte. Die Antwort wurde für Westeuropa die entscheidende Stufe im Übergang vom Kondominium der Supermächte 1945/46 zum europäischen Staatensystem des Jahres 1948. Die Deutsche Frage, die die Großmächte zusammengeführt hatte, führte sie nun gegeneinander. Das Ergebnis war zuerst die Teilung Deutschlands, dann die Teilung Berlins und schließlich die Teilung der Welt.

Seit dem Einmarsch der Roten Armee schuf die Sowjetführung in einer Mischung aus Volksfronttaktik, unverhohlenem militärischen Druck und Einschüchterung der bürgerlichen Kräfte in ganz Osteuropa vollendete Tatsachen. Ihre Zone plünderte sie aus: 41 Prozent der Industriekapazität (Stand 1943) wurden in die Sowjetunion weggeführt. Die USA gaben sehr rasch den »Morgenthau-Plan« zur »deindustrialisation« Deutschlands auf, drängten ihre Alliierten, den Industrieniveauplan für Westdeutschland anzuheben, schlossen die britische und amerikanische Zone zur »Bizone« zusammen – deren Verwaltung lag in Frankfurt – und beendeten damit alle Pläne zur weiteren Zerstückelung Deutschlands. Am 6. September 1946 hielt Außenminister Byrnes in Stuttgart vor deutschen Honoratioren, den Ministerpräsidenten der Länder und amerikanischen Offizieren eine sofort als sensationell empfundene Rede, die der veränderten Besatzungspraxis das politische Konzept nachlieferte. Der Kontrollrat regiere nicht, er verhindere nur, die Deutschen müßten bald eine vorläufige Regierung aus eigenen Kräften bilden. Dieser deutsche Nationalrat, gebildet aus den Ministerpräsidenten in allen vier Zonen, solle für die Aufgaben der zentralen Verwaltungsbehörden verantwortlich sein, um die Verwaltung Deutschlands als Einheit zu sichern. Eine Verfassung sollte beraten werden und dann durch Volksabstimmung in Kraft treten.

Die amerikanische Regierung hatte die Herausforderung der Sowjetunion angenommen. Für die kommenden Konflikte mit den Russen aber bedurften die Europäer einer Garantie, und niemand war dieser Garantie mehr bedürftig als die Deutschen. Byrnes sprach sie aus: »So lange Besatzungstruppen in Deutschland erforderlich sind, wird die Armee der Vereinigten Staaten einen Teil dieser Besatzungstruppen stellen.« Zum ersten Mal gab es eine geschlossene amerikanische Deutschlandkonzeption, die nicht mehr auf das Kondominium mit der Sowjetunion setzte und die gegenüber Großbritannien und Frankreich die Führung beanspruchte und ihnen zugleich Sicherheit bot: Aus der Besatzungsmacht wurde die Schutzmacht. Das bedeutete amerikanische Hegemonie über das wirtschaftlich ruinierte und militärisch nicht verteidigungsfähige Europa. Es bedeutete Kalten Krieg mit der Sowjetunion, Ende des labilen Kooperationssystems, das in Jalta begründet und in Potsdam fortgeführt worden war. Ein Friedensvertrag, wenn ihn die Deutschen vielleicht noch erhofften, war seitdem zwischen den Siegern schwerlich noch denkbar. Denn ihr Konflikt ließ sich nur sistieren, wenn Deutschland geteilt war. Ein Friedensvertrag aber setzte Deutschland ungeteilt voraus. Das war die Quadratur des Kreises, und alle Außenministerkonferenzen des folgenden Jahrzehnts haben diese Aufgabe nicht zu lösen vermocht.

Wenige Monate nach Byrnes' Rede kündigte dessen Nachfolger Marshall am 5. Juni 1947 in der Harvard-Universität das »European Recovery Program« an, später Marshall-Plan genannt. Die Europäer, auch die unter Sowjetherrschaft, sollten Dollarhilfe, Nahrungsmittel und Industrieausrüstungen erhalten. Die

Plakat von 1949/50

Vereinigten Staaten wollten damit die westlich-demokratischen Regierungen stabilisieren, den Sowjets einen Damm der Prosperität entgegenstellen und ein freies Welthandelssystem mit starken Partnern in Europa ermutigen: mit ökonomischen Mitteln eine politische Strategie. Die Osteuropäer, für die einige Regierungen schon ihre Bereitschaft erklärt hatten, das Angebot anzunehmen, mußten auf Druck der Sowjets ablehnen. Die Westeuropäer nahmen an ohne zu zögern. In den folgenden zehn Jahren erhielten allein die Westdeutschen 1,7 Milliarden Dollar für Investitionen und zur Stabilisierung des Außenhandels.

Das ERP-Programm war der wirtschaftliche Kern des Weltentwurfs der Führungsmacht: eine freie Weltwirtschaftsordnung unter amerikanischer Führung, ruhend auf dem 1944 in Bretton Woods vereinbarten System fester Dollarparitäten und gesichert durch militärische Garantien gegen die Rote Armee. Für die von Bombenfolgen, Demontagen, Rohstoff- und Kapitalmangel und Hyperinflation belastete westdeutsche Wirtschaft wurde dies eine Blutübertragung, für die Westdeutschen insgesamt eine Vorentscheidung über die Wirtschaftsform, noch mehr über die pluralistische Gesellschaft, die freiheitliche Demokratie und die dauernde Zugehörigkeit zum Westen.

Entscheidende Voraussetzung für das Gelingen dieser Blutübertragung aber waren die Währungsreform, die am 20. Juni 1948 kam, die Garantie der neuen Deutschen Mark durch den Dollar (anfangs 4,– DM für den Dollar, seit 1949 4,20 DM) und schließlich die Freigabe des Marktes, die zügig folgte. Ludwig Erhard, der Wirtschaftsdirektor der »Bizonen«-Verwaltung, sah in der Marktwirtschaft die Voraussetzung der freiheitlichen Demokratie. Er nutzte den Druck der USA, um jenen Kapitalismus mit Herz durchzusetzen, der im Widerstand gegen die NS-Kriegsplanungswirtschaft entworfen worden war. Die

Voraussage, die Aufhebung der Planwirtschaft werde zur Katastrophe führen, kam von der SPD; aber der Zweifel, ob die Marktwirtschaft gelingen könne, reichte tief in die Union, ging bis zu Adenauer.

»Wir sind die Eingeborenen von Trizonesien« – so hieß es 1948 im Kölner Karneval. Es war ein unheilschwangeres Jahr, als aus weltpolitischem Druck und Gegendruck das Nachkriegssystem entstand, als China den USA verlorenging, als die Kommunisten in Prag putschten und in Polen die ganze Macht in die Hand nahmen, als Titos Jugoslawien sich der Sowjetherrschaft entzog, als der französische KP-Chef Thorez der Roten Armee, wenn sie Frankreich befreite, Kollaboration versprach, und als die Sowjets die Zugangswege der Westalliierten nach Berlin sperrten – in diesem Jahr wurde in Deutschland am leidenschaftlichsten gerungen um den Preis der deutschen Einheit.

Frankreich hatte angesichts des militärischen Drucks von Osten und des politischen von Westen seine deutschen Teilungspläne aufgegeben und die französische Zone mit der britisch-amerikanischen »Bizone« koordiniert. Den Deutschen war noch eine kurze Zeit der nationalen Einheitshoffnung gegeben. Aber welche Rolle würde ein um die Gebiete östlich von Oder und Neiße vermindertes Deutschland spielen? Größter Satellit der Sowjetunion oder ein neutrales Deutschland oder Teil des Westens? Nur Fragen gab es, keine Antworten. Selbstbestimmung nach außen würde das neue Deutschland nur aus eigener Kraft ziehen können, die es nicht gab, oder aus der Übereinkunft der Sieger, die es auch nicht gab. Würde es den Deutschen möglich sein, noch einmal aus der Position der Mitte das europäische Spiel mitzubestimmen? Niemand unter den Siegern war dazu bereit.

Doppelte Eindämmung, die der Sowjetmacht und die des deutschen Potentials, wurde das Gesetz, unter dem die Bundesrepublik entstand. Sowjetisierung der Gesellschaft, Sicherung des Sowjetimperiums und Riegelstellung vor Polen das Gesetz, dem die DDR folgte. Die Ministerpräsidenten der deutschen Länder, die sich vom 6. bis 8. Juni 1947 in München zum letzten Mal trafen und noch Kompromisse suchten, konnten den weltpolitischen Antagonismus nicht überbrücken. Seitdem war es nur noch eine Frage der Zeit, wann zwei Staaten in Rest-Deutschland entstehen würden.

Die militärische Konfrontation der Sieger geschah in Berlin. Dies war eine deutsche Krise, noch mehr aber Wendepunkt der Weltpolitik. Anlaß gab die Frage, ob die Mark, die die »Bank deutscher Länder« ausgab, auch in Berlin gelten sollte. Wenn ja, würde ganz Berlin wirtschaftlich Teil des Westens sein. Wenn nein, war die bisher noch einheitlich verwaltete Stadt geteilt, oder die

»Rosinenbomber« bei der Landung in Berlin-Tempelhof

US-General Lucius D. Clay, Architekt der Luftbrücke

Stadt würde dem ökonomischen System des Ostens angehören. Die Russen warnten und drohten, dann unterbrachen sie alle Eisenbahn-, Straßen- und Kanalverbindungen zwischen dem Westen und den Westsektoren. Es begann, als technische Störung getarnt, die Blockade der Westsektoren Berlins.

Sollte der Westen den gepanzerten Durchbruch wagen? General Clay riet dazu, aber es fehlte an amerikanischen Truppen, die Kriegsgefahr erschien übergroß, und die amerikanischen Strategen fürchteten, daß ihnen im Ernstfall nur der Rückzug auf die Pyrenäen offenstand. Die Antwort war die Luftbrücke, die zuvor jeder Fachmann für unmöglich gehalten hatte. Auf dem Höhepunkt des Unternehmens landete alle 48 Sekunden ein Bomber, beladen mit Industriegütern und Nahrungsmitteln, auf den Flugfeldern im Westen Berlins. Nach vielen Monaten begannen die Sowjets in dem Moment zu verhandeln, als die Amerikaner zwei Geschwader B-29-Bomber, potentielle Atombombenträger, über den Atlantik nach England verlegten. Mitte Mai 1949 waren die vorgeschützten technischen Störungen der Verkehrswege behoben. Die USA waren in Westeuropa, um zu bleiben.

Die Deutschen hatten den Atem angehalten. Würde der Dritte Weltkrieg das Land zur Wüste machen? Oder würde das westliche Deutschland zum Brükkenkopf des amerikanischen Seebundes gegen das eurasische Landimperium der Sowjets? Während die »Rosinenbomber« noch flogen, beriet in Bonn der Parlamentarische Rat, zusammengesetzt aus Vertretern der Landesparlamente, das Grundgesetz für den Staat, der in Zukunft sich Bundesrepublik Deutschland nennen sollte. Die deutsche Verfassungsfrage, wie sie dreihundert Jahre zuvor Funktion des europäischen Mächtesystems gewesen war, wurde nun Funktion des Ost-West-Konflikts. Die künftige Verfassung sollte den deutschen Interessen Ausdruck geben, so zerklüftet sie auch waren, und zugleich den Westmächten, bei allen Unterschieden, annehmbar sein. Sie sollte einen Kernstaat zusammenfügen und zugleich die deutsche Einheit offenhalten. Sie sollte die Vergangenheit unwiederholbar machen und doch Kontinuität schaffen.

Alle Fragen des Ausnahmezustands, der militärischen Bewaffnung und der Außenpolitik hatten die Besatzungsmächte den in Bonn Versammelten entzogen. Dieser Umstand entlastete die Beratung von Problemen, die die nächsten Jahrzehnte füllten. Auch half es, daß die Sozialdemokraten nicht anders als Union und Liberale die Ausgestaltung von Wirtschaftsordnung und Sozialverfassung offenhalten wollten: die einen, weil sie glaubten, Massenarbeitslosigkeit und Unzufriedenheit würden die Marktwirtschaft wegfegen; die anderen, weil sie auf die Überzeugungskraft wachsender Lohntüten und gefüllter Einkaufstaschen setzten.

Die nationale Einheit war zerbrochen. Aber der Parlamentarische Rat machte die Bundesrepublik zu ihrem Haus. Die Einheit zu vollenden bleibe dem deutschen Volke aufgegeben, in Frieden und Freiheit. So wurde es in der Präambel als Staatsziel niedergelegt. Das hieß zweierlei: Zum einen wurde die Einheit an den Modus des Friedens und der Selbstbestimmung gebunden, damit auch an ein völlig verändertes Ost-West-Verhältnis und die Entstehung eines größeren Europa. Zum anderen nahmen die in Bonn Versammelten in Anspruch, für das ganze Volk zu sprechen, nicht allein für die Westdeutschen. Das geschah im Konsens, aber es hatte zur Folge, daß der andere deutsche Staat auf lange Zeit, auch wenn er existierte, nicht existieren durfte.

Die Vision der deutschen Nation wurde nicht auf Territorium, Sprache oder gemeinsame Kultur gegründet, sondern auf die »freie Entfaltung der Persönlichkeit«. Das moralische Haus der Deutschen war größer als ihr politisches. Damit stand die Verfassung, die nicht so heißen durfte wegen ihres Vorläufercharakters für die künftige deutsche Verfassung, in der Grundrechtsüberlieferung von 1848 und 1919 und knüpfte letztlich an die Aufklärung an, die die Suche nach dem Glück als Menschenrecht, Grundlage der Gesellschaft und Zweck der Staaten angesehen hatte.

Der Föderalismus, die Arbeitsteilung zwischen Bund und Ländern, war natürlicher Bestandteil einer Verfassung, die von den Landesparlamenten ausging. Das Sozialstaatsprinzip war altes Erbe deutscher Staatlichkeit aus Bismarckzeit, Weltkrieg und Erster Republik und auch Drittem Reich. In der Auseinandersetzung mit den deutschen Kommunisten war unübersehbar, daß die liberale Republik im Westen nur überleben konnte nach dem Maß wirtschaftlicher Leistungsfähigkeit und persönlicher Freiheit, äußerer Sicherheit und inneren Zusammenhalts. Die Sozialpolitik des folgenden Jahrzehnts kam aus der Staatsräson, und sie wurde gefördert durch innenpolitische Kompromisse und die Einsicht der Unternehmer, daß die Stabilisierung der Konjunktur Massenkaufkraft verlangte.

Das Grundgesetz war ein Versuch, die Schatten von Weimar und die Gespenster der Diktatur zu bannen, und es war zugleich Schutzwall gegen die Drohung Stalins. Es errichtete einen Zaun rechtlicher Sicherungen um jede einmal amtierende Regierung. Es fügte erstmals die politischen Parteien ein ins Verfassungsleben. Mit der Fünf-Prozent-Klausel im Wahlrecht sollte einer Parteienzersplitterung wie in Weimar vorgebeugt werden. Die Verfassunggeber hatten

Theodor Heuss, Vorsitzender der FDP-Fraktion im Parlamentarischen Rat, wird 1949 zum ersten Präsidenten der Bundesrepublik Deutschland gewählt.

die Mobilisierung der Straße und den Jubel für Hitler noch im Ohr und die kommunistische Machtergreifungstaktik in Osteuropa vor Augen. So verbannten sie Volksbegehren und Volksentscheid aus der Politik. Es entstand eine Verfassung, die auf Stabilität durch Institutionen setzte, um einem zerrissenen Volk Führung zu geben und der künftigen Regierung Legitimität. Die Demokratie wurde durch den Parlamentarismus eingehegt und durch unabhängige Institutionen nach amerikanischem Vorbild kontrolliert: Das Bundesverfassungsgericht (1951 eingerichtet) würde den Gesetzgeber mahnen und korrigieren, die unabhängige Bundesbank Hüter der Währung sein.

Konrad Adenauer, der Präsident des Parlamentarischen Rats, hatte immer eine Verfassung gewollt, nicht ein Provisorium. Was die alliierten Hochkommissare genehmigten und was am 23. Mai 1949 verkündet wurde, war unter dem Namen »Grundgesetz für die Bundesrepublik Deutschland« die Verfassung der Vernunft für einen Staat wider Willen. Verfassunggebung und Machtkampf hatten sich für alle Parteien verflochten. Schon in der »Bizonen«-Verwaltung hatten Union und Liberale eng zusammengearbeitet. Die Union wollte die Führung der künftigen Regierung gewinnen, die Begriffe prägen und eine bürgerliche Koalition formen. Die SPD wollte ihr moralisches Übergewicht aus Diktatur, Kriegs- und Nachkriegszeit ausspielen, wollte ein sozialistisches Wirtschaftsgefüge mit starker Planwirtschaft und zentraler Investitionskontrolle, wollte in der Außenpolitik die Gleichberechtigung zur Voraussetzung der Westbindung machen und war in der Sozialpolitik eng mit den Gewerkschaften verbündet. Adenauer dagegen setzte auf Souveränität durch Westbindung, hielt Wiedervereinigung nicht für ein operatives Ziel der Politik, betrieb die Sammlung des bürgerlichen Lagers und hoffte, daß wirtschaftliche Dynamik die Verteilungskämpfe dämpfen würde. Im September 1949 konnte er mit der liberalen Freien Demokratischen Partei (11,9 Prozent der Stimmen) und der konservativen Deutschen Partei (vier Prozent) das erste Bundeskabinett bilden. Die CDU hatte 31 Prozent, die SPD 29,2 Prozent erreicht. Entgegen allen Erwartungen sollte das bürgerliche Lager die entstehende Bundesrepublik prägen und ihre geistigen Strukturen für Jahrzehnte formen.

Teil des deutschen Schicksals war es immer gewesen, daß die Mittellage in Europa beides war: Versuchung und Verdammnis. An der Versuchung zur Hegemonialmacht war Deutschland gescheitert, die Verdammnis der Teilung war vollzogen.

Adenauer hatte als Politiker der Weimarer Republik das Schwankende und Unbestimmte an der deutschen Außenpolitik der zwanziger Jahre zwischen Ost

Bundeskanzler Adenauer und das Kabinett wurden am 21. September 1949 zur Übernahme des Besatzungsstatus auf den Petersberg bei Bonn gebeten. Die Hohen Kommissare verlangten, daß die deutsche Delegation vor dem Teppich stehenbleibe. Die Mitglieder des Kabinetts folgten, doch Adenauer trat beim Verlesen seiner Ansprache mit beiden Füßen auf den Teppich, um den Anspruch auf Gleichberechtigung protokollarisch wahrzunehmen.

und West immer kritisiert. Das wollte er nicht wiederholen, und wenn man seine Leistung lobt, Deutschland in den Westen geführt, die deutsch-französische Verständigung erreicht und das Mißtrauen gegen die unheimlichen Deutschen abgebaut zu haben, so wird man nicht gleichzeitig kritisieren dürfen, daß er nach Osten nicht bereit war, das Erreichte durch Verhandlungen mit ungewissem Ausgang immer wieder aufs Spiel zu setzen. 1952 hat er das vage Neutralitätsangebot für Deutschland, das Stalin den Westmächten machte, nicht ausgelotet. Aber 1958, das weiß man heute, wäre Adenauer bereit gewesen, wenn die Sowjetunion eine neutrale Lösung für die DDR zugestand, wie sie 1955 Österreich gegeben worden war, alle Kriegs- und Nachkriegsgewinne der Sowjetunion in Osteuropa und den Status quo anzuerkennen. Aber solche Vorstellungen blieben Sondierung und Vision und gewannen keine Realität.

Es war Adenauers Stärke, aber auch Ansatzpunkt der Kritik seiner Gegner, daß er die Deutsche Frage in einen europäischen Rahmen stellte. Für den deutschen Nationalismus war dies schwer zu verstehen: Dem ersten Kanzler wurde Rheinbundneigung vorgeworfen. In Wahrheit hat Adenauer die europäische Bedingtheit der Deutschen Frage und die Tatsache niemals vergessen, daß die Bundesrepublik ohne das Vertrauen ihrer Nachbarn nach Westen nicht handlungsfähig war und nach Osten hilflos. Und wie Bismarck hat Adenauer bis zu seinem Ende unter dem »cauchemar des coalitions« gestanden, und er hatte Grund dazu. War es denn ausgemacht, daß Frankreich nicht kommunistisch würde? War es ausgeschlossen, daß Washington seine Truppen vom europäischen Kontinent zurückzog oder so weit verdünnte, daß Westeuropa allmählich in den Machtbereich der Sowjetunion geriet?

Am 9. Mai 1950 legte Frankreichs Außenminister Robert Schuman, beraten durch Jean Monnet, den Plan einer Montanunion vor, die die Kohle- und Stahlindustrie der Bundesrepublik in einen größeren westeuropäischen Verbund mit Frankreich, Italien und den Benelux-Staaten einfügen und einem supranationalen Regime unterwerfen sollte. Es war politische Strategie mit den Mitteln der Wirtschaft. Denn Frankreich war zu schwach, um sich die Kontrolle der Ruhr zu sichern, die deutsche Linke an Alleingängen in Richtung Wiedervereinigung zu hindern und der Sowjetunion zu widerstehen. Kontrolle durch Einbindung um den Preis des Souveränitätsverzichts war daher das französische Rezept, um Sicherheit und Verständigung zu verbinden. Die Montanunion wurde 1952 die erste supranationale Gemeinschaft. Ihre Organe dienten als Vorbild für die spätere Europäische Wirtschaftsgemeinschaft. Im Mittelpunkt die mit starken Befugnissen ausgestattete »Hohe Behörde« als Exekutivorgan, dessen Entscheidung in allen beteiligten Ländern unmittelbar Geltung beanspruchte. Darüber der »Rat« der nationalen Minister, eine parlamentarische Versammlung, ein Gerichtshof und ein »beratender Ausschuß« als Forum der organisierten Interessen.

Die wirtschaftliche Bedeutung der Montanunion war groß – allerdings wurde die Kohle von einer Mangelware bald durch amerikanische Importkohle und billiges Rohöl zum sozialpolitischen Problem –, noch größer die politische. Frankreichs Regierung hatte anerkannt, daß die sowjetische Gefahr die deutsche überwog, daß das Besatzungsregime durch Partnerschaft abgelöst werden mußte und daß Integration der Interessen an die Stelle alter Rivalitäten getreten war. Die diskriminierenden Bestimmungen des Ruhrstatuts von 1949 galten nicht mehr, Zoll- und Handelsschranken waren zum Abbau bestimmt. Die Bundesrepublik begann, von der Schachfigur zum Partner des Westens aufzusteigen. Im Londoner Schuldenabkommen vom 27. Februar 1953 mit den westlichen Nationen nahm es die Bundesrepublik auf sich, in die Verpflichtungen des Deutschen Reiches einzutreten: in Gestalt eines Schuldscheins das Pochen auf Kontinuität und Identität und eine Vorstufe zur Souveränität. Die Bundesrepublik wurde Mitglied der Weltbank und des Weltwährungsfonds und erlangte internationale Kreditfähigkeit. Damit verbunden war die zwischen Ben Gurion und Adenauer im Alleingang in einem New Yorker Hotel ausgehandelte finanzielle Wiedergutmachung an den Juden, die 1952 begann und eine intensive Sonderbeziehung zum Staat Israel begründete.

Dem Schuman-Plan für die Montanunion entsprach der Pleven-Plan für die Verteidigung. Als das kommunistische Nordkorea im Juni 1950 den Süden der Halbinsel überfiel, hatten die Europäer Angst, selbst Korea zu werden. Adenauer bot den Amerikanern die deutsche Wiederbewaffnung an, als er erkannte, daß diese sie fordern mußten, um Europa militärisch zu sichern, und daß er dafür den Preis der Souveränität und der Rehabilitation verlangen konnte. Wie aber würde Frankreich reagieren? Wie konnte Paris im Gewand der Partnerschaft die deutsche Armee kontrollieren? Der Pleven-Plan von 1950 sah eine vereinigte europäische Armee mit integrierten Divisionen und Regimentern vor. Er kam aus derselben Ambivalenz wie die Montanunion: das nicht beherrschbare Deutschland einzubinden und es zur Klammer statt zum Sprengstoff Europas zu machen. Montanunion und Verteidigungsgemeinschaft sollten später das Dach einer Europäischen Politischen Gemeinschaft erhalten. Das Ganze sollte abgesichert sein im Rahmen des 1949 gegründeten Nordatlantikpakts und stand damit, anders als das europäische System der zwanziger Jahre, unter amerikanischen Sicherheitsgarantien.

Aber war Frankreich, noch kein Jahrzehnt nach Krieg und Okkupation, zu diesem Wagnis bereit? Es war gerade die Tatsache der amerikanischen Sicherheitsgarantie, die das Gewicht des Ernstfalls verdeckte. Als der Koreakrieg 1953 endete, war Frankreich in die letzten Kämpfe um Vietnam verstrickt. Nur Monate nach der Kapitulation der Dschungelfestung Dien Bien Phu lehnte die französische Nationalversammlung im August 1954 die Verteidigungsgemeinschaft ab: Der kühnste Plan der Nachkriegszeit war gescheitert.

Die Bedeutung, die ihm die Sowjetunion beimaß, ist daran zu sehen, daß 1952 Stalin den Westalliierten ein neutralisiertes Gesamtdeutschland vorschlug. Wie fraglich auch immer das Ergebnis für Deutschland gewesen wäre – nachdem die SED die Volkskammerwahlen 1949 als Muster freier Wahlen gefeiert hatte, war der Begriff nicht trostreich –, jedes Schwanken in Bonn hätte die europäische Einigung aufgerissen und damit deutsche Sicherheit und Wiederaufstieg in Gefahr gebracht. Alle westlichen Regierungen haben es deshalb

Der Volkswagen, in den 30er Jahren das parteieigene Industrieunternehmen, im Krieg der Kübelwagen der Armee, nach 1945 das Vehikel des deutschen Wirtschaftswunders.

Stromlinie war schön, schnell und schick.

Omnibus von Hentschel, um 1953

vermieden, die Stalin-Noten durch Verhandlungen auf ihre Tragfähigkeit zu prüfen, und zur westeuropäischen Integration gedrängt.

Die EVG war gescheitert. Um so wichtiger wurde es für die Deutschen und ihre Nachbarn im Westen, den wirtschaftlichen Integrationsprozeß zu verstärken. Die Montanunion, seit 1952 ein Erfolg, wurde das Vorbild für die Europäische Wirtschaftsgemeinschaft und den Euratom-Vertrag von 1957.

Die EWG war ein Kind der Politik, aber ihr Modus war die Wirtschaft: Herstellung freien Warenverkehrs in einem großen europäischen Binnenmarkt, Ausgleich zwischen französischen Agrar- und deutschen Industrieinteressen, Sicherung der internationalen Konkurrenzfähigkeit der Europäer, die einzeln zu schwach waren, Schaffung eines europäischen Investitionsfonds, Annäherung der Wirtschaftspolitik der Mitgliedsstaaten und auf lange Sicht eine gemeinsame Währungspolitik. Im gleichen Zuge wurde der Euratom-Vertrag unterzeichnet, der für Entwicklung und Nutzung der Kernkraft die finanziellen und wissenschaftlichen Kräfte der Europäer zusammenfassen sollte. Am 1. Januar 1958 traten für das Europa der Sechs die Römischen Verträge in Kraft.

»Was tun, wenn der Russe kommt?« Im Auftrag Adenauers hatte 1950, im Angesicht des Koreakriegs, Generalleutnant a.D. Hans Speidel eine Denkschrift über die deutsche Wiederbewaffnung verfaßt, die von dieser Frage ausging. Das Scheitern der integrierten EVG-Streitmacht warf erneut das Problem auf, in welchem Rahmen deutsche Truppen operieren sollten: Eine nationale Armee wollten die Deutschen nicht und noch weniger die Europäer. Das kam nicht nur aus belasteter Erinnerung an die jüngste Vergangenheit. Es entsprach auch der strategischen Einsicht, daß die Bundesrepublik niemals in der Lage sein würde, äußere Sicherheit aus eigener Kraft herzustellen. Sie würde Bündnispartner des Westens sein, oder sie würde nicht sein.

NATO und Westeuropäische Union wurden Rahmen für die neue Armee, deren erste Soldaten am 12. November 1955 in einer vom Pferdestall zur Garage avancierten Halle der Bonner Ermekeil-Kaserne ihre Ernennungsurkunden entgegennahmen. Die Nüchternheit der Verpflichtungszeremonie – Bundesfarben und Eisernes Kreuz – prägte auch den Geist der neuen Armee, die durch das Soldatengesetz 1956 den Namen »Bundeswehr« erhielt. Der verbreiteten »Ohne mich«-Stimmung, die die Sozialdemokraten seit 1951 in großen öffentlichen Kampagnen gegen den Kanzler gewendet hatten, stellten reformerische Offiziere das Leitbild des Bürgers in Uniform und der Inneren Führung entgegen, das Professionalität und Effizienz ergänzte. Ende 1960 zählte die Bundeswehr eine Viertelmillion Mann, ein Jahrzehnt später hatte sie mit einer halben Million ihre Planstärke erreicht und wurde damit die größte Streitmacht in Westeuropa.

Die Bundeswehr war der Preis, den die Deutschen zu zahlen hatten für gemeinsame Abschreckung, gemeinschaftliches Krisenmanagement und kollektive Verteidigung. Die konventionelle Abschreckung war politisch organisiert: In vielfacher Nord-Süd-Staffelung würden von Anfang an Truppen des gesamten Bündnisses in einen Angriff von Osten verwickelt. Würde es aber einen solchen Angriff geben? Die NATO, unter der nuklearen Führung und Letztgarantie der USA, nutzte deren technische Überlegenheit und entwickelte die Verteidigungsdoktrin der »massiven Vergeltung«. Sie beruhte auf der Anwesenheit starker konventioneller US-Truppen in der Bundesrepublik und einem Aufbau der europäischen NATO-Verbündeten, der weit hinter der Stärke der Roten Armee und des Warschauer Pakts zurückblieb. Mehr war kaum möglich. Doch die Schwäche hatte strategischen Sinn: Die konventionelle Abschreckung sollte niemals so stark sein, daß sie die »massive Vergeltung« unscharf oder fraglich machte. Die konventionell überlegene Sowjetunion sollte immer das Risiko des Nuklearkriegs vor sich sehen. Das war, solange die USA aus der Position der Überlegenheit agierten, wirkungsvoll. Im Zeitalter nuklearer Parität, das 1953 mit der sowjetischen H-Bombe eingeleitet worden war und am Ende der sech-

Plakat von 1958

ziger Jahre die weltpolitischen Gegebenheiten bestimmte, erwuchs daraus eine strukturelle Dauerbelastung des westlichen Bündnisses.

Waren deutsche Atomwaffen die Antwort darauf? 1955 hatte die Bundesrepublik feierlich auf Produktion und Besitz solcher Waffen verzichtet. Das geschah aus bündnis-, innen- und weltpolitischen Gründen. Ein Jahrzehnt später sollte dann die Multilateral Force, eine integrierte westliche Seestreitmacht mit Atomraketen an Bord, die Quadratur des Kreises lösen und die Bundesrepublik ohne eigene deutsche Atomwaffen doch zur Nuklearmacht machen. Sie scheiterte, und die Bundesrepublik blieb für ihre Sicherheit auf die vertragliche – im Atomwaffensperrvertrag von 1968 erneuerte – Garantie der USA und die Anwesenheit amerikanischer Truppen angewiesen. Da aber das deutsche Territorium das Kernstück im Verteidigungsbogen der NATO bildet, hängt auch zuletzt die Sicherheit der anderen Europäer von der deutschen Sicherheit ab.

In den Jahren 1955/57, als die Bundesrepublik in die NATO eintrat und die Europäische Wirtschaftsgemeinschaft durch die Römischen Verträge begründet wurde, kam für die beiden führenden westeuropäischen Staaten im doppelten Sinne die Stunde der Wahrheit: Sie bedurften des deutschen Wehrbeitrags und der amerikanischen Letztgarantie, und zugleich mußten sie Abschied nehmen von der autonomen weltpolitischen Rolle. Im Oktober 1956 landeten Frankreich und Großbritannien am Suezkanal Truppen, um den von dem ägyptischen Diktator Nasser nationalisierten Kanal für die internationale Schiffahrt offenzuhalten und als europäische Machtsphäre zu sichern. Die beiden Supermächte antworteten durch ein dramatisches Zusammenspiel. Die UdSSR schleuderte eine nukleare Drohung gegen die Westeuropäer. Zugleich nutzte sie die Krise, um den Aufstand der Ungarn mit Panzerdivisionen niederzuschlagen.

Innerhalb des Westens war das Ergebnis von Suez ein tiefer Riß zwischen Frankreich und den USA und globale Abdankung Großbritanniens: keine weltpolitische Rolle mehr für die europäischen Mächte, keine Truppen mehr »east of Suez«. War das die Chance der europäischen Einigung? Jedenfalls gewann in dieser neuen weltpolitischen Konfiguration die Bundesrepublik, die 1955 von den Westalliierten die Souveränität erhalten hatte, an Gewicht, Einfluß und Spielraum. Sie wurde zwar nicht europäische Großmacht, aber sie trat, wie die »Neue Zürcher Zeitung« in der Bilanz der Ära Adenauer wenige Jahre später schrieb, in den »ersten Rang der europäischen Wirtschaftsmächte«.

Aber während große Teile der Öffentlichkeit, geführt von der Sozialdemokratie und den Freien Demokraten, die Wiedervereinigungspolitik aktivieren wollten und dadurch letztlich einen erneuerten deutschen Vorbehalt in das erreichte, für die Bundesrepublik günstige europäisch-atlantische Gleichgewicht brachten, wollte Adenauer die Westbindung stärken. Vordringlich blieb es, den Riß zwischen de Gaulles Nationalpolitik und der amerikanischen Führung zu kitten und obendrein Großbritannien für den europäischen Einigungsprozeß zu engagieren.

Für Adenauer war die Deutsche Frage das Kernproblem, das Europa sprengen konnte und das deshalb so gestaltet werden mußte, daß es Europa zusammenführte. Er wollte zuerst die westeuropäische Basis festigen und dann die Deutsche Frage lösen. Daß die Wiedervereinigung im einfachen Sinne patriotischer Träume das Ergebnis nicht sein konnte, das war dem Europäer Adenauer bewußt, auch wenn es den deutschen Kanzler schmerzen mußte. Die innenpolitischen Kämpfe um Westbindung und Wiederbewaffnung waren von der Opposition immer mit dem Argument verbunden worden, so werde die Wiedervereinigung verhindert. Aber auch die Sozialdemokraten konnten keinen Weg aufweisen, wie sie denn ohne Westbindung zu bewerkstelligen wäre. Erst 1960, angesichts der zweiten Berlin-Krise, hat Herbert Wehner, ein Jahr nachdem das Godesberger Programm den sozialistischen Dogmen den Abschied gegeben hatte, dem Kanzler und der Koalition angeboten, in den

Grundfragen der Außenpolitik die Vergangenheit vergangen sein zu lassen. Seitdem gab es in der West- und der Bündnispolitik, bei fortdauernden Differenzen über die Methode, Grundkonsens in den Zielen.

Adenauer hatte die Union zur eigentlichen Gründungspartei der Bundesrepublik gemacht. Die Union war westeuropäisch mehr als national orientiert, pragmatisch-machtbewußt mehr als liberal, in sich eine große Sammlungsbewegung von Industrie, Landwirtschaft, politischem Katholizismus, Protestantismus, liberalen und sozialen Elementen, eine Volkspartei, die am Ende des Jahrzehnts die kleinen bürgerlichen Parteien aufgesogen hatte. Gerade die konservativen Elemente waren eher technokratisch als national gestimmt.

Die Innenpolitik stand, nicht nur für Wahlzwecke, sondern durch die Natur der deutschen Lage, unter starkem äußeren Druck. Der Gründung des Staates war eine ernste wirtschaftliche Depression gefolgt, begleitet von Kapitalknappheit, hohen Zinsen, Massenarbeitslosigkeit und tiefem Zweifel an der Marktwirtschaft des Wirtschaftsministers Ludwig Erhard. Die Exportsituation war belastet durch Mangel an Kapital und begünstigt durch den hohen Dollarkurs, der zwar die Importe verteuerte, aber auf den Exportmärkten den Deutschen einen Preisvorteil gab. Ohne den weltweiten Wirtschaftsboom, den der Koreakrieg auslöste, wären die Soziale Marktwirtschaft und mit ihr der politische Grundkompromiß der Unionsparteien wohl gescheitert. Seit 1952 aber war es mit der konjunkturellen Arbeitslosigkeit vorbei, selbst die Heere von Flüchtlingen aus dem Osten wurden mühelos in den Arbeitsprozeß eingegliedert; für einige Zeit blieb allerdings die strukturelle, durch raschen technischen Wandel und wirtschaftliche Veränderung bedingte Arbeitslosigkeit.

Die Stärken der deutschen Wirtschaft lagen im Norden im Schiff- und Anlagenbau, im Ruhrgebiet bei Stahl, Eisen und – für wenige Jahre noch – bei der Kohle; auf der Rheinschiene und im Süden beim Autobau, bei Werkzeugmaschinen, Großchemie, bei Pharmazeutika und Elektrotechnik. Sehr früh machte es sich bemerkbar, daß das Verbot der Militärtechnologie ernste Lücken in der angewandten Forschung zur Folge hatte: Bei der friedlichen Nutzung der Kernenergie konnten sie geschlossen werden, im Bereich des Flugzeugbaus auch, nicht aber bei Raumfahrttechnik und Elektronik. Seit 1952 wurde die Hannover-Messe das internationale Schaufenster der deutschen Industrie, die dem Rumpfstaat des zerstückelten Reiches das »Wirtschaftswunder« beschert hatte.

Schon am Ende der fünfziger Jahre erwies es sich als notwendig, das industrielle Wachstum durch Dämpfung zu verstetigen, als die restriktive Notenbankpolitik durch starke Auslandsnachfrage unterlaufen wurde und die deut-

Ludwig Erhard, Wirtschaftsdirektor der »Bizone«, 1949 bis 1963 Bundeswirtschaftsminister, 1963 bis 1966 Bundeskanzler: Vater und Symbol des Wirtschaftswunders

sche Urangst vor der Inflation sich erneuerte. Die starke Abhängigkeit der deutschen Industriewirtschaft von der Auslandsnachfrage heizte jetzt das deutsche Wirtschaftswachstum mehr an, als es Bundesregierung und Bundesbank lieb war. Es begann eine lange Phase stufenweiser Aufwertung der Mark.

Die Kapitalausstattung blieb lange Zeit unzureichend, die Selbstfinanzierungsquote der Industrie hoch, die Löhne lagen im internationalen Vergleich niedrig. Um so notwendiger war es, die soziale Komponente der Marktwirtschaft zu stärken, um den inneren Frieden in der Depressionsphase des Anfangs zu sichern und durch das ungleichmäßige Wachstum der fünfziger Jahre zu geleiten. Betrug die Sozialquote – dies schloß soziale Sicherung und Entschädigungsleistungen ein – bei Gründung der Bundesrepublik noch 17 Prozent, so hat sie bis 1972 den Stand von 21 Prozent erreicht. In derselben Zeit stiegen die Leistungen der Rentenversicherung von 6,7 auf 80 Milliarden DM.

In den Grundentscheidungen der Sozialverfassung ging es um die Verteilung von Macht zwischen Unternehmen und Gewerkschaften wie um die Umverteilung von Einkommen. Um die paritätische Mitbestimmung, in der Besatzungszeit für die Montanindustrie eingeführt, zu retten, warf Hans Böckler, der erste DGB-Vorsitzende, die Unterstützung von Westpolitik und Wiederbewaffnung gegen die von der SPD angestrebte Neutralität in die Waagschale der Bundespolitik. Danach aber versperrten die Liberalen den Weg, auf dem Adenauer allem Anschein nach, um Schuman-Plan und Wiederbewaffnung innenpolitisch abzusichern, mehr Mitbestimmung gegeben hätte.

1957 wurde die traditionelle gesetzliche Altersrente tief verändert, sie wurde »dynamisiert«. Statt beim Ausscheiden auf eine gleichbleibende Rente gesetzt zu werden, wie bisher, erhielt der Rentner wachsende Bezüge, denen der durchschnittliche Brutto-Arbeitslohn aller aktiven Arbeitnehmer zugrunde gelegt war. Diese »dynamische Rentenversicherung« beruhte auf einer Quasi-Umlagefinanzierung und einem fiktiven Generationenvertrag, der denen, die nicht mehr arbeiteten, einen gleichbleibenden Anteil am Einkommen der Arbeitenden sicherte: In Schwierigkeiten mußte das System geraten, wenn sich die Alterspyramide wesentlich verschob oder das Wachstum nachließ. Das aber galt für die gesamte Sozialpolitik dieser Gründerzeit: Sie war auf die Voraussetzung gestellt, daß die Wirtschaft wuchs und daß sich soziale Konflikte durch Verteilung von Mehreinkommen dämpfen ließen.

In der Nachkriegsgesellschaft verlief der alte Interessenkonflikt zwischen Unternehmern und Arbeitern; elementarer aber war, vor allem auf dem Lande, der Gegensatz von Flüchtlingen und Einheimischen. Wie groß auch immer die sozialpolitische Anstrengung für Mitbestimmung, dynamische Rentenformel, Lohnfortzahlung im Krankheitsfall war: Sie wurde in den Schatten gestellt durch das größte und früheste sozialpolitische Gesetz der jungen Bundesrepu-

Internationale Industriemesse Hannover

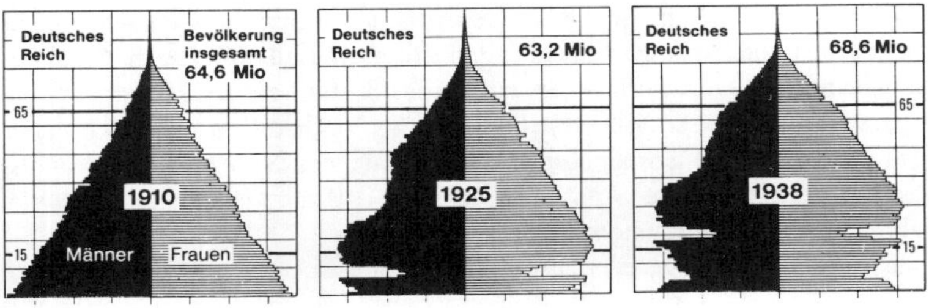

blik, das Lastenausgleichsgesetz von 1952. Die Theorie war einfach – jene, die alles verloren hatten durch Bomben, Flucht und Vertreibung, wurden aus Substanz und Einkommen derer entschädigt, die wenig oder nichts eingebüßt hatten –, die Praxis äußerst kompliziert. In zwanzig Jahren wurde ein Finanzvolumen von 90 Milliarden Mark bewegt. Hatten Russenangst und US-Hilfe die Bundesrepublik von außen stabilisiert, so war es vor allem dieses Paket von Maßnahmen, das der Massennot der Nachkriegszeit die politische Sprengkraft nahm.

Vordergründig war die Entwicklung in beiden Teilen Deutschlands fast symmetrisch verlaufen. Die DDR wurde Teil des Rates für Gegenseitige Wirtschaftshilfe (RGW), die Bundesrepublik Teil der EWG. Die Nationale Volksarmee gehörte zum Warschauer Pakt wie die Bundeswehr zum Nordatlantikpakt. Der westliche Teil Deutschlands übernahm begierig den »American way of life«. Zur selben Zeit war in der DDR, begleitet von uneingeschränktem staatlichen Selbstlob in Zeitungen, Rundfunk, auf Spruchbändern und in Parteiversammlungen, die Sowjetunion Vorbild für Kultur, Wirtschaft und Gesellschaft geworden, amtlich bewundert, heimlich gehaßt und immer gefürchtet. »Vorwärts zum sozialistischen Deutschland!« – hatte Walter Ulbricht, Altkommunist der Weimarer Zeit, 1945 als Sowjetoffizier Chef der »Gruppe Ulbricht« und seitdem Stalin-Statthalter auf deutschem Boden, auf der ersten SED-Parteikonferenz 1947 gefordert, eine ominöse Botschaft an die Westdeutschen. Beide Karten von Deutschland, die des Ostens und die des Westens, überdeckten sich geographisch. In Wahrheit aber standen zwischen ihnen das Leiden am zerbrochenen Nationalstaat und der Ost-West-Weltkonflikt, der Anspruch auf die ganze deutsche Geschichte und damit auf die ganze deutsche Zukunft und die Schlüsselrolle in Mitteleuropa.

Die SED trieb – es war die Zeit der spät-stalinistischen Schauprozesse in Prag

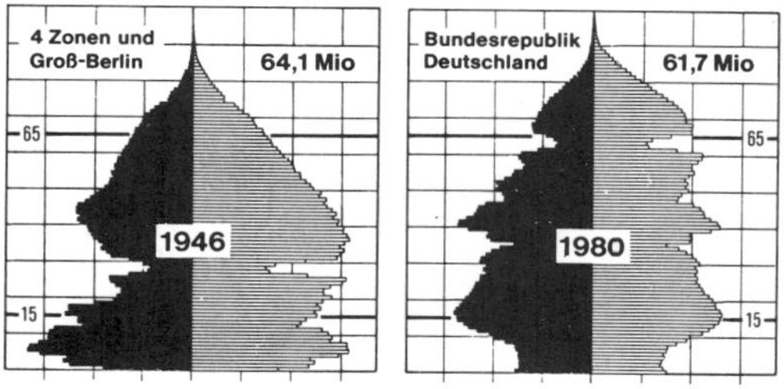

Der Lebensbaum des deutschen Volkes

und Warschau, wo hohe Funktionäre aufgrund absurder Vorwürfe der Spionage für den Westen zum Tode verurteilt wurden – die Sowjetisierung des Landes und der Menschen voran. Hatten 1950 private Betriebe noch die Hälfte des Produktivsektors bestimmt, so wurde seit der zweiten Parteikonferenz der SED 1952 massiver psychischer und physischer Druck ausgeübt auf Bauern, ihre Höfe in landwirtschaftliche Produktionsgenossenschaften, und auf Handwerker, ihre Betriebe in Handwerks- und Handelsgenossenschaften einzubringen und selbst Angestellte zu werden. Den Industriearbeitern wurden die Arbeitsnormen erhöht. Zugleich sollte der Druck auf die Kirchen den hinhaltenden Widerstand der Gemeinden brechen. Wer zur Kirche hielt, durfte Schule und Universität nicht besuchen. Willkürverhaftungen und Terrorprozesse versetzten die Menschen in Furcht und Schrecken.

Die Produktion ging scharf zurück, die Ernährung wurde schlechter. Noch aber war die Grenze zu den Westsektoren Berlins offen. So kam eine neue Massenflucht in Gang: 165000 Flüchtlinge wurden 1951 registriert, 1952 stieg die Zahl auf 182000, 1953 waren es mehr als 330000. Die da kamen, waren zumeist junge Leute, Handwerker und Bauern. In der rasch wachsenden Wirtschaft im Westen fanden sie Arbeit, in den Universitäten ein Studium. Wer aus dem Osten kam, wurde rechtlich als Staatsbürger der Bundesrepublik angesehen.

Am 5. März 1953 starb Stalin. Die neue Führung im Kreml löste die Sowjetische Kontrollkommission auf und ernannte Semjonow zum Hohen Kommissar, der mehr auf Gewinnung des bürgerlichen Deutschland als auf Sicherung der DDR bedacht war. Die SED mußte den verschärften Klassenkampf zurücknehmen. Die Bewohner der DDR schöpften Hoffnung. War die Teilung umkehrbar? Stand der SED-Staat doch zur Disposition? Mitte Juni kam es zum Volksaufstand. Der Protest gegen die hohen Arbeitsnormen war nur Anlaß. Mitten in Deutschland war über Nacht, zwischen den Protestdemonstrationen

BEFEHL

des Militärkommandanten des sowjetischen Sektors von Berlin

Betrifft: **Erklärung des Ausnahmezustandes im sowjetischen Sektor von Berlin**

Für die Herbeiführung einer festen öffentlichen Ordnung im sowjetischen Sektor von Berlin wird befohlen:

1. Ab 13 Uhr des 17. Juni 1953 wird im sowjetischen Sektor von Berlin der Ausnahmezustand verhängt.
2. Alle Demonstrationen, Versammlungen, Kundgebungen und sonstige Menschenansammlungen über 3 Personen werden auf Straßen und Plätzen wie auch in öffentlichen Gebäuden verboten.
3. Jeglicher Verkehr von Fußgängern und der Verkehr von Kraftfahrzeugen und Fahrzeugen wird von 9 Uhr abends bis 5 Uhr morgens verboten.
4. Diejenigen, die gegen diesen Befehl verstoßen, werden nach den Kriegsgesetzen bestraft.

Militärkommandant des sowjetischen Sektors von Berlin
Generalmajor Dibrowa

Berlin, den 17. Juni 1953

Der Streik, der zum Aufstand gegen Sowjetmacht und SED wurde: 17. Juni 1953 in Berlin.

des 16. und dem Aufstand des 17. Juni, die Deutsche Frage gestellt. Es wurde skandiert: »Der Spitzbart muß weg«, das ging gegen die deutschen Kommunisten, und »Russen raus«, das ging gegen ihre Beschützer. Ein Tag lang delirierende Hoffnung und apokalyptische Angst, im Osten noch mehr als im Westen Deutschlands. Dann rollten die Panzer der Besatzungsmacht, und in ihren Spuren gingen Partei und Staatssicherheitsdienst an die Abrechnung. Der erste große Volksaufstand, den das Sowjetimperium nach 1945 erlebte, war zu Ende.

In 270 Städten der DDR waren die Industriearbeiter auf die Straße gegangen, ohne Führung, ohne Organisation, ohne Waffen, nur mit einer großen Hoffnung ausgestattet, sie könnten mit bloßen Händen das Schicksal Deutschlands wenden. Jetzt lernten sie, daß der Westen mit Sympathie nicht sparte, und daß sie allein standen. Der Weltkonflikt um Deutschland war von unten nicht aufhebbar. Was aber das Verhältnis von Volksaufstand und deutscher Einheit betrifft, so kann man von Tragik, man muß von Dialektik sprechen: Der Aufstand des 17. Juni hat konsolidiert, was er überwinden wollte, die deutsche Teilung.

Die Wirkung auf den Westen Deutschlands war tief, die Hoffnung auf Gesamtdeutschland hatte sich als machtlos und vergeblich erwiesen. Die Zustimmung zur Politik Konrad Adenauers stieg von 34 Prozent im November 1952 – die Meinungsbefragung war damals von den USA jüngst nach Deutschland importiert worden – auf 57 Prozent ein Jahr später. Kein Ereignis war dafür wichtiger als der 17. Juni. Bei den Wahlen zum zweiten Deutschen Bundestag errang die Union schon 42 Prozent; 1957 schließlich mit dem Slogan »Keine Experimente« die absolute Mehrheit. Beides, Westbindung und Ostkonfrontation, war für die Bundesrepublik Element staatlicher und gesellschaftlicher Stabilisierung geworden.

Plakat von 1957

So nahmen die Westdeutschen, ohne es recht zu bemerken, von der alten Mittellage Deutschlands Abschied und wurden im Westen Europas heimisch. Die Mitte war Grenze geworden, und die Deutschen im Osten mußten sich einrichten mit der SED-Herrschaft oder fliehen. In der Bundesrepublik verlor unterdessen die KPD, die noch dem ersten Bundestag angehört hatte, allen Kredit und fast alle Wähler. Sie wurde wegen Verfassungsfeindlichkeit verboten, als sie eigentlich schon nicht mehr existierte.

Für die DDR blieb die offene Grenze in Berlin beides, Überdruckventil und Gefährdung der Substanz. Der Viermächtestatus der alten Reichshauptstadt sicherte, daß die Grenze offen blieb – aber wie lange noch? 1957 testete die Sowjetunion Interkontinentalraketen und schickte im selben Jahr den ersten künstlichen Erdsatelliten in eine Umlaufbahn. Die piepsenden Signale des »Sputnik« kündigten das Ende der amerikanischen Überlegenheit an. Damit begann zugleich eine Phase der weltpolitischen Konfrontation, die in der zweiten Berlin-Krise 1961 und in der kubanischen Raketenkrise 1962 bis an den Rand des heißen Krieges trieb und in den sechziger Jahren dann der »détente« im Zeichen nuklearer Parität und der Suche nach weltpolitischer Stabilität wich. Wie zuvor der Kalte Krieg das Gesicht Mitteleuropas geformt hatte, so wurde nun das Entspannungsinteresse der beiden Supermächte der Rahmen einer neuen Entwicklungsphase der Bundesrepublik Deutschland.

Wiederum war Berlin Anlaß und Bühne der dramatischen Zuspitzung und der folgenden Auflösung. Zuerst kamen lange Manöver der Sowjettruppen, die die Autobahnen zeitweilig sperrten, dann Schikanen an den Grenzen, 1958 endlich ein Ultimatum Chruschtschows. Der sowjetische Führer forderte die Westmächte auf, sich wegen ihrer längst obsoleten Berlin-Rechte mit der DDR zu verständigen – er meinte, Berlin aufzugeben. Für die Deutschen entstand eine doppeldeutige Lage. Der Regierende Bürgermeister von Berlin, Willy Brandt, fragte den US-Außenminister Dulles nach den Chancen eines Sonderstatus für ganz Deutschland, wie ihn die SPD erhoffte. Die kalte Antwort: »Die Russen und wir mögen uns über tausend Dinge uneinig sein. Doch über eines gibt es zwischen uns keine Meinungsverschiedenheit: Wir werden es nicht zulassen, daß ein wiedervereinigtes, bewaffnetes Deutschland im Niemandsland zwischen Ost und West umherirrt.« Das Kondominium der Kriegsalliierten war zerbrochen, die »containment«-Doktrin geblieben. Unausgesprochen kündigte sich hinter der Konfrontation die Respektierung der Einflußsphären an. Die Spaltung Deutschlands würde für lange Zeit sein.

Berlin war für die Sowjetunion Ansatz ihrer Deutschlandpolitik gewesen, für die DDR-Bewohner Rettungsweg, für die Bundesrepublik Beweis, daß die

Deutsche Frage, wie es amtlich hieß, »offen« war. Wie offen aber war sie, und wie fest stand der Westen zu den Forderungen der Deutschen? In Bonn wuchsen die Zweifel. Die SPD präsentierte 1959 einen Deutschlandplan, der eine Entspannungszone in Mitteleuropa vorsah ohne Nuklearwaffen und »Fremdtruppen« und einen Stufenplan zur Zusammenführung Deutschlands. Ost und West lehnten gleicherweise ab. Aber die Deutsche Frage war in Bewegung geraten. Heinrich Krone, Adenauers Vertrauter, schrieb damals mit Besorgnis: »Eine neue Ära der Koexistenz beginnt. Die Gefahr der Illusion zieht herauf... Die Welt will sich arrangieren.«

Unterdessen trieb die Kollektivierung der Landwirtschaft in der DDR noch einmal eine ganze Bevölkerungsgruppe, die letzten selbständigen Bauern, nach dem Westen. Drohende Vorzeichen mehrten sich. Wer fliehen wollte, tat es jetzt; Anfang August 1961 waren es Tag für Tag mehrere tausend Menschen, die alle Habe ließen und in den Westen kamen. Am Wochenende des 12./13. August 1961 geschah, was in der DDR geflüstert und von der Führung dementiert worden war: Bauarbeiter, bewacht von Grenztruppen der DDR,

Die Mauer entsteht, die Maurer werden bewacht, dahinter Stacheldraht und Spanische Reiter.

mauerten eine Sperrlinie hoch, gekrönt von Stacheldraht. Keine Massenflucht mehr aus der DDR; in Zukunft würde der Zustrom der Gastarbeiter aus Südeuropa den Arbeitskräftebedarf befriedigen, eine ganz andere Völkerwanderung sollte die nächsten Jahrzehnte prägen.

Mit dem Mauerbau hatte die Sowjetunion die Krise, die sie selbst angezettelt hatte, gleichsam eingedämmt. Die neue Kennedy-Administration in Washington, die einen zweiten 17. Juni und Krieg in Deutschland und um Deutschland befürchtete, hatte zuvor drei »essentials« formuliert, die praktisch signalisiert hatten, daß man für Ost-Berlin nicht an den Rand des Krieges gehen werde: Anwesenheit der Westmächte, freier Zugang über die Land- und Luftwege und Selbstbestimmung für die Bewohner der Berliner Westsektoren. Zwar atmeten die Westdeutschen auf, als die Berlin-Krise nicht im Krieg endete. Aber der Glanz blätterte ab vom Bild der USA. Tiefe deutsche Zweifel an Kraft und Verläßlichkeit der Führungsmacht waren die Folge, zusammen mit der schmerzhaften Erkenntnis, daß Deutschlandpolitik anders angelegt werden müsse als in der Vergangenheit. Wie anders aber? Die Berlin-Krise verweigerte jede Auskunft. Erst die kubanische Raketenkrise von 1962 und der Anfang der »détente« mit dem »Test Ban Treaty« 1963 zeigten die Richtung: Entspannung. Die zwei-

Zwischen Mauerbau und Elyséevertrag: Bundeskanzler Adenauer und General de Gaulle beim Staatsbesuch 1962 in Paris

te Berlin-Krise erschütterte die Politik und die politischen Grundlagen der Ära Adenauer, noch mehr aber das Grundgefühl in beiden deutschen Staaten.

Wir, die anderen – das blieb seitdem Lebensgefühl zwischen Ostsee und Erzgebirge. Im dürren Gerüst der Parteiideologie entwickelte sich eine Gesellschaft, die tagsüber ihre Normen erfüllte, die die Litanei der Funktionäre mit Desinteresse quittierte, abends fernsehend eine fremde Welt betrat und sich in privaten Nischen einrichtete. Die Machtelite fand an scharf bewachten fontaneschen Seeufern in der Mark Brandenburg die Prämien der Parteitreue. 450000 Mann Betriebskampfgruppen, mit Peitsche und Zuckerbrot aus den gedienten Wehrpflichtigen der Nationalen Volksarmee rekrutiert, bildeten für den Fall des Falles die Schutztruppe der Arbeitermacht, ausgerüstet mit leichten Infanteriewaffen. Eine Gesellschaft, deren Theorie die Privatheit nicht kennt und deren Alltag deshalb die private Existenz über alles setzt. Ein Land endlich, wo die letzten leben, denen Wiedervereinigung mehr bedeutet als Traum und Erinnerung.

Es wurde Adenauer in Presse und Öffentlichkeit verübelt, daß er mehr als vier Wochen brauchte, um in den eingemauerten Westen Berlins zu kommen. Er hielt dagegen, daß die Gefahr eines zweiten 17. Juni Behutsamkeit anriet. In den Wahlen des September 1961 verlor seine Partei die absolute Mehrheit, die Liberalen gewannen mit dem dürren Programm, der »Alte« habe lange genug regiert. Es war der Anfang vom Ende einer Ära.

Das Ergebnis der Doppelkrise um Berlin und Kuba indes war paradox: statt des Rückfalls in den kältesten Kalten Krieg die Herstellung eines »Heißen Drahts« zwischen Moskau und Washington. Beide Seiten suchten ein Krisenmanagement, bald begannen Verhandlungen, und schon 1963 kam das Abkommen, das nukleare Tests in der Atmosphäre verbot. Die Sorge, daß sich Washington über die Köpfe seiner Verbündeten hinweg mit Moskau arrangierte, hatte die tiefste Entfremdung im deutsch-amerikanischen Verhältnis seit der Gründung der Bundesrepublik zur Folge. Hatte Kennedy zu Beginn seiner Amtszeit von den »zwei Säulen« der NATO gesprochen, der europäischen und der amerikanischen, so hatte er bei der Kubakrise im Oktober 1962 in unmittelbarer Nachbarschaft des weltweiten Nuklearkriegs operiert, ohne die europäischen Verbündeten auch nur zu konsultieren. »Atlantische Partnerschaft« hatte Kennedy versprochen, die Wirklichkeit Europas war geprägt vom drohenden Zusammenspiel der Supermächte und einseitiger Abhängigkeit der NATO-Partner.

Waren andere Sicherungen zu finden? Zwar hatte der General de Gaulle signalisiert, daß Frankreich in der Stunde der Entscheidung an der Seite der

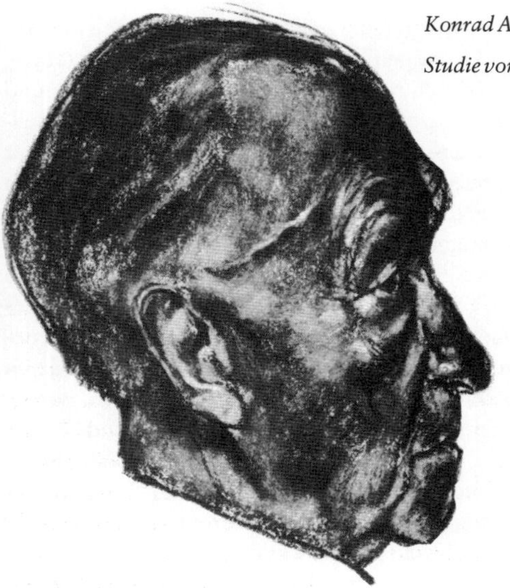

Konrad Adenauer

Studie von Hans Jürgen Kallmann, 1963

USA stehen würde, und alle Souveränitätsrhetorik des großen Generals konnte keinen Zweifel daran lassen, daß Frankreich der Letztgarantie der USA nicht entraten könne. Zugleich aber mußte sich Adenauer der alten Warnungen de Gaulles vor dem Egoismus der USA erinnern, und so steuerte er von nun an auf die engere Allianz mit Frankreich zu, als einer Art von Rückversicherungssystem und zur Verstärkung des deutschen Gewichts in Europa und des europäischen Gewichts gegenüber den USA. Er nahm dafür in Kauf, daß die Bundesrepublik, die das Nein des Generals zum englischen EWG-Beitritt für einen großen politischen Fehler hielt, nun vor allem auf Frankreich setzte.

Die Deutschen in der Bundesrepublik mußten lernen, daß die verachtete und verhaßte Zone, die Berlin eingemauert hatte, der zweite deutsche Staat war. Die Deutschen in Ost und West wurden daran erinnert, daß sie den Zweiten Weltkrieg verloren hatten, und daß die Welt die deutsche Teilung als Faktum hinnahm, zugleich stabil als Abgrenzung der Interessensphären und zu gefährlich, um daran zu rühren. Eine Epoche deutscher Geschichte, die so lange gedauert hatte wie die ganze Republik von Weimar, war zu Ende, mit ihr der späte Abendglanz über dem bürgerlichen Deutschland. Am 15. Oktober 1963 trat der fast neunzigjährige Gründungskanzler der Bundesrepublik Deutschland zurück.

7. Deutschland im Umbruch 1963 bis 1982 – Von Erhard bis Schmidt

Hatte Konrad Adenauer 1957 die Deutschen gewarnt, »wir sind noch kein fertiges Land«, so sprach sein Nachfolger Ludwig Erhard in der Regierungserklärung, die seinem Wahltriumph 1965 folgte, vom »Ende der Nachkriegszeit«.

In der Tat, Innen- und Außenpolitik der Bundesrepublik begannen damals, neuen Regeln zu folgen. Seit 1963 sprach man, ohne daß die alten Konflikte neue Lösungen versprachen, von Entspannung. War dies nur eine Hoffnung des Westens? War es Anerkennung der Tatsache, daß es fortan zwei Supermächte auf der Erde gab, und daß sie keine Wahl hatten, als sich wechselseitig zu vernichten oder den Antagonismus der Systeme einzugrenzen? Die Lehre von Berlin und Kuba enthielt diese nüchterne Folgerung, und sie wurde in der Ära Nixon/Kissinger zu einem Weltentwurf. Für die Bundesrepublik, an der Bruchstelle des Ost-West-Konflikts gelegen und geprägt von den Ängsten und Hoffnungen des Kalten Krieges, waren tiefe innere Veränderungen unvermeidlich, sobald sich die Regeln des weltpolitischen Spiels wandelten.

1966 kündigte General de Gaulle, auf der Suche nach europäischer Führerschaft für Frankreich, die Mitgliedschaft des Landes in der integrierten Struktur der NATO und sprach zugleich nach Osten von »entente, détente, coopération«. War Frankreich auf dem Weg in den Neutralismus? Was französische Sozialisten sagten, klang in deutschen Ohren beunruhigend; was französische Kommunisten hinzufügten, schlechthin alarmierend.

Würde die Entspannung zwischen den Supermächten den Europäern mehr Bewegungsfreiheit bieten? Das war de Gaulles Kalkül. Aber die Deutschen fürchteten lange Zeit, ein neues Kondominium, wie es sich im Vertrag über die Nichtverbreitung von Kernwaffen unverhüllt abzeichnete, werde auf ihre Kosten gehen. De Gaulle handelte in der Gewißheit amerikanischer Rückendekkung, freiwillig geboten oder im weltpolitischen Schach erzwungen, um eine besondere Beziehung zur Sowjetunion aufzubauen und seine innenpolitischen Widersacher zu übertrumpfen.

Oder war Entspannung ganz anders zu lesen? Anfang eines Zerfalls der Blökke, damit erhöhte Risiken und verminderte Sicherheit? Aus diesem Grunde trieb die Bundesregierung, die unter Erhard eine werbende Friedensnote nach Moskau schickte und unter Kiesinger den Dialog mit der DDR zum ersten Mal aufnahm, die NATO zu einer großen Bestandsaufnahme, die 1967 im knappen Bericht des belgischen Außenministers Harmel zusammengefaßt wurde. Der

Inhalt: Entspannung war wünschenswert für die Europäer, sie versprach verminderte Rüstungslasten und ein Kooperationsverhältnis mit den Osteuropäern.

Aber der Harmel-Bericht enthielt auch die Warnung, daß Entspannung zwei Seiten haben müsse, die der Kooperation mit dem Osten und die der militärischen Absicherung durch Rüstung. Die europäischen NATO-Staaten, darunter vor allem die Bundesrepublik, lasen aus der Weltlage eine doppeldeutige Botschaft. Auf der einen Seite: Die Parität der Supermächte veränderte die Kräfterelation, vergrößerte die Gefahr der Entkoppelung zwischen europäischer und amerikanischer Sicherheit – bald zugespitzt auf die Frage »Chicago für Bonn opfern?« – und zwang die Europäer, von der relativ wohlfeilen Doktrin »massiver Vergeltung« zu der teuren Strategie »Abschreckung und Verteidigung« überzugehen. Auf der anderen Seite: Der Krieg in Vietnam band immer mehr Truppen der USA in Fernost, schwächte den Dollar und machte zudem die Führungsmacht des westlichen Bündnisses in den europäischen Metropolen zum Angriffsziel der jungen Generation. Würden die USA, Vietnams wegen zur Verständigung mit der Sowjetunion gezwungen, in Europa Positionen räumen? Die zweite Hälfte der sechziger Jahre war voll weltpolitischer Ungewißheit.

Es gehörte zum Ende der Nachkriegszeit, daß die Rezepte der fünfziger Jahre nicht mehr taugten, die alten Allianzen an Verläßlichkeit verloren und ihre Wortführer Legitimität und geistige Dominanz einbüßten. In den deutschen Universitäten nahmen die Demonstrationen gegen den Vietnam-Krieg unterdessen Kreuzzugscharakter an. Was zwischen Harvard und Berkeley ein Protest der studentischen Jugend gegen den Wehrdienst in einem schmutzigen und unverständlichen Krieg war, wurde in Europa symbolischer Versuch, aus der moralischen und politischen Vormundschaft der USA zu entlaufen. Der Glanz von Gottes eigenem Land mußte fragwürdig werden, wo der Rassenkrieg überall in den Großstädten der USA aufflammte. Damit aber gerieten auch die politischen Fundamente der Bundesrepublik in Zweifel. In der Massendemokratie mußten sich damit Begriffe, Stimmungen und zuletzt auch Wahlergebnisse ändern.

Ende der Nachkriegszeit: Das bedeutete auf der äußersten Rechten, daß die Schrecken des Nationalsozialismus versanken und der Neo-Nazismus parteifähig wurde. Für einige kurze Jahre zog 1966 die Nationaldemokratische Partei Deutschlands (NPD), die von pauschaler Polemik gegen Bonn lebte, in Landesparlamente ein, so in Hessen (7,9 Prozent der Stimmen bei der Wahl am 6.11.1966) und in Bayern (7,4 Prozent am 20.11.1966). Von den Unionsparteien

Tüchtig oder lieb? Wertewandel in den siebziger Jahren

Bundesrepublik ohne West-Berlin
Personen unter 30 Jahren

Sinn des Lebens

Frage: »Man fragt sich ja manchmal, wofür man lebt, was der Sinn des Lebens ist. Worin sehen Sie vor allem den Sinn Ihres Lebens? Könnten Sie es nach dieser Liste hier sagen?« (Vorlage einer Liste)

	Männer unter 30 Jahren			*Frauen unter 30 Jahren*		
	1974	*1979*	*1981*	*1974*	*1979*	*1981*
– Auszug aus den Angaben –	%	%	%	%	%	%
Im Leben etwas zu leisten, es zu etwas zu bringen	65	51	43	56	45	45
Daß andere mich mögen, daß ich bei anderen beliebt bin	36	37	48	48	43	45
n =	90	243	253	103	256	257

niemals als Koalitionspartner auch nur in Erwägung gezogen, zerfiel die Führung bald, wurden die Wähler anderweitig eingebunden. Was blieb, waren insistierende Fragen der jüngeren Deutschen gegen die älteren, der Vorwurf der unbewältigten Vergangenheit und der Unfähigkeit zu trauern. In der ganzen Welt richteten sich zwanzig Jahre nach dem Krieg anklagende Zeigefinger gegen die unheimlichen Deutschen. Auf der deutschen Linken entstand ein aktivistisches Sendungsbewußtsein, das nachzuholen, was am Ende von Weimar versäumt worden war. Hatten unruhige Geister unter Adenauer das Ende der Ideologien beklagt, so wurde der Hunger nach Sinn im folgenden Jahrzehnt Grundlage für die unerwartete und lange Zeit auf den Kommandohöhen von Politik und Wirtschaft ignorierte Wiedergeburt des Neo-Marxismus.

War mit dem Wirtschaftswunder, das 1966/67 eine Rezession erlebte, auch die Stabilität der Bundesrepublik am Ende? So wurde überwiegend mit Sorge gefragt, bei intellektuellen Neo-Marxisten aber mit unverhüllter Vorerbschaftsfreude. Einen Vorgeschmack auf die Enthemmung der politischen Leidenschaften der kommenden Jahre gaben 1967 die Massendemonstrationen, als der Schah des Iran die Bundesrepublik besuchte. Im April 1968 folgte dem Attentat auf einen sozialistischen Studentenführer eine emotionale Explosion auf den Straßen deutscher Universitätsstädte. Wohin trieb die Bundesrepublik? »Enthemmte Scharen zerstörungssüchtiger junger Leute, Brandfackeln gegen Zeitungsgebäude, brennende Wagen, brennende Zeitungshaufen, geplünderte Redaktionen, gehackte Rhythmen skandierender Sprechchöre, Kreuze als

Gehackte Rhythmen, skandierende Sprechchöre, Wasserwerfer, Chaos: Demonstranten 1968

Schlagwaffen, ein eindringlich warnender Regierungschef, knüppelschwingende Polizei, Wasserwerfer, Chaos.« So beschrieb die »Neue Zürcher Zeitung« das deutsche Ostern 1968.

Wiederholte sich das Ende von Weimar? War ein Generationenkrieg in Gang gekommen? Wackelten die Fundamente der Nachkriegsordnung in Mitteleuropa? So wurde im Innern und von außen gefragt. In Frankreichs »Mai 68« spielte sich bald eine ähnliche Revolte an der Seine ab, nur schärfer auf den Kern der Politik und die Macht des Generals de Gaulle zielend.

War alles das nur Ausbruch aus der Langeweile des Wohlfahrtstaats, Rebellion gegen die Autorität von Eltern, Professoren und Politikern? Spiel mit der Revolution? Die opportunistische Deutung, die das alles demokratisch lobte, griff ebenso zu kurz wie die Interpretation, die nur Drahtzieher am Werk sah. Ratlosigkeit machte sich bemerkbar unter allen, die zwei Jahrzehnte aufgeatmet hatten, daß der lang dauernde Ausnahmezustand der Gemüter seit 1914 vorbei war. Die Reform der traditionellen Universitäten war Anlaß, und sie blieb Vorwand. Es ging um den Bruch mit den mühsam restaurierten Vorstellungen von Recht, Staat, Gesellschaft, Familie, Erziehung. Was wollten die jungen Leute: Herrschaft der Emotion oder Diktatur der Rationalität, härtesten Sozialismus oder weichsten Liberalismus? Sie wußten es nicht, im Grunde weiß man es bis heute nicht, und wahrscheinlich ist die Frage nach Zielen immer falsch gestellt, wo es um Bewegung, Entgrenzung, Suche nach Ganzheit geht.

Die Reform der Bildungseinrichtungen, die zehn Jahre zuvor technokratisch begonnen hatte, geriet 1968 unter den besonderen deutschen Belastungen der Vergangenheit und der Gegenwart bald ins Fahrwasser der Ideologien. Es kam hinzu, daß der Ära Adenauer keine Ära Erhard folgte; statt dessen im Vorbeigehen eine Rezession der Wirtschaft, die ebenso angstvolle wie anachronistische Fragen erregte, ob Bonn nun doch Weimar würde. Die liberalen Minister der Koalition erklärten am 27. Oktober 1966 ihren Rücktritt und erzwangen, nur ein Jahr nach seinem Wahlsieg, den Sturz des Kanzlers Erhard. Union und Sozialdemokraten bildeten die Große Koalition unter dem früheren Ministerpräsidenten Baden-Württembergs, Kurt-Georg Kiesinger. Er wurde am 1. Dezember 1966 gewählt. In seinem Kabinett waren die Führungsfiguren von Union und Sozialdemokratie vertreten, ein Bündnis auf Termin gestellt, nämlich bis zur nächsten Bundestagswahl, und auf die mißtrauische Frage, wer wen beerben würde.

Seit 1930 war die Große Koalition die erste deutsche Zentralregierung unter Einschluß der SPD. Herbert Wehner, »Fuhrmann« und Zuchtmeister seiner Partei, hatte dazu geraten, um die Sozialdemokratie in der Mitte wählbar zu machen für das Bürgertum und sie aus dem Ghetto der Klassenpartei herauszuführen. Nach nur drei Jahren Großer Koalition wurde noch vor den Bundestagswahlen 1969 mit Gustav Heinemann zum ersten Mal ein Sozialdemokrat Bundespräsident, nach den Wahlen bildete die SPD mit knappster Mehrheit eine Koalition: Willy Brandt Bundeskanzler, Walter Scheel, der Führer der Li-

Bundespräsident Gustav Heinemann und Bundeskanzler Willy Brandt 1969

beralen, Bundesminister des Äußeren, die Union fassungslos auf den Bänken der parlamentarischen Opposition.

Die sechs Jahre seit Adenauer hatten sich als Übergangszeit erwiesen, für das internationale Rahmengefüge der Bundesrepublik wie für die innere Kräftekonstellation. Stimmungen änderten sich, Sprache, Moden, Lebensformen. Am leisesten und doch am nachhaltigsten änderten sich die Familie und das Verhältnis von Mann und Frau. Seit 1967 ging die Zahl der Geburten überall zurück. Statistiker sprachen vom »Pillenknick«. Was wirklich Ursache war, was Folge, ist bis heute nicht ausgemacht: Emanzipation der Frau von Ehe und Kind? Hoffnung auf berufliche Erfüllung? Suche nach Einkommen und Sicherheit? Deutlicher als die Ursachen waren die Wirkungen für kommende Jahrzehnte: Verringerung der Nachfrage, Störung des »Generationenvertrags« und damit der sozialpolitischen Umverteilung, mehr Wehrpflicht.

Ebenso tief ging der geistige Wandel, die Verschiebung des geschichtlichen Horizonts. Die junge Historikergeneration, methodisch herausgefordert durch die Sozialwissenschaft und politisch durch die jüngste Vergangenheit, verschrieb sich dem »Primat der Innenpolitik« – einflußreicher Buchtitel von 1965 – wie einer Glaubenswahrheit. Sie spiegelte ein Zeitgefühl wider, Sehnsucht nach Urlaub von der Weltpolitik und Konstruktion einer sozialwissenschaftlich optimierten Welt. Ernst Blochs »Prinzip Hoffnung« wurde viel gelesen und noch mehr zitiert.

Zum ersten Mal seit der halben Revolution von 1918/19 boten sich den Sozialdemokraten große Gestaltungsmöglichkeiten. »Mehr Demokratie wagen« – die Formel in Brandts Regierungserklärung wurde Stichwort des Aufbruchs. Zu welchen Zielen aber, mit welchen Mitteln und unter welchen außenpolitischen Risiken, das rückte bald in den Mittelpunkt der innenpolitischen Kontroverse. Dabei war auffallend, daß der Generationswechsel, der quer zum parteipolitischen Konflikt stand, das politische Koordinatensystem tief verändert hatte. Die Große Koalition hatte viel an Änderung in Gang gesetzt. Unter Brandt beschränkte sich der Aufbruch, was die Bundesrepublik anlangte, auf Rechtsreformen, finanzielle Ausweitung der Sozialpolitik ohne strukturelle Erneuerung und insgesamt mehr Glaube an Plan, Staatsintervention und Technokratie. Niemand verkörperte diese Seite der Politik mehr als Professor Karl Schiller, 1966 bis 1971 Wirtschaftsminister und 1971/72 Superminister für Finanzen und Wirtschaft, der eine neo-keynesianische Globalsteuerung der Wirtschaft anstrebte. Niemand verdeutlichte allerdings auch mehr als der Wirtschaftsprofessor die Risse, die die große Koalitionspartei durchzogen. Als er 1972 zurücktrat, tat er dies im Zorn auf jene Neo-Marxisten, die eine »andere Republik« – so Schillers Wort auf dem SPD-Parteitag – anstrebten.

Das Bundeskanzleramt an Bonns Adenauerallee: im Vordergrund Skulptur von Henry Moore

Hatte Adenauers Kanzlerschaft im Bonner »Museum König« provisorisch begonnen und sich im spätklassizistischen Palais Schaumburg bescheiden fortgesetzt, so wurde unter Willy Brandt, dem Visionär, ein neues Bundeskanzleramt in den Park des alten Palais gesetzt. Drei Flügel und ein Kanzlerbau in Glas, Beton und braunem Stahl, von außen eine Burg der Technokratie, von innen summende Effizienz. Wenn Regierungssitze in ihrer Attitüde Mentalität verraten, so glich das neue Bonner Machtzentrum, 1969 geplant und 1976 bezogen, ebenso einem Konzernsitz wie einer Krankenversicherung, einer Gesamtschule wie einem Superministerium. War es ein Zufall, daß zur selben Zeit in Berlin-Ost am Spreeufer der »Palast der Republik« in Beton und goldverspiegeltem Glas hochgezogen wurde auf jenem symbolischen Boden, wo zwanzig Jahre zuvor auf Geheiß Ulbrichts das preußische Königsschloß gesprengt worden war?

Wie Adenauer im Gründungsjahrzehnt der Bundesrepublik Wahlen und Innenpolitik mit dem Druck der Außenpolitik gelenkt hatte, so wurde die »Neue Ostpolitik« der Regierung Brandt/Scheel auf mehrere Jahre Sinnachse der sozialliberalen Koalition, deren innenpolitische Gegensätze scharfkantig blieben. Wie neu aber war die »Neue Ostpolitik«, und was war ihr dauerndes Ergebnis?

Jede Bundesregierung seit Adenauer hatte in einem veränderten internationalen Rahmen operieren müssen: je mehr Entspannung zum Leitmotiv des Ost-West-Verhältnisses aufstieg, desto mehr geriet das alte Konzept der Wiedervereinigung durch Anschluß der DDR in Widerspruch zu dem ebenso alten Axiom, die Bundesrepublik niemals vom Westen zu isolieren. Schon die Große Koalition hatte seit 1966, um im Konvoi des Westens zu bleiben, entscheidende Teile der Adenauerschen Ostpolitik geändert. Damals begann der Weg zur »Zweistaatentheorie«, indem die Einbeziehung der DDR in ein europäisches Gewaltverzichtssystem vorgeschlagen und ihre Existenz als tatsächliche, obschon nicht legitime Inhaberin der Staatsgewalt über die Bürger anerkannt

BERLIN
Grenzübergänge (Stand 1. Februar 1985) von Berlin (West) nach Ost-Berlin und in die DDR

Zwischen Knobelsdorffs Oper und Schinkels Neuer Wache das von Rauch geschaffene Standbild Friedrichs des Großen: seit November 1980 wieder am alten Ort Unter den Linden

wurde. Die Niederwerfung des »Prager Frühlings« im August 1968 durch Truppen des Warschauer Pakts veränderte die Geschäftsbasis der Entspannung nicht, beleuchtete aber ihre Bedingungen und Grenzen: Was jenseits der Blockgrenze vorging, blieb Gegenstand moralischen Appells, nicht konkreter Politik.

1970 folgten die Preisgabe des Alleinvertretungsanspruchs, De-facto-Anerkennung der DDR, Hinnahme der Grenzen in Osteuropa als Voraussetzung und Element einer zwar mit den Alliierten abgestimmten, aber doch selbständigen deutschen Entspannungspolitik: Wenn die Teilung Europas entschärft würde, so eine vereinfachte Interpretation der Theorie vom »Wandel durch Annäherung«, dann könnten auch die deutschen Staaten sich einander nähern. Begleitet von enger Konsultation in der amerikanisch-britisch-französisch-deutschen »Vierergruppe«, wurden dann die Verträge vorbereitet. Der Moskauer Vertrag mit der Sowjetunion 1970, der Warschauer Vertrag mit Polen und das Viermächteabkommen über »Berlin (West)« 1971, der Verkehrsvertrag und endlich der »Grundvertrag« mit der DDR 1972, unmittelbar vor der Bundestagswahl, die wie ein Plebiszit angelegt war – die Bevölkerung bestätigte mit Mehrheit diese Ostpolitik und damit die Brandt-Scheel-Koalition.

Die Bonner Position, indem sie die DDR anerkannte, wurde zwar komplizierter, aber auch realistischer. Die Gesamtheit der Verträge hatte die Stellung der Bundesrepublik als europäische Großmacht gestärkt, ihr im Westen mehr Gewicht und nach Osten mehr Bewegungsraum gegeben.

Es galt dabei das Paradox, daß die Anerkennung der DDR die SED zu scharfer ideologischer Abgrenzung trieb und zugleich gemeinsame Interessen der beiden deutschen Staaten zum Vorschein kamen. Zweimal, 1968 und 1974, veränderte die SED, um der ideologischen Grenzziehung willen, ihre Verfassung und tilgte jede Spur von Deutschland und deutscher Nation. 1980 wurde dann, scharfer Kurswechsel, das Denkmal Friedrichs des Großen aus der Vergessenheit des Parks von Sanssouci herausgeholt und wieder am alten Platz Unter den Linden aufgestellt. Ein Anspruch auf Preußen und auf die gesamte deutsche Geschichte kam darin zum Ausdruck. Wichtiger war der Anstieg des innerdeutschen Handels, der zivilere Umgang miteinander, die Milderung der menschlichen Misere, die aus der Teilung Deutschlands kam und kommt, die Erleichterungen des Reisens, die technische Kooperation: jeder einzelne nichts als ein kleiner Schritt, zusammen ein Wandel der Qualität.

Die erste Hälfte der siebziger Jahre war noch bestimmt von dem Versuch der Nixon-Kissinger-Administration, einen Weltentwurf der Legitimität und Stabilität zu bauen durch Einbeziehung Chinas ins große politische Spiel und langfristige Interessenabgrenzung und Interessenabstimmung mit der UdSSR, die westliche Führungsmacht abgestützt auf die maritimen Randzonen in Westeuropa und die Wohlstandsinseln und -halbinseln im Pazifischen Becken. Für Europa sollte die Konferenz für Sicherheit und Zusammenarbeit in Helsinki (KSZE) die Entspannung aus einem Prozeß in einen Zustand überführen, gegründet auf Anerkennung der bestehenden Grenzen, wirtschaftlichen Austausch und Achtung der Menschenrechte. Der »Helsinki-Prozeß« wurde ein Kompromiß: Die Sowjetunion erhielt den europäischen Stempel auf die Verträge der Bundesrepublik mit den Osteuropäern und bezahlte vorübergehend mit der unsicheren Währung verminderter Repression. Die Bundesrepublik konnte ihre Ostpolitik als Instrument einer gesamtwestlichen Ideenprojektion in den Osten rechtfertigen und durch Handel der Interessenverflechtung vorarbeiten.

Kein Land des Westens hatte dank »détente« mehr Bewegungsraum und Status gewonnen als die Bundesrepublik. So stand auch kein Land mehr in Gefahr, durch das Scheitern der Entspannung politische Optionen einzubüßen. Während für die USA Entspannung der Modus weltweiten Interessenausgleichs, weltpolitischer Stabilität und des Rückzugs aus Vietnam war, wurde Entspannung für die Bundesrepublik Bedingung außenpolitischer Stärke und innenpolitischen Konsensus. Hier lagen, lange bevor neue wirtschaftspolitische Konflikte zwischen den USA und Europa aufbrachen, tiefe politische Interessengegensätze.

Die kurze Ära Brandt (1969–1974) hatte nicht nur in der Auswärtigen Politik die Ära Adenauer abgelöst. Auch das Wirtschaftswunder Erhards neigte sich dem Ende zu. 1973, als im Yom-Kippur-Krieg der Staat Israel um die Existenz kämpfte und die Vereinigten Staaten dem jüdischen Staat – bei betonter Zurückhaltung ihrer europäischen Verbündeten – mit Waffen, Dollars und Wirtschaftsgütern unter die Arme griffen, schlugen die ölproduzierenden Araberstaaten gegen die Industrienationen des Westens zurück. Die Ölwaffe war erfunden. Das Ölpreiskartell trieb binnen Wochen die Energiekosten in der ganzen Welt in schwindelnde Höhen. Das traf die Entwicklungsländer am härtesten, aber auch die Industrienationen, darunter die Bundesrepublik, deren Energieversorgung damals zur Hälfte vom Öl abhing. Zwanzig Jahre Nachkriegsboom endeten binnen Monatsfrist.

Investitionen, Zinssätze, Gewinne und Arbeitsmarkt haben sich bis heute von diesem Schlag nicht erholt. Die Verdoppelung und Verdreifachung des Energiepreises fielen mit einem neuen Stadium der industriellen Revolution zusammen: Mikroprozessoren und Roboter zogen in Fabrikhallen und Büros ein und ließen menschliche Arbeitskraft im Vergleich teuer und unzuverlässig erscheinen. Der Roboter kam, der Arbeiter ging. Seitdem haben alle Industriestaaten des Westens mit schrumpfendem Bedarf an Arbeitskraft auszukommen: Die Verteilungskämpfe haben seitdem eher Sicherung der Arbeitsplätze als steigenden Lohn zum Gegenstand. Massenarbeitslosigkeit und Inflation waren die realen Ursachen hinter dem deutschen Weimar-Trauma. Seit 1973 sollten in der Bundesrepublik, durch staatliche Konjunkturprogramme kaum gebremst, die Arbeitslosenzahlen steigen bis auf zwei Millionen zu Beginn der achtziger Jahre. Die Weltpolitik holte die Deutschen, die sich ihr gern in die innenpolitische Reformidylle entzogen hätten, ein.

Wie noch immer in der Geschichte, folgte der wirtschaftlichen Trendwende die geistige und politische »Tendenzwende« – so das Stichwort von 1974. Es kündigte der neo-marxistischen Intellektuellenschicht das Ende geistiger Do-

Arbeitslose 1950–1982		1959	5	1972	2
(Anzahl in 100 000		1960	3	1973	3
Jahresdurchschnitt)		1961	2	1974	6
		1962	2	1975	11
1950	19	1963	2	1976	11
1951	17	1964	2	1977	10
1952	17	1965	1	1978	10
1953	15	1966	2	1979	9
1954	14	1967	5	1980	9
1955	11	1968	3	1981	13
1956	9	1969	2	1982	18*
1957	8	1970	1	* Durchschnittlich	
1958	8	1971	2	Januar – Juli	

Das Ende der Zuversicht

	Bundesrepublik mit West-Berlin Bevölkerung ab 16 Jahre						
Frage: »Glauben Sie an den Fortschritt – ich meine, daß die Menschheit einer immer besseren Zukunft entgegengeht, oder glauben Sie das nicht?«							
	Juli 1967 %	*Okt. 1972* %	*Juli 1975* %	*Nov. 1977* %	*Nov. 1978* %	*Juli 1980* %	*Nov. 1982* %
Glaube an Fortschritt	56	60	48	39	34	32	28
Glaube nicht daran	26	19	30	35	40	36	46
Unentschieden, kommt darauf an, kein Urteil	18	21	22	26	26	32	26
	100	100	100	100	100	100	100
n =	1979	2018	2031	1026	987	2012	2183

minanz an. Seitdem zerbrach der Linken, was sie zweihundert Jahre lang zur Linken gemacht hatte, der Glaube an den Fortschritt. Als ein DDR-Spion im engsten Kreis Brandts entdeckt wurde, »confidant« des Kanzlers und Korrespondent des Ost-Berliner Sicherheitsdienstes, wurde dies Anlaß zum Sturz eines Idols. Die Partei wechselte Willy Brandt gegen den bisherigen Verteidigungsminister Helmut Schmidt aus, behielt indes Brandt als großen Integrator; durch die seit 1973 drohende Weltwirtschaftskrise in ideologische Zerreißproben getrieben, brauchte die Partei das Idol der Linken, um zusammenzuhalten, und die Führung von rechts, um mehrheitsfähig zu bleiben.

Helmut Schmidt, aus einer Hamburger Mittelstandsfamilie, im Krieg Offizier, gelernter Volkswirt, verkörperte nach der Vision die Ernüchterung. »Ende der Fahnenstange«, so quittierte er lakonisch die Wirkung der Krise auf die Bildungsreform. Die Führungstroika der siebziger Jahre, Wehner im Fraktionsvorsitz, Schmidt im Kanzleramt, Brandt Parteivorsitzender, repräsentierte die Formel des Ausgleichs zwischen marxistischer Vergangenheit, technokratischer Gegenwart und sozialistischer Zukunft. Schmidt regierte mit dem Konsensus der Gewerkschaften und weitgehend auch der Unternehmer, er verkörperte wirtschaftliche Kompetenz und disziplinierte seine eigene Partei ökonomisch mit Hilfe der Liberalen. Willy Brandt stand für das Prinzip Hoffnung und die schwärmerischen Kräfte am linken Rande, die seit den späten siebziger Jahren im grünen Ökolo-Pazifismus Erlösung suchten von allen Zwängen der Industriegesellschaft, des Pluralismus und der weltpolitischen Lage.

Ein Jahrhundert nach der Bismarckschen Großmachtgründung, deren die jungen Historiker der Bundesrepublik mit Zorn und Zweifel gedachten, lockerten sich die Nachkriegsverankerungen der Deutschen Frage. Das politische Vokabular verriet durch seine Veränderung einen neuen Bewußtseinszustand. Wo von Nation die Rede war, war übergreifend die deutsche in Ost und West gemeint; wo von Republik, der westliche deutsche Staat. »Bundesrepublikaner« begannen sich die Westdeutschen zu nennen. Was aber hieß, wovon immer mehr die Rede war, Vaterland? Die Paradoxie der deutschen Lage löste eine neue Suche nach »Identität« aus. War die Bundesrepublik zum Haus der Deutschen geworden, oder blieb ihre Verfassung Schönwetterdemokratie? Was die Mehrheiten fürchteten und die Minderheiten hofften, hatte einen realen Boden. Es mußte zu tiefen Erschütterungen und Auseinandersetzungen kommen, wenn der soziale Kern der Industriegesellschaft, Vollbeschäftigung und steigendes Sozialprodukt, in Gefahr geriet. Die drohende Weltwirtschaftskrise war die Stunde der Technokratie, der bürokratischen Kompetenz, der Weltwährungs- und Weltwirtschaftsgipfel. Sie war auch die Stunde wachsender Staatsdefizite, unkontrollierbarer Geldentwertung – in der Bundesrepublik hütete man sich, den traumatischen Begriff der Inflation mit der Leichtigkeit

Das erste Kabinett Schmidt
1974 vor der Villa Hammerschmidt

Schwaches Selbstbewußtsein

USA, Japan und fünf europäische Länder
Erwachsene Bevölkerung

Frage: »Sind Sie stolz, ... (Nationalität) zu sein? Würden Sie sagen ...«

	USA	*England*	*Japan*	*Deutschland*	*Frankreich*	*Italien*	*Spanien*
	%	%	%	%	%	%	%
»sehr stolz«	80	55	30	21	33	41	49
»ziemlich stolz«	16	31	32	38	43	39	34
»nicht sehr stolz«	2	8	28	18	8	11	8
»überhaupt nicht stolz«	1	3	3	11	9	7	4
Unentschieden	1	3	7	12	7	2	5
	100	100	100	100	100	100	100

der Angelsachsen zu gebrauchen –, investitionshemmender Zinsen, Kapitalflucht in Sachwerte, amerikanischen »real estate« und Schweizer Konten. Der Investitionsmüdigkeit der Industrie und der Forschungsmüdigkeit der Hochschulen entsprach die Massenarbeitslosigkeit ohne Schaffung neuer Arbeitsplätze. Konnte der Staat die Nachfrage, die Arbeitsplätze, die Investitionen schaffen? Konnten die EG-Europäer eine Zone der Stabilität bilden, abgesichert gegen die Fieberkurven des Ölpreises, zuerst die Inflation des Dollars und dann seine Stärke? Das wurde die Politik der siebziger Jahre, und ihr Ergebnis bleibt historisch nicht allein zu messen an der Stabilität, die sie verfehlte, sondern auch an den Krisen, die sie wahrscheinlich verhinderte. Die Verschiebungen in Mentalität und Wahlverhalten im Lauf der späten siebziger Jahre, vor allem der Aufstieg der Grünen und der Kult des Aussteigens, verrieten das Potential zu tiefgreifender Veränderung, ja zur Abkehr von den inneren und äußeren Staatsgrundlagen der Bundesrepublik Deutschland.

Die Entspannung: war sie Anfang eines neuen Weltsystems oder Methode zum Management des alten? Das deutsche Interesse an der Entspannung hatte darin gelegen, daß sie aus einem Modus zwischen den Supermächten zu einem Zustand wurde, der die Bundesrepublik von militärischem Druck der Sowjetdivisionen erlöste, den Preis der Sicherheit verminderte und es ihr gestattete, ihre wirtschaftliche Stärke politisch risikolos auszuspielen, notfalls im kontrollierten Konflikt mit der Schutzmacht Amerika. Aber die Entspannung, die mit dem Verbot antiballistischer Raketensysteme (ABM-Vertrag) im Rahmen der

Rüstungskontrollverhandlungen SALT I (Strategic Arms Limitation Talks) 1973 politisch und bald darauf mit der gemeinsamen sowjetisch-amerikanischen Raumsonde technisch und symbolisch Gestalt gewann, war nicht von Dauer. Die Bundesrepublik Deutschland aber, im Schatten der Konfrontation geboren und mündig geworden im Zeichen der »détente«, mußte von diesem Ende am meisten Einbußen erwarten: Verlust an weltpolitischer Aktionsfreiheit, Verlust an deutschlandpolitischem Spielraum. Die Deutschen weigerten sich, von der Entspannung Abschied zu nehmen, hofften sie regional-europäisch zu bewahren und konnten doch des amerikanischen Schutzes weniger als je entraten.

Die Sowjetunion, so klagten die Amerikaner, verletzte, indem sie in Afrika und Mittelamerika Stellvertreterkriege führte, die Spielregeln – die indes wohlweislich niemals festgelegt worden waren, sonst hätte es nie eine »détente« gegeben. 1976 begannen die Sowjets eine neue Raketengeneration in Dienst zu stellen, die politisch bedeutsam war, weil sie allein Europa und Asien bedrohte, nicht aber die USA. Die Deutschen fürchteten Abkoppelung von der amerikanischen Sicherheitsgarantie, seit den sechziger Jahren strategischer Alpdruck der Europäer. Die Regierung Schmidt drängte daher auf den Doppelbeschluß der NATO, der die Sowjets zur Abrüstung bewegen sollte und erst, wenn diese ausblieb, Nachrüstung mit einer begrenzten Zahl amerikanischer Raketen in Europa festlegte. Schon 1979 war dieser Beschluß in der SPD leidenschaftlich umstritten, vier Jahre später unterlagen Schmidt und der rechte Parteiflügel der Mehrheit ihrer Partei.

1980 war die Regierung Schmidt/Genscher noch einmal bestätigt worden: knapp die große SPD, triumphal die kleinen Liberalen. Aber die Sicherheitspolitik, vor allem der von der SPD immer lauter kritisierte Nachrüstungsbeschluß der NATO, und die Krisenbekämpfung durch staatliche Intervention, die die Staatsverschuldung hochtrieb, wurden Sprengstoff der ermüdeten, mühseligen Koalition. Die Popularität der SPD sank im Sommer 1982 scharf ab, aus der eigenen Partei kam ätzende Kritik am Kanzler, der den Boden seiner Wirtschafts- und Finanzpolitik verlor und in der Außenpolitik allein stand. Als die FDP-Minister den Untergang ihrer eigenen Partei fürchteten, verließen sie am 17. September 1982 die Regierung. Die sozialliberale Koalition war am Ende, weil ihr gemeinsamer Lösungsvorrat für die Phase nach »détente« und Wachstum nicht mehr reichte.

Am 1. Oktober 1982 wurde durch das erstmals erfolgreich praktizierte konstruktive Mißtrauensvotum der CDU-Vorsitzende Helmut Kohl zum Kanzler einer Koalition mit den schwer angeschlagenen Liberalen gewählt. Die Regie-

Stimmenanteile bei den Bundestagswahlen 1949–1983 in Prozent

	CDU/CSU	FDP	SPD	Sonstige
1949	31.0	11.9	29.2	27.9
1953	45.2	9.5	28.8	16.5
1957	50.2	7.7	31.8	10.3
1961	45.4	12.8	36.2	5.6
1965	47.6	9.5	39.3	3.6
1969	46.1	5.8	42.7	5.4
1972	44.9	8.4	45.8	0.9
1976	48.6	7.9	42.6	0.9
1980	44.5	10.6	42.9	2.0
1983	48.8	7.0	38.2	6.1

Bundeskanzler Helmut Kohl bei seiner Vereidigung

rung Kohl–Genscher leitete zum 6. März 1983 Neuwahlen ein, die ihr mit 56 Prozent der Stimmen ein breites Mandat brachten. Doch öffneten Raketenangst und Fortschrittszweifel auch, erstmals seit 1957, einer vierten Partei die von der Fünf-Prozent-Klausel gehütete Tür zum Bundestag: den Grünen. Als antiparlamentarische Bewegung aus städtisch-protestantischem Bildungs- und Beamtenmilieu erwachsen, stand sie für Generationskonflikt, Frauenfrage, Pazifismus, Sozialismus, postindustrielle Lebensform, Umweltsorge und Sehnsucht nach unbewaffneter Neutralität. Seit mehr als zwanzig Jahren war dies die erste prinzipielle Verneinung der außenpolitischen und parlamentarischen Übereinstimmung in der Bundesrepublik Deutschland.

Kann Rückkehr zu Adenauer die Antwort sein? Geschichte wiederholt sich nicht. Das weltpolitische Bedingungsgefüge der achtziger Jahre ist nicht dasselbe wie das der fünfziger. Die inneren Bedingungen sind, was Lebensgefühl, soziale Schichtung und den Horizont von Ängsten und Hoffnungen anlangt, von vier Jahrzehnten ohne Krieg, in steigendem Wohlstand und sozialer Sicherheit, tief verändert worden. Sind die Deutschen in Ost und West noch sie selbst? Die Frage der »Identität«, seit den siebziger Jahren oft gestellt, verrät Zweifel an der Zukunft und Suche nach Vergewisserung.

Im Mittelpunkt der europäischen Machtgeometrie lag immer das Problem Deutschland. Die deutsche Westbindung zu sichern war die Leistung Adenauers; nach Osten einen Modus vivendi herbeizuführen, die seiner Nachfolger. So wurden die Deutschen aus dem Objekt der Sieger wieder zum Subjekt in der Weltpolitik. Wird aber die Deutsche Frage so, wie sie heute zwischen Ost und West verankert ist, immer verankert sein? Eine neue deutsche Unruhe wirkt von innen auf sie ein, ein starker Druck von außen kommt dem entgegen. Im Mittelpunkt des europäischen Systems gelegen, hat die Bundesrepublik Deutschland eine Schlüsselrolle. Bündnispartner der Vereinigten Staaten zu bleiben, europäische Einigungskraft zu werden und die freiheitliche Form der deutschen Nation zu sein – das ist ihre Staatsräson.

Die Zeit hat ihre Schuldigkeit getan. Die Bundesrepublik Deutschland und die Deutsche Demokratische Republik bestehen heute bald so lange, wie es dem Bismarckreich in Frieden gegeben war. Noch immer allerdings erweist die Landkarte Mitteleuropas, daß an dieser Stelle ein Unglück geschah. Nicht historische Evolution oder ordnende Vernunft waren am Werk, sondern Revolution, Machtkampf und Katastrophen. Deutschland bleibt zerbrochenes Haus, die beiden deutschen Staaten Erben eines Weltkonflikts, der bis heute und in alle absehbare Zukunft dauert. Antagonistischen Machtblöcken zugehörig, gegensätzlichen Wertsystemen und Herrschaftsordnungen loyal, werden die Erben der deutschen Geschichte, ob sie wollen oder nicht, von diesem Antagonismus ebenso gefährdet wie geprägt. Das Dilemma bleibt, daß die deutsche Teilung zu den stabilen Elementen einer instabilen Welt gehört und daß die beiden Staaten in Deutschland für West und Ost Schlüsselfunktion haben: Erbschaft aus europäischer Geschichte und Geographie.

8. *Nachwort auf die deutsche Revolution*

Das Jahr 1989 hätte ein Jahr der Jahrestage werden sollen. Statt dessen bezeugte es das Ende der Nachkriegszeit, das Ende des Kalten Krieges, das Ende der Teilung Deutschlands und Europas. »Sturmzeit« und »beschleunigte Entwicklung« hatte der Schweizer Historiker Jacob Burckhardt vor hundertzwanzig Jahren in den »Weltgeschichtlichen Betrachtungen« die historische Krise genannt. Was zuerst in Warschau sich ereignete, wo den polnischen Kommunisten lange schon Macht und Autorität entglitten waren, und dann in Budapest, wo die kommunistischen Führer ihr eigenes Regime demontierten, das folgte Burckhardts Beschreibung und griff wie auf ein geheimes Kommando auch auf die Menschen in Dresden, Leipzig und Berlin über. Burckhardt:

> »Wenn die Stunde da ist und der wahre Stoff, so geht die Ansteckung mit electrischer Schnelle über hunderte von Meilen und über Bevölkerungen

der verschiedensten Art, die einander sonst kaum kennen. Die Botschaft geht durch die Luft, und in dem Einen, worauf es ankommt, verstehen sie sich plötzlich alle, und wäre es auch nur ein dumpfes: Es muß anders werden.«

Die deutsche Revolution, die mit den Fürbittgottesdiensten für die Verhafteten – »Zugeführte« in der Regime-Sprache – einsetzte, in passiven Widerstand und offene Kritik überging, schließlich in friedliche Massendemonstrationen mündete und mit dem 40. DDR-Jahrestag ihren Höhepunkt erreichte – diese deutsche Revolution hatte deutsche Ursachen, Antriebskräfte und Verläufe. Aber sie hatte anderswo begonnen, und vorangetrieben wurde sie durch Ereignisse, die anderswo geschahen. So wie 1848 die erste vom Telegraph beschleunigte Revolution war, fand 1989 die erste Revolution statt, die durch das Fernsehen und seine suggestiven Bilder verbunden wurde. Durch das elektronische Medium nahm sie nicht nur ihr eigenes Spiegelbild aus der ganzen Welt Tag für Tag wahr, sondern gewann durch die Macht der Bilder und die Ohnmacht der Gewalthaber auch ständig neue Kräfte. Aber das Fernsehen war Segel, nicht Wind.

Es war im Westen wie im Osten Europas auch vor dem revolutionären Sommer und Herbst 1989 schon die Einsicht verbreitet, daß Umbrüche im Denken und Handeln bevorstanden. Aber niemand unter den Fachleuten der Politik, niemand unter den Künstlern und Intellektuellen, die in der Vorphase der Revolution ihre Rolle spielten, ahnte, geschweige denn wußte, wie schnell und wie gründlich die alte Macht zusammenstürzen würde. Wer heute rückblickend nach den Ursachen fragt, entdeckt Zeitstrukturen unterschiedlicher Dauer. Die älteste Ursache liegt darin, daß die Sowjetmacht es niemals verstanden hat, 1945 nicht und auch später nicht, die Völker des östlichen Mitteleuropa zu gewinnen. Das kurze Aufatmen nach dem Zusammenbruch des »Dritten Reiches« und der Kapitulation der deutschen Wehrmacht war bald in Terror und Entsetzen übergegangen, in Anpassung und Kollaboration. Die Erinnerung an die zwanziger und dreißiger Jahre, als in Osteuropa die Demokratie nur flüchtiger Gast war, die Adels- und Bürgerkultur jedoch blühte und mit Nationalstolz und militärischer Selbstbehauptung einherging, diese Erinnerung, die niemals untergegangen war, trennte die unterworfenen Völker von den Völkerschaften der Sowjetunion.

Auch sieht man heute, anders als vor den Revolutionen, in dem ostdeutschen Volksaufstand von 1953, im ungarischen Aufbegehren von 1956, in den polnischen Rebellionen derselben Zeit und dann immer wieder bis 1980, nicht ein

Ende, sondern eher einen Anfang. Der »Prager Frühling« 1968, als der Reformkommunismus nach Demokratie suchte und durch die im Warschauer Pakt verbündeten Mächte erstickt wurde, hat in der kollektiven Psyche der Menschen die tiefsten Spuren hinterlassen, äußerlich unterdrückt, aber innerlich unvergessen. Seitdem standen sechs russische Divisionen an der Moldau.

Auch brachte der Widerstand in Polen, Ungarn und der Tschechoslowakei eine neue Generation politischer Führer hervor. Sie kamen aus den Katakomben und trugen die Legitimation des Leidens mit sich. Wissenschaftler, die sich als Fensterputzer hatten verdingen müssen; Künstler, die Taxifahrer geworden waren; Gewerkschaftsführer, die im Untergrund gelebt hatten. Der erste demokratische Außenminister Prags kam vom Kohleschippen. Sie alle waren nicht mehr dem tödlichen Terror der Stalin-Jahre ausgeliefert, wohl aber einer bleiernen Unterdrückungsmaschine, die ihnen Tag für Tag sagte, sie seien machtlos und allein.

Zu den erst allmählich wirkenden Ursachen muß man auch die Umzeichnung der moralischen Landkarte Europas rechnen. Sie brauchte Jahrzehnte. Der kommunistische »Antifaschismus«, der die liberalen Demokratien als Vorstufe zum Nationalsozialismus denunzierte, verlor über die Jahre, in denen die Wohlstandsgesellschaften Westeuropas aufblühten und, statt einander in Kriegen und Bürgerkriegen zu zerfleischen, in neuartiger überstaatlicher Integration zusammenfanden, seinen täuschenden Glanz. Der deutsche Schrecken büßte jene einigende und disziplinierende Kraft, die aus der Zeit des Zweiten Weltkriegs datierte, in gleichem Maße ein, wie die Bundesrepublik aufblühte – als westliche Demokratie mit wirtschaftlichem Erfolg und sozialer Kohäsion.

Die Europäische Gemeinschaft, gegründet 1957 als System des Ausgleichs und der Integration und mit der Hoffnung auf politische Union, fand in der Mitte der achtziger Jahre, vorangetrieben durch Präsident Mitterrand und Bundeskanzler Kohl, zum Schwung der Anfänge zurück und machte mit der Einheitlichen Europäischen Akte ökonomische Interessen erneut zum Motor politischer Einigung. Während der östliche »Rat für Gegenseitige Wirtschaftshilfe« der Systemstarre, der Energiekrise und den aufbrechenden nationalen Interessen zum Opfer fiel, wurde das westliche Modell zum großen Versprechen für die Völker Osteuropas.

Seit der großen Doppelkrise um Berlin (1958-1961) und Kuba (1962) war aus Furcht und Vernunft die Entspannung zwischen den nuklearen Weltmächten geboren. Sie wurde durch Abkommen über Konfliktbegrenzung und Rüstungskontrolle genährt. Die deutsche Ostpolitik nach Adenauer gründete in der Westpolitik des ersten Kanzlers: Heute zeigt sich, daß ihr wichtigster Beitrag nicht nur Beruhigung alter Ängste war, sondern Erwerb neuen Vertrauens. Die Ost- und Deutschlandpolitik, die mit der Kanzlerschaft Willy Brandts neue Qualität gewann, wußte über zwei Jahrzehnte eine schwierige und schmerzliche Balance zu halten – zwischen der Respektierung des SED-Staates einerseits, darin eingeschlossen wirtschaftliche Kooperation und Transferzahlungen für Post und Transit, und Beharren auf der Einheit der deutschen Nation andererseits; dabei meinte Einheit immer auch Gesamtverantwortung Bonns für das Schicksal des Ganzen. Diese Doppelgesichtigkeit der Deutschlandpolitik zeigte sich in besonderer Weise, als der DDR-Staatsratsvorsitzende Erich Honecker Anfang September 1987 den lange erstrebten offiziellen Besuch in Bonn machen durfte. Was der SED als symbolische und tatsächliche Besiegelung der deutschen Teilung und damit der Eigenstaatlichkeit der DDR erschien, wurde den Deutschen in Ost und West Erlebnis der Zusammengehörigkeit.

Mittlerweile aber wurde die Sowjetunion durch die »Zweite Russische Revolution« des Michail Sergejewitsch Gorbatschow erschüttert. Das Verhältnis der Weltmächte löste sich aus dem Starrkrampf der Raketenkonfrontation der siebziger und achtziger Jahre. Mit der weltweiten Machtprojektion der Sowjetmacht durch Stellvertreterkriege von Äthiopien bis Angola in den siebziger Jahren und mit der Invasion Afghanistans zu Weihnachten 1979 hatte Moskau die Weltmachtrolle in einer neuen Anstrengung erprobt und erlebt, daß sie in Überanstrengung mündete. Der entspannungsfreudige US-Präsident Jimmy Carter (1977-1981) unterbrach 1980 den Ratifizierungsprozeß für das zweite große Abkommen über Begrenzung strategischer Raketensysteme (SALT II), das der amerikanische Kongreß lediglich beachtete. Der breite Fächer technisch-wis-

Als erstes Staatsoberhaupt der DDR kam 1987 der Staatsratsvorsitzende und SED-Generalsekretär Erich Honecker zu einem Arbeitsbesuch nach Bonn. In der Villa Hammerschmidt wurde er auch von Bundespräsident Richard von Weizsäcker empfangen.

senschaftlich-kommerzieller Kooperation mit der Sowjetunion wurde zusammengeklappt. Präsident Carter, der zuvor auf einen neuen Bombertyp (B 1) und die Neutronenwaffe verzichtet hatte, um die Rüstungsdynamik zu bremsen, ließ sich vom Kongreß neue Rüstungsfonds bewilligen, um nun den Russen militärisch die Zähne zu zeigen.

In Osteuropa rutschte die Krise der polnischen Politik und Wirtschaft langsam in die Katastrophe ab. Als 1979 weltweit der Ölpreis anzusteigen begann, fehlte den polnischen Großprojekten das Geld. Im August 1980 wurde überdies die Erinnerung an das sechzig Jahre zurückliegende »Wunder an der Weichsel« wach; damals hatte die polnische Armee die Sowjettruppen vor Warschau abgefangen. Antirussische Gefühle ließen soziale Unzufriedenheit in massiven politischen Protest umschlagen. Die gewerkschaftliche Sammelbewegung »Solidarität«, mit Aktionszentren in der Danziger Lenin-Werft und in der schlesischen Berg- und Hüttenindustrie, nahm Gestalt an. Die militärische Invasion wurde vom Kreml erwogen, aber angesichts amerikanischer Festigkeit und polnischer Unwägbarkeit zurückgestellt. Statt dessen trat der polnische Oberkommandierende Jaruzelski zwischen die polnische Nation und die russische Intervention und verhängte den Belagerungszustand: Massenverhaftungen und Streikverbot folgten. Aber auch in den bittersten Jahren war dieser polnische Ausnahmezustand noch glimpflicher als der Normalzustand der DDR.

Ein neuer Ost-West-Konflikt baute sich auf, am sichtbarsten, als die NATO-Häupter im Dezember 1979 den »Doppelbeschluß« faßten: Man wollte die neuen sowjetischen nuklearen Mittelstreckensysteme wegverhandeln, notfalls aber amerikanische Systeme in Westeuropa stationieren. Bis zum Herbst 1983 hatten die Unterhändler in Genf kein Ergebnis zu bieten, das in Washington und Moskau ankam. Die Folge war: Amerikanische Raketen (Pershing II und Cruise Missiles, unbemannte Flügelbomben) wurden in Westeuropa stationiert, vor allem in Südwestdeutschland. Daraus resultierten nun ihrerseits leidenschaftliche Proteste der Friedensbewegung, der Aufstieg der Grünen, tiefe Bitternis unter den Sozialdemokraten und schließlich der Sturz der Regierung Schmidt (am 1. Oktober 1982). Der sowjetische Chefunterhändler Kwizinski verließ die Genfer Verhandlungen und warf, wie es schien, die Tür krachend und für immer ins Schloß. In der Bundesrepublik steigerten sich die Massendemonstrationen gegen die Bundesregierung, die NATO und die Amerikaner. Ronald Reagan, den Ruf kaltblütiger Unberechenbarkeit kultivierend, sprach im amerikanischen Süden, dem »bible belt«, vom »Reich des Bösen«; er meinte die Sowjetunion.

Wenige Monate zuvor, im März 1983, hatte der amerikanische Präsident die

In Bonn demonstrieren im Frühjahr 1985 Stationierungsgegner für die unverzügliche Beseitigung des amerikanischen Pershing II-Standortes Waldheide. Im Januar des Jahres hatte sich auf der Waldheide am Stadtrand von Heilbronn ein schwerer Unfall beim Transport der Mittelstreckenraketen ereignet.

Strategische Verteidigungsinitiative (SDI) angekündigt. Sie sollte eine gewaltige Zusammenfassung amerikanischer Forschungsleistung sein, um durch strategische Raketenabwehr nukleare Waffen »impotent und obsolet« zu machen. War das der Umsturz des nuklearen Gleichgewichts der Weltmächte? SDI stand auch für das Unbehagen der amerikanischen »Falken« gegenüber dem nuklearen Patt, in dem die Weltmächte gefangen waren.

Am Ende des Jahres 1983 war der Kalte Krieg noch einmal sehr kalt. Neue amerikanische Nuklearsysteme waren den sowjetischen in Europa entgegengestellt. Das nukleare System wechselseitig gesicherter Zerstörung stellten die Vereinigten Staaten einseitig in Frage. Die konventionelle Rüstung erlebte einen technischen Schub in Richtung Präzision und Schnelligkeit. In dieser Lage scheinen die Führer der Roten Armee Bilanz gezogen und dabei eine konkrete Erfahrung eingerechnet zu haben. Im Libanon-Krieg, Sommer 1982, hatten sich israelische Waffen amerikanischer Bauart syrischen Waffen sowjetischer Bauart am Boden weit überlegen gezeigt. Mit F-16-Jägern und Sidewinder-Raketen fegten die Israelis den Himmel über dem Nahen Osten leer. Die erste Folgerung: Der Westen sei in der Abwehr den Sowjets entscheidend überlegen, die Massierung konventioneller Macht in Osteuropa verliere ihren Sinn. Die zweite Folgerung, in geheimen Militärzeitschriften ausgesprochen: Die sowjetische Militärindustrie könne Gleiches nicht leisten, die Kommandowirtschaft die Computer-Revolution nicht bewältigen, die Gesellschaft spätstalinistischer Verfassung sei überfordert.

Im Kreml kam Juri Andropow an die Macht, zuvor Chef des KGB, der bestinformierte Bürger seines Landes. Er wollte dem alten Malaise mit den alten

Mitteln beikommen: mehr Disziplin am Arbeitsplatz und weniger Wodka, dazu Ausweitung effizienter Strukturen und Anwendung von Arbeitsregeln des militärischen Industriesektors auf den zivilen. Andropow aber blieb nur Zeit, die Diagnose zu stellen. Er starb 1984, bevor die Therapie geprüft war. Der Nachfolger Tschernenko war noch einmal Statthalter der Vergangenheit und wurde der Welt und informierten Russen zum Gespött. Sein Tod im Frühjahr 1985 gab einem Mann die Chance, der als Parteifunktionär und Agrarfachmann wenig aufgefallen, doch als Schützling Andropows aufgestiegen war; nach Sowjetmaßstäben war er jung, in den frühen Fünfzigern, und studierter Jurist: Michail Sergejewitsch Gorbatschow. Ein zweiter Andropow zu sein, das erwartete man von ihm. Daß er das Sowjetimperium in eine Revolution von oben stürzen würde, mit Folgen für die gesamte Welt, das war ihm anfänglich selbst ebenso verborgen wie dem Sowjetvolk und der Außenwelt. Ausländische Staatsbesucher, die den neuen Sowjetführer beim »Arbeitsbegräbnis« des Vorgängers kennenlernten, zeigten sich beeindruckt von Sachkompetenz und Stil des neuen Herrschers.

In der Innenpolitik wußte der rote Reformzar seine Macht schnell zu befestigen: Als der deutsche Amateurflieger Mathias Rust seine Sportmaschine auf dem Roten Platz landete, erhielten zwei hohe Kommandeure der Grenztruppen über Nacht den Abschied. Vom Divisionskommandeur aufwärts verdankte bald die Generalität Gorbatschow Sterne und Privilegien. Die Welt lernte zwei russische Wörter, die bald keiner Übersetzung mehr bedurften: »Perestroika« für die Umgestaltung von oben, »Glasnost« für die Herstellung von Transparenz. Das eine beschrieb den Prozeß, das andere das Mittel. Das Ziel war für Gorbatschow – wie er in seinem Bestseller-Buch »Perestroika – Die Zweite Russische Revolution« schrieb und wie er zuvor schon in seiner Rede über siebzig Jahre Oktober-Revolution ausgeführt hatte – eine erneuerte Sowjetunion, technisch auf der Höhe, moralisch durch den Rückgriff auf Lenin verjüngt, in der Weltpolitik kraftvoller Gegenpart zu den Vereinigten Staaten.

In der inneren Politik allerdings sind Gorbatschow Erfolge, von Durchbrüchen nicht zu reden, bisher versagt geblieben. Die Militärs wußte er das Fürchten zu lehren. Er nutzte das Fernsehen, um Parteibürokraten auf Trab zu bringen. Korruption in hohen Parteirängen wurde dem Volk in öffentlichen Prozessen, über die öffentlich berichtet wurde, veranschaulicht. Ein Zittern ging durch achtzehn Millionen Bürokratenseelen. In der Landwirtschaft wurde indessen mit der Errichtung eines agrarischen Superministeriums kostbare Zeit verloren. Erst 1987 bekamen kooperative Landwirte ihre Chance. Seitdem suchte Gorbatschow den Bauern, dem er das Land zurückgeben konnte und der es effizient bewirtschaftete. Aber er fand ihn nicht mehr. Auch blieb die über das Land gebreitete Bürokratie unverändert, und ihr Instinkt sagte ihr, daß jeder freie Bauer ihre Macht verminderte. Lethargie, Parteiwiderstand und die Erinnerung an das schreckliche Ende von Millionen von Mittelbauern, der »Kulaken«, in den dreißiger Jahren haben bisher jenen tiefgreifenden Wandel verhindert, den Gorbatschow braucht und den das Sowjetvolk nötig hat, um sich selbst zu ernähren.

Anfangs wurde in der Industrie noch stark auf auswärtige Investoren, Kredite und vor allem auf »Joint Ventures« gesetzt. Aber mit dem dramatischen Verfall der Erdöl- und Erdgaseinnahmen im Gefolge des Iran-Irak-Krieges schmolzen die Devisen. Bald mußte man erkennen, daß sich die Sowjetgesellschaft aus eigener Kraft erneuern müßte, oder alles war umsonst. Als Produktivitätsreserve erschien der militärische Bereich: Menschen, Maschinen, Materialien. Für diese »Konversion« brauchte Gorbatschow aber nicht nur die Zustimmung der Militärs, die er offenbar erzwingen konnte, sondern noch mehr eine neue Entspannung gegenüber den Vereinigten Staaten und Westeuropa.

Hier ist der Erfolg meßbar. Gorbatschow hat die Konfrontation mit dem Westen abgebaut. 1986 kehrten die Sowjetdiplomaten an die Verhandlungstische der Rüstungskontrolle zurück. Am 7. Dezember 1987 unterzeichneten die beiden Weltmächte das Abkommen über die Beseitigung aller landgestützten Mittelstreckensysteme. Der INF-Vertrag sah nicht nur Zerstörung aller Systeme zwischen fünfhundert und fünftausend Kilometer Reichweite vor, sondern auch intensive Überprüfung des Vorgangs und Sicherung gegen den Neuaufbau. Von den Fachleuten zunächst skeptisch beurteilt, bahnte das INF-Abkommen doch den Weg zu neuer Offenheit, Vertrauensbildung und Überprüfung. Mit diesem Schub gewannen auch die Verhandlungen der Weltmächte über tiefe Einschnitte bei den strategischen Atomwaffen, bei chemischen Waffen und vor allem im Bereich der Landtruppen an Bedeutung. Abrüstung zur See scheiterte bisher an der Asymmetrie der Geographie, der Technik und der Interessen.

Was seither die Reformbewegungen in Osteuropa anstieß und vorantrieb, war ein Bündel von Motiven. Es war, als hätten die Völker auf die Stichworte gewartet und als träten sie nun auf geheimes Kommando in Aktion. Hatte nicht die Schlußakte von Helsinki schon 1975 viele schöne Grundsätze auf geduldiges Papier gesetzt? Aber eine Berufungsgrundlage war geschaffen. Kommunistische Oligarchien gerieten in die Klemme zwischen Repression, ohne die sie nicht überdauern konnten, und internationaler Respektabilität, die sie suchten, weil es sonst keine Kredite gab. In diesem »KSZE-Prozeß« wirkten die neutralen und nicht-gebundenen Staaten als Ferment der Veränderung und bestärkten die Satelliten der Sowjetunion darin, ihr nationales Interesse zu formulieren. Als Gorbatschow für sein »Neues Denken« ein Forum suchte, gewann der Diplomatenkongreß der KSZE neue Bedeutung. Damit lockerten sich die machtpolitischen und die ideologischen Klammern des Sowjetimperiums in einem Augenblick, da die inneren Zerreißkräfte zu wirken begannen. Jene Krise, die die Sowjetunion zermürbte, traf auch die osteuropäischen Staaten: die kommunistische Ideologie ausgebrannt, die Gesellschaft in kultureller und geistiger Stagnation, die Wirtschaft gelähmt. Daß die Sowjetunion weder militärische Intervention noch wirtschaftliche Rettung bringen werde, wurde ahnbar. Die kommunistischen Herrscher haben die neue Brüchigkeit der Macht erst viel später gespürt als die große Mehrheit der Menschen, über die sie herrschten. Im Westen hatte man sich an den Anschein bleierner Stabilität im Osten Europas so gewöhnt, daß die menschlich-moralischen Kosten zwar bedauernd zur Kenntnis genommen wurden, im übrigen aber die Lage als unveränderbar galt, als stabilitätsverbürgend und keineswegs vorrevolutionär. Auch hatten sich Medien und Intellektuelle im Westen, um nicht als Protagonisten des Kalten Krieges oder des Anti-Kommunismus zu erscheinen, Wunschbilder geschaffen und Denkverbote auferlegt, die den kalten Blick auf das Erbe Stalins im Osten Europas verstellten.

In Polen mißlang der militärischen Führung der Versuch, den Kommunismus zu erneuern und die Wirtschaft zu beleben. Es fehlte an Investitionen von außen und an Zustimmung von innen. In Ungarn hatte der »Gulasch-Kommunismus« nach 1956 Milderung gebracht, aber nicht fundamentale Veränderung. Seit 1970 schon waren ungarische Wissenschaftler und Intellektuelle bemüht, Bauelemente einer nach-kommunistischen Staats- und Wirtschaftsordnung zusammenzusetzen. Trutzburg des Stalinismus blieb die DDR, von der in Ost und West mit Respekt und Abneigung gesagt wurde, nur Deutsche könnten den Kommunismus funktionieren machen. Doch die Deutschen in der DDR sahen es anders: Die Krise der UdSSR war in verminderter Form auch die Krise der DDR. Was die Führung in Ost-Berlin nicht hinderte, auf die alte Kommandowirtschaft und Unterdrückung oder Ausweisung aller Andersdenkenden zu setzen. Kurt Hager, SED-Chefideologe, nutzte 1987 die Gelegenheit eines westdeutschen Interviews, um kritisch zu bemerken: Man brauche seine Tapeten nicht zu wechseln, nur weil der Nachbar es tue. War Perestroika nur Tapetenwechsel? Dann hätte die SED recht gehabt. Oder bahnte sich ein Konflikt an zwischen dem Reformer im Kreml und den Stalinisten in Ostberlin?

Jedenfalls verloren sie Stück für Stück ihren Draht zu den neuen Männern in Moskau und gelangten damit, ohne es zu bemerken, in die doppelte Isolation von der Wirklichkeit, drinnen wie draußen.

Zugleich litt die DDR unter Energiemangel. 1983 begann ihre Staatspartei, wie Devisenbeschaffer Staatssekretär Schalck-Golodkowski 1990 preisgab, um die internationale Kreditwürdigkeit zu bangen. Für den Fall der Zahlungsunfähigkeit legte die Führung Sonderfonds im Ausland an, um notfalls Lebensmittel und damit Ruhe zu kaufen. Um das credit-rating zu halten, legte man 1983 so großen Wert auf den vom bayerischen Ministerpräsidenten Franz Josef Strauß verhandelten kommerziellen Kredit; er belief sich auf eine Milliarde D-Mark.

Seit 1987 mehrten sich Krisenzeichen. Die Umweltzerstörung wurde nicht nur Dissidenten zum Thema, sondern auch der SED. Die Reserven waren erschöpft. Museen mußten aus ihren Depots in den Westen verkaufen. Stand die DDR vor dem Kollaps? Die Deutschlandpolitik Bonns war immer darauf gerichtet gewesen, das Los der Menschen zu verbessern, ohne das Regime über Gebühr zu stabilisieren. Und nun? Das Dilemma wuchs. Als am 2. Mai 1989 ungarische Soldaten den Stacheldraht an der Grenze zu Österreich zerschnitten, begann für die DDR der Anfang vom Ende.

Ungarn hatte kurz zuvor die Menschenrechtskonvention des Europarats unterzeichnet und Interesse bekundet, der Europäischen Gemeinschaft beizutreten. Während in der DDR mehr als eine halbe Million Menschen Ausreiseanträge gestellt hatten und ungeduldig ihr Visum verlangten, starrten sie auf das Loch im Stacheldraht. Im Juni 1989 rollten in Peking Panzer über demonstrierende Studenten, die Volkskammer spendete Beifall, und im August ließ Honecker wissen, die Mauer von Berlin werde noch hundert Jahre stehen. Für die angstvollen Menschen galt der Umkehrschluß: Jetzt oder nie galt es, die DDR zu verlassen, und zwar um jeden Preis.

Der Druck im Kessel wuchs, und als die Sommerferien begannen und die Kinder die Zeugnisse hatten, reisten viele Tausende von Menschen – vorwiegend jene Generation, die mit der Mauer aufgewachsen war – nach Ungarn, um nie wieder zurückzukehren. Zwanzigjährige in Jeans und mit Plastiktüten, oft winzige Kinder auf dem Arm, suchten den Weg über Österreich in den Westen. Würde die Budapester Regierung, die sich aus Reformkommunisten zusammensetzte, den Mut der eigenen Überzeugung haben? Moskau erklärte sich unzuständig. Ost-Berlin drohte unverhohlen. Bald wurde Visumzwang für Ungarn eingeführt, um die Reisenden zu kontrollieren. Aber für ein Verbot reichte die Kraft der SED nicht mehr. Der innere Druck wuchs. Bonn merkte auf und wollte nicht nur abwarten. Die Fernsehkameras führten glückliche Flüchtlinge vor – und eine ratlose SED.

Zudem nahte der vertrackte 40. Jahrestag. Er sollte Triumph sein und drohte nun, Tag der Schande zu werden. Zuletzt war allein noch die CSSR, da zuverlässig stalinistisch, offen für Bürger der DDR. Tausende von DDR-Bürgern flüchteten in das Palais Lobkowitz, Botschaft der Bundesrepublik. Zeitweilig hatte man dort die Speisung der Fünftausend zu bewältigen. Es folgten Verhandlungen. Das Prager Regime stellte sich in der deutsch-deutschen Kraftprobe überraschend neutral. Der Kompromiß: Die Flüchtlinge würden ausreisen, aber über Dresden.

Wen die Götter verderben wollen, so wußten die Römer, den schlagen sie mit Blindheit. Noch Ende August 1989, als die Oppositionsbewegung immer kühner wurde und sich eine innerparteiliche Fronde gegen Honecker formierte, meinte das Ministerium für Staatssicherheit, Herr der Lage zu sein. Insgesamt stabile Situation, so meldeten die Chefs der Bezirksverwaltungen dem Minister Mielke nach Berlin. Auf dessen unverblümte Frage, ob morgen der 17. Juni ausbrechen würde, antwortete Oberst Danggriess von der Bezirksverwaltung in Gera: »Der ist morgen nicht, der wird nicht stattfinden, dafür sind wir ja auch da.« Seit Wochen und Monaten waren Leipzig und Dresden Brennpunkt der stillen Auseinandersetzung zwischen denen, die nicht mehr mitspielten, und denen, die glaubten, es werde alles unverändert bleiben: Volkspolizei, Betriebskampfgruppen und Staatssicherheit in Zivil und Uniform. Die protestierenden Pfarrer, Studenten, Schüler und Arbeiter wußten, daß sie wenig zu verlieren hatten. Sie zählten auf beides, auf die Kameras der Westmedien und auf die Scheu der Polizei, sich beim Prügeln gefilmt zu sehen. Der bevorstehende 40. Jahrestag entwickelte seine eigenen, unausgesprochenen Verhaltensregeln.

So war die Lage, als die Züge mit den Botschaftsflüchtlingen in den Dresdner Hauptbahnhof einfuhren. Viele standen bereit, verzweifelt entschlossen, auf die Wagen aufzuspringen: Wer wußte schon, ob dies nicht die letzten Züge sein würden, die nach Westen gingen? Tränen und Schreie. Absperrungen wurden durchbrochen, Polizei schlug zu, es floß Blut. Verhaftete wurden auf Lastwagen gestoßen. Die Züge fuhren unterdessen weiter nach Westen. Einige winkten und weinten an der Strecke, andere versuchten aufzuspringen. Beamte des Bundeskanzleramtes, die später davon berichteten, taten es mit Tränen. Hier, nicht bei den Jubelfeiern des Regimes, war die wahre DDR zu sehen: ein Regime der Greise, dem eine ganze Generation davonlief, notfalls mit nichts als dem, was einer auf der Haut trug, und dazu der Paß, das Zeugnis, der Facharbeiterbrief – und ein wenig wertloses Geld.

Nach der Öffnung der tschechoslowakischen Grenze für DDR-Flüchtlinge am 3. November 1989, nutzten mehr als 18 000 von ihnen den Weg über die CSFR in den Westen.

Was suchten sie? Sicherlich mehr als Wohlstand und Besitz. Denn der blieb zurück mitsamt den Eltern, den Erinnerungen, den Freunden und der Heimat. Was die Menschen trieb, war jenes Glück, das zu suchen die Aufklärer vor zweihundert Jahren ein Menschenrecht genannt hatten. Die Flüchtlinge, die über Budapest und Prag kamen, wollten nicht bis ans Lebensende bevormundet sein, von oben und überall betreut, der Notwendigkeit des Nachdenkens und Entscheidens auf alle Zeit enthoben. Das hätten wohl die meisten geantwortet, wenn man sie fragte. Dazu eine Arbeit auf der Höhe der Technik und des Anspruchs an sich selbst, Farbe im Leben und jene Chancen, die ihre Altersgenossen im Westen wie selbstverständlich, fast ohne es zu bemerken, in Anspruch nahmen. Das Erstaunliche war, daß die Realität des Westens gegenüber den Zeichnungen und Verzeichnungen des Fernsehens ihre eigene Überzeugungskraft entwickelte. Ein Fünfzehnjähriger rief in den Straßen von Bayreuth staunend aus: »Mann, alles Intershops hier!«

Unterdessen ging das politische Drama weiter. Der Staatsratsvorsitzende Erich Honecker war schwer krank, man sprach von Krebs, Sinnbild seines siechen Staates. Alle Entscheidungen sistiert, niemand wollte Verantwortung tragen, wo es so sichtbar um die Existenz ging. Die Spitze der SED gelähmt, aus Moskau keine Anweisungen mehr, nur drohendes Schweigen. Aus Bonn immer deutlicher die Forderung nach Reisefreiheit, die doch das Regime mit sich fortreißen mußte. Selbst die alten Freunde im Westen wußten nichts Tröstliches mehr zu sagen.

Am Sonnabend, dem 7. Oktober 1989, kam Gorbatschow – das Protokoll des Sowjetreiches ließ weder ihm noch Honecker eine Wahl – in jene Stadthälfte, die gegen internationales Recht »Berlin – Hauptstadt der DDR« hieß. Ob der russische Reformer und der deutsche Anti-Reformer wußten, auf was sie sich einließen? Für Perestroika in Rußland und Stalinismus in Ostdeutschland war die Welt zu klein geworden. Daß Gorbatschow nur Maskerade sei und der Stalinismus ungefährdet, das mögen sich die Ost-Berliner Herrscher anfangs noch eingeredet haben; daß Gorbatschow nicht überdauern werde, darauf mögen sie gehofft haben. Im Herbst 1989 war unerbittlich klar, daß Entspannung und Perestroika das SED-Regime in den Grundfesten erschüttert hatten. Es war aber auch unübersehbar, daß ein Blutbad in Ost-Berlin, Dresden und Leipzig die gesamte Westpolitik der Moskauer Reformer in Gefahr bringen würde. Wer wen? – Die alte Lenin-Frage stand am 7. Oktober zwischen Honecker und seinem schwierigen Gast.

Während der schwerkranke Staatsratsvorsitzende steinernen Gesichts und mit emporgereckter Hand die klirrende und rasselnde Militärparade abnahm, dazu den Vorbeimarsch der Betriebskampfgruppen, der Belegschaften, der FDJ und der Jungen Pioniere, alles im Ritual der vierzig Jahre, hielt Gorbatschow eine auffallend vage Rede: wenig Lob, aber auch wenig Mahnung. Danach aber folgte eine Auseinandersetzung zwischen dem Russen und dem Deutschen. Über sie gibt es bisher nur eine sichere Nachricht: Sie sei lautstark und offen abgelaufen. Wenig später ließ Gorbatschow die Wagenkolonne anhalten, wo ihm zugewinkt wurde und Transparente und ungelenke Schrift anzeigten, daß da Deutsche auf den russischen Reformzaren setzten. Er sagte zwei Dinge, wohl vorbereitet für das Fernsehen und die Deutschen: »Eure Probleme sind groß, aber unsere sind größer«. Und: »Wer zu spät kommt, den straft das Leben«.

Ob Gorbatschow wußte, was er tat? Das Russentrauma von 1953, welches die Menschen in Bann und die SED an der Macht gehalten hatte, löste sich nun endgültig. Die russischen Panzer würden, was immer geschah, nicht rollen. Die SED, die Stasi und die ganze DDR erwiesen sich als ein marodes Faß, von dem die eisernen Ringe absprangen. Als Gorbatschows Truppen es nicht länger zusammenhielten, war das kommunistische Deutschland schon verloren – aber diese Tatsache brauchte noch Zeit zu ihrer Entfaltung.

Gorbatschow hinterließ, als er auf dem Flughafen Schönefeld in seine Tupolew-Maschine stieg, ein Land im revolutionären Umbruch. Am 9. Oktober, so wußte jeder, würde es in Berlin, Leipzig und Dresden wiederum, von den Kirchen ausgehend, die stillen und gerade in ihrer Sanftheit machtvollen Montagsdemonstrationen geben. Hunderttausende, das war angekündigt, würden zusammenströmen. Die Welt würde zuschauen, und so würde es weitergehen –

wohin? Jetzt oder nie schien der alten Garde der SED und der Staatssicherheit der Punkt der Entscheidung gekommen: der 40. Jahrestag überstanden, Gorbatschow auf dem Nachhauseweg. Wenn jetzt aufgeräumt würde, ein für allemal, dann standen der SED vielleicht noch einmal vierzig Jahre an der Macht bevor. Für eine blutige Auseinandersetzung bestanden Befehle und Bereitschaft. Munition war ausgegeben, Blutkonserven waren da und selbst Leichensäcke. Aber es gab auch eine Gegenrechnung, und sie wurde von den Gorbatschow-Freunden in ZK, Militär und Polizei angestellt: Wenn in Leipzig Peking stattfand, dann würde die Perestroika scheitern und mit ihr Gorbatschow und die Hoffnung, der Kommunismus sei reformierbar.

Und so geschah das Unerwartete: Die größten Demonstrationen in der Geschichte des kommunistischen Deutschland liefen ab, und die Uniformierten standen dicht bei dicht Gewehr bei Fuß und – blieben stehen. Man hielt Distanz und kam ins Gespräch, Kerzen wurden zu den Stiefeln gestellt: Der Protest gegen die Diktatur hatte bei der westdeutschen Friedensbewegung gelernt. Ordner mit Stirnbändern »keine Gewalt« standen überall. Auf einmal gab es Würde und Autorität gegen die SED.

Es war, als hätten Honecker und die Seinen ihre Möglichkeiten, gegen die russische Perestroika und die deutsche Freiheit zu stehen, am 40. Jahrestag erschöpft. Es blieb, da offene Gewalt nicht mehr trug und Einschüchterung nicht mehr wirkte, nur die Flucht nach vorn. Den Männern im alten Machtapparat wurde angst und bange, für Honecker büßen zu müssen und alles zu verlieren. Am 18. Oktober 1989 setzte das Politbüro Honecker und einige seiner Getreuen ab, darunter Günther Mittag und Joachim Hermann, beide bisher fast allmächtig. Es war der Versuch, Last abzuwerfen und die Macht zu retten. Nachfolger des sechsundsiebzigjährigen Honecker wurde der zweiundfünfzigjährige Egon Krenz, in der Vergangenheit schon als Kronprinz genannt. Im Politbüro war Krenz für Innere Sicherheit zuständig, kein unbeschriebenes Blatt und als Reformer bisher nicht hervorgetreten. Statt dessen hatte er das Massaker von Peking mehrfach gelobt. Immerhin aber unterhielt Krenz auch Beziehungen zu den Moskauer Reformern. Das Zentralkomitee werde der Volkskammer der DDR vorschlagen, so die amtliche Mitteilung vom selben Tag, Egon Krenz zum Vorsitzenden des Staatsrats der DDR und des Nationalen Verteidigungsrats zu wählen. Zuvor hatte das ZK der Bitte Erich Honeckers entsprochen, »ihn aus gesundheitlichen Gründen von der Funktion des Generalsekretärs des ZKs der SED, vom Amt des Vorsitzenden des Staatsrates der DDR und von der Funktion des Vorsitzenden des Nationalen Verteidigungsrats der DDR zu entbinden«.

Eine »Wende« gelte es zu vollziehen, sagte Krenz. Maßvolle Selbstkritik der Partei folgte, welche »die gesellschaftliche Entwicklung in unserem Lande in ihrem Wesen nicht real genug eingeschätzt« habe. Das klang nach wäßriger deutscher Perestroika, nicht nach Kapitulation. Die SED werde, so machten sich ihre Oberen Mut, die »politische und ideologische Offensive« wiedererlangen. Noch schien alles auf Reparatur in Berlin und Anpassung an Moskau hinauszulaufen. Moskau lobte die »nationale Erneuerung«, damit allein die DDR meinend und das eigene Wunschdenken verratend, es sei die DDR ohne Stalinismus zu halten.

Krenz wollte die Arbeiter der SED zurückgewinnen und die Kirche beschwichtigen: Demonstrativ suchte er das Gespräch. »Sofortmaßnahmen« folgten: Jeder würde einen Reisepaß beantragen dürfen und ein Ausreisevisum dazu. Stillschweigend wurde die Fortexistenz der Mauer unterstellt. Die protestantischen Kirchenführer erhielten die Zusage, daß keine Gewalt gegen Demonstranten geübt würde. Von Demokratie und freien Wahlen war nicht die Rede.

Würde es mit Beschwichtigungen, Dialogisieren und Halbheiten getan sein? Aus Treibenden wurden schnell, wie Jacob Burckhardt das Gesetz der Revolution einst beschrieb, Getriebene. Der Zustrom der Flüchtlinge nach Westen hielt unvermindert an, täglich ein Mißtrauensvotum gegen die neuen Gesichter in Ost-Berlin. In Berlin und anderswo Menschenketten; die Montagsgebete mit anschließender Massendemonstration hörten nicht auf. Es ging nicht mehr um die kleine Münze der Reisen, Visa und Pässe. Es ging bereits um Demokratie und damit um die Existenz der Diktatur. Ging es auch um soziale Marktwirtschaft, um das gesellschaftliche Modell des Westens? Ging es um die deutsche Einheit? Solche Begriffe fehlten anfangs in den Bekundungen der oppositionellen Wortführer. Hatte die DDR in der Krise gefunden, was die SED vierzig Jahre lang vergeblich gesucht hatte: Identität? Gerade jene, die früh und mutig protestiert hatten, wollten es so sehen. Der Umstand, daß im Pfarrhaus von Schwante im Brandenburgischen eine sozialdemokratische Partei gegründet worden war, vom Westen wenig ermutigt, wies allerdings in Richtung Einheit.

Am 26. Oktober tat die Volkskammer, wie ihr vom Zentralkomitee der SED geheißen: Sie wählte Egon Krenz zum Staatsratsvorsitzenden. Bemerkenswert waren sechsundzwanzig Nein-Stimmen und sechsundzwanzig Enthaltungen. Es knisterte. Niemals zuvor hatte das Ost-Berliner Pseudo-Parlament über Personalfragen anders als einstimmig votiert. Anschließend wurden Übergriffe der »Sicherheitsorgane« gerügt und gerichtliche Verfolgung angekündigt. Ein weiterer Schritt in die Selbstentmachtung war getan. Glaubte die SED-Führung, ohne Gewalt die Macht ungeteilt bewahren zu können? Sie scheint wenig gewußt zu haben von dem, was außerhalb der goldfarbenen Scheiben des Palasts der Republik vor sich ging. Krenz in Anlehnung an Gorbatschow: »Wir brauchen die sozialistische Demokratie wie die Luft zum Atmen«.

Massenprotest und Massenflucht gingen unterdessen weiter. Am Wochenende des 28./29. Oktober 1989 kamen mehr als vierzehnhundert Flüchtlinge über Ungarn. Die Blockparteien LDPD und Ost-CDU (»Blockflöten«) wagten Widerspruch und gingen auf Distanz. Beim »Sonntagsgespräch« am 29. Oktober gedachten zwanzigtausend Menschen der an der Mauer Erschossenen und Verbluteten. Dann wurde der Abriß des Bauwerks gefordert. Die SED-Führung ließ wenig begeistert wissen, Protestdemonstrationen würden künftig zur »politischen Kultur« gehören, Funktionäre würden Privilegien verlieren. In der Ost-Berliner Erlöserkirche hielten an jenem Sonntagabend Künstler eine Protestveranstaltung ab mit dem Motto: »Wider den Schlaf der Vernunft«. Am darauffolgenden Montag demonstrierten wieder Hunderttausende, nach Schule und Schicht. Das DDR-Fernsehen wagte kritische Töne und offene Übertragung. Im FDGB, bisher ein Hort der Stabilität, mußte Harry Tisch zurücktreten. Die Macht bröckelte Stück für Stück, und die Machthaber verloren den Halt. »Wendehals« wurde Spottwort für jene, die plötzlich ihr Herz für die Demokratie entdeckten und offenbarten, daß sie heimlich schon lange so gedacht hatten.

Die Rücktritte an der Spitze der SED wurden begleitet von Vorwürfen des Machtmißbrauchs, der Korruption, der Habgier. Aber ging es nicht um Wichtigeres? Die Toten und Gefolterten, die Zerstörung von Hoffnung und die Vorenthaltung von Lebensglück? Die Enthüllungen über das Wohlleben der Funktionäre waren der Versuch, von den Fragen der Gewalt, der Demokratie und der Einheit abzulenken. Es galt, die Legende zu begründen vom guten Sozialismus, der nur unter der Schlechtigkeit der Menschen leide.

Die Bürger verlernten unterdessen das Fürchten. Die Sprache wurde Medium und Waffe. Die Deutschen entdeckten einen Sinn für politischen Humor. Aus dem langweiligsten Land der Welt wurde eines der lebhaftesten. Redensarten und Sprichwörter gerieten zu beißenden Volksweisheiten. Auf Plakaten sah man Egon Krenz und daneben die Frage: »Großmutter, warum hast Du so große Zähne?«. Auf einem anderen: »Wer war Egon Krenz?«. Aber auch kurz und knapp: »Stasi raus!«. Nichts aber klang so selbstbewußt und fordernd wie die Rufe: »Wir sind das Volk« und »Wir bleiben hier!«

Diese Sätze wurden Cantus firmus der Demonstration, die am 4. November eine Million Menschen auf dem Berliner »Alex« vereinte: bissig, sarkastisch und unerbittlich friedlich. Angesichts zehntausender Uniformierter und der Nähe der Mauer kam es einem Wunder gleich, daß nichts geschah: keine Gewalt, keine Rache, kein Sturm auf die Bastille. Um so unheimlicher wurde diese lautlose Entschlossenheit den Machthabern. Die Zahl der Flüchtlinge an jenem ersten Novemberwochenende betrug mehr als zwanzigtausend.

Seitdem war der Bann gebrochen. Wenige Tage später begann auch die SED das Demonstrieren und forderte von ihren Oberen Einsicht, Konsequenz und Schuldbekenntnis: das Ganze über Stunden im DDR-Fernsehen übertragen – ohne Regie, ohne Schönfärberei. Die Parteibasis machte nicht mehr mit. 5. Akt, vorletzte Szene.

Der Einsturz des Machtgebäudes begann: Am 7. November trat der Ministerrat unter Willi Stoph zurück. Der Dresdner Bezirkssekretär Hans Modrow, der jetzt von Honeckers einstiger Ungnade profitierte wie von seinem Ruf als Reformer, wurde Ministerpräsident. Krenz sprach undeutlich von freien Wahlen.

Was sollte bei soviel Bewegung aus der Mauer werden? Wenn jeder reisen konnte, fehlte ihr der Sinn, war sie Denkmal und Last. Am 9. November abends dann das Ereignis der Ereignisse, live im Fernsehen. Politbüromitglied Günther Schabowski trat mit heiserer, stockender Stimme vor die Kameras und verlas den Beschluß des neuen Ministerrats: Ausreisewillige Bürger könnten fortan alle Grenzübergänge der DDR passieren. Das sollte eine »Übergangsregelung« bis zum Erlaß eines Reisegesetzes sein. Tatsächlich war dem inneren Druck, wie die Kommandeure der Grenztruppen berichteten, nicht mehr standzuhalten, auf die Soldaten nicht mehr Verlaß.

Ein Dammbruch. Als die erste Nachricht in Bonn eintraf, stimmte der Bundestag die Nationalhymne an. Vor dem Schöneberger Rathaus sagte Willy Brandt, Distanzen markierend zu der in der Einheitsfrage zögernden eigenen Partei: »Wir sind jetzt in der Situation, wo zusammenwächst, was zusammengehört.« Ein Naturereignis.

Auf der Mauer tanzte ein langes Wochenende die Jugend Europas. Eine Party mit Hammer und Sekt, der Hammer für die Demontage des verhaßten Bauwerks, dessen Stücke zum Souvenir wurden, wie einst die Steine der Bastille. Gorbatschows Preisgabe der SED-Oligarchie hatte das innere Equilibrium der DDR umgestoßen, der Fall der Mauer stellte die DDR in Frage: »Deutschland einig Vaterland«, die Worte der zuletzt nur noch gesummt erlaubten Becher-Hymne der DDR gewannen ihre eigene Kraft, nicht aus nationalistischem Überschwang, sondern aus dem Zusammenwirken von Freiheit, Demokratie und der Hoffnung auf Glück. Es begann aber auch die Diskrepanz zwischen den

Am Freitag, dem 10. November feierten hunderte von Menschen am Brandenburger Tor die Öffnung der Grenzen.

Stunden vor der Öffnung des neugeschaffenen Grenzübergangs in der Bernauer Straße warten tausende von DDR-Bürgern auf das Fallen der letzten Sperre.

Ostdeutschen, die ihr Aufatmen nicht in Worte zu fassen wußten, der stammelnden Freude an der Zonengrenze, die nun wieder Mitte Deutschlands werden würde, und jener Angst vor Ungemach und Teilen, die im fernen Süden und Westen der Bundesrepublik viele Gemüter ergriff.

Anfangs wurde auf beiden Seiten der Grenze das Wort Wiedervereinigung allenfalls abwehrend in den Mund genommen, als berühre es ein Tabu. Von Wohlstandsbesessenheit und vom Wahren sozialistischer Besitzstände sprachen die einen, vom Ja zur deutschen Teilung und Strafe für Hitlers Verbrechen die anderen, mitunter verflochten sich beide Argumente. Die alte Formel, Deutschland könne nur zusammenfinden, wenn Europa vorangehe, erwies sich nach dem Fall der Mauer als akademisch.

Die Angst war geschwunden. Tränen flossen, Umarmungen wurden getauscht, die ärmlichen »Trabants« der Ostdeutschen im Westen enthusiastisch begrüßt, Schokolade für die Kinder an die Antennen gebunden. Alle waren durch ihre Gefühle überfordert und politisch überrascht. Was die wenigsten in Worte fassen mochten, war doch das, was die meisten spürten: Das Ende der SED-Diktatur bedeutete das Ende der Nachkriegsepoche in Zentraleuropa. Die ersten Anzeichen der deutschen Einheit weckten Hoffnung für ein Europa, das sich nach dem nationalsozialistischen Gewalttraum nun auch vom stalinistischen befreite.

War die DDR noch zu halten? Und wer wollte das noch? Und, wenn nicht, wie würde die deutsche Einheit Europa und die Welt verändern? Der Kalte Krieg war in seinem mitteleuropäischen Brennpunkt Kampf um die deutsche Erbfolge gewesen. Seither war Deutschland nicht mehr Mitte des Kontinents, sondern zweifaches Grenzland feindlicher Welten: Die Mauer und der Eiserne Vorhang waren zugleich Ergebnis und Ausdruck des Systemkonflikts. Jetzt, da die Mauer fiel, ging es um deutsche Nation und freiheitliche Demokratie, aber auch um europäische Integration und Ost-West-Verständigung. Denn eines forderte das andere.

Diese Fragen beherrschten nun die doppelte deutsche Politik, die immer mehr zusammenwuchs, wie auch die internationale Agenda, der vierzig Jahre lang eine Trennungslinie zugrunde gelegen hatte, die nun im Schwinden war. Was würde aus dem Warschauer Pakt, Stalins altgewordenem Disziplinierungs- und Interventionsinstrument werden, und was aus dem Rat für Gegenseitige Wirtschaftshilfe (COMECON), der die Wirtschaftsmisere Osteuropas nicht hatte steuern können? Beiden war der Boden entzogen. Aber zugleich stellte sich die Frage nach der Zukunft der Europäischen Gemeinschaft und der NATO, die dem westlichen Teil Europas Sicherheit gegeben hatten. So wurde

Unbekannte überklebten am Wochenende der Maueröffnung das Schild der »Straße des 17. Juni« und machten aus dem Boulevard nun eine »Straße des 9. Nov.«

Bundespräsident Richard von Weizsäcker und Berlins Regierender Bürgermeister Walter Momper feiern mit Deutschen aus Ost und West millionenfaches Wiedersehen. ▷

nun doppelt – deutsch-deutsch und international – um die Frage gerungen, wem künftig Bindungen und Loyalitäten der Deutschen gelten würden. Dem Westen, dem Osten, oder nur sich selbst?

In der Noch-DDR war es um den Führungsanspruch der SED geschehen. Bis Jahresende verließen fünfhunderttausend Menschen die Staatspartei, die in Bezirken und Kommunen noch zäh an der Macht festhielt. Auch blieb ihr noch eine Weile die Macht über Archive und Apparate der Staatssicherheit. Jacob Burckhardt schrieb über die Geschäftsführer solcher Übergänge: »Sie hielten sich für Urheber und waren nur armselige Phänomene oder Symptome.« Der Not-Parteitag Mitte Dezember 1989 brachte mit dem Rechtsanwalt Gregor Gysi, Sohn eines SED-Staatssekretärs und zuvor Dissidenten-Anwalt, einen begabten Mann an die Spitze, der den Delegierten, die in den Betrieben hart angegangen wurden, wieder Mut machte: statt Auflösung der Partei, wie die ungarischen Kommunisten es vorgemacht hatten, nur drei weitere Buchstaben – PDS für »Partei des demokratischen Sozialismus«. Die SED tat der westdeutschen SPD einen Tort an. Eine Strategie war erkennbar, künftig links von der SPD Interessen und Träume einzusammeln.

Allein ein demokratisch gewähltes Parlament würde in dem aufgewühlten Land einen neuen Rechtsboden herstellen und Vertrauen schaffen. Aber wann wählen? Der Machtinstinkt der SED und die Machtscheu ihrer Gegner schienen im Wahltermin Anfang 1991 zu konvergieren. Aber der Strom nach Westen riß nicht ab, der Verfall beschleunigte sich. Eine Spirale der Katastrophen war in Gang. So wurde der Wahltermin zuerst auf den Herbst 1990, dann den 6. Mai, endlich den 18. März vorgezogen.

Die Wahlen aber riefen nicht nur die ostdeutschen Parteien, alte und neue, in Aktion. Sie übten noch mehr auf die westdeutschen Parteien unwiderstehliche Anziehungskraft aus. Zuerst die SPD, die die bescheidenen ostdeutschen Anfänge in mächtige Umarmung nahm, danach die CDU, die ihr Zögern vor der kompromittierten Ost-CDU überwand, zumal mit dem Rechtsanwalt Lothar de Maizière ein integrer Mann die korrupte Führung beiseite geschoben hatte. Ähnlich hielten es die Liberalen. Jede politische Partei versuchte, durch Positionsgewinn im Osten die eigene Rolle in der Bundesrepublik und im künftigen Deutschland zu verstärken. Längst ging es nicht mehr um Befestigung der DDR, sondern nur noch um Form, Dauer und Ziel des Übergangs in das vereinigte Deutschland. Die Forderung nach deutscher Einheit war zuerst in den Massendemonstrationen erhoben worden. Dann hatten Willy Brandt und Bundeskanzler Kohl vorsichtig eingestimmt, später auch die SPD, und zuletzt mochte auch DDR-Ministerpräsident Hans Modrow nicht mehr abseits stehen.

Am 27. November hatte der Bundeskanzler noch einen Plan – Fernziel: deutsche Einheit – vorgelegt, den zuvor ein kleiner Stab des Bundeskanzleramts in strenger Klausur ausgearbeitet hatte. Von langen Fristen, schonenden Übergängen, konföderativen Strukturen sprach der Kanzler – »kein fester Fahrplan«. Die SPD äußerte Zustimmung. Aber soviel Behutsamkeit setzte ein Mindestmaß an Lebensfähigkeit, ja Stabilität und Reparierbarkeit der DDR voraus, und davon gab es mit jedem Tag weniger. In Ost und West wurden Eröffnungsbilanzen gemacht. Sie zeigten, was die Menschen wegtrieb: das Industriepotential heruntergewirtschaftet, die Technik veraltet, die Wirtschaft sklerotisiert,

Kanzleramtsminister Rudolf Seiters, der amtierende Staatsratsvorsitzende Hans Modrow, Bundeskanzler Helmut Kohl, Berlins Regierender Bürgermeister Walter Momper, FDP-Vorsitzender Otto Graf Lambsdorff und Bundesaußenminister Hans-Dietrich Genscher vor dem am 22. Dezember wieder geöffneten Brandenburger Tor.

Straßen und Bahnen überfordert, die Energieversorgung am Rande des Zusammenbruchs, die Natur ausgebeutet und verwüstet, das Finanzsystem primitiv und leistungsunfähig, das Wohnen trostlos und eng.

Aus der Mund-zu-Mund-Beatmung der ersten Wochen und Monate mußte eine Strategie der wirtschaftlichen Rehabilitation werden. So entstand das Projekt der Wirtschafts- und Währungsunion, die den Ostdeutschen die D-Mark bringen sollte, zugleich aber die Übergabe der Wirtschafts- und Währungspolitik an Bonn, Frankfurt und Brüssel vorsah. Die Sozialunion wurde als sichernder Rahmen hinzugefügt. In den Wahlen des 18. März ging es nicht mehr um das Ob der deutschen Einheit, sondern nur noch um das Wann und Wie. Unter den Menschen im Osten Deutschlands gab es nur ein Votum: so schnell wie möglich.

Diese Wahlen zur Volkskammer am 18. März 1990 stellten einen neuen Rechtsboden her und gaben der Regierung Autorität, die deutsche Einheit vorzubereiten und zu verhandeln. Entgegen frühen Erwartungen erhielt die Sozialdemokratische Partei weniger als ein Viertel der Stimmen, die SED unter dem neuen Namen der PDS noch immer 16 Prozent. Sieger war die von Kanzler Kohl zusammengefügte »Allianz für Deutschland«, bestehend aus dem Demokratischen Aufbruch, der Deutschen Sozialen Union und vor allem der Ost-CDU. Nach kurzen Koalitionsverhandlungen entstand eine Große Koalition, die Kommunisten blieben draußen wie auch die grün-alternativen Oppositionsgruppen der ersten Stunde. Die Regierungserklärung des Ministerpräsidenten Lothar de Maizière war beides: Festlegung auf deutsche Einheit und zugleich Erinnerung daran, daß die Ostdeutschen nicht mit leeren Händen kommen:

»Wir bringen ein unser Land und unsere Menschen, wir bringen geschaffene Werte und unseren Fleiß ein, unsere Ausbildung und unsere Improvisationsgabe. Not macht auch erfinderisch. Wir bringen die Erfahrungen der letzten Jahrzehnte ein, die wir mit den Ländern Osteuropas gemeinsam haben. Wir bringen ein unsere Sensibilität für soziale Gerechtigkeit, für Solidarität und Toleranz ... Wir bringen unsere bitteren und stolzen Erfahrungen an der Schwelle zwischen Anpassung und Widerstand ein. Wir bringen unsere Identität ein und unsere Würde. Unsere Identität, das ist unsere Geschichte und unsere Kultur, unser Versagen und unsere Leistung, unsere Ideale und unser Leiden. Unsere Würde, das ist unsere Freiheit und unser Menschenrecht auf Selbstbestimmung.«

Neben der deutschen Agenda entwickelte sich die internationale, sowohl die des Westens in NATO und Europäischer Gemeinschaft wie die zwischen Ost und West. Über die Möglichkeit, die deutsche Einheit noch aufzuhalten, gab man sich in den westlichen Hauptstädten, wenn auch graduell verschieden, mancherlei Selbsttäuschung hin. Uneingeschränkt und enthusiastisch dafür waren vor allem die Amerikaner und die amerikanische Politik.

Es war unübersehbar, daß die Einheit Deutschlands die über vierzig Jahre geltenden Gleichgewichte verändern würde und daß der Westen seine nicht anders als die Sowjetunion ihre Interessen wahren wollte – nicht nur in Deutschland, sondern auch im neuen Europa. Im Westen gab es Konsultation und Übereinstimmung. Rechtslage und politisches Interesse resümierend, sagte der Präsident der Europäischen Kommission, Jacques Delors: »Die DDR hat einen Platz in der Europäischen Gemeinschaft.« Als die Zeit über die eigenständige DDR hinweggegangen war, galt die Einbeziehung ihres Territoriums erst recht als selbstverständlich.

Wie aber würde die militärische Integration des künftigen Deutschland aussehen: NATO-Bindung des Ganzen, Neutralität oder ein Drittes? Am Wochenende des 9./10. Februar 1990 suchten Bundeskanzler Kohl und Außenminister Genscher den Kremlherrn auf und kamen mit froher Botschaft zurück: Form, Ziel und Ablauf der deutschen Einheit seien Sache der Deutschen. Bei der »Open skies«-Konferenz aller Außenminister der KSZE-Staaten im kanadischen Ottawa verdrängte anschließend die Deutsche Frage alles andere. Die »Zwei-plus-vier«-Formel wurde geboren, welche der Einigung der Deutschen untereinander die Einigung der Deutschen mit den vier Siegermächten des Zweiten Weltkriegs über die Ablösung von deren Rechten über »Deutschland als Ganzes« betreffend voranstellt. Dabei würde es insbesondere um die Souveränität Berlins gehen, die weder die Bundesrepublik noch die DDR innehat, sondern als letzter Rest des Deutschen Reiches von den vier Mächten verwaltet wird. Auch geht es um die deutsche Grenzregelung. Endlich um die Anwesenheit sowjetischer Truppen, die nicht qua Bündnis in der DDR stehen, sondern qua Eroberung von 1945. Das Verfahren war kompliziert, da »Zwei plus vier« mit den Verhandlungen über konventionelle Stabilität in Europa (Wien I) koordiniert werden mußte, zugleich aber weit darüber hinaus den Punkt bestimmen sollte, da die Sowjetunion den letzten Mann der Besatzung von 1945 aus Deutschland abzieht: Als der Bundeskanzler, begleitet von Außenminister Genscher und Finanzminister Waigel, Mitte Juli 1990 nach Moskau flog, hatte die amerikanisch-sowjetische Gipfeldiplomatie, der Londoner NATO-Gipfel und der Wirtschaftsgipfel im texanischen Houston die sowjetische Politik kompromißfähig gemacht: Ja zur deutschen Souveränität, darin eingeschlossen die Entscheidung für die Zugehörigkeit des vereinten Deutschland zur NATO, russischer Truppenabzug in vier Jahren aus Ost-Deutschland, deutscher Verzicht auf den Besitz nuklearer Waffen – dafür am Ende ein deutsch-russischer Vertragsfächer über wirtschaftliche Kooperationen.

Die Doppelfrage nach der militärischen Sicherheit Deutschlands in Zukunft und, damit verbunden, dem neuen Kräftegleichgewicht in Europa und der Welt war damit beantwortet. Denn das alte Gleichgewicht gründete auf der Teilung Deutschlands und Europas. Das künftige Kräftegleichgewicht muß von anderer Struktur und Gestalt sein. Für den Westen – das will die Mehrheit in Westdeutschland, und auch im Koalitionsabkommen der Regierung de Maizière steht es nicht anders – ist die Zugehörigkeit des künftigen Deutschland zur Atlantischen Allianz, mit Selbstbeschränkungen zwischen Elbe und Oder, und Wandel in Strategie und Struktur der NATO entscheidende Bedingung europäischer Stabilität und Sicherheit. Die Sowjetunion operierte anfangs zwischen *drei* Konzeptionen:

- Integration Deutschlands in Europäischer Gemeinschaft und Atlantischer Allianz, um auf diese Weise Amerikas Präsenz und Westeuropas Bindungskräfte zu sichern;
- Gorbatschows »Europäisches Haus«, in dem Deutschland umgeben wäre von einem mißtrauischen Osten und einem mißtrauischen Westen, und ein möglichst weitgehendes Festhalten an Sonderrechten der Vier Mächte über Deutschland – was früher oder später zu deutscher Rebellion, Zerstörung der Europäischen Gemeinschaft und des Atlantischen Systems führen müßte;
- Neutralität Deutschlands, wie sie Stalin wollte mit seinem »Einheit für Neu-

Auf dem »kleinen Parteitag« in Bonn am 18. Juni 1990 beraten Bundeskanzler Helmut Kohl und DDR-Ministerpräsident Lothar de Maizière die Vereinigung der BRD mit der DDR.

tralität«-Angebot von 1952, und dahinter die Hoffnung auf ein Super-Rapallo, wenn auch um den Preis eines schweren Konflikts mit dem Westen.

Vieles spricht seit der Kanzlerreise nach Moskau dafür, daß der Prozeß der deutschen Einheit, im Gefüge der westeuropäischen Integration gesichert, in wenigen Jahren seinen Abschluß findet. Vieles spricht auch dafür, daß die Sowjetunion Kooperation in der Wirtschaft und Fortgang der Rüstungskontrolle Vorrang gibt vor dem großen neuen Konflikt um Deutschlands Zukunft und Zugehörigkeit. Allerdings bleibt Bedingung, daß der Reformprozeß der Perestroika nicht abbricht, daß nicht Konflikte aus anderen Weltgegenden die Weltmächte trennen und daß durch die Prozesse der Rüstungskontrolle Europa von dem vier Jahrzehnte dauernden Zustand ständiger Vorkriegszeit erlöst wird. Endlich gehört zu diesen Bedingungen auch, daß die Konferenz für Sicherheit und Zusammenarbeit in Europa (KSZE) ein die Konflikte überwölbendes Dach schafft.

Die deutsche Revolution stand nicht am Anfang des europäischen Umbruchs. Sie konnte nur Folge sein. Fortan aber verändert sie Gleichgewicht und Gefüge Europas am tiefsten. Deutschland, doppelte Grenze, kann wieder Mitte sein. Erst jetzt kommen die Osteuropäer aus der Kälte. Erst jetzt öffnet sich den Deutschen die Chance, mit Rußland ein Verhältnis des Vertrauens herzustellen. Voraussetzung aber ist, daß die Deutschen die innere und äußere Westbindung bewahren, die dem glücklicheren Teil der Nation nach 1945 zuteil wurde. Die innere Westbindung durch parlamentarische Demokratie, liberalen Rechtsstaat und soziale Marktwirtschaft, die äußere durch wirtschaftliche Integration in der Europäischen Gemeinschaft und militärisch in der Atlantischen Allianz. Aber es gilt auch Jacob Burckhardts Warnung: »Ja das ganze übrige Leben tritt mit in Gährung und mischt sich freundlich und feindlich tausendfältig mit der Crisis; ja es scheint als ob diese die Bewegungsfähigkeit einer ganzen Zeit mit und in sich absorbire.«

Vieles an Weltschmerz, Wehleidigkeit und Selbstzweifel, was die Westdeutschen lange plagte und was sie kultivierten, wird aufgehoben durch die deutsche Revolution und die Einheit in Freiheit. Die Ostdeutschen als arme Verwandte? Es war ihr Mut, ihre Überzeugungsstärke, die die DDR zu einer bloßen Paraphrase der europäischen Geschichte machten und die Deutschen, mehr oder weniger, zu einer europäischen Normalnation. Die immerwährende Frage der deutschen Identität kann nun, vorangetrieben im Zeichen der Demokratie und eingebettet in ein größeres europäisches Ganzes, eine zuversichtliche Antwort finden. Das wiegt auf die Dauer schwerer als der Unterschied zwischen Trabant und BMW.

Friedrich Nietzsche spottete im 19. Jahrhundert: »Es kennzeichnet die Deutschen, daß unter ihnen die Frage, was deutsch sei, niemals endet.« Jetzt hat die Frage eine Antwort gefunden. Die Deutsche Frage lautete immer, wem Deutschland gehöre, und wohin die Deutschen gehörten. Die Erfahrungen des 20. Jahrhunderts haben sie beantwortet. Ende der Überanstrengung, Ende der incertitudes allemandes. Es gehört zu den bleibenden Wirkungen der Revolution am Ende der achtziger Jahre, daß die Deutschen innerlich und äußerlich dabei sind, ihren Ort zu finden. Das Territorium und die Grenzen sind unzweideutig; dies auszusprechen, ist nur Vollzug der Realität. Die Frage, was dazugehören soll, ist hinreichend geklärt. Der Traum des »dritten Weges« zwischen Kapitalismus und Kommunismus, deutsche Tiefe zwischen östlicher Weite und westlicher Klarheit, wurde ernüchtert, jedenfalls vorerst. Der Ausnahmezustand, in dem die Deutschen lange lebten, nicht erst seit 1933 und 1945, und auch nicht erst seit 1914 und 1918, wird nun zu Ende gehen. Im Abschied von soviel Überforderung und Überanstrengung liegt eine Chance für die Deutschen: das Volk, das seinen Ort immer suchte und so schwer zu finden wußte, mitten in Europa.

Personenregister

Abbildungsnachweis

Photographen, Institutionen

Aero Explanation, Frankfurt/M. (1)
Albertina, Graphische Sammlung Wien (1)
alpha 9 phototeam, Eschborn-Niederhöchstadt (7)
F. Anderson, Rom (1)
Archiv Gerstenberg, Frankfurt/M. (4)
Archiv für Kunst und Geschichte Berlin (24)
Associated Press Berlin (1)
D. Baatz, Bad Homburg (1)
Bayerische Staatsbibliothek München (1)
Bergbau-Archiv beim Deutschen Bergbau-Museum, Bochum (1)
Berlin Museum (2)
Bildarchiv Foto Marburg (5)
Bildarchiv Jürgens, Köln (1)
Bildarchiv der österreichischen Nationalbibliothek Wien (1)
Bildarchiv Preußischer Kulturbesitz Berlin (9)
Bild-Kunst, Bonn 1984 (1)
Rheinisches Bildarchiv Köln (1)
Bischof & Broel, Nürnberg (1)
Bistumsarchiv Trier (1)
Bernhard Boockmann, Göttingen (5)
Hartmut Boockmann, Göttingen (10)
Ann Bredol-Lepper, Aachen (1)
Albrecht Brugger, Stuttgart (1)
Deutsche Bundesbank, Frankfurt (1)
dpa Deutsche Presse-Agentur (9)
Bundes-Militärarchiv Freiburg (1)
U. Edelmann, Frankfurt/M. (1)
Theo Christiansen, Schleswig (1)
»Die Camera«, Dessau (1)
EK-Foto-Service, Saarbrücken (1)
Film- u. Bildstelle Greifswald (1)
Nationale Forschungs- und Gedenkstätten der klassischen deutschen Literatur, Weimar (3)
Foto Hege, Naumburg (1)
Foto Hofmann, Maulbronn (1)
Foto Lauterwasser, Überlingen (1)
Galerie Brusberg, Berlin (1)
Badisches Generallandesarchiv Karlsruhe (1)
Goethe-Museum Düsseldorf (4)
H. Grubenmann-Morscher, Muttenz/Schweiz (1)
Helsingör Bymuseum (1)
Der Herold, Berlin (1)

Herzog-Anton-Ulrich-Museum Braunschweig (1)
Archäologisches Institut der Universität Wien (1)
International Instituut voor Sociale Geschiedenis Amsterdam (1)
Kaiser-Wilhelm-Museum Krefeld (1)
Hans Jürgen Kallmann, Pullach (1)
Klett-Bildarchiv Stuttgart (1)
Konrad-Adenauer-Stiftung St. Augustin (1)
Krauss-Maffei Werkarchiv München (1)
Kungl. Livrustkammaren Stockholm (1)
Hamburger Kunsthalle (1)
Staatliche Kunsthalle Karlsruhe (1)
Kunstmuseum Basel (3)
Deutscher Kunstverlag, München/Berlin (1)
Westfälisches Landesamt für Denkmalpflege Münster (1)
Landesarchiv Berlin (4)
Hessische Landes- und Hochschulbibliothek Darmstadt (1)
Landesbildstelle Berlin (1)
Landesbildstelle Württemberg, Stuttgart (1)
Lichtbildverlag Dr. F. Stoedtner, Düsseldorf (1)
Rheinisches Landesmuseum Bonn (5)
Rheinisches Landesmuseum Trier (1)
Schleswig-Holsteinisches Landesmuseum für Vor- und Frühgeschichte (1)
Ludwig-Richter-Photo, Mainz (2)
Märkisches Museum Berlin (Ost) (1)
Murhardsche Bibliothek der Stadt Kassel (1)
Musée d'Art Moderne Paris (1)
Musée de Cluny Paris (1)
Musée du Louvre Paris (2)
Staatliche Museen Preußischer Kulturbesitz (1)
Museo del Prado Madrid (1)
British Museum London (1)
Museum für Hamburgische Geschichte Hamburg (1)
Historisches Museum der Stadt Wien (1)
Kunsthistorisches Museum Wien (4)
Kurpfälzisches Museum Heidelberg (1)
Märkisches Museum Berlin (Ost) (1)
Museum der Stadt Regensburg (1)
Städtisches Museum Wesel (1)
Statens Sjöhistoriska Museum Stockholm (1)
Wehrgeschichtliches Museum Rastatt (2)
Germanisches Nationalmuseum Nürnberg (11)
Werner Neumeister, München (1)
Margret Nissen, Berlin (3)
Presse- und Informationsamt der Bundesregierung (5)
Privatbesitz Bielefeld (1)
Radio Times Hulton Picture Library London (1)
Real Armeria Madrid (1)
Rijksuniversiteit Leiden, Preutenkabinett (1)
Römisch-Germanisches Museum Köln (1)
Rosgartenmuseum Konstanz (1)

N. Rüpke, Hamburg (1)
Michael Ruetz, Hamburg (2)
Schiller Nationalmuseum Marbach (2)
Heinz Schilling, Gießen (1)
Erich Schmidt Verlag (1)
Schöning & Co., Lübeck (1)
H. & Th. Seeger, Binningen (1)
Wolf Jobst Siedler, Berlin (1)
Geheimes Staatsarchiv Preußischer Kulturbesitz (1)
Staatsarchiv des Kantons Basel-Stadt, Basel (1)
Niedersächsisches Staatsarchiv Wolfenbüttel (1)
Österreichisches Staatsarchiv Wien (1)
Staatsbibliothek Preußischer Kulturbesitz Berlin (3)
Niedersächsische Staats- und Universitätsbibliothek Göttingen (3)
Stadtarchiv Duisburg (1)
Stadtarchiv St. Wendel (1)
Stadtarchiv Worms (1)
Stadtmuseum Göppingen (1)
Stadtmuseum Köln, Graphische Sammlung (1)
Städtisches Museum Braunschweig (1)
Johannes Steiner, München (1)
Stiftsbibliothek St. Gallen (1)
Michael Stürmer, Erlangen (5)
Peter Thomann, Hamburg (1)
Peter Trampusch, Frankfurt/M. (3)
Ullstein Bilderdienst Berlin (19)
Universitätsbibliothek Heidelberg (1)
Süddeutscher Verlag München (2)
Verkehrsamt Frankfurt am Main (1)
Verwaltung der Staatlichen Schlösser und Gärten Berlin (2)
Dieter Vorsteher, Berlin (1)
Wallraf-Richartz-Museum Köln (1)
Werksarchiv der Maschinenfabrik Augsburg-Nürnberg (1)
ZEFA Düsseldorf (4)

Zeitschriften, Publikationen

Agricola, G.: Vom Berg- und Hüttenwesen, Neuausgabe München 1977 (1)
Anschläge, Politische Plakate in Deutschland 1900–1970, hrsg. von F. Arnold, Ebenhausen b. München 1972 (7)
Berlin zwischen 1789 und 1848, Ausstellungskatalog der Akademie der Künste, Berlin 1981 (1)
Bildstock, ein Heimatbuch, hrsg. vom Schutzverein für Handel und Gewerbe im Auftrage des Heimatausschusses, Bildstock 1950 (1)
W. P. Blockmans u. a.: Republiek tussen Vorsten, Amsterdam 1984 (2)
W. Braunfels: Die Kunst im Heiligen Römischen Reich Deutscher Nation, 4 Bde., München 1979–1983 (1)
P. Broucek u. a.: Der Sieg bei Wien 1683, Wien 1983 (1)
Die Bundesrepublik Deutschland, hrsg. von W. Benz, Bd. 2, Frankfurt/M. 1983 (2)

D. Claessens u. a.: Sozialkunde der Bundesrepublik Deutschland, Düsseldorf 1981 (1)
Demokratie, unser Auftrag, hrsg. vom Presse- und Informationsamt der Bundesregierung, Bonn 1983 (8)
H. Döbler: Kultur- und Sittengeschichte der Welt, München/Gütersloh/Wien 1972 (1)
Faksimileausgabe der Dresdener Handschrift des Sachsenspiegels, hrsg. von K. v. Amira, Leipzig 1902 (1)
Deutsche Geschichte, hrsg. von H. Pleticha, Bd. 11, Gütersloh 1984 (8)
Rheinische Geschichte, hrsg. von F. Petri u. G. Droege, Düsseldorf 1978 (4)
Um Glauben und Reich, hrsg. von H. Glaser, Bd. II. 1, München 1980 (1)
Harms, H.: Geschichts- und Kulturatlas, Karten und Dokumente zur Weltgeschichte, Berlin/Darmstadt/Wien (1965) (1)
F. Heinemann: Der Richter. Reihe: Monographien zur deutschen Kulturgeschichte, hrsg. von G. Steinhausen, Bd. IV, Leipzig o. J. (1)
P. Hoffmann: Widerstand, Staatsstreich, Attentat, München 1970 (1)
Leipziger Illustrierte (1)
Kunst der bürgerlichen Revolution von 1830 bis 1848/49, hrsg. von der Neuen Gesellschaft für Bildende Kunst, Berlin 1972 (3)
Deutsche Kunst des 20. Jahrhunderts aus dem Busch-Reisinger-Museum, Ausstellungskatalog Frankfurt/M. 1982 (3)
Die Nützlichen Künste, hrsg. von T. Buddensieg u. H. Rogge, Berlin 1981 (3)
Martin Luther und die Reformation in Deutschland, Ausstellungskatalog des Germanischen Nationalmuseums Nürnberg, hrsg. von G. Bott, Frankfurt/M. 1983 (3)
E. Noelle-Neumann: Eine demoskopische Deutschstunde. Reihe: Texte und Thesen Bd. 155, Osnabrück 1983 (3)
H. B. Rödiger und M. Smid: Friesische Kirchen, Jever 1980 (1)
Wie es war. Mainzer Schicksalsjahre 1945–48, hrsg. von E. Dombrowski u. a., Mainz 1965 (1)
Die Technik, hrsg. von U. Troitzsch und W. Weber, Braunschweig 1982 (1)
Die Zeit des Barock, hrsg. von H. Trevor-Roper, München/Zürich 1981 (1)
Zeit der Ruinen. Köln am Ende der Diktatur, Köln 1965 (1)
Die Zeit der Staufer, Ausstellungkatalog des Württembergischen Landesmuseums, hrsg. von Chr. Väterlein u. a., Stuttgart 1977 (1)
Chr. Zentner: Der große Bildatlas zur Weltgeschichte, München 1982 (3)

Die Karten zeichnete Jean Claude Lézin